제6판

법조윤리

한인섭 한상희 김재원 이상수 이찬희
김희수 김인회 정한중 이전오

LEGAL ETHICS

박영사

제 6 판을 내면서

2009년 법학전문대학원이 출범하면서, 법조윤리를 필수실무교과목으로 하고, 변호사가 되기 위한 선행 시험과목에 포함시킨 것은, 법조윤리의 수준을 높이고, 법조윤리를 법률가의 생활규범으로 삼는데 기여하고자 함이었다. 애초의 걱정과는 달리, 단시일 내에 충실한 내용의 연구와 자료가 축적되었고, 관련 주제에 대한 토론도 활성화되었다. 또한 법률, 판례, 사례가 축적되어 보다 세밀한 기준을 정비해가는 단계에 있다. <법조윤리> 시험도 여러 시행착오를 거쳐 현재는 출제경향이나 합격률 면에서 안정화 단계에 이르고 있다. 본서가 제 6 판의 발행에 이르게 된 것은, 그러한 점증하는 관심과 연구를 담아낼 필요가 있었기 때문이다.

본 개정판에는 그동안의 법령, 윤리 및 판례의 개정을 반영하고, 그동안의 변화에 걸맞은 이해가 될 수 있도록 본문의 내용을 대폭 바꾸었다. 또한 이 분야에 조예를 가진 집필진들이 가세하여 내용의 정밀성을 높이고자 했다.

현재 변호사윤리를 포함한 법조윤리는 단순히 윤리적 가치를 표방하는데 그치지 않고, 법전문가로서의 촘촘한 직무규범의 역할을 구체화해가고 있다. 또한 이익충돌의 문제에 대한 적절한 해결책의 제시가 변호사윤리의 핵심적 과제로 부상하고 있다. 아울러 법조인의 기업·정부·시민사회·중개자 등 진출범위가 크게 확대됨에 따라, 윤리규정이 다방면에 걸쳐 세분화하고 있다.

오늘날 법의 사회적 비중은 더욱 커져가고 있다. 법은 일상생활과 사회경제 정치를 운용하는 핵심적 프레임이 되고 있다. 앞으로 그 추세는 갈수록 더해갈 것이다. 그럴수록 그 법을 운용하는 전문가집단에 대한 윤리적 기대는 높아질 것이다. "좋은 법률가는 나쁜 이웃"이라는 외국의 진부한 격언이 더 이상 통용되지 않고, "진정으로 좋은 법률가는 필요하고도 좋은 이웃"으로 여겨질 수 있도록 우리 법률가들의 자기정진과 겸허한 성찰이 요구된다. 본서가 단순한 암기서가 아니라, 질문을 제기하고, 토론용 방식을 견지하는 것도 풍부한 문제의식과 상호토론으로 이끌기 위함이다. 구체적 지식의 연마와 함께, 공부하는 과정에서 자연스럽게 어떤 법률가로 살아갈 것인가를 고민하는 마음가짐을 새롭게 할 수 있기를 바란다.

본 제6판에서는 대한변호사협회장을 역임하고 다년간 <법조윤리> 강의를 해오고 있는 이찬희 변호사가 여러 부분 수정을 가했고, 별도의 장을 집필하였다. 그동안 여러 판에 걸쳐 도움을 주신 여러분들(소라미, 서주연, 김상오 변호사)의 고마움을 기억하며, 그 밖에도 여러 학계 연구자들의 자문이 있었음에 고마움을 표한다.

2024년 2월 15일
집필자를 대표하여 한인섭 씀

머 리 말

　2009년 법학전문대학원의 출범과 함께 법조윤리는 새로운 법조인양성을 위한 필수과정으로 공인받고 있다. 법학전문대학원은 "양질의 법률서비스"를 제공하기 위하여 "건전한 직업윤리관"을 갖춘 법조인양성을 그 교육이념으로 내세우고 있으며, 그 이념을 실현하기 위한 한 방안으로 법조윤리의 함양을 강조하고 있다. 현재 법조윤리는 법학전문대학원의 필수실무교과목의 하나로 포함되어 있으며, 변호사시험법에도 법조윤리시험을 합격할 것을 조건으로 하고 있다. 변호사법에 따라 변호사들은 매년 연수교육을 받게 되는데, 그중 법조윤리는 필수적으로 이수해야 한다. 법조윤리는 예비법조인은 물론 모든 법조인에게 평생의 화두인 것이다.

　법조윤리가 이렇게 강조되는 배경에는 법조인의 사회적 역할이 더욱 중시되어가는 현실과 함께, 법조윤리의 현실에서 자성할 점이 적지 않다는 문제의식이 깔려 있다. 다른 한편으로 이제까지 법조윤리교육이 체계적으로 이루어지지 못했으며, 따라서 이를 강의하기 위한 교재가 충분하지 않은 상황도 문제이다. 우리 집필진들은 법학전문대학원의 교육이념에 합치하고, 법조인의 직업윤리적 각성과 법전문직으로서의 공적 책임의식을 높이기 위한 노력에 공감했다. 우리들은 그동안 법조윤리의 현실에 대한 비판적 인식을 가지고 법조윤리의 강화를 주창해 왔고, 법조윤리에 관한 논의의 확산에도 나름대로 일조했다. 그 때문에 공통의 교재개발의 필요성에 대해서 처음부터 공감했다. 교재집필에 있어서 특히 다음을 유념하였다.

　우선, 교재는 로스쿨의 도입취지에 부응하는 것이어야 한다. 로스쿨의 교육이념은 "인간 및 사회에 대한 깊은 이해와 자유·평등·정의를 지향하는 가치관을 바탕으로 건전한 직업윤리관… 을 갖춘 법조인의 양성에 있다"(법학전문대학원 설치·운영에 관한 법률 제2조)고 한다. 단지 법조윤리에 관한 법령과 규정의 전달과 암기에 치중하는 요약형 책자가 아니라, 법조인의 사회적 역할과 법조인의 "건전한 윤리관"의 제고에 기여하는 책자를 만들고자 다짐했다. 아울러 법조인의 가치관과 윤리관에 관한 논쟁적 측면도 정면으로 다루고자 했다. 우리는 학생들이 다양한 학설과 논쟁을 접함으로써, 자신의 법조인관을 지적·윤리적으로 성숙시켜갈 수 있을 것으로 기대한다. 학생들은 스스로를 윤리주체로서 자각하고, 창의적 사고와 윤리적 분석능력을 연마해야 할 것이다.

앞으로 법조인은 우선 변호사로 출발하게 될 것이며, 변호사집단 중에서 판사와 검사를 선발하게 될 것이다. 새로운 법조인양성체제하에서는 관료형 법조인상으로부터 시민형 법조인상으로 교육의 중점이 이동하게 된다. 이 점을 감안하여 이 책에서는 변호사의 윤리와 책임에 훨씬 많은 비중을 두었으며, 법관 및 검사의 윤리와 책임은 기본적인 사항 중심으로 다루고 있다.

본서는 또한 한국형 법조윤리의 전범을 제시하고자 하는 구상을 갖고 있다. 우리의 법조윤리와 관련된 사례와 자료가 쌓여가고 있으며, 그중에서 교육을 위한 자료로 활용할 수 있는 것도 적지 않다. 본서는 가급적 한국의 사례와 자료를 인용하면서, 현실감 있고 문제의식이 살아 있는 교재를 만들고자 했다. 물론 한국형 윤리를 말한다고, 대외적 고립이나 단절을 의미하는 것이 될 수 없음은 당연하다. 아직 법조윤리에 대한 규범의 정립과 실현의 구체성에 있어서 미흡함이 적지 않음을 감안하여 선진각국의 법조윤리규범을 필요한 곳에 소개하고자 하였다.

본서는 또한 교재로서의 실용성을 갖추고자 했다. 실제 법조인으로서 실무현장에서 마주치는 각종의 윤리적 문제를 취급하고, 윤리적 난제에 대한 해결책을 고민하고자 했다. 아울러 예비법조인으로서는, 법조윤리에 대한 체계적 지식을 얻을 수 있도록 했다. 적어도 법조윤리가 변호사시험의 선결과목이라는 점을 존중하여, 주요한 쟁점을 두루 포함할 수 있도록 했다.

각 단원의 첫머리에는 기본질문을 제공하여 기본적 문제의식을 갖고 임하도록 했다. 이어 관련 법령을 소개한다. 본문에서는 서술형을 유지하면서, 중간중간에 사례와 질문을 흐름에 따라 포함시켰다. 보다 복잡한 쟁점에 대하여는 연습문제를 추가한 경우도 있다. 이러한 서술방식은, 교수와 학생들이 상호 질의와 토론을 통해 지식을 심화하고, 가치에 관한 논쟁을 권장하는 로스쿨식 강의방법을

염두에 두면서 작성한 것이다. 법조윤리와 관련된 쟁점은 일률적 정답을 찾아내
는 것이라기보다는, 대립하는 윤리적 가치 사이의 균형과 조화를 어떻게 달성할
것인가에 대한 논쟁의 영역이다. 학생들은 이 논쟁 속의 주체로 자신을 위치시킴
으로써 훨씬 풍부한 지적 경험을 하게 될 것이며, 상대편의 주장을 숙고할 계기
를 삼을 수 있을 것이다. 법조윤리 분야에서 논쟁은 언제나 충분히 권장되어야
할 것이다.

　우리 집필자들은 주장과 개성이 비교적 강한 편이지만, 본서의 집필에 있어
서는 보편적으로 수용가능한 내용을 중심으로 하고, 논란이 있는 부분은 그것대
로 그대로 제시함으로써 어느 한쪽에 치우치지 않도록 배려했다. 학생들은 본서
에 제시한 어떤 견해를 반드시 따를 필요는 없으며, 기존의 법령과 학설의 기초
를 존중하면서도 자신의 견해를 가지고 토론에 임할 수 있기를 권한다.

　이렇게 당초의 집필방침과 강조점을 언급했지만, 본서는 아마도 우리의 애초
의 다짐에 미치지 못하는 면이 적지 않다. 다만 법조윤리에 대한 전반적 관심과 지
식이 아직 취약한 상황에서, 다소나마 참고할 만한 책자가 되었기를 바랄 뿐이다.

　본서는 한국학술진흥재단의 교재개발지원사업(2008년)의 지원을 받았다. 처음
엔 한인섭, 김재원, 한상희, 이상수, 김희수 교수의 5인으로 연구팀을 이루어 초
고를 작성했고, 한 차례의 workshop을 가져 여러 교수들로부터 자문을 받았다.
아낌없이 조언해 주신 손창완(연세대), 배기석(부산대), 김인회(인하대), 박준(서울대),
정인진(변호사) 님께 깊이 감사드린다. 특히 김인회 교수는 조언에 더하여 집필까
지 동참했다. 안준홍(경원대) 교수는 당시 조교로서 많은 도움을 주었다. 우리는
앞으로 전국의 교수 및 법조인들과 법조윤리에 대한 보다 깊은 논의를 함께하는
열린 모임을 열어 갔으면 하는 소망을 가지고 있다. 법조윤리는 혼자 주장하는
것이 아니라, 함께 실천하는 실천윤리이기 때문에 더욱.

2010년 1월

집필자를 대표하여 한인섭 씀

차   례

제 3 부 공직 법조인의 윤리

제 **1** 부

법조윤리의 의의와 전통

제 1 장

법조윤리란 무엇인가

한 상 희

[기본질문]

1. 법조윤리는 일반적인 사회윤리, 개인윤리와 어떻게 다르며 그 타당근거는 무엇인가?

2. 변호사는 '국민의 사회생활상의 의사'의 역할을 수행하여야 한다는 말이 있다. 전문적인 〈의사〉와 변호사의 유사점과 차이점을 든다면?

3. "좋은 법률가는 나쁜 이웃"이란 서양의 속담이 있다고 한다. 현 시점에서 이를 비평해 본다면?

Ⅰ. 법조윤리

1. 직업과 윤리

A. 우리는 냉철한 결과를 생산하도록 고안된 컴퓨터의 인위적 목소리를 모방하려 하지 않는다. 우리는 우리가 다루는 법적 과정에 개입하고 거기에 영향을 받는 현실 속 주인공의 살아 있는 목소리로 말한다. 만약 법이 기계라면 우리는 그 속에 깃들어 살면서 법의 기계에 생명력을 불어넣는 유령일 것이다. 우리는 학습과 다양한 인생 경험, 즉 법 테두리 안팎의 경험을 통해 형성된 양심에 따라 움직인다. 우리는 우리가 선고한 바로 그 세상에서 산다.[1]

B. 법을 형성하고 실현하려는 법과정은 공동사회에 있어서 필수불가결한, 매우 복잡·미묘한 요소를 가진 사회적 기술이라고 할 것이다. 그러나 그것은 이 과정에 종사하는 자에 대하여 고도의 지적 능력과 도덕적 성실, 나아가 열의와 노력을 요구한다. 법조는 주로 재판의 장을 중심으로 하여 이와 같은 법과정에 참여하는 자이고, 그러한 자로서 위와 같은 요구 내지 기대에 응답해야 할 사회적 책무를 가지고 있다. 법조윤리라고 불리어지는 것의 기본은 여기에 있다.[2]

① 법과정에 참여하는 자는 왜 "고도의 지적 능력과 도덕적 성실, 나아가 열의와 노력"을 요구받게 되는가?
② 법조인이 이러한 요구 내지 기대에 응답해야 할 사회적 책무를 제대로 이행하지 못하였다면 어떠한 책임을 지게 되는가?

사람들은 다른 사람이나 그가 속한 공동체에 대하여 어떠한 역할을 수행할 것이 요청된다. 다른 사람의 생활을 존중하여야 한다든지 혹은 공동체의 존립과 발전을 위해 봉사하여야 한다든지 하는 당위가 그것이다. 통상 우리는 이러한 규범들을 도덕 혹은 윤리라는 말로 통칭한다. 그것들은 모두 인간생활에서 더불어 살아갈 수 있기 위하여 그 구성원이 되는 모든 인간이 그 공동체의 생활양식이나 관습을 바탕으로 나름의 질서나 규범을 정하고 이를 실천하는 과정에서 발생한다. 가족윤리, 사회윤리, 국가윤리 등은 바로 이런 윤리가 형성되고 실천되는 단

---

1) 알비 삭스, 김신 역, 블루 드레스: 법과 삶의 기묘한 연금술, 일월서각, 2012, 345쪽.
2) 가재환, 법조윤리론, 사법연수원, 2008, 2쪽.

위를 중심으로 구분한 것이다.

하지만, 법조윤리 혹은 그 상위개념인 전문직의 직업윤리는 일반적인 도덕이나 사회윤리와는 달리 생각할 필요가 있다. 그것은 어떠한 유형의 사회적 활동을 업으로 하는 사람들로 구성되는 사회적 집단을 대상으로 한다. 그 집단의 내부에 있는 동업자들에게만 통용되는 그에 특유한 규율체계가 곧 직업윤리인 것이다. 이때 그 규율은 구성원들의 직업행위가 일정한 윤리수준 이상에서 이루어지는 것을 담보하는 한편, 다른 외부자와 차별화하는 기제로 작용함으로써 집단의 동일성, 동질성을 확보하는 장치가 되기도 한다. 예컨대 일반적인 직업인과는 달리, 의사윤리지침은 의사에게는 환자에 대하여 설명의무와 과잉진료금지의 의무를 부과한다(의사윤리지침 제9조 제1항, 제13조). 또는 변호사의 경우 "업무상 알게 된 의뢰인의 비밀을 누설하거나 부당하게 이용하지 아니한다"(변호사윤리규약 제18조)는 것이 주요한 직업윤리의 하나로 설정되기도 한다. 의사나 변호사는 이런 윤리적 규율의 수범자가 되기도 하지만 동시에 이런 규범준수행위를 통해 스스로를 의사로서 혹은 변호사로서 동일시하며 다른 의사, 변호사들과 유대감, 일체감을 가질 수 있게 되는 것이다.

아울러 그것은 당해 직업집단이 당해 직업유형에 대하여 외부인의 근접을 차단하고 독점적으로 직업행위를 할 수 있음에 대한 일종의 정당화기제가 되기도 한다. 특히 이 집단내부자인 직업인과 그 고객의 관계에 관하여는 일반 사회의 윤리규범과는 달리 정형화되고 공식화된 윤리규범이 형성되면서 고객의 이익을 적극적으로 보호하고자 한다든지, 아니면 전체로서의 그 직업활동이 공공의 이익을 증진하는 것으로 상정된다든지 하는 것은 그 한 예가 된다. 직업집단 및 그 구성원들에 대한 사회적 신뢰를 확보하는 장치이자 동시에 스스로에 대한 존재이유를 마련하는 것이다.

물론 이런 전문직 직업윤리의 내용은 그 전문직의 성격과 업무에 따라 달라진다. 하지만, 그와 더불어 전문직역이 수행하는 공적 기능 — 예컨대 공중보건·위생, 법치의 실현 등 — 을 확보하기 위한 내용이나, 고객의 신뢰와 이익을 도모하기 위한 내용은 그 직업윤리의 핵심을 이룬다.

2. '법조'와 '변호사'의 윤리

통상적으로 법조윤리는 "법조가 법시스템, 사법제도, 사회일반, 의뢰인 등의 이용자, 법조상호관계, 소속조직에 대하여 그 직무의 수행에 있어 준수하여야 할 가치·원리·규칙 등의 행동규준"[3] 또는 "국가법체계에 내재되어 있는 가치나 정책, 이념들로부터 도출되어 법률가들의 행위를 제한하는 일련의 규범체계"[4]를 의미하는 것으로 본다.

① 우리나라에서는 법조윤리를 "법관·검사·변호사라고 하는 직업 집단 각자에 특유한 윤리와 위 3자에 공통되는 실무법조 일반의 윤리"[5]로 규정하기도 한다. 이런 개념규정은 타당한가?

② 위의 정의는 어떠한 윤리 혹은 규범체계를 단순히 법률가라고 하는 그 수범자의 특성에 따라 분류한 것에 불과하다는 비판이 있을 수 있다. 위의 개념을 두고 "법조"를 "공직자"라는 말로 바꾼다면 그것은 그대로 "공직자윤리"의 개념에도 타당한 것이 될 수 있기 때문이다. 이런 비판점에 입각할 때 위의 정의에는 어떤 개념요소들이 더 삽입되어야 할 것인지 생각해 보자.

대체로 법조윤리는 법률가로서의 직업을 가진 집단에서 통용되는 직업윤리를 말한다. 하지만, 이 경우에도 법조(法曹) 혹은 법률가의 개념을 어떻게 포착하는가에 따라 그 적용영역이 달라진다. 우리나라의 경우에는 법률가체계의 형성 자체가 국가변호사 혹은 판·검사 등의 법조관료를 중심으로 이루어져 왔기에 이들을 서로 분리하여 별개로 논의하는 것에 그리 익숙하지 않다. 오히려 일본의 경우와 마찬가지로 법관과 검찰, 그리고 변호사를 통칭하여 법조라고 하면서 법조윤리 또한 이 3자 — 소위 "법조 3 륜" — 에게 적용되는 직업윤리로 보는 경향이 있다.

법조윤리라는 개념을 이렇게 포괄적으로 규정하는 것은 오히려 혼란을 야기할 가능성이 많다. 법관과 검찰은 법률가이자 동시에 공무원이며 따라서 공무원에 관한 윤리규율이 먼저 적용되게 된다. 또한 그들은 국민 전체에 봉사하여야

---

3) 小島武司 외, 法曹倫理, 有斐閣, 2006, 1쪽.
4) W. Bradley Wendel, *Professional Responsibility : Examples & Explanation*, Aspen Publishers, 2004, p. 3.
5) 가재환, 앞의 책, 1쪽.

하는 공무원으로서의 의무를 가지는 만큼 그 업무가 추구하는 것은 언제나 공익이어야 한다. 하지만, 변호사는 궁극적인 존재목적을 정의라든가 법치의 구현과 같은 공익의 실천에 둔다 하더라도 그는 공익을 고객의 이익과 관련하여 추구할 것이 요구되는 사적인 직업인이다. 그의 직업행위는 고객의 이익에서부터 출발한다는 것이다. 뿐만 아니라 변호사는 법관이나 검찰의 동반자인 동시에 경우에 따라서는 그들을 견제하고 비판하여야 하는 독자적인 직역을 수행하는 법조인이기도 하다. 그래서 이들에게는 보다 많은 자율성과 자유가 주어지는 한편 그 행위준칙 또한 국가적인 수준에서 결정되기보다는 변호사단체의 수준에서 자율적으로 결정되고 또 집행되는 것이 원칙이다. 또한 법관이나 검찰의 행위는 언제나 그 자체로서 평가되지만, 변호사의 경우에는 의뢰인인 고객과의 관계 속에서 그 행위의 당·부가 판단되는 경우가 대부분이다.

　　아울러 우리나라나 일본에서 지배적으로 받아들이고 있는 '법조'윤리의 개념이 가지는 시대적 모호성의 문제를 지적할 필요가 있다. 우리나라나 일본의 경우 법조관료체제를 취하며 모든 법률직에 대하여 국가의 사법권을 집행하는 일종의 사법담당관이라는 성격을 부여하여 왔다. 하지만, 법률서비스시장이 팽창하고 이에 따라 법률가를 바라보는 사회의 눈 또한 변해가고 있다. 1994년 사법개혁논의가 제기될 때 "사법도 서비스다"라는 슬로건이 대중적 지지를 획득할 수 있었던 것도 변호사의 업무가 국가의 사법권력을 행사하는 것이 아니라, 고객의 이익을 위한 법률서비스를 제공하는 것이라는 대중적 공감대가 형성되었기 때문이다. 이런 변화는 법조라는 말로 통합적으로 인식되었던 법률가가 판·검사를 한 축으로 하고, 변호사를 다른 축으로 하는 이원적 틀로 분할되는 경향도 드러나게끔 하였다. 그리고 이런 분할과 함께 변호사라는 직업군에 대하여 그에 특유한 규제를 할 필요가 있다는 요청이 급증하게 되면서 변호사윤리에 대한 관심이 높아지게 되는 것은 당연한 일이다.

　　이런 상황에서 변호사를 바라보는 사회적 시각의 변화는 특히 변호사윤리의 변화를 요청하게 된다. 법체계의 발전으로 인한 법률서비스시장에서의 요청에 따라 법조윤리의 개념이 조금씩 분화되고 있는 것이다. 실제 윤리는 기본적으로 그 사회의 시대적·공간적 구성에서부터 파생된다. 특히 법조윤리의 경우에는 그 사회에서 법률가를 어떻게 이해하는가가 가장 중요한 결정요소로 작용한다.

M이라는 사안에 대하여 법학계에서는 적극적으로 바라보는 제1설과 소극적으로 바라보는 제2설이 첨예하게 대립하고 있다. 뿐만 아니라 이 사안에 대하여 아직 대법원의 판결이 내려지지 않은 채 하급심 판결 역시 법원별로 제1설과 제2설이 팽팽히 맞서고 있는 실정이다. 그런데 변호사 甲은 이와 유사한 성질을 가진 두 소송을 대리하게 되었는데 A가 의뢰한 원고사건에서는 제1설에 따라 주장을 하였고, B가 의뢰한 피고사건에서는 제2설을 근거로 원고의 주장을 배척하는 변론을 하였다.

① 변호사 甲의 태도는 합당한가? 그렇다면 그 근거는 무엇인가?
② 甲이 만일 검사나 법관이라고 한다면 이러한 주장은 합당한가?
③ 甲이 법학자라면 어떠한가?

위의 예시와 같은 사건은 甲이라는 변호사 개인의 입장에서만 보자면 이율배반적인 주장을 하는 것이 되겠지만, 고객의 이익에 충실하여야 한다는 변호사의 직업윤리라는 점에서는 그리 문제될 것은 없다. 하지만, 만약 甲이 변호사가 아니라 법관이거나 검찰이라고 한다면 이렇게 좌고우면하는 태도는 결코 적극적으로 평가되지 못할 것이다. 법조라는 하나의 개념으로 판·검사와 변호사가 모두 아울러지기는 하지만, 그럼에도 변호사의 윤리는 판·검사의 그것과는 구별되어야 하는 것이다.

다만, 변호사가 의뢰인의 이익에 치중한 나머지, 어느 정도를 넘어설 때 그로 인한 사회적 해악을 유효적절하게 예방하고 교정할 수 있는 통제장치 — 전문직의 직업윤리와 그에 수반되는 책임추궁장치의 존재 — 에 대한 요구 또한 급증하고 있는 것이 현실이기도 하다.

우리나라에서는 아직도 변호사에 특수한 법조윤리가 완결적으로 정립되어 있지는 못하다. 이에 법조윤리체계가 잘 발전된 외국의 예를 참조하면서 우리 사회에서의 법률가에 대한 역할기대에 상응하는 법조윤리의 체계를 구축하는 것, 그래서 보편성을 지닐 수 있는 우리의 법조윤리규범을 구성하는 것이 무엇보다 필요하다. 즉, 변호사의 행동에 대한 윤리통제를 통하여 고객을 보호하는 한편, 국가의 법질서를 운영하는 주요한 요소인 변호사직역의 자율성과 독립성을 보장하고 공익의 촉진자로서의 역할이 효과적으로 수행될 수 있도록 함으로써 변호사에 대한 국민적 신뢰를 확보하고 법체계가 전반적으로 적정하고도 정당하게 운영될 수 있는 틀을 구축하여야 한다는 것이다.

3. 변호사의 '직업윤리'

① 甲은 한 소년을 살해한 혐의로 기소된 A의 변호인이다. A는 甲에게 기소사실에 관하여 진술하면서 자신이 여자아이 B도 살해하여 호숫가에 매장하였음을 고백하였다. 실제 당시 B의 부모는 딸이 행방불명되자 백방으로 딸을 찾아 헤매었다. 이들은 A가 체포되었다는 말을 듣고 甲을 찾아와 혹시 자기 딸의 행방에 대해 아는지 물어보았다. 하지만, 甲은 자신이 아는 것을 전혀 내색하지 않은 채 모른다고 잡아뗐다. 그러다가 6개월 후 A가 재판정에서 B를 살해하였음을 자백하자 그때야 비로소 B의 부모에게 자기가 알고 있던 관련 사실을 털어 놓았다.[6]

② 변호사 甲은 경제영역에서는 국가의 개입이나 규제를 통하여 사회정의가 이루어져야 한다고 굳게 믿고 있었다. 특히 토지소유와 관련하여서는 좁은 국토에서 토지가 부의 양극화를 야기하는 주범이라고 생각하면서 기회가 있을 때마다 토지공개념을 적극적으로 도입하여야 한다고 주장하여 왔다. 그런데, 최근 甲은 고객 A를 대리하여 소송을 진행하게 되었는데 이 과정에서 토지공개념에 바탕을 둔 현행의 법제로는 도저히 A가 승소할 가능성이 없다는 결론에 이르게 되었다. 이에 甲은 A가 승소할 수 있도록 헌법재판소에 토지공개념을 수용한 현행법은 토지재산권의 절대성을 침범하는 위헌적인 법률이라는 취지로 위헌법률심판청구를 하고자 한다.

이 두 사례는 일반적인 윤리의식 혹은 개인으로서의 甲이 가지는 신념이 변호사로서의 직업적인 가치관과 서로 대립하는 경우를 보여 준다. ①의 예는 변호사의 비밀유지의무가 상식적인 윤리의식에 정면으로 반하는 경우를 상정하고 있다. 일반적으로 받아들여지고 있는 사회윤리와 변호사가 지켜야 할 직업윤리 즉 변호사윤리가 서로 충돌하고 있는 것이다. 반면 ②의 예는 개인윤리와 변호사윤리의 충돌을 가리킨다. 개인적인 세계관이나 인생관에 따르면 甲이 토지공개념을 위헌이라 주장하는 것은 자기모순에 해당한다. 하지만 변호사로서의 甲에 있어서

---

6) *People v. Belge*, 41 N.Y. 2d 60, 359 N.E. 2d 377(1976); 가재환, 법조윤리론, 사법연수원, 1999, 249쪽 이하.

는 고객의 이익을 위하여 자신이 가지는 법률적 지식이나 기술을 최대한 활용하는 것은 그 자체가 변호사의 직업윤리가 요청하는 바이다.

법조윤리는 이런 충돌에 직면하여 일단 변호사로서의 직업윤리를 우선할 것을 요청한다. 물론 변호사로서의 직무와 무관한 영역에서 혹은 고객과 관계를 설정하는 과정에서 수임을 할 것인가를 판단하는 준거로 개인적인 가치관이 작용하는 것은 별론이다. 하지만 고객과의 관계를 설정하고 변호사로서의 직무를 수행하게 되면 그때부터는 개인적인 가치관보다는 변호사로서의 직업윤리가 우선하여야 한다.

예를 들어 변호사는 고객에 대하여 성실의무를 지게 되는바(변호사윤리규약 제13조 제1항), 이 성실의무의 한계를 '사회정의의 실현' 및 '부정과 불의의 배격' 등의 윤리강령으로부터 도출해낼 수 있다. 그래서 소송사기를 도모하는 고객의 요구를 거부한다고 해서 그것을 성실의무를 위반한 것이라 비난할 수 없다. 요컨대, "변호사로서 마땅히 행하거나 지켜야 할 도리"란 변호사라는 직무의 특성에 비추어 우리 법체계가 설정하는 전문적인 행위준칙이자 동시에 변호사의 권리와 의무, 나아가 책임의 정도와 범위를 정하는 궁극적인 판단기준이 된다.

하지만, 법조윤리는 이러한 "도리"를 넘어 경우에 따라서는 법적인 의무나 책임으로까지 확장되기도 한다. 그것은 단순히 사회적 습속이 공식화되는 차원에 머무르지 않는다. 오히려 그와 더불어 전문직의 형성과정에서 발생하는 다양한 제도적 통제장치까지 포섭하고 더 나아가 사법체계 내에서 변호사가 수행하여야 하는 역할이나 기능을 감안하여 국가가 부과하는 법적 요청까지 포함하게 되면서 다양한 유형의 행위규율이 복합된 형태로 존재하는 것이 바로 이 법조윤리다.

법학전문대학원 설치·운영에 관한 법률 제2조는 법학전문대학원의 교육이념으로 "국민의 다양한 기대와 요청에 부응하는 양질의 법률서비스를 제공하기 위하여 풍부한 교양, 인간 및 사회에 대한 깊은 이해와 자유·평등·정의를 지향하는 가치관을 바탕으로 건전한 직업윤리관과 복잡다기한 법적 분쟁을 전문적·효율적으로 해결할 수 있는 지식 및 능력을 갖춘 법조인의 양성"을 들고 있다.

① 이 같은 교육이념에 의해 양성되는 법조인은 종래의 법조인과 어떻게 다른가?

② 이 교육이념에서는 법조인에 대한 사회의 역할기대를 어떻게 파악하는가?

③ 이를 바탕으로 법조인에게 요구되는 윤리항목들을 도출해 보라.

우리의 법조윤리에서 말하는 변호사모델은 일단은 법조관료모델에서부터 점차적으로 법률전문가모델로 이전하고 있는 것으로 파악할 수 있다. 실제 법조관료모델은 일제강점기하에서 일본의 법조체제가 그대로 이식되면서 본격화되었다. 법조인들은 고급관료들과 다름없는 방식으로 선발되고 또 양성되었던 것이다. 그러다가 1960년대 서울대학교 사법대학원에서 법조인을 양성하였던 시기를 거쳐, 권위주의체제가 확고해진 1971년 대법원 산하에 사법연수원이 설치되어 국가가 법률가의 양성을 전담하던 시기에 그 절정에 달하였다. 하지만 이러한 제도는 우리 법제의 모태가 되는 대륙법계에서도 법관 혹은 검찰관 등 실질적인 법집행기관에 집중되고 있고, 변호사의 양성·충원의 과정은 법률전문가모델을 추구하는 경향이 있는 만큼 그 의미는 점차적으로 축소되고 있다. 이 점은 특히 오늘날과 같은 후기산업화사회가 분쟁이 발생한 이후에 법과 국가가 개입하여 이를 사후 교정하는 방식으로부터 분쟁이 발생하기 전에 미리 분쟁의 가능성을 제거하고 협력이나 합의를 통해 국가의 개입여지를 최소화하는 사전예방적 방식으로 이전하고 있다는 점에서 더욱 그러하다.

법률기업가모델은 우리의 경우에는 아직은 생소하다. 그것은 아직은 완전하지 못한 모델인 동시에 '약간의 냉소적인 맥락'에서 거론되면서 기존의 법조사회에서 반발을 사고 있기도 하다. 대법원은 변호사의 의제상인성을 부인하는 판결을 내리기도 했다(대법원 2007. 7. 26.자 2006마334 결정).[7] 하지만 법률기업가모델은 우리나라의 기본적 법조모델로 구성하기는 쉽지 않을 뿐 아니라 바람직하지도 않다.

결국 우리나라에서의 변호사모델은 법조관료모델의 전통에 따라 변호사의 준사법기관으로서의 성격이 상대적으로 강조되고 있음을 전제로 하면서 점차적으로 법률전문가모델로 이행하고 있는 과도기의 수준에서 구성하는 것이 적합해

---

[7] 변호사에 의제상인성을 부인한다고 해서 변호사가 사경제주체로서의 성격을 전혀 가지지 않는 것은 아니다(헌법재판소 2009. 10. 29. 선고 2007헌마667 결정). 변호사가 사업자등록을 하고 부가가치세나 소득세를 납부하여야 할 의무를 진다든지 하는 것은 변호사 및 그의 직무가 사경제영역을 구성하는 것임을 드러낸다. 하지만, 이는 세법상의 규율에 불과할 뿐 그것이 곧장 변호사의 성격을 규정하는 것은 아니다.

보인다. 즉, 그 기본적인 틀에 있어서는 법률전문가모델에 입각하되, 과거 법조관료모델에 입각하였던 전통의 영향을 받아 다른 국가에 비하여 보다 많은 공적 규제 — 예컨대, 변호사 수에 대한 통제, 변호사자격 및 양성과정에 대한 국가적 통제 등 — 가 가해지고 있음으로 인하여 변호사의 공익적 의무가 보다 강조되고 있는 변형된 모델로 구성하는 것이 바람직할 것이다. 다만 변호사에 대한 사회적 수요가 확대되고 경제활동에서 법률서비스의 중요성이 증대하고 있음을 감안할 때, 앞으로는 변호사들이 종사하는 업무나 사회관계들의 유형에 따라 그 각각의 특성에 부합하는 윤리규범들이 다양하게 발전할 것으로 전망된다. 즉, 과거와 같이 모든 변호사들을 하나의 직역으로 통합하여 단일한 윤리규범을 마련하는 것에서부터 점차 개업변호사, 사내변호사, 정부변호사 등 각각의 업무영역에 따라 보다 분화되고 전문화된 내용의 윤리규범이 제시될 가능성이 많아지고 있는 것이다. 그리고 이 과정에서 전통적인 법조인상과 새로운 법조인상을 둘러싼 논의가 더욱 활성화될 것이며, 변호사 전체를 통일적으로 아우르는 변호사상과 하위집단에 특유한 변호사상을 어떻게 조화시킬 것인지의 문제를 중심으로 한 법조윤리의 현실적인 재정립도 새로운 과제가 되고 있다.

4. 법률전문직의 윤리규제

(1) 전문직이란?

대체로 변호사, 의사, 회계사 등을 중심으로 하는 전문직은, 자유경쟁을 바탕으로 하는 시장에서 직무영역별로 이루어진 분업의 체계를 따라 자신의 전문적 서비스를 상품화하고 이를 시장에 판매하는 일종의 독점적 생산자로 규정된다. 그리고 이러한 독점적 지위를 유지하기 위하여 서비스의 생산량이나 질을 통제하는 한편, 서비스 공급자 즉, 전문직의 자격을 제한하는 일단의 경제인으로 파악된다.

> A. 전문직업화(professionalization)는 희소자원으로 구성된 하나의 질서 — 전문지식과 기술 — 를 사회경제적 보상이라는 다른 질서로 옮겨놓으려는 시도이다. 희소

가치를 유지한다는 것은 독점경향 ― 시장에서의 전문성독점, 계층체계에서의 지위 독점 ― 을 의미한다.[8]

    B. 형사변호인은 피고인을 조력할 권리와 의무를 가진 헌법기관으로서 변호인의 변론권의 범위는 궁극적으로 재판부를 설득하여 정의로운 판결을 호소하는 데 있으며 피고사건과 관계가 있는 모든 유리한 사실 및 증거에 관하여 자유로운 진술을 할 수 있어야 하며 때로는 국가권력을 배경으로 한 검찰에 대하여 고발적이고 공격적인 변호가 필요한 경우도 있다. 특히 사법권 독립은 변호사의 독립이 없으면 진정한 것일 수 없고 변호인은 고도의 국가적 공이익을 추구하여야 하므로 변호사윤리가 허용하는 한 변론의 면책특권이 주어져야 한다.[9]

    ① 대부분의 전문직은 자체적인 조직을 구성하고 이를 통해 일정한 윤리적 통제를 행한다. 그 이유는 무엇인가?

    ② ①의 질문과는 달리 우리 변호사법은 1993년 개정되기 전까지는 변호사에 대한 징계권을 국가(법무부)에 부여하고 있었고 지금도 변협의 징계결정에 대한 이의신청사건은 법무부가 처리한다. 그 이유는 무엇일까?

    ③ 위의 강신옥 사건에서의 항소이유서를 보면 형사변호인은 "전문적인 법률지식이나 사실인정에 관한 전문적 의견을 갖고 반대 당사자인 검찰과 대결하여 법관이 올바른 심증을 형성토록 설득하는 헌법상의 공적인 단독기관의 직무를 행하는 자"라고 규정하고 있다. 이에 의하면 변호사는 일종의 헌법기관이 되는데 이 주장은 타당한가?

    요컨대, 전문직은 ① 지식 및 기술의 상품화, ② 시장통제 등의 방법에 의한 독점체제의 구축, ③ 자격부여나 교육훈련, 규율통제 등을 위한 자율적인 단체의 존재 등의 요소로 형성된다.

    여기서 **지식 및 기술의 상품화**는 추상화·일반화된 지식체계를 구축함으로써 이루어진다. 그것은 스스로 완결된 체계를 지향하여 전문직의 업무영역에 관한 한 모든 문제를 빠짐없이 그리고 정합적으로 처리할 수 있는 완전하고도 무흠결적인 지식영역을 확보하고자 한다.[10]

---

8) Larson, 1977, xvii. 케이스 M. 맥도널드, 전문직의 사회학, 일신사, 35쪽에서 재인용.
9) 소위 "강신옥 무죄 판결", 서울고등법원 제 1 형사부 1988. 3. 4. 선고 85노503 판결, 사법행정 제29권 제 4 호, 1988, 100쪽 이하(본서 제 3 장 참조).
10) 이러한 완결성은 경우에 따라 일종의 의례(ritual)의 수준으로까지 고양된 절차에 의하여 그

전문직의 단체가 구성되고 이들을 중심으로 전문직의 자격 및 윤리 통제가 이루어지는 것은 전문직 개념에서 가장 보편적인 요소이다. 전문직은 일종의 동업자조합을 구성하는 방식으로 스스로의 권익을 도모하는 한편, 신참자의 자격과 행동에 관한 통제권을 확보한다. 또한 이 조합은 전문직의 훈련이나 교육을 담당하는 과정에서나 전문직의 업무를 처리하는 과정에서 전문직의 지식·기술체계를 구성하는 역할을 담당하기도 한다.[11]

나아가 **시장의 통제**는 전문직의 또다른 요소다. 전문직의 출현 그 자체가 독립된 지식·기술체계를 전속적으로 행사하는 일단의 직업인에서 발단한다고 본다면, 전문직의 개념은 독점 혹은 그들이 공급하는 서비스의 질과 양에 대한 조직적 통제를 떼어 놓고서는 생각할 수 없다. 특히 전문직단체는 그 구성원들이 제공하는 서비스의 질과 양을 일정한 수준으로 유지하기 위하여 전문직의 자격을 통제하는 한편, 이러한 자격을 갖추지 못한 자 혹은 비구성원이 관련된 서비스를 제공하는 것을 단속하고 금지시키는 것 또한 핵심적인 업무로 수행한다.

(2) 법률전문직 윤리규제의 근거

이런 전문직은 일반적인 직업인과는 달리 특별하고도 엄격한 윤리규제가 행하여진다. 그 이유는 대체로 다음과 같이 설명된다.

첫째, 전문직이 제공하는 서비스는 그 성격상 구매자는 불리한 위치에 설 수밖에 없다. 실제 이런 서비스는 구매자가 구매 당시에 그 결과를 예측하기 어렵다. 의사의 치료를 받는 경우와 마찬가지로, 변호사에게 민사사건을 맡기더라도

자체가 절대적 관념 내지는 상징으로 변형되기도 한다. 영국에서 배리스터가 되기 위해 거쳐야 하는 Inn에서의 훈련과정이 대부분 식사를 중심으로 이루어지며 이 식사는 엄격한 규칙(dining rules)에 따라 통제되고 있음은 그 대표적인 경우이다. 영국의 Inner Temple의 식사규칙은 18세기의 복잡한 규율보다는 많이 완화되기는 하였으나, 여전히 입장시간(entry), 의복(dress code : 예컨대 의복은 짙은 색깔이어야 함), 식사(dining : 예컨대 커피가 나오기 전까지는 식사중에 자리를 뜨지 못함), 제재(conduct : 훈련과정 수료 배제) 등 네 가지 종류의 규율을 행하고 있다. 자세한 것은 http://www.innertemple.org.uk/forms/Michaelmas%202008%20Term%20Dining%20Form.pdf 참조.
11) 이런 양상은 Holiday(1987)가 잘 설명한다. 미국의 법조집단들은 시장통제권을 확보한 다음에는 효율적이고 효과적인 법체계, 법률의 정당성, 절차적 정의와 법률주의 등의 구축과정에서 법률전문가들이 수행하는 역할을 강조하게 된다고 한다. 이는 전문가의 공공성을 강조하는 것이지만 동시에 법률지식과 기술의 축적과정에 이들이 어떻게 관여하는가를 보여주는 구체적인 예이기도 하다.

서비스의 구매자가 소송의 승패에 기여할 수 있는 부분은 극히 적고, 전문직인 변호사의 능력과 의지에 맡겨야 하는 경우가 대부분이다. 어떠한 행위(서비스)의 결과에 대한 통제권이 적어도 고객의 수준에서는 거의 존재하지 않는 셈이다.

둘째, 극단적인 정보의 불균형이 이루어진다. 전문직은 그에 특유한 지식과 기술의 체계를 구축하고 이를 독점한다. 전문직이 아닌 사람은 그 내용을 제대로 이해하지 못하는 방식으로 구성되어 있는 것이다. 이에 서비스의 구매자의 경우 자신의 일이 제대로 처리되는지 혹은 그 결과가 최선의 것인지 아닌지를 알 수 있는 가능성이 극도로 제약되게 된다.

셋째, 전문직 서비스의 구매자들은 대체재를 찾기가 어렵다. 전문직이 제공하는 서비스는 전문직에 독점되어 있을 뿐 아니라, 그렇지 않다 하더라도 법무사나 의료기사 등은 대부분 전문직에 종속되어 있다. 따라서 서비스의 구매자 입장에서는 당해 서비스를 다른 대체적 서비스와 비교함으로써 그 효과성이나 효율성을 비교·평가할 수 없게 된다.

넷째, 전문직 서비스의 경우 질 낮은 서비스는 소비자뿐 아니라 제3자나 일반 대중에까지 영향을 미치게 된다. 예컨대 변호사가 잘못 작성한 유언장은 피상속인의 의사에 반하는 상속이 이루어지게 만들 뿐 아니라 정당한 상속인이 그 권리를 행사하지 못하게 한다. 심한 경우 나쁜 선례를 만들어 법의 안정성을 해치기도 한다. 하지만 그럼에도 불구하고 거래의 당사자들은 이런 문제에 대해 신경을 쓰지 않는 바람에 법질서가 혼란에 빠질 가능성이 있다.

전문직의 성립과정에 국가 혹은 법·제도가 결정적인 작용을 함은 이 때문이다. 국가는 전문직의 배타적 지위를 보장하는 후견자인 동시에 전문직이 공익의 추구자로서 기능할 수 있도록 감독·견제하는 규제자로서의 역할을 수행한다. 그리고 이 과정에서 국가는 법이나 제도를 통해 전문직이 필요로 하는 사회적 신뢰를 보다 제도적인 것, 강제가능한 것으로 변환한다.[12]

변호사의 윤리와 책임은 이런 맥락에서 도출된다. 변호사의 직무에 상응하는

---

12) 이에 헌법재판소는 "변호사는 국민의 기본적 인권의 옹호와 사회질서 유지를 사명으로 하며 품위유지, 공익활동, 독직금지행위 등의 의무를 부담하는 등 공공성이 특히 강조되고 법제도 및 준법에 대한 더욱 고양된 윤리성이 강조되는 직역임에 비추어볼 때, 그 직무의 공공성 및 이에 대한 신뢰의 중요성도 변리사 및 공인중개사보다 더 높은 수준이 요구된다고 할 것이다."라고 판시한 바 있다.(헌법재판소 2009. 10. 29. 선고 2008헌마432 결정).

전문성은 의당 갖추어야 할 자질이겠거니와 그에 더하여 변호사의 공공성, 윤리성, 그리고 그를 기반으로 일반인들로부터 주어지는 신뢰성을 구비하고 유지·강화하는 것이 요구되고 있는 것이다. 물론 그것은 1차적으로는 고객과 체결한 계약을 성실하게 수행하여야 한다는 계약상의 윤리와 책임으로 구성된다. 하지만, 동시에 변호사는 국가에 의하여 부여되거나 승인된 공적 임무 즉, 법집행 특히 사법과정의 배타적·독점적 참여자로서의 임무를 수행하기에 필요한 윤리와 책임 또한 부여받게 된다. 예컨대 고객의 이익을 위하여 행위하며 스스로 그 업무를 수행함에 필요한 능력을 갖추어야 할 의무는 전자의 계약상의 의무라 할 수 있다. 반면, 진실의 발견에 노력하여야 할 의무라든가 부당하게 소송을 지연시키지 않아야 할 의무는 후자의 공적 역할로부터 주어지는 의무이다.

(3) 변호사의 자율규제

A. 국민의 기본적 권리와 자유는 법률전문직과 사법부가 간섭과 압력으로부터 자유를 누리는 사회에서 가장 잘 보장될 수 있다는 사실은 오늘날 보편적으로 인정되고 있는 사실이다.[13]

B. … 프로페셔널리즘이 기술적 전공의 실천을 보호하고 권한을 부여해 주는 경제적·정치적 제도를 지향하는 전문직 자체에 뿌리를 둔 일련의 가치라는 것이다. 물론 그런 가치들이 … 공익, 공공선, 혹은 대중에게 봉사한다는 개념까지도 함축한다.

… 문제의 핵심은 전문직의 윤리적 독립이 기술적 독립보다 더 중요하다는 것이다. 전문직은 대체로 노동의 분업, 노동시장, 그리고 훈련제도를 통제했으나 지식과 숙련을 적용해야 하는 방법이나 목적에 대해서 독립된 목소리를 내지 못했다. … 명백히 나치 독일, 소련 같은 국가에서는 전문직이 직업윤리 혹은 Berufsethos를 주장하면서 나름대로 공공선을 규정할 자유가 없다.[14]

① 전문직의 경우 기술적 독립보다 윤리적 독립이 중요하다는 것은 무슨 의미인가?

② 자율성은 프로페셔널리즘에 필수불가결한 것인가? 아니면 전문직의 운영에 기능적으로 필요한 것일 따름인가?

---

13) Louis Joinet, U.N. Document E/CN.4/Sub.2/1990/15, para. 1.
14) E. Freidson, 박호진 역, 프로페셔널리즘 : 전문직에 대한 사회학적 분석과 전망, 아카넷, 2007, 193, 195쪽.

그러나 한편으로는 국가로부터의 전문직의 독립이 중요한 당위로 자리잡고 있다. 국가는 그 통치권을 행사하고 국민을 통제함에 있어 전문직이 수행하는 고도의 지식이나 기술을 필요로 한다. K. Jarausch의 관찰처럼 히틀러 치하의 법률가는 국가의 중요한 파트너로 인식되기보다는 "사람을 처형하는 데 쓰이는 하찮은 톱니바퀴의 톱니 한 개 같은 신세로 격하"[15]된 경우도 있다. 의료개혁을 빌미로 러시아제정이 의료전문직을 해체하고 그것을 국가의 보조자 내지는 국가통치의 수단으로 삼고자 하였던 예도 있다.

바로 이 점에서 전문직과 국가의 이중적인 관계가 구성된다. 전문직은 대체로 국가에 의해 구성되며 또 제도화되지만 다른 한편으로는 끊임없이 국가에 의하여 그 고유의 영역이 침탈되기도 한다. 하지만 전문직은 이런 간섭으로부터 스스로의 자율성을 확보하고자 노력한다. 그들은 스스로 자신들이 기반하는 전문지식과 기술을 개발하고 그것을 정형화하는 한편 이 지식과 기술을 다른 사회부분에서 함부로 전용하지 못하도록 통제한다. 아울러 이 모든 것을 사회로부터의 신뢰와 명망에 의하여 정당화한다. 이 과정에서 전문직은 사회 각 부분 특히 국가로부터의 자율성을 확보할 필요를 가지게 된다. 자신이 사용하는 지식과 기술, 그리고 그들만이 독점적으로 제공하는 서비스가 엄격한 과학성, 합리성 혹은 신성성(사제의 경우)과 사회 일반의 이익에 봉사함을 입증하기 위해서라도 국가 또는 정치과정으로부터 독립된 자신들만의 자율성을 확립하여야 하기 때문이다.

이는 법률전문가의 경우 더욱 절실해진다. 변호사의 경우 법원의 친구 내지는 법원의 한 공무원이기도 하지만[16] 동시에 법관과 검찰이 가지는 재판권력 특히 형사사법권력을 견제하고 형사피의자나 피고인의 인권과 이익을 수호하여야 할 의무를 지기도 한다. 즉, 변호사는 법관과 검찰에 대한 견제자 또는 비판자로서 법의 지배를 위해 봉사하여야 할 의무를 지고 있으며, 바로 이 점에서 법관이나 검찰 혹은 그들이 속한 국가로부터 자유로워야 할 필요가 발생하게 된다. L. Joinet의 U.N 보고서에서 재판관의 독립과 더불어 변호사의 독립이 법치주의의 실현과 인권의 보장에 절대적으로 필요하다고 주장한 것이나, 강신옥 변호사 사

---

15) E. Friedson, 앞의 책, 192~193쪽에서 재인용.
16) 범죄예방 및 범법자처우에 관한 제8차 유엔회의(1990)에서 채택된 "변호사의 역할에 관한 기본원칙" 제12문에서는 변호사는 사법작용에 있어 핵심적인 기관(essential agents of the administration of justice)이라고 한다.

건에서 변호사를 "헌법상의 공적인 단독기관의 직무를 행하는 자"로 지칭한 것은 이 때문이다. 변호사의 직무는 그 자체가 법의 집행에 있어 가장 중요한 기능을 수행하고 있을 뿐 아니라 헌법에서 규정하고 있는 변호사의 도움을 받을 권리라고 하는 기본권을 보장하는 핵심요소가 되고 있는 만큼 변호사의 존재는 직접 헌법적 정당성을 가진 것이라 할 수 있다.

이에 변호사 개개인의 신분이나 법률서비스 제공행위 등에 대한 국가적 간섭이 허용되지 않을 뿐 아니라 그 자격부여의 기준이나 절차, 변호사에 대한 윤리통제 및 행동강령의 제정 및 집행, 징계를 비롯한 제반의 변호사통제장치의 운영까지도 변호사 또는 변호사 사회가 자율적으로 행하도록 할 필요가 있다. 1982년의 개정변호사법과 1993년 개정변호사법은 이 점에서 의미가 있다. 전자는 변호사의 등록권을 법무부장관으로부터 대한변호사협회로 이관하였다. 후자의 경우 광무변호사법 이래 국가가 전속적으로 행사하던 변호사 징계권 중 변호사법위반사건 및 회칙위반사건 등에 관한 징계사건을 대한변호사협회에서 관장하도록 하여 실질적인 징계권을 행사할 수 있도록 하였다(동법 제73조). 즉, 이 두 개정법률의 시행으로 인해 우리나라의 변호사는 자격의 부여와 징계라고 하는 전문직에 있어 가장 중요한 두 가지의 통제권을 변호사들이 자체적으로 행사할 수 있게 된 것이다.

제 2 장

| 변호사의 윤리(일반)

한 인 섭

[기본질문]

1. 변호사는 판사, 검사와 더불어 흔히 "법조 3 륜"이라고 불리기도 한다. 더 나아가 변호사를 하나의 국가공무원으로 하여 법률상 변호사의 업무를 담당케 하는 나라도 있지만, 우리의 경우는 물론 그와 다르다. 변호사의 조력을 받을 권리를 충실히 제도화하기 위한 방안으로 변호사의 공무원화를 우리가 채택하지 않은 까닭은 무엇일까. 관료적 변호사와 독립적 변호사제도의 장단점을 비교해 보라.

2. 판사, 검사는 국가로부터 보수를 받고 공무를 수행하는 공무원이다. 변호사는 국가가 아니라 의뢰인과 사적 계약을 맺고 의뢰인으로부터 보수를 받는다. 그런데도 변호사의 공공적 성격이 유달리 강조되는 까닭은 무엇인가?

3. 변호사윤리를 규율하는 기본규정에는 어떤 것이 있는가. 한국의 경우를 정확히 파악하고, 미국과 일본의 경우를 아울러 알아보자. 3개국의 윤리규정을 비교해 보면, 어떠한 차이점을 찾아낼 수 있는가. 비교법적 검토를 통해 한국의 변호사윤리규정의 방향과 전망에 대해

시사점을 얻을 수 있는가?

 4. 변호사법 및 변호사윤리장전 등에는 변호사의 인권옹호 및 사회정의 수호의 기능이 유달리 강조되고 있는 것 같다. 그런데 실제로는 변호사의 변론업무에 '상인적' 면모가 갈수록 강화되고 있는 것 같다. 이러한 상업화 경향에 대하여, 변호사법 및 윤리장전의 공공성의 이념은 과연 어떻게 조화될 수 있을 것인가?

 5. 변호사는 변호사단체(대한변호사협회 및 지방변호사회)에 등록되어야 변호사업무를 하며, 비리를 저질렀을 때는 대한변호사협회로부터 징계를 받도록 되어 있다. 변호사단체에 변호사의 등록, 활동 및 징계에 관한 사항을 맡긴 것은 어떤 이유 때문인가. 변호사자치의 이념은 구체적으로 어떤 제도로 구현되어 있으며, 그 한계는 무엇인가?

I. 변호사윤리의 실정규범

1. 한국의 변호사윤리의 기본규정

　　현재 변호사윤리는 도덕규범에 머무르지 않고 법규범의 일부로 되어 있다. 변호사윤리의 방향과 내용의 기본을 정하는 것이 「변호사법」이다. 변호사법은 변호사의 사무에 관한 사항을 건조하게 나열하고 있지 않다. 변호사법은 윤리지향적 규범으로서의 특색을 두드러지게 보인다. 제 1 조부터 "변호사는 기본적 인권을 옹호하고 사회정의를 실현함을 사명으로 한다"(제 1 항)고 하면서, 변호사의 직무수행은 "그 사명에 따라 성실히" 행해져야 함을 부각시킨다(제 2 항). 즉 변호사의 직무는 윤리친화적 사명과 불가분이다.

　　변호사의 직무수행에 있어 '제 4 장 변호사의 권리와 의무'의 장에는 변호사윤리와 연관된 내용을 본격적으로 담고 있다. 여기에는 변호사의 일반적 의무가 예시적으로 규정되어 있다. 가령 진실의무(제24조 제 2 항), 비밀유지의무(제25조), 장부의 작성·보관(제28조), 수임사건의 건수 및 수임액의 보고(제28조의2) 등이 세세하게 규정되어 있다. 이러한 규정들은 모두 변호사로서의 전문직 윤리와 직결된 조항들이며, 단순히 사무운영조항에 머무르지 않고 있다. 가령 수임사건의 건수 및 수임액의 보고는 변호사의 활동을 투명화함으로써 사건수임과 관련된 비리의 여지를 억제하고, 조세의 적정성을 기하자는 취지가 포함되어 있다.

개별 규정뿐 아니라 보다 일반적 윤리규정도 도처에 들어 있다. 가령 제24조 제 1 항에서는 "변호사는 그 품위를 손상하는 행위를 하여서는 아니 된다"는 지극히 윤리적 함축이 큰 조항이 들어 있다. 이러한 '품위유지의무'는 불명확하고 포괄적인 문구라는 비판을 받을 수 있지만, 전문직으로서의 변호사윤리는 이러한 문구 속에서 전문직 구성원들이 합의할 만한 내용을 용이하게 도출할 수 있다는 전제하에 존치되고 있는 것이다. 더욱이 이 조항은 일정한 강제력을 갖는 수준으로 격상된다. 변호사의 징계에 관한 제91조는 징계사유를 정하고 있다. 동조 제 2 항의 징계사유에는 변호사법에 위반한 경우, 법정 변호사단체의 회칙에 위반한 경우를 열거하고 마지막으로 "3. 직무의 내외를 막론하고 변호사로서의 품위를 손상하는 행위를 한 경우"를 들고 있다.

변호사법 중에서 변호사윤리와 직결된 부분은 제 1 장(변호사의 사명과 직무), 제 4 장(변호사의 권리와 의무), 제10장(변호사의 징계 및 업무정지) 등을 들 수 있다. 그리고 최근 신설된 제 9 장(법조윤리협의회)은 "법조윤리를 확립하고 건전한 법조풍토를 조성하기 위한" 업무를 수행할 것을 예정하고 있다. 변호사법은, 그 전체 조문에 대한 종합적인 이해를 통해, 변호사윤리의 방향과 내용을 가리키는 지침이 된다. 앞서 말한 변호사의 품위도 변호사법 전체에 대한 통합적 이해를 통해 그 조항의 의미를 채워갈 수 있는 것이다.

변호사법에 따르면, 변호사의 윤리에 관한 보다 구체적인 규정은 지방변호사 및 대한변호사협회가 회칙으로 정한다. 지방변호사회의 회칙에는 "회원의 권리 및 의무에 관한 사항" 및 "회원의 지도 및 감독에 관한 사항"을 필요적 기재사항으로 정하도록 하고 있다(변호사법 제66조). 이 회칙은 대한변호사협회를 거쳐 법무부장관의 인가를 받도록 한다(동법 제65조). 대한변호사협회는 회칙으로 위의 필요적 기재사항을 기재하여야 하며, 특히 변호사징계에 관한 사항을 회칙으로 정해야 한다(동법 제80조). 이 규정에 의거하여 대한변호사협회 「변호사윤리장전」을 제정·시행하고 있다. 변호사법과 함께 「변호사윤리장전」은 변호사윤리에 관한 가장 중요한 법원(法源)이라 할 수 있다.

변호사윤리장전은 「윤리강령」의 부분과 「윤리규약」의 부분으로 나누어진다. 윤리강령은 다음과 같다.

윤리강령

1. 변호사는 기본적 인권의 옹호와 사회정의의 실현을 사명으로 한다.
2. 변호사는 성실·공정하게 직무를 수행하며 명예와 품위를 보전한다.
3. 변호사는 법의 생활화 운동에 헌신함으로써 국가와 사회에 봉사한다.
4. 변호사는 용기와 예지와 창의를 바탕으로 법률문화향상에 공헌한다.
5. 변호사는 민주적 기본질서의 확립에 힘쓰며 부정과 불의를 배격한다.
6. 변호사는 우애와 신의를 존중하며, 상호부조·협동정신을 발휘한다.
7. 변호사는 국제 법조간의 친선을 도모함으로써 세계 평화에 기여한다.

「윤리강령」은 변호사의 사명과 가치관을 담고 있다. 다만 윤리강령은 추상적이고 선언적이어서 구체적인 직무규범을 직접 도출할 수는 없다. 이 윤리강령이 높은 지향점을 표방하면서, 법조현실과 너무 동떨어져 있는 관념으로 채워져 있지 않은가 하는 지적을 받을 수 있다. 그렇다고 이 윤리강령이 단지 공허한 장식문구인 것만은 아니다. 특히 일반 시민들의 변호사에 대한 기대의 준거가 되고, 개별 변호사의 행위의 잘잘못을 평가하기 위한 잣대로서 기능하고 있다. 그 때문에 변호사로 활동하는 자는 자신의 행동과 가치에서 과연 윤리강령대로 살아가고 있는가 하는 질문을 거듭해야 할 것이다.

윤리강령 다음에 「윤리규약」이 나온다.[1] 이 윤리규약은 변호사가 반드시 지켜야 할 직무윤리규범이다. 이를 위반한 경우에는 변호사법이나 대한변호사회협회 또는 지방변호사회의 회칙·규칙에 위반하는 행위가 되고 변호사로서의 품위를 손상하는 행위가 된다.[2] 변호사윤리에 관한 기본적 직무규범은 앞으로도 이 「윤리규약」의 내용을 더 구체화하는 방향으로 발전되어 갈 것이다.

다음으로 윤리규약의 일부로 편입할 수도 있었겠지만, 보다 구체적 기준을 정할 필요가 있거나 가변적 상황에 탄력적으로 대응하기 위하여 대한변호사협회 또는 지방변호사회 차원에서 규정을 만든 경우가 있다. 예컨대 변호사의 과대선전을 광고하는 것을 제한하되, 선전·광고를 함에 있어서 합당한 기준으로

---

1) 2014. 2. 「윤리규칙」은 「윤리규약」의 명칭으로 개정되었다. 회원들이 자발적으로 윤리를 준수한다는 의미에서 수정되었다. "규칙"이라고 할 때 명령·규칙·조례의 "규칙"과의 혼동을 피하려는 의도도 있다.
2) 이해진, "변호사윤리장전의 제정과 개정", 법조윤리론, 사법연수원, 2008, 209~211쪽.

「변호사광고에 관한 규정」이 시행되고 있다. 윤리규약은 이러한 세부규정들과 함께 보다 구체적인 내용을 채워가는 것이다.

[질문 1]

1. 변호사윤리를 규율하는 기본규범으로 어떤 규정이 있는가. 그 규정들 중 도덕규범으로서의 특성이 부각되는 것은 무엇이며, 보다 행동규범(code of conduct), 책임규범(code of responsibility)으로서의 특성이 부각되는 것은 무엇인가. 적용사례를 들면서 설명해 보라.
2. 다른 직업집단과 달리, 법률이 아니라 단체의 자율적인 규범정립을 허용하는 근거는 무엇인가. 자율적 규범화를 허용할 때의 장점은 무엇이며, 나타날 수 있는 폐단은 무엇인가. 그 폐단가능성은 어떻게 견제되어지고 있는가?

2. 변호사징계의 근거규범으로서의 변호사윤리관련 규정

1993년 이전에 변호사에 대한 징계는 법무부에서 심의·의결·집행했다. 그러나 국가기관에 의한 직접적 통제가 변호사의 독립적 활동을 제약하고, 변호사회의 자치를 위축시킨다는 비판이 누적되었다. 1993년 및 1996년 변호사법의 개정을 통해 변호사의 일반적 징계는 변협징계위원회에서 심의·의결하고, 대한변호사협회의 장이 이를 집행한다(변호사법 제98조의4, 제98조의5)는 것으로 정해졌다. 대신 변협의 징계결정에 대해 이의가 있는 경우에 그 변호사는 법무부징계위원회에 이의신청을 제기할 수 있다(제96조)고 규정되었다.

이렇게 징계심의·의결권을 변협이 가지게 됨에 따라, 징계사유 및 징계절차에 대한 구체적 규정이 불가피하게 요청되었다. 그리하여 징계사유의 근거가 될 「변호사윤리규칙」의 대대적인 정비를 단행하게 되었고, 「변호사징계규칙」을 제정하게 되었다. 다음은 당시의 사정에 대한 언급이다.

대한변호사협회에서는(1993년 : 편자주) "변호사윤리장전"을 개정하면서 그 제안이유에서 "현행 변호사윤리규정은 1962. 6. 30. 선포되어 현재까지 시행되고 있는바, 그동안 30여 년이 경과하는 동안 급격한 사회현상의 변혁과 변호사법의 개정 등으로 현재의 실정에 맞지 아니할 뿐 아니라 새로운 윤리규범이 필요한 분야가 많아지고 법조인구의 증가로 인하여 과거에 비하여 고도의 시민윤리와 직업윤리를 요구하고 있는 현실에 부응하기 위해서는 새로운 윤리규칙의 제정이 필요하며, 더구나 변호사징계권의 일부가 대한변호사협회에 이관되어 변협에 징계위원회를 설치하여 변호사에 대한 징계심사의무를 담당하게 되었는바, 징계사유의 범위와 한계를 명백히 규정하여 관계인의 권익을 최대한 보장하고 징계제도의 원활한 운영과 실효를 거두기 위하여 징계사유의 구체적 내용이 될 수 있는 윤리규칙을 만들기 위한 것임"이라고 선언하여 이 윤리장전이 변호사의 직업윤리임과 동시에 변호사징계 사유의 범위와 한계를 정하는 징계사유의 구체적 내용이 되는 것이라는 점을 명백히 하고 있다.[3]

이 변호사징계의 자율화와 징계규칙의 제정 등은 단지 징계에 관한 사항에 국한된 것이 아니다. 징계의 근거규범으로서 변호사윤리장전은 이제 추상적 도덕규범의 성격을 탈각하고, 그 위반 시에 제재가 수반되는 행동규범, 책임규범으로서의 특성을 뚜렷이 하게 되었다. 한편「변호사징계규칙」은 2021년 개정되어 오늘에 이르고 있다.

3. 외국의 변호사윤리규정 : 미국의 예

변호사윤리에 대한 우리의 규정은 우리의 역사적 경험을 통해 발전해왔지만, 현재의 규정은 변호사의 전문직윤리 및 책임에 관한 사항이 망라적이고 구체적으로 되어 있다고 보기는 어렵다. 변호사윤리의 강화를 위해서는 현재보다 훨씬 세분화되고 구체적인 내용의 윤리규범, 행동규범, 책임규범이 형성되어야 할 것이다. 특히 윤리규정 중에서 윤리적 강령의 부분과 강행법규의 부분을 정확히 제시해야 할 것이다.

개별 변호사로서는 직무수행과정에서 당면한 딜레마에 대한 지침을 얻을 수 있어야 할 것이다. 법학전문대학원에서 법조윤리가 필수실무교과목으로 법정화되어 있고, 변호사의 의무연수교육에 법조윤리가 필수과목으로 포함(변호사법 제85조 제4항)되어 있음을 볼 때, 이제는 변호사윤리의 규정이 본격적으로 정비되어야

---

3) 이혜진, "변호사윤리장전의 제정과 개정", 법조윤리론, 사법연수원, 2008, 209~211쪽.

할 것이다. 일반 시민의 입장에서는 정비된 변호사윤리규정을 통해 변호사에게
요구할 수 있는 기본적 사항이 무엇인지 알 수 있게 될 것이다.

　　변호사윤리에 대해 가장 구체적인 내용을 담고 있고 도덕규범·행동규범·책
임규범으로서의 성격을 발전시켜 온 것은 미국이다. 미국변호사협회(ABA)를 중심
으로 각 주 및 연방 차원에서 발전되어 온 변호사윤리규범에 대한 이해는 우리의
장래에서 하나의 중요한 참조사례가 될 수 있을 것이다.

[질문 3]

다음 〈자료 1〉은 미국의 변호사윤리규범의 전개를 요약한 것이다. 1908년, 1969년,
1983년의 규정들의 작성과정 및 그 내용이 대략적으로 나온다. 이 자료를 읽은 다음 각
근거규정들을 직접 인터넷을 통해 찾아보자. 변호사윤리강령(Canons, 1908), ABA 직
무책임준칙(Model Codes, 1969), ABA 표준규칙(Model Rules, 1983) 사이에는 어
떤 차이가 있는지 정리해 보자. 이러한 규정과 우리의 윤리규정 사이에는 어떤 차이점이
있는가 생각해 보자.

자료 1　　미국 변호사윤리규범의 전개 [4]

1. 윤리규범의 형성

　　미국에서 법률가윤리에 관한 체계적 논의는 19세기 중반에 시작되었다. 1854년 샤르
스우드(George Sharswood) 판사가 저술한 "법률가윤리"(Professional Ethics)의 출판은 이
분야에 관한 규율을 구체화하는 데 공헌을 했다. 앨라배마주 변호사회가 제일 먼저 변호
사윤리규정을 1887년에 채택했는데, 그 내용은 샤르스우드 판사의 주장을 대부분 수용한
것이었다.

　　앨라배마주의 이 규정은 다른 주(State) 변호사회는 물론, 전국적 규모의 변호사단체인
ABA에도 큰 영향을 주었다. [5] ABA는 1908년 8월 27일 '변호사윤리강령'(the Canons of
Professional Ethics)을 채택했다. 이 강령은 그 후 몇 차례에 걸쳐 부분적 수정이 가해졌지
만, 그 기본 원칙은 그대로 유지되었고, 더 세부적인 윤리규정들의 발전에 토대를 제공해
주었다. 현재의 윤리강령은 다음과 같은 9개 조로 되어 있다.

---

4) 김재원, 미국의 법학교육과 변호사 윤리, 도서출판 정법, 2007, 124~131쪽.
5) ABA Center for Professional Responsibility, Annotated Model Rules of Professional Conduct,
　　3rd ed.(이하에서는 Annotated Model Rules로 약칭), 1996, vii.

제 1 조 : 변호사는 법률가의 직무를 성실하고 유능하게 수행할 수 있도록 하는 일에
    협력하여야 한다(A lawyer should assist in maintaining the integrity and com-
    petence of the legal profession).

제 2 조 : 법률가의 의무는 법적 도움을 제공하는 것이고, 변호사들이 이 의무를 실현
    하는 일에 모든 변호사는 협력하여야 한다(A lawyer should assist the legal
    profession in fulfilling its duty to make legal counsel available).

제 3 조 : 변호사 자격 없는 사람이 법실무를 수행하지 못하도록 하는 일에 모든 변호
    사는 협력하여야 한다(A lawyer should assist in preventing the unauthorized
    practice of law).

제 4 조 : 변호사는 의뢰인의 신뢰를 저버리거나 비밀을 발설해서는 안 된다(A lawyer
    should preserve the **confidences** and secrets of a client).

제 5 조 : 변호사는 의뢰인의 이익을 위하여 모든 영향으로부터 벗어나 법전문가다운
    판단을 내려야 한다(A lawyer should exercise **independent** professional judg-
    ment on behalf of a client).

제 6 조 : 수임사건을 처리함에 있어서 변호사는 법전문가답게 그 직무를 유능하게 수
    행하여야 한다(A lawyer should represent a client **competently**).

제 7 조 : 변호사는 법이 허용하는 수단과 방법의 범위 내에서 열정적으로 의뢰인을 위
    해 직무를 수행해야 한다(A lawyer should represent a client **zealously** within
    the bounds of the law).

제 8 조 : 변호사는 법제도를 개선하는 일에 협력하여야 한다(A lawyer should assist in
    improving the legal system).

제 9 조 : 변호사는 부적절한 행위를 해서는 안 되며, 부적절하게 보일 수 있는 행위도
    삼가야 한다.(A lawyer should avoid even **the appearance of professional im-
    propriety**).[6]

○ 직무책임에 관한 규정

후일 연방대법원 판사가 된 당시 ABA 회장, 루이스 파웰(Lewis F. Powell, Jr.)은 1964
년에 법률가직업윤리의 재정립 필요성을 주창했고, 이에 호응하여 ABA는 이 작업을 수행

---

6) '법전문가답지 못한 행위'는 법률가의 직업윤리에 위반하는 행위보다 더 넓은 개념으로 이
    해된다. 그리고 원문의 이 조항이 전달하려는 보다 정확한 의미는 "even the appearance"라
    는 구절에 초점을 두고 있다. 즉, 사실상 혹은 법규정상 특정의 행위가 법률가의 직업윤리
    에 위반되지 않는다고 판단되는 경우에조차도, 모든 변호사들은 다른 사람들에게 외견상 오
    해의 소지가 있는 행위까지 하지 말라고 요청한다.

할 특별위원회(일명 "the Wright Committee"라고 불림)를 설치했다.

이 위원회의 원래 임무는 '법률가윤리강령'을 개정할 필요성이 있는지를 검토하는 것이었지만, 이들은 개정보다는 대폭 보완으로 나아갔다.[7] 위원회는 강령보다 훨씬 세부적인 내용을 가진 윤리규정을 만들어, "직무책임준칙"(the Model Code of Professional Responsibility : 이하에서는 Model Code라고 약칭)을 내놓았다. 이 규정안은 1969년 8월 12일 ABA 대의원 총회에서 확정되었고, 그 후 연방 및 주(State)의 대다수에 의해 채택되었다.[8]

Model Code의 구성은 강령(Canons)을 기본 골격으로 하여, 9개의 강령 하나하나 아래에 그 강령의 내용을 더 세부적으로 다루는 법률가윤리의 조항들을 나열하는 형태로 되어 있다. 이 조항들은 다시 두 부분으로 나누어져 있는데, 먼저 '윤리적 고려사항'(ethical considerations)이라는 것이 있고, 그 다음에 '징계규칙'(disciplinary rules)이 있다.

○ 직무에 관한 규칙

1977년 ABA는 법률가라는 전문직에 관해 그 사회적 기능 및 역할 그리고 직업윤리를 전반적으로 재검토할 필요를 느끼고 새 위원회를 구성했다. "쿠택위원회"(the Kutak Commission)[9]라고 불린 이 위원회의 주요 임무는 그 당시의 법률가윤리에 관한 기준 및 내용이 법실무에서 점증하고 있는 난해한 직업윤리적 문제들을 해결하기에 적합한지를 검토하는 것이었다.[10]

당시 미국 거의 대부분의 주가 시행하고 있던 법률가윤리법규는 ABA가 1969년에 내놓은 Model Code를 근거로 만들어졌기 때문에, 쿠택위원회는 먼저 Model Code를 면밀히 재검토했다. 그 밖에 위원회의 주된 검토대상이 된 것으로는 ABA 윤리위원회의 개별적 사례들에 관한 의견서, 연방 및 주 대법원의 판례들이었다.

이 같은 자료들을 검토한 후, 이 위원회가 내린 결론은 기존 Model Code의 부분적 수정으로는 문제를 해결할 수 없다는 것이었다. Model Code 채택 이후 급변해 온 법실무를 둘러싼 환경의 변화를 수용하기 위해서는 새로운 접근과 규율이 필요하다는 결론이

---

7) Annotated Model Rules, vii.

8) ABA는 법에 관련된 문제에 대해서는 미국에서 가장 영향력 있는 기관이다. 하지만 ABA는 변호사들의 사적 단체에 불과할 뿐, 입법 혹은 사법 권한을 갖고 있지는 않다. 변호사의 자격부여나 징계 등에 관한 권한도 변호사가 속한 주 변호사회 — 그 주 최고법원으로부터 권한을 위임받아 — 가 행사한다. 따라서 ABA는 연방 혹은 주(State) 정부의 법원이나 입법기관 혹은 변호사단체에게 법률가윤리에 관한 규정을 '모델' 또는 '모범안'으로 제시할 수 있을 뿐이다. 이 안이 연방이나 주에서 그대로 혹은 일부 수정을 거쳐 채택되면, 그때부터 이 윤리규정은 더 이상 모델이 아니라 구속력을 가진 법규가 되는 것이다.

9) 1983년 사망할 때까지 이 위원회를 이끌었던 위원장 Robert J. Kutak은 네브라스카주 오마하 출신의 변호사로 법률가윤리규칙의 제정에 커다란 공헌을 했다. 자세한 것은 Wolfram, 1986, 61~62쪽 참조.

10) 그래서 이 위원회의 정식 명칭은 'the Commission on Evaluation of Professional Standards' 였다.

었다.

위원회는 법률가의 직업윤리에 관한 논의를 전례 없이 포괄적이고 심도 있게 전개했다. 이 과정에서 다양한 초안이 여러 차례 공표되었고, 관련 조항에 관한 주석과 해설(comment)이 발표되었다.[11] 또한 순탄하지 않았던 과정을 거치는 동안에 개혁지향적 입장과 보수적 입장 사이의 타협이 불가피했다.

1983년 8월 2일, ABA 대의원회는 마침내 Model Code와는 다른 새 윤리규정의 모델을 확정하고, 그 명칭을 "표준행동준칙"(Model Rules of Professional Conduct)으로 정했다. Model Rules는 그 형식부터 Model Code와 크게 다르다. Mode Code가 취했던 '윤리적 고려사항'(EC)과 '징계규칙'(DR)의 이분법을 Model Rules는 따르지 않았다.

Mode Rules의 경우에는 개별 규정의 문언(text)을 통해서, 그 규정의 준수 여부에 관한 재량권을 법률가에게 주고 있는지, 혹은 그 위반이 징계사유가 되는지를 알 수 있도록 하고 있다. 형식상 또 하나의 특징은 Model Rules의 모든 규정 아래에는 초안자들의 공식적 주석 및 해설이 '코멘트'(Comment)라는 제목하에 추가되어 있다는 점이다. 내용상 큰 변화로는 Model Rules에는 '공익봉사'(public service)에 관한 규정들이 추가된 점을 들수 있다.

Model Rules는 '법률가의 책임'이라는 제목의 '서문'(Preamble), '적용범위'(Scope), '용어해설'(Terminology) 그리고 8개 부분으로 나누어진 본문으로 구성되어 있다. 서문에서 법률가의 사회적 역할을 의뢰인의 대변자(a representative of clients), 법제도의 운영을 담당하는 자(an officer of the legal system) 그리고 공인(a public citizen)이라고 규정한다. 따라서 법률가는 정의(justice)가 실현되도록 하는 데 특별한 책임이 있다고 서문은 밝히고 있다.

본문의 8개 부분은 적게는 3개에서 많게는 17개의 세부적 규정을 두고 있는데, 이 8개 부분이 다루는 주제는 다음과 같다.

1. 의뢰인과 변호사의 관계(Client-Lawyer Relationship)
2. 법률상담(Counsellor)
3. 소송수행(Advocate)
4. 의뢰인 아닌 사람들과의 관계(Transactions with Persons Other Than Client)
5. 법무법인 및 단체(Law Firms and Associations)
6. 공익봉사(Public Service)[12]

---

11) Annotated Model Rules, xi~xii.
12) ABA는 1993년 Model Rules의 '공익봉사'에 관한 규정을 대폭 개정했다. 새 규정은 모든 변호사들에게 최소한 연간 50시간을 공익을 위한 법률활동에 투여할 것을 요청하고 있다. 그리고

7. 법률서비스에 관한 정보(Information About Legal Service)
8. 성실한 직무수행(Maintaining the Integrity of the Profession)

미국 변호사협회(ABA)는 임의단체로서 법령제정 권한이 없다. 따라서 ABA가 제정한 규정들은 그 자체로서는 법적 구속력이 없고 다만 각 주(State)의 의회가 ABA의 규정을 모델로 해서 윤리법규를 제정하거나 주 최고법원이 ABA의 모델규정을 법규로 수용하는 경우에 비로소 법적 효력을 갖게 된다.

판례법전통을 가진 미국에서 변호사의 업무를 규율할 권한은 법원의 "고유 권한"(in-herent power)에 속한다.[13] 미국 주(State)들의 5분의 4는 ABA가 1983년에 제정한 변호사 직무에 관한 모델규칙(Model Rules of Professional Conduct)을 그대로 혹은 약간 수정해 법규로 채택했다.

캘리포니아주를 제외한 나머지 5분의 1의 주(State)들은 ABA가 1969년에 제정한 Model Code를 받아들여 변호사윤리법규를 만들었다. 캘리포니아주는 독자적인 체계로 정치한 변호사윤리법규를 만들어 주(State) 의회에서 입법화했다.[14]

○ 기타 **법률가윤리규범**

Model Code와 Model Rules는 법률가의 여러 역할 중 특히 변호사의 활동에 초점을 두고 있다. 변호사를 중심으로 한 소위 '법률가일원화'가 되어 있는 미국에서는 변호사에 관한 직업윤리가 모든 법률가들의 직업윤리의 기본이 된다.

그리고 일반적인 변호사에게 적용되는 경우와 다른 역할을 하는 법률가들에게 특별히 적용되는 세부적인 윤리규정들도 따로 존재한다. 즉, 판사,[15] 검사 및 형사사건을 맡은 변호사,[16] 상사분쟁의 중재[17]나 가족간의 분쟁을 중재[18]하는 변호사, 그리고 법학교수[19] 등에 적용되는 개별적인 윤리규정도 있다.

이 50시간의 거의 대부분을 무료로 혹은 대가를 바라지 않고 일하도록 하고 있다. 이 규정에 관한 '코멘트'는 11개의 단락을 나누어, 공익봉사에 해당하는 일의 종류, 공익봉사 의무가 면제되는 경우 및 그 대체가능한 활동 등을 상세히 서술하고 있다. 자세한 것은 Annotated Rules, pp. 465~467 참조.

13) D. Rhode & G. Hazard, *Professional Responsibility and Regulation*(2002).
14) D. Rhode & G. Hazard, 위의 책, p. 9.
15) ABA Code of Judicial Conduct.
16) ABA Standards for Criminal Justice.
17) Code of Ethics of the American Arbitration Association for Arbitrators in Commercial Disputes.
18) ABA Standards of Practice for Lawyer Meditators in Family Disputes.
19) Association of American Law Schools(AALS) Statement of Good Practices by Law Professors in the Discharge of Their Ethical and Professional Responsibility.

3. 변호사 : 상인성의 현실과 공익적 가치의 조화

"변호사를 산다"는 말이 있다. 이 말을 부정적인 뜻으로 쓰기도 하지만, 변호사의 법률서비스를 유료로 이용해야 하는 법률소비자(일반 시민)의 입장에서는 변호사의 서비스를 이용하려 할 때 다른 서비스 상품을 고르듯이 선택하려 들 수 있다. 같은 서비스라면 보다 저렴하게, 가능하면 보다 전문적인, 같은 값이면 보다 친절한 법률서비스를 추구하게 된다. 경매시장이 있듯이, 변호사의 법률 서비스도 시장거래의 품목이 될 가능성이 있다.

인터넷 법률시장은 그 이름부터 변호사서비스가 "마켓"에서 거래될 수 있는 것을 전제로 하고 있다. 실제로 인터넷 법률시장에 들어가 보면, 일반 상행위에서 쓰이는 용어들로 가득하다. 변호사가 사업자등록을 하고, 부가가치세를 납부하는 것은 변호사의 법률서비스에 대해 상업적 성격을 더하게 하는 요인으로 여겨진다. 로펌(law firm)은 그 이름부터 상업적 색채를 띠며, 그 업무도 법률영업(law business)의 성격을 띤다. 고수익을 올리는 변호사는 유능한 변호사로 선망의 대상이 된다. 이 같은 경향은 앞으로 꺾일 것이라기보다는, 오히려 가속화될 것으로 전망될 수 있다.

다른 한편으로 기존의 변호사법 및 윤리장전은 대가관계의 추구나, 영리지향성에 대해 대단한 거부감을 갖고 있었다. 윤리강령의 첫째로, 변호사는 '기본적 인권을 옹호하고 사회정의를 실현'함을 사명으로 한다고 명시하고 있었다. 2014년 이전의 「변호사윤리규칙」은 더욱 구체적인 주문을 담고 있었다. "변호사는 권세에 아첨하지 아니하고 재물을 탐하지 아니하며 항상 공명정대하여야 한다"(제 2 조 제 1 항). 심지어 "변호사는 사생활에 있어서도 호화와 사치를 피하고 검소한 생활로 타의 모범이 되어야 한다"(제 2 조 제 6 항). 이러한 규정은 공사에 걸쳐 모범이 되는 선비형·지사형의 변호사를 기본 모델로 추구한다. 다만 이 조항(제 2 조 제 1 항, 제 2 조 제 6 항)은 시대의 흐름에 맞지 않다고 보아 삭제되었다. 현재의 「윤리규약」 제 2 조 제 1 항은 "변호사는 공정하고 성실하게 독립하여 직무를 수행한다"고 하여 보다 객관화된 법전문가로서의 위상을 추구하고 있다.

둘째, 변호사는 재물을 탐하거나 추구하는 자가 아니라 "공공의 이익을 위하여 봉사"(윤리규약 제 1 조 제 2 항)해야 하며 "공익을 위한 활동을 실천하며 그에 참여"해야 한다(윤리규약 제4조 제1항). 자기의 존재를 상업적으로 알리려 애써서는 안 된다. 과거에는 아예 변호사광고가 법적으로 금지되어 있었으나, 2000년 이후 변호사광고는 허용되었다. 그러나 그 광고는 적극적 광고가 아니라 제한적으로 인정된다. "과대하게 선전하거나 광고"해서는 안 된다. 변호사법 및 윤리규약에서는 광고를 허용하지만, 일반 영업에서와 같이 완전한 광고자유의 태도로 나아가는 데 주저하는 인상을 보인다.

셋째, 변호사는 의뢰인으로부터 보수를 받고 업무를 수행한다. 그러나 그 보수에도 법적 제한이 따른다. 원래 로마법상 변호사는 직무에 관하여 보수를 받아서는 안 된다고 되어 있었고, 영국에서 법정변호사(barrister)는 변호사보수를 의뢰인에게 직접 청구해서는 안 된다고 했다. 변호사의 '명예'와 보수청구는 상충한다고 여겨서이다. 이러한 사고는 우리의 「변호사윤리규칙」(2014년 이전)에도 강력하게 반영되어 있었다. "변호사의 사명은 기본적 인권의 옹호와 사회정의의 실현에 있으므로 그 직무는 영업이 아니며, 대가적 거래의 대상이 되어서는 안 된다"(제29조 제1항)는 것이 변호사보수의 기본원칙이었다. 나아가 변호사의 보수는 "절대로 과다하여서는 아니 된다"(제29조 제2항), "변호사는 국민에 대한 봉사자이므로 보수가 부당한 축재의 수단이 되어서는 아니 된다"(제29조 제3항)고 한다. 이렇게 "절대로"라든지, "부당한" "축재"라는 거부적 표현을 거듭하면서, 변호사가 결코 보수를 밝히고 광고를 해 가며 사건을 유치하는 한갓 법률상인이나 법률기술자[20]의 차원에 머물러서는 안 됨을 강조해 왔다.

다만 변호사보수에 대한 이러한 소극적·부정적 태도는 오늘의 현실에 비추어 볼 때 지나치게 시대착오적이 아닌가 생각되고 표현상으로도 거슬리는 느낌이 있다. 그리하여 최근 개정된 「윤리규약」은 "부당하게 과다한 보수를 약정하지 아니한다"(제31조 제1항)라고 하고, "제반 사정을 고려하여 합리적으로 결정"(동 제2항)해야 한다고 한다. 이러한 변화는, 변호사의 보수가 대가적 거래의 대상이 될 수 있음을 용인하되, 부당하게 과다해서는 안되는 것으로 기준을 재설정한 것이다.

---

20) 다음 인용을 참고할 것. "법조인이 단순히 법률기술자나 법률상인으로 전락한다면 국민의 존경심을 기대하기는 어려울 것입니다. …법조인은 겸허한 자세로 자신을 성찰하고 과연 무엇이 잘못된 것인지 냉철하게 점검해야 합니다"(윤관 대법원장, 사법연수원 수료식에서 치사내용의 일부, 중앙일보 1999. 1. 13일자 참조).

오늘날 변호사의 활동과정에서 높은 수익, 영리성을 추구하는 것은 결코 바람직하지 않다는 선언만 되풀이할 게 아니다. 변호사윤리가 실천윤리·행동윤리라면, 변호사의 '상인화' 경향은 실정규범에 저촉될 것이기 때문이다. 다른 한편 공공성을 강조하는 것은 변호사직의 다른 직종과의 차별성(우월성)을 전제하여, 변호사에 대한 상이한 규제수준을 정당화하는 방편으로 쓰여지지 않는가도 의심해 볼 수 있다. 실질은 다른 상인이나 기술자와 별 차이가 없으면서 규범적으로 다르다고 하는 것은 법조인의 "권위주의, 엘리트의식, 특권에 안주한 기득권세력" 이라는 비판을 받을 소지가 있다.[21] 공공성을 포장하여 업무의 독점성이나 특권성을 수호하는 방편으로 활용해서는 안 된다는 것이다. 또한 공공성의 강조가 변호사간의 경쟁제한을 정당화하는 방편으로 사용되고 있지 않는가 하는 우려의 목소리도 없는 게 아니다.

만일 상인성을 정식으로 인정한다면, 변호사의 업무를 굳이 자격제도를 통해 국가가 통제할 이유가 없다. 상인이 아니라 하더라도 상인적 특성을 굳이 부인하지 않는다면 새로운 방향의 변호사윤리가 전개될 수 있다. 변호사가 되는 진입장벽을 낮추어야 한다든가, 변호사단체에의 가입강제를 강요해서는 안 된다든가, 복수단체화를 허용해야 한다든가, 업무에 대한 적극적 광고를 허용[22]하고, 보수에 대한 무한경쟁의 여지를 열어야 한다든가 하는 여지가 활짝 열릴 수 있다. 다양한 규제의 철폐와 격심한 경쟁을 통해 법률소비자(시민) 후생의 극대화를 도모할 수 있다는 시장경쟁의 장점을 펼쳐나갈 수 있다는 반론이 가능한 것이다.

변호사의 공공성의 이상과 상인성의 현실간의 딜레마는 오늘날 더욱 현실적으로 다가온다. 변호사들은 자신의 활동이 일반 상인이나 사업가와 다른 무엇이

---

21) 함정호 대한변호사협회 회장은 사법연수원 수료식 치사를 통해 "법조인에 대해 권위주의, 엘리트의식, 특권에 안주한 기득권세력이라는 비판이 거세게 일고 있는 만큼 젊고 참신한 예비법조인들이 사법의 독립, 검찰의 정치적 중립, 변호사의 윤리를 바로 세우는 역할을 해달라"고 주문하고 있다. 중앙일보 1999. 1. 13일자 참조.

22) 광고제한에 대한 비판적 입장은 다음과 같이 정리될 수 있다. "변호사의 광고를 제한하는 규정은 변호사를 선임하려는 법률서비스의 소비자에게 변호사에 대한 정보를 차단하여 소비자가 자기에게 맞는 법률서비스를 받지 못하게 하고 변호사들로 하여금 법률서비스의 경쟁을 통한 영업이익의 창출보다는 사건브로커를 통한 사건유치에 매달리게 함으로써 소비자들을 보호하는 헌법 제124조에 위반되고 헌법 제21조의 정보의 자유를 침해한다. 또한 무료법률상담과 같은 정보가 지역 주민들에게 알려지는 것이 차단됨으로써 법률소비자의 권익이 침해받고 있다"(헌법재판소 2002. 7. 18. 선고 2000헌마490 전원재판부 결정(변호사법 제23조 제 2 항 등 위헌확인)에서 헌법소원 청구인(변호사)의 입장).

있음을 보여 주어야 한다. 동시에 변호사는 하나의 "사업자"등록을 한 일종의 사업자로서 자신의 역량을 발휘하고 수익을 추구하려고 할 것이다. 바로 이러한 공공성과 상인성 중 어느 쪽에 우선순위 내지 가중치를 둘 것인가, 어느 한쪽을 우선시했다면 다른 측면의 요구를 어떻게 보완적으로 충족시킬 것인가를 아마도 일생 동안 고민하고 실천해 가야 할 것이다.

변호사의 상인성 인정 여부에 대하여 현재의 변호사법 제38조 제2항에는 "변호사는 소속 지방변호사회의 허가 없이 다음 각호의 행위를 할 수 없다"고 하면서 "1.상업이나 그 밖에 영리를 목적으로 하는 업무를 경영하거나 이를 경영하는 자의 사용인이 되는 것 2.영리를 목적으로 하는 법인의 업무집행사원. 이사 또는 사용인이 되는 것" 등을 열거하고 있다. 변호사가 직접 상인이 될 수 없고, 변호사의 자격으로 기업의 사원.이사. 사용인이 될 수 없다는 것이다. 다만 "변호사가 휴업한 경우"에는 위의 상인적 행위를 할 수 있다고 규정(동 제3항)하는 바, 이는 변호사의 활동과 일반 영리활동을 직무상 명확히 구분하려는 것이다. 적어도 '변호사'로서 활동할 때는 직접적 영리 목적의 직책과는 양립할 수 없음을 거듭 밝히고 있는 것이다.

자료 2 대법원 2007. 7. 26.자 2006마334 결정

〈판례〉

1. 변호사가 의제상인인지 여부 등에 대하여

변호사법은 제1조에서 "변호사는 기본적 인권을 옹호하고 사회정의를 실현함을 사명으로 한다. 변호사는 그 사명에 따라 성실히 직무를 수행하고 사회질서의 유지와 법률제도의 개선에 노력하여야 한다"고 규정하고, 제2조에서 "변호사는 공공성을 지닌 법률전문직으로서 독립하여 자유롭게 그 직무를 행한다"고 규정하고, 제3조에서 "변호사는 당사자 기타 관계인의 위임 또는 국가·지방자치단체 기타 공공기관의 위촉 등에 의하여 소송에 관한 행위 및 행정처분의 청구에 관한 대리행위와 일반 법률사무를 행함을 그 직무로 한다"고 규정한 다음, 변호사의 자격과 등록을 엄격히 제한하고(동법 제4조, 제5조, 제7조 내지 제12조, 제14조), 변호사에게 품위유지의무, 비밀유지의무, 공익활동 등 지정업무처리의무 등을 부과하는 규정을 두고 있고(동법 제24조, 제26조, 제27조), 법률사

무소의 위치와 수, 사무직원의 자격과 인원수 등을 엄격히 제한하고(동법 제21조, 제22조), 광고사항 및 방법 등에 일정한 제한을 가하고 연고관계의 선전을 금지하고(동법 제23조, 제30조), 수임사건을 제한하고, 계쟁권리의 양수행위, 독직행위, 변호사 아닌 자와 동업 등을 하는 행위, 사건유치 목적으로 법원·수사기관·교정기관 및 병원에 출입하는 행위, 재판·수사기관 공무원, 직무취급자 등의 사건소개 등을 금지하고(동법 제31조 내지 제37조), 변호사가 그 직무를 수행하면서 소속 지방변호사회의 허가 없이 상업 기타 영리를 목적으로 하는 업무를 경영하는 행위 등을 금지하는 규정 등을 두고 있으며(동법 제38조), 변호사로 하여금 소속 지방변호사회·대한변호사협회 및 법무부장관의 감독을 받도록 규정하고 있다(동법 제39조).

위와 같이 변호사의 영리추구 활동을 엄격히 제한하고 그 직무에 관하여 고도의 공공성과 윤리성을 강조하는 변호사법의 여러 규정에 비추어 보면, 위임인·위촉인과의 개별적 신뢰관계에 기초하여 개개 사건의 특성에 따라 전문적인 법률지식을 활용하여 소송에 관한 행위 및 행정처분의 청구에 관한 대리행위와 일반 법률사무를 수행하는 변호사의 활동은, 간이·신속하고 외관을 중시하는 정형적인 영업활동을 벌이고, 자유로운 광고·선전활동을 통하여 영업의 활성화를 도모하며, 영업소의 설치 및 지배인 등 상업사용인의 선임, 익명조합, 대리상 등을 통하여 인적·물적 영업기반을 자유로이 확충하여 효율적인 방법으로 최대한의 영리를 추구하는 것이 허용되는 상인의 영업활동과는 본질적으로 차이가 있다 할 것이고, 변호사의 직무관련 활동과 그로 인하여 형성된 법률관계에 대하여 상인의 영업활동 및 그로 인해 형성된 법률관계와 동일하게 상법을 적용하지 않으면 아니 될 특별한 사회경제적 필요 내지 요청이 있다고 볼 수도 없다. 따라서 근래에 전문직업인의 직무관련 활동이 점차 상업적 성향을 띠게 됨에 따라 사회적 인식도 일부 변화하여 변호사가 유상의 위임계약 등을 통하여 사실상 영리를 목적으로 그 직무를 행하는 것으로 보는 경향이 생겨나고, 소득세법이 변호사의 직무수행으로 인하여 발생한 수익을 동법 제19조 제1항 제11호가 규정하는 '사업서비스업에서 발생하는 소득'으로 보아 과세대상으로 삼고 있는 사정 등을 감안한다 하더라도, 위에서 본 변호사법의 여러 규정과 제반 사정을 참작하여 볼 때, 변호사를 상법 제5조 제1항이 규정하는 '상인적 방법에 의하여 영업을 하는 자'라고 볼 수는 없다 할 것이므로, 변호사는 의제상인에 해당하지 아니한다.

위 법리와 기록에 비추어 살펴보면, 원심이 변호사는 그 직무수행과 관련하여 의제상인에 해당한다고 볼 수 없고, 조세정책적 필요에 의하여 변호사의 직무수행으로 발생한 소득을 사업소득으로 인정하여 종합소득세를 부과한다고 하여 이를 달리 볼 것은 아니며, 변호사가 상인이 아닌 이상 상호등기에 의하여 그 명칭을 보호할 필요가 있다고 볼 수 없다는 취지로 판단하였음은 정당하고, 거기에 재항고이유에서 주장하는 바와 같은 변호사

직무의 공공성과 영리성에 대한 법리오해 등의 위법이 있다고 할 수 없다.[23]

Ⅱ. 변호사(회)자치

변호사로서 개업을 하려면 대한변호사협회에 등록을 하여야 한다. 등록을 하려는 자는 가입하려는 지방변호사회를 거쳐 등록신청을 하여야 한다(변호사법 제7조). 대한변호사협회는 등록거부사유가 있으면 등록심사위원회의 의결을 거쳐 등록을 거부할 수 있다. 변호사에 대한 징계사유가 발생하면 대한변호사협회는 변호사징계위원회를 열어, 징계사건을 심의하고 징계 여부 및 징계종류를 결정한다. 또한 대한변호사협회는 소속 회원의 권리·의무에 관한 사항을 정하고, 변호사와 지방변호사회의 지도 및 감독에 관한 사항을 정하고 이를 실행한다. 이같이 변호사의 등록·활동·징계에 관한 사항을 변호사회에서 자율적으로 시행하는 것을 변호사자치라 한다.

변호사자치라 할 때 이는 변호사의 직무활동 및 규율에 대해 외부적 통제와 감독으로부터 자유롭게, 변호사회가 자치적으로 결정한다는 것을 의미한다. 통상 공인받은 전문직의 경우 어느 정도의 자율성이 보장된다. 전문직으로 갈수록 업무의 전문성으로 인해 외부에서 그 업무의 내용을 그 전문가집단만큼 잘 파악할 수 없다. 공공의 전문직은 그 직무를 수행하기 위한 자격제도를 전문화하고 있으며, 그 전문직의 평판을 유지하고 독점성에 따른 시민의 기대치를 훼손하지 않기 위해 나름대로의 윤리규정을 제정하고 이를 엄격히 시행하려고 노력하게 된다. 그러한 자율적 통제장치가 작동할 때 외부적 간섭이 굳이 필요하지 않을 수 있다는 논리도 있다.

아마도 가장 중요하게 다른 전문직과 다른 변호사의 직무상의 특성 때문에 변호사(회)에 자치를 부여하여야 한다는 논리가 있다. 변호사는 국민의 인권을 보장하고 의뢰인의 법적 이익을 최대한 옹호하기 위해서는 때로는 국가권력과 정면으로 대립할 수 있다. 강신옥 변론사건(제3장 자료 4)에서 보듯이, "변호인은 반대 당사자인 검찰과 대결하여 법관이 올바른 심증을 형성토록 설득하는 헌법상의 공적인 단독기관"으로 직무를 수행(항소이유서)해야 하며, 때로는 "형사변호인

---

23) 같은 취지의 대법원 2011. 4. 22.자 2011마110 결정.

은 공판을 통하여 처음부터 끝까지 법관의 통념과 상식에 도전하지 않으면 아니
되며 궁극적으로 재판부를 설득하여 공정한 판결을 얻기 위하여 끊임없이 부당
행위의 시정을 구하고 때로는 입법의 타당성까지 철저히 다투어야 할 책무가 있
다"(서울고등법원 1988. 3. 4. 선고 85노503 판결). 때로 변호사는 검찰과 재판부, 그리고
국가권력과 직접 부딪치게 된다. 이때 충돌하는 상대방인 검찰 혹은 법무부, 사
법부에서 그 변호사에 대한 징계권을 행사하게 된다면 징계권의 남용을 가져올
뿐 아니라, 더욱 심각하게는 국민의 권리 보장의 사명을 위축시키는 결과를 초래
할 것이다. 당해 피고(인)뿐 아니라 궁극적으로는 국민 전체가 변호인의 조력을
받을 권리를 충분히 누릴 수 없게 될 것이다. 이같이 전문성의 요청, 자율성의 요
청, 권력으로부터의 독립과 같은 근거로 인해 오늘날 변호사의 자율성을 보장하
기 위한 내부적 통제방식으로 변호사(회)의 자치가 확립되어 있는 것이다.

　한국의 변호사자치는 처음부터 주어진 것이 아니었으며 단계적으로 확립되
었다.

　① 1949년 제정된 변호사법에는 변호사의 등록 및 징계업무를 법무부장관의
소관사항으로 규정하고 있었다. 법무부 안에 변호사징계위원회가 있고, 법무부장
관을 징계위원장으로 하여, 법무부가 변호사에 대한 징계권을 장악하고 있었다.

　② 1982년 변호사법의 전면개정[24]에 의하여 변호사등록사무는 변호사회로
이관되었다. 이에 따라 변호사협회는 법무부에 비치되어 있던 변호사명부를 이관
받아 1983년부터 변호사등록업무를 개시하였다. 그러나 변호사(회)에 대한 감독
기능은 여전히 법무부가 갖고 있었다. 변호사에 대한 징계권은 법무부 내 징계위
원회가 담당하고, 법무부장관의 업무정지명령권 등 시대에 뒤떨어진 제도가 그대
로 존치되고 있는 실정이었다.[25]

　③ 1993년 변호사법의 전면개정이 이루어졌다. 여기서 변호사징계권의 일부
가 변호사회로 이관되었다. 징계권은 대한변호사협회와 법무부가 각각 징계위원
회를 구성하게 되었다. 대한변호사협회의 징계위원회(변협징계위원회)는 변호사법
위반사건, 회칙위반사건, 품위손상사건을 심의하고, 법무부의 징계위원회(법무부징
계위원회)는 형사사건으로 입건되어 공소가 제기된 징계사건과 3회 이상 징계처분

---

24) 변호사법(1993. 3. 10. 시행)(법률 제4544호, 1993. 3. 10. 일부개정).
25) 대한변호사협회, 대한변협 50년사, 2002, 276~282쪽.

을 받은 전력이 있는 자에 대한 징계사건 및 변협징계위원회의 징계결정에 대한 이의신청사건을 심의하도록 심의대상을 구분하였다. 징계개시청구권은 법무부징계위원회에 대하여는 검찰총장이, 변협징계위원회에 대하여는 대한변호사협회장이 행사할 수 있도록 하였다. 이러한 변호사징계의 이원화는 당시 법무부와 변협의 "타협의 산물"이었지만, 그것은 "변호사의 자율성을 부정하는 전근대적·비민주적 제도"를 종식시키고, "드디어 변호사자치를 도모하는" 단계에 들어선 것으로 적극적으로 평가될 수 있다.[26] 아울러 그동안 독소조항으로 지적되어 왔던 법무부장관의 업무정지명령권(변호사법 제15조 : 형사사건으로 공소가 제기된 변호사에 대하여 그 판결이 확정되기 이전에라도 법무부장관은 업무정지를 명할 수 있다) 규정이 대폭 개정되었다. 이는 위 규정이 1990년 헌법재판소에서 무죄추정원칙, 적법절차, 과잉금지원칙에 저촉되어 위헌으로 판정받은 데 따른 것이었다.[27] 그럼에도 불구하고 이 개정에서는 업무정지명령의 완전 폐지에는 이르지 않고 단지 그 절차를 징계절차에 따르도록 규정(변호사법 102조 이하)함으로써, 변호사자치의 관점에서 볼 때 불완전한 것으로 평가될 수 있다.

④ 1995년 변호사법이 일부개정되어 1996년부터 시행되었다.[28] 등록심사제가 도입되고 징계권도 일원화되어 변호사(회)의 자치가 확대되었다. 첫째, 변호사등록심사제가 도입되었다. 직전까지는 변호사등록업무가 변협에 이관되었지만, 협회에 심사권이 부여되지 않았다. 본 개정에서는 대한변호사협회에 등록심사위원회를 설치하여 자율적으로 엄격한 심사를 할 수 있도록 하였다. 아울러 변호사의 등록거부사유가 확대되었다.

둘째, 징계권이 변협으로 일원화되었다. 종전에 법무부징계위원회의 징계사항이었던 변호사에 대한 징계는 모두 변협징계위원회에서 하도록 하고 법무부징

---

26) 대한변호사협회, 대한변협 50년사, 2002, 276~282쪽.
27) 헌법재판소 1990. 11. 19. 선고 90헌가48 전원재판부 결정(변호사법 제15조에 대한 위헌심판).
   "공소제기가 된 피고인이라도 유죄의 확정판결이 있기까지는 원칙적으로 죄가 없는 자에 준하여 취급하여야 하고 불이익을 입혀서는 안 된다고 할 것으로 가사 그 불이익을 입힌다 하여도 필요한 최소제한에 그치도록 비례의 원칙이 존중되어야 한다는 것이 헌법 제27조 제4항의 무죄추정의 원칙이며, 여기의 불이익에는 형사절차상의 처분에 의한 불이익뿐만 아니라 그 밖의 기본권제한과 같은 처분에 의한 불이익도 입어서는 아니 된다는 의미도 포함된다고 할 것이다. …법무부장관의 일방적 명령에 의하여 변호사업무를 정지시키는 것은 당해 변호사가 자기에게 유리한 사실을 진술하거나 필요한 증거를 제출할 수 있는 청문의 기회가 보장되지 아니하여 적법절차를 존중하지 아니한 것이 된다."
28) 변호사법(1996. 6. 30. 시행)(법률 제5055호, 1995. 12. 29. 일부개정).

계위원회는 변협징계위원회의 결정에 대하여 이의신청사건만을 심사하도록 하였다(제77조). 또한 "형사사건으로 공소가 제기된 경우"를 징계사유(제71조) 중에서 삭제하였다. 결국, 징계권은 변협징계위원회가 갖고 법무부징계위원회는 징계에 대한 이의신청을 받는 항고심의 기능만 담당하도록 변경이 된 것이다. "변호사(회)의 자치가 크게 확대"된 것으로 평가된다.

⑤ 2000년 변호사법 개정[29] : 1998년 이후 법조비리에 대한 국민적 불신, 독점집단에 대한 규제개혁의 요구가 제기되었다. 규제개혁의 차원에서 변호사단체의 임의단체화, 복수의 변호사단체의 허용 등이 제기되었다. 법조브로커의 활용, 전관예우 등 변호사수임사건을 둘러싼 법조비리가 연이어 폭로되면서 변호사자치의 한 축인 변호사징계의 변협에의 일원화의 문제점이 지적되기도 했다. 다시 말해 독점화된 전문직단체가 소속 회원에게 손해를 가하지 않으려는 소극적 태도로 인해 국민다수가 피해를 보지 않는가 하는 지적인데, 그에 대해 변협은 조직적 차원에서 자기방어를 하는 한편, 변호사의 윤리수준을 높이고 징계권 행사를 적극화하며, 변호사의 공익봉사의무를 강화하는 방향을 통해 규제개혁차원의 주장들을 약화시킬 수 있었다. 이는 변호사의 자치화가 가져올 부작용(조직이기주의의 극대화, 징계의 약화)에 대한 새로운 예방책이 입법화되는 단계라 할 수 있다.

2000년 개정법 중 변호사자치와 관련된 내용은 다음과 같다. 첫째, 변호사 등록거부사유를 추가하였다. 공무원 재직중 형사소추 또는 징계처분(파면 및 해임을 제외한다)을 받은 사실이 있거나 직무에 관한 위법행위로 퇴직한 자로서 변호사의 직무를 수행함이 현저히 부적당하다고 인정되는 자를 추가한 것이다(제8조). 비리행위로 퇴직한 판사·검사 등에 대한 변호사등록을 거부할 수 있는 근거를 둔 것이다.

둘째, 징계사유 중 가중사유를 추가하고, 징계처벌의 수위를 높였다. 변호사 영구제명제도를 도입하고, 정직·과태료의 상한을 인상하였다(제90조). 징계위원회가 변호사 중심으로 구성될 때 징계가 제 식구 감싸기식으로 약화될 우려를 방지하고 변호사윤리의 실천을 강화하기 위해 징계위원회에 비법조인의 참여를 확대하였다.

---

29) 변호사법(2000. 7. 29. 시행)(법률 제6207호, 2000. 1. 28. 전문개정).

셋째, 변호사의 공공적 의무를 강조하게 되었다. 변호사의 공익활동의무가 신설되었고, 다공익활동의 범위와 그 시행방법 등에 관하여 필요한 사항은 대한변호사협회가 정한다.

또 다른 것으로 변호사의 자율성 신장을 위한 두 장치가 도입되었다. 첫째는 변호사보수에 관한 규정이 삭제된 것이다.[30] 이는 국가차원의 경쟁력 강화와 경쟁을 제한하는 규제의 철폐라는 규제개혁차원에서 이루어졌다.[31] 변호사업무와 관련된 광고가 일정한 제한하에 허용되게 되었다.

⑥ 2007년 변호사법 개정[32] : 법조비리를 막고 전관예우 시비에 대해 윤리적 차원의 대책을 구할 필요성이 사법개혁의 차원에서 제기되었다. 2004년 사법개혁위원회는 법조윤리협의회를 설치하기로 제안하였고, 2005년 사법제도개혁추진위원회는 그에 대한 법률안을 작성하였다. 법조윤리 전반에 대한 상시적인 감시와 분석 및 대책 업무를 수행하기 위하여 법조윤리협의회를 설치하고 법관·검사 등 공직에서 퇴직한 변호사로부터 수임자료 등을 제출받아 징계사유나 위법혐의가 발견된 때에는 징계신청 또는 수사의뢰를 할 수 있도록 하였다.

또한 변호사의 자질 향상과 윤리의식 강화를 위한 연수교육을 의무화하였다. 소비자에 대한 정보제공을 활성화하기 위하여 변호사광고의 범위를 확대하는 한편, 징계종류 중 영구제명의 요건을 완화하고, 징계절차에 있어서 「검사징계법」을 준용하지 아니하고 직접 규정하며, 징계시효기간을 현행 2년에서 3년으로 함으로써 변호사징계에 관한 제도를 전반적으로 정비하는 등 법조비리를 근절하기 위한 대책을 마련하여 사법에 대한 국민의 신뢰를 높이고자 했다. 현행법이므로 본서의 다른 곳에서 구체적 내용을 소개할 것이므로, 여기서 그 골자만 소개하면 다음과 같다.

㉮ 징계혐의자에 대한 자료제출 등(제11조 제 2 항 신설)

30) 제19조(보수) 변호사의 보수기준은 대한변호사협회가 이를 정한다.
　　이 조항은 변호사법(2000. 1. 1. 시행)(법률 제5815호, 1999. 2. 5. 타법개정)의 전문직 전반에 걸친 규제개혁차원의 일환으로 삭제되었다.
31) 종전 변호사법은 변호사협회가 변호사보수기준을 정하도록 하였다. 그러나 사업자단체가 회원의 보수기준을 제정하는 것은 가격카르텔을 구성하여 공정한 거래를 침해하는 것이라는 공정거래위원회의 결정에 따라 1999년 2월 5일 변호사법 개정 시 변호사보수기준에 관한 규정들이 모두 삭제되었고 협회는 종전의 변호사보수기준을 폐지하였다.
32) 변호사법(2007. 7. 27. 시행)(법률 제8271호, 2007. 1. 26. 일부개정).

㉯ 변호사연수교육 의무화(제85조, 제117조 제 2 항 신설)

㉰ 법조윤리협의회 설치(제88조 및 제89조, 제89조의2 및 제89조의3 신설). 법조윤리 전반에 대한 상시적 감시와 분석 및 대책을 수립하고, 전관예우에 대한 예방과 대책수립을 위하여 전국단위의 법조윤리협의회를 신설하게 되었다.

㉱ 변호사징계제도의 정비(제91조 제 1 항 제 1 호, 제92조의2 신설, 현행 제97조 제 1 항 단서 삭제, 제97조의2 내지 제97조의5 및 제98조의2 내지 제98조의6 신설). 징계종류 중 영구제명의 요건을 완화하고, 징계절차에 있어서 「검사징계법」을 준용하지 아니하고 직접 규정하며, 징계시효기간을 현행 2년에서 3년으로 함으로써 변호사징계에 관한 제도를 전반적으로 정비하였으며, 대한변호사협회의 장이 징계위원회에 징계개시청구를 한 경우 이를 법무부장관에게 보고하도록 하고 있었던 것을, 징계결정에 대한 보고만으로도 징계권 감독이라는 행정목적을 충분히 달성할 수 있어 징계개시청구에 대한 보고의무를 폐지하고, 징계결정에 대한 보고의무만 존치하였다. 과도한 규제를 완화함으로써 변호사단체의 자율성을 신장하고자 한 것이다.

제 3 장

한국의 법조윤리: 역사와 현실

한 인 섭

대체로 법조윤리라고 할 때는 공통적으로 취급되는 주제가 있으며, 본서의 내용도 그에 맞추어 채워질 것이다. 하지만 한국의 법조윤리는 한국 현대사의 경험 속에서 정립되었음을 주목할 필요가 있다. 법조윤리에 관한 각종의 법령 및 윤리규정들을 살펴보면 우리의 역사적 체험이 반영되어 있다. 특히 정치적 권위주의와 관료주의의 장기지속은 사회정의와 인권실현을 사명으로 해야 할 법조인들에게 많은 수난, 때로는 오욕을 안겨주기도 했다. 그러한 수난과 좌절에 대응하고 극복하는 과정에서 한국 특유의 쟁점들이 부각되었음을 잊어선 안 된다. 이제까지 우리의 법조전통을 형성해 온 주제들을 검토함으로써 우리의 법조윤리를 보다 구체화하고 바람직한 방향을 모색할 수 있는 것이다. 여기서는 우리의 현대 사법사에서 법조인들이 당면해야 했던 문제상황과 그에 대한 법조인의 대응을 "쟁점 중심"으로, 살펴보고자 한다. 그를 통해 과연 바람직한 법조인의 상은 무엇인가를 토론해 보고, 법조인의 윤리와 책임의 중요성을 음미해 보자.

Ⅰ. 변호사의 사명 : 기본적 인권을 옹호하고 사회정의를 실현하는 자

변호사법 및 윤리강령, 윤리규칙(舊), 윤리규약 등에서 한결같이 변호사는 "기본적 인권의 옹호와 사회정의의 실현을 사명"으로 하며, "정의와 자유를 사랑하며, 진리를 추구하고, 민주적 기본질서의 확립에 정진해야 한다"고 한다. 변호사는 "인권사상에 투철하고 양심과 용기로써 그 사명완수에 진력하여야 한다." 그리고 변호사는 "항상 공명정대하여야 한다." 그는 "명예를 존중하고 신의를 지키며 인격을 도야하고 지식의 연마에 힘써야 한다." 이러한 윤리규범은 그냥 스치고 지나갈 일이 아니다. 처음부터 변호사의 존재근거와 직결된 윤리규범으로 거듭 강조되고 있기 때문이다. 모름지기 변호사라면, 혹은 법률가 전체는, 스스로 인권·정의·진리·양심·용기·공정의 가치를 적극적으로 실현해야 하는 공적 임무를 띠고 있는 것이다. 따라서 인권옹호와 사회정의의 수호자로서의 변호사는, 그러한 윤리규범의 요청에 부응하는 행동을 하지 못할 때에는, 윤리적 비난을 감수하지 않으면 안 된다. 변호사의 직무는 다양하지만, 변호사는 사익만을 추구해서는 안 되며, 좋은 법과 연관된 기본적 가치의 체현자로서의 자기정진을 해야 할 것이다.

변호사가 법을 통해 활동한다고 할 때, 그 법 자체가 악법이 아닌 이상 그 법의 실현을 위해 노력한 일반적 변론을 통해 어느 정도 인권과 정의의 수호자로서의 역할을 한다고 할 수 있다. 때로는 변호사에게 '고용된 총잡이', '허가받은 ***'라는 심한 매도도 있지만, 아무리 세인의 비난을 받는 사람들이라도 그 사람의 정당한 이익을 옹호하는 노력을 변호사는 해야 할 것이다. 그렇다면 변호사의 자기이익의 극대화가 곧 인권옹호요 사회정의의 수호로 직결된다고 자위할 수 있을까. 그러나 윤리규범들에서 연상되는 것은, 그런 차원보다 더욱 적극적인 변호사의 노력을 기대하고 있다고 할 수 있다.

현재의 윤리장전의 취지는 「변호사윤리장전」이 선포된 1962년의 그것과 거의 차이가 없다(<자료 1> 참조). 아마도 윤리장전에 내포된 변호사의 정신과 행동을 잘 대변했다고 할 수 있는 이병린 변호사(1911~1986)[1]의 다음 발언을 통해 윤리장전의 요체를 느껴볼 수도 있을 것이다.

"변호사는 어디까지나 생기발랄한 중립적 야인이어야 한다. 중립이란 정치적 의도가 없음을 말하고, 야인이란 대중과 더불어 살아가는 것을 의미한다. …반역이라고 하면 혁명을 전제로 한 정치적 용어같이 들린다. 변호사는 사회개선을 기하되 점진적으로 문화적·합법적 수단으로 노력한다는 점에서 반역아와 다르고, 생생한 야인으로 비판정신과 저항정신을 지니고 나아간다는 점에서 일맥상통하는 점이 있다. …변호사의 직업이란 억울한 사람의 편이 되는 것이다. 그렇기 때문에 항상 입법의 맹점, 사법의 불비, 행정의 독선을 대중의 위치에서 보고 느끼게 된다. 따라서 항상 대중과 같이 호흡하고 그 기질이 야인답게 되어가는 것이다. …변호사는 사회정의를 실현하는 자이며 자유와 진리를 사랑하는 자이며 사회개선을 위하여 노력하는 자이다. 이러한 구실을 다하려면 개인으로서의 직무나 기타 활동을 통하여 성실하게 노력하여야 하며 변호사회라는 단체를 통하여 국정과 세계평화를 위하여 그 거대한 사명을 다하여야 할 것이다. 따라서 남보다 일층 높은 식견과 인격이 요청된다. 권세에 굴하지 않고 돈에 팔리지 아니하고 어디까지나 정의를 위하여 불의에 대립하여 투쟁하는 기백과 용기가 있어야 한다."[2]

변호사를 재조가 아니라 '재야' 법조인이라고 한다. 그때 '재야'는 위의 '야인'적 속성을 말하는 것일 것이다. 억울한 사람의 편이 되는 것, 권력에 대한 야인적 비판정신을 갖고 법률가로 살아가는 것이다. 사회적 약자의 억울함을 대변하다 보면 개인적 차원의 변론에서 출발하여 사회악을 시정하고 사회정의를 추구하는 법적 활동으로 자연스럽게 나아가게 된다. 개인적 변론으로부터 출발하여 사회정의, 인권의 수호자로서 입법 및 사회개혁에 나아가는 예는 드물지 않다. 다음 최초의 여성변호사이자 여권신장을 위해 분투했던 이태영 변호사(1914~1998)의 술회를 들어 보자.

---

1) 이병린 변호사는 민주주의와 인권의 실현에 앞장선 모범적 변호사의 상으로 꼽힌다. 이병린, 심당 이병린변호사문집, 두레, 1991 참조.
2) 이병린, "변호사를 뜻하는 법학도에게", 법 속에서 인간 속에서, 청구출판사, 1967, 58~60쪽.

변호사 사무실을 열자마자 마치 4천여 년이나 나 같은 사람이 나오기를 기다렸다는 듯이 버림받고 서러움 많은 여자들이 줄을 지어 몰려왔다. 사무실 앞 골목은 온종일 울음소리가 끊이지 않았다. 나는 이 여인들의 고통과 눈물과 한숨을 외면해서는 안 된다는 어떤 부름을 들었다. 그래서 일그러지고 상처가 나서 망가질 대로 망가진 이 여인들을 당당하고 온전하게 일으켜야 한다는 일념으로 함께 울고 위로하고 변론하였다. 그러다보니 (가정법률)상담소를 하게 되었고 여성들이 차별받지 않는 세상, 여성들이 억울하지 않는 세상, 여성들이 인간으로 대접받는 세상을 창조하는 선봉에 서게 되었다. …최초의 여성변호사라는 남다른 위치에서 법차별의 질곡으로부터 여성들을 구제하기 위해 시작한 상담소는 차츰 나의 '항변의 장소'가 되어 갔다. 똑같은 사람인데 단지 여자라는 이유만으로 딸을, 어머니를, 아내를, 처가를 업신여기고 차별하는 사회의 부당한 법과 제도와 구조를 향해서, 또는 낡은 전통을 향해서 고발하고 반항하고 항변했다. … 가족법개정운동은 전통을 고집하고 있는 우리 사회에 대한 나의 또다른 고발이요 항거였다.[3]

변호사가 정의와 인권의 수호자라면, 어두운 시대에 변호사의 역할은 더욱 소중하다. 다만 어두운 시대일수록 법률은 정의와 인권의 도구이라기보다는 강자의 횡포수단으로 변질되며, 법을 해석·적용·집행하는 법률가는 '권력의 주구'가 아닌가 하는 매서운 비판에 직면한다. 기본적 인권을 질식시킨 1970년대와 1980년대의 권위주의 정권하에서 법률가들은 독재에 대한 저항을 회피하고 일신의 안일만 챙기거나 심지어 권력에 봉사하는 집단으로 지탄받기도 했다. 이 같은 시기에 일군의 변호사들은 악법과 부당한 법적용에 맞서 인권과 정의를 수호하기에 앞장을 섰다. 이들을 '인권변호사'로 지칭하기도 한다. 사실 모든 변호사가 '인권'변호사여야 하지만, 수많은 변호사들이 그런 어려운 역할을 방기하고 있을 때 소수의 변호사들이 일신의 위험을 무릅쓴 채 노력한 결과로써 '인권변호사'로서의 영예를 얻을 수 있었다.[4]

어두운 시대에 인권변호사들은 개별 사건에서 피고인에 대해 선처를 구하거나 무죄를 주장하는 데 그치지 않았다. 피고인의 입장에 적극 동조하는 입장에

---

3) 이태영 선생 유고변론집, '정의의 변호사'되라 하셨네, 한국가정법률상담소, 1999, 170~173쪽.
4) '인권변호사'들의 활약에 대하여는 홍성우·한인섭, 인권변론 한 시대, 경인문화사, 2011 참조.

서기도 하였고, 실정법의 정당성을 다투기도 하였으며, 권력악의 횡포를 폭로하여 민주화를 앞당기는 데 기여하기도 했다. 다만 법률가로서는, 기존의 제도와 규정을 완전히 혁파하는 혁명가의 입장에 서기보다는, 진실과 정의를 수호하고 법과 제도를 개혁하는 합리적 사회개혁가로서의 모습을 띠게 될 것이다. 물론 그러한 과정에서 변호사들의 수난도 적지 않았다. 그러나 그러한 인권변론의 역사, 그로 인한 수난의 역사는 한국 변호사의 역사에서 소중한 페이지를 차지하며, 「변호사윤리장전」에 합당한 행동을 했다고 평가할 수 있을 것이다. 이러한 전례들도 참조하면서, 앞으로 변호사들은 변화하는 환경 속에서 그 윤리장전에 부합하는 길을 적극적으로 개척해 가야 할 것이다.

[질 문]

1. 〈자료 1〉을 보고 최초의 변호사윤리장전의 내용과 그 속에 담긴 변호사의 상에 대해 말해 보자.
2. 변호사는 인권옹호, 사회정의를 일차적으로는 변론을 통해 실현한다. 그러면 변론을 통해 인권옹호를 어떻게 하는가. 개인의 구제는 사회개혁, 사회정의의 실현에 어떻게 작용하는가. 예를 들어 설명해 보자. 〈자료 2〉를 참조하여, 변호사의 법적 역할 및 사회적 역할에 대해 적극적으로 구상해 보자.
3. 보다 어두운 시대에 '악법도 법이다'고 하면서 악법을 만들어 기소·집행할 경우, 변호인은 어떤 변론을 준비할 수 있는 것인가?
4. 〈자료 3〉은 1964년 6.3학생운동(정부가 추진하던 한·일회담을 굴욕적 매국외교가 지탄한 학생시위)에 대한 계엄령 발포 및 관련자 처벌에 대한 이병린 변호사 및 대한변호사협회의 대응을 기록한 것이다. 이 사례를 통해, 대한변호사협회 등 변호사단체는 어떤 역할을 할 수 있는지, 어떤 발언을 어떤 범위 내에서 할 수 있는 것인지 생각해 보자.
5. 〈자료 4〉와 〈자료 5〉는 유신체제하 긴급조치 위반 등의 피고인들을 변론하다가 군법회의에 법정구속된 강신옥 변호사의 항소이유서 및 13년 뒤의 서울고법의 최종판결을 인용한 것이다. 먼저 이 사건의 전체적 전개과정을 알아보자.[5] 문제된 강 변호사의 법정변론의 요지는 무엇인가. 그 변론에 대해 어떤 죄목으로 기소되었는가. 그에 대해 강변호사는 어떤 논리로 기소내용을 반박하고 있는가. 이 사례에서, 변호사의 변론이

---

5) 한인섭, 정의의 법 양심의 법 인권의 법, 박영사, 2004, 259~272쪽에 실려 있는 황인철 변호사의 글(강신옥 사건의 경과) 참조.

법정모욕죄가 된다는 근거는 무엇이고 될 수 없다는 근거는 무엇인가. 그에 대해 논쟁해보라.

6. 변호인의 변론은 무죄변론, 선처변론을 넘어서 동조변론, 실정법에 대한 근본적 부정을 담은 악법변론의 다양한 차원으로 전개될 수 있다. "사법살인"이란 말은 무슨 뜻이고, 그 사례는 어떤 것이 있는가. 입법의 정당성을 부인하는 변론까지 할 수 있는 실정법적 근거는 무엇인가. 이 사건의 13년간의 진행과정과 귀결을 통해 '기본적 인권과 사회정의에 기여'하는 변호사의 상을 구축하기 위해서는 변호인이 가져야 할 자세는 무엇인가 토의해 보자.

7. "법을 가장 잘 배우는 길은 위대한 법률가의 전기를 읽는 것이다"(Radbruch). "훌륭한 법률가의 삶과 생각을 바르게 파악하는 것은 끊임없이 닥쳐오는 법적 문제에 대한 현명한 해결책을 찾을 수 있음은 물론 우리의 생활과 역사 자체를 정의의 빛으로 조명하게 되는 것이다"(최종고).[6] 이런 견지에서 자신에게 모범이 될 만한 법률가의 전기를 읽고, 그가 구체적 사건에서 어떤 활동을 통해 정의에 헌신했는가 하는 점을 탐구해보자.

자료 1 변호사윤리장전(1962. 6. 30.선포)[7]

전 문

변호사의 사명은 기본적 인권을 옹호하고 사회정의를 실현함에 있다.

그러므로 이 숭고한 사명을 달성함에 있어서 변호사는 공공의 복지를 위하여 공헌함을 本義로 삼아 안으로는 법령과 법률사무에 관한 부단의 연구와 심오한 학리연구에 노력하여 그 직무를 성실공정히 수행함으로써 사법권의 독립을 수호하고 그 올바른 운영을 촉진하며 밖으로는 법조인의 긍지를 가지고 일치단결하여 사회의 기운에 임하여 여론을 선도하고 국민과 더불어 자유와 질서가 보장되는 민주정체를 육성함에 과감하여야 할 것이다. 이에 변호사는 먼저 자아의 인격향상에 노력하고 상호협조와 단결의 정신을 함양하여 국민의 의표(儀表)로서의 소지를 쌓아야 할 것이므로 우리에게는 높은 윤리장전이 요청되는 것이다.

---

6) 최종고, 한국의 법률가, 서울대학교 출판부, 2007 참조.
7) 대한변호사협회, 대한변협 50년사, 2002, 784쪽.

윤리강령

1. 변호사는 정의를 실현하고 자유를 애호한다.
1. 변호사는 진리를 탐구하고 윤리를 존중한다.
1. 변호사는 헌법과 법률을 준수하고 이에 위배되는 여하한 비리도 용인하지 아니한다.
1. 변호사는 불기중정(不羈中正) 권세에 아유(阿諛)하지 아니하고 재물을 탐하지 아니한다.
1. 변호사는 자아의 수련에 힘쓰고 협동의 정신을 길러 국가사회를 위하여 공헌한다.

자료 2 　신념을 지켜주는 변호인이 가장 훌륭한 변호인 – 시국형사변론의 의의와 자세

다음은 1970~80년대 인권변호에 앞장 선 홍성우 변호사[8]가 후배 변호사들을 위해 형사변론, 그 중에서도 정치적 탄압을 받은 시국 사범에 대하여 변호사의 자세와 방법 등을 강연한 내용을 정리한 것이다.

"시국사건에서 변호인의 역할은 첫째, 법정에 서는 사람을 법적으로 조력하는 것이다. 변호인의 본질적 역할이다. 사람은 감옥에 가면 약해지고 자주 가면 갈수록 더 약해진다. 누구라도 감옥에 가거나 법정에 서면 조력이 필요하다. 시국 사범이 있으니까 변호를 한다.

둘째, 사상과 신념을 보호하는 역할을 해야 한다. 시국 사범이 감옥에서 좌절할 경우 인격적 파탄을 초래할 수 있다. 신념을 지켜주는 변호인이 가장 훌륭한 변호인이다.

셋째, 시국 사범 재판은 민주화운동의 일환으로서 법정투쟁이라는 의미를 가진다. 시국 사범의 법정투쟁을 통하여 민주화 운동이 확산되고 역사로 기록된다. 시국 사범의 법정투쟁 기록은 가장 중요한 역사적 자료이다. 변호인은 법정투쟁을 도와주고 정리하고 또 계도하는 역할을 해야 한다.

넷째, 법원의 입장에서도 변호인은 필요하다. 시국 사범들의 거친 주장이나 태도가 변호인을 매개로 순화될 수 있기 때문이다.

다섯째, 시국 사범을 변론하는 변호사는 법정에서 항상 검사, 판사와 대등한 지위와 자세, 당당한 태도를 지녀야 한다. 변호사가 검사에게 맞서지 못하는 모습을 보일 경우 피고인에게 큰 악영향을 끼친다. 예의는 지켜야겠지만 당당한 태도를 유지해야 한다.

여섯째, 시국 사범 재판에서는 형사소송 절차를 엄격하게 준수해달라고 요구해야 한다. 이는 법률 문화의 향상을 위해서도 필요하다. 법정에서는 반드시 피고인의 수갑을 풀

---

8) 당시 인권변호사들의 활동에 대하여는 홍성우·한인섭, 인권변론 한 시대, 경인문화사, 2011 참조.

고 재판을 진행할 것을 요구하고, 검사의 기소 요지 낭독과 피고인의 모두진술을 요구하고, 전차 기일의 공판조서 요지의 고지를 요구해야 한다.

변론의 수위와 이념 문제에 대해서는 신중하게 판단해야 한다. 피고인의 주장이나 사상이 변호인의 주장이나 사상과 다른 경우, 피고인의 주장을 인용하는 방법 등 기술적으로 처리한다. 변호인으로서는 가능한 한 피고인의 입장을 이해하고 수용할 수 있는 자세로 임해야 한다. 그러한 과정에서 변호사의 의식도 발전하는 것이다. 즉흥적으로 변론하거나 감정적으로 격앙되어서는 안 된다. 책임질 수 있는 변론을 위해 변론 내용을 미리 서면으로 작성하는 것이 안전하다.

일곱째, 구속된 사람을 접견하는 것은 당사자에게 만족감을 주는 척도가 되고, 신뢰관계 형성의 기초가 된다. 공판기일 전에는 꼭 접견을 하는 것이 좋다. 당사자 가족과의 관계에서도 원칙을 세우는 것이 필요하고, 사석에서 만나는 것은 조심해야 한다. 온정주의적인 자세는 삼가야 한다. 일부 정치 변호사들이 가족들에게 아부하고 온정주의적인 자세를 취하여 악영향을 끼치고 있다. 아부하는 자세나 온정주의적 자세로 임하는 경우 그 관계는 오래가지 못한다. 반대신문이나 증거 조사, 변론 준비를 할 때 성실한 자세로 임해야 한다. 반대신문 같은 것은 미리 작성하여 예행연습을 해보는 것도 좋다. 뜨거운 가슴과 정열로 변론 준비를 하여야 한다. 사회과학적인 전문 지식을 활용해야 할 때도 있고, 경우에 따라서는 전문가의 도움을 받아야 할 필요도 있다.

여덟째, 시국 사범 사건에서 변호사 보수 문제는 어려운 문제다. 하지만 원칙적으로 실비와 보수를 받아야 한다. 정치 변호사들이 무료 변론을 하기도 하나 적정한 보수를 받는 것이 당사자와 대등한 관계를 맺기 위해서도 필요하다.[9]

자료 3 계엄령하에서의 변호사의 항의[10]

대한변호사협회장으로 있던 필자(편집자주 : 이병린)와 동회(同會) 사무장인 김동주군이 6월 17일에 돌연 서대문경찰서에 영장 없이 구속되었다.

이 사실은 7월 5일자 신문에 처음으로 발표되기는 했으나 다만 구속사실만이 보도되었을 뿐 그 내용 전부는 동 보도에서 제외되었다.

우리는 그 후 6월 10일에 육군본부 보통군법회의 검찰부로 송치되는 동시에 서울교

9) 김선수, 노동을 변론하다. 오월의 봄, 2015, 27~29쪽.
10) 이병린, "우리는 위헌에 항의했다 — 계엄하 32일간의 옥중수기", 사상계 제12권 제9호, 1964. 9. 인용 및 상황설명은 한인섭, 정의의 법, 양심의 법, 인권의 법, 박영사, 2004, 223쪽 이하 참조.

도소로 이감되어 7월 25일에 기소되었으나 다른 사건과는 달리 그 공소장 내용이 전혀 공표되지 아니하였다.

그러다가 7월 26일 계엄이 해제되는 날, 공소가 취하되는 동시에 공소기각결정을 받고 그날 오후 9시 우리는 출감됐다. 계엄해제 후에 이 사건의 내용이 단편적으로 보도된 바는 있지만 위와 같이 계엄기간중에 사건내용이 전혀 공표되지 않았던 탓으로 그 진상을 구체적으로 아는 사람은 드물 것이다.

그리하여 우선 이 사건의 진상을 발표하고 아울러 거기에 대한 소감을 적어 일반 사회의 비판에 공(供)하고자 하는 바이다. 그렇게 하는 것이 우리 헌정의 앞날을 위하여 무의미한 일이 아니라고 생각되기 때문에 '사상계'사의 집필요청에 응한 것이다.

어떤 이유로 우리 두 사람이 32일간이나 구속되었던가는 당시의 공소장을 보면 명백해진다.

요컨대 집회허가를 받지 않고 상무위원회를 개최한 것과 인권에 관한 건의서의 유인물을 출판물로 인정하여 사전검열을 받지 않았음을 이유로 우리는 기소되었던 것이다.

***

인권에 관한 건의서

대한변호사협회는 현재 중대사태에 대하여 전국상무위원회의 의결을 거쳐 다음과 같이 건의합니다.

건의내용

1. 금번 선포된 비상계엄은 계엄법 제4조의 요건에 해당되지 아니한다고 사료되므로 이를 즉시 해제할 것.

2. 6·3사태는 애국적 동기에서 유래하는 것이라고 사료되므로 이에 관련하여 구속된 학생, 언론인, 민중들을 석방하여 융화의 분위기를 조성할 것.

3. 계엄하라 할지라도 이미 질서가 회복되었고 계엄법 제13조에 규정된 군사상 필요가 있다고 할 수 없는바 영장 없이 구속하고 재판도 군법회의에서 단심제로 행하게 된다는 것은 국민기본권에 대한 중대한 침해라고 하지 않을 수 없으므로 시급히 구속영장제도를 부활하고 재판관할권을 평시대로 일반 법원으로 이관시킬 것.

4. 6·3사태에 관련하여 구속된 자 등에 대하여 내란죄로 처리하는 것은 그 동기에 비추어 타당하지 않다고 인정됨.

5. 6·3사태에 관련하여 구속된 자에 대한 수사와 심리에 관하여는 형사소송법에 규정된 접견 기타 모든 권리를 절대 보장할 것.

1964년 6월 22일

대한변호사협회 회장 이 병 린

***

[대한변협의 정신과 사건 이면]

이번 사태가 발생한 이면에 있어서의 가장 큰 원인은 정부에서 대한변협의 성격과 정신을 오해한 데 있지 않은가 보는 것이다.

대한변호사협회는 변호사법에 의하여 설치된 공법인이다. 민사사건의 소송대리인이 되거나 형사사건의 변호인이 되는 것이 모두 고도의 공공성을 띠고 있는 것이다.

그렇기 때문에 변호사법에 변호사의 권리, 의무와 자격규정이 있고 징계에 관한 규정이 있으며 대한변호사협회에 관하여는 동법 제43조에 "대한변호사협회는 법률학의 발달, 사법사무, 변호사사무의 쇄신, 개선, 변호사의 품위보전과 국제적 친선을 도모함을 목적으로 한다"라고 규정되었으며 동 협회 규약 제5조에는 "본 협회는 다음 사항을 행함을 목적으로 한다.

1. 헌법의 준수와 민주정체의 유지
2. 법률제도의 개선과 사법운영의 합리화
3. 변호사로서 품위향상과 협회 및 법률사무에 관한 부단의 연구
4. 공공의 복지를 위한 법률지식 활용의 보편화
5. 변호사 상호간의 긴밀한 연결과 변호사회의 조직과 활동의 강화
6. 국제적 친선과 문화교류"

라고 규정되었고 동 규약 제7조에는 "본 협회는 법제, 정치, 경제 등 문제에 관하여 필요하다고 인정할 때에는 의견을 발표하거나 건의할 수 있다"라고 규정되어 있다. 이 규약은 법무부장관의 인가를 받은 것이다.

현행 변호사법에 변호사의 활동에 관한 점에 있어서 미비한 점이 있는 것은 일제시대의 변호사법을 모방하여 제정한 것이기 때문에 그러한 것이고 따라서 대한변협은 5, 6년 전부터 변호사법 개정안을 만들어 역대 국회에 그 입법을 촉구하여 오고 있는 형편이다.

대한변협은 단순한 친목단체나 직업의 이익만을 도모하는 직업단체에 그치는 것은 아니며 고도의 공공성을 지니고 있는 국가의 공적 기관인 것이다.

이러한 점에 대하여 혹시나 정부에서 대한변협이 무엇이길래 이러한 발언을 하는가라고 생각하였다면 이것은 대한변협의 성격을 이해하지 못한 것이라고밖에 볼 수 없다.

오히려 정부는 건전한 변호사와 변호사회를 육성할 의무가 있다고 할 것이다. (…)

요컨대 우리의 입장은 언제나 헌법과 인권의 수호에 있으며 또 그러한 목적에 입각하여 시시비비(是是非非)주의로 우리의 입장을 천명해 왔던 것이다.

그리하여 우리는 언제나 정치적 중립성을 견지하기 위해 노력했으며 앞으로도 그러한 노력은 쉬지 않고 계속될 것이다.

우리는 언제나 합법적인 사회개선주의자인 것이다. 우리가 직접 정치에 참여하자는 것도 아니며 특정 정당의 사주를 받을 수 없음은 물론, 어느 정권을 이롭게 하거나 해롭게 할 의도는 추호만치도 없는 것이다.

이는 대한변협의 전통으로서 만약 우리가 어느 정당의 이용을 당한다면 우리 자신의 권위 상실은 차치하고라도 이 나라 국민의 자유는 어디가서 구원될 것인가, 하는 것이 회원 전체의 각오인 것이다. 이번 건의만 해도 현 난국에 있어 우리가 국민의 인권을 위하여 건의하지 않는다면 달리 누가 있어 이를 행할 것이냐, 하는 것이 우리 전체 회원의 의견이어서 여기에 그 의견을 종합하여 관계기관에 호소했던 것이다.

원래 집권자와 법률가간에는 의견대립이 있어 온 것이 상례일 것이다. 집권자는 국민에게 너무나 지나친 자유를 주면 자유권이 남용되어 그로 인한 혼란 때문에 정력적인 정치를 할 수 없다고 생각하고 이에 반하여 법률가의 생각은 현재도 국민은 헌법이 보장하고 있는 자유마저 누리지 못하고 있으므로 정부가 더욱 단속만 강화하여 위헌적인 불합리한 법률을 만든다는 것은 어불성설이라 하는 것이다.

국민도 자유권을 남용해서는 물론 안 되겠지만 수습할 수 없는 혼란이 일어나는 것은 대개 집권자가 법을 무시하여 불법, 부정을 감행하는 데 그 근본원인이 있다고 보기 때문에 집권자가 먼저 법을 지키는 것이 선결문제라고 보는 것이다.

자료 4 변호인의 변론의 한계는 어디까지인가 [11)

┌─────────┐
│ 항소이유서 │
└─────────┘

사건번호 : 74고군형항 제54호
사 건 명 : 대통령긴급조치위반

피고인 : 강 신 옥

---
11) 집필일은 1974년 9월이며, 강신옥, 법과 혁명(2), 사법행정, 1989년 7월에 수록. 전문 및 배경설명은 한인섭, 앞의 책(2004), 220쪽 이하 참조.

위 피고인은 다음과 같은 이유로 그 항소이유서를 다음과 같이 제출합니다.

다   음

원판결은 군법회의법 제345조(변론)에 따른 변호행위는 변호인의 직무행위로서 그 행위는 법률상 절대적 면책특권이 부여되고 있는 법리를 위반한 잘못이 있습니다.

第一. 변호인은 헌법기관

변호사는 형사피고인을 조력할 권리와 의무를 가진 헌법상의 공적 기관으로서 우리 헌법의 기본이념인 자유민주적 기본질서를 공고히 하기 위해 입법, 행정, 사법의 삼권을 분립하여 사법권은 법원에 속하도록 하였고 누구든지 법률에 의하지 않으면 형벌을 받지 않게 되어 있고 법률에 위반한 사람에 대한 형벌을 부과하는 데는 독립하여 헌법과 법률 및 양심에 따라 심판하는 법관에게 소송관인 검찰관이 공소를 제기하여야 하고 이 공판사실에 대해서 검찰관과 피고인의 변호인은 대등한 지위에서 공격과 방어를 하게 한 뒤 법관이 공정하게 심판하는 당사자주의원칙에 따른 재판제도를 마련해 놓은 것입니다.

사법권이 법원에 있다거나 재판제도로 법원의 법관에게 심판권이 맡겨져 있다는 것은 다른 말로 표현하면 헌법이나 모든 법률의 해석권은 법원에 있다는 것이며, 법원의 법률적용과정이 바로 재판과정이며 이 과정을 통하여 법원의 법률해석 및 사실인정에 따라 피고인이 처벌받도록 되어 있는 것입니다.

피고인을 위해 조력하는 형사변호인은 바로 위 재판에 관여하여 검찰관과 대등한 지위에서 법관의 직무인 법률해석과 공소사실인정에 관여하는 것이고 이 공적 직무중에는 피고인에게 적용될 법률에 관한 전문적인 법률지식이나 사실인정에 관한 전문적 의견을 갖고 반대 당사자인 검찰과 대결하여 법관이 올바른 심증을 형성토록 설득하는 헌법상의 공적인 단독기관의 직무를 행하는 자입니다.

***

第四. 변호인의 사명과 윤리

형사변호인은 피고인의 범죄사실이 아무리 흉악한 것이라도 변호할 권리와 의무가 있는 것이며 일단 변호를 수임한 이상 변호인은 공정하고 명예를 더럽히지 않을 한도 내에서 생각할 수 있는 모든 방어방법을 자유롭게 하여서 피고인이 공정한 절차와 법에 의하지 않고서는 생명이나 자유를 잃지 않도록 하는 데 전심전력하여야 하는 직업인 것입니다.

영국의 유명한 변호사 파트릭 헤스팅의 말을 빌리면 "그는 마치 택시 운전수와 같아서 승차를 거절할 수도 없고 자기 피고인이 과연 無失한지 죄인인지 거짓말쟁이인지 진실한가 하는 것을 판단할 권리가 없다. 다만, 그 피고인의 주장의 범위 내에서 자기 능력의 최선을 다하여 피고인을 위해 투쟁할 뿐인 것이다. 그러나 언제나 그가 지켜야 할 행동규범은 언제든지 변호인은 자기 사생활에 있어서 행동한 바와 같이 정직하고 솔직해야 한다는 것이다. 그렇게만 하면 그는 잘못할 수가 없다"고 한 바 있고,

같은 영국의 어스킨 변호사는 "만약, 변호인이 피고인에 대한 공소사실이나 방어방법들을 생각해 보고 변호를 거절한다면 그는 재판관의 직무를 행사한 것이 되고 더욱이 그는 판결도 나기 전에 판사의 지위를 행사하는 셈이 되는 것이다. 그렇게 되면 그 변호인의 사회적 지위나 명예의 정도에 비례하여 그의 그릇된 의견이 피고인에게 불리하게 심한 영향을 주게 되는 것이다. 우리나라 법은 무죄의 추정을 하고 있어 이 추정은 법관들까지 바로 피고인의 변호인이 되게 할 정도로 관용을 베풀고 있는 것이다"고 한 바 있고, 영국의 상식의 老大家라고 존경을 받고 있는 샤므엘 죤슨 박사는 그의 전기를 집필하여 유명한 보스웰 변호사가 "박사님 옳지 않다고 생각되는 사건을 변호해 주는 데 대해 어떻게 보십니까?"란 질문을 한 데 대하여 "판사가 사건을 판결하기까지 사건이 옳은 것인지 그른 것인지 모르는 걸세. 자네는 사실을 공정하게 밝히면 되는 것이고 자네가 사건이 나쁘다고 알고 있는 생각은 자네의 변론이 약하게 보이고 자신이 없는 것 같은 데서 일어난 것일세. 그러나 그것만으로는 충분치 않네. 자네를 설득시키지 못하는 변론도 자네가 설득코자 하는 법관을 설득시킨다면 그땐 자네가 틀린 것이고 법관이 옳은 것일세. 그것이 바로 판사의 직무이니까 그러니 사건이 나쁘다는 자네의 견해에 너무 건방진 경신을 해서는 안 되고 자네는 자네의 피고인을 위해 할 수 있는 모든 것을 변론한 뒤 법관의 판결을 들어봐야 하는 것일세"라는 말은 변호사의 윤리를 잘 설명한 고전적인 것으로 변호사들은 취급하는 것입니다. 또 영국의 브러감 변호사는 당시 카로라인 여왕을 변호하면서 최종변론에 "변호사는 자기 피고인에게 대해 지고 있는 신성한 의무를 수행하기 위해서는 세상에서 다른 사람 아닌 피고인만을 생각해야 하고 그 피고인을 구하기 위하여 생각할 수 있는 모든 방법을 동원해야 하고 그 피고인을 보호하기 위해서 다른 모든 것을 그중에서 자기 자신까지도 어떤 희생이라도 감수해야 하는 것은 가장 고귀하고 명백한 의무이다"는 것을 천명한 바 있습니다.

법률가의 전통은 고상하고 명예로운 역사로 빛나있으며 변호사로서 고귀한 사명을 다하기 위하여 훌륭하게 싸웠던 존경할 만한 법조인을 우리 변호사들은 언제나 추억하고 있으며 우리 자신들이나 법조후배들에게 이와 같은 전통을 상기하여 그 모범에 따른 것을 강조하고 가르치고 있는 것입니다.

영국의 버크 마스터 대법관은 1945. 9. 2. 미국의 변호사협회 연례총회에 초청을 받아 강연을 하는 자리에서 변호사의 이상상이라고 할까 본보기의 예로 세 사람을 들어서 미국 변호사들에게 설명하여 주었습니다.

첫째의 경우로, 중세의 '세일스의 프란시스'란 사람이 있었는데 현재는 성인이 되어 그의 聖例의 자리에 매월 수천 명의 인간들이 자기들의 괴로움을 위로받기 위해 찾고 있는 사람이 되었습니다만 그는 최초에는 변호인이었습니다. 그가 사건을 맡아 변론하는 중에 실수로 어떤 서류의 내용을 잘못 인용하였습니다. 그때 상대방 변호인은 위 변론에 반론을 펴면서 프란시스에게 당신의 사건은 당신이 옳게 알아야 할 어떤 서류의 내용을 잘못 알고 있는 것에 그 근거를 두고 있는 것이라고 반박하게 되자 위 변호사는 자기가 하마터면 재판부를 기망할 뻔 하였다는 생각에 놀라고 크게 양심의 가책을 느껴 변호사직을 그만둬 버리고 말았습니다. 물론 이때 재판부나 상대방 변호인은 단순한 실수에 불과한 것이니 변호사직을 그만둘 필요까지야 없지 않느냐고 설득하였지만 그는 변호업을 깨끗이 걷어치우고 종교에 귀의하여 위대하고 유명한 성인이 된 것입니다.

둘째로는, 위대한 이태리의 변호사 파리나치입니다. 여러분들이 교황청을 방문하면 벽에 걸려있는 그림을 볼 수 있는데, 본인이 알기로는 예술적인 가치로는 대단한 것으로 보이지 않지만 본인에게는 훌륭한 그림이나 더 귀한 동상이 줄 수 없는 감흥을 주는 힘이 있었습니다. 그 그림은 형편없는 옷을 입은 사람이 열려 있는 큰 문으로 들어가는 그림인 바, 이 분이 바로 파리나치 변호인으로서 그는 자기의 불쌍한 피고인인 베아트리체쎈치가 세상에서 버림받고 또 교회에서 파문을 당했을 때 당시 세계에 흥분한 여론과 法王의 분노에도 불구하고 감연히 피고인을 위해 정의의 은총을 얻기 위하여 계속하여 투쟁한 것입니다.

셋째 경우는, 불란서의 말쉐버 변호사입니다. 그는 18세기 불란서 변호사로서 당시 그는 불란서 전역에서 그의 선행으로 인하여 국민들로부터 사랑을 받고 있던 사람이었고 과학과 문학에도 조예가 깊은 분이었습니다. 그는 변호인의 독립과 존엄성을 침해하려는 여하한 기도에 대해서 최대한으로 투쟁했던 사람입니다. 그는 변호인의 독립과 존엄성이 없고서는 사법권의 독립이 없다는 것을 알고 있기 때문이었습니다. 그는 두 번이나 장관이 되었다가 두 번 다 그 자리를 자기의 의사에 의해 박차고 나왔습니다. 그는 그 당시의 권력의 남용에 대해서 가장 격렬한 고발자였었고 그 자신은 종교의 자유와 공평한 과세와 왕의 비밀영장제도의 폐지를 주장했던 사람이었습니다. 그의 의견을 들었더라면 불란서 혁명의 공포도 없었을지 모릅니다. 그러나 그의 고발은 무시되어 결국 폭동이 일어난 것입니다. 그 자신은 혁명이 일어났을 때 안전한 스위스에서 그가 좋아하는 식물들과 문학에 열중하고 있었습니다. 그때의 그의 나이는 74세의 노령이었습니다. 루이 16세의 변호를 맡아 달라고 부탁을 받은 사람들은 자기 나이를 핑계로 다른 사람들은 다른 핑계를 대면서 변호를 거절했습니다. 그때 그는 자진해서 변호에 나섰습니다. 그는 그때 두 번이나 세상 사람들이 다 봉사하는 것을 명예로 생각할 때 왕의 부름을 받았었는데 지금 세상이 모두 그것을 위험하게 생각하고 있을 때 그를 도와야 할 것이 아닌가라고 하면서 자진한 것이었습니다. 그는 루이 16세를 변호하는 무섭고 불가능한 일을 자진한 것입니다. 오랫동안 부정으로 고생하여 극도로 광란과 분노에 떨면서 굶주림에 정신이 나간 여인들이 꽉 차 있는 법정에는 그들에게 지금까지 불행의 원인이라고 생각되는 왕이 왕좌를 뺏긴 채 피고석에서 있으며 재판석에는 전문적인 법관도 아닌 심판받을 왕을 고발한 자들이 심판관으로 앉아 있고 그 뒤에는 많은 흥분한 군중들이 둘러싸고 있는 혁명군이 있고, 정신나간 군중들의 소동과 아우성 속에서도 늙은 말쉐버 변호사는 평소의 위엄과 우아를 잃지 않은 채 자기 피고인에 대해 베르사이유 궁전에서 부르던 왕의 칭호를 붙여주면서 변호키 위해 서 있는 것입니다. 결국 그의 왕에 대한 대접이 재판관의 신경을 건드리게 되어 재판장은 그에게 "어떤 근거로 변호인은 루이 카페를 우리가 폐지한 칭호로 부르는 것인가?"라는 질문을 던졌고 늙은 변호인은 재판부에 대해 "어떤 근거라니, 너희들에 대한 경멸과 내 생명을 걸고 하는 것이다"고 대답하였던바 그 결과는 뻔한 것이었으니, 그는 그의 피고인인 왕과 같이 사형을 당하였고 그 자신의 생명뿐만 아니라, 자기의 딸, 손자들까지 자기 눈앞에서 처형당하게 되었던 것입니다.

이 말쉐버는 자기가 충성을 바쳤던 옛 주인을 위해 자기생명까지 바칠 것을 각오했던 것입니다. 이 왕은, 그의 충언을 거절함으로써 자기 자신이 이와 같은 위험한 지경을 자초한 왕에게 자기가 가진 용기와 학문과 지식 전부를 거리낌 없이 바쳤던 것입니다.

위에 든 세 사람의 변호사에 대한 이야기는 법률가 모두가 알아야 하고 법률가의 사명이 존귀한 것이란 것을 나타낸 좋은 본보기인 것입니다.

***

第七. 본인의 변론내용에 관해서

1. 피고인이 수임한 당시의 피고인 등에 대한 구형은 놀랍게도 시인 김지하가 사형, 서울대학 재학생인 나병식도 사형, 또 여정남도 극형의 구형이 있었고 나머지 피고인 등은 무기이거나 20년씩이었습니다.

당시 변호하기 직전의 본인의 심정은 지금까지 법을 정의의 학문으로 믿고 배우고 연구해 온 것을 크게 후회하게 되었고, 법의 목적에 대해 큰 회의를 품었을 뿐 아니라, 본인이 변호인으로서 이번 사건의 변호인이 되었던 자체를 어리석게 생각하였던 것이 사실입니다. 그래도 이제 남은 변호의 기회만이 피고인 등을 위해서는 본인에 주어진 마지막 호소의 기회이고 변론에서라도 심판관은 이 사건을 판단함에 그들에게 맡겨진 재판권을 정말로 법이 정한 대로 헌법과 법률 및 양심에 따라서 공정하게 행사해 줄 것을 바라는 마음에서 그들의 양심과 정의감에 호소할 작정으로 변론을 시작하면서 본인이 법률가로서이 사건에 대해서 본 순수하고 진지한 법률상 및 사실상의 의견을 솔직하게 진술한 것입니다.

　　2. 변론의 내용은 공소장에 적힌 것보다는 훨씬 분량이 많은 것이고 공소장은 변론내용을 거두절미하여 검찰이 필요하다고 생각되는 부분만 공소내용으로 제시하였는바 공소사실에 나타난 변론내용을 본인이 설명하면 다음과 같습니다.

　　'법은 권력의 시녀, 정치의 시녀'라는 용어를 사용한 경위는 "본인이 법과대학을 다닐때 법의 임무에 관해서 현실주의적 사고방식을 가진 자들이 법은 권력의 시녀이고 정치의 시녀일 뿐이라고 핀잔하고 냉소적으로 법을 이야기하는 것을 들은 적은 있으나 본인은 법의 임무는 정의를 실현시키려는 데 있는 것이며 이는 결국 법률가들이 법의 집행에 관여할 것이니 각자가 자기가 맡은 분야에서 법의 목적을 생각하면서 노력하면 법이 그렇게 전락할 것은 아니지 않겠는가란 이상주의적 견해를 믿어 왔으나 이번에 이 사건에 관여해본 본인은 법의 기능에 대해서 크게 실망하였고 과연 법은 정치나 권력의 시녀가 아닌가 느끼게 되었다"고 말하고 "그 이유는 이 피고인들에 대해서는 중죄로 기소되어 그들의 생명까지 걸린 사건인데도 피고인의 인권을 위해서 규정된 근대 소송법상의 제반보장규정들은 하나도 법적 효과를 발휘하지 못한 반면, 검찰은 수사과정에서부터 공판단계에 이르기까지 법의 혜택을 만끽하여 왔으며 심지어 법률상 근거도 없이 피고인 등에 대해서는 공판기일 하루 전에 겨우 접견하였을 뿐이고 접견이 금지된 채 수사가 종결되었을 뿐 아니라 기록열람도 하루밖에 허용되지 않았고 법률에 규정된 반대신문도 하지 못했다"는 취지의 변론을 하여 법이란 검찰이나 피고인의 양 당사자가 공평하고 대등한 취급을 하도록 되어 있는데 이 사건에서는 정치의 배경을 갖고 일하는 검찰만을 위한 법으로 전락된 감을 느낀다는 뜻으로 말한 것으로 심판관은 법의 본래적 목적이 정의의 구현이며 공평이 그 이념임을 상기하여 정의로운 판결을 하여 달라는 뜻의 哀訴이고,

　　"지금 검찰관들은 나랏일을 걱정하는 애국학생들을 내란죄, 국가보안법위반, 반공법위반 등을 걸어 빨갱이로 몰고 사형이니 무기이니 하는 형을 구형하고 있으니 이는 법을 악용하여 저지르는 사법살인행위라 아니할 수 없고"란 표현은 이와 같은 말을 단도직입적으로 한 것이 아니고 본건 소송사실에 대해서는 증거가 있다면 검찰관이 작성한 각 피고인들에 대한 신문조서와 참고인 등에 대한 진술조서들밖에 형식적 증거능력이 있는 것 뿐인데 피고인들에 대한 피의자신문조서 등은 피고인들 전부가 당 법정에서 피고인들의 자의에 의해서 작성된 것이 아니고 수사기관의 강요에 의하여 작성된 신문조서와 의견서를

근거로 검찰이 일방적으로 작성하여 무인을 강요하므로 어쩔 수 없이 무인하였다고 항변하고 있고 동 피고들은 전부가 대학 재학생이든지 기독교인들로서 법정에서의 그들의 태도는 진실하였고 거짓이라고는 전연 보이지 않을 뿐더러 변호인 각자가 맡은 피고인들 이외의 피고인신문조서에 대하여는 반대신문을 경유하지 않은 조서들이어서 증거능력마저 없는 것이고 또 참고인 진술조서 역시 위 재판과정을 설명할 때 말한대로 반대신문을 허용치 않아서 이것 역시 증거능력이 없는 것이며 더욱 검사의 피고인들에 대한 신문조서 작성은 접견까지 금지된 상태에서 한 것으로서 그 신빙성이 더욱 의심스럽다고 할 수밖에 없고 여정남에 대한 참고인 등은 인민혁명당사건으로 이 법정에서 멀리 떨어지지도 않은 곳에서 재판받고 있는 피고인 등으로서 이들에 대한 변호인의 증인신청을 모조리 기각한 것은 이해할 수 없는 일이라고 하겠고 이렇게 되면 피고인 등에 대한 재판은 피고인신문만을 마친 사정뿐이어서 형식이 재판일 뿐이지 실질적으로는 소송법상의 소위 적법절차의 보장은 전연 무시한 것으로서,

이와 같은 형식적인 절차로 피고인 등에 대해 사형까지 구형한다면 이것은 우리들의 기초적인 법감정인 정의이념에 너무나 동떨어진 재판이어서 결과적으로 검찰은 피고인을 형식적인 재판을 통하여 법의 이름으로 처단하려는 사법살인의 비난을 면치 못할 것이 아니냐고 변론하였던바, 사법살인이란 용어는 우리 법률가들이 사형을 선고하고 집행까지 한 뒤에 그 재판이 오판인 것이 드러나 재판이란 형식을 통해서 법의 이름으로 사람을 죽인 것을 지칭하는 하나의 경고로서 본 변호인이 이 말을 사용한 것은 위에 누차 밝힌 바와 같이 증거도 충분치 않고 공정한 사법절차에도 위배된 재판을 하였을 뿐 아니라 피고인들이 젊은 학생들인데 이런 피고인에게 사형을 구형하는 것을 보니 본 변호인이 생각하고 있는 구체적 타당성이나 정의관념에 너무도 배치되어 이것이 결국 후일 사법살인이란 과오를 범하는 판결을 하게 될 위구심까지 느끼고 심판부에서는 검찰의 구형이 너무나 지나친 것이니 진실로 深思하여 사형에 이르는 일은 없어야 할 것을 호소한 것입니다. 이는 어디까지나 검찰의 구형이 우리 상궤에 벗어난 것으로 공격하여 재판부의 양심에 어필해 보려는 본인의 진지한 법률가적 양심의 소치였고 변론의 본질상 재판부를 모욕할 수는 없는 것입니다.

"본 변호인은 기성세대이기 때문에 그리고 직업상 이 자리에서 변호를 하고 있으나 그렇지 않다면 차라리 피고인들과 뜻을 같이 하여 피고인석에 앉아 있겠다"란 부분의 공소사실은 사실과 어긋난 것으로서 본 변호인은 피고인들이 기성세대가 무기력하여 민주헌정으로의 회복을 위해 아무런 행동도 취하지 않고 있어 학생들인 자기들이 이와 같은 과감한 행동을 하지 않을 수 없었다는 것을 보고 피고인들은 대부분 학생들로서 이와 같은 어린 학생들이 공부는 못하고 이런 일을 하게까지 이른 것에 기성세대인 우리들이 도의적

으로 책임감을 느끼는 바라고 변호한 것입니다.

　"악법은 지키지 않아도 좋으며"부터 "나치스 정권하의 …처에게 처벌을 받게 한 사실이 있으며"란 부분에까지 이르는 변호는 피고인들이 위에서 밝힌 바와 같이 긴급조치 제 1 호나 긴급조치 제 4 호는 피고인들의 양심상 지킬 수 없는 법이라고 보고 범행하였다는 것이며 그 이유로는 자기들이 이 긴급조치에 정한 형벌을 받더라도 우리나라의 민주헌정에로의 회복을 위해 투쟁하는 애국심 때문이며 헌법의 단점을 자유로이 토론하는 것이 국가안보와 무슨 관계가 있는 것인지 모르며 긴급조치를 할 객관적 정세는 없었다는 것 등을 주장하였는바, 피고인 등의 긴급조치위반에 대한 辯疏에 대해서는 법률학적으로 보면 바로 본인이 위에서 자세히 기술한 바 있는 저항권을 피고인들이 주장하는 것으로 판단하여 이에 대해 본인이 법률전문가로서 이들의 행동을 법률적으로 변호한 것입니다.

　이에 따라 긴급조치 제 1 호, 제 4 호는 자연법학자들이 말하는 법 위에 있는 이성법과 자연법에 반하는 정당하지 못한 법이란 이론적 근거를 굳이 제시해 본다면, ① 법률이란 자연법학자들의 견해에 따르면 공평한 것으로 제정되어야 하는 것인데 긴급조치 제 1 호는 현재 정부의 정책에 찬동하는 자와 정치적으로 견해를 달리하는 자들과의 간에 법적평등을 해하는 내용의 법률이고, ② 인간은 정치적 동물로서 동물과는 달리 밥만 먹고 사는 것이 아닌 사유하는 인간으로서 누구든지 헌법에 대해서 어느 정도 문화국민으로서 견해를 갖고 있고 이 생각들은 사석에서 서로 토론하기 마련이고 이런 행동은 인간의 최소한도의 자유의 범위로서 이와 같은 자유가 국가안보와 아무런 충돌이 있을 수가 없고 이것은 오히려 국가의 장래를 위해서나 새로운 것과 보다 더 많은 것을 향해 전진하는 인류의 행복을 위해 필요불가결한 자유로서 이를 금지한 행위는 우리 인간들의 도덕적·논리적 감정으로 이해할 수 없는 법률인 것입니다. ③ 더욱이 이와 같은 지나친 명령을 하면서 이 법 자체에 대한 비방도 안 된다고 하는 것은 정부만이 덕을 독점하고 선행을 할 수도 없는 몽매한 백성들로 규정하는 것과 같으며 이는 국민의 존엄성을 모독하는 내용의 법률인 것입니다. ④ 원래 법이란 권력을 잡고 있는 왕이나 행정부도 구속하는 것이고 오히려 역사적으로 권력을 잡고 있는 자의 권력의 남용을 방지하기 위하여 발달하여 온 역사적 경험을 갖고 있는 것인데 법의 목적을 위배하여 법의 궁극적 목적인 국민의 복지와는 거리가 먼 행정부의 전제적이고 자의적인 법률이 과연 인간의 도덕적 감정에 일치하는 법인지 의심스럽습니다.

　⑤ 현재 문명국가의 법률 중에 그 법률을 공포하면서 이 법률 자체에 대해서 왈가왈부할 수 없다, 비방하는 자는 사형이나 15년 이하의 형벌에 처한다는 내용의 것이 어느 나라에도 있는 것이 없으며 어떤 나라나 그런 법률의 정당성을 믿을 나라는 없다고 봅니다. ⑥ 우리나라의 과거의 역사에도 전제군주하의 법률에도 이와 같은 가혹한 법률은 없

었던 것으로 알고 있고 왕에게 적어도 진실을 얘기할 권리는 누구에게나 있었던 것입니다. ⑦ 긴급조치 제4호의 점에 대해서는 행정부가 본 피고인이 맡고 있는 피고인들의 공소사항 중의 일부로서 이는 재판을 통해서만 밝혀질 반국가단체구성에 관해서 재판도 시작하기 전에 일방적으로 어떤 단체를 반국가적인 것으로 단정하고 이에 대한 어떤 형벌을 부과한 것은 사법부의 권한을 행정부가 침해한 것으로써 문명국가에 일치된 헌법원리인 삼권분립의 기본을 뒤흔드는 법률이고, ⑧ 또 긴급조치 제4호는 1974. 4. 3.에 선포되었는바 피고인 등은 거의 대부분 이미 3월 말경에 모두 구속된 자로서 이들에 대해 구속 후에 긴급조치를 발포하고 그것에 의해서 형벌이 새로 추가되게 한 것은 법정신으로 보면 일종의 사후법이라고 봄이 옳다고 하겠고, ⑨ 이 긴급조치 등이 없더라도 문제된 사건의 피고인 등을 구속할 법률은 이미 당시의 현재 법률로도 충분하여 새로운 법을 만들 객관적 필요는 없는 것이며, ⑩ 이 긴급조치 등은 국민들로 하여금 자기 양심에 따라 법을 지켜야 한다는 것을 바라는 것이 아니라 국민들이 형벌이 무서워서 법을 지키지 않을 수 없게 한 조치로서 문화민족의 체면에 반한 법률인 것입니다.

어떻든 본 변호인이 당시 피고인들을 위하여 변론하면서 저항권의 법이론을 들어준 것은 피고인들의 범행이 일종의 순교자적 저항행위로서 나왔다고 辯疏하기 때문에 피고인들이 변호사와 같은 법률학에 대한 소양이 있었다면 주장했을 법률상의 주장을 변호를 위해서 해 준 것이며 이와 같은 피고인의 변호사의 법률상의 주장은 심판부에서는 본 피고인의 주장을 판결중에 범죄의 성립을 조각하는 사유로써 주장한 것이며 이 주장에 심판관 5명 전부가 이를 받아들이지 않는 경우에는 계속 항소심이나 대법원에서의 최종적인 판단을 받아 보려는 심정에서 변론한 것이며 이는 긴급조치위반사건의 변호를 맡은 피고인으로서 당연히 주장할 변론인 것입니다.

더 나아가서는 위 법률상의 주장을 재판부에서 받아들이지 않는다고 할 때에는 적어도 피고인 등의 행위는 자연법학자들의 견해에 의하면 권리로서까지 봐주는 행위를 한 자로서 이들에 대한 범죄정상은 충분히 고려되어야 할 것이라는 주장도 포함되는 것입니다. "러시아인이 당시 러시아는 후진국이라고 말한 관계로 러시아 황제로부터 엄중한 처벌을 받은 바 있다"는 부분 중 엄중한 처벌을 받았다는 것은 사실과 틀리고 미친놈이란 평을 받았다고 하였는데 이와 같이 말한 것은 본 변호인이 피고인들의 범행은 단순히 정치적 의견이 현 정부 당국자들과 다른 데서 기인된 것으로서 피고인들이 비록 어린 대학생들이긴 하지만 그들 나름대로 애국심에 불타는 자들이고 그들의 소견으로는 현 당국자들이 우리나라 민주공화국의 이념인 자유국가의 기본질서를 파괴하고 있는 것으로 보아 이 나라에 민주헌정의 기초를 확실히 세워야 한다는 애국자적 반대자에 불과하다고 보고 러시아의 니코라스 황제 치하의 차다예프란 귀족이 당시 자기나라가 후진국이라 한 마디 한 것을 황제의 미친놈이라는 비난을 받자 그는 '미친놈의 변사'란 짤막한 글을 발표하였는바, 그 글속에서 그는 자신도 내 나라를 다른 사람만큼 사랑하고 있다. 다만, 나는 다른 사람이 나라를 사랑하는 방법과 달리 내 나라를 사랑하고 있을 뿐이라면서 자기는 나라를 사랑하되 눈을 감고 사랑하는 것이 아니라 바로 뜨고 현실을 직시하며 나라를 사랑하고 있고 입을 다물고 나라를 사랑하는 것이 아니라 할 말을 하면서 나라를 사랑하는 것이며 머리를 숙이면서 나라를 사랑하지 않고 떳떳하게 나라를 사랑한다고 하면서 당시 그 나라의 안이하고 맹목적인 애국심에 경고를 한 글입니다. 이 글은 미국의 홀부라이트 상원의원이 미국 국회에서 월남전쟁에 반대하는 연설을 하면서 반대하는 자의 높은 차원의 애국심을 잘 나타낸 글로 서두에 인용한 명문인 것을 본인이 변호를 위해 인용한 것입니다.

또 피고인들에 대한 이번의 판결은 후일 '역사적으로 문제가 될 것'이라는 뜻의 공소사실은 이 사건은 피고인의 수에 있어서나 그들이 모두 대학생이든지 기독교인들이고 또 젊은 시인이거나 순수한 젊은이들로서 중형이 구형된 우리나라 사법사상 보기드문 역사적·정치적 사건으로서 이런 중대한 사건을 판결하는 심판부는 역사적 안목을 가지고 정말 신중하게 하여야 할 것이란 것을 강조한 진부한 표현일 뿐이고 심판부에 거듭 중요성을 각성시키려는 변론이었던 것입니다.

第八. 결   론

***

1. 변호사는 법을 모르는 피고인을 변호해 주는 헌법상의 기관이고 그의 직무는 단순히 개인적인 것이 아니라 자유민주주의의 기본질서를 지켜 나가기 위하여 인간이 가장 최선의 방법이라고 생각하는 삼권분립원칙에 기하여 사법부에 의한 재판제도가 만들어져 이 재판에 관여하는 공공의 직업에 종사하는 전문가인 것입니다.

재판이 올바른 결론을 얻기 위해서는 당사자주의의 원칙이 제일 바람직하다는 인간의 오랜 경험에 의하여 또 법관의 독립이 없으면 피고인의 인권을 지킬 수 없다는 인간의 혜지에 의하여 재판관은 오로지 헌법과 법률 및 양심에 따라 재판하여야 한다는 사법권독립의 원칙을 천명하였고 진정한 사법권의 독립은 재판에 관여하는 변호인이 직무를 행하는 데 어떠한 두려움도 없이 피고인을 위해 자기 양심에 따라 하여야 할 변호를 마음대로 하여야 이루어질 수 있다는 깊은 신념이 변호인의 피고인을 위한 변론은 일반인의 행동을 규정하기 위한 다른 법률에 위반할 수 없다는 법원칙을 확립한 것이고 이것이 변론행위의 절대적 면책특권이라고 하는 것입니다.

***

3. 변호인은 피고인의 代言者이고 그의 입으로써 변호업무 자체가 피고인의 과거의 범죄사실을 변호하는 자로서 피고인이 자기 자신의 범행을 변명함에 필요하다고 생각할 때에는 여하한 변명도 할 수 있는 것을 변호인의 전문지식으로 대신 말해 주는 자입니다.

이런 때 피고인에게 적용될 법률은 이런 근거로 진실한 의미의 법이 아니라고 한 것이 범죄가 된다고 하면 피고인이 자기에게 적용될 법률이 무효라고 항변하는 때에는 공소사실 이외 또 긴급조치위반의 죄를 범한 것이 된다는 결론에 도달되는바, 이는 명백한 논리적 모순에 봉착합니다. 이렇게 된다면 피고인의 辯疏가 바로 범죄가 되어 공소가 또 추가되어야 하고 무수한 범행이 예견되어 한없는 연쇄범행이 이루어질 것으로 될 것입니다.

4. 어떤 범죄에 대해 재판을 한다고 할 때에는 그 사실만이 재판의 대상인 것이 아니고 적용법률 그것도 당연히 재판의 대상이 되는 것이고 법률이 재판의 대상이 될 때에는 당연히 그 법률에 대한 이론적 검토, 해석상의 논란 등이 뒤따르기 마련인 것이고 이 논란은 재판에 따르는 필요불가결한 요소라고 생각되는 것이므로 이와 같은 논의는 긴급조치 제1호와 제4호에서 본법을 '비방한 자'는 이 비방에 해당될 수 없습니다. 긴급조치가 이렇게 무차별하게 적용될 성질의 법률로는 볼 수 없을 것이고 만일 이런 경우까지 적용될 것으로 제정된 것이라면 본인의 자연법에 대한 신앙심은 바로 이런 법률은 지키지 않아도 좋은 악법이고 벌써 법이 아니라고 주장하오니 이 점에 대해서도 판단하여 주시기 바랍니다.

5. 본 변호인은 변호사의 사명이 위에 말한 바와 같이 실로 고귀한 것이고 피고인을 위해서는 모든 충성을 다 바쳐야 하는 것으로 알고 있고 법의 목적은 정의의 구현에 있고 하늘이 무너져도 정의는 시행되어야 한다는 것을 믿고 있는 진지한 법학도입니다. 法廷이란 정의의 전당에서 법관과 같이 피고인의 정의를 위해 봉사하는 祭官과 같은 일에 전념하는 자로 자처하고 있고 법률학과 정의에 대한 연구를 평생의 학문으로 생각하고 정열을 갖고 본인의 분야를 추구하고 있는 사람이 되기를 바라 온 사람입니다.

이와 같은 피고인에게 "피고인 등을 변론하게 됨을 기화로 긴급조치 등을 비방할 것을 결의하고 재판을 위협할 목적으로" 마치 변호할 것 같이 판시한 것은 본인의 인격과 존엄성에 대한 모욕과 모독으로 간주할 수밖에 없습니다. 이런 식의 자의판단은 법률가적 양식이나 인간의 경험칙에 반하는 것이라 하겠고 이렇게 법을 형식적으로 다루어서 인간을 처벌하려고 할 때는 인간이 법을 선용할 때에만 법은 건전한 것이 된다는 성경에 나타난 구절이 생각날 뿐입니다.

***

자료 5   강신옥 피고사건에 대한 무죄판결[12]

○ 형사변호인의 변론권의 성격과 한계

인간의 존엄과 가치를 최고이념으로 하는 우리 헌법은 기본권 보호를 위하여 형사소송에 있어서의 피고인의 '무죄추정원칙'을 규정하고 '당사자주의' 소송구조를 택하여 국가권력을 배경으로 경험과 법률전문지식을 가지고 유죄판결을 얻으려는 검찰에 대하여 피고인의 방어권 보호를 위한 최소한의 무기 평등을 기하기 위하여 변호인의 조력을 받을 권리를 보장한다.

헌법상 변호인의 조력을 받을 권리는 국민의 기본권이며 변호인의 자유로운 변호활동에 기한 변호권 또한 피고인의 헌법상 이익을 보호하기 위한 헌법이 보장하는 절대권이다.

변호인의 자유로운 변호권의 확립은 정치적 중립성을 보장받는 검찰과 함께 독립된 법관에 의한 공정한 재판을 할 수 있는 사법권 독립의 기본적인 전제를 이루는 것임은 말할 것도 없다.

형사변호인은 변론중 어느 정도의 범위에서 법의 권위에 도전할 수 있을 것인가. 형사변호인은 공판을 통하여 처음부터 끝까지 법관의 통념과 상식에 도전하지 않으면 아니되며 궁극적으로 재판부를 설득하여 공정한 판결을 얻기 위하여 끊임없이 부당행위의 시정을 구하고 때로는 입법의 타당성까지 철저히 다투어야 할 책무가 있다.

물론 자유로운 변호활동에 필요한 모든 방법을 보장한다 하더라도 그 허용되는 한계는 형사소송법과 변호사법 등 실정법이 정하는 정당한 방어권 행사범위를 일탈하거나 방어권의 남용이 되어서는 아니 된다.

변호인은 피고인의 대리인으로서뿐만 아니라 사법제도의 담당자의 하나로서 공공적인 책임이 부과되며 변호인의 변론은 그가 맡은 사건의 변호목적을 달성하기 위하여 그 사건과 직접적인 관련성이 있어야 하며 행위의 구체적 상황과 기타 여러 가지 사정을 고려하여 실정법과 변호사윤리규정이 허용하는 범위에서 유효하고도 충분한 변론을 하여야 함은 물론이다.

어느 누구도 법정에서 남에게 모욕적인 성행을 하거나 소란행위를 할 권리가 없음은 지극히 당연하며 현행 실정법위반행위가 있으면 위법성조각사유가 없는 한 처벌을 받는 것도 당연하다.

---

12) 서울고등법원 제 1 형사부 1988. 3. 4. 선고 85노503 판결, 강신옥 사건 판결 전문, 사법행정 제29권 제 4 호, 1988, 100쪽 이하.

형사변호인은 어떠한 흉악범이라도 변호할 수 있고 또 하여야 하지만 그 변론의 범위는 공정한 재판절차와 적정한 형량을 구하는 데 두어야 하며, 특히 정치범이나 확신범의 변론을 맡는 경우 법질서 전체의 견지에서 허용되는 테두리 안에서 범죄의 성립 여부 또는 형의 양정에 영향을 줄 수 있는 한도에서 이론 구성을 하여 피고인을 위한 주장 입증을 하는 것이 정당한 변론이며 법정을 이용한 정치투쟁에 가담하거나 피고인의 주장에 부화뇌동하여서는 안 되는 것도 변호사의 직무윤리상 지극히 당연하다.

○ 변호권의 범위초과와 형법 제138조의 적용

이 사건 공소사실 중 문제된 피고인의 변론내용(일부 생략)이 변호권의 범위 내의 행위로서 허용될 것인가 하는 문제는 법이란 과연 무엇인가 하는 법철학상의 궁극적인 문제와 저항권 이론을 살펴볼 필요가 있다.

역사가 되풀이되듯 법철학사에 있어서 법개념에 관하여는 자연법사상과 법실증주의가 대립·발전하여 왔으며 때로는 일원론이, 때로는 양자가 조화·협조 또는 포괄하는 것이라는 이론이 여러 가지 법사상의 형태로 오늘날까지 되풀이되고 있다.

원래 사회현상으로서의 법의 본질은 인간의 존재와 그 내실을 같이하며 자연법사상은 근본적으로 있어야 할 정의, 기본적인 권리, 사물의 본성 등을 상정하며 보편적으로 참된 법만이 법이라고 한다.

이에 대하여 철학적으로 존재와 당위를 단절관계로 보는 신칸트주의 가치철학에 그 바탕을 두고 있는 켈젠의 순수법학 이론에서는 자연법의 존재를 부인하고 실정법질서를 떠난 인간의 자유나 권리는 있을 수 없다고 한다.

악법도 법이며 실정법이 효력을 가지는 것은 자연법에 근거를 둔 때문이 아니라 그것은 법이기 때문에 고유한 효력을 갖는다고 한다. 나치독재시대에 극성을 이루었던 극단의 법실증주의는 입법자는 무엇이 법이어야 하는가를 결정함에 있어 절대적인 자유를 가진다고 하며 헌법상 기본권은 국가권력의 자체에서 오는 은혜적 성격, 반사적 이익에 불과하다고 한다.

독일의 법학자인 라드브르흐가 가치상대주의에서 제2차대전 후 자연법사상으로 귀의한 것은 인간의 존엄과 가치를 보호함에 있어서 법의 역할이 강조된 시대적인 발전을 의미한다.

법이 정치의 시녀, 권력의 시녀라는 표현은 제2차대전 후 나치독재정권의 시녀였던 법실증주의 사상에 반대하는 현대의 신자연법론에서 주장되는 표현이며 피고인이 유신헌법시대의 대통령긴급조치 등이 정치권력의 시녀라고 표현한 것은 유신헌법에 대한 일체의 비방을 금지한 대통령긴급조치 제1호에 해당하는지 여부는 별론으로 하고 정당한 법의 실현을 통하여 사회정의와 법지배의 원칙을 확립시킬 사명을 가진 변호사로서 자연법사상에 기초한 법률관에 서서 피고인의 변호를 맡은 다른 피고인들에게 직접 적용되는 법률의 정당성을 논란한 것은 변호권의 행사로서 정당한 범위 내의 변론임은 말할 것도 없다.

또한 역사상 수없는 오판을 되풀이하고 있는 불완전한 인간세계에서 무고한 사람을 극형으로 처벌할지 모르는 오판의 위험성을 환기시키고 정의와 양심에 기한 정당한 판결을 촉구·호소하는 표현으로서 사법살인행위라거나 역사적으로 후일에 문제가 될 것이라는 변론은 그 표현이 다소 지나치다고 보더라도 재판을 위협하거나 방해할 정도의 모욕행위라고는 도저히 볼 수 없다.

다음 악법에 관하여 저항·투쟁할 수 있다고 하는 내용은 이른바 저항권을 인정할 수 있는가의 문제와 관련된다.

"악법도 법이다"라는 명제는 법은 반드시 지켜야 한다는 법치주의에서 발생한 것이지만 현대에 이르러 법의 배후에 있는 힘을 공공연하게 승인하여 권력자는 어떠한 악법이든지 만들어 낼 수 있으며 얼마든지 독재를 할 수 있다는 법실증주의의 약점을 드러내고 있다.

재판의 근거가 되는 규범은 현재의 실정법이지만 자유민주주의 기본질서가 명백하게 본질적으로 부정되는 경우에 기본권 보호의 최후수단으로서의 저항권 이론이 인정될 것인가 하는 문제는 그 당부는 별론으로 하고 저항권 이론이 반드시 힘의 행사, 폭력의 행사인 것으로 볼 수 없는 이상 보편적이고 영구적인 정의·질서가 존재한다는 자연법론적인 법철학입장에서 변호인이 법정에서 악법에 대한 저항투쟁으로써 저항권 행사의 주장을 하였다 하여 재판을 방해하거나 위협할 목적으로 법정을 모욕하였다고 단정할 수 없음이 또한 명백하다.

피고인이 변론중 직업상 이 자리에서 변호를 하고 있으나 그렇지 않다면 차라리 피고인들과 뜻을 같이하여 피고인석에 앉아 있겠다고 한 말은 변호인은 피고인의 정당한 이익을 보호할 의무가 있으며 피고인에게 불이익한 소송활동을 할 수 없음은 물론 변호인도 다른 피고인들과 사상, 신념을 같이할 수 있는 것이므로 다른 피고인들 주장에 동조하는 변론을 하여 달리 다른 죄를 구성하는 것은 별론으로 하고 재판을 방해·위협할 목적으로 한 법정모욕행위라고는 볼 수 없다.

또한 피고인은 변론중 군법회의 심판부로부터 수차 경고와 제지를 받았음에도 계속 변론을 하였다는 공소사실도 그것만으로는 재판을 위협할 목적으로 한 모욕행위라고는 볼 수 없다.

○ **결 론**

자유민주사회에서 개인의 기본권을 보호하기 위한 법의 지배와 절차의 공정이라는 이념은 진실발견을 희생해서라도 관철시켜야 하는 근본이념이며 변호사의 존재의의도 법이 지배하는 자유민주사회의 실현에 있음은 물론이다.

변호사는 형사피고인의 보호자로서 충분하고도 자유로운 공격, 방어권이 보장되어야 하며 헌법이 보장하는 양심과 사상의 자유에 따라 법이 허용하는 한도에서 자유로운 변론을 할 수 있어야 한다.

법이 정치로부터 독자성을 가지지 못하고 개인이 국가의 지배로부터 법적으로 보호받는 독자의 생활영역을 가지지 못하는 전체주의 사회에서는 국가에 고용된 판·검사 이외에 변호사가 설 자리는 넓지 아니하며 자유로운 변호권의 보장이 없는 형식적인 형사변호는 사법권 독립의 근본을 파괴하는 것이라 아니할 수 없다.

개인의 존엄과 가치를 근본이념으로 하는 우리 헌법의 정신은 특히 형사절차에서 그 이념이 구체적으로 구현되어야 하는바, 그와 같은 기본전제에서 애매한 형벌법규는 헌법정신에 합치되도록 엄격하게 해석되어야 하며 피고인에게 불이익하게 해석되어서는 아니 된다.

결국 공정한 재판을 구하는 변호인의 변론행위는 비록 변호사의 정당한 변호권의 범위를 일탈할지라도 명백하게 재판을 위협·방해하기 위한 것임이 뚜렷한 고도의 모욕, 소동행위를 하지 않는 이상 형법 제138조의 법정모욕죄를 구성하기는 어렵다고 볼 것이다.

결국 피고인이 이 사건 공소내용과 같은 변론을 할 당시의 구체적 상황에 비추어 원심이 적법하게 조사·채택한 모든 증거를 살펴보아도 피고인이 재판을 위협하거나 방해할 목적으로 그와 같은 내용의 변론을 하였다고 볼 만한 아무런 자료를 찾아볼 수 없으므로 법정모욕에 관한 이 사건 공소사실은 범죄의 증명이 없는 때에 해당하여 형사소송법 제325조 후단에 의하여 피고인에 대하여 무죄의 선고를 하기로 한다. (이하 생략)

Ⅱ. 사법권 독립과 판사·검사의 윤리

1. 정치권력과 사법권의 독립

"이 땅에 근대사법이 도입된 이후 암울한 식민지 시대를 거쳐, 전쟁과 분단의 아픔 속에서 사법작용은 그 기능을 다하지 못한 시절도 있었습니다. 독재와 권위주의 시대를 지나면서 그 거친 역사의 격랑 속에서 사법부는 정치권력으로부터 독립을 제대로 지켜내지 못하고, 인권보장의 최후의 보루로서의 소임을 다하지 못한 불행한 과거를 가지고 있습니다. …이제 우리 국민들은 사법부가 과거의 잘못을 벗어던지고 새롭게 거듭나기를 간절히 원하고 있습니다.… 우리는 사법부가 행한 법의 선언에 오류가 없었는지, 외부의 영향으로 정의가 왜곡되지는 않았는지 돌이켜 보아야 합니다. 권위주의 시대에 국민 위에 군림하던 그릇된 유산을 깨끗이 청산하고, 국민의 곁에서 국민의 권리를 지키는 본연의 자리로 돌아와야 합니다"(이용훈 대법원장 취임사, 2005. 9. 26.).

위의 취임사와 아래 본문 및 〈자료 6〉을 참조하여, 다음 질문에 대한 답을 추구해보자.

① 전쟁과 분단의 아픔 속에서 사법작용이 그 기능을 다하지 못한 사례는 무엇인가?

② 권위주의 시대에 사법의 독립을 제대로 지켜내지 못한 예를 들어보자.

③ 사법부가 행한 법의 선언에 오류가 있었다면 그 예는 무엇인가?

④ 사법부의 판결을 통해 국민의 인권을 직접적으로 침해한 예가 있는가?

⑤ 사법부의 오류와 왜곡에 대하여 판결로써 시정한 예는 어떤 것이 있는가?

⑥ 사법부의 반성을 통해 얻을 수 있는 미래를 향한 교훈은 무엇일까?

◈ 한국현대사에서 사법부의 수난과 사법부독립 — 조감[13]

"사법권은 법관으로 구성된 법원에 속한다"(헌법 제101조). 약간의 자구수정은 있지만 헌법상 사법권의 독립은 1948년 제헌헌법 이래로 변함없이 유지되고 있다. 근대적 의미의 헌법은 권력분립과 사법권의 독립을 필수로 하지만, 사법권의 독립은 그냥 주어지는 것은 아니다. 그 독립을 침해하거나 간섭하려는 외부적 요인과의 크고 작은 갈등과 마찰이 있어 왔다. 현재 우리의 사법권 독립이 그런대로 실체를 갖추게 되기 위해서 온갖 시련과 투쟁을 거쳐야만 했다.

우리의 현대사가 그러하듯 사법사(司法史)에서 순탄한 시기는 없었다. 한국의 사법부에 하나의 행운은 초대 대법원장 김병로의 존재로부터이다.[14] 김병로는 일제하의 변호사로서 허헌, 이인과 함께 독립운동가들을 위한 민족변론에 헌신했고, 민족운동의 지도자로서 활약했으며, 일제 말에도 어떤 유혹과 압력에도 불구하고 지조를 지켰다.[15] 강직불굴의 법조인의 모범으로서 폭넓은 존경을 받아왔기

---

13) 이 부분의 기술은 한인섭, "재판을 통한 사법부의 과거청산", 한인섭 편, 재심·시효·인권, 경인문화사, 2007, 4~18쪽을 발췌하여 수정함. 한인섭, 앞의 책(2004)에 수록된 여러 글 참조.

14) 김병로의 법률가적 생애에 대하여는 한인섭, 가인 김병로, 박영사, 2017.

에, 그는 초대 사법부의 수장으로 이의 없이 선출될 수 있었다. 그는 재임중 사법부 독립에 대한 확고한 소신을 갖고, 각종 외풍을 막아내며 사법부의 초석을 다졌다.

그러나 다사다난한 우리의 정치사는 사법부에 온갖 시련을 가져왔다. 건국 초기부터 반민특위재판, 국회프락치사건재판 등에서 정치권력의 압도적 요구 앞에 자신의 독립성을 유지하기 위해 혼신의 힘을 다해야 했다. 곧이어 한국전쟁(1950~1953)이란 국가의 존망을 좌우하는 사변에 부딪쳤다. 그 와중에서 개인적 희생도 적지 않았다. 서울수복 직후 "빨갱이는 씨를 말려야 한다"는 비등한 여론 앞에 사법부는 부역자재판을 처리해야 했다. 보복적 정의의 압도적인 여론 앞에 법관들도 시대적 압력을 피해가기 어려웠다. 「비상사태하의 범죄처벌에 관한 특별조치령」을 적용하면서, 적법절차의 요건을 생략하고 약식재판을 통해 사형에 처해진 인사들이 많았고, 그 과정에서 억울한 희생자도 적지 않았다. 이 시기 판사들의 고뇌에 대하여는 유병진 판사의 '재판관의 고민'에 잘 묘사되어 있다.[16] 부역자재판에서 비등한 여론을 가라앉히고 소위 부역자들의 억울한 사연을 법해석을 통해 풀어내려 한 노력들이 없지 않았던 것이다. 또한 전쟁의 와중에서도 국민방위군사건(1951) 및 거창양민학살사건(1951)의 경우, 군사재판에서 가해자들의 일부를 재판하고 처단함으로써 전시하에서도 법치주의의 틀을 유지하려고 나름대로 애쓰고 있음을 보여주었다.[17] 또한 헌법위원회는 부역자재판의 근거법인 비상사태하의 범죄처벌에 관한 특별조치령에 대하여 위헌을 선언[18]함으로써 정법(正法)에의 요구에 부응하려고 했다.[19]

---

15) 한인섭, 식민지 법정에서 독립을 변론하다: 허헌·김병로·이인의 항일재판투쟁, 경인문화사, 2012 참조.
16) 유병진, 재판관의 고민, 고시학회, 1952 참조. 이 책은 신동운에 의해 복간(법문사, 2008)되었다.
17) 한인섭, "1951년 거창사건 형사재판의 검토", 서울대학교 법학 제44권 제2호, 2003, 179~226쪽 참조.
18) "긴급명령으로서 법률의 효력을 가진 비상사태하의 범죄처벌에 관한 특별조치령 제9조에 의하면 …원칙적으로는 지방법원 또는 동 지원의 단독판사가 행하게 되어 있고, 사형·무기 또는 10년 이상의 형의 언도를 받은 피고인에 한하여 … 지방법원 및 지방법원지원 합의부에 再審判을 청구할 수 있게 되어 있으니 … 이는 … 국민의 최고법원인 대법원의 심판을 받을 헌법상 기본권이 박탈된 바로서 헌법 제22조 및 제76조의 정신에 위반됨이 명백하다." (헌법위원회 [단기]4285(1952). 9. 9. 4285헌위2 결정).
19) 한인섭, "한국전쟁과 형사법 —부역자처벌 및 민간인학살과 관련된 법적 문제를 중심으로", 서울대학교 법학 제41권 제2호, 2000, 135~179쪽.

전쟁이 끝난 뒤 이승만 정권의 권력연장을 위한 연이은 파행과 무리수 속에
서 법원에 대한 압박 역시 가중되었다. 김병로 대법원장의 권위로 인해 사법부는
그럭저럭 버틸 수 있었다. 법관들은 그야말로 박봉으로 생계를 걱정하는 지경까
지 내몰렸지만, 생계와 타협하지 않았던 높은 기개는 오늘날 귀감이 될 만하다.[20]
그러나 이승만 정권은 말기에 사법부를 정치적 도구로 악용하려고 함으로써 사
법부는 본격적인 시련에 직면하게 되었다. 이승만의 정적(政敵)으로 여겨진 정치
인 조봉암을 사형대로 내몰려는 시도는 첫 단계에 암초에 부딪쳤다. 제 1 심 재판
장이던 유병진 판사는 조봉암의 간첩죄 및 국가보안법 위반에 대해 무죄를 선고
했던 것이다. 그에 대한 대응은 "친공판사 유병진을 타도하라"는 구호와 함께 깡
패들을 동원하여 법원을 습격한 것이었다.[21] 사법부를 향해 노골적으로 밀어닥치
는 외압 앞에, 법원은 자신의 권위를 온전히 수호하지 못했다. 조봉암은 대법원
에서 사형선고가 확정[22]되었고, 5개월 뒤 형장의 이슬로 사라졌다.[23] 그러나 그를
처형대로 몰아넣은 그 정권은 1년을 더 지탱하지도 못한 채, 4·19혁명의 물결
속에서 막을 내려야 했다.

1961년 5·16쿠데타는 헌정질서를 파괴하고 군부의 강권적 집권의 서막을
열었다. 쿠데타 세력은 입법·행정·사법의 3권을 완벽히 틀어쥐었다. 계엄령의
엄호를 받으며 그들은 헌법 위에 선 혁명위원회로 국가재건최고회의를 만들어
전권을 휘둘렀다. 박정희 대통령과 정치군부에게 사법부는 잘해야 군대의 법무참
모,[24] 잘못하면 혼내줘야 할 성가신 존재에 지나지 않았다. 법관들은 군사정권의
현안을 집행하는 도구로서 사역을 강요당했다. 대량적 인권침해와 함께 4·19시

---

20) 김병로 대법원장의 이임사(1957. 12. 16.)의 한 부분이다. "그동안 내가 가장 가슴 아프게 생
   각하는 것은 전국 법원직원에게 지나치게 무리한 요구를 한 것이다. …살아갈 수 없는 정
   도의 보수를 가지고도 그대로 살아가라고 한 결과가 된 것이 그러하였다. 나는 전 사법종
   사자에게 굶어죽는 것을 영광이라고 그랬다. 그것은 부정을 범하는 것보다는 명예롭기 때문
   이다."
21) 법원행정처, 법원사, 1995, 268~271쪽.
22) 대법원 1959. 2. 27. 선고 4291형상559 판결.
23) 최근 대법원은 조봉암 판결에 대한 재심재판(전원합의체)을 통해 기존판결은 파기하고 무죄
   를 확정하였다. 대법원 2011. 1. 20. 선고 2008재도11 판결.
24) 민복기 대법원장은 그의 회고담에서, 그는 "박대통령이 군출신이었기 때문에 사법부를 군의
   법무감실 정도로밖에 여기지 않았다"는 말을 남기고 있다. "민주주의 국가이니 사법부의 독
   립을 내세우지 않을 수는 없었겠지만 (그것은) 제사에 대추 밤 놓듯이 구색을 맞춘 정도"였
   다는 것이다. 이헌환, 법과 정치, 박영사, 2007, 제 4 장 참조.

기하에서 '민족일보'를 책임지고 있었던 조용수는 「특수범죄처벌에 관한 특별법」
위반으로 죄형법정주의에 반하는 신법을 소급적용하여 처형당했다.[25] 1963년 민
정이양과 함께 제3공화국 체제하에서 사법부는 행정부와 크고 작은 갈등을 겪
었다. 정권에 맞섰던 핵심세력은 학생들과 야당/재야/언론이었으며, 특히 학생시
위의 주모자에 대한 탄압이 잇달았다. 한·일수교협상에 대해 매우 저항적이었던
학생들의 움직임에 대해 정권은 갖은 수단으로 탄압을 일삼았다. 사법부도 정권
의 요구에 응하도록 회유와 압력이 잇달았다. 사법부는 대체로 순응적 자세를 취
하는 경향이 없지 않았지만, 늘 그러했던 것은 아니었다. 심지어 대학생의 시위
를 내란음모로 기소한 내용에 대해서도 인정한 재판부도 있었지만, 다른 한편으
로 무혐의로 풀어주는 판사도 있었다. 군인들이 자택에 난입하는 폭거를 겪어야
했던 양헌 판사와 같은 기개가 살아있었다.[26]

3선개헌 후 유신체제를 준비하는 과정에서 박정희 정권은 일련의 총통제적
철권통치를 위한 기반을 닦게 된다. 1971년의 국가비상사태선포, 국가보위특별조
치법 등이 그 가시적 표현이라면, 1969년의 국민교육헌장 선포 등은 그 이데올로
기적 기반의 조성이라 할 만하다. 1971년에는 위수령 선포와 고려대 군인난입 등
의 조치를 통해 다시 군인들을 시민사회와 정치에 직접 개입시키는 공포정치를
가동하게 되었다. 그러한 과정은 당연히 사법부를 보다 순종적으로 길들이려는
시도로 이어졌다. 특히 국가배상법상의 군인들에 대한 예외적 특례조항의 위헌을
둘러싸고 정권은 사법부와 팽팽하게 맞섰다. 베트남전에 파병되었다가 사상(死傷)
당한 군인들에 대한 국가배상을 둘러싸고, 행정편의주의와 법치주의의 갈등이 첨
예화되었던 것이다.

사법부는 1971년 마침내 국가배상법상의 군인특례조항에 대한 위헌판결을
내렸다.[27] 그 대가는 사법부에 대한 전대미문의 탄압이었다. 기개 있는 소장판사
의 대표 역할을 했던 법관들을 미행하여, 약점을 잡아 구속영장 청구와 함께 여
론재판을 통해 매장시키려 한 것이다. 그에 대한 법관들의 집단적 반발 역시 전

---

25) 한국혁명재판사편찬위원회, 한국혁명재판사 제2집, 1962 참조. 조용수에 대하여 사후 47년
만에 재심에서 무죄판결이 내려졌고, 유족에게 국가배상책임을 인정하는 판결이 내려졌다.
서울중앙지방법원 2008. 1. 16. 2007재고합10.
26) 법원행정처, 앞의 책, 461쪽 이하.
27) 대법원 1971. 6. 22. 선고 70다1010 판결.

례없는 것이었다. 서울지법의 민사, 형사판사들이 집단사표로 맞서면서, 그들은 그동안 재판에 대한 직접적·음성적 탄압의 실태를 조목조목 밝혔다. '사법파동'이라 불린 이 사태에 대해 야당에서는 '삼권분립이라는 민주헌정의 기본을 뒤흔드는 중대문제'로 규탄했고, 언론과 대한변호사협회는 '법관들의 사법권수호운동을 지지'하기 위한 조직적인 움직임을 보였다.[28] 소장판사들은 사법권침해에 맞서 집단사표로 맞섰다. 그러한 사태전개에 대해 대법원 수뇌부는 미봉책으로 진정시켰다. 이 사법파동은 '점차 독재화되어 가는 정치권력이 그 정치구조를 강화하기 위한 방법으로 순종하는 사법부를 만들려는 전초전'[29]이었다. 법관과 국민의 입장에서는 일개 파동이 아니라 사법권수호의 차원에서 소장판사들이 본격적으로 저항한 (제 1 차) 사법민주화운동으로 평가될 수 있다. 한편 정권으로서는 사법부와 여론의 공세에 일단 주춤했지만, 이는 대대적인 탄압을 위한 숨고르기에 지나지 않았다. 바로 1년 뒤 유신헌법의 공포와 함께 진행된 법관재임용에서 박정희 정권은 국가배상법 위헌에 찬동했던 대법원판사 전원과 법관 50여명을 탈락시키는 폭거를 저질렀다.[30] 극도로 위축된 사법부는 1987년 시민혁명의 전야에 이르기까지 그야말로 '정권의 시녀'로 격하되었다. 이영섭 대법원장 (1979~1981)은 퇴임사에서 "취임 초에는 포부와 이상도 컸으나 과거를 돌아보면 모든 것이 회한과 오욕으로 얼룩진 것 이외에는 아무 것도 아닌 것이 되었다"고 회고할 지경이었다.[31] '회한과 오욕의 사법부'의 본격적 전개는 바로 1972년 유신헌법과 그에 뒤이은 사법부 조직의 재편 및 법관재임용으로부터 구해질 수 있을 것이다.

유신-5공체제는 문자 그대로 대통령 1인이 사회 모든 분야에서 통수권을 행사하는 폭력적 권위주의 체제였다. 사법부도 대통령의 권력정치를 뒷받침하는 역할을 강요당했다. 사법부는 제대로 항거할 엄두를 내지 못하거나, 심지어 예속 속에서도 개인적 영달을 꾀하곤 했다. 대법원장과 대법원판사의 임명에서도 대통령을 "보좌"하고 정부에 "협력"하는 자세가 우선시되었다.

권력의 의지는 형사사건에서 직접적으로 나타났다. 법원은 "검찰의 영장담당

---

28) 이돈명, "사법파동(1971. 7)", 현대한국을 뒤흔든 60대사건, 신동아 1988/1 별책부록, 183쪽.
29) 이돈명, 앞의 논문, 184쪽.
30) 법원행정처, 앞의 책, 690쪽.
31) 법원행정처, 앞의 책, 852쪽.

부서"로 격하되고, 검찰의 구형을 그대로 따른 소위 정찰제판결(正札制判決)이 양산되었다.[32] 어떻게 판사로 살아남았던가. "양심의 갈등을 겪으면서도 현실과 타협했고 권력의 비위를 거슬리지 않으려 했기"[33] 때문이다. 법원은 약간의 틈만 보이면 그래도 독립을 향한 움직임을 일부에서나마 보였지만, 검찰은 또 달랐다. 검찰은 한편으로 정보기관으로부터 압박을 받으면서도 그에 맞서 인권옹호를 꾀하지도 못했고, 검찰 자체가 '권력의 주구'이면서 스스로 권력기관으로 정치적 탄압을 법적 틀로 가공하는 역할을 앞장서 떠맡았다. 공안검사는 출세의 지름길로 인식되었다.

법원이 '기본권 수호의 최후의 보루'로서의 자기역할을 방기한 상태에서 무슨 일이 일어났던가. 우선, 인권침해를 당한 국민들은 호소할 곳이 없었다. 나중에 소장판사들이 자성했듯이 "국민의 기본권은 법원이 아니라 국민 자신의 희생과 노력으로 쟁취해야 했던" 것이다. 제 소임을 다하지 못한 사법부는 "불신과 매도"의 대상이었다.[34] 사법부의 권위는 추락하고, 법정 자체가 소동의 또 하나의 거점이 되었다. 사법부는 국민들이 믿고 의지할 곳이 아니라, 권력기관과 한통속으로 여겨졌을 뿐이다.

둘째, 사법절차도 적법절차의 원칙에 따라 작동되지 못했다. 피의자·피고인의 권리는 무차별로 짓밟혔다. 법관의 영장 자체도 '고무도장' 찍듯이 발부되었지만, 더욱 문제는 영장 없는 구금이 횡행했다는 것이다. 수십일 동안 영장 없는 상태에서 불법구금을 하고, 무자비한 고문과 폭력으로 사건진상이 왜곡된 상태에서 자백이 강요되었다. 사건의 진상은 권력의 입맛대로 왜곡되었다. 이러한 고문·폭력·장기불법구금에 대해 1차적 인권옹호기관으로 견제적 역할을 해야 할 검찰은 그 역할을 거의 수행하지 못했다. 피의자의 고문주장에 대하여는 무시 일변도로 대응했다. 법원도 마찬가지였다. 피고인의 고문, 장기구금 주장에 대하여 "피고인의 주장 이외에는 별다른 증거가 없다"거나 "장기구금을 당했다고 해서 자백의 신빙성을 굳이 부인할 사유는 안 된다"는 식으로 언급하고 지나칠 뿐이었다.[35]

---

32) 홍성우, "법조계와 민주화", 한국변호사협회, 인권보고서 제3집, 역사비평사, 1987/1988, 429쪽.
33) 변정수, 법조여정, 관악사, 1997, 77쪽.
34) "새 대법원 구성에 관한 성명서", 1988. 6. 16. 발표(당일자 동아일보 14면), 한인섭, 앞의 책 (2004), 456쪽.
35) 한인섭, 앞의 책(2007)에 수록된 여러 글 참조.

피의자·피고인의 입장에서는 검찰·법원과 자신을 직접 고문한 고문기술자 사이에 아무런 질적 차이를 발견할 수 없었다. 시국사건을 담당한 변호인들은 때로는 침묵을 강요당하고, 법정에서 끌려 나가기도 했다. 심지어 변론 내용을 문제삼아 처벌당하거나 변호사 자격마저 박탈당하는 지경에 이르렀다.[36]

셋째, 국민의 인권을 무시하고 적법절차를 유린한 결과 이제 피의자·피고인에 대한 직접적인 인권유린을 재판의 이름으로 자행하게 된다. 한국재판사에서 가장 치욕스런 사건으로 기록될 일련의 재판이 만들어졌다. 민청학련 사건(1974)에서는 사형 7명, 무기징역 7명, 다른 18명의 형기를 합친 형기가 총 340년에 이르렀다. 민청학련 사건과 함께 얽어맨 소위 인혁당 재건위 사건에서 법원은 권력의 주문대로 판결을 선고했다. 대법원 판결 다음날 새벽 8인은 처형당했다. 이 인혁당 인사들의 처형은 "사법살인"이란 오명으로 국제적으로 지탄받았다. 부천경찰서 성고문 사건(1986)에서 경찰은 성고문을 수사기법으로 자행했고, 안기부는 진상을 왜곡했고, 검찰은 성고문 사실을 알고도 기소유예처분을 내렸고, 법원은 성고문 주장의 일부를 인용하고도 기소유예처분이 타당하다고 했다.

이렇듯 재판의 이름으로 이루어진 사법적 부정의는 언제부터 제대로 시정될 수 있었던가. 1987년 6월항쟁 이후에야 해결의 가닥이 바로잡히기 시작했다고 할 수 있다. 박종철 고문치사 사건(1987)에 대하여 천주교정의구현사제단의 폭로가 있은 뒤, 진범의 일부가 마지못해 구속기소되었다.[37] 그리고 1988년 진상을 왜곡한 경찰의 수뇌부가 처벌되었다. 부천경찰서 성고문 사건에서 고문경관을 기소유예한 처분이 잘못된 것이라며 재정신청을 통해 부심판결을 내리는 취지의 대법원 결정이 내려져 성고문경찰이 처벌된 것이 1988년에 이르러서이다.[38] 민청학련 관련자에 대한 변론으로 구속되기도 했던 강신옥 변호사에 대한 무죄판결이 확정된 것이 1988년도에 와서이다.[39] 철권적 통치자의 의중에 맞추는 처신을 해오던 사법부는 국민의 힘을 확인한 뒤, 1단계 문민화가 이루어지는 와중에 비로

---

36) 한인섭, 앞의 책(2004), 220~222쪽.
37) 천주교정의구현전국사제단, "박종철군 고문치사 사건의 진상이 조작되었다", 1987. 5. 18; 기쁨과희망사목연구원, 70~80년대 민주화운동의 증언 제 8 권, 암흑속의 햇불, 2001, 202~206쪽.
38) 대법원 1988. 1. 29.자 86모58 결정.
39) 서울고등법원 제 1 형사부 1988. 3. 4. 선고 85노503 판결. 이 판결의 전문은 사법행정, 1988/4, 85~93쪽 참조.

소 사법부독립에 부합하는 소리를 내기 시작한 것이다. 물론 그 단계로의 진입에
는 내부적 진통을 수반했다. 전국 대부분의 소장판사들이 서명에 가담했던 "사법
부독립을 위한 성명서"에 뒤이은 제 2 차 사법파동, 정확하게는 제 2 차 사법민주
화운동을 거치면서 외부로부터의 독립을 어느 정도 이루어낼 수 있었던 것이
다.[40] 그 뒤 사법부는 몇 단계를 걸치면서 정치권력으로부터의 자기독립을 그런
대로 이루어냈다.

　　정치권력으로부터의 사법부의 자기독립은 내외적 여건의 변화에 힘입어 가
능했다고 본다. 첫째, 정치권력이 상대적으로 약화되었다. 철권적 통치의 시대는
사라졌다. 1987년 헌법개정을 통해 직선제 대통령선거가 실시되면서 정권은 국민
의 의사를 도외시하기 어려웠다. 군부세력은 점진적 문민화의 과정에서 눈에 띄
게 약화되었고, 군대가 병영을 벗어나 정치사회에 개입할 가능성도 갈수록 줄었
다. 정치권력은 대통령선거 및 국회의원선거, 그리고 지방자치체선거라는 선거과
정을 거듭 치르면서 교체되고 분산되었다. 정권교체의 흐름 속에서 공안기구, 정
보기구도 어느 세력의 일방적 독점물로 기능하지 않게 되었다.

　　둘째, 형사사법기구 중에서 검찰에 짓눌렸던 법원의 힘이 어느 정도 회복되
면서, 사법부의 제자리 찾기가 시작되었다. 법원은 구속영장에 대한 통제권을 실
질적으로 확보하게 되었다. 소장판사들의 몇 차례에 걸친 도전은 사법부의 독립
성 강화에 방파제를 구축하는 데 기여했다. 몇 차례의 법조비리의 홍역을 치르면
서, 사법부는 점차 투명하고 떳떳한 모습으로 바뀌게 되었다.

　　셋째, 재판의 근거가 되는 법률이 정의와 인권의 요청에 부합하는 쪽으로 일
대변모를 하게 되었다. 그 한 방향은 국회를 통한 일련의 반민주법률의 개폐작업
이었다. 立法이 정의의 요구와 보다 합치되게 제정되면 그 법적용(司法)에서도 국
민적 신뢰성을 회복할 수 있게 된다. 정법을 향한 다른 방향의 움직임은 헌법재
판소에 의한 일련의 위헌법률심사의 활성화였다. 위헌법률심사의 양도 크게 늘었
거니와, 헌법재판소의 일련의 결정들은 기존 법률의 문제점을 재정비하는 데 영
향을 미쳤다. 헌법재판소의 활성화는 국회의 입법과정을 훨씬 신중하게 하도록
유도하였고, 법형성에 헌법적 관점을 끌어들여 문제의 소지를 사전에 예방하는
새로운 입법관행을 만들어냈다.

---

40) 한인섭, 앞의 책(2004), 452쪽 이하 참조.

그러나 사법부는 과거의 자기 잘못을 인정하는 데는 오랫동안 매우 인색했다. 자신의 과거잘못과의 정직한 대면을 거의 하지 않았던 것이다. 1988년 및 1993년의 소장판사들의 아픈 고백들은 사법부의 과거청산의 당위성과 목표점을 분명히 인식하고 있음을 보여준다. "판결로써 말해야 했을 때 침묵했다"는 점, "판결로써 말하지 않아야 할 것을 말했다"는 점을 말이다.[41] 과거의 재판권의 행사 및 불행사 모두에서 문제가 있었다. 인권을 옹호해야 할 기관이, 그것도 인권의 최후보루로서의 사법부가 인권을 유린하고도 그 문제에 대해 침묵하고 있다는 점은 사법부의 자기부담으로 계속 남아 있었다. 불법적 법적용, 악법의 기계적 적용 등에 유린되었던 피해자들은 이제는 오히려 '적법'을 내세운 사법부의 무성의 속에서 법원의 문턱을 넘지 못해 기진해 있는 상태이다.

사법부는 개개인의 권리를 확인하고 구제하기 위해 존재하는 기관이다. 그런 사법부가 오히려 기본권을 침해하고, 권리구제의 호소에 대해 귀를 막았던 그 과거의 지속이야말로 법적 불안정성을 야기하는 원인이다. 사법부 권위의 문제도 마찬가지다. 사법부의 권위는 총칼로서 확보될 수 있는 것이 아니며, 지갑으로 매수할 수 있는 것도 아니다. 사법부는 총칼도, 지갑도 갖고 있지 않기 때문이다.[42] 그러면 사법부의 권위는 어디에서 나오는 것인가. 국민의 마음으로부터 나오는 존경심과 신뢰감을 통해 사법부는 그 제도적 권위를 확보할 수 있게 되는 것이다.

사법부의 "외면과 무시의 전략"이 통용될 수 없는 것은 사법부의 가해에 의해 피해자가 된 사람들이 엄연히 있기 때문이다. 피해자의 존재는 가해자에게 반성을 촉구하고, 피해회복을 위한 구체적 조치를 취할 것을 의무지운다. 과거의 사법부가 한 일이라고 현재의 사법부가 모른체 할 수 없는 것은, 개개인이 달라져도 국가 자체의 행위로서 영속성을 띠기 때문이다. 더욱이 사법부는 피해자 편에서 피해사실을 확인하고, 가해자에게 배상 기타 조치를 통해 피해에 대한 원상회복을 해 주어야 할 책무를 갖고 있는 국가기관이다. 그 점에서 사법부의 책임

---

41) 한인섭, 앞의 책(2004), 459쪽.
42) Alexander Hamilton 외, *The Federalist Papers*, ed. by Mary E. Webster, Bellevue : Merril Press, 1999, 313~314쪽. "사법부는 칼이나 돈지갑에 대한 영향력을 갖고 있지 않다. 사법부는 사회의 힘과 부를 지배하지 않는다. 사법부는 폭력도 의지도 갖고 있지 않으며 단지 재판만 한다."

회피는 사법부의 존재근거 자체를 뒤흔드는 것이다.

사법피해로 인한 실존적 고통에 대해 사법부는 응분의 관심을 기울일 필요가 있다. 사법피해자는 국가의 형벌권 및 형사사법과정 자체의 권력남용으로 인하여 피해를 입은 자를 말한다. 사법피해자는 통상의 수형자들이 겪는 신체적·정신적 고통뿐만 아니라, 사회적 명예의 실추, 그리고 오명과 낙인을 안고 살아가야 한다. 피해자의 고통을 해소하고 그들을 원상회복하는 것은, 다른 국가기관 못지 않게 사법부 자체의 노력에 의해 행해져야 한다. 사법피해의 경우 이를 호소할 만한 다른 곳이 마땅치 않다. 입법적 해결방법이 있으나 입법은 보편적·대량적 해결을 겨냥하는 것이기 때문에 그 방법 자체로 권리구제의 효과가 나타나지 않는다. 사법적 해결이 온전히 이루어질 때 비로소 피해의 치유의 과정은 완결될 수 있다.

과거의 사법부에 의한 인권침해를 말할 때, 그것은 개인 피해자의 치유와 회복의 과제에 당면해야 함을 의미한다. 다행히 최근 들어 사법부의 오판 시정의 노력은 가시화되고 있다. 권위주의 정권하에 고문과 조작으로 만들어진 범죄자들이 재심판결을 통해 무죄판결을 받고, 국가배상소송에서 승소하고 있다. 긴급조치 사건, 일련의 간첩조작 사건, 군사쿠데타를 통한 집권세력의 정비과정에서 자행된 인권침해 사건 등에 대해 무죄판결이 내려지고 있는 중이다.[43] 2018년 이후에는 검찰이 직권재심을 통해 무죄구형을 하고, 재심을 통한 원상회복에 적극 나서고 있기도 하다. 이렇게 점진적으로 형사재심을 통해 무죄판결이 내려지고 있으나, 당사자의 입장에서 볼 때 그 무죄판결은 지나치게 늦게 온 것이며, 절차적으로도 매우 어렵게 진행되고 있다. 상식적으로 생각해도 악법 그 자체라 볼 수밖에 없는 유신체제하의 일련의 긴급조치 그 자체의 무효화법이나 위헌선언 등의 근본적인 해결책에 대해서는 최근에야 약간의 성과가 나오고 있는 실정이다.

---

43) 대법원 2010. 12. 16. 선고 2010도5986 판결; 헌법재판소 2013. 3. 21. 선고 2010헌바70 결정 [구헌법 제53조등 위헌조항] 등. 이들은 1974~1975년간 대통령 긴급조치가 위헌임을 선언하는 중요한 판결·결정이다.

자료 6 ┃ 대법원 2010. 12. 16. 선고 2010도5986 판결

○ 긴급조치 제 1 호의 위헌 여부

(가) 국가긴급권은 국가가 중대한 위기에 처하였을 때 그 위기의 직접적 원인을 제거하는 데 필수불가결한 최소의 한도 내에서 행사되어야 하는 것으로서, 국가긴급권을 규정한 헌법상의 발동 요건 및 한계에 부합하여야 하고, 이 점에서 유신헌법 제53조에 규정된 긴급조치권 역시 예외가 될 수는 없다.

(나) 유신헌법도 제53조 제 1 항, 제 2 항에서 긴급조치권 행사에 관하여 '천재·지변 또는 중대한 재정·경제상의 위기에 처하거나, 국가의 안전보장 또는 공공의 안녕질서가 중대한 위협을 받거나 받을 우려가 있어, 신속한 조치를 할 필요'가 있을 때 그 극복을 위한 것으로 한정하고 있다. 그러나 이에 근거하여 발령된 긴급조치 제 1 호의 내용은 대한민국헌법을 부정, 반대, 왜곡 또는 비방하는 일체의 행위, 대한민국헌법의 개정 또는 폐지를 주장, 발의, 제안 또는 청원하는 일체의 행위와 유언비어를 날조, 유포하는 일체의 행위 및 이와 같이 금지된 행위를 권유, 선동, 선전하거나, 방송, 보도, 출판 기타 방법으로 이를 타인에게 알리는 일체의 언동을 금하고(제 1 항 내지 제 4 항), 이 조치를 위반하거나 비방한 자는 법관의 영장 없이 체포, 구속, 압수, 수색하며 15년 이하의 징역에 처한다(제 5 항)는 것으로, 유신헌법 등에 대한 논의 자체를 전면금지함으로써 이른바 유신체제에 대한 국민적 저항을 탄압하기 위한 것임이 분명하여 긴급조치권의 목적상의 한계를 벗어난 것일 뿐만 아니라, 위 긴급조치가 발령될 당시의 국내외 정치상황 및 사회상황이 긴급조치권발동의 대상이 되는 비상사태로서 국가의 중대한 위기상황 내지 국가적 안위에 직접 영향을 주는 중대한 위협을 받을 우려가 있는 상황에 해당한다고 할 수 없으므로, 그러한 상황에서 발령된 긴급조치 제 1 호는 유신헌법 제53조가 규정하고 있는 요건을 결여한 것이다.

(다) 한편 긴급조치 제 1 호의 내용은 민주주의의 본질적 요소인 표현의 자유 내지 신체의 자유와 헌법상 보장된 청원권을 심각하게 제한하는 것으로서, 국가가 국민의 기본적 인권을 최대한으로 보장하도록 한 유신헌법 제 8 조(현행 헌법 제10조)의 규정에도 불구하고, 유신헌법 제18조(현행 헌법 제21조)가 규정한 표현의 자유를 제한하고, 영장주의를 전면 배제함으로써 법치국가원리를 부인하여 유신헌법 제10조(현행 헌법 제12조)가 규정하는 신체의 자유를 제한하며, 명시적으로 유신헌법을 부정하거나 폐지를 청원하는 행위를 금지시킴으로써 유신헌법 제23조(현행 헌법 제26조)가 규정한 청원권 등을 제한한 것이다.

이와 같이 긴급조치 제 1 호는 그 발동 요건을 갖추지 못한 채 목적상 한계를 벗어나

국민의 자유와 권리를 지나치게 제한함으로써 헌법상 보장된 국민의 기본권을 침해한 것이므로, 긴급조치 제 1 호가 해제 내지 실효되기 이전부터 유신헌법에 위반되어 위헌이고, 나아가 긴급조치 제 1 호에 의하여 침해된 위 각 기본권의 보장 규정을 두고 있는 현행 헌법에 비추어 보더라도 위헌이다.

(라) 결국 이 사건 재판의 전제가 된 긴급조치 제 1 호 제 1 항, 제 3 항, 제 5 항을 포함하여 긴급조치 제 1 호는 헌법에 위반되어 무효이다.

이와 달리 유신헌법 제53조에 근거를 둔 긴급조치 제 1 호가 합헌이라는 취지로 판시한 대법원 1975. 1. 28. 선고 74도3492 판결, 대법원 1975. 1. 28. 선고 74도3498 판결, 대법원 1975. 4. 8. 선고 74도3323 판결과 그 밖에 이 판결의 견해와 다른 대법원 판결들은 모두 폐기한다.

이용훈(재판장) 박시환 김지형 이홍훈 김능환 전수안 안대희 차한성(주심) 양창수
신영철 민일영 이인복

2. 검사의 정치적 중립[44]

아래 설명 및 〈자료 7〉, 〈자료 8〉을 읽고 다음의 질문을 음미해 보자.
① 검사의 정치적 중립은 왜 중요한가?
② 검사의 정치적 중립을 보장하기 위하여 제도화된 방안으로 어떤 것이 있는가? 그러한 방안은 얼마나 실효성이 있는가?
③ 〈자료 7〉, 〈자료 8〉을 읽고 권력의 외압에 대하여 검사는 어떻게 대응하여야 했던가를 토론해 보자.
④ 정치적 영향, 검찰 상층부의 요구와 사건담당검사의 견해가 충돌되어 물의를 빚은 최근의 사례를 생각해 보고, 담당검사가 어떻게 대응해야 하는가를 논의해 보자.

"검사는 공익의 대표자로서 국법질서를 확립하고 국민의 인권을 보호하며

정의를 실현함을 그 사명으로 한다"(검사윤리강령 제1조). 형사사법에서 검사의 직무가 미치는 범위는 법관보다 훨씬 넓다. 범죄수사의 단계에서 검사는 직접 수사하거나 사법경찰을 지휘·감독하여 수사하는 수사의 주재자이다. 검사는 기소권을 독점하고 기소 여부를 결정할 재량을 갖고 있다. 또한 재판의 결과를 집행하는 권한을 갖고 있다. 이같이 검사의 권한은 형사사법의 전 과정에 미치며, 재량권의 범위가 매우 넓다. 검사는 그 권한의 행사에서 엄정하고 공정하게 직무를 수행해야 한다. 검찰권의 자의적 행사 혹은 검찰권의 남용으로 보여지는 권한행사에 대해서는 국민의 불신감이 높아지고, 이는 법질서 전체에 대한 부정적 인식으로 이어진다. 검찰권 행사에서 국민의 신뢰를 확보하는 것은 검찰뿐 아니라 전체 법질서의 유지라는 차원에서도 매우 중요한 것이다.

우리의 역사적 경험에서 검찰권에 대한 국민적 신뢰는 그렇게 높은 편이 되지 못한다. 각종 여론조사를 보면, 검찰은 영향력 지수는 매우 높으나, 신뢰도 지수는 다른 기관에 비해 낮은 것으로 나타난다. 낮은 신뢰도의 가장 큰 이유는 검찰의 정치적 중립성에 대한 불신과 의혹이다. 현행 검찰청법의 여러 조문도 이러한 불신과 의혹을 인식하고 그에 대한 답변을 마련하고 있다. 검찰청법 제4조제2항에 따르면, "검사는 그 직무를 수행함에 있어서 국민 전체에 대한 봉사자로서 정치적 중립을 지켜야 하며 부여된 권한을 남용하여서는 아니 된다"고 규정하고 있다. 이어 검사윤리강령(1999년 제정)에는 그 내용을 구체화하고 있다. 특히 검사윤리강령 제3조에는 '정치적 중립과 공정'이란 표제하에 검사가 '직무수행을 할 때 정치적 중립을 지킨다'고 규정하며, '어떠한 압력이나 유혹, 정실에도 영향을 받지 아니하고 오로지 법과 양심에 따라 엄정하고 공평하게 직무를 수행한다'고 명시하고 있다.

일견 당연한 내용의 조문이 검찰청법 및 검사윤리강령에 명시된 이유는 다음과 같은 역사적 배경에서 유래한다고 생각된다. 첫째, 검찰의 정치적 중립성에 대하여 많은 의혹과 비판을 받아왔고, 그것이 검찰에 대한 신뢰, 나아가 법집행 전체에 대한 국민적 신뢰에 심각한 악영향을 끼쳐 왔다는 데 대한 자성이다. 권위주의 시대에는 검찰을 정권유지를 위한 도구로 악용하는 예가 적지 않았다. 이러한 검찰에 대해서는 '정권의 주구'라든가 '권력의 칼'이란 비판이 따라다녔다. 문제는 제도적 민주화가 진척되는 상황에서도 검찰권의 정치적 남용에 대한 의혹이 불식되지 않고 있다는 점이다. 오히려 검찰 자체가 독자적인 권력기관이자, 현 정권의 의도에 맞도록 움직이고 있지 않나 하는 의혹이 여전한 것이다. 둘째, 엄정하고 공정해야 할 검찰권 행사가 때로는 편파적이고 불공정하다는 의심을 받고 있다. 검찰수사를 두고 '표적사정'이라든가 '기획사정' 등의 주장이 제기되는 경우가 없지 않다. 살아 있는 권력의 비리에 대해서는 방관하면서, 정치보복성 수사를 하지 않는가에 대해 따가운 비판을 받곤 한다. 셋째는, 검찰권 행사에 대한 실효성 있는 견제수단이 제대로 없는 상태에서 검찰 재량권을 남용하고 있다는 데 대한 불신감이 적지 않다는 점이다.

　한국의 검찰이 법률상의 권한을 넘어서 하나의 정치적 권력기관으로 자리잡은 것은 검찰조직의 특성과 무관하지 않다. 우리의 검찰조직은 중앙집권적이며, 검찰상층부에 권력이 과도하게 집중되어 있는 편이다. 집권화되고 집중화된 체계 하에서는 대검찰청에 모든 권한이 수렴되며, 일선조직은 자율적 판단을 내리기보다는 대검찰청에 주요한 결정을 의존하기 마련이다. 현재 검찰조직은 검찰총장을 정점으로 하여 피라미드형의 중앙집권적 구조를 갖고 있다. 검찰총장은 일반적 사건뿐 아니라 개별 사건에 대해서도 직·간접으로 지시와 영향력을 행사하고 있다.

　검찰조직의 위계화는 종전에는 '검사동일체의 원칙'이란 이름으로 표상되었다. 검사동일체의 원칙은 검사의 권한행사에 대한 합리적 통제와 검찰권 행사의 전국적 통일 및 균형적 행사를 위해 직무권한 행사에서 상명하복관계와 직무승계·직무이전제도 등으로 이루어져 있다. 검사동일체의 원칙은 단순히 직무상의 원칙 이상의 의미를 현실적으로 갖고 있다. 한국의 검찰권 운용은 검사동일체의 원칙의 취지를 직무적으로 반영한다기보다는, 지나치게 상명하복 일변도로 운영되었으며, 검사 개개인의 소신과 독립성을 저해하고 부당한 압력을 행사하는 통로로 악용되어 왔다. 검사들은 다른 어떤 조직체보다 강력한 결속의식을 갖고 있으며, 상하관계의 틀 속에 사로잡혀 있게 되었다. 검찰실무에서 검사동일체의 원칙은 검찰을 군인 계급조직에서의 상명하복과 같은 위계적 질서로 변질시켜 검사들을 상관과 부하로서 자리잡게 하는 분위기를 조성하며 그에 따라 獨任制인 검사의 자율성을 잠식한다. 이러한 검사조직의 특별한 일체감도 검사동일체의 부작용으로 지적되어 왔다.

　이 같은 비판을 수용하여, 2004년 개정된 검찰청법에서는 '검사동일체의 원칙'이란 용어 자체가 삭제되었다. 또한 '검사는 검찰사무에 관하여 상사의 명령에 복종한다'는 권위주의적 표현을 바꾸어 '검사는 검찰사무에 관하여 소속 상급자의 지휘·감독에 따른다'(동법 제7조 제1항)로 규정했다. 특히 주임검사의 소신있는 판단을 존중한다는 의미에서, '검사는 구체적 사건과 관련하여 소속 상급자의 지휘·감독의 적법성 또는 정당성에 대하여 異見이 있는 때에는 異議를 제기할 수 있다'(제7조 제2항)고 규정함으로써 주임검사의 소신 있는 판단을 존중하자는 취지를 갖고 있다.

　　이렇게 이의제기권을 신설했다고 해도 그 실행이 쉬운 일은 아닐 것이다. 검사가 자신의 소신을 지키기 위해 사표로서 대응해야 하는 경우가 없지 않다. 그 검사 개인의 기개는 존중될 가치가 있겠으나, 법률에 따른 소신을 관철하기 위하여 사표로써 대응할 수밖에 없는 상황은 매우 불행한 것이다. 법적으로 제도화된 검사의 이의제기권과 함께, 이를 구체화할 절차적 보장규정을 두어야 할 것이다. 아울러 이의제기권을 행사한 검사가 그로 인한 어떠한 불이익을 입지 않도록 제도화되어야 할 것이다.

　　다른 중요한 쟁점은 검찰과 정치의 관계이다. 현재 검찰조직의 정점에는 검찰총장이 위치하는데, 검찰총장은 대통령이 임명한다. 우리의 법제는 검찰총장이 검사로서의 투철한 윤리의식과 개별 검사의 소신을 보호하는 방파제가 될 것을 요구한다. 이러한 검찰총장의 소신을 보장하기 위하여, 사전절차로 검찰총장에 대한 인사청문회를 제도화(국회법 제65조의2)하였고, 검찰총장의 임기를 보장하는 대신 중임을 금지하고 있다(검찰청법 제12조 제3항).

　　또한 검찰청은 법무부의 외청으로서 자리매김하여, 법무부장관의 직속기관으로서 직접적 명령을 받지 않도록 한다. 법무부장관과 검찰의 관계에 대하여, 우리 법은 다음과 같이 규정하고 있다. "법무부장관은 검찰사무의 최고감독자로서 일반적으로 검사를 지휘·감독"하지만 "구체적 사건에 대하여는 검찰총장만을 지휘·감독한다"(검찰청법 제8조). 법무부장관은 검찰사무에 최고감독자로서의 지위를 가지지만, 특정한 사건수사 및 기소에 대하여 담당검사에 대한 직접적 지휘·감독권을 행사할 수 없도록 하고 있다. 이때 지휘·감독권은 문서로서 행해져야 하며, 공개적으로 이루어질 필요가 있다. 공개적 서면으로 노출되면 법무부장관, 나아가 형사사법에 관한 정부의 조치 전체가 강력한 여론의 검증사항이 될 것이다. 구체적 사건에 대하여 지휘·감독을 받는 검찰총장은 그 내용이 자신의 소신과 상반될 경우 매우 어려운 처지에 놓일 수 있다. 검찰총장이 이러한 지시를 거부했다고 해서 반드시 사임해야 할 것은 아니다. 검찰총장이 검찰권의 독자성 확보와 수사의 중립성 유지를 위한 강력한 자세를 견지하는 것은 검찰권의 정치적 남용을 막기 위해 매우 중요하다.

검찰의 정치적 중립성의 중요성을 감안하여, 1990년대 이후 일련의 법적·제도적 개혁이 추진되었으며, 2000년대 중반 이후 눈에 띄는 제도적 변화가 추진되었다. 법원이 영장의 발부주체로서 검사의 구속영장 발부에 대한 실질심사를 실행하였으며, 그 결과 구속영장의 청구 및 발부의 비율이 급속도로 낮아져 불구속 수사/재판의 원칙이 정착되었다. 공판과정에서는 조서재판의 폐해를 극복하고 구두신문, 집중심리를 강화하여 공판중심주의를 정착시켜가고 있는 중이다. 또한 국민이 배심원의 자격으로 형사재판에 실질적으로 관여하는 국민참여재판을 제도화시켰다. 이 같은 흐름은 종래 '검찰사법'으로 비판받던 경향을 법원사법으로 정상화하는 데 상당부분 기여했으며, 나아가 시민사법으로의 디딤돌을 놓았다.

또한 검찰청법상의 개정을 중심으로 눈에 띄는 여러 변화들이 이루어졌다.[45]

검찰총장의 정치적 중립성 확보	• 검찰총장임기제(1988. 12. 31, 검찰청법 12조 ③) • 퇴직후 공직취임제한(1997. 1. 13, 법 12조 ④, 동 ⑤)(1997. 7. 16. 위헌결정) • 검찰총장 인사청문회 실시(2003. 2. 4. 개정. 법 34조 ②)
검사의 직무상 독립성과 중립성 강화	• 검사직급의 단순화와 직급정년제 폐지 : 검찰총장/고등검사장/검사장/검사 → 검찰총장/검사(2004. 1. 20. 개정, 법 6조) • '검사동일체 원칙' 관련 규정의 개정 : "검사동일체의 원칙"이라는 표제를 "검찰사무에 관한 지휘·감독관계"로 변경. 구체적 사건에 관련된 상급자의 지휘·감독의 적법성·정당성에 대한 검사의 이의제기권 인정(2004. 1. 20. 개정, 법 7조 ①·②) • 검사보직 시 검찰총장 의견청취절차 : 검사의 보직과 관련하여 법무부장관은 검찰총장의 의견을 들어 대통령에게 제청하도록 함(2004. 1. 20. 개정, 법 34조 ①) • 검찰인사위원회의 심의기구화(2004. 1. 20. 개정, 법 35조 ①) • 검사적격심사제도의 도입 : 모든 검사(검찰총장 제외)는 임명 후 7년마다 검사적격심사위원회에서 적격심사를 받도록 함(2004. 1. 20. 개정, 법 39조)

---

45) 문준영, "한국 검찰의 형성과 변천", 형사법의 신동향 통권 제17호, 2008, 3~31쪽 참조.

이러한 제도개혁은 나름대로의 역사적 배경과 의미를 갖고 있다. 이를 제대로 실천하여 원래의 취지가 잘 달성될 수 있도록 해야 할 것이다. 동시에 어떤 법적·제도적 방안이 검사의 소신과 검찰의 중립성을 그대로 보장하는 것은 아니다. 검사 개개인이 법적 직무를 권력으로 쓰지 않고 권한으로 인식하며, 부여된 권한이 엄정·공정하게 직무를 수행해야 할 책무임을 인식해야 할 것이다. 어떤 좋은 제도도 그것을 담보할 검사의 인적 역량과 소신의 뒷받침이 없이는 소기의 결실을 거두기 어려울 것이다.

검사의 수사 및 기소에 있어 독점적 지위에 대한 도전도 주목할 사항이다. 검찰의 반대에도 불구하고 특별검사제도가 몇 차례나 입법화되고 시행되어 오고 있다.[46] 우리의 특별검사제는 특정 사건에 대하여 특별검사법을 제정하여, 검찰 외부의 인사가 특별검사로 임명되어 그 사건의 수사와 소추를 담당하는 방식을 취한다. 특별검사가 임명된 사안은 두 가지로 대별된다. 첫째, 주로 정치적으로 예민한 사안에 대하여 검찰이 수사의지를 제대로 보이지 않거나 검찰수사에 대한 불신감이 매우 큰 사건이다. 둘째, 검사의 법조비리 의혹에 대해 기존 검찰수사를 신뢰할 수 없고, 따라서 외부로부터 조사를 가능케 하기 위해 특별검사법이 입법화되었다. 특정사건에 대한 특별검사의 도입은 정치적 사건에 대하여 검찰수사가 언제나 최종적인 것이 아닐 수 있음을 일깨웠으며, 그에 따라 검찰은 특별검사와의 잠재적 경쟁 속에서 자신의 수사활동의 중립성과 공정성을 제고하기 위한 노력을 하지 않을 수 없게 되었다. 최근에는 특별검사제를 보다 일반적 제도로 정착시키기 위한 법률도 통과되었다. 또한 고위공직자범죄수사처(약칭 "공수처")가 신설되어, 고위공직자의 부패범죄에 대한 수사를 하고, 검사등 수사·재판기관 공직자의 특정범죄에 대한 수사·기소를 담당하게 되었다.[47]

검찰권의 독점과 재량권의 폐해를 방지하기 위한 또 하나의 개혁방향은 검찰권 행사에서 시민적 참여와 통제를 받도록 하는 것이다. 형사사건에 대하여 국민참여재판의 도입, 수사와 기소의 여부에 대하여 시민의 건전한 상식을 수렴하는 각종 방안의 제도화, 피의자의 권리를 보장하고 피해자의 입장을 존중하는 각

---

46) 2016년 말 현재 특별검사법은 10차례 제정되었고, 특검팀은 12개가 가동되었다.
47) 2014. 3. 18. 제정 「특별검사의 임명 등에 관한 법률」(약칭 특검법)은 2014. 6. 19. 시행되고 있음을 참조.

종 방안의 추진 등이다. 그러나 무엇보다 검찰이 받는 불신을 극복하고 신뢰를 회복하기 위한 검사들의 자각과 국민들의 감시가 긴요한 것이다.

자료 7 소위 인민혁명당 사건에서 검사의 양심과 상명하복[48]

1964년 소위 인민혁명당 사건이 지상에 드러났다. 중앙정보부의 발표에 따르면, 인혁당이란 단체가 북괴의 지령을 받아 발족된 대규모의 지하조직으로, 6·3 학생시위를 배후 조종해 오다가 6·3계엄령의 선포로 지하로 잠적하여 기회를 노리다 검거되었다는 것이다. 학생운동·민주화운동이 북한 지령을 받은 반국가단체의 조종의 산물이라는 주장은 그 운동의 진지성과 순수성을 부인하고자 하는 반공군사정부에게 전가의 보도처럼 애용되어 왔다. 그러나 그러한 주장은 인혁당 사건의 경우에는 벽에 부딪쳤다. 정보부로부터 사건을 송치받은 서울지검 공안부 검사팀은 수사결과 증거가 없으므로 공소제기를 할 수 없다고 결론지었다. 그러나 검찰 상부는 "빨갱이" 사건은 일반사건과 다르고, 정부의 체면을 생각해서라도 기소하라는 압력을 가했다. 그 압력의 근거는 "검사는 검찰사무에 관하여 상사의 명령에 복종한다"는 검찰청법상의 검사동일체의 원칙이었다. 그러나 수사검사들은 끝내 기소를 거부했으며, 대신 당직 검사의 서명으로 기소가 이루어졌다. 제 1 심 재판부는 일부에 대해서만 유죄와 경미한 형을 선고하였으며, 항소심은 반공법 위반사실에 대하여 유죄를 인정하였다. 그러나 원래의 중앙정보부의 발표대로 국가보안법 제 1 조 위반은 어느 재판부도 인정하지 않았으며, 유죄자의 범위와 형량도 대폭 축소되었다. 그 판결들의 진실성에 대하여는 오늘날 관점에서 제대로 긍정하기 어렵다. 담당검사 중에 이용훈 부장 검사와 김병리, 장원찬 검사는 모두 사표로 대응하였다.

인혁당 사건은 그것만으로 끝나지 않는다. 1974년 민주청년학생연맹의 배후조직으로 다시 인혁당을 꼽아, 그 주모자로 찍힌 도예종 등 8명은 군법회의에서 사형을 선고받고, 대법원의 확정판결이 내려진 다음날 새벽에 그들에 대한 사형이 집행되었다. 이것이 '한국사법사의 암흑의 날' 혹은 '사법살인'으로 지탄받는 제 2 차 인혁당 사건이다. 제 1 차 인혁당 사건에서 보여준 검사들의 소신과 기개는 바로 피고인과 국민의 생명을 지키는 방파제였음을 제 2 차 인혁당 사건의 검사·판사의 태도와 대비해 보면 잘 알 수 있다.

검사동일체의 원칙은 그동안 많은 비판을 받아왔다. 검찰사무의 전국적인 통일성 확립의 견지에서 그 필요성이 부인될 수 없지만, 실제로 주임검사의 소신을 통제하고 검찰수뇌

---

48) 한인섭, 앞의 책(2004), 140~141쪽 참조. 이 사건에 대한 회고는 이용훈, 사필귀정의 신념으로 ― 법과 정치와 나의 인생, 삼연, 1994.

부, 나아가 그와 통하는 정권의 도구로 검찰권 행사가 이루어질 빌미를 제공해 왔다는 것이다. 그러나 검사는 (준)사법관으로서의 지위를 갖고 있는 이상, 합법성과 정당성을 결여한 상사의 지휘·감독을 따를 이유가 없다. 그러나 한국 검찰사에서 이렇게 상부와 권력의 요구에 정면으로 맞서 검사의 양심적 소신과 기개를 보여준 경우는 매우 드물다. 그렇기에 제 1차 인혁당 사건에서 보여준 담당검사들의 기개와 용기는 지금껏 널리 인용되고 있다.

자료 8 　**부천경찰서 성고문 사건에서 검사의 자세**[49]

　　서울대 학생 A는 노동현장 취업을 위해 주민등록증을 변조했다고 해서 공문서변조죄 등의 혐의로 부천경찰서에 연행되어 수사를 받게 되었다. A는 수사과정에서 주민등록증 변조 사실을 순순히 자백했다. 그런데 수사를 담당한 甲 형사는 경찰조사실에서 수배자 B의 소재를 추궁하면서 A의 옷을 벗기고 알몸상태에서 수갑을 채웠고, 성고문을 자행하였다. A의 변호사들은 甲의 행동에 대해 인천지검에 고소했다. 이 사건이 언론에 비화되고 비판이 비등해지자, 정권 차원에서 이 범행을 묵살, 은폐하기로 결의했다. 그 일환으로 甲은 무고죄로 A를 맞고소하였다. 이 사건 고소를 받은 인천지검은 진실을 밝혀야겠다는 수사의지를 갖고 치밀한 수사의 결과 甲의 성고문사실에 대한 충분한 증거를 확보했다. 현직 경찰관이 저지른 인권유린의 중대범죄에 대하여 당연히 기소해야겠지만, 그 기소를 막으려는 정권 차원의 압력도 엄청났다. 당시의 상황을 회고하면서 한 검사는 검찰이 "외풍에 허우적"거렸고, 결국 "외압에 굴복"하였다고 술회하고 있다. 조사 결과 유죄가 확실함에도 검찰은 A에 대한 기소유예를 결정하였다. 검찰 공식발표에 따라 불기소처분의 이유를 정리해 보자면, A에 대한 성고문이 있었다는 주장은 인정할 수 없고, 다만 폭언과 폭행에 의한 가혹행위 부분은 인정되지만 그나마 甲이 직무에 집착해서 벌인 우발적인 범행이고, 경찰관으로서 그동안 성실하게 봉사하였다는 것이다. 심지어 검찰의 보도자료에는, "급진좌파 사상에 물들고 성적도 불량하여 가출한 자가 성적 모욕이라는 허위사실을 날조·왜곡하여 자신의 구명과 수사기관의 위신을 실추시키고, 정부의 공권력을 무력화시키려는 의도"라는 내용까지 포함되어 있었다. 검찰의 결정에 대해 대한변호사협회는 법원에 재정신청을 했지만, 서울고등법원은 성고문 사실은 인정하면서도 검찰의 불기소와 같은 이유를 들어 재정신청을 기각했다. 대법원은 사건처리를 미루고 있다가 1988년 초에 들어 재정신청을 받아들였다.[50] 준기소절차에 따라 공소유지변호사가 검사의 역할을 맡아 경찰

---

49) 이 사건에 대해 변호사단의 대표격으로 활동했던 조영래 변호사의 변론요지서는 한인섭, 앞의 책(2004) 참조.

50) 대법원 1988. 1. 29.자 86모58 결정.

관 甲을 기소하였다. 甲은 징역 5년형을 선고받았다. 이 사건의 처리에서 검사의 윤리적 책임과 법적 책임을 논해 보자.

3. 여론의 압력과 법관·검사의 자세

여론과 법치주의 사이의 긴장이 종종 발생한다. 실정법적으로는 문제되지 않아도, 혹은 실정법과 충돌되는 경우에도, 때때로 여론은 그 실정법보다 더 높은 정의, 실정법과 다른 정의를 추구할 수 있다. 국민정서의 이름으로 엄청난 여론의 횡포가 자행될 수 있으며, 공론형성 및 행위평가를 위해 제도화된 장치를 순식간에 무력화시킬 위험성도 있다. 그렇다면 실정법의 적용을 일차적 임무로 삼고 있는 사법부는 그 거센 여론의 파고에 어떻게 대응해야 할까 하는 문제가 등장한다.

한국에 특징적인 여론의 발현형태는 그 문제에 책임 있는 자를 '사법처리'하라, '즉각 구속'하라, '엄벌에 처하라'는 주장이다. 이때 '무죄추정의 원칙' 같은 것은 온데간데 없다. 혐의자가 처음부터 '진범'이 되고, 기소도 하기 전에 여론상의 '단죄'가 끝난다. 그에 어긋나는 판결은 매도의 표적이 된다. 강력한 처벌의 의지가 있는가의 시금석은 '구속'이고, 다음의 시금석은 적어도 '실형'이 될 것이다.

그러나 구속/불구속, 유죄/무죄, 실형/집행유예의 결정은 국민정서나 여론에 의한 것이 아니라 형사법에 따른 사법적 재판이다. 따라서 관련 사건을 취급하는 검사와 법관은 어디까지나 법조문에 따라 결정해야 한다. 문제는 구속/불구속, 실형/집행유예의 결정에 있어 검사와 법관의 재량권이 대폭 부여되어 있다는 사실이다. 국민정서(법)는 그 재량권의 행사의 방향에 대한 강력한 주문을 담고 있다. 검사와 법관이 국민정서에 배치된 결정을 내릴 경우, 그들은 온갖 비난을 받을 상황에 처하게 된다. '법대로' 했다고 주장해도, '재량권'을 국민의 입장이 아닌 반국민적(특권적·차별적·연고적)으로 행사한 것이 아니냐고 의심쩍은 비판 앞에 노출되는 것이다.

그러나 법관과 검사는 결코 여론이나 국민정서에 기대어 실정법을 이탈할 자유는 갖고 있지 않다. 국민감정의 일부를 고려한다고 해도, 그것은 법질서와 합치되는 범위 안에서의 일이다. 더욱이 법관과 검사는 정치적으로 판단하는 역할이 아니라, 법적으로 판단하는 역할을 책임지고 있다. 여론의 공세에 맞서, 피의자와 피고인의 최후의 이익을 수호해 주어야 할 임무를 띠고 있다. 법관이 여론을 그대로 추종했다면 법관으로서의 자격이 없는 자로 오히려 비판받을 수 있다. 검사 역시 법관이란 판단영역에 일부 미룰 수 있기는 해도 여론을 그대로 추종해서는 안 된다. 이는 법전문가로서 마땅히 그래야 할 것이다. 이 점에서 사법관은 정치가, 언론인과 달라야 한다.

사법적 결정과정은 정치적 혹은 정서적 결정과정과 결정적 차이가 있다. 정치적·정서적 결정은 보다 일방적이고 편파적이며 낙인적일 수 있다. 그에 반해 사법적 결정은 쌍방의 주장을 대등하게 청취해야 한다. 양 당사자는 자신의 주장과 입증을 할 수 있고, 사법적 판단은 양측의 논박을 다 청취한 후에 행해진다. 이러한 엄격한 적법절차의 보장은 정치적·정서적 판단영역에서는 기대하기 어렵다.

정치적·정서적 판단은, 특히 국민정서법이라 부를 만한 영역 속에서는, 즉각적이고 원초적으로 이루어진다. 국민정서의 형성은 매우 짧은 시간 내에 이루어진다. 그에 반해 사법은 '신중함'을 특징으로 한다. 신속한 수사와 재판이 강조되지만, 이는 사건을 마냥 미루지 말라는 뜻이지, 졸속처리까지 정당화될 수 있다는 뜻은 결코 아니다. 여론의 분노가 끓어오를수록, 사법적 판단은 훨씬 냉각기를 두어야 한다. 적어도 제1심판단이 나오려면 사건발생일로부터 상당한 기간이 경과한 뒤이다. 몇 개월만 지나면 원래의 쟁점이 다른 이슈로 바뀌는 한국적 풍토에서, 몇 개월의 기간은 특정사건이 주는 원초적 분노를 상쇄시킬 만한 여유를 줄 수 있다.

일방적 여론공세 혹은 국민정서의 파도에 정면으로 맞선 사법적 사례가 우리 현대법사에서 없었던 것은 아니다. 그러나 그 용기, 그 자세에 대한 본격적 평가는 매우 인색했던 셈이다. 대개는 당시에 혹평을 받고 곧 잊혀져 버렸다. 압도적이고 일방적인 여론의 홍수 속에 침몰해 버린 셈이다. 그러나 국민정서법의 작용과 함께 위험성이 현실화되는 현 시점에서 그러한 노력을 재조명할 필요가 있다. 그러한 여론공세를 그대로 추종하거나 오히려 국민정서를 촉발시켜 기소거리로 삼았던 사례를 비판적으로 조명해 볼 필요도 있다.

㉠ 유병진 판사와 부역자재판 : 유병진(柳秉震, 1914~1966)은 1950년 불의의 남침에 가족을 남겨두고 홀로 부산으로 떠난다. 9·28 수복 이후 서울에 돌아온 그에게는 자녀의 죽음이란 가혹한 현실이 기다리고 있었다. 재판관으로서 그에게 닥친 첫 임무는 적치하의 소위 부역자의 처벌 문제였다. 이미 정부는 「비상사태하의 범죄처벌에 관한 특별조치령」이라는 긴급명령을 제정하여, 부역자에 대하여는 사형·무기 등 초중형을 선고할 수 있도록 하였으며, 재판은 단심으로, 그것도 40일 이내 선고하고, 증거의 설시를 생략할 수 있도록 규정하였다. 거기다 "부역자는 씨를 말려야 한다"는 여론의 압력과 부역자를 관대하게 처리했다간 스스로 부역자혐의를 덮어쓸 수도 있는 엄혹한 상황이었다. 유병진은 엄혹한 법과 비등한 여론에 맞서 '법률의 노예'냐 '법관직의 사표'냐의 택일을 강요받던 상황에서, 최선의 법리와 사실심리를 통해 재판관의 임무를 수행했다.[51]

㉡ 장준택 판사와 4·19재판 : 4·19혁명 직후 이승만 정권하에서 저질러진 소위 6대범죄에 대한 기소가 이루어졌다. 장면 부통령 저격사건의 배후, 4·19시위대에 대한 발포명령, 4·18정치깡패의 폭력행사 등이었으며 사건발생시점은 1952년부터 1960년까지 다양했다. 그런데 뜻밖에도 서울지방법원(재판장 장준택)에서는 ① 일부 혐의에 대하여 증거불충분으로 무죄를 선고했고, ② 다른 일부 혐의에 대하여는 공소시효 완성을 이유로 면소판결을 선고했으며, ③ 유죄에 대하여도 비교적 경미한 형을 선고하였다. 이 중 ③의 부분에 대하여는 논란의 여지가 있겠지만, ①, ②는 형사법의 원칙에 비추어 그럴 수밖에 없는 것이었다. 장준택 판사는 "위정자가 법을 지키지 않아 4·19가 일어났는데 법관마저 법을 제쳐둔 채 감정대로 판결할 수 없었다"고 나중에 술회한 바 있다. 그러나 이 판결은 엄청난 여론의 폭풍을 불러일으켰다. 국회는 마침내 특별법을 제정하고 소급처벌이 가능하도록 하기 위한 헌법개정까지 하게 되었다. 그러나 장준택 판사의 재판은 정치와 다른 법치의 본연의 임무를 수행한 점에서 그것은 그것대로 평가하지 않을 수 없다.

㉢ '한국사회의 이해' 필화사건 : 1994년 김일성 사망 직후 공안당국은 K대 교수들이 공동집필한 '한국사회의 이해'가 국가보안법 위반이라고 여론공세를 하고, 소환장 구인장 발부 등으로 압박을 가하였다. 집필자 중 두 교수에게는 구속영장이 청구되었다. 그에 대해 최인석 판사는 구속영장을 기각하였다. 사건의 정치화의 흐름과 무관하게, 구속영장 발부사유(도주, 증거인멸, 주거부정)가 없다는 것이다. 범죄의 혐의에 대하여도 "국가공권력의 개입보다는 대학의 자율에 맡기는 것이 낫다"고 보았다. 최 판사는 구속영장을 기각함으로써 협박전화를 받는 등 개인적 시달림이 적지 않았다. 그러나 법조문에 충실한 적용을 한 재판을 공식적으로 문제삼을 수 없었고, 검찰은 이후 지리하게 공소유지를 위해 애쓰게 되지만, 2005년에 들어 11년만에 대법원판결로써 이 사건 관계자의 무죄가 확정되었다. 법

---

51) 한인섭, "한국전쟁과 형사법 — 부역자처벌 및 민간인학살과 관련된 법적 문제를 중심으로", 서울대학교 법학 제41권 제 2 호(2000)조.

관은 단독으로 판단한다. 한 법관의 판결과 결정은 여론의 총공세, 공안당국의 무리하고 강압적인 수사를 한 몸으로 막아낼 수 있다. 그 점에서 소신 있는 법관의 '법대로'의 재판은 광풍으로부터 인권을 지켜내는 보루가 된다.[52]

ⓔ IMF 환란 주범을 기소한 검찰: 1998년 외환위기 사태에 대하여 검찰은 강경식, 김인호 씨를 기소했다. 그러나 비등하는 국민여론에 못이겨, 법규정에 맞지 않는 데도 기소했음이 분명하다. 기소한 지 1년이 지나 제 1 심판결은 강경식·김인호에 대한 직권남용 및 직무유기죄가 성립하지 않음을 판시했고, 2004년에 이르러 대법원[53]은 직무유기죄에 대하여 무죄판결을 확정지었다. 그러나 그들이 외환의 주범, 경제를 망친 역적이란 오명은 기소행위를 통해 반쯤 낙인찍힌 셈이며, 법원의 무죄판결로 이미 인각된 외환주범의 낙인이 쉽게 제거될 수 있는 것은 아니었다. 정책적 판단사항을 무리하게 형사법적 판단으로 밀고 나간 검찰은 이 사건에 대해 항소와 상고를 거듭했다. 검찰 내부에서 이 사건의 기소와 상소에 대한 어떤 내부적 책임추궁은 없었다.

사법적 결정을 위해서는 국민정서, 여론의 흐름과 대립될 수 있는 수많은 법적 원칙이 제도화되어 있다. 여론공세가 휘몰아칠 때 당사자는 그에 대해 제대로 자기의 입장을 방어하기 어렵다. 방어할수록 잘못한 자가 변명까지 한다는 인상을 주기 때문이다. 그저 자기의 잘못을 자백하거나, 태풍이 지나치길 기다리며 납작 엎드리는 게 상책이라 여긴다. 그러나 사법과정은 그렇지 않다. 누구나 자신을 방어할 수 있고, 공격자(원고, 검사)와 대등한 위치에서 주장하고 입증할 수 있다. 사법부의 기본입장은 국민정서 편이 아니라, 백지 상태에서 중립적인 자세로 임하게 된다. 당사자가 잘못했다고 하면 끝나는 게 아니라, 잘못에 대한 증거를 들이대야 한다. 충분한 증거를 확보하지 못한 경우, 의심할 만한 정황이 있긴 하지만 확실한 증명이 안 될 경우, 적어도 형사재판에서는 무죄로 선언된다. 이는 여론의 입장과 매우 상이한 것이다. "열명의 범인을 놓치더라도 한명의 무고한 자를 범인으로 만들지 말라"는 법언은 국민정서의 논리와는 맞지 않다. 불구속수사/재판의 원칙도 마찬가지다. 여론은 구속하라고 하지만, 법은 범죄의 상당한 혐의가 있어도 증거인멸이나 도주의 사유가 없으면 구속영장을 발부할 수 없다. 국민정서의 거센 파도는 여론의 세계, 정치의 세계는 쉽게 통과하지만, 여론

---

52) 학문·사상·표현의 자유 수호를 위한 공동대책위원회 엮음, '한국사회의 이해'와 국가보안법, 한울, 2005 중의 제 2 부 재판기록 참조.
53) 대법원 2004. 5. 27. 선고 2002도6251 판결.

의 집적만으로 사법과정을 통과할 수는 없는 것이다.

　　법관의 독립성 보장도 일방적 여론이나 국민정서에 대한 중요한 견제장치다. 법관은 '법률과 양심에 따라 독립적으로' 심판하여야 한다. 이것은 헌법의 명령이다. 법관의 독립성은 권력에 대한 독립성과 함께 여론으로 포장된 다수의 횡포에 대한 견제와 저항도 포함되어 있다. 정치인이라면 여론의 횡포에 저항하기 쉽지 않다. 그러나 법원은 다수의 이익, 다수결의 원칙에 따르도록 되어 있는 것이 아니라 헌법과 법률에서 드러나는 바의 법원칙, 법조문, 그리고 법관 개인의 양심에 따르도록 되어 있다. 특히나 증거에 따라 판단해야 하는 증거재판주의에 의거하지 않는 재판은 그 자체 하나의 악이다.

　　물론 법원의 판단은 어느 정도의 여론설복력을 갖출 것이 사실상 요구될 수 있다. 법원의 사회적 신뢰의 확보는 사법부의 독립과 법관의 독립성 확보를 위해서도 장기적으로 필요하기 때문이다. 그러므로 국민정서의 모습을 갖춘 여론을 무조건 횡포라면서 배척하는 태도가 바람직한 것도 아니다. 그 국민정서에 포함되어 있는 기본정서 중 비합리적 부분을 선별해내고 나면, 그 정서에는 대중의 정의에의 갈망, 불의에 대한 분노, 법 앞의 평등에 대한 소망을 담고 있다. 그 점에서 여론과 법적 원칙 사이에 넘어설 수 없는 괴리가 처음부터 존재하는 것은 아니다. 법관은 국민정서를 이해하려 노력하되 그에 굴종하지는 말 것이며, 법적 원칙을 내세우되 그것이 국민감정과 조화될 수 있도록 하는 자기노력은 언제나 필요하다. 물론 법관은 개인적 권리를 옹호하는 책무를 다해야 하며, 국민정서가 법원칙과 법조문을 뛰어넘어 남용되는 것을 견제해야 한다.

Ⅲ. 법조비리와 법조인윤리

　　판·검사를 하다 옷벗은 변호사가 자신이 재직했던 법원 혹은 검찰청의 인근에 변호사 사무실을 내고, 주로 형사사건을 싹쓸이한다. 그 변호사는 구속피의자의 석방흥정을 잘 할 수 있다는 세간의 인식이 있으며, 그것을 부추겨 사건을 그 변호사에게 가도록 종용하는 중개인이 있다. 그 중개인들은 사건의뢰인을 변호사에게 소개하고, 수임료의 일부를 소개비조로 받아 챙긴다.

변호사는 판·검사와 기왕의 친분관계를 돈독히 하려 여러모로 애쓴다. 그 변호사는 자신이 '전관'으로서 예우를 받을 수 있는 기간이 길지 않으리라는 것을 의식하고 있으며, 때문에 단기간에 큰 수익을 올려야겠다고 생각한다.

이러한 형태의 법조비리는 자주 세간의 물의를 빚었고, 그 때문에 법조윤리의 기준이 강화되고 여러 대책이 입법화되었다. 과거보다 법조윤리의 기준이 강화되고 관행적 법조비리가 도전받고 줄어든 오늘날에도, 이 같은 법조비리의 의혹이 잔존하고 있다는 비판을 받고 있다.

① 전관예우, 법조브로커가 어떤 의미이며, 그와 같은 법조비리의 의혹이 생겨나는 이유는 무엇인가.

② 전관예우, 법조브로커를 근절하기 위한 방안으로 어떤 것이 제시되어 왔는가.

③ 법조윤리협의회의 목적, 권한은 무엇이며, 법조비리를 방지하기 위한 어떤 구체적 방법을 실행하고 있는가.

④ 전관예우, 브로커와 같은 법조비리를 없앨 수 있는 근본적 방안은 무엇일까?

1. 전관예우, 법조브로커 논란과 해결방안

법조윤리의 확립을 위해 법조비리의 척결이 필요하다. 판사, 검사 등이 금품수수를 하거나 향응접대를 받거나 심지어 뇌물 기타 편의를 받는 것은 허용되지 말아야 할 법조비리일 뿐 아니라 범죄의 수준이다. 형사상 범죄로까지 단죄되는 예가 없는 것은 아니나, 그것은 법조윤리 차원에서 굳이 논할 필요가 없을 것이다. 그런 차원 말고, 보다 관행화되어 있는 문제로서 가장 널리 지적되고 있는 것이 전관예우를 둘러싼 문제와 사건수임과 관련한 법조브로커의 중개역할 문제이다. 이 문제의 심각성에 대해서는 폭넓게 공감되어 왔지만, 문제의 근본적 근절에 이르지 못하고 있는 실정이다. '법조윤리의 확립'을 과제로 내걸 때, 거기에는 "전관예우의 의혹 불식 및 법조브로커 근절을 위한 방안"이 제시되어야 한다는 요구가 늘 포함되어 있다. 예컨대, 사법개혁위원회의 건의안(2004년)에도 그것이 직접 표명되어 있으며, 그 문제를 해결하기 위한 제도적 방안이 제시되어 있다.[54] 물론 그 해결책이 과연 충분했는가는 논란중에 있으며, 지금도 여러 개선방안이 제기되고 있는 중이다.

---

54) 사법개혁위원회, 국민과 함께하는 사법개혁 — 사법개혁위원회백서 —, 2005, 224~229쪽.

전관예우는 사법관료 중에 퇴직하여 변호사가 된 자가 현직 판사(혹은 검사)와의 친분관계로부터 '예우'라고 불릴 만한 무형의 혜택을 받는다는 것을 의미한다. 전관예우 논란이 일어나는 대상은 "법관(대법관) 포함, 검사, 군법무관 출신 변호사"이다. 그러나 판사·검사의 근무지가 빈번히 교체되고 또 새로운 전관변호사들이 계속 생겨나므로, 예우의 의혹을 받는 기간은 길어야 2년을 넘지 않으며 그 주기도 점차 짧아지고 있다고 한다. 의혹을 받는 대상사건은 종전에는 주로 형사사건, 그중에서도 특히 형사구속사건이었다. 형사사건에서 "유전무죄, 무전유죄"라는 속설이 통용된다는 것은 사법적 정의에 대한 대중의 불신감의 가장 큰 원인이 된다. 재력이 있는 사람이 형사사건의 피의자, 피고인이 될 때 그 재력을 재조(在朝)와 친분관계 있는 전관변호사에게 사건을 맡기고, 나중에 영장기각, 보석, 집행유예 등의 결과를 얻기를 원하는 것이다.

전관예우가 존재하는가에 대해서는 견해차이가 현저하다. 법관들과 검사들은 전관예우의 존재를 부정하고 있다. 그러나 법조인 전체로 볼 때, 전관예우의 존재를 인정하는 비율이 더 높은 편이다.[55] 이는 구속적부심석방률과 보석허가율에 있어 변호사가 선임된 경우와 선임되지 않은 경우, 그리고 전관변호사가 선임된 경우에 있어 거의 차이가 없다는 법원측의 견해[56]를 무색하게 만든다. 다름아닌 변호사 자신들이 그렇게 느끼고 있는데, 법원이 형식적 통계만을 내세워 전관예우의 존재를 부인할 때 납득하기 쉽지 않은 것이다. 실제 수임건수에서도 전관변호사의 비율이 훨씬 높은 편이다.[57]

전관예우의 문제를 해결하기 위한 방안으로 다음과 같은 논의가 지속되어 왔다. 첫째, 수임사건 제한의 방법이다. 가장 직접적 방안으로 '퇴직 후 2년간 형사사건의 수임을 제한하는 방안'이 거론되어 왔다. 왜 형사사건인가? 전관예우는 형사구속사건을 중심으로 논의되어 왔기 때문이다. 즉 구속영장의 발부를 둘러싸

---

55) 노회찬 의원이 법조인 378명이 응답한 설문조사결과를 보면, '형사재판에서 피고인이 선임한 변호사가 바로 직전에 판·검사에서 퇴직하여 개업한 변호사라면 더 유리한 판결을 받을 것이라고 생각하십니까?'라는 질문에 대하여 '그렇다'(61%), '매우 그렇다'(15%) 등 전관예우를 인정하는 의견이 76%에 달하고 있으며, '아니다'(22%), '매우 아니다'(2%) 등 부인하는 의견이 24%에 지나지 않고 있다. 경향신문 2005. 11. 18일자, 18 : 48.

56) 사법개혁위원회, 앞의 책, 224~225쪽.

57) 한인섭, "법조비리 — 문제와 대안", 서울대학교 법학, 제39권 제 1 호, 1988, 166~167쪽. 여기 소개된 여러 통계들에 따르면, 판·검사 출신이 형사사건을 대량 수임하며, 그중에서 퇴임한 지 2~3년 이내의 판·검사가 대부분이다.

고, 구속적부심 및 보석허가를 둘러싸고, 그리고 실형과 집행유예를 둘러싸고, 전관출신 변호사가 피의자·피고인의 석방을 받아내기에 유리하다는 속설이 통용되고 있는 것이다. 이는 우리의 구속의 기준, 석방의 기준이 불투명한 면이 있고, 거기에 검사·판사의 편의적 재량이 작용할 수 있음을 시사하기도 한다.

둘째, 보다 협소한 방안으로 최종개업지의 일정 수임사건을 제한하자는 방안이다. 판사 혹은 검사가 퇴직 후 변호사로 개업하는 경우 퇴직일로부터 일정기간(예컨대 2년간) 최종근무한 법원 혹은 검찰청이 관할하는 형사사건의 수임을 금지하고, 그 위반에 대해 적절한 제재조치를 취해야 한다는 방안이 그것이다. 이러한 방안은 상당한 실효성을 거둘 수 있으나, 그 제한의 방법이 너무 직접적이어서 당사자들의 직업선택의 자유에 대한 과도한 제한을 안겨주게 되고, 위헌의 소지가 있다는 비판이 강력히 제기되었다. 주로 법원과 검찰쪽에서 이러한 반론을 펴고 있다. 물론 위헌이 아니라는 재반론도 나름대로 강력한 논거를 갖고 있다.

셋째, 위와 같은 직접적 제한의 방법이 아니고 간접적 방법을 택할 수도 있다. 수임내역과 수임료를 투명하게 공개하고, 의문이 있을 경우 그 내역을 감사할 수 있도록 하는 방법이다. 사법개혁위원회에서 건의한 내용은 '가칭 중앙법조윤리협의회를 통한 감시체제 방안의 도입'이었다. 전관변호사는 퇴직 후 2년간 사건의 수임경위 및 처리결과에 관한 자료를 변호사회에 제출해야 하며, 중앙법조윤리위원회는 제출된 자료를 분석하여 위법의 혐의가 있으면 수사 또는 징계를 의뢰하도록 하는 방안이 그것이다.[58]

2007년 변호사법의 개정을 통해, 법조윤리협의회가 신설되었다. 법조윤리협의회는 전국적인 법조윤리 실태에 대한 '상시적 감시와 분석 및 대책수립'을 하는 상설기구로 구상되어 있다. 법조윤리협의회의 설립과 수임자료 보고는 사건수임에 관한 제반 사항을 투명화하고 법조비리를 예방하고 감독하는 방안이 될 수 있을 것으로 기대한다. 이 방안은 형사사건 수임제한 방안과 같은 직접적·강제적 방법이 아니라 투명화를 통한 비리예방이라는 간접적 방법으로 접근한다.

최근에는 법조일원화의 추진과 함께, 처음부터 법관 임용을 하지 않고 변호사, 검사 경력자 중에서 법관을 임용하는 추세가 일반화되고 있다. 이 경우 비법관 법조인으로서 근무경력과 법관으로서의 담당재판 사이에 이익충돌 문제가 생

---

58) 사법개혁위원회, 앞의 책, 228~229쪽.

길 수 있고, 전관예우가 아니라 후관예우의 의혹이 생길 수 있다. 그러한 후관예우의 의혹을 불식시키고 법관의 염결성을 확보하기 위해 후관예우 방지의 규정을 입법화하였다. 즉 형사소송법 제17조에서 법관의 직무집행 제척 사유 중의 하나로 "법관이 사건에 관하여 피고인의 변호인이거나 피고인·피해자의 대리인인 법무법인, 법무법인(유한), 법무조합, 법률사무소 등에서 퇴직한 날부터 2년이 지나지 아니한 때, 법관이 피고인인 법인·기관·단체에서 임원 또는 직원으로 퇴직한 날부터 2년이 지나지 아니한 때"는 직무집행에서 제척되도록 한 것이다. 이러한 규정은 2021. 6. 9.부터 시행된다. 법원도 이러한 사건배당 관련 유의사항을 널리 안내하고, 사건배당과 사무분담에서 주의를 기울이고 있다.[59]

2. 법조윤리협의회의 기능 및 권한

법조윤리협의회는 '법조윤리를 확립하고 건전한 법조풍토를 조성하기 위하여' 만들어진 것이다. 2007년 변호사법 제 9 장의 신설에 따라 법조윤리협의회는 법률적 근거를 갖고 있는 독립기구이다. 법조윤리협의회의 위원은 법원, 법무부, 변협에서 지명하거나 위촉한 위원으로 구성한다.

법조윤리협의회는 다음 각종의 업무를 수행한다(변호사법 제89조).

1. 법조윤리의 확립을 위한 법령·제도 및 정책에 관한 협의
2. 법조윤리 실태의 분석과 법조윤리 위반행위에 대한 대책
3. 법조윤리와 관련된 법령을 위반한 자에 대한 징계개시의 신청 또는 수사의뢰
4. 그 밖에 법조윤리의 확립을 위하여 필요한 사항에 대한 협의

법조윤리협의회는 법조윤리 전반에 대한 상시적 감시와 분석을 하지만, 가장 초점적 관심사는 전관예우에 대한 의혹을 불식시키고 법조브로커를 근절하는 일이다. 그 한 방법으로 "공직퇴임변호사의 경우 퇴직일로부터 2년 동안 수임한 사건"에 관하여 "수임자료와 처리결과"의 기록을 제출하도록 의무화하였다. 여기서

---

59) 사법연감(2021), x.

"공직퇴임변호사"는 "법관, 검사, 장기복무 군법무관, 그 밖의 공무원 직에 있다가 퇴직하여 변호사 개업을 한 자"를 의미한다. 변호사법 제89조의4(공직퇴임변호사의 수임자료 등 제출)에 그 사항이 적시되어 있다. 이들 공직퇴임변호사는 공직재직중의 친분관계를 이용하거나 공직중 취득한 특별한 정보를 변호사의 사적 목적으로 악용할 수 있기에 그들의 활동을 투명하게 드러내고, 그 수임자료 등을 변호사회에 제출하도록 한 것이다. 다만 사법연수생과 병역의무를 이행하기 위하여 군인·공익법무관 등으로 근무한 자는 그 보고대상에서 제외한다. 이들은 전관으로서의 '예우'의 의혹을 불러일으킬 만한 지위가 아니라고 여겨지기 때문이다.

공직퇴임변호사가 수임자료를 소속 지방변호사에 제출하면, 지방변호사회는 제1항에 따라 제출받은 자료를 윤리협의회에 제출하여야 한다. 윤리협의회의 위원장은 공직퇴임변호사에게 제91조에 따른 징계사유나 위법의 혐의가 있는 것을 발견하였을 때에는 대한변호사협회의 장이나 지방검찰청 검사장에게 그 변호사에 대한 징계개시를 신청하거나 수사를 의뢰할 수 있다(변호사법 제89조의4 제3항·제4항).

또한 법조윤리협의회는 각 지방변호사회로부터 정기적으로 일정 수 이상의 사건을 수임한 변호사의 명단과 사건목록을 제출받아 이를 검토하고, 해당 변호사(이하 "특정변호사")에게 수임경위 등에 관한 조사를 할 수 있다. 징계사유나 위법행위가 있는 것을 발견한 경우 공직퇴임변호사와 마찬가지로 특정변호사에 대한 징계개시를 신청하거나 수사를 의뢰한다. 이는 '사건브로커'를 통한 '싹쓸이 변호사'의 출현·활동을 방지하려는 것이다.

윤리협의회의 설치 및 수임사건보고 자체가 비리에 대한 예방적 효과가 있겠지만, 현 상태로는 그 실적이 충분하다고 보기 어렵다. 그 때문에 윤리협의회의 독립성을 강화하고 실질적 조사권을 부여해야 한다는 주장이 제기되고 있다.[60]

또한 윤리협의회는 업무수행과 관련한 운영상황을 매년 국회에 보고할 의무가 있다(변호사법 제89조의9). 인사청문회 혹은 국정조사를 위한 국회의 요구가 있을 때에는 관련 변호사의 자료를 제출할 의무가 아울러 신설되었다. 이는 법조윤리를 강화하고 국민의 사법신뢰 제고에 기여하려는 의도에서이다.

---

60) 권용태, "제1기 법조윤리협의회 성과와 향후 과제", 법률신문 2009. 8. 11일자.

3. 공직퇴임변호사의 수임사건 제한 및 고위공직자의 취업제한

전관예우 방지를 위한 일련의 법적 조치에도 불구하고 전관예우는 계속 쟁점화되고 있다. 국회는 사법개혁의 일환으로 2011년 변호사법을 개정하였다. 공직퇴임변호사는 자신이 근무한 국가기관이 처리하는 사건을 퇴직한 날로부터 1년 동안 수임할 수 없다.

첫째, 법관, 검사, 장기복무 군법무관, 그 밖의 공무원직에 있다가 퇴직하여 변호사개업을 한 변호사("공직퇴임변호사")는 퇴직 전 1년부터 퇴직한 때까지 근무한 법원, 검찰청, 군사법원, 금융위원회, 공정거래위원회, 경찰관서 등 국가기관이 처리하는 사건을 퇴직한 날로부터 1년 동안 수임할 수 없다(변호사법 제31조 제3항·제4항). 수임제한의 대상자를 법관, 검사뿐 아니라 공직 전반을 대상으로 하였고, 수임금지기간을 만 1년으로 하였으며, 법무법인에 취업한 경우에도 수임제한사건의 담당변호인은 물론 공동수임이나 간접수임도 금지시켰다.

둘째, 전관예우 문제는 법조계에만 국한되는 것은 아니다. 최근에는 변호사 아닌 고위공직자가 퇴직 직후 법무법인 등에 취업하여, 공직 재직중의 지식과 인맥, 정보를 사적으로 남용한다는 의혹을 받아왔다. 공직자윤리법에는 퇴직 후 이익충돌을 방지하기 위한 여러 제한규정을 두고 있지만, 실제로 이러한 규정을 우회하거나 그 규정의 준수 여부를 제대로 감독하지 못하고 있는 실정이다. 최근의 공직자윤리법의 개정[61]도 그에 대응한 법적 조치의 하나이다. 변호사법에서는, 변호사 아닌 고위직의 퇴직공직자의 경우에도 법무법인 등에 취업할 경우, 법무법인 등은 지체 없이 그 명단 및 업무활동내역을 법조윤리협의회에 제출할 것을

---

61) 2011. 7. 29. 일부개정된 공직자윤리법은 공직자의 취업제한 및 행위제한을 강화하여 공무집행의 공정성을 확보하고 공익과 사익의 이해충돌을 방지하는 데 역점을 두었다. 특히 다음의 규정이 신설되었다.
제2조의2(이해충돌방지의무) ③ 공직자는 공직을 이용하여 사적 이익을 추구하거나 개인이나 기관·단체에 부정한 특혜를 주어서는 아니 되며, 재직 중 취득한 정보를 부당하게 사적으로 이용하거나 타인으로 하여금 부당하게 사용하게 하여서는 아니 된다.
④ 퇴직공직자는 재직 중인 공직자의 공정한 직무수행을 해치는 상황이 일어나지 아니하도록 노력하여야 한다.
제18조의4(퇴직공직자 등에 대한 행위제한) ① 퇴직한 모든 공무원과 공직유관단체의 임직원은 본인 또는 제3자의 이익을 위하여 퇴직 전 소속 기관의 임직원에게 법령을 위반하게 하거나 지위 또는 권한을 남용하게 하는 등 공정한 직무수행을 저해하는 부정한 청탁 또는 알선을 하여서는 아니 된다.

의무화하였다(변호사법 제89조의6). 이를 통해 공직 전반에 대한 국민의 신뢰를 회복하고 관련 업무의 공정성과 객관성을 확보하고자 한다.[62]

2013년 이후의 주요 개정사항은 다음과 같다.

첫째, 2013년의 법개정을 통해, 법조윤리협의회는 징계개시의 신청 또는 수사 의뢰 등 업무수행을 위하여 자료를 요구할 수 있고, 이 경우 요구를 받은 자 및 기관·단체 등은 이에 따라야 한다(변호사법 제89조 제 2 항). 또한 협의회의 업무 수행과 관련한 운영상황을 국회에 보고하도록 하며, 협의회는 인사청문회 또는 국정조사를 위하여 국회로부터 요구가 있는 경우에 자료를 제출하도록 규정했다(제89조의9). 법조윤리를 강화하고, 국민의 사법신뢰 제고에 기여하려는 취지에서이다.

둘째, 2017년의 법개정을 통해, 법조윤리협의회가 징계개시의 신청 또는 수사 의뢰 등 업무수행을 위하여 필요하다고 인정하여 사실 조회, 자료 제출 또는 윤리협의회에 출석하여 진술하거나 설명할 것을 요구한 관계인 및 관계 기관·단체 등이 정당한 이유 없이 이를 거부할 경우 현장조사를 할 수 있도록 근거규정을 마련했다. 또한 조세를 포탈하거나 수임제한 등 관계 법령에 따른 제한을 회피하기 위하여 변호인선임서 등의 미제출 변호 금지 규정을 위반한 자를 처벌함으로써 건전한 법조풍토를 조성하고 사건수임 및 변호사활동의 투명성을 강화하고자 한다. 이와 같이 최근에는 법조윤리협의회의 활동을 강화하고, 투명성 및 대국회적 책임성을 강화하고자 하는 것이다.

---

62) 법조윤리 및 법조비리를 둘러싼 최근의 쟁점에 대하여는 한인섭, "안으로 굽는 팔, 기울어진 잣대, 그러나 공정한 법", 지식의 지평 제11호, 2011 참조.

제 4 장

변호사의 개업과 법률사무소의 형태 및 운영

이 찬 희

[기본질문]

1. 변호사는 법률이 정한 변호사자격을 취득하고 변호사등록을 한 경우에만 직무를 수행할 수 있으며, 변호사자격을 취득하였으나 변호사등록을 하지 않는 경우에는 대가의 유무를 불문하고 그 직무를 수행하는 것이 금지된다. 그렇다면 변호사시험에 합격하여 변호사자격은 갖추었지만, 변호사 실무연수를 받지 않고 변호사로 등록도 하지 않은 상태에서 시사 프로그램 등에서 진행자 또는 패널로 출연하여 법 관련 이슈에 관하여 아나운서 겸 변호사로서 대담을 진행하는 것은 가능하다고 볼 것인가?

2. 대한변호사협회는 변호사법에 의하여 소속 회원의 등록 및 징계에 관한 권한을 인정받고 있다. 다른 직역과 달리 주무관청인 법무부가 아닌 대한변호사협회에 이와 같은 권한을 인정하고 있는 이유는 무엇인가?

3. 변호사로서 직무를 수행하고자 하면 반드시 하나의 지방변호사회에 가입하고 대한변호사협회에 등록하여야 한다. 우리 헌법은 제21조에서 결사의 자유를 기본권으로 인정하고

있는데, 이러한 변호사법에 의한 가입강제는 위헌의 문제는 없는가?
4. 변호사로서 직무를 수행하는 법률사무소의 형태와 장·단점은 다양한데, 어떠한 형태의 법률사무소에서 근무할 것인지를 결정함에 있어서 중요하게 고려할 요소는 무엇인가?
5. 법률과 기술이 결합한 리걸테크 시대에서는 종전과 같은 법률서비스의 제공만으로는 변호사 수가 급격히 증가하고 있는 법률시장에서 생존하기가 어려울 것으로 예측되는데 리걸테크 시대에 변호사로서 살아가기 위하여 어떻게 준비하여야 할 것인가?

I. 변호사의 개업

1. 변호사의 자격

변호사의 자격은 사법시험에 합격하여 사법연수원의 과정을 마친 자, 판사나 검사의 자격이 있는 자,[1] 변호사시험에 합격한 자에게 있다(변호사법 제4조). 이러한 요건을 갖춘 자일지라도 변호사법은 직무의 공익적 성격을 고려하여 변호사의 결격사유를 규정하고 있는데, ① 금고 이상의 형을 선고받고 그 집행이 끝나거나 그 집행을 받지 아니하기로 확정된 후 5년이 지나지 아니한 자, ② 금고 이상의 형의 집행유예를 선고받고 그 유예기간이 지난 후 2년이 지나지 아니한 자, ③ 금고 이상의 형의 선고를 유예받고 그 유예기간 중에 있는 자, ④ 탄핵이나 징계처분에 의하여 파면되거나 변호사법에 따라 제명된 후 5년이 지나지 아니한 자, ⑤ 징계처분에 의하여 해임된 후 3년이 지나지 아니한 자, ⑥ 징계처분에 의하여 면직된 후 2년이 지나지 아니한 자, ⑦ 공무원 재직 중 징계처분에 의하여 정직되고 그 정직기간 중에 있는 자(이 경우 정직기간 중에 퇴직하더라도 해당 징계처분에 의한 정직기간이 끝날 때까지 정직기간 중에 있는 것으로 본다)[2], ⑧ 피성년후견인 또

---

[1] 법원조직법 제42조 제2항과 검찰청법 제29조 제2호는 판사나 검사는 변호사의 자격을 가진 자 중에서 임용하도록 규정하고 있는데, 변호사법에서 변호사의 자격에 또다시 판사나 검사의 자격을 가진 자로 규정하는 것은 순환논법의 오류를 범한 것이므로, 변호사법 제4조 제2호를 그대로 두더라도 운용에 문제가 생기는 것은 아니지만 법체계의 완결성을 고려한다면 삭제하는 것이 옳다(이광수, 변호사법개론, 서울지방변호사회 법제연구원 연구총서05, 박영사, 2016, 29쪽).

[2] 법관 및 검사의 비위를 예방하고 변호사에 대한 신뢰를 제고하기 위하여 2017. 12. 19. 변호사법 개정 당시 신설된 조항으로, 공무원 재직 중 정직되어 정직기간 중에 있음에도 퇴직하여 정직기간 동안 변호사등록을 하지 못한다는 규정을 회피하여 우회등록하는 것을 방지

는 피한정후견인, ⑨ 파산선고를 받고 복권되지 아니한 자, ⑩ 변호사법에 따라 영구 제명된 자는 변호사가 될 수 없다(변호사법 제 5 조)[3].

사면은 일반사면과 특별사면으로 구분되는데, 일반사면은 형의 언도의 효력이 상실되므로 사면 후 즉시 변호사로 등록할 수 있으나, 특별사면은 형의 집행을 면제함에 그치고 형의 언도의 효력을 상실케 하기 위하여서는 별도의 처분이 있어야 하므로, 형법 제81조의 규정에 의한 형의 실효의 선고나 사면법 제 5 조 제 1 항 제 2 호 단서에 의한 형의 언도의 효력을 상실케 하는 처분을 받지 아니하면 변호사법 제 5 조 제 1 호의 규정에 저촉되어 변호사의 자격이 없다 할 것이다.[4]

≪판례≫ 헌재 2006. 4. 27. 선고 2005헌마997 결정

o 변호사법 제5조 제1호의 위헌 여부

변호사법 제5조 제1호(이하 '이 사건 법률조항'이라 한다)에서 금고 이상의 형을 선고받고 그 집행이 종료되거나 그 집행을 받지 아니하기로 확정된 후 5년을 경과하지 아니한 자는 변호사가 될 수 없다고 규정하고 있는 것이 직업선택의 자유를 침해하는지 여부 및 변호사의 직무와 무관한 범죄로 금고 이상의 형을 선고받은 경우도 결격사유로 규정하고 있는 것이 평등원칙에 위배되는지 여부가 문제되는 사안에서,

헌법재판소는 "입법자는 변호사제도를 도입하여 법률사무전반을 변호사에게 독점시키고 그 직무수행을 엄격히 통제하고 있으며, 일반적으로 법률사건은 당사자 및 이해관계인의 생명, 신체, 명예 및 재산 등의 권리, 의무에 관한 다툼이나 의문에 대한 사건으로서 그 사무처리에 있어서 고도의 법률지식을 요하고 공정성과 신뢰성이 요구된다는 점을 생각할 때, 이 사건 법률조항은 그 입법목적의 정당성이 인정된다.

또한, 금고 이상의 형을 선고받고 그 집행이 종료된 후 5년을 경과하지 아니한 자가 변호사가 될 수 없도록 제한한 것은 변호사의 공공성과 변호사에 대한 국민의 신뢰를 보호하고자 하는 입법목적의 달성에 적절한 수단이며, 이 사건 법

률조항은 결격사유에 해당하는 자의 변호사 활동을 영원히 박탈하는 조항이 아니라 5년간 변호사 활동을 금지하고 윤리의식을 제고할 시간을 주는 것으로서 직업선택의 자유를 일정 기간 제한하는 것이므로, 이로써 보호하고자 하는 공익이 결격사유에 해당하는 자가 직업을 선택할 수 없는 불이익보다 크다.

법원이 범죄의 모든 정황을 고려한 후 금고 이상의 형의 판결을 하였다면 그와 같은 사실만으로는 사회적 비난가능성이 높다고 할 것이며, 사회질서유지 및 사회정의 실현이라는 변호사의 사명을 고려할 때, 변호사의 결격사유인 금고 이상의 형의 원인이 된 범죄행위가 그 직무관련범죄로 한정되는 것은 아니다. 그렇다면 이 사건 법률조항이 청구인의 직업선택의 자유를 침해할 정도로 입법형성의 재량을 일탈한 것이라고 볼 수는 없다.

변호사의 독점적 지위가 법률사무 전반에 미치는 점, 변호사의 직무에는 국가 · 지방자치단체 기타 공공기관의 위촉 등에 의하여 소송에 관한 행위 및 행정처분의 청구에 관한 대리행위와 일반 법률사무가 포함되어 있는 점 등을 고려할 때, 변호사의 직무는 보다 공공적인 성격이 강하여 변호사는 법제도 및 준법에 대한 보다 고양된 윤리성을 갖추는 것이 필요하므로,

의료법, 약사법, 관세사법에서 결격사유가 되는 금고 이상의 형의 선고를 받은 범죄를 직무 관련 범죄로 한정하고 있는 것과 달리, 이 사건 법률조항이 변호사의 결격사유로서의 범죄의 종류를 당해 업무수행의 공익성 및 공정성을 저해하는 것으로 제한하지 아니하고 금고 이상의 형의 선고를 받은 모든 경우로 정하고 있다고 하더라도, 이러한 차별 취급이 합리성과 형평에 반한다고 할 수 없다."고 판시하였다.

≪판례≫ 헌재 2019. 5. 30. 선고 2018헌마267 결정

ㅇ 변호사법 제5조 제2호의 위헌 여부

금고 이상의 형의 집행유예를 선고받고 그 유예기간이 지난 후 2년이 지나지 아니한 자는 변호사가 될 수 없도록 규정하고 있는 변호사법 제5조 제2호가 직업선택의 자유, 평등권을 침해하는지 여부가 문제된 사안에서,

헌법재판소는 "변호사법 제5조 제2호는 국민의 기본적 인권을 옹호하고 사회정의를 실현함을 사명으로 하는 변호사제도에 대한 국민의 신뢰 및 공공의 이익을 보호하기 위한 것인바, 변호사가 금고 이상의 형을 선고받아 사회적 비난가능

성이 높은 경우에 국민이 당해 변호사뿐만 아니라 변호사 단체에 대한 신뢰를 회복하기에 충분한 기간으로서 집행유예 기간에 2년을 더한 기간 동안 변호사 활동을 금지하는 것이 직업선택의 자유에 대한 과도한 제한이라 할 수 없고,

　　의사 등과 달리 변호사는 기본적 인권 옹호와 사회정의 실현을 사명으로 하여 직무의 공공성이 강조되고 그 독점적 지위가 법률사무 전반에 미치므로, 변호사 결격사유가 되는 범죄의 종류를 직무 관련 범죄로 제한하지 않았다고 하더라도 자의적인 차별이라고 할 수 없으므로 청구인의 직업선택의 자유, 평등권을 침해한다고 볼 수 없다."고 판시하였다.

2. 변호사등록

가. 등록절차 개요

　　변호사의 자격을 가진 자가 개업하여 변호사로서 활동하려면 반드시 지방변호사회를 거쳐 대한변호사협회에 등록하여야 한다(변호사법 제7조).[5] 등록하지 않고 변호사 업무를 수행하면 형사처벌 대상이 된다(변호사법 제112조 제4호). 변호사로 한번 등록되면 그 이후에는 제명의 경우를 제외하고는 휴업 또는 폐업을 하였더라도 다시 등록할 필요 없이 재개업 신고만 하면 된다.[6]

---

[5] 변호사등록은 1949. 11. 7. 변호사법이 제정된 때로부터 법무부장관이 수행하던 업무였는데, 변호사단체의 자율성 강화의 일환으로 1982. 12. 31. 변호사법을 개정하여 대한변호사협회로 이관된 것이다. 다만, 그 적정을 기하기 위하여 부당한 등록 및 등록거부 등에 대한 법무부장관의 시정명령권을 두고, 법무부장관의 변호사 개업지지시권, 변호사단체의 총회 등 임석권과 의사정지권 및 법무부장관에 대한 변호사단체의 총회 등 신고의무를 삭제하는 한편, 변호사단체의 기능을 강화하기 위하여 이사 및 감사제도를 신설하고, 임원의 임기를 회칙으로 정하도록 자율화하였다. 한편, 미국의 경우 미국변호사협회(ABA)에 등록할지 여부는 개인의 자유이며, 협회에 등록하지 않았다고 하더라도 변호사로서 활동하는데 제약이 없다. 이와 비교할 때 변호사법에 의한 대한변호사협회 및 지방변호사회에의 가입강제에 대하여 헌법상 결사의 자유에 반하는 규제라는 주장도 제기되고 있다.

[6] 변호사의 등록에 관한 이러한 변호사법의 태도는 변호사로 등록한 후 휴업 또는 폐업을 하고 다른 직종에 종사하다가 범죄행위나 비위행위를 저지르고 퇴직한 후 변호사로 다시 개업하는 경우에 이를 방지할 수 없다는 문제가 있는바, 이는 변호사로 등록하기 전에 같은 행위를 저지르고 퇴직하여 변호사로 등록하는 경우에는 등록거부사유가 될 수 있고, 변호사로 직무를 수행하는 도중에 그와 같은 행위를 저지른 경우에는 징계사유가 된다는 점과 비교할 때 현저하게 균형을 잃는 태도로서, 변호사법 제7조를 '자격등록'의 경우뿐만 아니라, '등록' 전반에 관하여 준수하여야 하는 사항으로 규율하여 이러한 문제점을 해결하여야 한다는 견해가 있다(이광수, 전게서, 38쪽 이하).

대한변호사협회가 수행하는 변호사등록에 관한 업무는, 변호사의 자격을 가진 자들로 하여금 법률사무를 취급하도록 하여 법률사무에 대한 전문성, 공정성 및 신뢰성을 확보하여 일반 국민의 기본권을 보호하고 사회정의를 실현하고자 하는 공공의 목적을 달성하기 위해 시행되는 것으로, 본질적으로 국가의 공행정사무에 해당하며 대한변호사협회는 변호사등록에 관한 한 공법인으로서 공권력 행사의 주체이다.7)

변호사등록을 하려는 자는 소속하고자 하는 지방변호사회에 등록신청서와 함께 소속 지방변호사회 입회비, 대한변호사협회 등록료 등을 납부하여야 하고, 지방변호사회는 신청서와 첨부서류 구비 여부, 입회비와 등록료 납입 여부를 확인한 후 신청서를 대한변호사협회에 보낸다. 이때 지방변호사회에서는 해당 변호사의 자격 유무에 관한 의견서를 첨부할 수 있고, 변호사의 결격사유가 있다고 판단되는 경우에는 등록거부 의견을 첨부하여 대한변호사협회에 보낸다.

대한변호사협회는 등록을 받아들일지 여부에 대하여 1차적으로 판단을 하는데, 필요한 경우 대한변호사협회장은 소관 상임이사 또는 소관 위원회로 하여금 필요한 조사를 하도록 명할 수 있다(대한변호사협회 '변호사 등록 등에 관한 규칙' 제14조 제2항).

대한변호사협회는 지방변호사회를 경유한 등록신청을 접수한 후 위와 같은 절차를 통하여 심사한 결과 등록을 거부할 사유가 없다고 인정한 때에는 지체없이 변호사명부에 등록하고 그 사실을 신청인 및 해당 지방변호사회에 통지하여야 하는데(변호사법 제7조 제4항, '변호사 등록 등에 관한 규칙' 제15조 제1항), 이러한 통지는 등록 후 절차이고, 등록은 변호사명부에 기재되는 시점부터 완료된다.

나. 등록거부사유

변호사법 제8조 제1항 각호가 규정하고 있는 등록거부사유는 ① 변호사의 자격이 없는 경우(변호사법 제4조), ② 변호사 결격사유(변호사법 제5조)에 해당하는 경우, ③ 심신장애로 인하여 변호사의 직무를 수행하는 것이 현저히 곤란한 경우, ④ 공무원 재직 중의 위법행위로 인하여 형사소추(과실범은 제외) 또는 징계처

---

7) 헌법재판소 2019. 11. 28. 선고 2017헌마759 결정.

분[파면, 해임, 면직8) 및 정직(해당 징계처분에 의한 정직기간이 끝나기 전인 경우에 한정한다)은 제외9)한다]을 받거나 그 위법행위와 관련하여 퇴직한 자로서10) 변호사 직무를 수행하는 것이 현저히 부적당하다고 인정되는 경우11), ⑤ 위 제 4 호에 해당하여 등록이 거부되거나 제 4 호에 해당하여 제18조 제 2 항에 따라 등록이 취소된 후 등록금지기간이 지나지 아니한 경우이다.

변호사법 제 8 조 제 1 항 각호에서 정한 등록거부사유는 한정적 열거규정이다. 변호사는 '자격' 제도란 점도 있고, 헌법기관으로서 충분한 법적 보장을 받아야 한다는 점에서, 법률 규정에 없는 등록거부사유를 인정할 수 없다. 변호사법상 등록거부사유는 입법자가 사회적 필요 내지 공익적 요구에 상응하여 그때마다 세세하게 추가해왔던 입법 연혁 등을 종합하여 보면, 위의 등록거부사유는 한정적 열거규정으로 봄이 타당하고, 따라서 열거된 것 이외의 거부사유는 인정되지 않는다. 만일 열거된 등록거부사유가 없음에도 대한변호사협회 협회장이 등록심사위원회에 회부하여 그만큼 변호사등록이 지연되었다면, 대한변협은 행정주체의 지위에서 등록지연으로 인하여 얻지 못한 수입 상당액의 손해를 배상할 의무를 지게 된다.12)

다만, 사회적으로 지탄받는 행위를 하였음에도 불구하고 변호사법상의 등록

---

8) 파면, 해임, 면직은 변호사법 제 5 조 제 4 호 내지 제 6 호에 해당하는 결격사유로서, 변호사법 제 8 조 제 1 항 제 4 호가 아니라 제 2 호에 해당하는 등록거부사유이므로 이를 제외한 것이다.

9) 공무원으로 재직 중 징계처분에 의하여 정직된 경우, 제 5 조 제 7 호에 의하여 그 정직기간 중에 있는 자는 정직기간 중에 퇴직하더라도 해당 징계처분에 의한 정직기간이 끝날 때까지 변호사가 될 수 없는 결격사유에 해당하여 제 8 조 제 1 항 제 2 호에 따른 등록거부사유가 되므로, 제 8 조 제 1 항 제 4 호는 이를 제외한 징계처분에 적용된다.

10) 변호사법 제 8 조 제 1 항 제 4 호 후문에서 '위법행위와 퇴직 사이의 인과관계'를 요건으로 규정하고 있는데, 이는 문제가 있다. 왜냐하면, 재직 중 위법행위로 형사소추나 징계처분을 받는 경우에는 그 사실이 언론 등을 통하여 외부적으로 표시되기도 하고, 변호사등록을 함에 있어서 위법행위사실확인서 등이 첨부서류로 요구되기 때문에 쉽게 이를 파악할 수 있으나, 위법행위로 형사소추나 징계처분 절차가 진행되기 전에 퇴직하고 이러한 사실을 알리지 않은 채 등록신청을 한 경우에는 관련성 요건에 해당하는지 여부를 둘러싸고 논란이 제기될 수 있으므로 차라리 이를 삭제하고 변호사로서 직무를 수행하는 것이 현저히 부적당한지 여부만을 심사하는 것이 오히려 신속한 판단이 가능하기 때문이다. 이 경우 발생할 수 있는 대한변호사협회의 자의적인 등록거부의 위험성은 직무수행이 부적당한 정도를 "현저히"로 제한하고 있으므로 어느 정도 통제가 가능하다.

11) 변호사법 제 8 조 제 1 항 제 4 호에 해당하여 등록을 거부할 때에는 등록심사위원회의 의결을 거쳐 1년 이상 2년 이하의 등록금지기간을 정하여야 한다(제 8 조 제 1 항 단서).

12) 대법원 2021. 1. 28. 선고 2019다260197 판결.

거부사유에 해당하지 않으면 대한변호사협회에서는 어쩔 수 없이 등록을 받아주
어야 하며, 이로 인하여 대한변호사협회는 법조계의 제 식구 감싸기라는 비판에
직면하게 되는데, 이러한 문제점을 해결하기 위하여 일반적 등록거부사유를 규정
할 필요가 있다는 주장도 있다.[13]

다. 등록심사위원회

(1) 등록심사위원회의 구성

등록신청자가 등록거부사유에 해당한다고 인정되거나 의심되는 때에는 대한
변호사협회장은 의무적으로 그 안건을 등록심사위원회에 지체 없이 회부한 후
그 심사결과에 따라 등록을 거부할 수 있다(변호사법 제8조). 등록여부는 변호사로
서 활동할 수 있는지를 좌우하는 것이므로 신중한 판단이 필요한바, 이를 심사하
는 등록심사위원회는 대한변호사협회 산하 위원회로 설치되지만 공정성과 객관
성을 담보하기 위하여, 변호사법에서 설치근거 및 구성, 업무 범위 등 중요한 사
항을 규정하고 있다.

예를 들면, 위원회의 구성에 있어서 대한변호사협회 이외에 법원, 검찰의 추
천을 받은 위원을 포함시키고 있는데, ① 법원행정처장이 추천하는 판사 1명, ②
법무부장관이 추천하는 검사 1명, ③ 대한변호사협회 총회에서 선출하는 변호사
4명[14], ④ 대한변호사협회의 장이 추천하는 법학 교수 1명 및 경험과 덕망이 있
는 자로서 변호사가 아닌 자 2명으로 구성한다(변호사법 제10조 제1항). 판사, 검사,
변호사인 위원 및 예비위원은 변호사자격을 취득한 때부터 10년을 경과한 자이
어야 하며, 변호사인 위원 및 예비위원은 변호사로서 5년 이상 개업한 경력이 있
어야 한다('변호사 등록 등에 관한 규칙' 제28조 제3항). 위원을 추천하거나 선출할 때
에는 위원의 수와 같은 수의 예비위원을 함께 추천하거나 선출하여야 하며, 위원
과 예비위원의 임기는 각각 2년이다(변호사법 제10조 제3항, 제4항).

위원은 자기 또는 8촌 이내의 친족이나 4촌 이내의 인척 및 배우자에 관한

---

13) 이광수, 전게서, 57쪽 이하.
14) 대한변호사협회 산하 위원회의 위원은 대부분 협회장이 상임이사회와 이사회의 의결을 거
    쳐 위촉하는데, 변호사등록심사위원회와 징계위원회, 외국법자문사등록심사위원회의 위원
    및 예비위원의 선임은 그 업무의 중요성에 비추어 총회의 의결사항으로 하고 있다(대한변호
    사협회 회칙 제13조).

안건의 심사 및 의결에서 제척된다. 당사자는 심사 및 의결의 공정을 현저히 해할 우려가 있는 위원에 대하여 기피신청을 할 수 있는데, 이 경우 위원회는 지체 없이 결정하여야 한다('변호사 등록 등에 관한 규칙' 제23조).

(2) 등록심사절차

등록심사위원회의 위원장은 안건이 회부되면 지체 없이 심사기일을 정하여 위원 및 당사자에게 통지하여야 하는데, 최초 심사기일의 경우에는 심사기일의 7일 전까지 통지하여야 한다('변호사 등록 등에 관한 규칙' 제32조). 위원회는 심사에 관하여 필요하다고 인정하면 당사자, 관계인 및 관계 기관·단체 등에 대하여 사실을 조회하거나 자료 제출 또는 위원회에 출석하여 진술하거나 설명할 것을 요구할 수 있다. 이러한 요구를 받은 관계 기관·단체 등은 그 요구에 협조하여야 한다. 위원장은 필요하다고 인정할 때에는 위원 1인 또는 수인을 정하여 당해 안건에 대한 심사의 준비를 하게 할 수 있다.

당사자는 심사기일 출석 및 당해 안건에 대한 의견 진술, 증거서류 또는 증거물 제출, 심사 공개 신청, 참고인의 심문·검증 등의 증거조사 신청, 심사기록 및 증거물 등에 대한 열람 또는 등사의 권리를 행사할 수 있으며, 변호사를 대리인으로 선임하여 이러한 권리를 행사할 수 있다('변호사 등록 등에 관한 규칙' 제33조). 위원회는 당사자에게 위원회에 출석하여 의견을 진술하고 자료를 제출할 기회를 주어야 한다(변호사법 제11조).

심사기일은 공개하지 아니하되 당사자의 신청에 의하여 공개할 수 있는데, 비공개의 경우라도 위원회는 상당하다고 인정하는 자의 방청을 허가할 수 있다('변호사 등록 등에 관한 규칙' 제34조 제1항). 위원회는 재적 위원 과반수의 찬성으로 의결하며, 주문과 이유를 기재한 의결서를 작성하여야 한다. 등록심사위원회의 의결에 대하여 대한변호사협회는 불복할 수 없으며, 그 의결 결과에 따라 등록이나 등록거부를 하여야 하고, 신청인과 소속 지방변호사회에 통지하여야 한다.

≪판례≫ 대법원 2021. 1. 28. 선고 2019다260197 판결

ㅇ 변호사등록 지연으로 인한 대한변호사협회의 손해배상여부

변호사 甲은 선고유예 판결의 확정으로 변호사등록이 취소되었다가 선고유예 기간이 경과한 후 대한변호사협회에 변호사 등록신청을 하였는데, 협회장 乙이

등록심사위원회에 甲에 대한 변호사등록 거부 안건을 회부하여 소정의 심사과정을 거쳐 대한변호사협회가 甲의 변호사등록을 마쳤다. 이에 변호사 甲이 대한변호사협회 및 협회장 乙을 상대로 변호사 등록거부사유가 없음에도 위법하게 등록심사위원회에 회부되어 변호사등록이 2개월간 지연되었음을 이유로 손해배상을 청구한 사안에서,

대법원은 "대한변호사협회는 협회장 乙 및 등록심사위원회 위원들이 속한 행정주체의 지위에서 甲에게 변호사등록이 위법하게 지연됨으로 인하여 얻지 못한 수입 상당액의 손해를 배상할 의무가 있는 반면, 협회장 乙은 국가배상법 제2조에서 정한 공무원에 해당하므로 경과실 공무원의 면책 법리에 따라 甲에 대한 배상책임을 부담하지 않는다."고 판시하였다.

라. 등록거부에 대한 이의신청

대한변호사협회장은 등록심사위원회에서 등록거부로 의결된 경우 지체없이 그 사유를 명시하여 신청인에게 통지하여야 한다. 등록이 거부된 자는 통지를 받은 날로부터 3개월 이내에 등록거부에 관하여 부당한 이유를 소명하여 법무부장관에게 이의신청을 할 수 있으며, 법무부장관은 이의신청이 이유있다고 인정할 때에는 대한변호사협회에 그 변호사의 등록을 명하여야 한다(변호사법 제8조 제4항, 제5항).

이의신청이 이유없다고 판단하면 법무부장관은 기각결정을 한다. 이의기각결정에 대한 불복절차에 대하여 판례는 법무부장관을 상대로 이의신청기각결정의 취소를 구하는 행정소송을 제기하는 것이 적절한 방법이라고 판시하고 있다. 대한변호사협회가 아니라 법무부장관을 상대로 하도록 하는 것은, 그것이 법적 지위의 불안·위험을 제거하기 위한 가장 유효·적절한 방법이고 분쟁의 종국적인 해결방법으로 보기 때문이다.[15]

마. 등록의제

대한변호사협회가 등록심사를 받은 날로부터 3개월이 지날 때까지 등록을 하지 아니하거나 등록을 거부하지 아니할 때에는 등록한 것으로 본다(변호사법 제8조

---

15) 서울고등법원 2016. 10. 29. 선고 2016나2013008 판결.

제 3 항). 이때 3개월의 기산점은 지방변호사회에 입회신청을 한 날부터인데, 지방
변호사회를 경유하여 입회신청이 올라오는 과정에서 상당한 시간이 경과하는 경
우도 있고, 대한변호사협회에서 신중한 판단을 위하여 사실조회, 자료제출, 위원
회 출석 등의 절차를 거치는 과정에서 신청인의 비협조 등으로 3개월의 기간 도
과되어 등록거부의 의심이 있음에도 불구하고 등록이 의제되는 문제가 있다.16)

3. 등록취소

(1) 등록취소의 기능

변호사 등록거부가 변호사로서 직무 수행이 부적합한 자를 사전에 배제하는
기능을 한다면, 등록취소는 이미 변호사로 등록되어 직무를 수행하고 있지만 등
록심사과정에서 오류가 있거나 변호사 직무의 공익성에 비추어 볼 때 그 직무를
계속하여 수행하게 하는 것이 적절하지 않은 경우에 사후적으로 직무에서 배제
하는 기능을 한다. 지방변호사회는 소속 변호사에게 등록취소의 사유가 있다고
인정하면 지체 없이 대한변호사협회에 이를 보고하여야 한다(제18조 제 5 항).

(2) 등록취소의 유형

(가) 자발적 등록취소와 비자발적 등록취소

변호사는 폐업하려면 소속 지방변호사회를 거쳐 대한변호사협회에 등록취소
를 신청하여야 하는데, 이처럼 변호사 스스로 등록취소 신청을 하고 이에 따라
등록이 취소되는 것이 자발적 등록취소이다(변호사법 제17조). 다만, 변호사법 제18
조의 등록취소사유(제 1 항 제 1 호의 사망의 경우는 제외)에 해당하는 경우, 법무부장
관에 의한 변호사법 제19조의 등록취소명령 또는 변호사법 제102조의 업무정지
명령이 있는 경우, 지방변호사회장·지방검찰청 검사장·법조윤리협의회 위원장
의 징계개시신청 또는 협회장의 징계개시청구가 있는 경우에는 등록취소신청을

16) 위와 같은 문제를 방지하기 위하여 등록심사기간을 대한변호사협회와 지방변호사회를 통산
하여 3개월로 하고 있는 현행 규정을 각각 별도의 심사기간을 부여하거나 '등록' 의제가 아
니라 '등록거부' 의제로 변호사법을 개정하고, 등록거부의 적절성 여부에 대하여는 변호사법
제 8 조가 규정하는 이의신청절차나 손해배상청구소송으로 판단받도록 하여야 한다는 입법
론이 있다.

할 수 없다('변호사 등록 등에 관한 규칙' 제21조 제 1 항 단서).[17]

위와 같은 자발적 등록취소가 아니라 변호사법 제18조 제 1 항 제 1 호와 제 2 호에 해당하여 대한변호사협회가 직권으로 취소하거나 변호사법 제19조에 따라 법무부장관의 명령에 의하여 취소되는 경우가 비자발적 등록취소이다.

대한변호사협회의 '변호사 등록 등에 관한 규칙'은 등록취소를 ① 신청에 의한 등록취소, ② 직권에 의한 등록취소, ③ 명령에 의한 등록취소로 구분하고 있는데, ①은 자발적 등록취소이고, ②와 ③은 비자발적 등록취소에 해당한다.

(나) 필수적 등록취소와 임의적 등록취소

등록취소는 일정한 사유가 발생하는 경우 반드시 취소하여야 하는 경우와 대한변호사협회가 취소 여부를 재량으로 결정할 수 있는 경우가 있는데, 전자를 필수적 등록취소, 후자를 임의적 등록취소라 한다.

필수적 등록취소 사유로는 ① 사망한 경우, ② 변호사의 자격이 없거나 결격사유에 해당하는 경우, ③ 폐업에 따른 등록취소신청이 있는 경우, ④ 법무부장관이 변호사법 제19조에 따라 등록취소명령을 한 경우가 있으며(제18조 제 1 항), 자발적으로 등록을 신청한 경우라도 반드시 취소하여야 한다.

임의적 취소사유로는 ① 심신장애로 인하여 변호사의 직무를 수행하는 것이 현저히 곤란한 경우, ② 공무원 재직 중의 위법행위로 인하여 형사소추(과실범으로 공소제기되는 경우는 제외한다) 또는 징계처분[파면, 해임, 면직 및 정직(해당 징계처분에 의한 정직기간이 끝나기 전인 경우에 한정한다)은 제외한다]을 받거나 그 위법행위와 관련하여 퇴직한 자로서 변호사 직무를 수행하는 것이 현저히 부적당하다고 인정되는 경우[18]가 있다(변호사법 제18조 제 2 항), 필수적 등록취소 사유 중 변호사자격이 없거나 변호사 결격사유에 해당하는 경우와 임의적 등록취소사유의 경우에는 반드시 등록심사위원회의 의결을 거쳐야 한다.

---

17) '변호사 등록 등에 관한 규칙' 제21조 제 1 항 단서에서 이와 같이 규정하고 있는 이유는 변호사법 제 5 조에서 규정하고 있는 결격사유에 해당하여 직권으로 취소되는 것을 회피하거나 징계를 회피할 목적으로 자발적으로 등록취소하는 경우를 방지하기 위한 것이다.

18) 변호사법 제8조 제1항 제4호의 등록취소는 등록거부와 동일하게 등록심사위원회의 의결을 거쳐 1년 이상 2년 이하의 기간을 정하여 결정하여야 한다. 이와 달리 제 3 호의 등록취소는 기간을 정하지 않는데, 심신장애의 사유가 해소되면 언제든지 변호사등록을 다시 신청할 수 있도록 하기 위함이다.

(3) 등록취소에 대한 불복

자발적 등록취소는 그 성격상 불복절차를 인정할 필요가 없다. 그러나 비자발적 취소의 경우에는 변호사의 직무수행을 원천적으로 배제하는 것이므로 등록거부와 마찬가지로 불복절차가 인정된다. 등록이 취소되면 대한변호사협회는 지체 없이 대상자에게 통지하여야 한다. 등록거부에 대한 불복을 규정하고 있는 변호사법 제 8 조 제 4 항과 제 5 항은 취소에 관한 불복에 준용된다(변호사법 제18조 제 4 항, 제 5 항). 따라서 등록이 취소된 자는 그 통지를 받은 날부터[19] 3개월 이내에 등록취소에 관하여 부당한 이유를 소명하여 법무부장관에게 이의신청할 수 있다. 법무부장관은 이의신청이 이유가 있다고 인정되면 당해 변호사의 등록취소의 취소를 명하는데, 이 경우 대한변호사협회는 불복할 수 없으며 지체 없이 그 변호사의 등록취소를 취소하여야 한다.

4. 법률사무소의 개설, 이전, 휴업, 폐업 및 소속변경

(1) 법률사무소의 개설과 확장된 단일사무소

변호사는 법률사무소를 개설할 수 있다. 법률사무소는 소속 지방변호사회의 관할 지역 내에 두어야 한다. 변호사는 1개 법률사무소를 개설함이 원칙이며, 어떤 명목으로도 둘 이상의 법률사무소를 개설해서는 안 된다.

다만, 사무공간의 부족 등 부득이한 사유가 있어 대한변호사협회가 정하는 바에 따라 인접한 장소에 별도 사무실을 두고 변호사가 주재하는 경우에는 본래의 법률사무소와 함께 하나의 사무소로 보는데(변호사법 제21조 제 3 항, 변호사윤리장전 제 7 조), 이를 '확장된 단일사무소'라고 한다.

업무의 확장, 변호사의 영입 등으로 기존 사무실 공간이 협소하게 되어 인근에 사무실을 확장할 필요성이 있음에도 불구하고, 인접한 사무용 공간 임대의 어려움 등으로 인하여 사무실의 확장이 제한될 수 있는데, 이는 법률사무소의 조직화, 대형화를 통해 경쟁력을 갖추려고 하는 현실과 맞지 않으므로, 이러한 문제

---

[19] 사망을 이유로 등록이 취소된 때에는 이를 안 날로부터 3월 이내에 부당한 이유를 소명하여 법무부장관에게 이의신청을 할 수 있다('변호사 등록에 관한 규칙' 제25조 제 2 항).

점을 해결해야 한다는 요청이 지속적으로 제기되었다. 이에 따라, 2008. 9. 29. 변호사법 개정으로 '확장된 단일사무소'가 인정되고 있다.

한편, 이를 제한 없이 허용하는 경우 법조브로커들을 고용하거나 등기, 경매, 파산 사건 등을 전문으로 하는 속칭 보따리 사무장과 결탁하는 등 변호사법상의 중복사무소 개설 금지를 회피하는 수단으로 악용될 수 있기에 때문에 확장된 단일사무소를 설치하고자 하는 경우에는 반드시 대한변호사협회의 심사를 거쳐야 하며, 이를 위해 대한변호사협회 산하에 '확장된 단일사무소 심사위원회'를 두고 있다.

심사위원회는 대한변호사협회의 '확장된 단일사무소 심사규정'에 따라, 복수 사무소 사이의 거리 등 물리적인 접근성[20], 주재 변호사 수 등 실질적인 사용현황, 인근 사무용 빌딩의 공실률과 임료의 수준 등 경제적 사무실 확보 가능성, 별도 사무소를 필요로 하는 업무의 내용, 본래의 사무소의 이용현황 등을 고려해 허가 여부를 심사하고 있다. 심사위원회는 심사의견을 첨부하여 대한변호사협회 상임이사회에 보고하며, 상임이사회에서 확장된 단일사무소로 볼 것인지 여부를 결정한다.

확장된 단일사무소는 변호사법 제57조, 제58조의16, 제58조의30에서 제21조 제3항 단서를 준용하고 있지 않으므로 법무법인, 법무법인(유한), 법무조합에는 적용되지 않는다는 해석도 가능하지만, 확장된 단일사무소를 인정하게 된 취지가 법률사무소의 조직화, 대형화를 위한 것이라면, 이러한 사정은 법무법인, 법무법인(유한), 법무조합에도 당연히 적용되어야 하며, 실제로도 대한변호사협회에서는 법무법인의 경우에도 이를 심사하고 있다.

(2) 변호사시험 합격자의 업무 제한

변호사시험에 합격한 변호사가 법률사무소를 개설하려면 법률사무종사기관에서 통산하여 6개월 이상 법률사무에 종사하거나 연수를 받아야 한다. 6개월 요건을 충족하지 못한 상태에 있는 변호사는 단독으로 법률사무소를 개설하거나

---

20) 규정에서는 거리에 대하여 명확하게 정해놓고 있지는 않지만, 현재 확장된 심사위원회에서는 복수 사무소 간의 거리가 100m 이내의 거리를 원칙적으로 확장된 사무소로 인정하고 있으며, 지나치게 장거리가 아닌 한 반드시 이에 한정하지 않고 여러 가지 사정을 고려하여 판단하고 있다.

법무법인, 법무법인(유한) 및 법무조합의 구성원 변호사가 될 수 없고(변호사법 제21조의2 제1항), 사건을 단독 또는 공동으로 수임할 수 없다(변호사법 제31조의2). 이를 위반하는 경우에는 1년 이하의 징역 또는 1천만 원 이하의 벌금에 처하는 형사처벌을 받는다(변호사법 제113조 제1호, 제6호).

변호사자격을 갖추고 적법하게 변호사등록을 하였음에도 불구하고 변호사시험 합격자에 대하여 이처럼 사법시험 합격자와 달리 개업과 직무수행에 있어서 제한을 하는 변호사법 제21조2 제1항과 제31조의2 제1항이 직업수행의 자유와 평등권을 침해하는지 여부에 대하여 우리 헌법재판소는 합헌으로 판단하고 있다.21)

≪판례≫ 헌법재판소 2014. 9. 25. 선고 2013헌마424 결정

ㅇ 변호사시험 합격자의 실무수습기간 중 수임 등 금지의 위헌여부

헌법재판소는 "훌륭한 법조인을 양성하고 국민들에게 양질의 법률서비스를 제공하기 위하여 변호사시험 합격자가 6개월의 법률사무 종사 또는 연수를 통해 법률사무 수행능력을 키우도록 하고 그 기간 동안 법률사무소의 개설과 수임을 금지하는 것은 입법 목적의 정당성과 수단의 적합성이 인정되며, 변호사시험 합격자들에게 법률사무 종사와 연수라는 두 가지 실무수습방법을 선택할 수 있도록 하고, 실무수습 기간동안 취업 활동에는 아무런 제한을 두지 않는 점 등을 고려하면 침해최소성원칙에도 어긋난다고 보기 어려우며, 법학전문대학원 출신 변호사들의 실무능력 향상을 통한 법조인 양성과 국민의 편익 증진 도모라는 공익이 제한되는 사익보다 결코 작다고 할 수 없어 법익의 균형성도 갖추었으므로 직업수행의 자유를 침해하지 아니한다."고 판시하는 한편,

"사법시험에 합격하여 사법연수원의 과정을 마친 자와 판사나 검사의 자격이 있는 자는 사법연수원의 정형화된 이론과 실무수습을 거치거나 법조실무경력이 있는 반면, 변호사시험 합격자들의 실무수습은 법학전문대학원별로 편차가 크고 비정형적으로 이루어지고 있으므로, 변호사시험 합격자들에게 6개월의 실무수습을 거치도록 하는 것을 합리적 이유가 없는 자의적 차별이라고 보기는 어려우므로 평등권을 침해하지 아니한다."고 판시하였다.

---

21) 헌법재판소 2014. 9. 25. 선고 2013헌마424 결정.

(3) 사무직원

변호사는 법률사무소에 사무직원을 채용할 수 있다. 사무직원은 둘 이상의 법률사무소에 중복소속할 수는 없지만(변호사 사무직원 규칙 제3조의2), 경비절감, 공간부족 등의 사유가 있는 경우에 셋 이하의 법률사무소에 공동사무직원을 두는 것이 가능하다(변호사 사무직원 규칙 제12조).

이 경우 셋 이하의 법률사무소는 대한변호사협회가 정하는 바에 따라 인접성을 갖추어야 하며, 공동사무직원은 원칙적으로 2인 이하로 하되, 3인 이상의 공동사무직원이 필요한 경우에는 그 사유를 지방변호사회에 소명하여 3인 이상의 공동사무직원을 채용하는 것에 대한 허가를 받아야 한다(변호사 공동 사무직원 규정 제 3 조).[22]

사무직원을 채용한 때에는 그 사실을 지체없이 소속 지방변호사회에 신고하여야 한다. 공무원으로서 징계처분에 의해 파면, 해임된 자, 변호사법 위반으로 징역형을 선고받은 자의 경우에는 일정한 기간 동안 사무직원이 될 수 없는 결격사유가 있다(변호사법 제22조). 변호사는 사무직원에 대하여 법령을 준수하고 성실히 사무에 종사하도록 지휘·감독해야 한다.

변호사법은 사무직원으로 등록되어 있지만 실제로는 법조브로커 역할을 하는 것을 규제하기 위하여 사무직원에게 변호사와 동일한 의무를 규정하고 있는데, 연고 관계 등의 선전 금지(변호사법 제30조), 사건유치대가를 수수하는 등 변호사와의 동업 금지(변호사법 제34조), 사건 유치 목적의 법원·수사기관·교정기관 및 병원 출입 금지(변호사법 제35조), 판사·검사, 그 밖에 재판·수사기관의 공무원에게 제공 또는 교제 명목으로 금품 등 수수 금지(변호사법 제110조) 등이 이에 해당한다.

(4) 개업 등 신고

변호사가 법률사무소를 개업, 이전하거나 일시 휴업하려면 지체 없이 소속

---

22) '변호사 공동 사무직원 규정'은 법무법인, 법무법인(유한), 법무조합, 공동법률사무소에도 준용한다. 다만, 이 경우 법무법인, 법무법인(유한), 법무조합, 공동법률사무소는 각 하나의 법률사무소로 본다(변호사 사무직원 규칙 제 6 조).

지방변호사회와 대한변호사협회에 신고하여야 한다(변호사법 제15조, 제16조).[23]

변호사등록은 하였지만 개업신고를 하지 않았거나 휴업신고를 한 변호사는 대한변호사협회의 준회원이 되며, 준회원에 대하여는 회원의 권리·의무와 변호사의 지도·감독에 관한 규정을 적용하지 아니한다(대한변호사협회 회칙 제10조). 일시 휴업이 아니라 폐업을 하려는 경우에는 소속 지방변호사를 거쳐 대한변호사협회에 등록취소를 신청하여야 한다.

(5) 소속 변경등록

자신이 소속된 지방변호사회를 변경하고자 하는 변호사는 새로 가입하려는 지방변호사회를 거쳐 대한변호사협회에 소속 변경등록을 신청하여야 하며, 소속이 변경되면 해당 변호사는 지체 없이 종전 소속 지방변호사회에 신고하여야 한다(제14조). 소속 변경의 절차와 심사는 변호사의 자격등록에 관한 규정 중 제7조 제4항과 제8조를 준용하는데, 제7조 제3항은 준용되지 않아 지방변호사회에서 소속 변경에 대한 의견서를 첨부할 근거가 없다.

따라서 변호사가 종전 소속 변호사회에서 징계를 받을 위험을 회피할 목적으로 소속변경을 신청하는 경우 종전 소속 지방변호사회는 의견을 표명할 기회가 없고, 새로 소속되고자 하는 지방변호사회에서는 입회에 대한 심사권이 없기 때문에 새로 소속되려는 지방변호사회나 대한변호사협회에서 이러한 사실을 알지 못하고 소속 변경등록을 받아줄 수 있으므로, 소속 변경등록의 경우에도 제7조 제3항을 준용하거나 종전 소속 지방변호사회의 소속 변경에 대한 의견제시권이나 새로 소속되고자 하는 지방변호사회의 입회심사권을 인정하는 규정을 신설할 필요가 있다.

(6) 법무부장관에게 보고 등

대한변호사협회는 변호사의 등록 및 등록거부, 소속 변경등록 및 그 거부, 개업, 사무소 이전, 휴업 및 등록취소에 관한 사항을 지체 없이 소속 지방변호사회에 통지하고 법무부장관에게 보고하여야 한다(변호사법 제20조).

---

23) 휴업의 경우에는 개업이나 이전을 규정하고 있는 제15조와 달리 그 신고에 '지체 없이'가 명기되어 있지 않으나 이 역시 지체 없이 신고하여야 한다.

변호사 등록은 국가가 행정상 필요로 인해 등록사무에 대한 감독과 통제를 실시하면서, 변호사법 제 7 조 제 1 항에 근거하여, 대한변호사협회에 변호사 등록과 관련한 권한을 이관한 것이다. 이에 대한변호사협회는 변호사 등록과 관련하여 심사권, 거부권 등 일정한 권한을 가짐과 동시에, 법무부장관에게 등록 및 등록거부 등에 관한 사항을 보고해야 하고, 법무부장관이 등록거부에 대한 이의신청사건을 처리하는 등(제 8 조 제 4 항, 제 5 항) 국가의 관리ㆍ감독을 받고 있다. 따라서 변호사 등록은 단순히 대한변호사협회와 그 소속 변호사 사이의 내부 법률문제라거나, 대한변호사협회의 고유사무라고 할 수 없다.[24]

Ⅱ. 법률사무소의 형태와 운영

1. 대한민국 변호사제도의 역사와 현황

대한민국에서 근대적 의미의 변호사제도는 1905(광무9년). 11. 8. 대한제국 법률 제 5 호로 변호사법(통칭 '광무변호사법')이 제정, 시행되면서 형성되었다.[25] 근대적 사법제도는 광무변호사법 제정 이전인 1894년 갑오경장에 의해 도입되어 대변혁이 시작되었으나, 법원과 검찰 제도와 달리 변호사제도는 다소 뒤늦게 추진되고 실행되었다.

위 광무변호사법에 의해 1906년 3명의 변호사가 개업등록을 하였는데, 다음 해인 1907년 9월경 10명의 변호사가 변호사회 허가 신청을 하자, 1907. 9. 23. 대한제국 법부대신이 변호사회 창립을 인가하였는데 이것이 서울지방변호사회의 전신인 한성변호사회이다.[26] 위와 같은 연유로 서울지방변호사회는 한성변호사회가 설립된 1907. 9. 23.을 창립기념일로 하고 있다. 한편, 대한변호사협회는 6.25. 전쟁 중인 1952. 8. 29. 부산에서 법무부의 인가를 받아 설립되어 역사가 서울지방변호사회의 절반 정도에 불과하다. 대한제국 시대 갑오개혁에 의해 근대

---

24) 헌법재판소 2019. 11. 28. 선고 2017헌마759 결정.
25) 광무변호사법 제정 이전에는 변호사라는 명칭 대신 '대언인(代言人)', '대인(代人)', '율사(律師)' 등이 사용되었으나, 이 법 제정으로 법률에 처음으로 변호사라는 명칭이 공식적으로 사용되었다.
26) 서울지방변호사회 100년사, 서울지방변호사회, 헤럴드미디어, 2009.

적 변호사제도가 도입될 당시에는 조선인 변호사 숫자가 10여 명 정도였고, 모두 수도인 한성을 기반으로 활동하였기에 처음에 한성변호사회라는 명칭을 사용하게 된 것이지만, 당시 변호사들은 전국을 기반으로 활동하였기 때문에 대한변호사협회의 기원도 대한민국에 변호사단체가 최초로 도입된 1907년부터 기산하여야 한다는 주장도 있다.

근대적 의미의 변호사법은 1949. 11. 7. 제정·시행되었고, 1982. 12. 31, 개정으로 법무법인 제도가 최초로 도입되었으며[27], 공증인가합동법률사무소는 1993. 3. 10. 개정으로 신설되었다가 2005. 7. 28. 개정으로 폐지되었으나, 대한변호사협회 회칙에는 여전히 공증인가합동법률사무소를 공동법률사무소[28]와 함께 합동사무소로 규정하고 있다(대한변호사협회 회칙 제39조).

법률사무소의 대형화, 전문화를 유도하기 위하여 법무법인(유한)과 법무조합 제도가 2005. 1. 27. 신설되었다. 법률서비스시장의 개방에 대비하여 공동법률사무소의 국제경쟁력을 강화하고 전문적 법률서비스를 제공하기 위한 목적으로, 상법상 합명회사를 준용함으로써 대형화에 제약이 있었던 법무법인 외에 법무법인(유한)과 법무조합 제도를 도입하게 된 것이다.

법률사무소는 초기에는 변호사 숫자가 적었기 때문에 개인적으로 사무소를 개설하여 직무를 수행하는 것이 일반적이었지만, 변호사 숫자가 늘고 사회환경의 변화에 따라 업무의 대형화, 조직화, 전문화가 필요해지면서 수인의 변호사가 공동으로 운영하는 법률사무소 형태로 발전하고 분화하게 되었을 것이다.

수인의 변호사가 공동으로 하는 형태로는 변호사법에 규정되어 있는 ① 법무법인 ② 법무법인(유한) ③ 법무조합이 있으며, 법률 혹은 회칙의 형태로 인정되고 있는 것으로는 공증인가합동법률사무소와 공동법률사무소가 있다.

변호사 현황을 살펴보면, 2023. 12. 27. 현재 개업변호사는 총 29,254명인데, 그중 법무법인에 속한 변호사는 10,051명이고, 법무법인(유한)에 속한 변호사 인원은 5,397명이다. 공증인가합동의 구성원은 73명, 공동법률사무소의 구성원은

---

27) 1982. 12. 31. 개정 변호사법은 최초로 도입한 법무법인을 활성화할 목적으로 제39조 제1항에서 법무법인으로 하여금 공증인의 직무에 관한 업무도 허용하였다.

28) 공동법률사무소라 함은 수인의 변호사가 공동으로 법률사무소를 개설하여 그 업무를 수행하는 형태를 말하는데, 대한변호사협회 회칙은 '사업자등록을 2인 이상이 같이 하는 경우와 2인 이상이 개인 명의 이외의 명칭을 사용하는 경우'라고 규정하고 있다(대한변호사협회 회칙 제39조).

2,126명이다. 법무법인의 사무소 수는 1,437개, 법무법인(유한)의 사무소 수는 77개, 공증인가합동법률사무소는 16개, 공동법률사무소는 375개이다.[29) 대형 법률사무소는 법무법인(유한)의 형태를, 중소형 법률사무소는 법무법인이나 합동사무소의 형태를 취하고 있다.[30) 대형일수록 법무법인(유한)의 형태를 통해, 구성원의 업무 및 책임을 한정하려고 하는 것을 알 수 있다. 참고로, 외국법자문사는 등록회원 156명 중 개업회원은 111명이며, 외국법자문법률사무소는 28개이다. 법무조합으로 등록된 사무소는 현재 없다.

2. 법무법인

가. 법적 성격과 구성

법무법인은 변호사들이 법인의 채무에 대하여 직접, 연대, 무한책임을 지는 법률사무소 형태로서, 미국의 로펌 제도와 기존의 공증인가합동법률사무소 제도 및 상법상 합명회사 제도를 혼합하여 창안되었다. 변호사는 그 직무를 조직적 · 전문적으로 수행하기 위하여 법무법인을 설립할 수 있는데, 변호사법 및 다른 법률에 특별한 규정이 없는 한 상법상 합명회사에 관한 규정이 준용된다(변호사법 제58조 제 1 항).

법무법인은 3명 이상의 변호사로 구성하며, 그중 1명 이상이 통산하여 5년 이상 법원조직법 제42조 제1항 각호의 어느 하나에 해당하는 직에 있었던 자이어야 한다(제45조 제1항). 법무법인이 최초로 도입된 1982. 12. 31. 개정 변호사법 제35조에서는 변호사가 5명 이상이되 그중 2명 이상이 각각 통산하여 15년 이상 법조경력을 가질 것으로 규정하였으나, 2000. 7. 29. 개정 변호사법 제45조에서

---

29) 변호사 현황은 매주 개최되는 대한변호사협회 상임이사회의 보고 사항이며, 상임이사회의 보고를 거친 후 대한변호사협회 홈페이지(www.koreanbar.or.kr)에 공개하고 있다.

30) 수시로 증감이 있기는 하지만, 2023년 말 현재 변호사 숫자를 기준으로 하면 김앤장(1,055명), 광장(602명), 세종(535명), 태평양(520명), 율촌(483명), 화우(339명), 지평(243명), 바른(238명), 대륙아주(233명), 와이케이(217명), 동인(206명), 대륜(194명), 클라스한결(130명), 강남(129명), 로고스(118명), 린(106명), 로엘(104명), 현(77명), 테헤란(76명), 엘케이비앤파트너스(68명), 원(67명) 순인데(매출액 기준으로는 순위가 변동됨), 변호사 수가 300명 이상인 법률사무소는 김앤장을 제외하고는 모두 '법무법인(유한)'의 형태를 취하고 있으며, 20대 로펌을 기준으로 하여도 법무법인은 와이케이, 린, 로엘, 테헤란 세 곳뿐이고, 다른 곳은 모두 법무법인(유한)이다.

변호사가 5명 이상이되 그중 1명 이상이 통산하여 10년 이상 법조경력을 가질 것으로 완화되었다가, 2011. 5. 17. 개정으로 현재와 같이 그 요건이 더욱 완화하였다.

이처럼 법무법인의 설립에 있어서 변호사 수와 법조경력 요건을 완화한 이유는 변호사 배출 숫자의 증대로 인하여 법조경력이 일천한 변호사들이 다수 쏟아져 나오는데 이들이 법무법인의 설립에 필요한 10년 이상의 법조경력을 갖춘 변호사를 영입함에 있어 어려움이 있고, 법조경력이 적은 변호사들도 구성원이나 대표변호사가 되어 법무법인을 설립·운영하면서 법률시장에서 경쟁력을 갖추도록 여건을 만들어 주어야 한다는 요청에 따른 것이다.

법무법인은 구성원 아닌 소속변호사를 둘 수 있으며(변호사법 제47조), 법무법인의 구성원과 소속변호사는 법무법인 외에 따로 법률사무소를 둘 수 없다(변호사법 제48조 제3항). 공증업무의 중요성 때문에 법무법인이 공증인가를 받은 경우 구성원 변호사 중에서 2명 이상의 공증담당변호사를 지정하여야 하므로, 소속 변호사는 공증업무는 할 수 없다(공증인법 제15조의3).

구성원 변호사와 구성원이 아닌 소속변호사의 구별은 변호사법에서 규정하고 있는 일정한 자격 요건을 제외하고는 단순히 명칭이나 등기 여부에 따라 구별할 것은 아니다. 법무법인의 설립요건을 맞추기 위해 5년 이상 법조경력자를 구성원으로 영입하지만 법무법인을 다른 구성원 변호사, 심지어 형식적으로는 소속변호사로 되어 있는 변호사가 실제로 운영하는 경우도 있고, 법인의 규모를 크게 보이기 위해 소속변호사를 구성원 변호사로 등기하는 경우나 실제로는 소속변호사이지만 사건 수임 등 외부활동을 위해 구성원 변호사라는 명칭으로 활동하고 있는 경우처럼 실제와 표시가 일치하지 않는 경우도 있다.

따라서 법무법인의 대내외적인 책임 범위를 결정하는데 있어 중요한 기준이 되는 법무법인에 근무하는 변호사의 근로자 해당 여부는 변호사법에 규정된 변호사의 추상적인 지위나 구성원 등기 여부 등의 형식만을 따질 것이 아니라 다른 약정의 존재 또는 법인의 실제 운영형태를 종합적·실질적으로 고려하여 판단하여야 한다.

≪판례≫ 대법원 2012. 12. 13. 선고 2012다77006 판결

o 법무법인에 근무하는 변호사의 근로자 해당 여부 판단 기준

사법연수원 수료 직후 법무법인 甲에 취업하여 변호사 업무를 시작한 乙과 丙이, 취업 다음 해부터 구성원 변호사로 등기되어 근무하다 퇴직한 후 자신들이 근로자에 해당한다고 주장하며 퇴직금 지급을 구한 사안에서,

대법원은 "변호사법상 구성원 변호사는 법무법인의 설립, 존속, 해산의 주체로서, 일반적인 변호사 업무 수행은 물론 법무법인의 자산 및 회계, 조직 변경, 합병 등을 포함한 모든 영역에서 자율적 · 독자적 권한을 가지고 있고, 구성원 회의를 통하여 법무법인 운영 전반에 관여할 수 있어야 하는데 그러하지 못한 경우에는 비록 구성원 변호사로 등기되어 있더라도 진정한 구성원 변호사로 볼 수 없다고 전제하면서,

① 원고들이 사법연수원 수료 직후 경력이 없는 신입 변호사로서 피고의 소속 변호사로 취업함으로써 변호사 업무를 시작하였음에도 취업 다음 해에 구성원으로 등기된 점, ② 원고들이 피고의 구성원으로 등기되거나, 탈퇴하는 과정에서 지분을 양수하거나 양도하였다는 점에 대한 아무런 증거자료가 없으며, 구성원 등기 전후의 원고들 근무 형태 역시 큰 변화 없이 유지된 것으로 보이는 점, ③ 원고들은 피고로부터 이익배당을 받거나 손실을 부담한 사실이 없으며, 사건 수임에 상관없이 매달 일정한 금액의 급여를 받은 점, ④ 원고들은 스스로 사건을 수임한 사례가 거의 없는 상태에서 피고로부터 배당받은 업무를 처리하는 것이 업무 내용이었던 점, ⑤ 원고들에 대한 급여는 본봉이 정해져 있었으며, 피고는 갑종근로소득세를 원천징수하고, 국민연금, 건강보험, 요양보험을 제공한 점, ⑥ 원고들이 제3자로 하여금 업무를 대행하게 할 수 없었고, 사실상 다른 법무법인에 대한 노무 제공 가능성도 없었던 점, ⑦ 원고들은 자신들이 구성원으로 등기된 사실을 알지 못하였다가 원고 乙의 경우에는 퇴직 1년 전에, 원고 丙의 경우에는 퇴직 시에야 알게 되었다고 주장하고 있으며, 피고의 구성원이었다가 원고 丙에게 지분을 양도하고 탈퇴한 것으로 등기된 소외인 역시 자신이 구성원으로 등기되어 있었다는 사실을 알지 못하였다고 진술하고 있으며, 업무 처리 역시 대표변호사의 지시 · 감독을 받는 선임변호사로부터 할당받은 업무를 수행하였다고 진술하고 있는 점 등을 종합적으로 고려하면, 원고들이 피고의 구성원으로 등기되어 있음에도 실질적으로 원고들은 피고에 대하여 임금을 목적으로 종속적인 관

계에서 근로를 제공하는 근로자 지위에 있다고 보아야 할 것이다."고 판시하였다.

나. 설립절차

법무법인을 설립하려면 구성원이 될 변호사가 설립신청서에 정관과 구성원 회의록을 첨부하여 주사무소의 소재지의 지방변호사회 및 대한변호사협회를 거쳐 법무부장관의 인가를 받아야 한다[31](변호사법 제41조, 변호사법 시행령 제9조 제2항). 법무법인은 인가를 받은 후 2주일 이내에 주사무소의 소재지에서 설립등기를 함으로써 설립된다(변호사법 제43조 제1항, 제3항). 법무법인은 분사무소를 둘 수 있는데(제48조 제1항), 이 경우 주사무소에는 법조경력 5년 이상 변호사 1명을 포함하여 구성원의 3분의 1 이상이 주재하여야 하고, 분사무소에는 1명 이상의 구성원이 주재하여야 한다(변호사법 시행령 제12조).

분사무소는 시·군·구(자치구를 말한다) 관할구역마다 1개를 둘 수 있으며, 법무법인의 분사무소임을 표시하여야 한다. 주사무소가 소재한 시·군·구에도 분사무소를 설치할 수 있으며,[32] 시·군·구를 달리하는 경우 분사무소 숫자에는 제한이 없다. 법무법인이 사무소를 개업 또는 이전하거나 분사무소를 둔 경우에는 지체없이 주사무소 소재지의 지방변호사와 대한변호사협회를 거쳐 법무부장관에게 이를 신고하여야 한다.

다. 구성원의 탈퇴 및 해산, 인가취소

법무법인의 구성원은 임의로 탈퇴할 수 있고(변호사법 제46조 제1항), ① 사망한 경우, ② 변호사법 제18조에 의해 등록이 취소된 경우, ③ 변호사법 제102조 제2항에 따른 업무정지명령을 받은 경우, ④ 변호사법이나 공증인법에 따라 정직 이상의 징계처분을 받을 경우, ⑤ 정관에 정한 사유가 발생한 경우 당연탈퇴한다(변호사법 제46조 제2항).

법무법인이 구성원의 요건을 충족하지 못하게 된 경우에는 3개월 이내에 보충하여야 하며(변호사법 제45조 제2항), 만일 위 기간 내에 구성원을 보충하지 못하

---

31) 법무법인의 설립에 대하여 우리 변호사법은 인가주의를 채택하고 있다.
32) 주사무소와 분사무소는 반드시 다른 시·군·구에 설치될 필요는 없으며, 주사무소와 같은 시·군·구 내에서도 1개까지는 분사무소의 설치가 가능하며, 현실적으로 이러한 형태도 다수 존재한다.

게 되는 경우에는 구성원 전원의 동의로 법무법인을 해산하거나 법무부장관이 설립인가를 취소할 수 있다. 설립인가를 취소하려면 청문을 하여야 한다. 설립인가가 취소되는 경우 법무법인은 당연히 해산된다(변호사법 제53조, 제54조).

법무법인은 ① 정관에 정한 해산사유가 발생하였을 때, ② 구성원 전원의 동의가 있을 때, ③ 합병하였을 때, ④ 파산하였을 때, ⑤ 설립인가가 취소되었을 때 해산하며, 청산인은 지체없이 주사무소 소재지의 지방변호사회와 대한변호사협회를 거쳐 법무부장관에게 그 사실을 신고하여야 한다(변호사법 제54조). 법무법인이 해산한 경우에는 청산인은 지체 없이 주사무소 소재지의 지방변호사회와 대한변호사협회를 거쳐 법무부장관에게 그 사실을 신고하여야 한다.

라. 업무범위 및 업무집행방법

(1) 법무법인은 변호사법과 다른 법률에 따른 변호사의 직무에 속하는 업무를 수행하며, 다른 법률에서 변호사에게 그 법률에 정한 자격을 인정하는 경우 그 구성원이나 구성원 아닌 소속 변호사가 그 자격에 의한 직무를 수행할 수 있을 때에는 그 직무를 법인의 업무로 할 수 있다(변호사법 제49조). 다만, 법무법인은 대통령령으로 정하는 경우를 제외하고는 법무법인이 인가공증인으로서 공증한 사건에 관하여는 변호사 업무를 수행할 수 없다(변호사법 제51조). 따라서 공증인가 법무법인은 ① 법률행위나 그 밖의 사법상 권리에 관한 사실에 대한 공정증서를 작성한 사건, ② 어음·수표 도는 이에 부착된 보충지에 강제집행할 것을 적은 증서를 작성한 사건, ③ 법인의 등기 절차에 첨부되는 의사록을 작성한 사건, ④ 상법 제292조 및 그 준용규정에 따라 정관을 인증한 사건에 해당하는 사건에 대한 소송에 관한 행위는 할 수 없다(변호사법 시행령 제13조). 이러한 업무를 제외한 것은 인가공증인 제도의 취지 및 업무의 공공성을 유지하기 위함이다.

(2) 법무법인의 구성원 및 구성원 아닌 소속변호사는 자기나 제3자의 계산으로 변호사의 업무를 수행할 수 없으며,[33] 법무법인의 소속기간 중 그 법인이 상의를 받아 수임을 승낙한 사건에 대하여 변호사의 업무를 수행할 수 없다(변호사

---

[33] 변호사법 제52조의 반대해석상 구성원 및 구성원 아닌 소속변호사는 자기나 제3자의 계산으로 변호사의 업무 이외의 업무는 할 수 있다. 따라서, 법무법인의 구성원 및 구성원 아닌 소속변호사는 소속 지방변호사회의 겸직허가를 받으면 주식회사의 사외이사는 될 수 있지만, 사내변호사를 겸직하는 것은 허용되지 않는다(대한변협 2010. 5. 3. 질의회신).

법 제52조). 다만, 사건이 이전 소속 법무법인이 수임을 승낙할 당시의 심금에 계속 중일 때는 수임할 수 없지만, 변호사의 사건수임은 개별 심급마다 새로이 하여야 하는 심급대리의 원칙상 그 사건의 상소심을 수임하는 것은 가능하다.[34]

(3) 법무법인이 법인 명의로 업무를 수행할 경우에는 그 업무를 담당할 변호사를 지정하여야 하는데 담당변호사에는 반드시 구성원 변호사가 포함되어야 하며(변호사법 제50조 제 1 항), 법무법인이 담당변호사를 지정하지 않은 경우에는 구성원 모두를 담당변호사로 지정한 것으로 본다(변호사법 제50조 제 3 항). 이는 업무집행으로 인한 책임 소재를 분명히 하는 동시에 경험이 부족한 소속변호사의 소송수행으로 인한 의뢰인 또는 법무법인의 손해를 미연에 방지하는 가능을 한다.

(4) 법무법인이 법인 명의로 수행하는 업무는 법무법인이 제3자의 위임이나 위촉 등에 의하여 소송행위 등 법률 사무를 처리하는 경우를 의미하고, 법무법인이 당사자로서 소송행위 등 법률 사무를 처리하는 경우는 포함되지 않는다고 해석함이 타당하다. 따라서 법무법인이 당사자인 경우에는 상법 중 합명회사에 관한 규정에 따라 등기된 법무법인의 대표자만이 법무법인을 대표하여 업무를 수행할 수 있을 뿐이고, 담당변호사는 법무법인을 대표하여 해당 업무를 수행할 수 없다.[35]

마. 책임

변호사법에는 법무법인의 책임에 관한 직접 규정이 없지만, 법무법인에는 상법상 합명회사 규정이 준용되므로, 대표변호사가 그 업무집행으로 인하여 타인에게 손해를 가한 경우에는 법무법인은 그 대표변호사와 연대하여 배상할 책임이 있고, 법무법인의 재산으로 채무를 모두 변제하지 못하는 경우에는 각 구성원 변호사가 연대하여[36] 배상할 책임이 있다. 따라서 법무법인 구성원 변호사의 책임은 법무법인의 재산으로 그 채무를 완제할 수 없는 경우에 한하여 제2차적·보충적 연대책임이다.[37] 법무법인 설립 후에 구성원으로 가입한 변호사도 가입 전의

---

34) 대한변협 2010. 4. 7. 질의회신.
35) 대법원 2022. 5. 26. 선고 2017다238141 판결.
36) 법무법인과 구성원 변호사 간의 연대책임이 아니라, 구성원 변호사 상호 간의 연대책임을 의미한다.
37) 헌법재판소 2016. 11. 24. 선고 2014헌바203등 결정.

채무에 대하여 다른 구성원과 동일한 책임을 진다.

≪판례≫ 헌법재판소 2016. 11. 24. 선고 헌바203등 결정

ㅇ 법무법인 구성원변호사에게 합명회사 사원의 무한연대책임 준용 위헌여부

　　헌법재판소는 변호사법 제58조 제1항에 의하여 법무법인에 관하여 변호사법에 정한 것 외에는 상법 중 합명회사에 관한 규정을 준용하는데, 합명회사 사원의 무한연대책임을 정한 상법 제212조, 신입사원에게 동일한 책임을 부과하는 상법 제213조, 퇴사한 사원에게 퇴사등기 후 2년 내에 동일한 책임을 부과하는 상법 제225조 제1항을 준용하는 부분에 대하여,

　　이는 법무법인의 채무에 대하여 구성원변호사의 가입 시기와 무관하게 무한연대책임을 부과함으로써 변호사가 법무법인 제도를 악용하는 것을 방지하고 법률서비스의 신뢰성과 안정성을 제고하기 위한 조항으로서, 국민의 기본권 보호 및 사회정의 실현이라는 변호사의 사명과 부합하고, 법무법인 채권자의 책임 재산을 증가시켜 입법목적 달성을 위한 적합한 수단이 되며, 법무법인 구성원변호사에게 법무법인의 재산으로 법무법인의 채무를 완제할 수 없는 경우에 한하여 2차적, 보충적으로 무한연대책임을 부담시킬 뿐이고, 구성원변호사는 변호사책임보험에 가입하여 책임을 면제 또는 감경받을 수 있으며, 상법상 이의권·감사권을 행사하여 채무 발생을 예방할 수도 있으므로, 입법목적의 달성에 필요한 정도를 벗어나 과도하게 법무법인 구성원변호사의 재산권을 제한하고 있지 아니하므로 합헌으로 판시하였다.

바. 합병, 조직변경

　　법무법인은 구성원 전원이 동의하면 다른 법무법인과 합병할 수 있으며(변호사법 제55조), 법무법인(유한) 또는 법무조합의 설립요건을 갖춘 법무법인은 구성원 전원의 동의가 있으면 법무부장관의 인가를 받아 법무법인(유한) 또는 법무조합으로 조직변경을 할 수 있다. 법무법인의 조직변경으로 설립된 법무법인(유한)또는 법무조합의 구성원 중 종전 법무법인의 구성원이었던 자는 조직변경 절차에 따른 등기를 하기 전에 발생한 법무법인의 채무에 대하여 법무법인(유한)의 경우에

는 등기 후 2년이 될 때까지, 법무조합의 경우에는 등기 후 5년이 될 때까지 법무법인의 구성원으로서 책임을 진다(변호사법 제55조의2).

2. 법무법인(유한)

가. 법적 성격과 구성

법무법인(유한)은 변호사법에 특별한 규정이 없는 한[38] 구성원 변호사들이 출자금액을 한도로 유한책임을 지는 법률사무소이며(변호사법 제58조의10), 변호사법에 정한 것 이외에는 상법 중 유한회사에 관한 규정을 준용한다(변호사법 제58조의17).[39]

법무법인은 변호사법 제58조 제 1 항에 의해 무한연대책임을 지는 합명회사에 관한 상법 제212조가 준용되는데, 이는 회사나 사원이 아니라 회사 채권자를 보호하기 위한 강행규정이므로 정관의 규정 또는 총사원의 동의로도 이를 배제할 수 없어[40] 개별 구성원 변호사의 부담이 매우 크고, 중대한 이해관계에 대하여 사원의 전원일치를 요건으로 하고 있어 신속한 대응에 한계가 있어 법무법인의 새로운 형태가 필요하다는 요청에 따라 법무법인(유한)이 도입된 것이다.

법무법인(유한)은 7명 이상의 구성원 변호사를 두어야 하며, 그중 2명 이상이 통산하여 10년 이상 법원조직법 제42조 제 1 항의 법조경력을 갖추어야 한다(변호사법 제58조의6 제 1 항).[41] 위 구성원의 요건을 충족하지 못하는 경우 3개월 이내에 보충하여야 하며, 이를 보충하지 못하면 법무부장관이 설립인가를 취소할 수 있다(변호사법 제58조의13). 법무법인(유한)에는 3명 이상의 이사를 두어야 하며, 1명 이상의 감사를 둘 수 있다(변호사법 제58조의6 제 4 항, 제 5 항).

법무법인(유한)의 자본총액은 5억 원 이상이어야 하고, 출자 1좌의 금액은 1

---

38) 변호사법에서 특별히 규정하고 있는 구성원의 책임은 제58조의 11에서 규정하고 있는 수임사건과 관련된 손해배상책임을 말한다.
39) 변호사법 제58조의17에서는 유한회사에 관한 규정 중 상법 제545조는 제외한다고 되어있으나, 사원총수를 50인 이하로 제한하던 상법 제545조는 2011. 4. 14. 개정으로 삭제되었는바, 변호사법 제58조의17 중 '상법 제545조는 제외한다'는 문구도 삭제되어야 할 것이다.
40) 대법원 2013. 11. 28. 선고 2013다55812 (손해배상) 판결.
41) 법무법인(유한)은 대내외적인 책임이 법무법인보다 제한되므로 그 설립과 존속에 있어 구성원의 법조경력 및 숫자 등을 강화한 것으로 보인다.

만 원이며 각 구성원의 출자 좌수는 3천좌 이상이어야 한다(변호사법 제58조의6). 법무법인(유한)은 자기자본에 100분의 50의 범위에서 대통령령으로 정하는 비율을 곱한 금액을 초과하여 다른 법인에 출자하거나 타인을 위한 채무보증을 하여서는 아니 된다(변호사법 제58조의8 제1항).

나. 책임

법무법인(유한)의 구성원은 변호사법에 규정된 수임사건과 관련된 손해배상책임 이외에는 출자금액을 한도로 법무법인(유한)에 대하여만 간접·유한책임을 진다(변호사법 제58조의1). 따라서 법무법인(유한)의 구성원의 책임은 법인 운영에 관한 책임과 수임사건과 관련된 손해배상책임으로 구분되는데, 법무법인(유한)의 운영과 관련된 책임으로는, 자본총액이 5억 원에 미달하는 경우 그 부족한 금액을 보충하기 위하여 증자할 책임(변호사법 제58조의7 제 4 항), 출자금을 다른 법인에 출자하거나 타인을 위한 채무보증으로 인하여 부담하게 되는 책임(변호사법 제58조의8 제 1 항), 사무실의 임차료와 직원들의 급여·퇴직금 지급채무 등이 있다.[42]

수임사건과 관련하여서는 당해 수임사건의 처리에 관여한 담당변호사[43]가 고의 또는 과실로 위임인에게 손해를 발생시킨 경우에 출자 한도가 아니라 의뢰인이 실제로 입은 손해를 법무법인(유한)과 연대하여 배상할 책임을 진다(변호사법 제58조의11 제 1 항).

담당변호사가 위와 같이 손해배상책임을 지는 경우 그 담당변호사를 지휘·감독한 구성원 변호사도 손해를 배상할 책임이 있다. 다만, 지휘·감독을 할 때에 주의를 게을리하지 않았음을 증명한 경우에는 책임을 지지 않는다(변호사법 제58조의11 제 2 항). 담당변호사가 지정되지 아니한 경우에는 법무법인(유한)의 모든 구성원이 담당변호사가 되어 책임을 지게 된다.

이처럼 구성원 변호사가 무한책임을 지지 않는 대신, 변호사법은 법무법인(유한) 차원에서 보험이나 공제기금에 가입할 수 있게 함으로써 손해배상책임의 실효성을 담보하고 있는데, 법무법인(유한)은 수임사건과 관련한 손해배상책임을

---

42) 정형근, 법조윤리강의, 정독, 2023, 163쪽.
43) 법문상 지휘·감독을 하는 변호사는 반드시 구성원 변호사이어야 하나, 변호사법 제58조11 제 1 항이나 제 2 항 전단의 담당변호사는 구성원 변호사가 아닌 소속 변호사일 수도 있다.

보장하기 위하여 대통령으로 정하는 바에 따라 사업연도마다 손해배상 준비금을 적립하거나 보험 또는 대한변호사협회가 운영하는 공제기금에 가입하여야 한다.[44]

손해배상 준비금, 손해배상보험 또는 공제기금은 법무부장관의 승인 없이는 손해배상 외의 다른 용도로 사용하거나 그 보험계약 또는 공제계약을 해제 또는 해지하여서는 아니 된다(변호사법 제58조의12).

다. 인가취소 및 해산

법무부장관은 ① 법무법인(유한)이 3개월 이내에 구성원의 결격을 보충하지 아니한 경우, ② 이사 중에 구성원이 아닌 자나 설립인가가 취소된 법무법인(유한)의 이사이었던 자로서 그 취소 후 3년이 지나지 아니한 자 또는 업무정기 기간 중에 있는 자가 있는 경우(다만 해당 사유가 발생한 날로부터 3개월 이내에 그 이사를 개임(改任)한 경우에는 제외), ③ 변호사법에서 규정하고 있는 금액을 초과하여 다른 법인에 출자하거나 타인의 채무를 보증한 경우, ④ 변호사법과 주식회사 등의 외부감사에 관한 법률상 회계처리기준을 위반하여 회계처리를 한 경우, ⑤ 손해배상준비금을 적립하지 아니하거나 보험 또는 공제기금에 가입하지 아니한 경우, ⑥ 업무집행에 관하여 법령을 위반한 경우에는 설립인가를 취소할 수 있다(제58조의 13).

법무법인(유한)은 정관에 정한 해산사유의 발생, 구성원 과반수와 총 구성원의 의결권의 4분의 3 이상을 가진 자의 동의, 파산, 설립인가 취소, 약정한 존립기간의 도과 등으로 해산하며, 이 경우 청산인은 지체 없이 주사무소 소재지의 지방변호사회와 대한변호사협회를 거쳐 법무부장관에게 그 사실을 신고하여야 한다(제58조의 14).

3. 법무조합

가. 법적 성격과 구성

법무조합은 법무조합의 채무가 발생하는 경우 구성원 변호사들이 그 채무

---

[44] 실제로는 손해배상보험이나 공제기금은 잘 활용되지 않고, 법무법인(유한)은 대부분 손해배상 준비금을 적립하는 방식으로 손해배상책임을 담보하고 있다.

발생 당시의 손실분담 비율에 따라 책임을 지며(변호사법 제58조의 10), 변호사법에 정한 것 이외에는 민법 중 조합에 관한 규정을 준용한다(변호사법 제58조의 31). 법무조합의 법적 성격은 기본적으로는 민법상 조합에 해당하므로 법무조합의 구성원은 모두 출자의무를 부담하지만, 법무법인(유한)과 달리 자본총액에 관한 제한이나 자본충실의 책임은 없다.

한편, 법무조합은 변호사법에 근거하는 특수한 형태의 조합이므로 "조합원 중에 변제할 자력 없는 자가 있는 때에는 그 변제할 수 없는 부분은 다른 조합원이 균분하여 변제할 책임이 있다."는 민법 제713조는 적용하지 아니한다(변호사법 제58조의13).

일반적으로 조합의 당사자능력에 대하여는 견해가 대립하며, 부정하는 것이 다수설과 판례[45]인데, 변호사법에서는 법무조합이 소송의 당사자가 될 수 있음을 명문으로 인정하고 있다(변호사법 제58조의26).

법무조합은 7명 이상의 구성원 변호사를 두어야 하며, 그중 2명 이상이 통산하여 10년 이상 법원조직법 제42조 제1항의 법조경력을 갖추어야 하며, 위 구성원의 요건을 충족하지 못하는 경우 3개월 이내에 보충하여야 한다(변호사법 제58조의22).

법무조합의 업무집행은 구성원 과반수의 결의에 의한다. 다만, 둘 이상의 업무집행구성원을 두는 경우에는 그 과반수의 결의에 의하며, 규약으로 정하는 바에 따라 업무집행구성원 전원으로 구성된 운영위원회를 둘 수 있다(변호사법 제58조의23).

법무조합을 설립하려면 구성원이 될 변호사가 규약을 작성하여 주사무소 소재지의 지방변호사회와 대한변호사협회를 거쳐 법무부장관의 인가를 받아야 한다. 규약을 변경하려는 경우에도 동일하다. 법무부장관은 법무조합의 설립을 인가한 경우에는 관보에 고시하여야 하고, 법무조합은 고시가 있을 때에 성립한다(변호사법 제58조의 19).[46]

---

45) 대법원 1999. 4. 23. 선고 99다4504 판결.
46) 법무법인과 법무법인(유한)은 설립등기가 성립요건인 것과 달리 법무조합은 관보에 고시가 성립요건이다(변호사법 제58조의19 제 3 항).

나. 책임

법무조합의 책임은 법무법인의 운영과 관련된 채무와 수임 사건에 관련된 손해배상책임으로 구분된다. 수임 사건과 관련 없는 법무조합의 채무는 그 구성원이 채무 발생 당시의 손실분담 비율에 따라 책임을 지며, 그 책임은 유한책임이 아니라 무한책임이다(제58조의24).

수임 사건과 관련하여서는 위임인에게 발생한 손해에 대하여 고의·과실이 있는 담당변호사와 그 지휘·감독자에 한하여 책임을 지도록 제한하고 다른 구성원은 책임을 지지 않는다. 지휘·감독자인 구성원 변호사일지라도 지휘·감독을 할 때에 주의를 게을리 하지 않았음을 증명한 경우에는 자신이 출자한 조합재산의 범위 내에서만 책임을 부담한다(변호사법 제58조의25).

다. 인가취소 및 해산

법무부장관은 법무조합이 3개월 이내에 구성원의 결원을 보충하지 못한 경우, 손해배상준비금을 적립하지 아니하거나 보험 또는 공제기금에 가입하지 아니한 경우, 업무집행에 관하여 법령을 위반한 경우에는 설립인가를 취소할 수 있다(변호사법 제58조의27).

법무조합은 규약에 정한 해산사유의 발생, 구성원 과반수의 동의(규약으로 그 비율을 높게 할 수 있다), 설립인가의 취소, 규약으로 정한 존립기간의 경과 등의 사유가 있을 때에는 해산한다(변호사법 제58조의28).

	법무법인	법무법인(유한)	법무조합
준용규정	상법상 합명회사 규정	상법상 유한회사 규정	민법상 조합 규정
구성원 요건	3명 이상(5년 이상 경력 1명 이상)	7명 이상(10년 이상 경력 2명 이상)	7명 이상(10년 이상 경력 2명 이상)
소속 변호사	가능	가능	가능
분사무소 설치	가능. 분사무소에 구성원 변호사 1명 이상 주재	가능. 분사무소에 구성원 변호사 1명 이상 주재	가능. 분사무소에 구성원 변호사 1명 이상 주재
자본총액	제한 없음(노무출자도 가능)	총액 5억원 이상(각 구성원은 최소 3천만원 이상)	제한 없음(노무출자도 가능)
업무	· 법인 명의로 업무수행 · 업무의 담당변호사 지정, 담당을 지정않으면 모든 구성원을 담당변호사로 간주 · 담당변호사는 지정된 업무 수행시에 각자가 그 법무법인을 대표	· 법인 명의로 업무수행 · 업무의 담당변호사 지정. 담당을 지정않으면 모든 구성원을 담당변호사로 간주. · 담당변호사는 지정된 업무수행 시에 각자가 그 법무법인을 대표	· 구성원 과반수의 결의로 법무조합의 업무집행 · 다만 둘 이상의 업무집행 구성원을 두는 경우에는 그 과반수의 결의에 의함. · 법무법인과 업무집행방법은 동일.
해산	구성원 전원 동의	구성원 과반수, 의결권의 3/4 동의	구성원 과반수 동의
업무 제한	구성원 및 구성원 아닌 소속 변호사는 자기나 제3자의 계산으로 변호사 업무를 수행할 수 없음 · 구성원이었거나, 구성원 아닌 소속변호사 였던 자는 해당 법무법인 등에 소속기간 중에 법무법인등의 상의를 받아 수임한 사건에 관해 변호사 업무를 수행할 수 없음		
구성원 변호사의 책임	무한·연대·직접책임(법무법인 재산으로 채무 완제할 수 없을 시에는 각 구성원은 연대변제책임)	출자금액 한도(유한.간접책임)	채무 발생 당시의 손실분담 비율에 따른 책임 분배
수임사건 관련한 배상책임	원칙: 법무법인 담당변호사: 고의·과실로 위임인에게 손해를 발생시킨 경우 불법행위에기한 손해배상책임에 한하여 법무법인과 연대책임(채무불이행은 법무법인과 연대하지 못함)	원칙: 법무법인 담당변호사: 고의·과실로 위임인에게 손해를 발생시킨 경우 법무법인(유한)과 연대하여 손해배상책임. (구성원, 소속변호사 불문) 직접 지휘·감독 구성원: 손배책임	원칙: 법무조합 담당변호사: 고의·과실로 위임인에게 손해를 발생시킨 경우 손해배상책임(법무조합과 연대X) 직접 지휘.감독 구성원: 손배책임
책임담보	의무사항 없음	손해배상준비금 적립 혹은 보험. 공제기금 가입	손해배상준비금 적립 혹은 보험·공제기금 가입

Ⅲ. 리걸테크 시대와 법률사무소의 운영

이제 인공지능(AI)을 떠나서는 살 수 없는 세상이 되었다. 법조계에도 최근 들어 이른바 '법률 산업 혁명'이라는 AI 리걸테크(Legal Tech)가 화두이다.[47] 리걸테크는 변호사제도의 코페르니쿠스적 혁명이라는 1894년 갑오개혁과 2009년 로스쿨 제도 도입보다도 더 빠르고, 더 광범위하게 변호사업계 나아가 법조계 전체에 지각변동을 일으키고 있다.

대법원은 '차세대전자소송시스템' 구축 사업을 통해 초기 단계이지만 사건관리 및 재판지원을 위한 인공지능 분석모델, 인공지능을 활용한 양형정보시스템 등을 적극적으로 검토하면서, 법원의 업무절차와 대국민 사법서비스를 혁신하고, 충실하면서도 신속한 재판을 위해 노력하고 있다. 법무부는 2021년 '리걸테크 태스크포스'를 발족하여 현재까지 유지하고 있으나, 구체적인 인적 구성이나 그간의 논의는 공개하지 않고 있다.

법률(Legal)과 기술(Technology)의 합성어인 리걸테크는 법령이나 판례의 검색이라는 초기 단계를 뛰어넘어 현재 정보통신기술(ICT) 및 인공지능(AI) 기술을 활용해서 선보이는 새로운 유형의 법률서비스로 확장되었다.

AI 기술을 활용한 판례 및 법령의 검색과 분석, 법률서면의 초안 작성 등의 서비스는 변호사가 효과적인 소송전략을 수립하도록 도와주는 한편, 고객 상담, 문서 관리와 같은 부수적인 사무실 운영에 있어서도 시간과 비용과 노력을 절감하게 하는 역할을 할 수 있다.

이미 미국에서는 초당 10억 장의 판례를 검토하며 법률문서를 분석한 후 의뢰인의 질문에 답변하는 AI '로스(ROSS)'와 법정에서 피고인의 재범가능성을 분석해주는 형량판단 AI '컴퍼스(Compas)'가 사용되고 있으며, 2023년 3월 초에는 법률문서 검토, 증인 신문 준비, 유사 판결문 검색, 계약서 검토, 기초적인 법률자문 등을 하는 최신 GPT−4에 기반한 AI '코카운슬(CoCounsel)'이 등장하였다.

영국에서도 인터넷 채팅으로 주차위반 과태료 이의신청사건을 도와주는 챗

---

47) 2023. 10. 13. 법률신문이 주최한 'Legal Tech AI Forum'에서 이수형 대표이사는 "최근 법조계에 가장 큰 공통 관심사는 리걸테크, 특히 AI가 법조시장에 어떤 변화를 가져올 것인가 하는 문제"라며 "리걸테크의 발전은 궁극적으로 사법개혁과 사법혁명으로 이어질 수 있다고 본다."고 예측하였다.

봇 'DoNotPay'가 활용되고 있다. 이러한 리걸테크의 급격한 발전은 법률사무소의 운영 등 법조시장에 있어서도 큰 변화를 동반할 수밖에 없으며, 현재 영미의 로펌들은 그 도입에 적극 나서고 있다. 리걸테크의 필요성과 발달을 인정하고 변화를 과감하게 받아들인 것이다.

이처럼 비교불가의 빠르고 정확한 검색, 저렴한 비용, 편리한 접근성 등으로 장착된 인공지능 변호사들은 인간 변호사들을 대체할 것인가. 실제로 미국의 '로지스(Logis)', 영국의 '케이스 크런처 알파(Case Cruncher Alpha)', 이스라엘의 '로긱스(LawGeex)' 등 인공지능 변호사와의 대결에서 인간 변호사는 연일 참패하고 있다. 한국도 이미 2019년 근로계약서를 분석하고 자문하는 '법률인공지능(Alpha‒Law) 경진대회'에서 인공지능팀이 1등에서 3등까지를 석권한 바 있다.

리걸테크 산업은 법률시장에 한정된 문제가 아니다. 법률이 국가의 근간을 이루는 동맥인 것처럼 리걸테크 역시 국가 시스템의 근간이 된다. 따라서 이를 둘러싼 국가 간의 주도권 쟁탈전이 치열하다. 상대적으로 인공지능에 대한 규제가 완화되어 있는 미국 등에서 리걸테크 관련 사업이 급성장하자, 유럽연합(AU)는 개인정보 보호와 투명성 등을 강화하는 취지로 세계 최초로 인공지능 기술규제 법안인 '인공지능법(AI Act)'을 제정하기로 합의하면서 견제에 나서고 있다.

국내에서도 로앤컴퍼니, 로앤굿, 로폼, AI링고, 엘박스, 인텔리콘 연구소 등 리걸테크 기업들이 다양한 영역에서 활동하고 있으나, 각종 규제와 변호사단체의 강력한 반대에 부딪쳐 외국과 같은 성장을 이루지 못하고 있다. 그러나, 리걸테크는 국민의 사법서비스 접근성을 높이는 한편, 변호사의 법률사무소 운영에 있어서도 효율성을 높일 수 있는바, 이에 대한 무조건적인 규제보다는 합리적인 범위 내에서 규제 완화와 국제경쟁력 향상을 위한 폭넓은 지원을 검토할 시점이 되었다.

또한, 리걸테크 시대에 맞는 법률사무소의 운영과 이에 따른 법조윤리를 새롭게 정립하는 작업이 병행되어야 할 것이다. '인간의, 인간에 의한, 인간을 위한 리걸테크'가 이상적이겠지만, 최소한 인간을 위한 리걸테크가 되도록 하는 법조윤리가 자리 잡는다면 인간변호사가 인공지능 변호사에게 대체되지 않고 공존하는 세상이 될 것이다.[48]

---

48) 존 로버츠 미 연방대법원장은 2023. 12. 31. 연방법원 전체 운영과 관련한 주요 현안을 살

펴보는 '2023 연말보고서'에서 AI가 앞으로 판사의 업무 등 법원에 큰 영향을 미칠 것으로
전망했다. 그는 "미래에 AI 때문에 판사가 사라지지는 않을 것이라 확신하지만, 기술 변화
가 계속해서 법원의 업무를 바꿔 놓을 것이다"라면서, "다만, 사생활 권리를 침해하고 법을
비인간적으로 만들 위험이 있다는 것 또한 분명하므로, AI를 활용하더라도 주의와 겸손이
필요하다."고 말했다.

제 2 부

변호사의 윤리

제 5 장

▌ 변호사와 의뢰인의 관계

이 상 수

[기본질문]

1. 변호사와 의뢰인의 관계의 성격은 무엇인가? 이는 민법상 위임의 관계와 어떻게 다른가?

2. 변호사는 의뢰인의 의사에 반하여 의뢰인의 이익을 추구하는 것이 허용되는가?

3. 변호사-의뢰인 관계는 언제 형성되는가? 정규적인 수임계약이 성립되지 않았음에도 불구하고 변호사가 (잠재적) 의뢰인에 대해서 일정한 의무를 지는 이유는 무엇인가? 또 사건이 해결되어 수임관계가 종결되었음에도 불구하고 변호사가 종전 의뢰인에 대해서 일정한 의무를 지는 이유는 무엇인가?

4. 변호사가 언제든지 사임할 수 없게 하는 이유는 무엇인가? 변호사는 언제 사임할 수 있고, 사임해야 하는 경우는 언제인가? 변호사가 사건수임의 중도에 사임하는 경우 어떤 조치를 취해야 하는가?

5. 변호사는 합법적이지만 비윤리적인 사건을 수임할 권리가 있는가? 변호사윤리와 보편윤리는 어떻게 다른가?

◇ 관련 법령

[민법]

제680조(위임의 의의)   위임은 당사자 일방이 상대방에 대하여 사무의 처리를 위탁하고 상대방이 이를 승낙함으로써 그 효력이 생긴다.

제681조(수임인의 선관의무)   수임인은 위임의 본지에 따라 선량한 관리자의 주의로써 위임사무를 처리하여야 한다.

[변호사윤리규약]

제15조(동의 없는 소 취하 등 금지)

제19조(예상 의뢰인에 대한 관계)

제20조(수임시의 설명 등)

제21조(부당한 사건의 수임금지)

제28조(사건처리 협의 등)

제29조(사건처리의 종료)

제30조(분쟁 조정)

Ⅰ. 변호사-의뢰인 관계의 성격

> A는 B로부터 부동산을 매수하였는데, 소유권이전등기를 하기 전에 B가 사망하여 그 부동산이 C에게 상속되었다. A는 C를 상대로 부동산 소유권이전등기청구소송을 하기로 하고 변호사 甲에게 의뢰했다. 소송의 진행도중 C는 제 3 자에게 근저당권설정등기를 해 주었기 때문에 소송을 계속할 의미가 반감되었다. 이에 A는 변호사 甲이 변호사로서 가처분의 필요성에 대해서 설명해 주지 않은 점에 대해서 불만을 삼고, 甲을 상대로 손해배상청구소송을 했다. A의 주장은 변호사가 본안판결 전까지 부동산처분금지의 가처분을 통해 권리보전조치를 취해야 했다는 것이고, 甲변호사는 A로부터 가처분의 요청을 수임받은 바 없어 자신의 책임이 없다는 것이다. 변호사 甲의 책임에 대해서 설명해 보라.[1]

종종 변호사를 '고용'한다는 말을 듣는 수가 있다(민법 제655조 참조). 그러나

---

[1] 대법원 1997. 12. 12. 선고 95다20775 판결을 단순화한 것임. 원심은 甲의 책임을 인정했지만, 대법원은 원심판결을 파기했다.

변호사는 의뢰인의 지휘·명령에 따라서 업무를 수행하는 피고용인이 아니다. 변호사는 전문가로서 독자적으로 일을 하는 것이고, 의뢰인도 변호사의 전문적 지식과 기능의 도움을 받는 것이다. 한편 변호사를 쓰는 일은 '도급'도 아니다(민법 제664조 참조). 변호사가 소기의 목적을 이루지 못한 경우에도 보수를 지급하기 때문이다. 일반적으로 변호사와 의뢰인의 관계는 위임의 법률관계로 이해한다. 변호사-의뢰인 관계의 법적 성격과 관련하여 아래 글을 읽어 보자.

자료 1 ┃ 변호사와 의뢰인의 법률관계

(1) 변호사가 의뢰인으로부터 소송의 수행을 위탁받아 이를 처리하는 경우에 그 계약관계는 위임의 성질을 가진다. 위임은 일방(수임인)이 상대방(위임인)으로부터 "사무의 처리를 위탁"받아서 이를 수행할 것을 핵심적 내용으로 하는 계약을 말한다(민법 제680조 참조). 민법에서는 수임인이 대가를 받고, 즉 유상으로 위탁된 사무를 처리하는 경우만을 위임으로 정하지는 않고 있으나, 변호사의 경우에는 당사자 사이에서 명문의 합의가 없어도 보수지급약정이 있다고 해석되어야 할 것이다.

(2) 소송수행위탁계약을 포함한 위임계약의 일차적인 특징은 그것이 당사자 사이의 인적 신뢰관계를 기초로 한다는 점이다. 따라서 그 계약관계에서는 비록 수임인이 계약에 기하여 행하여야 할 바를 명시적으로 약정한 바 없다고 하더라도, 위임인이 계약을 체결한 목적을 수임인이 인식할 수 있는 한도에서는 수임인은 그 목적의 달성을 위하여 진력하여야 할 의무를 부담한다. 이와 같은 의무를 민법은 "수임인은 위임의 본지에 따라 선량한 관리자의 주의로써 위임사무를 처리하여야 한다"는 규정으로써 표현하고 있다(제681조). 이와 같은 성실한 사무처리의 의무는 그 성질상 어떠한 고정적인 내용을 가지는 것이 아니며, 그때그때의 구체적인 제반사정(all the circumstances of the case)에 따라서 개별적으로 정해지는 것이다.

(3) 그런데 소송의 수행을 위탁받은 변호사의 의무를 특징짓는 것으로 일반적으로 말하면 다음의 둘을 들 수 있을 것이다. 하나는 '고도의 주의의무'라고 부를 수 있는 것이고, 다른 하나는 충실의무이다.

전자는 전문가로서 일반인과 달리 전문적인 지식·기능에 상응하는 고도의 주의의무를 말한다. 예를 들면 그가 의뢰인에 대하여 제공하는 법에 대한 정보는 전문가로서의 변호사에 대한 의뢰인의 신뢰에 상응하게 정밀·정확한 것이어야 하고, 그의 법적 조언은 그 당시의 객관적 법상태에 비추어 합리적이고 납득할 수 있는 것이어야 한다. 이는 단순히 "직무를 행함에 있어서 진실을 은폐하거나 허위의 진술을 하여서는 아니 된다"(변호사법 제20조 제 2 항)는 소극적 의무를 훨씬 넘는 것이다.

다른 한편으로 변호사는 "독립하여 자유롭게" 직무를 행하는 자로서(변호사법 제 2 조 참조) 그 성질상 당연히 활동이나 판단 등 업무수행에 있어서 일정한 재량을 가지지 않을 수 없다. 변호사는 일일이 의뢰인의 지시를 기다리지 아니하고 소송의 내용과 진행상황에 좇아 필요하다고 생각되는 조치를 취하여야 하고 또 취할 수 있어야 한다. 그러나 그러한 재량권은 자의적으로 행사되어서는 안 되며, 어디까지나 위탁의 목적 또는 의뢰인의 이익이라는 관점에서 보아 적절하게 행사되어야 한다. 이와 같이 변호사가 가지는 재량권의 반면으로 이를 목적적으로 제약하면서 동시에 그 재량권을 내재적으로 정당화하는 근거가 되는 것으로서, 우리는 변호사의 충실의무를 말할 수 있다.[2]

이 글에서 변호사-의뢰인 관계는 '고도의 주의의무'와 '충실의무'를 내용으로 하는 '위임관계'로 이해되고 있다. 변호사가 부담해야 할 보다 구체적인 내용은 '그때그때의 구체적인 제반사정에 따라서 개별적으로 정해지는 것'이라고 한다. 이와 같은 원칙적인 입장에 대해서 큰 이의가 있을 수 없을 것이다. 다만 변호사-의뢰인 관계의 특수성은 민법의 규정만으로 정의하기 어려운 측면이 있다는 점이 지적될 수 있다. 예를 들어 보자.

① 변호사는 계약의 성립 전에도 (잠재적)의뢰인에게 의무를 지는 경우가 있다. 예컨대 변호사는 잠재적인 의뢰인과 상담만 하고, 상담결과 수임하지 않기로 결정된 경우에도 그러한 잠재적인 의뢰인에 대해서 그 비밀을 유지하거나 이익충돌을 회피해야 할 의무를 진다.

② 변호사-의뢰인간의 계약에서는 계약의 내용에 많은 제한이 가해진다. 명시적으로 수임하지 않은 내용에 대해서도 변호사가 의무를 지는 경우가 있고, 명시적인 계약을 하더라도 서로 합의할 수 없는 내용도 있을 수 있다. 예컨대 변호사가 자신의 의무를 경감하는 내용의 합의를 끌어내더라도 법정에서 효력이 인정되지 못할 수도 있다.

③ 변호사가 변호사-의뢰인 관계를 종결하려는 경우에 변호사에게 민법상

---

2) 양창수, "변호사의 과오와 책임", 법률가의 윤리와 책임, 서울대학교 법과대학 편, 박영사, 2003, 327~329쪽.

의 위임계약보다 더 많은 제약이 따른다.

④ 계약의 종결 후에도 변호사는 의뢰인에게 일정한 의무를 진다. 예컨대, 수임한 사건이 종결되어 변호사–의뢰인 관계가 종결된 후에도 변호사는 종전 의뢰인의 비밀정보를 보호하거나 이익충돌을 회피해야 하는 등의 의무를 진다.

⑤ 실제로 변호사–의뢰인 사이의 법률관계는 단순히 민법이 아니라, 변호사윤리장전을 비롯하여 형법, 변호사법 등의 규율을 받는다.

⑥ 변호사의 의무에 대해서 계약 당사자 이외의 기구(즉, 대한변협)가 관심을 가지고 그 준수를 요구하고 강제한다. 그리고 변호사의 의무위반이 있는 경우, 민법상의 손해배상에 그치는 것이 아니고 해당 변호사에 대한 징계의 문제가 함께 생긴다.

이러한 여러 점들을 볼 때 변호사–의뢰인 관계를 단순히 민법상의 위임이라고 보기에는 적절하지 않다. 변호사–의뢰인 관계를 단순히 민법상 위임의 계약관계로 파악해서는 곤란한 근본적인 이유는 변호사는 공공적 역할을 수행한다고 간주될 뿐만 아니라, ‘전문가’로서 의뢰인과 관계하기 때문이다. 그 결과 변호사–의뢰인 사이에는 힘의 불균형이 발생한다. 변호사가 전문적 지식·기능을 제공할 때 의뢰인은 전문적 지식 자체에 대해서는 변호사의 자율적 판단을 인정할 수밖에 없다. 의뢰인은 변호사의 활동에 대해서 시시콜콜하게 감독할 수 없으며 다만 변호사가 의뢰인의 이익을 위해서 최선을 다할 것이라고 기대하는 것만이 가능하다. 이처럼 자율성을 인정받으면서 의뢰인의 이익을 위해서 봉사해야 하는 지위를 영미법에서는 수탁자(fiduciary)로 개념지우며, 이때 변호사의 의무를 신인의무(信認義務, fiduciary duty)라고 한다. 아래를 보자.

신인관계의 존재 여부를 판정하는 확고한 기준이 있는 것은 아니다. 그러나 [신인관계가 있는] 모든 결정에는 한 사람이 다른 사람에 대해서 갖는 신뢰관계가 존재할 뿐만 아니라, 그 다른 한 사람에게 우월적 지위를 부여하는 어떤 불평등성, 의존성, 나이의 차이, 정신능력의 취약성, 관련 사실관계에 대한 지식 또는 그 외 다른 조건들이 존재한다는 것은 명백하다.[3]

---

3) *Garrett v. BankWest*, 459 N.W. 2d 833, 838.

변호사-의뢰인 관계는 위임계약에 의해서 성립하고 그 계약내용에 대해서도 합의에 의해 원칙적으로 자유롭게 정할 수 있다고 보이지만, 변호사-의뢰인 관계의 특수성 때문에 여러 제약이 존재하기도 한다. 통상적인 계약과 다른 계약내용이 있고 그에 대해서 논란이 있는 경우, 논란지점은 변호사에게 불리하게 해석되며, 단순히 의뢰인의 의사를 고려하는 데 그치지 않고 공정성의 관점에서 계약내용의 실질적인 정당성이 검토된다. 예컨대 변호사의 의무를 제한하는 계약은 경우에 따라서 무효가 선언될 수 있다. 미국의 경우 법무과오에 따른 손해배상책임을 제한하는 계약은 다른 독립한 변호사의 조력을 받지 않은 이상 효력을 인정하지 않는다. 여기에서 보듯이 신인의무를 부담하는 변호사는 계약 당사자간의 대등성을 전제로 한 통상적인 민법상 계약관계에 비해서 강화된 의무를 부담한다고 할 수 있다.

변호사-의뢰인 관계를 신인관계로 인정한다고 하더라도, 변호사에게 후견자적 지위를 인정하자는 취지는 아니다. 오히려 큰 경향은 변호사의 후견자적 지위를 인정하지 않고 의뢰인의 자기결정권을 보호하는 것이라고 할 수 있다. 따라서 신인관계를 인정하는 것은 의뢰인의 실질적 자기결정권을 인정하기 위해서 변호사에게 신인의무를 부과하는 것이라고 할 수 있다. 즉 양자는 서로 상충되는 것은 아니고 공존가능한 것이며 나아가 변호사는 의뢰인의 자기결정권을 보장하는 방향에서 신인의무를 진다고 보아야 할 것이다.

변호사-의뢰인 관계를 위임의 계약관계로 파악할지 그와는 다소 상이한 신인관계로 파악할지는 논란의 여지가 있다. 아무튼 이상에서 보듯이, 크게 보아 변호사-의뢰인의 관계가 위임관계라는 것은 인정하더라도, 변호사-의뢰인 관계에는 민법상의 위임으로는 해결할 수 없는 많은 특수한 측면이 있고, 이는 변호사의 의무를 강화하는 내용을 갖는다. 따라서 변호사-의뢰인 관계를 이해하기 위해서는 민법의 기본내용을 인식하면서도 다른 법규에 대한 이해를 병행하지 않으면 안 된다.

≪법률≫ 분쟁의 일반 당사자가 타방 당사자의 대리인을 선임할 수 있는가?

민사소송법 제385조 제2항은 "당사자는 화해를 위하여 대리인을 선임하는 권리를 상대방에게 위임할 수 없다."고 한다. 또한 동 제3항에서는 "대리권 유무를 조사하기 위해 당사자 본인의 출석을 명할 수 있다."고 규정하고 있다. 제소 전 화해는 법원에 신청하는데, 화해조서가 작성되면 확정판결과 동일한 효력이 생기므로 대리인 선임에 대해 명확히 해두기 위해서이다.

≪판례≫ 의뢰인의 동일성을 확인하지 않고 등기 사무를 처리한 변호사의 제 3 자에 대한 손해배상책임

변호사가 그의 사무원을 통하여 의뢰인으로부터 소유권이전등기 신청사무를 수임함에 있어서는 인감증명서나 주민등록증을 제출 또는 제시케 하거나 기타 이에 준하는 방법으로 의뢰인이 소유자 본인 또는 그의 적법한 대리인인지 여부를 확인하고 수임하였어야 할 터인데 이를 게을리하였을 뿐만 아니라, 인감증명서나 주민등록표를 통상 필요한 주의를 기울여서 검토하였더라면 위 서류들이 위조된 사실을 용이하게 발견할 수 있어 의뢰인이 소유자 본인 또는 그의 적법한 대리인이 아님을 쉽게 알 수 있었던 상황이었는데도 이를 게을리하여 위와 같은 사실을 간과하였다면 변호사에게 과실이 있다고 할 수 있다(대법원 1990. 12. 7. 선고 90다카27396 판결).

≪판례≫ 등기 사무의 수임시 의뢰인의 동일성 확인의무의 정도

부동산등기법 제49조, 법무사법 제25조의 각 규정 취지에 의하면, 등기필증 멸실의 경우 법무사와 변호사(이하 '법무사 등'이라 한다)가 하는 부동산등기법 제49조의 본인 확인은 원칙적으로 등기관이 수행하여야 할 확인 업무를 등기관에 갈음하여 행하는 것이므로, 법무사 등은 등기신청을 위임하는 자와 등기부상의 등기의무자로 되어 있는 자가 동일인인지의 여부를 그 직무상 요구되는 주의를 다하여 확인하여야 할 의무가 있고, 법무사 등이 위임인이 본인 또는 대리인임을 확인하기 위하여 주민등록증이나 인감증명서를 제출 또는 제시하도록 하여 특별히 의심할 만한 사정이 발견되지 아니하는 경우에는 그 증명서만으로 본인임을 확인할 수 있을 것이나, 그와 같은 확인 과정에서 달리 의심할 만한 정황이 있는 경우에는 가능한 여러 방법을 통하여 본인 여부를 한층 자세히 확인할 의무가 있다(대법원 2007. 6. 14. 선고 2007다4295 판결).

≪판례≫ 변호사 업무와 공무원에 대한 청탁의 관계

변호사 지위의 공공성과 직무범위의 포괄성에 비추어 볼 때, 특정범죄 가중처

벌 등에 관한 법률 제 3 조(알선수재죄) 및 구 변호사법 제90조 제 1 호(현행 변호사법 제111조 제 1 항)의 규정은 변호사가 그 위임의 취지에 따라 수행하는 적법한 청탁이나 알선행위까지 처벌대상으로 한 규정이라고는 볼 수 없고, 정식으로 법률사건을 의뢰받은 변호사의 경우, 사건의 해결을 위한 접대나 향응, 뇌물의 제공 등 이른바 공공성을 지닌 법률전문직으로서의 정상적인 활동이라고 보기 어려운 방법을 내세워 의뢰인의 청탁 취지를 공무원에게 전하거나 의뢰인을 대신하여 스스로 공무원에게 청탁을 하는 행위 등을 한다는 명목으로 금품 등을 받거나 받을 것을 약속하는 등, 금품 등의 수수의 명목이 변호사의 지위 및 직무범위와 무관하다고 평가할 수 있는 경우에 한하여 특정범죄 가중처벌 등에 관한 법률 제 3 조 및 구 변호사법 제90조 제 1 호 위반죄가 성립한다(대법원 2007. 6. 28. 선고 2002도3600 판결).

≪판례≫ 변호사의 불법행위와 의뢰인의 사용자책임

불법행위에 있어 사용자책임이 성립하려면 사용자와 불법행위자 사이에 사용관계, 즉 사용자가 불법행위자를 실질적으로 지휘·감독하는 관계가 있어야 하는 것으로, 위임의 경우에도 위임인과 수임인 사이에 지휘·감독관계가 있고 수임인의 불법행위가 외형상 객관적으로 위임인의 사무집행에 관련된 경우 위임인은 수임인의 불법행위에 대하여 사용자책임을 진다.

변호사가 의뢰인의 위임에 따라 장기간 동안 소송사건 외에도 의뢰인이 상속받은 부동산을 매각하고 상속재산을 분할하는 사무 등을 처리하여 왔다면, 그 사무에 관하여는 의뢰인이 당해 변호사를 지휘·감독하는 관계(사용관계)에 있었다고 봄이 상당하다(대법원 1998. 4. 28. 선고 96다25500 판결).

◈ 사례의 해설

이 사례의 쟁점은 변호사가 소유권이전등기소송의 제기를 위임받게 되면, "원고로부터 가처분신청을 하여 줄 것을 명시적으로 요청받지 않았다고 하더라도 가처분의 필요성에 관하여 원고들에게 충분히 설명하여 원고들로부터 그에 필요한 비용을 납부받는 등 원고들의 협조를 받아 그 절차를 취하여"야 하는 것이 아닌가 하는 점이다.

이에 대해서 원심은 "이러한 선량한 관리자의 주의의무를 다하지 아니한 채 아무런 보전절차를 취하지 않고 있다가 사건을 수임한 날로부터 6개월이 경과한 후에 비로소 처분금지가처분을 신청하는 등 적기에 필요한 보전절차를 취하지 아니한 과실이 있"다고 하여 피고에게 손해배상책임을 인정했다. 그러나 대법원은 "이 사건 이전등기소송의 수임 당시 피고가 원고에게 이 사건 토지에 대한 소유권이전등기청구권을 보전할 필요성 및 처분금지가처분절차에 관하여 충분히 설명하였어야 할 구체적 사정이 존재하였다고 단정하기 어렵다"고 하면서 원심판결을 파기했다. 이러한 대법원의 입장에 대해서 소유권이전등기소송을 의뢰받은 변호사가 "'의뢰인의 승소판결의 온전한 실현에「매우 실효성이 있는」방안'으로서 필요한 처분등기가처분의 절차를 스스로 밟거나 이에 대하여 조언하지 아니한 채 소를 제기하였다면, 일반적으로 거기에 그 사무처리상의 잘못이 없다고 하기 어렵다고 하여야 하지 않을까"[4]라고 하는 다소 비판적인 견해도 있음에 주의하자. 다음 판례를 보자.

일반적으로 수임인은 위임의 본지에 따라 선량한 관리자의 주의의무를 다하여야 하고, 특히 소송대리를 위임받은 변호사는 그 수임사무를 수행함에 있어 전문적인 법률지식과 경험에 기초하여 성실하게 의뢰인의 권리를 옹호할 의무가 있다고 할 것이지만, 구체적인 위임사무의 범위는 변호사와 의뢰인 사이의 위임계약의 내용에 의하여 정하여지고, 변호사에게 이와 같은 위임의 범위를 넘어서서 의뢰인의 재산 등 권리의 옹호에 필요한 모든 조치를 취하여야 할 일반적인 의무가 있다고 할 수는 없으므로, 피사취수표와 관련된 본안소송을 위임받은 변호사가 사고신고담보금에 대한 권리보전조치의 위임을 별도로 받은 바 없다면, 적극적으로 사고신고담보금에 대한 권리보전조치로서 지급은행에 소송계속중임을 증명하는 서면을 제출하여야 할 의무가 있다고 볼 수는 없다.[5]

이 사례에서도 대법원은 앞의 판례와 마찬가지로, 변호사에게서 "구체적인 위임사무의 범위는 변호사와 의뢰인 사이의 위임계약의 내용에 의해서 정"해진다고 하고 있다. 즉 구체적인 위임이 있는 범위가 아니라면 변호사의 책임을 인정할 수 없다는 것이다. 하지만 아래에서 보듯이 같은 판결문에서 대법원은, "권리

4) 양창수, 앞의 논문, 338쪽.
5) 대법원 2002. 11. 22. 선고 2002다9479 판결.

보전조치의 위임을 별도로 받은 바 없다고 하더라도 …그 회수를 위해서 필요한 수단을 구체적으로 강구할 것인지를 결정하도록 하기 위한 법률적인 조언을 할 보호의무가 있다"고 판시하고 있다.

　　의뢰인과 변호사 사이의 신뢰관계 및 사고수표와 관련된 소송을 위임한 의뢰인의 기대와 인식수준에 비추어 볼 때, 피사취수표와 관련된 본안소송을 위임받은 변호사는, 비록 사고신고담보금에 대한 권리보전조치의 위임을 별도로 받은 바 없다고 하더라도, 위임받은 소송업무를 수행함에 있어서 사고신고담보금이 예치된 사실을 알게 되었다면, 이 경우에는 수표소지인이 당해 수표에 관한 소송이 계속중임을 증명하는 서면을 지급은행에 제출하고 수익의 의사표시를 하면 나중에 확정판결 등을 통하여 정당한 소지인임을 증명함으로써 사고신고담보금에 대한 직접청구권이 생기므로, 법률전문가의 입장에서 승소판결금을 회수하는 데 있어 매우 실효성이 있는 이와 같은 방안을 위임인에게 설명하고 필요한 정보를 제공하여 위임인이 그 회수를 위하여 필요한 수단을 구체적으로 강구할 것인지를 결정하도록 하기 위한 법률적인 조언을 하여야 할 보호의무가 있다.[6]

또 다음과 같은 최근 판례도 살펴보자.

　　일반적으로 수임인은 위임의 내용에 따라 선량한 관리자의 주의의무를 다하여야 하고, 특히 소송대리를 위임받은 변호사는 그 수임사무를 수행함에 있어 전문적인 법률지식과 경험에 기초하여 성실하게 의뢰인의 권리를 옹호할 의무가 있으며, 구체적인 위임사무의 범위는 변호사와 의뢰인 사이의 위임계약의 내용에 의하여 정하여지는 것이지만(대법원 2002. 11. 22. 선고 2002다9479 판결 참조), 위임사무의 종료단계에서 패소판결이 있었던 경우에는 의뢰인으로부터 상소에 관하여 특별한 수권이 없는 때에도 그 판결을 점검하여 의뢰인에게 불이익한 계산상의 잘못이 있다면 의뢰인에게 그 판결의 내용과 상소하는 때의 승소가능성 등에 대하여 구체적으로 설명하고 조언하여야 할 의무가 있다고 할 것이다.[7]

---

6) 대법원 2002. 11. 22. 선고 2002다9479 판결.
7) 대법원 2004. 5. 14. 선고 2004다7354 판결.

위의 판례에서 보듯이 우리나라 판례는 변호사-의뢰인 관계를 위임의 계약 관계로 보면서도(즉 변호사의 의무는 원칙적으로 위임계약의 내용에 따른다고 보면서도), 대등한 당사자관계라기보다는 변호사가 '법률전문가'라는 사실을 중시하여, 계약에 의해서 "명시적으로 요청받지 않았거나," "위임을 별도로 받은 바 없다고 하더라도" 또는 "특별한 수권이 없는 때에도" 변호사에게 계약내용 이상의 의무가 있다는 것을 인정하려는 모종의 흐름이 있다는 것을 알 수 있다. 앞에서 보았듯이, 미국에서는 변호사의 의무를 설명할 때 위임관계와 별도로 신인관계를 인용하고 있는데, 우리나라의 경우도 그와 같은 방향으로 가는 것이 당연하지 않을까 한다.

≪판례≫ 형사사건 수임 시 관련 민사사건(보전처분)을 신청할 의무가 있는지 여부

소송대리를 위임받은 변호사는 그 수임사무를 수행함에 있어 전문적인 법률지식과 경험에 기초하여 성실하게 의뢰인의 권리를 옹호할 의무가 있지만, 구체적인 위임사무의 범위는 변호사와 의뢰인 사이의 위임계약의 내용에 의하여 정하여지고, 변호사에게 이와 같은 위임의 범위를 넘어서서 의뢰인의 재산 등 권리의 옹호에 필요한 모든 조치를 취하여야 할 일반적인 의무가 있다고 할 수는 없다.

공사대금과 관련한 사기 사건의 피해자로부터 형사고소사건을 수임한 변호사에게 의뢰인의 공사대금채권을 확보하기 위하여 피고소인들의 재산 등에 대한 보전처분의 신청을 하여야 할 의무가 있다고 볼 수 없으며, 위와 같은 보전처분을 신청하지 않은 것이 형사고소사건을 수임한 변호사로서 선량한 관리자의 주의의무를 다하지 않은 것이라고 할 수 없다(부산지방법원 2007. 5. 11. 선고 2006나 7393, 7409 판결).

직접 변호사의 의무를 다룬 것은 아니지만 의뢰인의 지시에 따르는 것이 의뢰인에게 불이익한 경우에, 의뢰인의 지시를 따르는 것만으로는 의무를 다했다고 할 수 없고, 보다 적극적으로 의뢰인의 의사를 확인해야 한다고 본 판례가 있다.

법무사는 등기사무에 관한 한 전문적인 식견을 가진 사람으로서 일반인이 등

기업무를 법무사에게 위임하는 것은 그러한 전문가인 법무사에 대한 기대와 신뢰를 바탕으로 하는 것이므로, 비록 등기업무와 관련된 법무사의 주된 직무 내용이 서류의 작성과 신청대리에 있다 하여도, 그 직무를 수행하는 과정에서 의뢰인의 지시에 따르는 것이 위임의 취지에 적합하지 않거나 오히려 의뢰인에게 불이익한 결과가 되는 것이 드러난 경우에는, 법무사법에 정한 직무의 처리와 관련되는 범위 안에서 그러한 내용을 의뢰인에게 알리고 의뢰인의 진정한 의사를 확인함과 아울러 적절한 방법으로 의뢰인이 진정으로 의도하는 등기가 적정하게 되도록 설명 내지 조언을 할 의무가 있다.[8]

위 판례는 법무사의 의무에 관한 것이지만 의뢰인과 법률전문가 사이의 위임이 갖는 특수성을 보여준다는 점에서 의미가 있다. 변호사라면 법무사보다 더 전문적이라고 볼 수 있으므로 변호사에게도 위와 같은 정도 또는 그 이상의 엄중한 의무가 부과되어 있다고 보아야 할 것이다.

일본 직무기본규정에서 변호사-의뢰인의 관계는 위임이라고 명시하고 있다. 즉 직무기본규칙 제22조 제 1 항은 "변호사는 위임의 취지에 관한 의뢰자의 의사를 존중하여 직무를 행하는 것으로 한다"고 규정한다. 그러나 그럼에도 불구하고, "변호사와 의뢰인의 관계는 어디까지나 법조윤리와 법률전문가로서의 책임을 기초로 하여 信認모델에 기초하여 생각해야 한다"[9]는 견해가 있다는 점을 기억할 만하다고 생각된다.

Ⅱ. 변호사-의뢰인 사이의 권한배분

체불임금청구사건의 피고측(회사측) 변호사 甲은 변제기일의 연장과 분할지불의 이익을 얻은 대신, 피고 소유의 부동산에 원고의 저당권설정을 인정하는 소송상의 화해에 응했다. 변호사 甲은 이 화해야말로 의뢰인의 이익을 최대한 확보하는 것이라고 판단했다. 그렇지만, 의뢰인인 피고 A는 다음날 그것을 듣고 불만을 표명했다. 甲의 행동은 어떻게 평가되어야 하는가? [10]

---

8) 대법원 2006. 9. 28. 선고 2004다55162 판결.
9) 小島武司 외, 現代の法曹倫理, 法律文化社, 2007, 58쪽.

이 사례에서 쟁점은 변호사가 일반적으로 의뢰인을 대신해서 화해의 합의를 할 수 있는지 여부이다. 이 문제를 보다 일반화된 형태로 제기하면, 이는 변호사-의뢰인 사이에서 각자의 역할 내지 권한을 어떻게 배분할 것인가의 문제이다. 명백한 것은 의뢰인이 변호사에게 종속되는 것도 아니고, 변호사가 의뢰인에게 종속되는 것도 아니라는 점이다. 변호사는 법적인 판단에서 독립성을 지니면서 동시에 의뢰인의 요구와 지시에 따라야 한다. 그런데 변호사가 판단하는 의뢰인의 최대이익과 의뢰인이 생각하는 자신의 최대의 이익이 서로 다를 수도 있는데, 이런 경우 누구의 판단이 존중되어야 하는가? 변호사의 판단이 존중된다면 의뢰인은 주관적 만족을 얻지 못할 것이다. 의뢰인의 판단이 존중된다면 변호사의 전문지식과 역할을 무시하는 결과가 될 것이다. 의뢰인의 주관적 요청을 만족시키면서 변호사의 역할을 희생시키지 않는 균형점은 어디인가? 원칙적으로 변호사는 의뢰인에게 사건의 주요경과를 알리고, 필요한 경우에는 의뢰인과 협의하여 처리한다(윤리규약 제28조 제1항). 즉 변호사는 사건을 독단적으로 처리하면 안 된다. 의뢰인이 궁금해 할 수도 있는 사항에 대해서 수시로 설명해야 하며, 중요한 경우라면 협의하여 결정해야 한다. 여기에서 두 가지 문제가 생긴다.

우선 의뢰인과 변호사 사이의 협의에도 불구하고 소송의 방침 등에 대해서 합의가 이루어지지 않는 경우는 어떤가? 결국 변호사는 의뢰인의 요구에 따라서 사무를 처리할 수밖에 없는가? 변호사는 일차적으로 의뢰인이 인식하는 의뢰인의 이익을 존중하여 사무를 처리해야 할 것이다. 그러나 경우에 따라서는 변호사는 의뢰인의 명시적인 요구를 따르지 않을 수 있다. 윤리규약에 의하면, 변호사는 의뢰인의 요청이나 요구가 변호사의 품위를 손상시키거나 의뢰인의 이익에 배치된다고 인정하는 경우에는, 그 이유를 설명하고 이에 따르지 않을 수 있다(윤리규약 제28조 제2항). 말하자면 의뢰인의 요구가 범죄행위 기타 위법행위(윤리규약 제11조) 등에 해당하지 않는다고 하더라도, 변호사의 품위나 의뢰인의 이익이라는 관점에서 변호사는 그것을 거부할 수 있다는 것이다. 다만 이 경우에 변호사는 반드시 의뢰인에게 그 사실을 통보하고 그 이유를 설명해야 한다. 그렇게 하지 않는다면 의뢰인은 다른 변호사를 구할 시간적 기회를 놓칠 수도 있을 것이다.

다음으로, "필요한 경우"에 협의한다고 했을 때, 필요한 경우와 필요하지 않

---

10) 小島武司, 앞의 책, 69쪽.

은 경우를 어떻게 구분하는지가 문제이다. 대체로 절차적인 문제로서 변호사의 전문영역에 속한 것은 협의가 필요하지 않는 것이라고 볼 수 있고, 의뢰인의 소송목적이라든지 기타 의뢰인의 이익에 중대한 영향을 미치는 경우라면 의뢰인과의 협의가 필요하다고 볼 수 있다.

변호사–의뢰인의 관계는 기본적으로 위임의 관계이므로 변호사의 법률행위는 의뢰인에게 미치게 된다. 따라서 예컨대 변호사가 부주의하게 계약을 한 경우에도 그러한 법률행위는 유효하고 그 법률효과는 의뢰인에게 미치게 된다. 이때 의뢰인은 변호사에게 법무과오에 기하여 소송을 제기할 수는 있지만, 계약 자체의 무효를 주장할 수는 없다. 그런데 화해의 경우는 어떤가? 미국의 경우 위에서 보듯이 화해제의를 수용할지 여부는 전적으로 의뢰인의 몫이기 때문에 변호사는 독자적으로 화해제의를 수용할 수 없으며, 설사 변호사가 일정한 화해제의를 수용했다고 하더라도 의뢰인은 그것을 취소할 수 있다.

우리나라의 경우 새로 제정된 윤리규약이 이에 대해서 답하고 있다. 이에 의하면, 변호사는 의뢰인의 구체적인 수권없이 소취하, 화해, 조정 등 사건을 종결시키는 소송행위를 해서는 안 된다(윤리규약 제15조). 앞서의 조항(윤리규약 제28조)과 대비해서 본다면, 변호사는 필요한 경우 의뢰인과 협의해서 사무를 처리해야하지만, 소취하, 화해, 조정 등 사건을 종결시키는 소송행위의 경우는 반드시 협의를 해야 할 뿐만 아니라, 의뢰인의 구체적인 수권이 없이 변호사의 단독적인 결정으로 사무를 처리해서는 안 된다. 구체적인 수권이란 포괄적 위임계약 이외에 소취하와 관련한 별도의 수권이 필요하다는 의미이다. 이런 기준에 비추어볼 때 甲의 행동은 윤리규약을 정면으로 위반한 것이 된다.

한편 민사소송법은 변호사의 소송대리권의 범위에 대하여 일정한 규정을 두고 있다. 민사소송법 제90조 제 1 항은, "소송대리인은 위임을 받은 사건에 대하여 반소(反訴)·참가·강제집행·가압류·가처분에 관한 소송행위 등 일체의 소송행위와 변제(辨濟)의 영수를 할 수 있다."고 규정한다. 이렇게 소송대리권의 범위를 폭넓게 인정하지만, 특별한 권한을 따로 받아야 하는 경우를 특정하고 있다. 동 제 2 항에는 "1. 반소의 제기, 2. 소의 취하, 화해, 청구의 포기·인낙 또는 제80조의 규정에 따른 탈퇴, 3. 상소의 제기 또는 취하, 4. 대리인의 선임" 등이다. 소송행위에서 중요한 부분에 대하여는 의뢰인의 최종적 결정을 따라야 하고, 그

를 위해 의뢰인의 "특별한 권한"을 인정한 것이라 할 수 있다. 앞서 언급한 민사
소송법 제385조 제 2 항은, 제소전 화해의 경우 대리인선임권을 상대방에게 위임
할 수 없다고 하여, 대리인 선임의 위임방식에 제약을 가하고 있다. 이러한 규정
들은, 결국 소송의 주요사항 및 종국적 처분에 대하여 의뢰인의 자기결정권을 인
정하고, 변호인은 그를 위한 충분한 정보제공 및 전문적 상의의 역할을 부여한
것이라 할 수 있다.

Ⅲ. 변호사-의뢰인 관계의 형성 시점

> A는 두통을 치료하기 위해서 수술을 받은 후에 사지가 마비되는 불구가 되었다.
> A의 부인인 B는 수술의사의 잘못이 아닌가 의식하여 변호사 甲에게 찾아가 의료과
> 오소송에 대해서 상담했다. 甲은 상담중 필기하고 질문도 했고, 1시간 면담 후에
> 소송사건이 되기 어렵거나 소송해도 승소하기 어렵지만 다른 변호사와 상의해 보
> 겠다고 답했다. B는 그 말을 믿고 돌아왔지만 甲으로부터 아무 연락이 없자 소송
> 사건이 안된다고 결론내린 것으로 짐작했다. A는 다시 변호사를 찾아가지는 않았
> 다. 4년 후에 B가 다른 변호사를 만나서 상담을 하였는데, 그때는 이미 의료과오소
> 송의 시효가 만료되었다는 것을 알게 되었다. 이 경우 B가 甲을 상대로 법무과오
> 를 이유로 손해배상소송을 한 경우 어떤 판결을 예상할 수 있는가?[11]

◈ 사례의 해설

의뢰인에 대한 변호사의 의무는 변호사-의뢰인 관계의 성립을 전제로 한다.
변호사-의뢰인 관계는 통상 변호사와 의뢰인 사이에 사건수임과 관련하여 상담
한 후 수임계약서를 쓰고 수임료를 주고받는 과정을 거쳐서 형성된다. 그런데 경
우에 따라서는 계약서를 쓰지 않는 수도 있고, 수임료의 수수 없이 사건을 수임
하기도 한다. 경우에 따라서는 변호사와 의뢰인 사이에서 계약의 성립 여부에 대
해서 의견이 일치하지 않을 수도 있다. 위의 사례가 그것을 보여 준다.

위의 사례의 경우에 명시적으로 계약이 성립된 것은 아니다. 하지만 B의 입

---

11) *Togstad v. Vesley, Otto, Miller & Keefe*, 291 N.W. 2d 686(Minn. 1980).

장에서는 변호사인 甲에게 전문적인 의견을 구했고 다른 변호사와 상의해 보겠다는 말을 믿고 그로부터 연락을 기대하고 있었다. 이에 비해 甲은 다른 변호사와 상의하겠지만 그 변호사가 자신과 다른 의견이 있는 경우에 연락하겠다고 말한 것으로 기억하고 있으며, 실제로 다른 변호사와 상의했지만 자신의 의견과 동일했기 때문에 B에게 별도로 연락을 취하지 않았다고 했다.

이에 대해 미국 법원은 甲과 B 사이에 변호사-의뢰인 관계가 형성되었다고 보고 법무과오에 대한 손해배상을 인정하는 판결을 내렸다. 변호사의 직무과오를 인정하려면, 변호사-의뢰인 관계가 존재해야 하고, 변호사의 주의의무나 계약위반이 인정되어야 하고, 위반행위와 손해 사이의 인과관계가 있어야 하고, 위반행위가 없었다면 의료과오소송에서 승소가능성이 높을 것 등이 요구된다. B가 변호사 사무실을 방문하여 정식으로 상담했고, 변호사의 법적조언을 듣고, 변호사의 후속적인 법적 조언을 기다리고 있는 상황이라면 변호사-의뢰인의 관계가 성립한다고 볼 수 있다.

우리나라의 경우 어떤 판결이 예상되는지 토론해 보자. 다음과 같은 경우는 어떤가?

A는 두통을 치료하기 위해서 수술을 받은 후에 사지가 마비되는 불구가 되었다. A의 부인인 B는 '무료법률상담'을 하는 변호사 甲에게 찾아가 의료과오소송에 대해서 상담했다. 甲은 좀 더 자세히 조사해 보아야 하겠지만 이 사건의 경우 승소하기 어려운 것으로 보인다는 의견을 개진했다. 낙담한 B는 1년 후에 다른 변호사를 만나서 상담을 하였는데, 그러한 사건의 경우 승소한 사례가 있다고 했지만, 그때는 이미 의료과오소송의 시효가 만료되었다고 말해 주었다. 이 경우 B가 甲을 상대로 법무과오를 이유로 손해배상소송을 한 경우 어떤 판결을 예상할 수 있는가? 정식의 수임계약이 없는 일시적인 무료법률상담의 경우 변호사는 법무과오의 책임을 지는가? 책임을 진다면 그 근거는 무엇인가?

앞의 사례와의 차이점은 '무료'법률상담을 받았다는 점이다. 무료법률상담의 경우 정식으로 사건의 위임계약이 성립되는 것은 아니다. 하지만 상담이 무료인지 유료인지에 상관없이 의뢰인은 법률전문가인 변호사에게 법률상담을 요구한 것이고, 변호사는 법률전문가로서 상담에 응한 것이다. 이러한 경우에도 당연히 변호사-의뢰인 관계가 형성되었다고 볼 수 있으며, 따라서 법무과오가 있는 경우 그에 대한 책임을 지지 않으면 안 된다. 변호사가 법률적인 자문을 제공할 때에는 위임계약서의 작성이나 수임료의 수수에 관계없이 자문내용에 책임을 진다고 보아야 할 것이다.

Ⅳ. 잠재적 의뢰인의 문제

그렇다면 다음의 경우는 어떤가? 위의 사례와 어떤 차이가 있는가?

변호사 甲은 A회사로부터 쇼핑센터개발계획에 관한 법적 절차에 대한 상담을 받았다. 그 과정에서 회사가 어느 지역에서 개발을 추진할 계획인가를 알게 되었지만, 보수에 관한 합의가 이루어지지 않아 변호사 甲은 그 일을 인수하지 않았다. 그런데 변호사 甲은 자기자금으로 개발계획에 포함된 부동산을 구입하고 그 후 실제로 개발계획이 진행된 단계에서 A회사에 부동산을 매각하여 이익을 얻었다.[12]

이 사건의 경우 의뢰인과 변호사 모두 위임계약이 성립하지 않았다는 데 대해서는 양자 사이에 의견의 대립이 없다. 변호사는 비밀을 누설하지도 않았다. 다만 상담과정에서 알게 된 정보를 자신을 위해서 이용하였다. 이 경우 변호사의 행동은 비난가능한지 생각해 보자. 비난가능하다면 어떤 이유에서인가? 변호사로서 징계받을 사유에 해당되는가? 해당된다면 그 근거조항은 무엇인가?

위 사례도 변호사는 계약관계가 없더라도 의뢰인에 대해서 일정한 의무를 진다는 것을 보여 준다. 변호사 甲이 A에게 법률전문가로서 상담을 했기 때문에 그 과정에서 알게 된 정보에 대해서 통상적인 변호사-의뢰인 관계에 기인하는 책임이 생긴다고 볼 수 있다. 따라서 그 정보에 대한 비밀을 유지해야 하며, 그 연장에서 그 비밀정보를 자신을 위해서 이용해서도 안 되는 것이다. 아무튼 변호사는 수임의 여부와 관계없이 전문분야에 대해 상담을 하는 경우 부분적으로라

---

12) 小島武司, 앞의 책, 62쪽.

도 변호사−의뢰인 관계가 성립한다고 보아야 할 것이며, 따라서 상담의 내용에 대해서 책임이 있을 뿐만 아니라, 상담과정에서 얻은 비밀의 유지의무를 진다고 하겠다. 이때 비밀의 유지에는 비밀의 이용금지를 포함한다고 해석된다.[13]

V. 수임의무와 수임거절

> 변호사 甲은 주로 가사사건을 담당하고 있으며, 사회적으로는 가정폭력방지를 위한 활동을 하고 있으며 경우에 따라서는 가정폭력피해자를 위한 무료상담 및 대리활동도 하고 있다. 그러던 중 자신의 친척인 A가 찾아와 자신이 가정폭력의 혐의로 기소되었다고 하면서 자신의 사건을 맡아 줄 수 있는지를 문의했다. 甲은 A의 사건을 수임해야 할 도덕적 의무가 있는가? 아니면 수임하지 말아야 할 도덕적 의무가 있는가? 수임하거나 수임하지 않은 것을 이유로 징계를 받을 수도 있는가?

◈ 변호사의 수임의무

변호사가 수임 여부를 결정하는 것은 원칙적으로 자유재량영역이라고 할 수 있다. 그러나 변호사는 기본적 인권의 옹호와 사회정의의 실현을 사명으로 하는 공공적 역할을 담당하고 있을 뿐만 아니라, 이를 위해서 변호사들에게 업무상의 독점권을 보장하고 있는 만큼 수임단계부터 적정한 윤리기준을 준수해야 한다. 몇 가지 일반적인 원칙을 살펴보자.

변호사는 변호사로서의 명예와 품위에 어긋나는 방법으로 예상의뢰인과 접촉하거나 부당하게 소송을 부추기지 말아야 한다(윤리규약 제19조 제 1 항). 이는 소위 앰뷸런스 체이서(ambulance chaser)의 문제이다. 변호사가 재난을 당한 사람을 찾아가서 사건의 수임을 권유하는 것은 타인의 불행의 현장에서 수익을 도모하는 추한 모습으로 비칠 수 있고, 잠재적 의뢰인의 입장에서 보더라도 객관적인 판단이 어려운 점을 고려하여, 변호사가 잠재적 의뢰인을 방문하여 사건의 의뢰를 촉구하는 것을 제한하거나 금지하는 입법례가 많다. 이런 행위는 변호사의 사

---

13) 참고로 비밀을 누설하지 않고 이용만 한 경우 형법 제317조의 업무상누설죄에는 해당되지 않는다.

무직원이나 제3자를 통해서 하는 것도 허용되지 않는다(동 제2항).

변호사는 사건을 수임하기에 앞서 예상의뢰인에게 수임에 관한 설명을 하여야 한다. 즉, 변호사는 의뢰인이 사건 위임 여부를 결정할 수 있도록 의뢰인으로부터 제공받은 정보를 기초로 사건의 전체적인 예상 진행과정, 수임료와 비용, 기타 필요한 사항을 설명해야 한다(윤리규약 제20조 제1항). 이때 변호사는 의뢰인이 기대하는 결과를 얻을 가능성이 없거나 희박한 사건을 그 가능성이 높은 것처럼 설명하거나 장담해서는 안 되고(동 제2항), 변호사는 상대방 또는 상대방 대리인과 친족관계 등 특수한 관계가 있을 때에는, 이를 미리 의뢰인에게 알려야 한다(동 제3항). 그리고 변호사는 사건의 수임을 위하여 재판이나 수사업무에 종사하는 공무원과의 연고 등 사적인 관계를 드러내며 영향력을 미칠 수 있는 것처럼 선전하지 아니한다(동 제4항). 특히 변호사가 상대방 또는 상대방 대리인과 친족관계 등 특수한 관계가 있을 때에는 단순히 알리는 것만으로는 부족하고, 의뢰인의 명시적인 양해를 얻지 않고 그 사건을 수임해서는 안 된다(윤리규약 제22조 제1항 제4호). 또 공무원에 대한 접대 등의 명목으로 금품을 요구해도 안 된다(윤리규약 제33조 제3항 참조).

그리고 변호사의 부당한 수임거절은 국민의 사법접근권을 부인하는 결과를 낳을 수 있다. 그런 점에서 변호사는 수임하지 말아야 할 적극적인 이유가 없는 한 수임할 도덕적 의무를 지닌다고 할 수 있다. 동시에 변호사는 변호사의 본분에 걸맞지 않는 사건을 수임해서는 안 된다. 이와 관련하여 부당한 거절의 경우와 부당한 수임의 경우로 나누어 살펴보자.

먼저 부당하게 수임을 거절한 경우로는 "의뢰인이나 사건의 내용이 사회일반으로부터 비난을 받는다는 이유만으로 수임을 거절"하는 경우라든지, "노약자, 장애인, 빈곤한 자, 무의탁자, 외국인, 소수자, 기타 사회적 약자라는 이유만으로 수임을 거절"하는 경우를 들 수 있을 것이다(윤리규약 제16조). 예컨대 의뢰인이 반인륜적 파렴치범이라거나 잔인한 범행으로 인해 사회적으로 많은 비난을 받고 있더라도 변호사는 그 의뢰인을 위해서 사건을 수임하는 것이 도덕적으로 비난될 수 없다. 또 변호사는 수임거절의 이유를 설명함이 없이 수임을 거절할 수 있다고 보이지만, 부당하게 차별적으로 수임을 거절한다면 부당한 수임거절이라고 할 수 있을 것이다. 피고가 유죄라고 확신하는 것도 수임을 거절하는 정당한 이유가 되지 못한다.

한편 변호사가 수임을 거절해야 할 경우도 있다. 몇몇 지점을 살펴보자.

우선 변호사는 위임의 목적 또는 사건처리의 방법이 현저하게 부당한 경우에는 당해사건을 수임해서는 안 된다(윤리규약 제21조, 이에 대해서는 다음 사례를 참조하라).

다음으로 변호사가 의뢰인을 적절히 대리할 수 없다고 판단되는 경우는 수임을 거절해야 할 것이다. 스스로 전문성이 없는 사건을 함부로 수임하는 것은 변호사의 성실의무를 위반한 것으로 볼 수 있을 것이다. 처음으로 개업한 변호사이거나 처음으로 다루는 사건의 경우 변호사가 그것을 성실히 처리할 것으로 기대하기 어렵다. 하지만 그러한 모든 경우에 사건을 수임하지 않는다면 누구도 새로운 사건을 맡거나 신참 변호사를 벗어날 수 없을 것이다. 따라서 이러한 경우 다른 변호사의 조력을 받는다든지 스스로 연구와 노력을 한다는 것을 전제로 사건을 수임할 수 있다고 해야 할 것이다. 그렇다고 무경험이 면책되는 것은 아니다. 스스로의 무경험으로 인해 성실한 대리를 하지 못한 경우는 법무과오의 소송을 당할 수 있으며, 자신의 전문성이나 능력을 과장하여 수임했다고 보이는 경우에는 징계받을 수 있다.

앞서 의뢰인이 파렴치범이라고 하더라도 수임할 수 있다고 했지만, 경우에 따라서는 그 의뢰인에 대한 변호사의 개인적인 감정이 너무나 나빠서 그를 위한 성실한 대리를 수행할 수 없다고 판단될 수도 있다. 만약 그 정도라면 변호사는 사건을 수임하지 말아야 한다. 예컨대 인종주의를 지극히 비판하는 변호사의 입장에서 인종주의자를 위한 대리를 수임할 경우 성실한 대리를 기대할 수 없다고 주관적으로 판단한다면 수임하지 말아야 한다.

그 외 법이나 규정의 위반을 담고 있는 내용을 수임할 수는 없다. 예컨대 동시적 쌍방대리 등 이익충돌이 있다면 수임을 해서는 안 된다(이익충돌에 대해서는 제5장 참조).

요컨대 변호사라면 기본적 인권을 옹호하고 사회정의를 실현하는 사명을 지니기 때문에 적어도 의뢰된 사건을 함부로 거절하지 말아야 할 도덕적 의무가 있다고 생각된다. 그러한 입장에서 사건의 수임을 거절할 때는 반드시 명시적으로 그 이유를 상세히 설명할 의무는 없다고 볼 수 있지만, 명백하게 부당한 수임거절은 변호사윤리위반이 된다고 하겠다. 다른 한편 변호사는 변호사의 본연의 사명에 합당하지 않는 사건을 수임해서는 안 된다. 그런 차원에서 법규의 위반을 내용으로 하는 수임을 해서는 안 될 뿐만 아니라, 의뢰인을 성실히 대리하지 못한 주관적 사정이 있다면 수임을 거절해야 한다.

◈ 사례의 해설

이즈음에서 위의 사례를 보자. 먼저 甲은 아무런 윤리적 장애를 느끼지 않고 사건을 수임할 수 있다고 볼 수 있다. 甲의 입장에서 출발하면 甲은 원칙적으로 수임을 거절하지 말아야 할 도덕적 의무가 있다고 보이므로 이 사건을 수임하는 것은 당연하다고 할 수 있다. 가정폭력의 가해자 A가 아무리 사회적으로 비난받고 있다고 하더라도 그러한 것은 수임을 거부해야 할 이유가 되지 못한다. 오히려 만약 甲이 A가 사회적으로 비난받는다는 이유만으로 이 사건의 수임을 거부한다면 윤리적으로 적절하지 못하다고 할 수 있다.

다음으로 甲은 사건을 거부해도 된다. 변호사 甲은 사건을 반드시 수임해야 할 의무는 없다. 가정폭력의 피해자의 입장에서 사건을 담당해 온 甲의 입장에서 굳이 가해자를 위한 변호를 한다는 것이 자신의 명예에 손상을 가져올 수도 있다고 생각할 수도 있고, 그 외 여러 이유를 들어 사건을 수임하지 않을 수 있다.

경우에 따라서 변호사 甲은 사건을 수임하지 말아야 하는 수도 있을 것이다. 예컨대, 甲의 입장에서 A의 행동이 너무나 혐오스럽다고 생각되어, 도저히 자신의 감정으로는 성실하게 A를 변호할 수 없다고 생각할 수 있다. 이와 같은 경우라면 甲은 사건을 수임하지 말아야 할 것이다. 그럼에도 불구하고 사건을 수임하여 결과적으로 불성실한 대리를 초래한다면 이는 징계사유가 될 뿐만 아니라, 법무과오의 소송을 당할 수도 있을 것이다.

위의 사례가 어디에 속하는지는 구체적 사건의 제반사정을 고려하여 판단해야 하겠지만, 변호사는 사건을 수임함에 있어서 일정한 절도가 필요하다는 점을 자각하는 것이 필요하다고 하겠다.

VI. 목적이나 수단에 있어서 부당한 사건의 수임

A기업은 오랫동안 노동조합이 없는 기업으로 남아 있었다. 그런데 B가 이 기업에 입사하면서 사정이 변하기 시작했다. B는 종업원들을 규합하여 A기업의 대표가 미처 인식하기도 전에 자신을 위원장으로 하여 노동조합의 설립신고를 마쳤다. A기업은 부랴부랴 이사회를 열고 B를 해고하기로 하고, B에게 회사의 명예를 훼손했다는 이유로 징계해고를 통보했다. B는 이러한 해고는 노동조합을 탄압하기 위한 부당노동행위라고 보고 소송을 했고, 1심에서 해고무효판결을 확인받았다. A기업은 즉시 항소하고 甲변호사에게 사건을 의뢰했다. A기업의 대표이사는 현재 경기가 나쁘고 업계의 경쟁이 격화되고 있다는 점을 지적하면서, B와는 결코 함께 일할 수 없다고 단호하게 말하고, 어쨌든 B가 다시는 A기업에 발을 들이지 못하게 하라고 주문했다. 甲은 사건을 검토해 본 후, 이 사건은 승소하기 어렵다고 하면서 다만 소송을 길게 진행하여 적어도 4~5년 내에는 A기업에 발을 들이지 못하게 할 수는 있다고 한다. A기업의 대표이사가 그렇게라도 해 달라고 했기 때문에 甲은 사건을 수임하였다.

(1) 甲변호사의 그러한 행동은 용납할 만한가 아니면 한도를 넘은 행동으로서 징계사유에 해당한다고 보이는가?

(2) 변호사가 판단할 때 소송을 지연시키는 것이 합법적이고 의뢰인의 이익이 되지만 변호사의 개인적인 양심상 그러한 것은 부당하다고 판단하는 경우 甲은 어떻게 행동해야 하는가?

윤리규약 제21조는 "변호사는 위임의 목적 또는 사건처리의 방법이 현저하게 부당한 경우에는 당해 사건을 수임하지 아니한다"고 규정한다. 그 한 예가 고소·고발의 남발이다. 고소권, 고발권의 행사는 피해자나 관련자의 한 권리이므로 그 자체를 나무랄 일은 아니다. 그러나 자신의 권리 실현을 위해서가 아닌 상대방을 괴롭히기 위한 고소.고발의 남발의 사례가 현실적으로 적지 않다. 심지어 고소인의 고소사유가 실체가 없거나 검찰에서 불기소처분될 것이 명백한 사안의 경우에도 형사사건화되는 것을 극도로 꺼리거나 수사기관에서 출석요구받고 진술해야 하는데 따른 심리적 부담이 크다는 사실을 악용하여 고소·고발을 부추기는 듯한 변호사의 행태가 있다면, 이는 변론권의 남용으로 지적될 만하다. 사실관계나 법리 면에서 패소할 것이 명백함에도 오직 상대방을 괴롭히고, 심리적·물질적 부담을 압박하기 위한 목적으로 손해배상소송을 제기하고, 또 상소하는 등의 경우에도 마찬가지다. 변호사는 의뢰인의 이익을 위해 최선을 다해야 하지만, 그 의뢰인이 오직 상대방을 괴롭히기 위한 목적으로 불기소나 패소할 것이 뻔한 사건을 집요하게 요청할 경우 변호인은 그 사건화가 목적이나 수단에서 현저히 부당한 사건이라면 윤리규약 제21조에 따라 "당해 사건을 수임하지 아니한다"는 규정에 따라 수임을 거부할 수 있으며, 그런 점이 명백할 경우에는 수임거부의무까지 져야 한다고 볼 수 있을 것이다.

위의 사건의 경우에는 변호사는 승소가 어렵다는 점을 명백히 인식하면서도, 소송의 지연을 통해 노동자의 입지를 약화시키고, 장기적 소송에 따르는 물질적·심리적 부담을 감당하기 어려운 상대방의 처지를 악화시켜 소송을 불법상황을 계속하는 데 명백히 악용하고 있다. 이같은 변호사의 지능적인 지연전술은 의뢰인에게는 이익을 가져올지 몰라도, 기본적 인권을 옹호할 변호사의 사명을 무시하는 것이다. 따라서 윤리규약 제21조의 취지를 존중한다면, "사건처리의 방법이 현저하게 부당한 경우에는" 당해 사건을 수임한 경우에도 더 계속해야 할지에 대하여 심각히 성찰할 필요가 있을 것이다.

합법적인 것으로서 인정되는 행동이지만, 변호사의 개인적인 판단으로 비윤리적이라고 생각되는 경우 변호사는 어떻게 행동해야 하는가이다. 이 경우 변호사는 의뢰인의 요구를 따라야 하는가? 아니면 변호사의 개인적 양심을 따라야 하는가? 마찬가지로 아래의 <자료 2>를 보면서 토론해 보자.

자료 2

법원의 부당한 판결지연으로 인해 신속한 재판을 받을 권리가 짓밟히고 그로 인해 재판관련자가 심각한 피해를 입는 사례를 A의 사례를 통해서 살펴보자. ㅇㅇ조선 노동자였던 A는 1997년 4월 노동조합활동을 했다는 이유로 회사에서 징계해고를 당했다. 그는 곧바로 해고무효소송을 내 2002년 2월 고등법원으로부터 복직판결을 받았다. 그러나 사측은 상고했고, 대법원은 8년 3개월이 지난 2005년 7월에 가서야 복직판결을 내렸다.

이 사건의 경우 A는 1심, 2심에서 승소하고도 대법원의 지연판결로 100개월 만에야 해고무효를 확인받았다. 무려 8년이 넘는 세월을 실직상태로 지내야 했으며 유치원에 다니던 아이들이 중학생이 되는 동안 가정경제는 파탄나고 가족이 모두 고통으로 지내야 했다.

　　이 사건 재판의 진행경과중 이 사건 피고측 소송행위의 중요사항을 정리하면 다음과 같다.

　　1997.　4.　　징계해고
　　2002.　3. 14. 피고 대리인 甲의 상고이유서 제출
　　2002.　8.　3. 피고 대리인 甲의 상고이유보충서 제출
　　2003.　8. 20. 피고 대리인 甲의 상고이유보충서 제출
　　(이상 약 1년 5개월)
　　2003.　8. 25. 피고 대리인 乙 소송위임장 제출
　　2003.　9.　2. 피고 대리인 乙 상고이유보충서 제출
　　2003. 11. 22. 피고 대리인 乙 참고자료 제출
　　2004.　8. 31. 피고 대리인 乙 참고자료 제출
　　2004. 11.　8. 피고 주식회사 ○○조선 참고자료 제출
　　2005.　6. 21. 피고 대리인 乙 참고자료 제출
　　2005.　7. 22. 종국 : 상고기각
　　(이상 약 2년)

　　이 사건의 피고측 대리인은 상고이유서 제출 후 약 5개월이 지난 시점에서 상고이유보충서를 제출하고, 그로부터 다시 1년이 지난 시점에서 상고이유보충서를 제출했다. 이후 피고 대리인이 추가로 선임되어 상고이유보충서를 제출한 후 그로부터 각 약 2개월, 약 10개월, 약 2개월, 약 8개월이 지난 시점에서 참고자료를 제출했다. 상고이유서 제출 이후 약 1년 5개월이 지나서 대리인 선임이 추가로 이루어지고, 대리인 추가선임 후 약 2년이 지난 시점에서 판결선고가 이루어진다. 이와 같은 피고측의 일련의 소송행위는 재판지연의 의도를 명백히 드러내고 있는 것이 아닌가 생각된다.

　　이에 반해 이 사건 원고측의 소송행위는 주로 피고측 소송행위에 대한 답변으로서 이루어진 것이며, 원고측에서 총 9회에 걸쳐 제출한 탄원서, 참고자료 중 7차례는 모두 대법원에 재판을 촉구하는 원고 본인, 동료, 관련 노동조합, 국회의원 등의 탄원을 제출하는 내용이다.[14]

---

14) 신속한 재판을 받을 권리 실현을 위한 노동인권시민사회단체 공동대책위원회, 신속한 재판을 받을 권리와 피해구제 : 민주적 사법개혁을 실현을 위한 국민연대, 민주적 사법개혁의 길, 필맥, 2006, 335~337쪽.

....

　이 글의 첫 번째 전제는, 법률이란 자율성을 증대시켜 주는 公共財의 역할을 하도록 만들어진 것이라는 것이다. 두 번째 전제는 개인적인 자율성을 증대하는 일은 도덕적으로 선한 일이라는 것이다. 그리고 세 번째는 우리 사회와 같은 고도로 법제화된 사회에서는, 자율성이란 법률에 접근할 수 있는 정도에 따라 결정되는 경우가 많다는 것이다. 간단히 말하자면, 1등 시민이 되는 길은 법률에 접근할 수 있는 정도에 따라 결정된다는 것이다.

　그리고 법률에 접근한다는 것 – 조합의 설립과 활용, 시간 외 수당을 얼마나 주어야 하는지에 대한 지식, 그리고 시간 외 수당을 얼마나 받을 수 있도록 규정되어 있는지에 대한 지식 등 – 은 공식적으로는 모든 사람에게 다 가능한 것으로 되어 있지만, 실제로는 변호사를 통해서만 가능한 경우가 대부분이다. 우리의 법률은 그리 간단하지 않은 것이 보통이고, 또 스스로 그 효력을 발휘하는 것도 아니다. 대부분의 경우, 대부분의 사람들은 법률을 통하여 의미 있는 결과를 얻을 수 있으려면 변호사의 도움을 필요로 한다. 따라서 다음과 같은 결론이 나올 수 있다. 1등 시민이 되기 위해서는 변호사의 도움에 의존해야 하는 경우가 매우 많다. 만약 변호사가 도움을 주고 있는 어떤 행동이 용납될 수 있는 선 위에 속한 것이라면, 즉 합법적인 것이라면 지금까지의 思考의 연장선상에서 보면 그 변호사가 하는 일은 사회적인 善이라고 할 수 있다.

　즉 변호사는 의뢰인이 1등 시민이 되기 위한 수단이 되며, 또 의미 있는 자율성을 확보하기 위한 수단이 되는 것이다.

　변호사가 자신이 도와주는 일에 대해서 도덕적인 책임을 가지게 된다거나, 변호사가 스스로 비도덕적이라고 믿고 있는 일에 대해 도움을 주는 것을 거부해야 한다는 도덕적 의무를 가지게 된다면, 이는 곧 각 개개인의 자율성과 다양성을 변호사의 신념으로 대체해 버리는 결과가 된다. 그렇게 변호사가 각 행동을 선별하게 되면, 각각의 행동이 변호사에 의한 과도정치의 지배하에 놓이게 되는 것이다(만약 또다른 하나의 대안으로, 변호사가 변호사 자신의 도덕성에 바탕을 두고 선별작업을 하는 것이 아니라 사회 전체의 도덕적 관점에 대한 변호사의 평가나 전문직의 윤리규정에 명문화되어 있는 지침에 바탕을 두고 선별작업을 하는 경우를 가정해 본다 하더라도, 이는 결국 개인적인 도덕적 의사결정 대신 집단적인 의사결정이 이루어지는 것으로서, 자율성의 원리에 배치되는 것이라 하겠다. 즉 개개인이 사적인 형태의 입법과정을 통해 개별적으로 의사결정을 내릴 여지가 줄어드는 것이다). 만약 어떤 행동이 정말로 그렇게 "악한" 것이라면, 그것은 명확하게 불법화해야 하는 것으로 볼 수 있다. 그렇지만 만약 그 행동이 그렇게까지 나쁜 행동이 아니라면, 일반 시민을 그 시민이 자문을 구하는 특정한 변호사의 도덕적 판단의 지배를 받도록 해야 할 이유가 없는 것이다. 만약 법률이 너무 애매모호해서 어떤 행동을 불법적인 것이라고 판정하는 것이 너무나 번거롭다거나, 사전에 그 행동을 규정하는 일이 너무 어렵다거나, 혹은 충분한 사회적, 혹은 정치적 배려가 주어지지 않는 경우라고 해서, 개별 변호사들에게 모든 사례별 입법과 그 감독의 권한을 위임할 생각을 하는 경우는 없지 않은가?

......

이 1등시민모형을 지지해 주는 중요한 가치 중에서 마지막이 바로 평등성(equality)이라는 가치이다. 법률이란 것이 公共財이고, 그 법률에 접근하는 것이 자율성을 증대시키는 결과를 가져온다고 한다면, 법률에 접근할 수 있는 기회의 평등은 매우 중요하다고 할 수 있다. 각 개인 변호사가 가진 각기 다른 도덕적 관점을 적용해서 법률에의 접근기회를 불평등하게 걸러내는 일은 결코 정당화될 수 없는 것이다.

현재에도 법률에의 접근을 불공평하게 만드는 요소들이 명백히, 또 영속적으로 존재하고 있는데, 여기에 불평등이라는 요소까지 포함시키는 것은 말이 되지 않는다. 일단 변호사와 접할 수 있게 되면(개인적으로 돈을 지불하는 방법을 통하든, 국가에서 대주든, 혹은 변호사가 서비스를 제공하기로 결정했든), 어디까지 변호사의 서비스를 받을 수 있을지 그 정도를 결정하는 일은 개인 변호사의 양심에 맡겨야만 할까? 자율성과 평등성이라는 가치에 바탕을 두고 보면, 그래서는 안 된다는 결론이 나온다. 의뢰인의 양심이 변호사의 양심에 우선해야 한다는 것이다.[15]

자료 4   변호사와 의뢰인의 법률관계

나는 두 번째의 전제, 즉 개인의 자율성은 옳은 행동, 선한 행동보다 우선시된다는 전제에 대해서 찬성할 수 없다. 이곳에서 바로 문제가 시작되는 것이다. Pepper는 사람들이 자율적으로 행동하는 것은 바람직하다고 하는 것과 사람들의 자율적인 행동 그 자체가 바람직하다고 하는 것 사이의 결정적인 차이점을 제대로 구분하지 못하고 있는 것으로 보인다. 내가 여러분에게 거짓말을 할 것인지의 여부를 내 스스로 결정하는 일은 좋은 일이고 또 바람직한 일이다. 그렇지만 내가 여러분에게 거짓말을 하는 행동 자체는 나쁜 일이고 바람직하지 못한 일이다. 사람들이 자율적으로 행동한다는 것, 즉, 그들이 어떤 행동을 할 것인지에 대해서 스스로 선택을 한다는 것은 좋은 일이다. 그렇지만 그들이 스스로 그렇게 하기로 선택한 행동이 반드시 옳은 행동이라고 할 수는 없는 것이다.

Pepper의 두 번째 전제는 각 쌍의 가정들 가운데 첫 번째에 초점을 맞출 경우에만 타

---

15) Stephen Pepper, "The Lawyer's Amoral Ethical Role : A Defense, A Problem, and Some Possibilities", 법조윤리론, 사법연수원, 2007, 475쪽 이하의 번역을 이용하였음.

당하다고 할 수 있다. 즉, 두 번째 가정에 초점을 맞추면 그 타당성을 잃게 되는 것이다. 다른 조건이 같을 때는, "개인의 자율성을 증진시키는 일은 도덕적으로 선한 일이다"라고 하는 Pepper의 말이 옳지만, 그 자율성을 행사한 결과 비도덕적인 행동을 하게 된다면, 다른 모든 조건이 꼭 같다는 전제 자체가 성립되지 않는 것이다. 자율적으로 행한 일들 중에서도 어떤 것은 도덕적으로 옳지 않은 경우가 있다는 사실을 분명히 기억해야 할 것이다.

이어서 Pepper는 자율성을 행사하는 일은 좋은 일이기 때문에, 다른 사람이 자율성을 행사하도록 도와주는 일은 좋은 일이라는 주장을 펴고 있다. 이 말은 사실이기는 하지만, 이것 역시 반쪽짜리 진실에 지나지 않는다. 나머지 반쪽이란, 나쁜 행동을 하는 것은 나쁜 일인 만큼, 사람들이 나쁜 행동을 하도록 도와주는 것은 나쁜 일이라는 것이다. 항상 이 두 가지 요소를 같은 비중을 두고 비교하면서 생각해야 하는데, Pepper는 그렇게 하지 않고 있다.

이 경우를 비교해 보자. 자동차란 사람들이 쉽사리 움직일 수 있게 해 주기 때문에 인간의 자율성을 증진시켜주는 것이라고 할 수 있다. 따라서 모든 조건들이 일정할 경우, 자기 힘으로 차를 고칠 능력이 없는 사람의 차를 수리해 주는 일은 도덕적으로 좋은 일이다. 그렇지만 이러한 고려사항을 염두에 둔다 해도, 만약 어떤 차가 무장강도의 도주용 차라는 것을 사전에 알고 있는 경우에, 그 차를 수리해 주는 것을 도덕적으로 옹호하기는 어렵다. 강도를 도와준다고 하는 도덕적으로 잘못된 행동은 그 강도의 자율성을 증진시켜 준다고 하는 추상적인 도덕적 선보다도 그 비중이 더 큰 것이다.

......

이제, 만약 우리가 더 이상 이러한 양심이나 타인의 시선 등에만 의지할 수 없어서, 모든 바람직한 행동을 법률에 규정해 놓아야 할 경우가 된다면 무슨 일이 벌어질지 상상해 보자. 새치기하는 사람이나 자기가 먹은 접시를 날라다 놓지 않는 사람, 남의 말을 하는 사람, 무례한 감독자, 그리고 연인을 배신한 사람들을 모두 감옥에 집어 넣거나 벌금형에 처하는 것이다. 이 모든 위반사항들을 일일이 감독해야 한다는 것을 상상해 보라! 우리가 매일매일의 생활에서 당연한 것으로 받아들이고 있는 이타적인 행동이 얼마나 많은지를 생각해 본다면, 함께 살아가는 다른 사람들이 제공하는 비공식적인 필터의 촘촘한 그물망이 아니라면 우리 사회는 존재할 수도 없다는 것을 깨닫게 될 것이다.

이러한 필터 가운데는 비협조(Noncooperation)라는 것이 있다. 어떤 사람이 아주 좋지 못한 일을 하려고 할 때, 동료, 친구, 가족, 혹은 재정적인 후원자, 피고용인 등이 그 일에 대해서 전혀 관심을 쏟지 않기 때문에 그 일을 하지 못하는 경우가 많다. 내 말은 이렇게 상호적인 필터가 작용하는 상황이 바람직하지 못하다는 말은 전혀 타당성이 없으며, 오히려 우리 사회와 법률은 이러한 필터가 없이는 살아남을 수 없다고 하는 것이다.

이제 논의에 대한 결론을 내리자면, 나는 변호사가 옳지 못하다고 생각하는 어떤 일에 대해서 그 의뢰인을 도와주지 않기로 결정을 내리는 것이, 위에서 말한 개인적인 비협조를 통한 사회적 규제의 예와 전혀 다르지 않다고 본다. 변호사가 의뢰인의 어떤 계획에 도움을 주기를 거절하는 것이, 그 의뢰인의 아내가 만약 그가 그 계획을 계속 밀고 나간다면 집을 나가겠다고 위협하는 것에 비해 그 의뢰인의 자율성을 더 심각하게 침해하는 것이라고는 말할 수 없다는 것이다. 사실상 변호사의 자율성에 따라, 변호사는 "Lysistratian 특권"을 행사할 수 있다. 그가 용납할 수 없는 일을 계획하고 있는 사람에게 도움을 주기를 거부할 권리, "이웃을 모두 속여 넘기고자 하는" 의뢰인과는 결코 일을 함께 하지 않기로 결정할 권리 등이 그것이다.[16)]

Ⅶ. 변호사의 해임과 사임의 윤리

> 변호사 甲은 A기업의 종업원이었던 B로부터 해고무효를 다투는 소송을 수임했다. B는 현재 실업상태라고 하면서 조만간에 비용을 마련하여 수임료를 지급할 테니 일단 사건을 수임해 달라고 부탁했다. 변호사 甲은 어려운 사정을 고려하여 사건을 수임하기로 하되 성공보수 없이 저렴한 수임료만 받기로 하고, 수임료 지급시기는 1심공판 전으로 했다. 그런데 공판 전날까지 甲은 공판준비를 열심히 했지만, B는 연락도 하지 않고 수임료도 지급하지 않고 있다. 변호사 甲은 수임을 철회하고 사임할 수 있는가? 사임이 가능하다면 어떤 절차에 따라서 사임해야 하는가?

변호사와 의뢰인 관계는 수임의 사무가 종결되면서 해소된다. 변호사는 수임한 사건의 처리가 종료되면, 의뢰인에게 그 결과를 신속히 설명해야 한다(윤리규약 제29조). 수임종료단계에서 변호사의 설명의무와 관련된 아래 판례도 유의하자.

≪판례≫ 상소 제기기간을 잘못 고지한 경우
소송사건을 위임받은 수임 변호사는 성실하게 소송사무를 처리하여야 하고 소

---

16) David Luban, "Lysistratian Prerogative : A Response to Stephen Pepper", 법조윤리론, 사법연수원, 504쪽 이하의 번역을 이용함.

송위임이 대법원까지로 되어 있다면, 소송이 종료된 후에도 소송의뢰인이 자신의 의사에 의하지 아니하고 상급심의 판단을 받을 기회를 상실하는 일이 없도록 세심한 주의를 하여야 할 업무상 주의의무가 있으므로, 송무에 익숙치 아니한 변호사 사무실 직원을 통하여 소송의뢰인에게 판결문을 교부하고 상고 여부를 확인하도록 함으로써 변호사 사무실 직원이 소송의뢰인에게 상고제기기간을 잘못 고지하는 바람에 소송의뢰인이 상고제기기간을 도과하여 상고의 기회를 잃게 한 경우, 수임변호사는 이로 인하여 소송의뢰인이 입은 손해를 배상할 책임이 있다고 한 원심판결을 수긍한 사례(대법원 1997. 5. 28. 선고 97다1822 판결).

일반적으로 수임인은 위임의 내용에 따라 선량한 관리자의 주의의무를 다하여야 하고, 특히 소송대리를 위임받은 변호사는 그 수임사무를 수행함에 있어 전문적인 법률지식과 경험에 기초하여 성실하게 의뢰인의 권리를 옹호할 의무가 있으며, 구체적인 위임사무의 범위는 변호사와 의뢰인 사이의 위임계약의 내용에 의하여 정하여지는 것이지만, 위임사무의 종료단계에서 패소판결이 있었던 경우에는 의뢰인으로부터 상소에 관하여 특별한 수권이 없는 때에도 그 판결을 점검하여 의뢰인에게 불이익한 계산상의 잘못이 있다면 의뢰인에게 그 판결의 내용과 상소하는 때의 승소가능성 등에 대하여 구체적으로 설명하고 조언하여야 할 의무가 있다(대법원 2004. 5. 14. 선고 2004다7354 판결). 참고로 민사사건의 경우 항소ㆍ상고 제기기간은 각 2주이며, 형사사건의 경우 항소ㆍ상고 제기기간은 각 7일이다.

그러나 경우에 따라서는 그 전에 여러 이유로 변호사-의뢰인 관계가 해소될 수도 있다. 변호사나 의뢰인의 사망, 파산이 있으면 위임관계가 종료한다. 다만 변호사가 민사소송의 대리권을 갖는 경우는 당사자의 사망 또는 소송능력의 상실이 있더라도 소송대리권은 소멸하지 않는다(민사소송법 제95조 참조). 이 경우 상속인이 위임을 해지한 때까지 위임관계는 존속한다.[17] 그리고 의뢰인측에서 관계를 해소하는 해임과 변호사측에서 관계를 해소하는 사임도 변호사-의뢰인 관계가 종결되는 원인이 된다.

의뢰인이 변호사를 해임하는 것은 일반적으로 널리 인정된다. 의뢰인은 변호

---

17) 박휴상, 법조윤리, 도서출판 Fides, 2010, 107쪽.

사에게 해임의 사유를 설명함이 없이 언제든지 변호사를 해임할 수 있다. 그러나 변호사측에서 언제나 자유롭게 사임할 수 있는 것은 아니다. 변호사는 일단 수임하게 되면, 사임하더라도 의뢰인에게 중대한 손상을 낳지 않는다는 조건하에서만 변호사의 자유로운 의지에 따른 사임이 가능하다고 보아야 할 것이다. 하지만 경우에 따라서는 의뢰인에게 손상이 생기는지 여부에 상관없이 변호사의 의지에 따른 사임이 허용되어야 할 경우도 있다. 예컨대, 의뢰인이 보수를 지급하지 않는 경우, 의뢰인이 소송의 진행에 협조하지 않는 경우, 변호사에게 혐오스러운 대리를 강요하는 경우, 변호사-의뢰인 사이의 신뢰관계가 무너진 경우, 소송의 방침에 관한 의견 차이가 조정되지 않는 경우 등이 있다면, 변호사는 사임을 해도 된다. 한편 이익충돌이 발견된 경우, 대리의 계속이 위법행위를 유발하는 경우, 변호사의 입장에서 성실한 대리를 할 수 없는 사정이 발생한 경우 등이 있다면 변호사는 반드시 사임해야 한다.

사임이 허용되든 사임을 해야 하는 상황이 존재하든 사임하는 변호사는 의뢰인에게 사임에 따른 부당한 손실이 가해지지 않도록 배려해야 할 의무가 있다. 예컨대, 판결시점의 갑작스런 사임은 의뢰인에게 예기치 못한 큰 손실을 낳을 수 있고, 손해배상의 근거가 될 수도 있다. 올바른 사임의 방법은 사임 전에 의뢰인의 이익을 보호하는 조치를 취해야 한다는 것이다. 사임을 하기 위해서는 사전에 사임의 통지를 해야 할 것이며, 사임의 시점이 의뢰인에게 중대한 손해를 낳지 않는 것이어야 할 것이다. 이런 관점에서 중요한 것은 의뢰인이 다른 변호사의 적절한 도움을 받도록 조치하는 것이다.

수임업무가 종료된 후에 변호사는 관련 서류를 포함하여 의뢰인의 재산을 반환해야 한다. 여기에는 ① 의뢰인, 당사자 또는 증인 신청된 사람들과의 면담 등을 통해서 작성된 메모, ② 소송 수행중 대리인이 조사한 이론 및 판례의 메모, 사건진행 메모, ③ 의뢰인 또는 당사자가 발급받아 증거물로 사용하도록 제공한 등기부등본 등 재발급이 가능한 민원서류, ④ 상대방으로부터 제출되어 입수된 준비서면과 서증 등 각 사본 및 감정서, 사실조회 회신 복사본 등 대리인이 작성하지 않았으나 소송수행과정에서 입수된 서류가 포함된다.[18]

---

18) 대한변협, 질의회신, 1997. 12. 20.

◈ 사례의 해설

위 사건의 경우 변호사의 입장에서 일방적으로 사임을 통보하고 사임하는 것이 허용되는가가 문제이다. 이 경우 의뢰인이 수임료를 지급하지 않았기 때문에 변호사가 사임을 할 수 있다고 보는 것은 당연하다. 다만 甲변호사는 사임하고자 하는 경우에도, 사임할 때 의뢰인이 사임에 따르는 불이익을 당하지 않도록 적절한 조치를 취해야 한다. 위 사례의 경우 변호사가 사임하고자 한다면 제1차 공판의 연기를 신청하는 등의 응급조치를 하는 것이 필요하다고 보이며, 이후 의뢰인에게 사임의 통보를 함으로써 의뢰인이 새로운 변호사를 선임할 시간적 여유를 주는 정도의 보호조치가 필요하다고 보인다. 만약 변호사가 그러한 조치를 함이 없이 무단히 법정에 출석하지 않아서 의뢰인에게 불측의 손해를 입힌다면 변호사로서의 의무를 다했다고 할 수 없을 것이다.

제 6 장

변호사의 기본의무

김 재 원

[기본질문]

1. 변호사의 기본의무에는 어떤 것들이 있고, 그러한 의무는 어디에서 나오는가?

2. 변호사가 직무를 제대로 수행하지 못했다고 판단할 수 있는 기준은 무엇인가?

3. 의뢰인이 변호사에게 위법 또는 부당한 요구를 하거나, 위증을 하는 경우에 변호사는 어떻게 해야 하는가?

4. 변호사의 기본의무는 어떠한 경우에 면제되거나 경감될 수 있는가?

5. 불성실한 업무수행으로 인해 변호사윤리규정을 위반하는 것과 법률과오의 책임을 지는 것은 서로 어떤 관계에 있는가?

◇ 관련 법령

- 변호사법
  제 1 조(변호사의 사명), 제24조(품위유지의무 등), 제25조(회칙준수의무)
  제26조(비밀유지의무 등)

- 대한변호사협회 변호사윤리장전 중 윤리규약
  제1조(사명), 제2조(기본윤리), 제3조(회칙 준수 등), 제4조(공익 활동 등), 제5조
  (품위유지의무), 제11조(위법행위 협조 금지 등), 제13조(성실의무), 제16조(수임 거
  절 등), 제18조(비밀유지 및 의뢰인의 권익보호), 제20조(수임 시의 설명 등), 제28
  조(사건처리 협의 등), 제35조(사법권의 존중 및 적법 절차 실현), 제36조(재판절차
  에서의 진실의무), 제47조(비밀유지의무)
- 형법 제317조(업무상비밀누설)
- 형사소송법 제149조(업무상비밀과 증언거부)

Ⅰ. 개   설

변호사의 기본의무는 크게 두 가지 종류로 나눌 수 있다. 하나는 의뢰인에
관한 것이고, 다른 하나는 법제도 일반 혹은 공익에 관한 것이다.[1] 이러한 기본
의무는 두 가지 원천에서 비롯된다. 하나는 의뢰인과의 법률관계에서 비롯되는
것이고, 다른 하나는 변호사제도의 역사적 형성과정에서 변호사들이 일반인들에
게 표방해 온 전문직으로서 그들의 사회적 책임과 역할에서 기인한다. 이러한 두
원천은 변호사의 직업윤리가 '법규정화'(legalization)되고 있는 현대 사회에서는 하
나로 수렴되고 있으며, 헌법·민법·형법·변호사법 등 실체법과 민·형사소송법
등 절차법, 그리고 변호사단체의 회칙과 윤리규정 등에 명문화되어 있다.

변호사와 의뢰인 관계의 법적 성질은 '위임'계약이다.[2] 따라서 변호사는 수

---

[1] 박휴상 교수는 변호사의 의무로 성실의무, 비밀유지의무, 진실의무, 품위유지의무, 직무에
관한 의무를 든다(박휴상, 「법조윤리(제3판)」, 도서출판 fides, 2013, 제6장 참조). 최진안
교수는 변호사의 기본적 의무를 변호사의 법조전문직으로서의 일반적 의무와 변호사에 고
유한 기본적 의무로 크게 나눈 뒤에, 전자를 형식적 적법절차원리의 구현, 실질적 적법절차
원리의 지향, 법과정에의 충실, 사법개선의 실현으로, 후자를 의뢰인에 대한 보호의무(성실의
무, 비밀유지의무, 이익충돌회피의무), 공공성의 유지의무(공익실현의 의무, 진실의무, 공익활
동에 종사할 의무), 사회적 신뢰의 유지의무(자율성 및 독립성을 유지할 의무, 전문성을 유
지할 의무, 명예와 품위 유지의무)로 다시 세분하고 있다(최진안, 「법조윤리(제3판)」, 세창
출판사, 2014, 제3장 참조).
[2] 변호사 선임계약은 민법상 위임계약과 다른 점들이 있다. 민법상의 위임은 특약이 없는 한
무상계약이나 변호사 선임계약은 '유상'계약이라는 점, 변호사 선임계약은 민법상 위임처럼
포괄적 위임이 아니라 중요한 문제는 계속하여 위임인의 지시를 받아야 한다는 점 등이 그
것이다. 하지만 위임인과 수임인 사이의 신뢰관계에 근거하여 사무처리를 부탁한 점, 따라
서 수임인은 그러한 신뢰를 저버리지 않도록 필요한 주의를 기울이면서 사무를 처리해야
한다는 점은 핵심적인 공통점이다.

임인으로서 "선량한 관리자의 주의"(민법 제681조)로써 위임사무를 처리하여야 한다. 위임관계는 상호 신뢰에 기반을 두고 있지만, 변호사에게 맡겨진 위임은 일반적 위임보다 더욱 강한 신뢰관계를 바탕으로 한다. 영미법에서는 이를 "수탁관계" 또는 신인(信認)관계(fiduciary relationship)라고 부르며, 변호사가 지는 수탁의무(fiduciary duty)의 핵심은 "최고의 주의"(utmost care)를 기울이며 수임사무를 처리하는 것이다. <자료 1>에서 보듯이, 우리 법원도 변호사의 주의의무 정도에 관하여, 일반인이 아니라 전문적인 지식과 경험을 갖춘 사람을 표준으로 한 선량한 관리자의 주의의무가 요구된다고 함으로써 높은 주의의무를 요구하고 있다.

자료 1　서울고등법원 2005. 1. 4. 선고 2004나63424 판결

　변호사가 개별적·구체적으로 어떠한 내용의 주의의무를 부담하는가 하는 것은 사건을 수임하게 된 경위, 위임된 사무의 내용 및 난이도, 사건의뢰인이 사건을 위임함에 있어서 사정설명을 한 정도 등 여러 가지 사정에 따라 좌우될 것이나, 그 내용을 유형화하여 보면 의뢰인이 재판을 받을 수 있는 기회와 기대를 보호할 의무, 의뢰인의 손해를 방지할 의무, 적절한 조언과 주장입증을 할 의무, 보고의무, 의뢰인의 상소기회를 보호할 의무 등이 포함될 것이고, 주의의무의 정도는 소송대리업무의 공익성, 독립성, 전문성에 비추어 그 위임받은 사무를 수행함에 있어서 당해 사건을 면밀히 검토·숙지하고 전문적인 지식과 경험을 갖춘 사람을 표준으로 한 선량한 관리자의 주의의무가 요구된다.

　수탁의무의 가장 본질적인 내용은 '성실의무'(duty of loyalty)이다. 변호사법 제1조 제2항은 변호사는 그 사명에 따라 "성실히 직무를 수행"해야 한다고 이를 명문화하고 있으며, 변호사윤리강령의 윤리규약 제13조 제1항도 성실한 직무수행을 요구하고 있다. 수탁의무와 연관하여 성실의무 외에도 진실의무, 이익충돌회피의무, 비밀유지의무 등이 요구된다. 이익충돌회피의무는 이 책의 제6장에서 상세히 다루고 있으므로, 여기서는 성실의무, 진실의무와 비밀유지의무를 살펴본다.

　성실의무, 진실의무, 비밀유지의무는 의뢰인과의 관계에서 변호사가 지는 의무들인 데 반해, 법제도 일반 및 공익과 관련하여 변호사가 부담하는 의무들도

있다. 변호사법 제 1 조에 규정되어 있듯이, "기본적 인권을 옹호하고 사회정의를 실현"하는 사명을 부여 받은 변호사는 "사회질서 유지와 법률제도 개선"을 위해 노력할 의무를 진다. 변호사는 전문직으로서 자율과 독립을 유지할 의무도 진다. 이러한 의무는 변호사법 제 2 조의 문언 해석만으로는 기본의무로 간주하기 어려울 수도 있지만, 변호사제도가 형성되어 온 역사적 과정을 보면 당연히 기본의무로 보아야 한다. 또한 변호사는 자신들이 수행하는 특수한 전문직에 대한 일반인들의 신뢰와 기대를 저버리지 않도록 '품위유지의무'(변호사법 제24조)를 지며, 공익활동에 종사할 의무(변호사법 제27조)도 진다.

Ⅱ. 성실의무

변호사가 성실의무를 이행한다는 것은 성심성의껏 열심히 일을 처리하는 것만으로 충분하지 않다. 이 의무는 '법전문가'로서의 성실한 업무수행을 의미하기 때문이다. 미국변호사협회(ABA) 변호사윤리 표준규칙에서 요구하는 것처럼, 위임받은 사무를 유능하고(competently) 성실히(diligently) 처리해야 하는 것이 성실의무의 기본이다. <자료 2>의 판결은 한 걸음 더 나아가 "의뢰인과의 근본적인 신뢰관계를 깨뜨리는 행위"를 하지 않아야 할 의무까지를 성실의무의 내용으로 보고 있다. 앞서 언급했듯이, 변호사와 의뢰인 관계의 특수한 신뢰성을 강조한 것이다.

자료 2 ·········· 서울중앙지방법원 2005. 9. 16. 선고 2005가합28940 판결

소송대리를 위임받은 변호사는 그 수임사무를 수행함에 있어 전문적인 법률지식과 경험에 기초하여 성실하게 의뢰인의 권리를 옹호할 의무가 있는 외에 의뢰인과의 신뢰관계를 근본적으로 깨뜨리는 행위 등을 하지 않아야 할 의무도 있음을 이유로, 변호사가 비록 동일한 사건은 아니더라도 의뢰인의 직원이던 자들을 대리하여 의뢰인을 상대로 소를 제기한 행위는 의뢰인과의 근본적인 신뢰관계를 깨뜨리는 행위라고 보아 의뢰인의 해지 의사표시로 소송위임계약이 적법하게 해지되었다.

변호사가 의뢰인의 사무를 성실히 수행해야 한다는 것은 당연해 보이지만, 현실은 꼭 그렇지 않다. 불성실한 업무수행 때문에 변호사윤리법규에 위반되는 사례는 물론 법률과오소송을 당하는 경우도 적지 않다. 의뢰인들이 변호사단체에 이와 관련해 진정을 하거나, 법원에 소송을 제기하는 경우, 그 이유로 제시되는 것은 '무관심', '태만', '부주의' 등인데, 그 행위유형을 나누어 보면 다음과 같다 :

- 시효만료, 상소기간 도과, 또는 정해진 기일 이전에 소송행위를 하지 않음
- 법정에 출석하지 않음
- 서류를 잘못 제출함
- 사실관계 혹은 법률관계에 관한 기본적인 조사를 하지 않음
- 의뢰인의 전화, 서신, 면담요청 등에 신속히 대처하지 않아 의뢰인이 잘못된 판단을 내리거나, 중요한 결정을 내리거나 변경할 기회를 잃게 함
- 고의적으로 의뢰인을 속이거나 중요한 사실을 숨김
- 잘못된 법적 판단으로 의뢰인에게 손해나 불이익을 줌

성실한 업무수행은 신속한 업무수행과 함께 설명의무와 보고의무를 필요로 한다. 변호사윤리장전의 윤리규약은 제13조 제 1 항에서 "변호사는 의뢰인에게 항상 친절하고 성실하여야 한다"고 규정하고, 제 2 항에서는 "가능한 한 신속하게" 업무처리를 할 것을 요청하고 있지만, 미국의 관련 규정은 설명 및 보고의무를 강조하고 있다. 변호사는 사건을 성실하고 신속하게 처리해야 하는 것은 물론이고, 사건의 처리 현황 및 경과를 "상세하고 신속하게"(fully and promptly) 의뢰인에게 알려 주어야 한다.[3] 우리나라 윤리규약 제28조 제 1 항이 "변호사는 의뢰인에게 사건의 주요 경과를 알리고, 필요한 경우에는 의뢰인과 협의하여 처리한다"고 규정한 것도 거의 같은 내용이다.

또한 의뢰인이 어떤 결정을 내려야 하는 경우에는 사전에 그에 관련된 사항을 충실히 알려 주어야 한다.[4] 윤리규약 제29조는 변호사는 수임한 사건의 처리가 종료되면, 의뢰인에게 그 결과를 신속히 설명하여야 한다고 규정하고 있다.

---

3) ABA Model Code EC 9-2.
4) ABA Model Code EC 7-8.

이런 의무는 변호사 위임계약의 본질과 의뢰인의 자기결정권 존중의 측면에서 성실의무의 일부로 보아야 한다. <자료 3>의 대법원 판결도 이러한 의무를 인정하고 있다.

자료 3   대법원 2004. 5. 14. 선고 2004다7354 판결

일반적으로 수임인은 위임의 내용에 따라 선량한 관리자의 주의의무를 다하여야 하고, 특히 소송대리를 위임받은 변호사는 그 수임사무를 수행함에 있어 전문적인 법률지식과 경험에 기초하여 성실하게 의뢰인의 권리를 옹호할 의무가 있으며, 구체적인 위임사무의 범위는 변호사와 의뢰인 사이의 위임계약의 내용에 의하여 정하여지는 것이지만, 위임사무의 종료단계에서 패소판결이 있었던 경우에는 의뢰인으로부터 상소에 관하여 특별한 수권이 없는 때에도 그 판결을 점검하여 의뢰인에게 불이익한 계산상의 잘못이 있다면 의뢰인에게 그 판결의 내용과 상소하는 때의 승소가능성 등에 대하여 구체적으로 설명하고 조언하여야 할 의무가 있다.

미국 ABA 표준규칙은 '유능한'(competent) 업무수행이 직업윤리적 책임을 다하는 것이라고 규정하고, '법률 지식 및 기술'과 그 사건의 처리에 필요한 '철저한 준비'를 유능함의 판단기준으로 삼고 있다.[5] ABA 책임준칙은 수임사건의 처리 시 변호사에게 "그 상황에 적절한 준비"를 반드시 하도록 명하고 있다.[6] 관련 법규에 대한 연구·조사를 소홀히 하는 것뿐 아니라, 맡은 사건의 사실관계를 정확히 파악하지 않은 것도 불충분한 준비가 된다. 미국 판례는 수임사건의 사실관계에서 법적으로 중요한 사항, 예들 들면, 대출신청을 한 날짜 등을 의뢰인 면담 시에 물어보지 않은 것은 변호사가 이 윤리규정을 위반한 것이라고 한다.[7] 현재 처리중인 다른 사건이 많아서 새로 맡는 사건에 충분한 준비를 할 수 없는 경우에는 새로운 사건을 맡아서는 안 된다.[8] 아래의 [사례 1]은 바로 이러한

---

5) ABA Model Rule 1.1.
6) ABA Model Code DR 6-101(A)(2).
7) *In re Magar*, 681 P. 2d 93 (1984).
8) *Lopez v. Larson*, 153 Cal. Rptr. 912, 913 (1979).

예이다.

[사례 1]

의사 A는 환자 B로부터 의료과오에 의한 손해배상소송이 제기되자, 변호사 甲을 선임하였다. 당시 甲변호사는 C정당의 공천을 신청하고 차기 국회의원선거에 출마하려고 준비중이었다. 甲변호사는 출마준비로 너무 바빠서 새로운 사건을 맡을 수 없다고 말했다. 하지만 A는 甲변호사가 의료소송에 상당한 경험을 가지고 있고, 자신의 고향 후배라는 이유로 사건수임을 계속 요청했고, 결국 甲변호사는 이 사건을 수임했다.

甲변호사는 법원에 소송위임장을 제출한 후, 두 차례의 변론기일에 기일변경신청서만 제출하였을 뿐 법정에 출석하지 않았다. A는 소송의 경과를 묻기 위해 수차례 甲변호사에게 전화를 걸었으나, 통화를 하지 못했고, 사무장으로부터 걱정 말라는 말만 들었을 뿐이다. 지정된 변론기일에 甲변호사가 또 법정에 나오지 않자, A는 변호사선임을 취소하고 다른 변호사를 선임하겠다고 사무장에게 통고하였다. 이에 甲변호사는 A에게 전화를 걸어 자신이 바빠서 사건을 맡기 어려운 상황임을 A가 잘 알면서도 사건수임을 강요한 점을 상기시키면서, 자기 사무실의 다른 변호사에게 이 일을 맡겨서 처리중이니 걱정 말라고 말했고, 어떤 경우에도 수임료반환은 불가능하다고 말했다.

甲변호사의 이러한 행위는 법조윤리의 관점에서 어떻게 평가되어야 하는가?

의뢰인의 권익을 자신의 이익에 우선해야 하는 변호사의 책무에 비추어, 변호사비용을 받지 못하고 있다는 사실도 불성실·태만을 정당화하지 못한다.[9] 의뢰인이 의도적으로 보수를 지급하지 않는 경우에도, 변호사는 일방적으로 사건처리를 중단하거나 수임계약을 해지할 수 없다. 이러한 상황에서도 변호사는 의뢰인의 이익을 보호하기 위해 적절한 조치를 먼저 취해야 하고,[10] 담당 재판부가 변호사의 사임을 허락할 때까지 직무를 수행해야 한다.[11] 또한 과중한 업무량을 이유로 불성실·태만을 정당화할 수 없다.[12] 이 점에서 위 [사례 1]의 변호사는

---

9) *In re Pines*, 275 N.Y.S. 2d 122(1966).

10) ABA Model Code DR 2-110(A)(2), (C)(1)(f); ABA Model Rule 1.16(b)(4), (d).

11) ABA Model Code DR 2-110(A)(1); ABA Model Rule 1.16(C).

성실의무를 위반했다.

　　법무법인이나 합동법률사무소의 대표 또는 구성원 변호사(partner)는 동료변
호사나 하급변호사(associate)들에게 자신이 맡은 일의 전부나 일부를 수행하게 할
수 있다. 하지만 그 동료나 하급변호사의 능력으로 감당할 수 없는 사건이나, 처
리할 시간이 부족한 상황에서 과중한 업무를 맡겨서는 안 된다. 미국 일리노이주
대법원은 이 점에 관해 책임 소재를 분명히 했다. 문제된 사건에서 변호사는 형
사사건의 항소를 맡았는데, 자신과 사무실을 공동으로 쓰고 있던 다른 변호사에
게 항소이유서의 작성과 제출을 부탁했다. 그런데 그가 인식하지 못하는 사이에
항소이유서의 제출기한이 지났고, 동료변호사는 문서 제출을 잊고 있었다. 법원
은 그 변호사에게 비록 불순한 동기가 없었고, 동료의 태만을 알지 못했다고 하
더라도, 책임을 져야 한다면서 6개월간의 정직을 선고했다. 법원은 "변호사는 다
른 변호사에게 직무를 위임했다고 하여 의뢰인에게 지는 자신의 직무책임을 회
피할 수 없다"고 판시했다.[13] 대한변호사협회도 이와 유사한 경우에 해당 변호사
를 징계한 바 있다.[14]

　　변호사는 자신의 능력으로 적절히 처리할 수 없다고 판단되는 — 혹은 정상
적인 주의를 기울였다면 그렇게 판단했어야 마땅한 — 사건을 맡아서는 안 된
다.[15] 의뢰인이 사건을 부탁했을 당시에, 그 사건에 관련된 법률 지식이 부족하거
나 유사한 사건을 처리한 경험이 없다고 해서 사건수임을 거절해야 하는 것은 아
니다. 관련 법규를 연구·조사해서 처리할 수 있다고 판단되는 경우에는 사건을
수임해도 된다. 하지만 이런 과정이 의뢰인에게 불필요한 부담을 주거나 사건처
리를 부당하게 지연시키지 않는다는 조건하에서만 사건을 수임할 수 있다.[16] 자
기 혼자의 능력으로는 처리할 수 없는 사건을 그 문제에 관해 지식과 경험을 갖
춘 다른 변호사와 공동으로 처리하는 것은 가능하다. 하지만 다른 변호사의 도움
을 지속적으로 받아야 하는 경우에는 그 사실을 사전에 의뢰인에게 알리고 승낙
을 얻어야 한다.

---

12) *In re Loomos*, 90 Wash. 2d 98(1978).
13) *In re Weinberg*, 119 Ill. 2d 309(1988).
14) 대한변협 징계 제2001-4호, 제2002-18호 참조.
15) *Center Foundation v. Chicago Insurance Co.*, 227 Cal. App. 3d 547(1991).
16) Charles W. Wolfram, *Modern Legal Ethics*, West, 1986, p. 188.

Ⅲ. 진실의무

변호사의 진실의무에는 두 가지 측면이 있는데, 하나는 성실의무 내지 비밀유지의무와 충돌되는 측면에서의 진실의무이고, 다른 하나는 의뢰인 이외의 법원이나 제 3 자에 대한 진실의무이다.

변호사법 제24조 제 2 항은 "변호사는 그 직무를 수행할 때에 진실을 은폐하거나 거짓 진술을 하여서는 아니 된다"고 규정하고 있으며, 변호사윤리장전의 윤리규약 제 2 조 제 2 항도 진실의무를 규정하고 있다. 이런 진실의무는 주로 법원 및 제 3 자에 대한 것인데, 이런 측면의 진실의무는 이 책의 제10장 '형사변론과 변호인의 윤리'에서 상세히 다루고 있으므로 여기서는 이와 중복되지 않는 점을 주로 다룬다.

변호사는 의뢰인의 이익을 최대한 보호하기 위해 최선을 다해야 한다. 하지만 변호사는 "사회정의를 실현"(변호사법 제 1 조 제 1 항)해야 하는 사명을 부여받은 "공공성을 지닌 법률전문직으로서"(변호사법 제 2 조) 진실의무도 지고 있다. 이와 같이 변호사의 진실의무는 변호사의 성실의무 등 다른 의무와 갈등을 일으키는 경우가 있다. 이러한 딜레마를 적절히 극복하기 위해서 진실의무를 정확하게 이해할 필요가 있다.

변호사의 진실의무의 내용과 한계는 변호사제도의 존재이유 및 당사자주의 소송제도와 관련하여 이해해야 한다. 변호사는 의뢰인을 돕는 일을 하는 사람이다. 따라서 실체적 진실 발견을 위해 적극적으로 의뢰인에게 불리한 증거를 제출하는 등의 해로운 일까지 할 것을 요구할 수는 없다.[17] 요컨대, 소송의 당사자가 대등한 관계에서 법의 테두리 안에서 각자 자신의 역할을 수행하며 공격과 방어를 하는 제도 속에서 변호사가 상대방에게 유리한 증거를 솔선하여 제출하거나,[18] 검사의 역할까지 수행할 필요는 없다.

변호사가 의뢰인에 대한 성실의무 등을 진다고 하여, 의뢰인이 허위의 사실

---

17) 박휴상, 앞의 책, 200쪽, 203쪽 참조.
18) 미국 미네소타주에서 있었던 자동차사고에 따른 손해배상 사건에서 원고측이 자신들에게 결정적으로 유리한 사실을 모르고 이를 민사재판에서 주장하지 않았다. 피고측 변호사는 이를 알고 있었지만 전혀 언급하지 않고 피고에게 유리한 결정을 받았다. 사후에 이를 알게 된 법원은 피고측 변호사에게 원고에게 유리한 증거를 자진해서 제출할 의무는 없다는 취지의 결정을 내렸다. *Spaulding v. Zimmerman*, 116 N.W. 2d 704(1962). 이 사건에 관한 상세한 논의는 김재원, 미국의 법학교육과 변호사 윤리, 도서출판 정법, 2007, 100~102쪽 참조.

에 기초한 제소를 요구하거나, 소송과정에서 허위의 주장을 하여 달라고 요구하는 경우에 이를 따라야 하는가? 이것이 성실의무와 진실의무의 충돌문제이다. 이러한 경우에 허위인 사실을 알면서도 의뢰인의 요구를 좇아 소송을 제기하거나 허위 주장을 하는 것은 진실의무위반이다. 이 경우 변호사는 의뢰인을 설득하여 부당한 행위를 제지시켜야 한다. 윤리규약 제21조는 위임의 목적 또는 사건처리의 방법이 현저하게 부당한 경우에는 당해 사건을 수임하여서는 아니된다고 규정하고 있고, 윤리규약 제36조는 변호사는 재판절차에서 의도적으로 허위 사실에 관한 주장을 하거나 허위증거를 제출하여서는 아니된다고 규정하고 있다.

성실의무 및 비밀유지의무와 진실의무가 충돌하는 상황을 <사례 2>에서 볼 수 있다.

[사례 2]

A와 B는 남편과 아내로 세 명의 자녀를 두고 있었다. B는 이웃에 사는 변호사 甲을 알게 된 후 그와 지속적인 혼외관계를 가졌다. B는 다른 도시에 있는 친구나 친지를 방문한다며 여행을 가는 일이 잦았고, 이때 실제로는 甲을 만났다. B의 행동을 의심한 A는 사설정보업체에 의뢰하여 B를 미행했고, B와 甲의 행선지를 모두 파악하고 동행 장면을 촬영했다. 미행 사실은 숨긴 채, A가 B의 여행에 대해 자주 추궁을 하자, B는 집을 나와 이혼소송을 제기했다.

이 소송에서 B의 변호사는 甲이었다. A의 변호사 乙은 증거조사 단계에서 B의 여행에 관해 상세한 질문을 했다. 문제가 된 몇 차례의 여행에 관한 질문에 B는 여행 장소, 동행자 등에 관해 허위진술을 했다. 정회 후에 계속된 질문에 대해서도 B는 계속 甲과의 여행 사실을 숨기고 허위진술을 했다. 변호사 甲은 이에 대해 어떠한 반응도 보이지 않았다. 이 경우에 변호사 甲은 변호사윤리를 위반한 것인가?

[사례 2]는 미국 아이오와주 변호사협회가 변호사윤리 위반을 이유로 소속 변호사에게 징계결정을 내린 사건을 재구성한 것이다. 이 사건의 변호사는 의뢰인에게 불이익을 주는 행위를 할 수 없었고, 자신이 연루된 사건에서 자신에게 불리한 진술을 할 이유가 없었으며, 자신은 의뢰인에게 위증을 권유하지 않았다고 항변했다. 아이오와주 대법원은 이러한 항변을 받아들이지 않았다. 대법원은

설령 그가 적극적으로 위증을 권유하지 않았다 하더라도, 의뢰인이 허위진술을 하고 있음을 안 후, 휴정시간에 더 이상 위증을 하지 말 것을 의뢰인에게 요청하지 않은 것만으로도 변호사윤리를 위반했다고 보았다. 즉, 의뢰인이 위증을 하고 있음을 알면서도 아무런 조치를 취하지 않고 계속 위증을 하도록 방조한 것만으로도 변호사윤리를 위반했다고 판시했다. 변호사의 직무는 법위반·사기·위증을 정당화할 수는 없다고 하여, 이 사건의 변호사는 자격취소처분을 받았다. 이는 사법체계의 근간을 흔드는 일이라는 것이다.[19]

우리나라 변호사법 제24조 제 2 항에는 "변호사는 그 직무를 수행할 때에 진실을 은폐하거나 거짓 진술을 하여서는 아니 된다"고 규정한다. 이에 비추어 볼 때에, 만약 위 미국 사례와 같은 상황이 우리나라에서 발생한다면, 우리 법원의 판단도 미국과 다르지 않을 것이다. 하지만 아래 <자료 4>에서 보듯이, 진실의무와 진술거부권의 고지는 서로 상충되지 않는다.

자료 4 　　대법원 2007. 1. 31. 자 2006모656 결정

변호사인 변호인에게는 변호사법이 정하는 바에 따라서 이른바 진실의무가 인정되는 것이지만, 변호인이 신체구속을 당한 사람에게 법률적 조언을 하는 것은 그 권리이자 의무이므로 변호인이 적극적으로 피고인 또는 피의자로 하여금 허위진술을 하도록 하는 것이 아니라 단순히 헌법상 권리인 진술거부권이 있음을 알려 주고 그 행사를 권고하는 것을 가리켜 변호사로서의 진실의무에 위배되는 것이라고는 할 수 없다.

IV. 비밀유지의무

성직자나 의사와 마찬가지로, 변호사는 직무와 관련해 알게 된 비밀을 함구해야 한다. 이것은 변호사제도가 형성되어 오는 동안 확립된 역사적 전통에서 비롯되었다. 자신의 심각한 병세가 외부에 알려질까 두려워 환자가 의사에게 증세

---

19) *Iowa State Bar Association v. Crary*, 245 N.W. 2d 298(1976) 참조.

를 모두 말하지 못하는 상황에 비유할 수 있듯이, 의뢰인이 변호사를 신뢰하지 못하여 은밀한 정보를 털어놓지 않는다면, 변호사는 의뢰인이 처한 상황이나 문제를 정확히 파악할 수 없다. 따라서 변호사는 의뢰인의 이익을 최대로 보호하는 법적 조언이나 방안을 제공할 수 없게 된다.[20] 시민들이 망설임 없이 변호사의 도움을 받도록 하기 위한 제도적 장치가 비밀보호이다.

변호사법 제26조와 윤리규약 제18조는 변호사 또는 변호사이었던 자에게 직무상 알게 된 비밀을 누설하지 못하게 하고 있다. 이를 어긴 경우에는 형법 제317조에 의해 업무상비밀누설죄로 3년 이하의 징역이나 금고, 10년 이하의 자격정지 등 무거운 처벌을 받을 수도 있다.

미국 연방대법원은 변호사와 의뢰인의 관계는 세상의 어떤 관계보다 더한 신뢰와 비밀유지를 요구한다고 천명하면서 법원은 이러한 관계가 손상되지 않도록 철저히 관리·감독할 의무를 진다고 말했다.[21]

수탁자로서 변호사에 대한 사회의 높은 기대는 계약법의 법리와 비교해 보면 여실히 드러난다. 계약에 의한 권리·의무는 계약이 체결되어야 비로소 발생한다. 그런데 수임계약이 체결되지 않은 경우라도 변호사에게는 비밀유지의무가 있다.[22] 수임계약이 체결되지 않은 이유는 중요하지 않다. 상담을 받는 사람이 어떤 이유로 그 변호사에게 사건을 맡기지 않기로 했거나, 혹은 상담을 받고나서 문제를 법적으로 처리하는 것을 단념하게 될 수도 있다. 변호사측에서 어떤 이유로 사건을 맡지 않겠다고 할 수도 있다. 그러나 이 모든 이유는 전혀 중요하지 않다. 무슨 이유로 누구에 의해서 계약이 성립되지 않았건 비밀유지의무의 발생을 막지는 못한다.[23]

---

20) David Luban, *Lawyers and Justice : An Ethical Study*, Princeton University Press, 1988, p. 181.

21) *Stockton v. Ford*, 52 U.S.(11 How.) 232, 247(1985). 관련된 부분의 판결 원문은 아래와 같고, 이 발췌문은 Wolfram, p. 146에서 재인용함.

There are few of the business relations of life involving a higher trust and confidence than that of attorney and client, or, generally speaking, one of more honorably and faithfully discharged; few more anxiously guarded by law, or governed by sterner principles of morality and justice; and it is the duty of the court to be watchful and industrious, to see that confidence thus reposed shall not be used to the detriment or prejudice of the rights of the party bestowing it.

22) 대한변호사협회, 변호사법 질의회신 제495호, 2009. 12. 14. 참조.

23) ABA Model Rule 1.18(b) 참조.

1. 비밀공개금지의 원칙

변호사법 제26조는 "변호사 또는 변호사이었던 자는 그 직무상 알게 된 비밀을 누설하여서는 아니 된다. 다만, 법률에 특별한 규정이 있는 경우에는 그러하지 아니하다"고 규정하고 있다. 윤리규약 제18조 제 1 항은 "변호사는 직무상 알게 된 의뢰인의 비밀을 누설하거나 부당하게 이용하지 아니한다"고 규정하고 있다. 동조 제 4 항은 "중대한 공익상의 이유가 있거나, 의뢰인의 동의가 있는 경우 또는 변호사 자신의 권리를 옹호하기 위하여 필요한 경우에는, 최소한의 범위에서 이를 공개 또는 이용할 수 있다"고 규정하고 있다.[24]

미국 ABA 표준규칙은 비밀유지의무에 관해 다음과 같이 규정하고 있다. [25]

의뢰인이 상담을 받고 나서 승낙한 경우가 아니면 변호사는 의뢰인을 위한 직무와 관련된 정보를 공개해서는 아니 된다. 다만, 직무수행을 위해 그러한 공개를 의뢰인이 묵시적으로 허락한 경우나 아래 (b)항에 규정된 경우에는 예외로 한다.

미국 규정에서는 우리나라 관련 규정에서 사용한 "비밀"보다 훨씬 넓은 개념인 "정보"(information)를 사용하고 있음을 유의할 필요가 있다. 1969년에 채택된 ABA 직무책임준칙은 우리나라와 유사하게 "은밀한 내용"(confidence)과 "비밀"(secret)이라는 표현을 사용했으나, 1983년부터 표준규칙은 보호의 대상을 넓혔다. 이러한 변화는 물론 의뢰인의 비밀보호를 더 강화하려는 ABA의 입장이 반영된 결과이다.

ABA 표준규칙에는 비밀보호의 예외와 관련하여, "상담을 받고 나서 승낙한 경우가 아니면"이라는 표현이 있다. 여기서 "상담"(consultation)이란 일반적인 법률상담을 말하는 것이 아니고, 어떤 특정한 정보의 공개 여부에 관한 상담, 즉 특

---

24) 변호사법의 문언해석에 충실하면, "법률의 특별한 규정"이 있을 때에만 예외적으로 비밀누설이 허용된다. 그런데 대한변호사협회가 만든 윤리규칙에는 법률에 특별한 규정이 없음에도 "공익상의 이유"나 "변호사 자신의 권리를 옹호"하기 위해 비밀누설이 허용된다. 이것은 하위법규가 위임의 범위를 벗어나 상위법규에 위반한 것이므로 변호사법을 개정하여 이 문제를 시정하여야 한다. 이상수, 법조윤리의 이론과 실제, 서강대학교출판부, 2009, 169~170쪽; 최진안, 앞의 책, 109~112쪽 참조.

25) ABA Model Rule 1.6(b).

정 정보를 공개하는 경우에 초래될 수 있는 구체적인 문제점들에 관해 변호사로 부터 조언을 듣는 것을 말한다. 이것은 의사의 '설명의무'와 유사하다. 다시 말해, 의사는 특정한 시술이나 투약 전에 성공적 치료의 확률과 부작용에 대해 충분히 설명한 후에 환자의 동의를 받아야 하는데 변호사의 경우도 같다. 의뢰인이 구체 적 법률상담을 받고 그 특정 정보를 공개하면 의뢰인이 입을 수 있는 불이익이 어떤 것인지 충분히 설명을 들은 후에 공개를 허락한 경우에만 변호사는 그러한 정보를 정당하게 공개할 수 있고, 이런 요건이 갖추어지지 않은 경우에는 공개할 수 없다.[26)]

비밀공개금지원칙에 대한 예외는 공개가 업무수행을 위해 허용될 수밖에 없 는 경우와 표준규칙 자체가 명시적으로 인정한 예외적 상황이다. 표준규칙에서 말하는 "직무수행을 위해 그러한 공개를 의뢰인이 묵시적으로 허락한 경우"가 앞 의 상황에 해당한다. 예를 들어, 계약불이행에 따른 손해배상을 청구하는 소송에 서 변호사는 그 문제의 계약이 체결되는 과정과 그 이후의 이행과정에 관해 의뢰 인과 상담과정에서 알게 된 사실들을 재판서류에 기술하거나 공판 중에 공개할 수 있다.

변호사가 의뢰인에게 들은 내용을 모두 비밀에 부쳐야 한다면 의뢰인을 대 리해 소송이나 협상을 하는 것이 사실상 불가능하므로 의뢰인의 이익을 위한 모 든 활동에 의뢰인으로부터 알게 된 정보를 사용하는 것은 당연하다. 합동법률사 무소나 로펌에 소속되어 있는 변호사의 경우에도 같은 맥락에서 상호간 정보의 공개 및 공유가 허용된다. 의뢰인의 업무를 처리하기 위해 같은 사무실이나 로펌 의 동료변호사에게 의뢰인의 기밀사항을 알려 줄 수 있고, 업무를 보조하는 직원 들에게도 이러한 내용을 알리는 것이 묵시적으로 허용된다. 물론 이런 경로를 통 해 간접적으로 기밀사항을 알게 된 이들도 의뢰인으로부터 직접 들은 변호사와 마찬가지로 비밀유지의무를 진다. 변호사는 사무직원 등 직무에 관여시킨 자가 비밀을 누설하거나 이용하지 않도록 지도·감독할 의무도 진다.[27)] 그런데 만약 의뢰인이 그 사무실이나 로펌의 특정 변호사(들)에게만 자신의 사건내용을 알릴 것을 명시적으로 요청한 경우에는 그 밖의 변호사들에게 발설해서는 안 된다.[28)]

---

26) ABA Model Rule 1.6(b) and Comment 5 참조.
27) 일본 변호사연합회 변호사직무기본규정 제19조 참조.
28) ABA Model Rule 1.6 and Comment 8 참조.

2. 부정행위 방지를 위한 비밀공개

변호사의 비밀유지의무를 둘러싼 논란은 비밀공개를 금지한 원칙보다는 비밀공개를 허용하는 예외적인 경우에 주로 일어난다. 이러한 논란은 시대상황과 사회여건에 따라 많은 변천을 겪어 왔다. 미국의 경우, 20세기 초반에는 의뢰인의 비밀보장보다는 선량한 제 3 자의 보호나 진실규명 그리고 정의(justice) 구현에 더 비중을 두는 경향이 있었다.

1908년에 ABA가 채택한 「변호사윤리강령」(the 1908 Canons of Professional Ethics)이 바로 그러한 입장을 대변한다. 이 강령의 제41조는 "사기행위"(fraud or deception)의 피해자에게 변호사는 그러한 행위를 알리도록 하고 있다. 자신의 의뢰인이 상대방이나 법원을 부당하게 속이는 행위를 하는 것을 알게 된 변호사는 의뢰인이 그러한 행위를 중지하도록 설득하여 문제를 바로 잡도록 노력해야 한다고 제41조는 규정하고 있다. 그런데 의뢰인이 이러한 조언을 받아들이지 않고 사기행위로 부당한 이득을 얻으려고 하는 경우에는 피해를 입게 될 사람이나 그의 변호사에게 "즉시"(promptly) 이 사실을 알려서 그들이 적절한 조치를 취하도록 하고 있다.[29]

1969년에 채택된 ABA 직무책임준칙은 비밀유지의무에 대한 예외를 매우 좁게 규정함으로써 정의구현이나 제 3 자의 보호보다는 의뢰인의 비밀보호에 더 치중했다. 즉, "자신의 의뢰인이 범죄를 저지르려는 의도를 갖고 있다는 것과 그 범죄를 방지하는 데 필요한 정보"를 발설해도 그 변호사는 징계를 받지 않는다고 규정했다.[30] 원문은 "may"라는 표현을 쓰고 있으므로 범죄예방을 위해 반드시 공개해야 하는 의무를 부과한 것이 아니다. 단지 변호사가 자발적으로 공개를 하더라도 변호사윤리규정 위반으로 처벌을 받지 않는다는 소극적 규정이다. 또한 공개가 허용되는 예외적 상황도 의뢰인이 범죄를 저지르려고 하는 경우로 한정하

---

29) 제41조의 원문은 아래와 같다 :

When a lawyer discovers that some fraud or deception has been practiced, which has unjustly imposed upon the court or a party, he should endeavor to rectify it; at first by advising his client, and if his client refuses to forgo the advantage thus unjustly gained, he should promptly inform the injured person or his counsel, so that they may take appropriate steps.

30) ABA Mode Code DR 4-101(c)(3).

여 범죄행위에 해당하지 않는 부정이나 기타 불법행위들의 방지를 위한 비밀공
개는 허용하지 않았다.

　1983년의 ABA 표준규칙은 의뢰인의 비밀을 공개할 수 있는 예외적 경우를
더 좁게 인정했다. 즉, 의뢰인이 다른 사람을 "곧"(imminent) 죽게 하거나 중상해
를 입힐 수 있는 범죄를 저지르려고 할 때, 이를 막기 위해 필요한 경우에만 비
밀공개를 허용했다.[31] 이 규칙의 다른 조항에서 범죄까지는 되지 않는 "속임수나
사기행위"(fraud)를 방지할 의무를 변호사에게 부과하고 있다. 하지만 표준규칙을
책임준칙과 비교할 때, 가장 큰 특징은 비밀공개를 정당화시키는 범죄를 더욱더
제한한 점이다. 표준규칙에서는 범죄 의도(intention)나 모든 범죄가 아닌 "임박한
사망이나 중상해"(imminent death or substantial bodily harm)에 대해서만 비밀공개를
인정한 것이다.

　비밀공개가 허용되는 상황을 임박한 사망이나 신체상 중대한 해악을 끼치는
범죄행위에 한정하는 것은 부당하다는 비판이 1983년 표준규칙의 채택 이후 끊
임없이 제기되었다. 대부분의 범죄행위가 여기서 제외된다는 비판이 주된 이유이
었다.[32] 생명이나 신체에 관한 범죄가 아닌 재산이나 명예, 신용 등 다양한 다른
유형의 범죄를 막기 위한 공개를 허용하지 않는 규정은 비밀공개의 요건을 너무
좁게 인정한다는 비판을 받기에 충분하다.

　일반윤리나 법감정은 물론이고 건전한 상식과도 상충되는 제한이라는 비판
에도 불구하고 미국 변호사협회는 장래에 발생할 수 있는 범죄에만 예외적 공개
를 허용하는 입장을 견지해 왔다. 하지만 표준규칙에서 말하는 장래의 범죄를
"방지하는 데 필요하다고 적절히 믿는 경우"(reasonably believes necessary to prevent)
에도 이러한 믿음의 적절성에 대한 사후평가와 입증책임의 문제가 발생한다. 즉,
변호사가 어떤 상황에서 특정 정보나 비밀을 공개하는 것이 타인의 생명을 구하
거나 중대한 신체적 피해를 막는 데 필요하다고 믿었는데, 그러한 믿음이 객관적
으로 볼 때 적절치(reasonable) 못했다면 어떻게 되는가 하는 문제가 발생한다. 아

---

31) ABA Model Rule 1.6(b)(1).
32) ABA의 이러한 입장에 반대하는 주(State)들도 있다. 예를 들어, 플로리다(Florida)주의 경우,
　　어떠한 범죄("any crime")이건 간에 의뢰인이 저지르려고 하는 상황에서 이를 막기 위해 변
　　호사에게 기밀사항을 발설할 의무를 부과하고 있다. 발설이 예외적으로 허용("permitted")되
　　는 것, 즉 발설해도 징계를 받지 않는다는 것이 아니고, 반드시 발설해야 한다("required")고
　　하는 점도 ABA와는 크게 다르다.

래의 [사례 3]은 이러한 상황을 보여준다.

[사례 3]

한 여성이 그녀의 집에서 살해된 채 발견되고 그녀의 두 아이들은 실종되었다. A는 살인과 아동납치혐의로 체포되었고 그는 甲을 자신의 변호사로 선임했다. 수차례 면담에서 甲변호사는 납치한 아이들의 생사 여부에 관해 물었으나 A는 애매한 대답만 되풀이하였다. 하지만 甲은 끈기 있게 A를 설득하여 아이들의 감금장소를 알아내고, 자신의 비서를 통해 담당 수사관에게 익명의 제보전화를 하도록 했다. 감금장소를 수색한 경찰은 아이들의 시신을 발견했다.

이 사건에서 A는 자신의 변호사에게 감금장소를 경찰에 알릴 것을 지시하거나 동의한 적이 없다고 주장하며, 재판과정에서 변호인의 도움을 받을 자신의 헌법상의 권리가 침해되었다고 주장했다. 이 사건에서 중요한 쟁점은 장래의 범죄가 아닌 과거의 범죄에 대한 비밀공개였다. 비록 변호사 자신은 장래의 범죄를 방지하려고 비밀을 공개했지만 실제로 범죄는 이미 과거에 저질러져 있었다. 아이들은 A가 체포되기 전에 이미 살해되었다. 다만, 변호사는 면담을 통해 아이들이 아직 살아있을 것이라 믿었으며 아이들을 구하기 위해서는 비밀공개가 불가피하다고 판단했다고 주장했다. 이 경우에 변호사 甲의 행위는 윤리규정 위반인가?

위 사례는 미국 판례[33]를 요약한 것인데, 담당 재판부의 의견은 2 대 1로 나누어졌다. 다수의견은 여러 정황을 검토해 본 결과, 변호사의 판단은 적절(reasonable)했다는 것이었다. 결과적으로는 옳지 않은 것으로 드러났지만 그 변호사가 처한 상황에서 아이들이 아직 살아있다고 믿은 것에 상당한 이유가 있다고 보았다. 반면에 소수의견을 낸 재판관은 그 변호사의 판단은 적절치 못했으며 그는 비밀유지의무를 위반했다고 주장했다. 이 판결의 법리는 변호사의 비밀공개가 정당화되기 위해서는 그 자신이 주관적으로 공개허용 요건의 충족을 믿었다는 것으로는 충분하지 않고, 다른 변호사들도 같은 상황에 있었다면 그렇게 믿을 수밖에 없었다는 점을 입증해야 한다는 것이다.

우리나라에는 윤리규약 제18조 제 4 항의 예외적 상황인 "중대한 공익상의

---

33) *McClure v. Thompson*, 323 F. 3d 1233(9th Cir. 2003).

이유"가 이와 유사한 상황에 적용될 수 있을 것이다. 또한 형법상 긴급피난의 법리를 원용하여, 타인의 생명이나 신체의 손상을 방지하기 위해 필요한 최소한의 범위 내에서 공개를 허용하는 것이 '공익'에 부합한다고 해석할 수 있다.[34]

3. 변호사 자신을 방어하기 위한 비밀공개

앞에서 언급했듯이, 윤리규약 제18조는 변호사 자신의 권리를 옹호하기 위하여 필요한 최소한의 범위 내에서 의뢰인의 비밀을 누설할 수 있도록 하고 있다. ABA 책임준칙은 "변호사 수임료의 존재를 입증하거나 이를 받아내기 위해 필요한 경우, 혹은 부정행위의 혐의를 받는 변호사 자신이나 그의 동료나 직원을 변호하기 위해 필요한 경우"에 비밀정보를 누설하는 것이 징계의 대상이 아니라고 규정했다.[35] ABA 표준규칙도 유사한 예외규정을 두고 있다. 하지만 의뢰인과 변호사 사이의 "분쟁"(controversy)이라는 포괄적 표현을 사용함으로써 과거보다 예외적 상황을 더 확대했다.[36]

변호사가 자신을 방어하기 위해 비밀을 공개하는 가장 전형적인 경우는 의뢰인에 의해 제기된 법률과오소송(malpractice suit)에 대처하는 상황이다. 변호사가 의뢰인을 위해 제공한 법률서비스를 신뢰한 제3자가 피해를 입어 제기한 소송의 경우에도 자기방어를 위한 공개가 허용된다. 아래의 [사례 4]는 후자의 경우를 보여준다.

[사례 4]

증권법 전문변호사 甲은 로펌에서 일하면서 의뢰인 회사의 신주발행에 법률조언을 맡았다. 그런데 甲은 의뢰인 회사가 신주발행을 위해 공시한 회사의 재무상태와 회사의 사업전망에 관한 서류들 중에서 허위사실을 발견했다. 甲은 로펌의 대표변호사에게 이 사실을 알리고 의뢰인 회사가 정확한 정보를 공시하도록 하자고 제의했다. 그러나 대표변호사는 그의 제안을 거부했다. 이에 甲은 로펌을 사직하고, 증

---

34) 최진안, 앞의 책, 142쪽 참조.
35) ABA Model Code DR 4-101(c)(4).
36) ABA Model Rule 1.6(b)(2).

권감독기관에 문제의 허위공시에 관한 내용을 알리는 서신을 보냈다.

의뢰인 회사의 공시를 믿고 주식을 매입했다가 커다란 경제적 손실을 입은 투자가들은 회사와 로펌을 상대로 손해배상소송을 제기했다. 투자가들은 신주발행을 위해 법률자문을 했던 甲에게도 연대책임을 물으려고 했다. 甲은 손해배상청구소송의 원고들에게 자신이 증권감독기관에 보냈던 서신의 사본을 보여 주면서 자신은 정확한 정보공개를 위한 조치를 요구했었다고 주장했다. 甲의 주장을 수용하여 원고들은 甲에 대한 소송제기를 포기했다. 하지만 다른 피고들과의 소송에서 甲의 행위의 정당성 문제가 다시 쟁점화되었다.

변호사 甲의 이러한 행위는 변호사윤리에 위반되는가?

위 사례는 미국 연방항소법원이 다룬 사건을 요약한 것이다.[37] 이 사건의 피고측은 변호사의 위와 같은 비밀누설은 부적절한 처신이며, 그로부터 내부 정보를 알게 된 원고측 변호사들은 소송에서 배제되어야 한다고 주장했다. 이 사건의 재판부는 변호사가 사퇴하기 전에 의뢰인 회사 중역들에게 허위 공시의 정정을 요구하지 않은 것은 변호사로서 적절치 못한 행동이었다고 보았다. 그러나 자신을 방어하기 위해 서신의 사본을 공개한 행위는 변호사윤리에 위반되지 않는다고 판시했다.

변호사 자신의 이익을 방어하기 위해 이처럼 의뢰인의 비밀이나 은밀한 정보를 공개할 수 있도록 허용한 윤리규정에 대하여는 비난이 적지 않다. 변호사도 의뢰인이나 제3자의 부당한 요구로부터 자신을 방어할 수 있어야 한다는 원칙에는 동의하지만, 다른 경우들과의 형평성에 의문을 제기하는 주장이다. 타인의 중대한 법익을 보호하기 위해 필요한 비밀공개는 엄격히 제한하면서, 변호사 자신의 명예나 금전적 이익을 위해서는 의뢰인의 비밀을—의뢰인의 반대에도 불구하고—공개할 수 있도록 하는 것이 지나치게 변호사 중심적이라는 비난을 받고 있다.[38]

37) *Meyerhofer v. Empire Fire and Marine Ins.*, 497 F. 2d 1190(2d Cir. 1974).
38) W. Bradley Wendel, *Professional Responsibility : Examples & Explanations*, 2nd ed., Aspen Publishers, 2007, p. 193.

4. 급박하지 않은 신체적 피해예방을 위한 공개

비밀공개의 허용과 금지에 관한 ABA 표준규칙의 규정들은 미국에서 논란의 대상이 되었다. 이에 ABA는 "2000년 윤리위원회"(the Ethics 2000 Commission)라고 명명한 특별위원회를 구성하여 이 문제를 포함한 표준규칙 전반에 관한 전면적인 보완과 개정작업을 맡겼다. 이 위원회가 마련한 개정안은 2000년 11월에 공표되었고, 다음 해에 열린 ABA 대의원총회에 의제로 상정되었다. 대의원총회는 개정안의 일부는 수용하고 일부는 거부했는데, ABA가 채택한 표준규칙의 개정안은 앞서 언급한 몇 가지 부당한 경우가 발생할 여지를 줄이고 있다.

2000년에 개정된 ABA 표준규칙 1.6(b)(1)은 "상당히 확실한 사망이나 심각한 신체적 피해"(reasonably certain death or substantial bodily harm)를 방지하기 위한 비밀공개를 허용하고 있다. 종전에 있던 "범죄행위"(criminal act)와 결과발생이 "임박한"(imminent)이라는 요건을 제거했고, 해악(harm)이 의뢰인의 행위에서 비롯되어야 한다는 요건도 명시하지 않았기 때문에 제3자의 신체적 피해를 예방하기 위한 비밀공개가 이전보다 훨씬 넓게 허용되었다.

이 새로운 조항에 관련하여 ABA가 제공한 공식해설(Comment)은 유해물질 무단방류의 예를 들고 있다. 변호사가 자기 의뢰인 회사에서 사고가 생겨 유해물질이 유출되고, 이것이 그 지역 상수원 근처로 흘러들어갔다는 사실을 알게 되었다고 가정해 보자. 이 경우 구체적 상황에 따라 이 회사의 행위는 범죄에 해당될 수 있고 그렇지 않을 수도 있다. 이것이 명백히 범죄가 되는 경우라 하더라도 유해물질이 상수원에 유입되었다고 해서 "임박한 사망이나 중상해"가 발생하지 않을 수도 있다. 그 물을 마신 사람들 중 일부에게는 수년 혹은 수십년 후에 암이 발생할 수 있기 때문이다. 1983년의 표준규칙에 의하면 이러한 상황에서 변호사는 이 사실을 공개할 수 없었다. 그런데 최근의 개정은 이런 경우에도 공개를 허용하고 있다.

5. 그 밖에 공개가 허용되는 경우들

미국 ABA가 새로 채택한 조항에는 법률자문을 얻기 위한 비밀공개가 있다.

ABA 표준규칙 1.6(b)(2)는 "이 규칙을 준수하기 위해 필요한 법적 자문을 구하는 데에 필요한 범위 내에서" 의뢰인을 위한 법률사무와 관련된 정보를 누설할 수 있다고 규정한다. 의뢰인을 위한 법률서비스를 제공하는 과정에서 필요한 경우, 변호사는 다른 변호사나 직원들의 도움을 받을 수 있다. 이런 도움을 받기 위해 의뢰인과 관련된 정보를 공개하는 것은 불가피하다. 이와 같은 상황은 앞에서 언급했듯이, 직무수행을 위해 필요한 "묵시적 동의"(implied consent)가 있는 경우에 해당된다.

새로 추가된 규정은 변호사 직업윤리의 준수에 한정된 것이다. 과거에는 묵시적 동의 속에 포괄적으로 넣어서 해석되어 온 상황을 구체적으로 명시한 점이 특징이다. 변호사는 의뢰인을 위해 일하면서 자신의 행위가 표준규칙과 같은 변호사윤리규정에 위반되는 것이 아닌지 우려하는 상황이 발생한다. 이런 경우에 변호사협회의 윤리위원회나 변호사윤리 전문변호사에게 상담받을 필요가 생긴다. 이 새로운 규정은 이런 경우에 변호사들이 주저 없이 상담을 받을 수 있도록 하기 위한 것이다.

2000년에 새로 채택된 또 하나의 조항은 법률과 법원의 명령에 따르기 위한 비밀공개이다. 이것은 너무나 당연한 것으로 보이지만, 과거에 논란이 많았던 문제이다. 종종 발생하는 문제는 판사가 특정 정보의 공개를 요구하지만 그러한 공개가 변호사윤리규정에 위반되는 경우였다. 1983년의 책임준칙은 준칙에서 허용한 예외적 경우 외에는 일체의 공개를 허용하지 않았기 때문에 이와 같은 상황에서 판사의 명령을 따르는 변호사들은 윤리위원회의 징계를 감수해야 하는 진퇴양난의 처지에 있었다. 이런 딜레마에서 변호사들을 보호하기 위해 이 규정이 추가되었다. "다른 법"(other law)을 지키기 위해 공개가 허용되는 상황은 아래에서 다루는 것처럼 증권관련 법규나 세법 등에서 특정 비밀정보의 공개를 요구하는 상황에 적용된다. 우리나라의 변호사법은 앞서 언급했듯이, "법률에 특별한 규정"이 있는 경우에 비밀누설을 허용하는 단서조항을 두고 있기 때문에 이러한 문제를 해결하는 데 어려움이 적어 보인다.

6. 비밀공개 확대 및 보고의무 논란

전문직으로서 변호사제도가 일찍 형성되고 발전한 영국과 미국에서는 의뢰인의 대리인으로서 변호사의 역할을 강조해 왔는데, 이런 전통 속에서 비밀유지의무가 한층 강하게 요구되어 왔다. 그런데 이러한 전통은 21세기에 들어와 커다란 변화를 겪고 있다. 엔론(Enron)과 월드컴(WorldCom) 등 거대 기업들의 회계부정으로 엄청난 경제적 피해가 미국 사회를 흔들어 놓았고, 변호사들도 이에 가담했음이 드러나면서 변호사의 의뢰인 비밀보호도 중대한 변화를 맞게 되었다.

상장법인의 회계부정을 알게 된 변호사는 이 사실을 이사회와 감사위원회에 알릴 것을 요구하는 연방법률이 통과되었기 때문에[39] 비밀유지의무를 강하게 옹호해 온 미국 변호사협회도 변호사윤리규칙의 관련 조항을 개정하기에 이르렀다.[40] 하지만 상당수의 미국 법률가들은 이러한 윤리규정 개정에 반대하거나 우려하고 있기 때문에 미국에서는 변호사의 의뢰인 비밀유지의무의 본질과 한계에 관한 재조명과 논쟁이 계속되고 있다.

2000년 윤리위원회의 제안들 중 ABA 대의원총회에서 특별히 논란이 된 것은 "금전적 피해"(financial harms)를 방지하기 위한 비밀공개의 허용 여부였다. 앞서 언급했듯이, 2000년 윤리위원회는 제 3 자가 입게 될 "금전적 범죄나 사기행위"(financial crimes or fraud)를 막기 위해서도 비밀공개를 허용할 것을 제안했다. 하지만 2001년 8월에 개최된 ABA 대의원총회는 이러한 제안을 받아들이지 않았다. 다만 "임박한 사망"이라는 종래의 표현을 "상당히 확실한 사망"(reasonably certain death)으로 고쳐 비밀공개 요건을 조금 완화했을 따름이다.

그런데 2001년 엔론, 2002년 월드컴의 회계부정사건에 Vinson & Elkins나 Kirkland & Ellis와 같은 명망 있는 대형 로펌 변호사들이 연루된 것으로 드러나자, ABA의 태도는 급변했다. 2003년 8월에 개최된 ABA 대의원총회는 2년 전 자신들이 거부했던 2000년 윤리위원회의 제안과 같이 금전적 피해를 막기 위한 비밀공개도 허용(may)했다. ABA 표준규칙의 2003년 8월 개정안은 변호사의 법률서

---

39) Sarbanes-Oxley Act of 2002, Pub. L. No. 107-204, 116 Stat. 745(2002).
40) L.G. Lerman and P.G. Schrag, *Ethical Problems in the Practice of Law*, 2nd ed., Aspen Publishers, 2008, pp. 196~197.

비스를 이용해 의뢰인이 범죄나 사기행위를 저지르려 하고 그 결과로 다른 사람이 상당한 재산상 혹은 금전적 피해를 입을 것이 확실한 경우에 비밀공개를 허용하고 있다.

2003년 개정안을 엔론 사건에 적용해 보면 어떻게 될까? 엔론의 사내변호사 (in-house counsel)인 L은 엔론의 최고재무책임자(CFO)인 F가 주주들과 투자가들의 이익을 침해하는 자기거래(self-dealing)를 비밀리에 하고 있음을 발견한다. 새로 개정된 표준규칙 1.6(b)에 의하면, L은 F의 비리행위를 즉시 엔론의 최고 경영자 (CEO)나 이사회에 알려야 한다. 문제를 조기에 바로 잡고(rectify), 더 큰 피해를 막기 위해(mitigate) 이러한 조치를 취해야 하는 것은 변호사의 '의무'로 규정되어 있다. 즉, 비리사실을 알리는 것이 허용된다는 것이 아니라 반드시 그렇게 해야만 하는 내부고지 의무를 부과하고 있다.

표준규칙이 요구하는 이 첫 단계의 의무를 L이 이행했음에도 불구하고 CEO나 이사회가 적절한 조치를 취하지 않는다면, L은 금전적 피해의 방지나 축소를 위해 비밀을 외부에 공개할 수 있다. 이 경우 L은 거래은행에 F의 자기거래사실과 장부조작 등 회계관련 법규위반 사실을 알릴 수 있다. 다만 이 마지막 조치는 "may"라는 표현을 쓰고 있어, 변호사에게 재량권을 주면서 의무가 아니라 허용되는 행위로 규정하고 있다.

금전적 피해예방을 위해 ABA가 개정한 이 2003년 표준규칙은 2002년 연방의회가 제정한 「사베인즈-옥슬리법」(Sarbanes-Oxley Act)의 관련 규정과도 맥을 같이 하고 있다. 사베인즈-옥슬리법은 증권거래에 관한 법률로서 변호사에 관해 단 하나의 조항을 두고 있을 뿐이지만, 이 조항이 변호사의 직업윤리에 직접적인 영향을 줄 수 있기 때문에 논란의 대상이 되고 있다.[41] 이 법 제307조는 이 법의 제정 이후 180일 이내에 증권거래위원회(SEC)가 변호사의 직업윤리에 관련된 규칙을 제정하도록 명하고 있다.[42] 물론 이 규칙은 모든 변호사들에게 적용되는 것은 아니고, 증권발행기업을 대리해 증권거래위원회(SEC)와 관련 있는 법률서비스를 제공하는 변호사에게만 적용된다. 기업법무를 다루는 로펌 변호사 상당수는

---

41) Thane Rosenbaum, *The Myth of Moral Justice : Why Our Legal System Fails to Do What's Right*, Harper Collins(2004), p. 125.

42) Implementation of Standards of Professional Conduct for Attorneys, 68 Fed. Reg. 6296 (Feb. 6, 2003).

이 법의 적용을 받는다.

사베인즈－옥슬리법은 증권거래위원회가 어떤 내용의 규칙을 제정해야 하는지에 관해 구체적인 주문을 하고 있는데 그 핵심은 부정행위에 관한 내부정보를 상부에 보고하라는 것이다. 즉, 의뢰인 회사나 그 직원이 증권관련 법규를 "중대하게 위반"(material violation)하거나 수탁의무를 위반한 경우에 이런 사실을 최고 법률고문이나 최고 경영자에게 보고할 의무를 변호사에게 부과하고 있다. 이러한 보고를 받은 최고 법률고문이나 최고 경영자가 적절한 조치를 취하지 않는 경우에 변호사는 감사위원회(the audit committee)나 이사회에 이 사실을 직접 보고해야 한다.[43]

위와 같이 최근에 이르러, 일정한 위법행위에 대하여 변호사 등의 전문가에게 이를 발견하면 반드시 보고 내지 통보할 의무를 부과하려는 움직임이 전 세계적으로 일고 있는데, 이것이 이른바 문지기 내지 감시자(gatekeeper)의 문제이다. 위에서 말한 기업변호사의 보고의무 이외에, 국제자금세탁방지기구(Financial Action Task Force on Money Laundering; FATF)는 회원국들에게, 변호사 등의 전문가가 자금세탁 또는 테러자금 제공 등의 의심이 드는 거래를 발견하였을 때, 금융 당국에 반드시 보고할 의무를 부과하도록 하는 입법조치를 마련하도록 권고하였다. 이러한 움직임은 변호사가 의뢰인의 위법행위를 제지하지 않고 방조하거나 협력하며, 때로는 위법행위를 주도한다는 여론에 터잡은 것이다. 하지만 법률로써 변호사의 문지기 책임을 강화하면 의뢰인의 변호사에 대한 신뢰가 심각하게 흔들릴 것이라는 우려와 비판도 있다.[44]

2014년 2월 24일에 개최된 대한변호사협회 총회에서 다루어진 윤리규약 개정안 제53조에는 '사내 위법행위에 대한 조치의무'라는 조항이 있었다. 그 내용은 "사내변호사는 그가 속한 단체 등에서 업무를 처리하는 자가 그 과정에서 위법행위를 하는 사실을 알게 된 경우에는, 그 위법행위자 또는 사내변호사를 관리하는 부서의 장, 조직의 장, 이사회, 집행부 또는 다른 관계부서에 이를 알리거나 기타 적절한 조치를 취한다"라는 것이었다. 이 조항은 반대의견이 많아서 결국 삭제되

---

43) 15 U.S.C.A. § 7245 (2002).
44) Ethan S. Burger, "Who Is the Corporation's Lawyer", 107 *West Virginia Law Review* 711 (2005).

었다.

그러나 이 조항이 채택되지 않았다고 하여, 사내변호사가 사내 위법행위에 대해 적법조치 의무를 이행하지 않거나 방관해도 괜찮다는 의미는 아니다. 윤리 규약 제51조는 사내변호사는 "그 직무를 수행함에 있어, 독립성의 유지가 변호사로서 준수해야 하는 기본 윤리임을 명심하고, 자신의 직업적 양심과 전문적 판단에 따라 업무를 성실히 수행한다."고 규정한다. 여기서 독립성 유지와 직업적 양심에는 위법행위에 대한 방관이 아닌 적극적 고지와 개선 조치가 포함된다고 해석되기 때문이다.

7. 의뢰인-변호사 간의 의사교환에 대한 비밀유지권(ACP)

변호사의 비밀유지의무와 밀접한 관련이 있지만 구별해야 하는 것이 '변호사-의뢰인 특권'(Attorney-Client Priviledge, ACP)이다. 이러한 특권은 영미법계 국가들의 증거법에서 발전해 왔다. 변호사는 법정증언이나 증거수집절차에서 의뢰인의 비밀에 관해 증언을 거부할 수 있고, 이러한 거부권 행사로 인해 불이익이나 제재를 받지 않는다는 것이 이 특권의 내용이다. 증언거부특권은 강제적인 증언 요구를 거부할 수 있다는 소극적 측면에 초점을 둔 제도인 데 반해, 비밀유지의무는 보다 적극적 측면을 가지고 있다. 즉, 외부로 알려질 경우에 의뢰인에게 해가 될 수 있는 모든 정보의 유출을 막아야 하는 적극적 측면이 비밀보호의무의 핵심이다. 따라서 비밀유지의무는 증언거부특권보다 훨씬 포괄적인 개념이다.[45] 그러므로 비밀유지의무를 부과하면서 염두에 두고 있는 상황은 변호사가 소환되어 증언을 강요받는 경우보다는 변호사의 부주의로 의뢰인의 비밀이나 은밀한 정보가 외부로 알려지는 경우와 변호사가 의뢰인의 이익에 반하여 비밀을 고의적으로 이용하는 경우이다.

미국 연방대법원은 변호사와 의뢰인 사이의 높은 신뢰관계를 보장하기 위해 ACP를 인정해 왔고[46], 미국 연방증거법에는 이러한 특권이 성문화되었다. 독일에서도 변호사는 소송에서 의뢰인의 비밀에 대해 증언할 의무가 면제된다. 또한 변

---

45) Wendel, 앞의 책, p. 182.

46) *Upjohn Co. v. United States*, 449 U.S. 383, 389 (1981).

호사와 의뢰인 사이에 주고받은 자료, 변호사가 보관하고 있는 문서 및 정보는 압수수색의 대상이 되지 않는다. 증언거부 및 압수거부권은 독일 법률에 상세히 규정되어 있다. 프랑스에서도 변호사와 의뢰인 사이의 의사교환 내용은 법률상담 이나 소송준비 서면 차원을 불문하고 업무상 비밀로 보호되고 있으며, 이는 변호 사직무규정을 통해 보장된다. 일본에서도 변호사의 증언거부권, 압수거부권 등이 규정되고 있다. 민.형사소송 뿐 아니라, 중재 등 재판 외 분쟁해결와 행정절차에 서도 비밀이 보호되어야 한다는 것이 프랑스의 일반적인 견해이다. 일본에는 변 호사와 의뢰인 간 증언거부 특권에 관한 명문의 규정이 없으나, 형법 제134조, 변호사법 제23조, 변호사직무기본규정 제23조 등에서 변호사는 의뢰인과 사이에 서 통신의 비밀을 지킬 의무가 있다고 규정하고 있다. 또한 민사소송법과 형사소 송법에서 변호사의 증언거부권, 압수거부권 등을 규정하고 있으며, 변호사와의 상담 비밀을 일정 범위에 한정하여 보장하고 있다. 그러나 민사 및 형사소송절차 뿐만 아니라 중재 등 재판 외 분쟁해결, 행정절차 등에 있어서도 변호사와 의뢰 인 간 대화 내용의 비밀은 보호되어야 한다는 것이 일반적인 학계 및 실무의 입 장이다.[47]

　　<자료 5>에서 보듯이, 대법원은 "변호사와 의뢰인 사이의 법률자문 또는 법률상담의 비밀을 일정한 범위에서 보호"하고 있다고 하면서도, "변호인－의뢰 인 특권"을 근거로 내세우는 점에 대해서는 소극적인 태도를 취하고 있다. 이 판 결에서는 "아직 수사나 공판 등 형사절차가 개시되지 아니하여 피의자 또는 피고 인에 해당한다고 볼 수 없는 사람이 일상적 생활관계에서 변호사와 상담한 법률 자문"이나 "의뢰인의 동의가 없는 압수물은 형사재판의 증거로 사용할 수 없다" 는 주장을 배척하고 있다. 이러한 대법원의 판례에 의거할 경우, 변호인－의뢰인 특권 개념을 원용할 수 없고, 재판대상이 된 단계에 이르러 증언거부 내지 공개 거부의 권리를 행사하는 정도에 국한하는 것이다. 하지만 이러한 소극적 태도로 는, 현재 수사기관에 의한 변호사 사무실, 의뢰인에 대한 압수수색을 저지할 논 거가 되지 못한다.

　　학계와 변호사 단체에서는 이같은 수사기관의 행태나 법원 판결에 대해 지

---

47) 서주연·윤종행·천하람, 「변호사와 의뢰인 간 비밀유지권에 관한 연구」, 한국형사정책연구 원, 2020 참조.

속적으로 비판해오고 있다. 또한 국회에서는 변호사의 직무와 관련하여 비밀리에 이루어진 의사교환 내용, 변호사가 의뢰인을 위해 작성한 법률자료에 대해서는 공개, 제출, 열람을 요구해서는 안 되고, 이를 위반하여 수집한 증거는 위법수집 증거로 배척해야 한다는 입법안이 제출되어 있다.

자료 5 대법원 2012. 5. 17. 선고 2009도6788 전원합의체 판결

(1) 한편 형사소송법은 누구든지 자기 또는 친족 등이 형사소추 또는 공소제기를 당하거나 유죄판결을 받을 사실이 발로될 염려가 있는 증언을 거부할 수 있도록 하고(제148조), 또한 변호사, 변리사, 공증인, 공인회계사, 세무사, 대서업자, 의사, 한의사, 치과의사, 약사, 약종상, 조산사, 간호사, 종교의 직에 있는 자 또는 이러한 직에 있던 사람은 그 업무상 위탁을 받은 관계로 알게 된 사실로서 타인의 비밀에 관한 것은 증언을 거부할 수 있도록 규정하여(제149조 본문), 증인에게 일정한 사유가 있는 경우 증언을 거부할 수 있는 권리를 보장하고 있다.

위와 같은 현행 형사소송법 제314조의 문언과 개정 취지, 증언거부권 관련 규정의 내용 등에 비추어 보면, 법정에 출석한 증인이 형사소송법 제148조, 제149조 등에서 정한 바에 따라 정당하게 증언거부권을 행사하여 증언을 거부한 경우는 형사소송법 제314조의 '그 밖에 이에 준하는 사유로 인하여 진술할 수 없는 때'에 해당하지 아니한다고 할 것이다.

(2) 원심은, 피고인 5 주식회사(이하 '피고인 5 회사'라고 한다)가 판시 법무법인 소속 변호사로부터 법률자문을 받은 내용이 기재된 이 사건 법률의견서의 증거능력을 부정한 제1심의 판단을 그대로 유지하면서, 비록 현행법상 명문의 규정은 없으나 헌법 제12조 제4항에 의하여 인정되는 변호인의 조력을 받을 권리 중 하나로서 변호인과 의뢰인 사이에서 법률자문을 목적으로 비밀리에 이루어진 의사교환에 대하여 의뢰인은 그 공개를 거부할 수 있는 특권을 가진다고 전제하였다. 이에 따라 원심은, 이 사건 법률의견서는 법정에서 작성자인 변호사에 의하여 그 성립의 진정이 인정되지 아니한 이상 증거능력이 없을 뿐만 아니라, 그 성립의 진정이 인정된다고 하더라도 위 법리에 따라 압수절차의 위법 여부와 관계없이 변호인-의뢰인 특권에 의하여 의뢰인인 피고인 5 회사 및 피고인 1, 2에 대한 범죄사실을 인정할 증거로 사용할 수 없다고 판단하였다.

(3) 헌법 제12조 제4항 본문은 "누구든지 체포 또는 구속을 당한 때에는 즉시 변호인의 조력을 받을 권리를 가진다"라고 규정하고 있고, 이와 관련하여 형사소송법 제34조는 변호인 또는 변호인이 되려는 사람에 대하여 신체구속을 당한 피고인 또는 피의자와

제한 없이 접견하고 서류 또는 물건을 수수할 수 있도록 허용하고 있다. 한편 형사소송법은 변호사 등이 그 업무상 위탁을 받아 소지 또는 보관하는 물건으로 타인의 비밀에 관한 것은 압수를 거부할 수 있고(제112조 본문, 제219조), 그 업무상 위탁을 받은 관계로 알게 된 사실로서 타인의 비밀에 관한 것은 증언을 거부할 수 있도록 규정하여(제149조 본문), 변호사와 의뢰인 사이의 법률자문 또는 법률상담의 비밀을 일정한 범위에서 보호하고 있다.

위와 같은 변호인의 조력을 받을 권리, 변호사와 의뢰인 사이의 비밀보호 범위 등에 관한 헌법과 형사소송법 규정의 내용과 취지 등에 비추어 볼 때, 아직 수사나 공판 등 형사절차가 개시되지 아니하여 피의자 또는 피고인에 해당한다고 볼 수 없는 사람이 일상적 생활관계에서 변호사와 상담한 법률자문에 대하여도 변호인의 조력을 받을 권리의 내용으로서 그 비밀의 공개를 거부할 수 있는 의뢰인의 특권을 도출할 수 있다거나, 위 특권에 의하여 의뢰인의 동의가 없는 관련 압수물은 압수절차의 위법 여부와 관계없이 형사재판의 증거로 사용할 수 없다는 견해는 받아들일 수 없다고 하겠다. 원심이 이 사건 법률의견서의 증거능력을 부정하는 이유를 설시함에 있어 위와 같은 이른바 변호인-의뢰인 특권을 근거로 내세운 것은 적절하다고 할 수 없다.

V. 법률과오책임(징계 · 배상책임)

의뢰인은 양질의 법률서비스를 변호사로부터 받을 권리가 있다. 변호사가 자신의 무능력, 불성실, 태만 등의 이유로 의뢰인에게 손해를 입힌 경우에 그 손해를 배상해야 한다. 종전의 윤리규칙 제16조 제 3 항은 "변호사는 직무수행상의 고의 또는 과실로 타인에게 손해를 입혔을 때에는 그 손해를 배상할 책임이 있음을 명심하고 업무처리에 있어서 성실 · 공정한 자세로 의뢰인의 권익을 최대한 옹호하도록 노력하여 한다"고 규정하고 있었다. 하지만 2014년 2월 윤리장전 전면 개정에서 이 조항은 삭제되었다. 이 규정은 주의를 환기시키는 것에 불과하여, 이러한 조항이 없더라도 위임계약위반에 따른 손해배상 혹은 민사상 불법행위책임이 발생한다. 미국 ABA 책임준칙은 변호사가 의뢰인에 대한 자신의 법적 책임을 면제하거나 경감시키는 조항을 수임계약에 첨가하는 것을 금지했다.[48]

---

48) ABA Model Code DR 6-102(A).

의뢰인에게 손해를 입힌 경우에 변호사가 지는 책임을 '법률과오책임'(the li-ability of legal malpractice)이라고 한다. 변호사가 법률전문가로서 요구되는 직무수행을 충실히 하지 않은 경우에 그 변호사는 변호사윤리규범 위반을 이유로 징계를 받을 수 있고, 법률과오소송에 의해 손해배상의 책임을 질 수도 있다. 그리고 징계와 배상책임 둘 다에 해당되는 경우도 있다.

변호사의 과실을 판단하기 위해서는 변호사 일반에 적용되는 기준과 특정 분야의 전문변호사에게 요구되는 기준을 나누어 생각해 볼 수 있다. 전자의 경우에, 변호사가 그 지역에서 "평균적인 분별력을 갖춘"(ordinarily prudent) 변호사라면 가질 정도의 주의, 실무처리 능력 및 법률지식, 근면·성실 정도의 이하에 해당된다고 판단되면 책임을 질 수 있다.[49]

고객의 사건수임을 거절하는 경우에도, 그 사건관계 및 관련 법률에 대해 잘 모르는 경우에는 의문점에 관해 기본적인 것을 조사하거나 알아보아야 할 의무가 변호사에게 있다고 미국 법원은 판결했다. 이 사건의 변호사는 필요한 조사 없이 부정확한 법적 의견—"시효가 지났다"—을 표시하고, 그 이유 때문에 사건을 맡지 않겠다고 했다. 법원은 정상적인 변호사라면 했어야 할 기본적인 조사—시효가 지났는지 여부—조차 하지 않고 법적 의견을 말한 것은 주의의무의 위반이라고 보았다.[50] 이 사건은 특히 수임계약이 성립되지도 않은, 따라서 자신의 "의뢰인이 아닌" 사람에게까지 변호사의 손해배상책임을 인정했다는 점에서도 주목을 받았다.

변호사가 의뢰인에게 자신은 특정 분야에 대한 '전문 변호사'라고 소개한 경우에 주의의무의 정도가 일반 변호사의 경우보다 월등히 높아진다. 이 경우에 변호사는 보통 변호사들이 수행하는 지식이나 기술, 기울이는 주의의 정도를 다했더라도 배상책임을 질 수 있다. 이런 경우에 의무를 다했는지 여부의 판단에는 그 분야의 전문변호사에게 요구되는 높은 주의 정도 및 능력의 기준이 적용된다. 법률구조단체나 법원에 의해 임명된 변호사도 일반 변호사와 꼭 같은 기준이 적용된다. 미국 연방대법원은 의뢰인으로부터 수임료를 받느냐의 여부가 변호사의 직무책임에 영향을 주지 않는다고 판결했다.

49) *Cook, Flanagan & Berst v. Clausing*, 73 Wash. 2d 393(1968).
50) *Togstad v. Vesely, Otto, Miller, Keefe*, 291 N.W. 2d 686(Minn. 1980).

```
자료 6
```
대법원 2013. 2. 14. 선고 2012다77969 판결

변호사법 제50조 제 6 항은 "법무법인의 담당변호사는 지정된 업무를 수행할 때에 각자가 그 법무법인을 대표한다."고 규정하고 있고, 변호사법 제58조 제 1 항에 의하여 준용되는 상법 제210조는 "회사를 대표하는 사원이 그 업무집행으로 인하여 타인에게 손해를 가한 때에는 회사는 그 사원과 연대하여 배상할 책임이 있다."고 규정하고 있는바, 상법 제210조는 법인의 불법행위능력에 관한 민법 제35조 제 1 항의 특칙이므로, 법무법인의 대표변호사나 담당변호사가 법무법인과 연대하여 제 3 자에 대해 손해배상책임을 부담하는 것은 대표변호사 등이 그 업무집행 중 불법행위를 한 경우에 한정된다.

따라서 원심의 판단과 같이 피고 법무법인 A가 원고에 대하여 불법행위로 인한 손해배상책임이 아니라 소송위임계약상의 채무불이행으로 인한 손해배상책임을 부담할 뿐이라면, 그 대표변호사이자 담당변호사인 피고 2에 대하여 변호사법 제58조 제 1 항, 상법 제210조에 기한 연대책임을 물을 수는 없다.

그런데도 원심은, 피고 2에 대하여 피고 법무법인 A와 연대하여 원고에게 채무불이행으로 인한 손해를 배상하도록 명하고 말았으니, 이러한 원심판결에는 상법 제210조의 손해배상책임에 관한 법리를 오해하여 판결 결과에 영향을 미친 위법이 있다. 이 점을 지적하는 상고이유의 주장은 이유 있다.[51]

```
연구과제
```

▸ 제품의 결함 때문에 신체적 손상을 입었다고 주장하는 A는 제조회사 B를 상대로 손해배상소송을 제기했다. B회사의 법무팀장은 甲변호사를 찾아와 자기 회사를 변호해 달라고 요청했다. 그런데 회사의 자금난과 이 사건의 경미함을 이유로 이 사건에 쓸 수 있는 법률비용은 500만 원을 넘을 수 없다고 말했다. 따라서 이 사건에 대한 조사와 소송진행에 드는 모든 비용을 이 금액 한도 내에서 처리해 달라고 했다. 변호사는 이 사건의 제품에 대한 품질검사를 제대로 하려면 500만 원 이상이 소요됨을 알고 있다. 이 경우에 '성실의무'를 다하기 위해 변호사는 어떻

---

51) 대법원 2013. 11. 28. 선고 2013다55812 판결은 "변호사법 제58조 제 1 항에 의해 준용되는 상법 제212조는 회사 채권자를 보호하기 위한 강행규정으로써, 정관의 규정 또는 총사원의 동의로도 이를 배제할 수 없다"고 하면서 "법무법인의 법인 등기부상 구성원 변호사로 기재된 변호사(공증만 담당함)가 실질적으로 법인 운영에 관여하지 않았다는 것은 법인의 내부적인 사정에 불과하고, 변호사가 법인 운영에 관여하지 않았다는 것을 이유로 채권자에게 대항할 수 없다고 판단한 원심은 정당하다"고 판시하였다.

게 처신해야 하는지 논의해 보자.

▸ 미국에서 비밀유지의무의 예외적 배제 여부는 아래의 표와 같이 정리될 수 있다. 이러한 도식화가 우리나라 상황에도 타당한지 논의해 보자.

구분	생명	심각한 상해	경미한 상해	개인에 대한 재산침해	다수에 대한 재산 침해
과거	불가	불가	불가	불가	불가
현재	가능	가능	불가	불가	가능
미래	상당히 확실한 때	상당히 확실한 때	불가	불가	가능

▸ 변호사의 의뢰인에 대한 직업윤리적 기본의무는 구체적 상황에서 특정 의뢰인과 그의 변호사 사이의 관계가 무엇인가에 따라 결정된다. 즉, 의뢰인이 변호사에게 구체적으로 어떤 역할을 맡겼느냐에 따라 기본의무의 내용이 달라질 수 있다. 이 장에서의 논의는 주로 소송대리와 같은 전통적인 역할에 초점을 맞추었다. 하지만 변호사의 역할이 소송대리 이외의 다양한 업무로 확장되고 있는 추세를 고려하여 다른 업무 역할들에 관해서도 살펴볼 필요가 있다. 변호사는 의뢰인에게 법적 상담이나 조언을 주는 역할(advisor), 의뢰인을 대신하여 협상을 하는 역할(negotiator), 둘 이상의 의뢰인들 사이의 분쟁이나 이견을 조정하는 역할(intermediary), 그리고 의뢰인의 법률관계를 평가하여 그 내용을 보고하는 역할(evaluator) 등을 수행할 수 있다. 이러한 각각의 역할에서 변호사가 의뢰인에게 부담하는 의무의 내용은 소송대리의 역할에서와 어떠한 차이가 있는지를 알아보자.

제 7 장

이익충돌회피의무

이 상 수

[기본질문]

1. 이익충돌에도 불구하고 사건을 수임한 변호사가 윤리적으로 비난받아야 하는 이유는 무엇인가?

2. 이익충돌에도 불구하고 사건을 수임하는 것은 비윤리적이라고 하면서도, 상황에 따라서는 이익충돌에도 불구하고 사건의 수임을 허용하는 것은 어떤 필요성 때문인가?

3. 현재 수임하고 있는 의뢰인의 이익과 충돌하는 사건을 수임하는 경우에 현재 의뢰인의 동의는 어떤 영향을 미치는가?

4. 종전 의뢰인의 이익과 충돌하는 사건을 수임하는 경우에 종전 의뢰인의 동의는 어떤 영향을 미치는가?

5. 로펌에서 이익충돌이 전가되는 현상이란 무엇을 말하는가? 그리고 사후적으로 이익충돌이 드러나는 경우 어떤 대처방안이 있는지, 왜 그러한 대처방안이 불가피한지 설명해 보라.

6. 변호사와 의뢰인 사이의 이익이 충돌되는 경우에 변호사는 어떻게 처신해야 하는가?
7. 사건의 상담은 했지만 실제로 수임하지 않은 고객을 잠재적 의뢰인이라고 하는데, 잠재적
   의뢰인의 이익과 충돌하는 사건을 수임하는 것은 허용되는가?

◇ **관련 법령**
   [변호사법]
   제31조(수임제한)
   제32조(계쟁권리의 양수금지)

   [변호사윤리규약]
   제22조(수임제한)
   제27조(의뢰인 간의 이해대립)
   제48조(수임제한)

Ⅰ. 도   입

1. 이익충돌과 변호사의 딜레마

   A는 음주운전중 상해사고를 일으켜 업무상 과실치상죄의 혐의로 형사재판을 받
는 중인데, 변호인으로는 변호사 甲을 선임했다. 소송진행과정에서 甲은 교통사고
의 당시 상황에 대한 진술을 듣기도 하고, 형사합의 가능성을 타진하기 위하여, 피
해자 B를 수차례 만났다. 그 과정에서 B는 변호사 甲이 일을 성실하게 하는 것으
로 보고 그에 대해서 좋은 감정을 가지게 되었다. B는 A를 상대로 민사손해배상소
송을 하고자 생각하고 변호사를 물색하고 있었는데, 마침 변호사 甲이 적절하다고
생각하고 그에게 소송을 의뢰하기에 이르렀다. 여기에 어떤 법적 문제가 있을까?

   위 사례에서 한 사건은 형사사건이고 다른 한 사건은 민사사건이다. 그렇지
만 형사사건과 민사사건은 동일한 교통사고를 기반으로 하고 있다. 만약에 변호
사가 B가 의뢰한 민사사건을 맡게 된다면, 변호사는 형사소송에서는 자신의 의뢰

인(A)에게 책임이 없거나 작다고 주장할 것이고, 민사소송에서 반대로 자신의 의뢰인(B)의 상대방(A)에게 중대한 귀책이 있다는 점을 부각할 것이다. 여기에서 A와 B의 이익이 충돌하기 때문에 변호사가 두 사람 모두의 이익을 동시에 옹호하는 것은 불가능하다. A에게 유리한 증거는 B에게 불리하기 때문에 변호사는 어느 한쪽의 이익을 희생시키지 않고 다른 쪽 의뢰인의 이익을 옹호할 수 없는 딜레마가 생기는 것이다. 만약 변호사가 사건을 수임한다면, A는 자신이 변호사에게 솔직히 고백한 사실(예컨대 경찰에게는 술을 1병 먹었다고 말했지만 사실은 2병 먹었다고 고백한 사실)이 자신에게 불리하게 이용될 수 있다는 것을 알고 분노하게 될 것이다. 이러한 경우 변호사 甲은 본인의 선의와 무관하게 양자 모두에게 충실한 대리를 할 수 없다. 이것이 이른바 "이익충돌"(conflict of interests)의 문제이다. 변호사가 이익충돌의 상황에 빠지게 되면, 의뢰인 모두에 대한 성실한 대리는 불가능하게 되고, 한쪽의 이익을 희생시키는 결정을 하지 않을 수 없는 것이다. 변호사의 가장 중요한 의무가 의뢰인에 대한 충실의무라고 했을 때, 이익충돌은 변호사의 본질을 구현하지 못하게 하는 심각한 딜레마상황이라고 할 수 있다. 그렇기 때문에 어느 나라든 이익충돌이 있는 경우 변호사에게 수임을 금지하거나 일정한 제한을 가하는 것이다.[1]

미국의 경우를 보면, 19세기 중반까지만 해도 변호사들은 이익충돌에도 불구하고 의뢰인의 이익을 성실히 옹호하는 것이 가능하다고 생각했으며, 그러한 상황에서 스스로 공정성을 유지할 수 있다고 믿었다고 한다. 그러나 19세기 말에 이르면 이익충돌은 윤리적으로 용납될 수 없는 것으로서 인정되기 시작했으며, 「앨라배마 변호사윤리규범」(Alabama Bar Code of Ethics)에서 처음으로 쌍방대리를 금지하는 것이 규정으로 정립되었다. 이후 이익충돌에도 불구하고 사건을 수임하는 행위는 비윤리적이라는 것이 당연한 상식으로서 인정됐을 뿐만 아니라, 이익충돌에 관한 복잡하고 정교한 규정들이 발달하였다. 이익충돌의 법리가 발달한 배경으로는 이익충돌에서의 수임 자체가 가지는 비윤리적 성격에 더하여, 재판의 기술로써 이익충돌의 법리가 많이 이용되기 때문이다. 특히 로펌이 성장하고 변호사들의 이동이 많아지고 또 기업의뢰인의 수가 증가하면서 이익충돌상황이 더 빈번하게 발생하게 되었고 이익충돌을 이유로 상대방 변호사의 자격을 부인하는

[1] "누구도 두 주인을 똑같이 섬길 수는 없다"(No one can serve two masters.)는 법언을 참조.

것(disqualification)도 더 빈번하게 이용되게 되었다. 그리고 이익충돌을 이유로 한 법무과오소송도 무시할 수 없게 됐다.

우리나라의 경우 이익충돌을 문제삼은 판례나 징계사례가 급속히 늘어나고 있으며, 변호사들이 해결에 곤란을 느끼는 문제로서 급속히 떠오르고 있다. 법률시장이 개방되고 변호사의 수가 증가되면 이익충돌의 문제는 더욱 중대한 관심사로 떠오를 것이 명백하다. 따라서 장차 변호사업무를 하고자 하는 사람은 이익충돌의 문제를 심각하게 숙지해 두지 않으면 안 될 것이다.

이익충돌의 문제는 무조건 회피한다고 해결되는 것은 아니다. 이익충돌상황을 무조건 회피한다면, 이는 변호사 자신의 이익에도 반할 뿐더러 의뢰인의 이익에도 충실하지 못한 결과가 된다. 회피해야 할 이익충돌상황이라면 정확히 회피해야 하지만, 그렇지 않은 이익충돌의 상황은 정확한 절차에 따라 적절히 대응해야 한다. 일정한 이익충돌의 경우에는 이익충돌에도 불구하고 수임을 허용하기도 하고, 일정한 조건하에서 수임을 허용하기도 하기 때문이다. 미국 등 외국에서 발달한 이익충돌의 법리가 반드시 우리나라에서 타당하다고 할 수는 없지만, 이를 반드시 무시할 것도 아니다. 오히려 각국간의 이익충돌의 법리는 서로 유사해지는 경향을 강하게 보이고 있다. 따라서 이익충돌의 법리는 우리나라의 법규를 정확히 이해하면서, 동시에 외국의 사례를 참고하면서 응용력을 기르는 것이 필요하다.

2. 이익충돌에 대한 규제의 이유

이익충돌의 국면은 위에서 제시된 유형에 한정하지 않고, 훨씬 복잡하다. 대체로 이익충돌은 다른 의뢰인의 이익이나 변호사 자신의 이익 기타 이해관계 때문에 의뢰인을 위한 온전한 판단이 방해받는 상황을 의미한다. 이러한 이익충돌상황에서의 대리행위에 대해 규제하는 이유나 근거가 반드시 일치하는 것은 아니다.

판례에 의하면,[2] 변호사법 제31조 제 1 항 제 1 호에서 당사자의 일방으로부터 상의를 받아 그 수임을 승낙한 사건의 상대방이 위임하는 사건의 경우에 변호

---

2) 대법원 2003. 11. 28. 선고 2003다41791 판결.

사의 직무행위를 금지하는 이유는, "변호사가 그와 같은 사건에 관하여 직무를 행하는 것은 먼저 그 변호사를 신뢰하여 상의를 하고 사건을 위임한 당사자 일방의 신뢰를 배반하게 되고, 변호사의 품위를 실추시키게 되는 것"이기 때문이다.

일본의 판례에 의하면,[3] "이러한 [이익충돌되는] 사건에서 변호사가 직무를 행하는 것은 이전에 그 변호사를 신뢰하여 협의 또는 의뢰한 상대방의 신뢰를 배신하는 것이 되고 그리고 그러한 행위는 변호사의 품위를 실추시키는 것이기 때문이다"라고 하며, 아울러 이러한 행위는 "변호사 전체에 대한 일반인의 신뢰와 신용을 잃게 하고 나아가 사법이 공정하게 운영되는 것에 대한 일반인의 신뢰를 해치는 결과를 낳는 일 요인으로 될 우려가 없다고는 할 수 없다"고 한다.

미국에서도 대체로 유사한 논거가 동원된다. 무엇보다 의뢰인에 대한 충실의무를 다하지 못하게 하는 점이 지적된다. 그리고 의뢰인의 비밀을 보호해야 할 필요성이라든지 사법절차의 정상적 작동이 거론된다. 사법절차의 정상적 작동을 위해서 이익충돌이 회피되어야 한다는 것은 만약 이익충돌의 대리를 허용하게 한다면 이는 당사자주의의 소송구조가 갖는 제도의 취지를 근본적으로 부인하는 결과가 된다는 점을 지적하는 것이다. 다시 말해 동일한 변호사가 대립하는 두 이해관계자를 대리할 수 있게 하는 것은 혼자 두는 바둑과 같아서 경기자의 선의와 상관없이 게임의 존재 의의를 부인하는 것이다.

3. 이익충돌에 대한 규제의 한계

이익충돌은 획일적으로 금지하는 것만이 능사는 아니다. 일정한 경우에는 이익충돌에도 불구하고 이익충돌에 대한 규제를 완화해야 할 필요도 있다. 그 근거로 다음과 같은 몇 가지가 거론된다.[4] 첫째는 의뢰인에게 변호사의 이용가능성을 제고해 주려는 것이다. 변호사가 많지 않은 지역에서 이익충돌의 법리를 엄격하게 적용하면, 의뢰인은 적절한 변호사를 찾기 힘들 것이다. 또 전문적인 변호사

---

3) 最大判昭 38. 10. 30(小島武司 외, 現代の法曹倫理, 法律文化社, 2007, 79쪽).
4) W. Bradley Wendel, *Professional Responsibility : Example & Explation*, Aspen Publisher, 2007, p. 279.

가 많지 않은 분야에서도 마찬가지 문제가 발생한다. 둘째, 변호사의 경제적 자유의 보장이다. 만약 너무 엄격하게 이익충돌을 적용한다면 변호사의 전직이나 로펌간의 통합 등은 극히 제한될 것이다. 또 이익충돌의 법리를 너무 엄격하게 적용한다면 변호사의 입장에서 새로운 사건을 맡는 것이 과도하게 제약될 것이다. 셋째, 이익충돌법리의 남용방지이다. 이익충돌이 있다고 보이는 경우 그러한 변호사의 대리자격이 부인되는데, 경우에 따라서 상대방 변호사는 이 점을 무기로 활용함으로써 부당하게 소송을 지연시키거나 상대방을 당혹케 할 수 있다. 따라서 미국의 경우 일정한 경우에 이익충돌이 있더라도 판사는 해당 변호사에게 사건을 계속해서 수임하도록 허용한다.

변호사윤리는 이런 점들을 고려하여 이익충돌의 지나친 경직화를 막으면서도, 적절히 이익충돌이 회피되도록 하고자 한다. 그 균형점은 국가마다 조금씩 다를 수 있기 때문에 우리나라에서 변호사업무를 하는 경우 우리나라의 관련 규정을 익히는 것이 필요하다.

4. 이익충돌과 관련한 현행 법규

현행 법규상 이익충돌의 법리는 크게 ① 현재 수임중인 의뢰인의 이익이 충돌하는 경우(변호사법 제31조 제 1 호·제 2 호; 윤리규약 제22조 제 1 항 제 2 호 내지 제 6 호), ② 종래 의뢰인의 이익과 충돌하는 경우(윤리규약 제22조 제 2 항), ③ 공무원 등으로 사무에 관여한 사건에서의 이익충돌(윤리규약 제22조 제 1 항 제 1 호; 변호사법 제31조 제 1 항 제 3 호), ④ 계쟁권리의 양수금지(변호사법 제32조; 윤리규약 제34조), ⑤ 법무법인에서의 이익충돌(윤리규약 제48조, 제49조), ⑥ 상담후 수임에 이르지 않은 경우(윤리규약 제22조 제 3 항) 등으로 나누어 볼 수 있다. 이 중 현재 수임중인 의뢰인의 이익과 충돌하는 경우는 사안이 동일한 경우와 그렇지 않은 경우로 나누어 볼 수 있다. 변호사로서 실무를 하는 자는 위 각각의 경우에 어떤 법리가 적용되는지를 숙지해야 한다.

이 중에 기본축이 되는 것은 ① 현재 수임중인 의뢰인의 이익이 충돌하는 경우(변호사법 제31조 제 1 호·제 2 호; 윤리규약 제22조 제 1 항 제 2 호 제 3 호), ② 종래 의뢰인의 이익과 충돌하는 경우(변호사법 제31조 제 1 호; 윤리규약 제22조 제 2 항)이다.

각각의 법리를 표로 보면 다음과 같다.

[표] 의뢰인간의 이익충돌

구　분		수임가능 여부	관련 조문
현재 의뢰인과의 이익충돌	동일사건	동의불문 수임불가	변호사법 제31조 제 1 호 윤리규약 제22조 제 1 항 제 2 호
	동일하지 않은 사건	동의가 있으면 수임가능	변호사법 제31조 제 2 호
종전 의뢰인과의 이익충돌	동일사건	동의불문 수임불가	변호사법 제31조 제 1 호 윤리규약 제22조 제 2 항
	동일하지 않은 사건	수임가능	윤리규약 제22조 제 2 항 단서

Ⅱ. 의뢰인간의 이익충돌

1. 현재 수임중인 의뢰인과 이익충돌

가장 전형적인 이익충돌의 사례는 현재 수임중인 사건과 동일한 사건에서 상대방 당사자를 대리하는 경우이다. 앞의 사례가 이에 해당한다.

[사례 1]

A는 음주운전중 상해사고를 일으켜 업무상 과실치상죄의 혐의로 형사재판을 수행중인데, 변호인으로는 변호사 甲을 선임했다. 소송진행과정에서 甲은 교통사고의 당시 상황에 대한 진술을 듣기도 하고, 형사합의 가능성을 타진하기 위하여, 피해자 B를 수차례 만났다. 그 과정에서 B는 변호사 甲이 일을 성실하게 하는 것으로 보고 그에 대해서 좋은 감정을 가지게 되었다. B는 A를 상대로 그 교통사고의 민사손해배상소송을 하고자 생각하고 변호사를 물색하고 있었는데, 마침 변호사 甲이 적절하다고 생각하고 그에게 소송을 의뢰하기에 이르렀다.

① 이 사건에서 甲은 B로부터 사건을 수임할 수 있는가?

② 甲은 A에게 이익충돌이 있지만, 자신은 A의 입장을 잘 알고 있으므로 자신이

B를 대리하면 다른 사람이 B를 대리하는 것보다 더 원만한 해결을 도모할 수 있다고 말하면서 A로부터 양해(동의)를 받은 경우는 어떤가?

③ 만약 B가 A가 가입한 자동차보험회사를 상대로 하는 손해배상청구소송을 하는 경우 甲은 사건을 수임할 수 있는가?

(1) 이익충돌의 존재 여부

이 사건은 전형적인 동시적 이익충돌의 사례에 속한다. 어떤 의미에서 이익충돌이 일어나는지를 보자.

비밀정보라는 면에서 이익충돌이 명백하게 보인다. 변호사 甲은 A의 형사소송을 변호하면서 A의 비밀정보에 대해서 접했다고 보아야 할 것이다. 그 정보 중에는 A에게 불리한 정보도 있을 수 있다. 그러한 상태에서 만약 A를 상대로 한 B의 민사소송을 수임한다면, A에 관해서 변호사가 알고 있는 정보가 문제가 된다. B에게 유리한 정보를 이용하지 않으면 B에 대한 성실의무를 다하지 못하게 되고, A에 대한 정보를 이용하면 A에 대한 비밀유지의무를 다하지 못하게 된다.

A 또는 B에 대한 성실의무라는 면에서도 이익충돌을 알 수 있다. 특히 A의 입장에서는 변호사가 자신을 위해서 열성적으로 변호해 줄 것을 기대하겠지만, 이와 같은 이익충돌상황에서라면 열성적인 변호를 기대하기 어려울 것이다. B의 입장에서 보더라도, A의 이익을 옹호해야 하는 변호사가 자신을 위해서 열성적으로 변호할 것으로 기대할 수 없을 것이다. 이러한 상황에서 사건을 수임한다면 이는 "사건을 위임한 당사자 일방의 신뢰를 배반"한 행위에 해당한다고 할 수 있을 것이다. 미국 표준규칙의 표현에 의하면, 이 경우 두 의뢰인의 이익이 "정면으로 대립"(direct adversity)하는 경우에 속한다. 이 경우 이익충돌로 인하여 변호사의 판단이나 변호사가 선택할 수 있는 소송전술을 채택함에 있어서 부정적인 영향을 미칠 수밖에 없다.

이익충돌의 존재 여부를 따질 때는 실제로 비밀정보가 존재하는지 그 비밀정보가 자신에게 불리하게 작용했는지, 또는 실제 성실하게 대리했는지 그렇지 않은지는 문제삼지 않는다. 그러한 사실은 입증이 매우 곤란하기 때문이다. 중요한 것은 그러한 비밀정보의 남용가능성 또는 불성실한 대리의 가능성이다. 이익충돌을 따질 때는 실제적 손상이 아니라, 손상을 낳을 위험성이 있는지 여부가 중요하다. 그러한 위험성에도 불구하고 "직무를 행한 것"이 문제이지 그러한 가능성이 실제로 손상을 낳았다는 것을 문제삼는 것이 아니다. 그런 점에서 이익충돌의 법리는 "손상의 규칙"(harm rule)이라기보다 "위험성의 규칙"(risk rule)이다.[5]

(2) 동일성판단과 동의가능성

동시적 이익충돌과 관련하여 변호사법과 윤리장전은 두 가지 경우로 나누어 규정하고 있다. 즉, "당사자 한쪽으로부터 상의를 받아 그 수임을 승낙한 사건의 상대방이 위임하는 사건"(변호사법 제31조 제 1 호)과 "수임하고 있는 사건의 상대방이 위임하는 다른 사건"(변호사법 제31조 제 2 호)으로 나누어져 있다. 제 2 호에 비추어 본다면, 제 1 호의 "사건"은 '동일한' 사건으로 해석된다. 법적 효과의 면에서 제 1호와 제 2 호 사건의 차이점은, 전자에 해당하는 사건은 의뢰인의 동의 여부와 상관없이 사건을 수임할 수 없지만, 후자의 경우는 사건의 위임인이 동의한 때는 사건을 수임할 수 있다는 점이다. 따라서 여기에서 사건의 동일성 여부를 판단하는 것이 중요하다.

동일성 판단과 관련하여 판례는 "변호사법 제31조 제 1 호가 적용되기 위해서는 그 변호사가 관여한 사건이 일방 당사자와 그 상대방 사이에 있어서 동일하여야 하는데, 여기서 사건이 동일한지의 여부는 그 기초가 된 분쟁의 실체가 동일한지의 여부에 의하여 결정되어야 하는 것이므로 상반되는 이익의 범위에 따라서 개별적으로 판단되어야 하는 것이고, 소송물이 동일한지 여부나 민사사건과 형사사건 사이와 같이 그 절차가 같은 성질의 것인지 여부는 관계가 없다고 할 것이다"고 한다.[6] 여기서는 "기초가 된 분쟁의 실체가 동일한지 여부"라는 기준을 제시하고 있다. 분쟁의 실체가 동일한지 여부는 법률적 쟁점의 동일성을 말하는 것이 아니다. 오히려 사실관계의 차원에서 두 사건간에 중첩부분의 존재 여부가 문제로 된다. 예컨대 한 사건에서 얻은 비밀정보가 다른 사건에서 유의미하다면 분쟁의 실체가 동일하다고 볼 여지가 있다.

위 판례의 입장을 반영하여 2016년 윤리규약은 기존의 내용인 "실질적으로 동일하거나 본질적으로 관련된"이라는 규정을 "기초가 된 분쟁의 실체가 동일한"

---

5) Wendel, 앞의 책, p. 292.
6) 대법원 2003. 11. 28. 선고 2003다41791 판결.

으로 개정하였다(윤리규약 제22조 제 2 항: 변호사는 위임사유가 종료된 경우라도 종전사건과 기초가 된 분쟁의 실체가 동일한 사건에서 대립되는 당사자로부터 사건을 수임하지 아니한다). 즉 변호사는 상대방이 의뢰하는 동일 사건은 위임사무의 종료와 관계없이 수임할 수 없다는 것이다.

예컨대 채권자 갑이 주채무자(을)과 연대보증인(병)을 상대로 대여금청구소송을 제기한 경우, 병이 A 변호사를 소송대리인으로 선임했다. 갑은 원고가 되고, 을과 병은 피고로서 서로 대립하는 당사자가 된다. 다른 한편 을과 병 사이에는 현재 법적 대립당사자는 아니어도, 채무부담을 누가 이행할 것인가를 둘러싸고 이해관계의 대립이 있게 된다. 위 소송에서 패소한 병이 그 채무를 일단 변제하면, 병은 을을 상대로 구상금청구를 제소할 수 있다.

이때 을이 A변호사를 대리할 수 있는가의 문제가 생길 수 있다. 이때 구상금청구소송은 종전 사건인 대여금청구소송과는 '분쟁의 실체가 동일한 사건'이고 양자 간에는 '대립되는 당사자'가 되므로, 이 경우에 A는 을의 대리인이 될 수 없다. 종전 의뢰인(병)의 양해가 있더라도 마찬가지다.[7]

≪판례≫ 실질적 동일사건을 동일 법무법인에서 변호사를 달리한 경우

X법무법인 소속 변호사 甲은 보험사기 관련 형사사건에서 피고인 A를 변론했다. 그런데 같은 사안에서 피해자측에 해당하는 보험회사(원고)는 X법무법인에 사건을 맡겨서 X 소속 변호사 乙이 소송대리인으로 직무를 수행하였다. 이어 X법무법인이 해산된 이후 乙은 변호사 개인의 지위에서, 민사항소심의 사건을 수임하여 그 변론과정에 관여해도 되는가?

그에 대한 판결은 다음과 같다.

"변호사법 제31조 제 1 호에서는 변호사는 당사자 일방으로부터 상의를 받아 그 수임을 승낙한 사건의 상대방이 위임하는 사건에 관하여는 그 직무를 행할 수 없다고 규정하고 있고, 위 규정의 입법 취지 등에 비추어 볼 때 동일한 변호사가 형사사건에서 피고인을 위한 변호인으로 선임되어 변호활동을 하는 등 직무를 수행하였다가 나중에 실질적으로 동일한 쟁점을 포함하고 있는 민사사건에

7) 정형근, 법조윤리강의(제7판), 2016, 293 참조.

서 위 형사사건의 피해자에 해당하는 상대방 당사자를 위한 소송대리인으로서
소송행위를 하는 등 직무를 수행하는 것 역시 마찬가지로 금지되는 것으로 볼
것이며, 이러한 규정은 같은 법 제57조의 규정에 의하여 법무법인에 관하여도 준
용된다고 할 것이므로, 법무법인의 구성원 변호사가 형사사건의 변호인으로 선
임된 그 법무법인의 업무담당변호사로 지정되어 그 직무를 수행한 바 있었음에
도, 그 이후 제기된 같은 쟁점의 민사사건에서 이번에는 위 형사사건의 피해자측
에 해당하는 상대방 당사자를 위한 소송대리인으로서 직무를 수행하는 것도 금
지되는 것임은 물론이고, 위 법무법인이 해산된 이후라도 변호사 개인의 지위에
서 그와 같은 민사사건을 수임하는 것 역시 마찬가지로 금지되는 것이라고 풀이
할 것이며, 비록 민사사건에서 직접적으로 업무를 담당한 변호사가 먼저 진행된
형사사건에서 피고인을 위한 직접적인 변론에 관여를 한 바 없었다고 하더라도
달리 볼 것은 아니라고 할 것이니, 이러한 행위들은 모두 변호사법 제31조 제 1 호
의 수임제한규정을 위반한 것이다."(대법원 2003. 5. 30. 선고 2003다15556 판결).

≪판례≫ 원고 본인이 법무법인 소속 변호사이고, 피고 소송대리인이 같은 법무
법인인 사안

변호사법 제31조 제1, 2항은 당사자 일방으로부터 상의를 받아 그 수임을 승
낙한 사건의 상대방이 위임하는 사건에 대한 변호사의 직무행위, 즉 "쌍방대리"
를 제한하면서, 이러한 경우에는 같은 법무법인 소속 변호사를 동일한 변호사로
본다는 규정이다. 변호사가 그와 같은 사건에 관하여 직무를 행하는 것은 먼저
그 변호사를 신뢰하여 상의를 하고 사건을 위임한 당사자 일방의 신뢰를 배반하
고 변호사의 품위를 실추시키는 것이므로, 그러한 사건에 있어서는 변호사가 직
무를 집행할 수 없도록 금지한 것이다(대법원 2003. 11. 28. 선고 2003다41791 판결
등 참조).

그런데 피고 소송대리인들은 피고로부터 이 사건의 소송대리를 수임하셨으면
서 동시에 그 상대방인 원고를 대리하여 소송행위를 한 것이 아니라 원고 본인
과 같은 법무법인 소속 변호사인 관계에 있는 것에 불과하다. 따라서 이 사안은
변호사법 제31조 제1, 2항이 직접 적용되는 사안이라고 볼 수 없고, 상대방 당사
자와 이와 같은 관계에 있는 변호사의 수임을 제한하는 다른 법률규정이 있는
것도 아니다. 앞서 본 바와 같은 변호사법규정 취지에 비추어 보더라도, 단순히

상대방 당사자인 원고 본인과 같은 법무법인 소속 변호사라는 이유만으로는 피고 소송대리인의 소송행위의 효력이 제한된다고 보기 어렵다(대법원 2018. 11. 29. 2018다22077, 2018다22084 판결).

[사례 1]의 경우는 분쟁의 실체가 완전히 일치하는 경우에 속한다고 할 수 있다. 동일한 교통사고로 인하여 발생한 형사소송과 민사소송이기 때문이다. 한 소송에서 얻은 정보는 즉시 다른 소송에서 의미 있게 활용가능하다. 따라서 이 사건은 변호사법 제31조 제1항의 사건이라고 할 수 있다. 이 경우 변호사는 A의 동의를 얻는다고 하더라도 B로부터 사건을 수임할 수 없다. 즉, 동의로 치유할 수 없는 이익충돌의 경우에 속한다.

만약 A가 가입한 손해보험회사를 상대로 B가 민사소송을 제기하려고 한다면, 변호사 甲은 B의 민사소송사건을 수임할 수 있는가? 형식적으로 보자면 A와 손해보험회사는 별도의 주체이기 때문에 사건을 맡을 수 있는 것처럼 보인다. 하지만 손해보험회사의 패소는 A의 손실이 될 수 있고, 손해보험회사를 상대로 한 소송에서 A로부터 얻은 정보가 이용된다면 이는 이익충돌이 발생한다고 할 수 있다. 이때 만약 변호사가 A에게 충실하려고 한다면 A로부터 얻은 정보를 이용하지 말아야 하겠지만, 이렇게 되면 B에 대한 충실의무를 다하지 못하게 된다. 따라서 이 경우도 변호사는 사건을 수임할 수 없다.

[사례 2]

A는 음주운전중 상해사고를 일으켜 피해자 B로부터 민사손해배상 소송을 당하였는데, 이 사무의 처리를 위하여 변호인으로는 변호사 甲을 선임했다. 소송진행과정에서 甲은 교통사고의 당시 상황에 대한 진술을 듣기도 하고, 민사합의 가능성을 타진하기 위하여, B를 수차례 만났다. 그 과정에서 B는 甲이 일을 성실하게 하는 것으로 보고 그에 대해서 좋은 감정을 가지게 되었다. 마침 B는 C를 상대로 민사손해배상소송을 하고자 생각하고 변호사를 물색하고 있었는데, 마침 甲이 적절하다고 생각하고 그에게 소송을 의뢰하기에 이르렀다.

이를 위 [사례 1]과 비교해 본다면, [사례 1]은 A를 대리하는 변호사가 다시 A를 상대방으로 하는 B의 사건을 맡을지 여부에 관한 것이지만, [사례 2]는 A가 개입된 사건과 C가 개입된 사건은 하등의 법률적 관련성도 없다는 점에 차이가 있다. 이러한 경우 변호사 甲은 B로부터 사건을 수임할 수 있는가? 만약 수임하게 된다면, 변호사 甲은 A와 B 사이의 분쟁에서는 B를 공격하고, B와 C의 분쟁에서는 B를 변호하는 입장에 설 것이다. 이러한 것은 허용할 만한가? 그리고 우리나라 법규의 입장은 무엇인가?

이 사건에서 문제로 되는 것은 변호사 甲이 B에 대한 의무감 또는 정서적 친밀감 때문에 A를 위한 대리를 충실히 하지 못할 것인지 여부이다. 사실 소송을 대리하는 것은 아무런 감정의 개입이 없는 냉혹한 법률적 지원에 그치는 것은 아니다. 소송을 대리하는 과정에서 감정과 정서가 개입되면서 소송에 대한 열정과 헌신의 깊이가 정해진다. 그러한 점을 고려한다면 변호사가 B를 옹호하면서 동시에 B를 공격하는 입장이 된다면, A를 위한 성실한 대리를 기대할 수 없다고 할 수 있다. 그렇기 때문에 사건의 동일성이 없더라도, "수임하고 있는 사건의 상대방이 위임하는 다른 사건"(변호사법 제31조 제2호)에 대해서도 그 직무를 수행할 수 없도록 하는 것이다.

다만 이 경우는 동일한 사건에서 직접적으로 이익이 대립되는 변호사법 제31조 제1호의 경우와는 달리, 사건의 위임인이 동의를 한 때는 사건을 수임할 수 있도록 하고 있다. 따라서 [사례 2]의 경우 변호사 甲은 B의 사건을 수임할 수 없는 것이 원칙이지만, 위임인인 A의 동의를 받는다면 사건을 수임할 수 있다. 이때 A의 동의를 받기 위해서 변호사는 동의가 갖는 법률적 의미에 대해서 충분히 설명해 주어야 한다. 그리고 그것을 설명하는 과정에서 B의 비밀정보를 알려주어야 할 필요가 있다면 이러한 비밀누설에 대해서는 B의 동의를 얻어야 한다. 이러한 의미에서의 설명과 동의의 과정이 없는 단순한 동의라면 나중에 동의의 효력이 부인되거나 비밀누설로 인한 책임을 지게 될 수도 있다.

[사례 3]

A는 음주운전중 상해사고를 일으켜 과실치상죄의 혐의로 형사재판을 수행중인데, 변호인으로는 변호사 甲을 선임했다. 1심에서 A는 징역 1년에 집행유예 2년을 선고받고 항소하기로 하고 이를 다시 변호사 甲에게 의뢰했다. 한편 C는 A에게 대여

금 2,000만원을 받기 위한 소송을 제기했는데, C는 이 사건을 변호사 甲에게 의뢰하고자 한다. 甲은 사건을 수임할 수 있는가?

이 사례를 위 [사례 1]과 비교해 본다면, [사례 1]은 A를 대리하는 변호사가 다시 A를 상대방으로 하는 B의 사건(동일사건)을 맡을지 여부에 관한 것이지만, [사례 3]은 A를 상대방으로 하는 C의 사건(非동일사건)을 맡을 수 있는지 여부에 관한 것이다. 만약 수임하게 된다면, 변호사 甲은 형사법정에서 A를 위해서 변호하고, 민사법정에서는 C를 위해서 A를 공격하는 입장에 설 것이다. 이러한 것은 허용할 만한가? 그리고 우리나라 법규의 입장은 무엇인가?

사례는 엄밀하게 말하면 "수임하고 있는 사건의 상대방이 위임하는 다른 사건"은 아니다. 형사사건의 경우 상대방은 검사이고 C가 의뢰한 사건은 검사가 위임한 다른 사건이 아니기 때문이다. 이 사건은 "현재의 의뢰인을 상대방으로 한 다른 사건"이다. 그렇지만, C의 사건을 수임하고 있는 변호사의 입장에서 A를 대리하게 되면 "수임하고 있는 사건(즉, C의 사건)의 상대방(즉, A)이 위임하는 다른 사건(형사사건)"을 맡게 되는 결과로 된다. 그렇다면 이러한 경우도 변호사법 제31조 제 2 호의 위반에 해당한다고 볼 것인가?

형식적으로 보자면 현행 법령은 "수임하고 있는 사건의 상대방이 위임하는 다른 사건"의 수임은 금지하지만, "현재의 의뢰인을 상대방으로 한 다른 사건"의 수임에 대해서는 명문으로 금지하고 있지 않기 때문에, 상대방의 동의 여부와 무관하게 언제나 사건의 수임이 가능한 것으로 해석될 수도 있다. 대한변협은 그와 같이 해석하고 있다.

변호사법 등에 규정된 "이해관계충돌로 인한 수임제한"에 관한 규정은 변론권을 제한하고 변호사의 활동을 제약하는 것이기 때문에 형사법규에 준하여 그 해석을 엄격하게 하여야 할 것이다. 그런데, 변호사법 제31조 제 2 호나 변호사윤리규칙 제17조 제 3 항(현행 윤리규약 제22조 제 1 항 제 3 호 참조)은 현재 의뢰인 A로부터 수임한 사건(①사건)의 상대방(B)이 의뢰하는 다른 사건을 수임하는 것만을 제한하고 있을 뿐 이와 관계가 없는 다른 사건(②사건)에서 제 3 자(C)가 현재의 의뢰인 A를 상대로 제기하는 사건을 수임하는 경우는 금지하고 있지 않다.

따라서 명문의 제한 규정이 없는 상태에서 현재의 의뢰인을 상대로 한 다른 사건을 수임할 수 없다고 할 아무 근거가 없다고 할 것이다.[8]

이러한 취지에 대해서 전적으로 동의하는 입장도 있다.[9] 또는 이를 입법의 흠결로 보아 변호사가 그러한 사건의 수임을 자제하는 것이 좋겠다는 의견을 내는 입장도 있다.[10] 그러나 좀더 적극적으로 [사례 3]이 [사례 2]에 포섭되는 것으로 해석하는 것도 가능하다. 대한변협은 수임제한은 형사법규에 준하여 엄격히 해석해야 한다고 했지만, 오히려 윤리규약은 그 의미가 모호한 부분이 많기 때문에 그 취지를 보아 적극적으로 해석되어야 할 여지도 많다. 쌍방대리의 경우에도 법원은 "수임을 승낙한 사건의 상대방이 위임하는 사건"이라는 문언을 해석하면서 실질적으로 같은 취지의 이익충돌이 있는 경우에 확대하여 적용하였다. 본 [사례 3]의 경우도 실질적으로 보자면 [사례 2]가 금지하는 그러한 취지의 이익충돌에 해당한다고 볼 수 있다. 자신이 사건을 위임한 의뢰인의 입장에서 보자면, 자신의 변호사가 어느 날 자신의 동의도 없이 다른 법정에서 자신을 공격한다고 했을 때 그 변호사를 신뢰하기는 매우 어려울 것이다. 보기에 따라서는 "수임하고 있는 상대방이 위임하는 다른 사건"의 수임보다 "현재의 의뢰인을 상대방으로 한 다른 사건"의 수임이 현재의 의뢰인에게 더 당황스러운 것일 수 있다. 아무튼 대한변협의 공식적인 회신의견이 그 자체가 법규가 아닌 만큼, 실무를 수행하는 변호사들은 "현재 의뢰인을 상대방으로 하는 다른 사건"을 수임하는 데에는 이익충돌문제가 내재해 있다는 점을 명심하고 이 문제에 대해서 신중하게 대처해야 할 것으로 보인다.

2. 종전 의뢰인과의 이익충돌

[사례 4]

하루는 변호사 甲의 사무실에 B라는 사람이 찾아와서 교통사고로 인한 민사손해

---

8) 대한변협, 법제 2340호, 2005. 9. 27.
9) 예컨대, 박휴상, 법조윤리, 도서출판 Fides, 2010, 224쪽.
10) 정형근, 법조윤리강의, 박영사, 2009, 2000쪽.

배상소송을 제기하고자 한다고 하면서 사건을 의뢰했다. 변호사 甲이 상담을 하고 서류를 검토한 결과 채무자는 2년 전에 바로 그 교통사고로 인한 형사사건에서 형사변호를 해 주었던 A라는 사실을 알게 되었다. 변호사 甲은 이 사건을 수임할 수 있는가?

오랫동안 실무를 하다보면 변호사는 수많은 사건을 처리하게 된다. 경우에 따라서는 자신이 예전에 대리했던 사람을 상대방으로 하는 사건을 수임하게 되는 수도 있다. 이때 변호사는 그 사건을 수임할 수 있는가가 문제이다. 위의 사례는 종전 의뢰인을 상대방으로 하는 사건의 수임 여부가 문제로 되는 것이다.

위 사례의 경우는 "당사자 일방으로부터 상의를 받아 그 수임을 승낙한 사건"과 실질적으로 동일한 사건에 대한 수임이므로, 甲은 B로부터 이 사건을 수임할 수 없다. 설사 A의 동의가 있다고 하더라도 사건을 수임할 수 없다.

새로 개정(2016)된 윤리규약 제22조 제 2 항에 의하면 종전 사건과 동일하거나 본질적으로 관련된 사건이라면, 종전 의뢰인의 동의 여부를 불문하고 그 상대방이 위임하는 사건을 수임할 수 없다고 보아야 할 것이다. "종전 사건과 기초가 된 분쟁의 실체가 동일한 사건에서 대립되는 당사자로부터 사건을 수임하지 아니한다"고 명시하고 있다.

[사례 5]

하루는 변호사 甲의 사무실에 C라는 사람이 찾아와서 대여금반환청구소송을 의뢰해 왔다. 변호사 甲이 상담을 하고 서류를 검토한 결과 채무자는 2년 전에 자신이 형사사건으로 변호를 해 주었던 A라는 사실을 알게 되었다. 변호사 甲은 이 사건을 수임할 수 있는가?

[사례 5]의 경우는 종전 의뢰인을 상대방으로 하는 소송이지만, 새로운 사건이 종전의 사건과 "동일하거나 본질적으로 관련된 사건"이라고 볼 수 없기 때문에 현행 법규상 문제되지 않는다. 이때 변호사의 입장에서나 A의 입장에서나 다소간 개운하지 않은 느낌이 있을 수 있다. 이는 이러한 느낌은 종전 의뢰인에 대

한 감정의 잔재라고 보이는 것일 뿐, 이익충돌에 의한 것이라고 보기는 어려울 것이다. 종전 의뢰인에 대한 감정으로 인하여 새로운 의뢰인에 대한 성실한 대리가 제약받을 가능성이 전혀 없다고 할 수는 없겠지만, 이러한 경우까지 수임을 금지하게 되면, 변호사의 영업의 자유와 의뢰인의 변호사선택권을 과도하게 제한하는 것이라고 하지 않을 수 없다. 따라서 우리나라 법규는 이러한 경우 사건을 수임할 수 있는 것으로 하고 있다.

≪판례≫ 종전 의뢰인과의 이익충돌 관련

피고인 1과 공소외 1, 2, 3, 사이의 대여금사건에서 공소외 1 등의 소송대리인으로서 직무를 수행한 변호사 공소외 4가, 위 대여금사건 종결 후 그와 실질적으로 동일한 쟁점을 포함하고 있는 피고인들의 공소외 1 등에 대한 소송사기미수 범행 등에 대한 형사재판인 이 사건 공판절차 제 1 심에서 피고인들의 변호인으로 선임되어 변호활동 등을 한 것은 변호사법 제31조 제1호에 위반된다고 봄이 상당하다. (대법원 2009. 2. 26. 2008도9812 판결)

3. 공동의 법률사무소에서의 이익충돌

이익충돌의 문제는 공동의 법률사무소(이하 로펌)에서 첨예하게 나타난다. 다음과 같은 경우를 살펴보자.

[사례 6]

1997년 A기업은 경영위기를 맞이하여 X로펌(서울지점)에 사건을 의뢰하여 법원에 화의(법원의 중재 아래 채권자들이 채무변제유예협정을 맺는 것)를 신청했고 법원에 의해서 받아들여졌다. 이후에도 A기업은 X로펌을 통해서 일부 사업부문의 매각을 추진하고 있다. 그러던 중 2003년 A기업의 채권자인 B회사를 포함한 채권자들은 '회사정리절차 및 재산보전처분'을 추진하기로 결의했다. B회사는 평소부터 잘 알고 지내던 변호사 甲에게 회사정리 절차의 진행과 관련한 법률자문을 요청했다. 변호사 甲은 현재 X로펌의 대전의 분사무소에서 주로 특허관련소송을 대리하고 있다.

> 이와 같은 경우에 변호사 甲은 K로부터의 자문요청을 수락해도 되는가? 변호사 甲의 입장에서는 서울의 주사무소에서 무슨 업무를 하고 있는지 파악하고 있지 못한 상태에서 K에게 법률상담을 제공했는데, 나중에 이 사실을 알게 된 A기업에서 강하게 항의한 경우 X로펌은 어떤 조치를 취해야 하는가?

먼저 甲이 K로부터의 자문요청을 수락해도 되는가를 보자. 로펌에 소속된 변호사는 개인 자격으로 사건을 수임하는 것이 아니다. 로펌이 수임한 사건을 실제 담당하는 변호사가 정해진다고 하더라도, 적어도 법률적으로 본다면 그 사건은 그 변호사 개인이 처리하는 것이 아니고, 로펌이라는 실체가 수행하는 것이다. 말하자면 로펌은 분사무소나 소속변호사의 수에 상관없이 하나의 단일한 실체이다. 그리고 실제로 로펌에 사건을 맡기는 의뢰인도 개별 담당 변호사에 대한 신뢰 때문에 의뢰하는 것이 아니고, 로펌 자체의 법률적 역량을 신뢰하고 사건을 의뢰한다. 말하자면 로펌에 의뢰된 사건은 로펌 전체의 역량을 이용하여 해결할 것이 기대되는 것이다. 그렇기 때문에 로펌에서의 이익충돌을 살펴보기 위해서는 로펌 전체를 하나의 변호사인 것처럼 이해해야 한다. 로펌 내의 한 변호사가 이익충돌의 이유로 인해서 특정 사건을 수임하지 못하면 그 로펌 내의 다른 모든 변호사가 그 사건을 처리하지 못하는 것을 이익충돌의 전가(imputation)라고 한다. 한 변호사에게 속하는 수임제한사유가 다른 변호사에게 전가된다고 보기 때문이다. 로펌의 경우에 이렇게 하는 이유는 주로 로펌 내에서 의뢰인의 비밀정보가 유통될 개연성이 크다고 보기 때문이다.

윤리규약은 로펌에서 발생하는 이익충돌에 대해서 규율하고 있다. 이에 의하면 법무법인 등이 사건을 수임하는 경우에 제22조(및 제42조)를 준용한다(윤리규약 제48조 제1항). 이때 "법무법인 등"이란 법무법인, 법무법인(유한), 법무조합 및 대한변호사협회 회칙에서 정한 공증인가합동법률사무소 및 공동법률사무소를 말한다(윤리규약 제46조 제1항). 따라서 법무법인을 하나의 변호사로 생각을 하고 제22조에 규정된 각종의 이익충돌 관련 규정을 적용하면 된다. 결과적으로 보면 위에서 거론한 이익충돌의 전가가 일반적으로 일어나는 것으로 규정하고 있는 것이다.

다만 이익충돌의 전가현상으로 인하여 법무법인 등의 활동이 지나치게 제한되는 것을 막기 위해서 약간의 특칙을 두고 있다. 즉 "법무법인 등의 특정 변호사에게만 제22조 제 1 항 제 4 호 또는 제42조에 해당하는 사유가 있는 경우, 당해 변호사가 사건의 수임 및 업무수행에 관여하지 않고 그러한 사유가 법무법인 등의 사건처리에 영향을 주지 아니할 것이라고 볼 수 있는 합리적 사유가 있는 때에는 사건의 수임이 제한되지 아니한다"(윤리규약 제48조 제 2 항). 즉, 법무법인 등에 속한 특정 변호사가 상대방 또는 상대방의 대리인과 친족관계에 있거나(윤리규약 제22조 제 1 항 제 4 호) 특정 사건과 관련하여 공정을 해할 우려가 있는 공직을 겸직하고 있는 경우(윤리규약 제42조), 법무법인 등은 일정한 제한 하에서 그 사건을 수임할 수 있는 것으로 하고 있다. 이는 이러한 경우 이익충돌의 정도가 상대적으로 경미하거나, 변호사가 공적인 일에 겸직하는 것으로 인해 과도한 불이익을 입지 않도록 하기 위한 것이다. 법무법인 등이 이러한 사건을 수임하기 위해서는 ① 당해 변호사가 사건의 수임 및 업무수행에 관여하지 말아야 하고, ② 그러한 사유가 법무법인 등의 사건처리에 영향을 주지 않을 것이라고 볼 수 있는 합리적인 사유가 있어야 한다(동 제48조 제 2 항). 그리고 ③ "법무법인 등은 당해 사건을 처리하는 변호사와 수임이 제한되는 변호사들 사이에 당해 사건과 관련하여 비밀을 공유하는 일이 없도록 합리적인 조치를 취해야 한다(동 제48조 제 3 항)." 여기서 말하는 합리적 조치는 소위 차단막(screening, Chinese wall)을 설치하여 수임제한을 받는 변호사와 실제 사건을 처리하는 변호사 사이의 교류가 없도록 하는 것을 말한다.

　법무법인 등은 다수의 변호사가 함께 일을 분담하여 하기 때문에 부지불식간에 이익충돌이 되는 사건을 수임하기 쉽다. 그렇기 때문에 법무법인 등은 사건을 수임할 때마다 이익충돌이 발생하는지 점검해야 한다. 그런 차원에서 윤리규약은 법무법인에 이해관계충돌의 점검을 일상적으로 수행할 수 있는 체제를 갖출 것을 요구하고 있다. 즉, 법무법인 등은 전조의 규정에 의해 수임이 제한되는 사건을 수임하지 않도록 의뢰인, 상대방 당사자, 사건명 등 사건 수임에 관한 정보를 관리하고, 필요한 합리적인 범위 내에서 사건수임에 관한 정보를 구성원 변호사들이 공유할 수 있도록 적절한 조치를 취해야 한다(윤리규약 제49조).

　[사례 6]의 경우에 만약 변호사 甲이 K에게 법률상담을 제공하게 되면, 이는 X로펌이 동일한 사건에서 채권자와 채무자를 동시에 대리하는 결과가 된다. 왜냐

하면 변호사 甲의 상담은 곧 X로펌의 상담으로 간주되고, 화의절차와 '회사정리 절차 및 재산보전처분'절차는 모두 동일한 사실관계—즉 동일한 회사의 경영위 기—를 기반으로 한 것이어서 동일한 사건으로 볼 수 있기 때문이다. 동일사건 에서 양 당사자 대리는 변호사법 제31조 제 1 항의 위반이 되며, 이러한 종류의 대리행위는 직접적 이익의 충돌이 있는 경우로서 쌍방의 동의로도 치유할 수 없 는 경우에 해당된다. 많은 변호사를 보유한 로펌에서는 이러한 일이 부지불식간 에 발생할 수 있기 때문에, 로펌에 속한 변호사는 사건을 수임하거나 법률자문을 제공하기에 앞서 반드시 이익충돌 여부를 철저히 점검하지 않으면 안 된다.

이 문제를 해결하기 위해서는 윤리규약 제27조를 함께 보아야 한다. 이에 의 하면 "수임이후에 변호사가 대립하는 둘 이상의 의뢰인 사이에 이해의 대립이 발 생한 경우에는, 변호사는 의뢰인들에게 이를 알리고 적절한 방법을 강구해야 한 다(동 제27조)." 이러한 규정에 의하면, [사례 6]의 경우 X로펌은 이익충돌이 발생 한 사실을 양 당사자에게 알리고 적절한 방법을 강구해야 한다. 그렇다면 어떤 적절한 방법이 가능할 것인가? 이러한 경우에 미국은 어떤 해법을 제시하고 있는 지를 보자. 관련 판례를 요약하면 다음과 같다.

미국 판례, *Picker Int'l, Inc. v. Varian Assocs., Inc.*, 670 F.Supp. 1363, 1365(N.D. Ohio 1987).

Picker와 Varian은 특허분쟁의 소송에서 각 원고와 피고이다. Varian은 오랫동 안 로펌인 MH & S와 거래를 했고, 지난 20년간 50만달러 이상의 변호사비용을 지출했다. Picker는 로펌 Jones Day의 주고객이었고, 지난 15년간 100건 이상의 사건에서 Picker를 대리해 왔고 지금은 특허관련 사안에서 독점적으로 대리하고 있다.

1986년 말에 Varian을 대리하던 로펌(MH & S)과 Picker를 대리하던 로펌간의 합병이 합의되었고 이 사실이 공표됨으로써, Varian은 11월에 신문을 통해서 그 사실을 알게 되었다. Varian은 MH & S를 접촉하여 이익충돌의 우려를 표명했고, 새로운 Jones Day가 Varian을 소송하는 꼴이 된다고 했다. 12월 31일 MH & S의 한 변호사는 새로운 Jones Day가 Picker를 대리하는 데 동의해 줄 것을 Varian에 게 요청했다. 그는 Varian의 비밀정보가 유지되도록 정교한 차단절차가 수행될 것이라고 했다. Varian은 이러한 요청을 거부했고, Varian은 법원에 대해서 Picker의 대리인인 Jones Day의 대리자격부인을 청구했다.

법원은 Jones Day가 그 사건을 수임하지 말아야 한다고 판단했다. "로펌은 고객을 뜨거운 감자(hot potato)인양 버려서는 안 된다. 특히 더 돈이 되는 고객을 만족시키기 위해서 그렇게 해서는 안 된다"고 했다. 그 이유는 로펌은 고객에게 완전한 충실의무를 진다는 것이다. 그리고 판결문은 다음과 같이 지적했다. "법정은 이 결정이 아무런 잘못도 없는 Picker에게 손상을 준다는 것을 인정한다. 하지만 다르게 결정을 내리게 되면 또한 아무 잘못도 없는 Varian에게 손상을 준다. 의뢰인이 변호사에게 지출한 금액은 상관이 없다. 법정은 그러한 형평성의 조절이 가능하다고 하더라도 그러한 조절을 통해서 적절한 행동원칙을 찾지는 않을 것이다. 여기에는 변호사와 사법정의에 대한 대중의 인식이라는 더 중요한 어떤 것이 걸려 있다. 강령 9에 의하면 변호사는 적절치 못한 외관조차도 피해야 한다. 만약 로펌이 더 돈이 되는 의뢰인을 얻기 위해서 다른 고객을 단순히 버릴 수 있다면 대중의 신뢰는 현저히 흔들릴 것이다."

이 판례에서 보이는 법리를 "뜨거운 감자의 법리"(hot potato rule)라고 한다. 요컨대, 한 사건을 수임하기 위해서 다른 사건을 "뜨거운 감자"처럼 버려서는 안 된다는 것이다. 한쪽 의뢰인을 포기하면 형식적으로는 이익충돌이 해소되는 것처럼 보이지만, 버려지는 쪽의 입장에서는 일방적인 손실을 감수하지 않으면 안 되는 것이다. 따라서 이익충돌이 사후적으로 드러나는 경우에 로펌이 선택할 수 있는 유일한 길은 두 당사자 모두를 포기하는 것이다. 이러한 원칙은 미국의 표준규칙에 규정되어 있지는 않지만, 판례를 통해서 확고한 원칙으로 자리잡고 있다. [사례 6]의 경우라면, 쌍방의 동의에도 불구하고 사건을 수임할 수 없는 유형의 이익충돌이기 때문에 X로펌이 두 사건의 수임을 유지할 수는 없을 것이다. 결국 두 사건 모두에서 사임하는 이외의 해법을 찾기는 쉽지 않을 것이다. 그렇지 않고는 정의를 회복할 방법이 없기 때문이다.

일본의 직무기본규정은 로펌이 사건의 수임 후에 이익충돌이 있다는 것을 알게 되는 경우에 어떻게 조치해야 하는지에 관한 규정이 있다. 이에 의하면 공동사무소의 소속변호사나 변호사법인이 사건을 수임한 후에 이익충돌사실을 알게 되면 "속히 의뢰자에게 그 사정을 알리고 사임 기타 사안에 따른 적절한 조치를 취해야 한다"고 한다(직무규정 제58조, 제67조). 따라서 쌍방의 동의를 얻을 수 있는 사안이고 동의를 얻어냈다면 계속 사건을 수임할 수 있겠지만, 동의를 얻을 수 없는 사안이거나 동의를 얻을 수 있는 사안이지만 동의를 얻지 못한 경우는 양 당사자로부터 사임하지 않으면 안 된다고 하겠다.

이처럼 로펌의 경우에는 이익충돌의 문제를 심각하게 고려하지 않을 수 없고, 특히 대형로펌의 경우는 각별히 주의하지 않으면 안 된다. 새로운 변호사를 영입하거나 미국의 판례에서처럼 로펌간 합병이 이루어지는 경우에도 마찬가지의 문제가 생긴다. 예컨대 새로운 변호사를 영입하면, 그 변호사가 영입시점에 대리하고 있던 의뢰인의 이익과 충돌하는 어떤 사건도 수임할 수 없다. 또 합병되는 로펌이 대리하는(또는 대리한) 의뢰인의 이익과 합병하는 로펌이 대리하는 의뢰인의 이익이 충돌하지 않는지 신중하게 검토해야 한다.

4. 다수 당사자의 대리

다음과 같은 경우에 변호사는 어떻게 행동해야 하는지 생각해 보자.

[사례 7]

패러글라이딩 대회에서 어떤 참가선수가 대회경기중에 추락사했다. 유족인 A는 대회주최자 B사와 C경기연맹(공익법인)을 피고로 손해배상청구소송을 했다. A의 주장은 B사에 대해서는 대회주최자로서 대회출전계약에 부수하는 안전배려의무위반이 있고 그것이 원인이 되어 추락사고가 발생했다는 것이고, C연맹에 대해서는 안전지도를 태만히 했다는 것이었다. 이에 대해 B사와 C연맹은 변호사 甲을 소송대리인으로 선임했다. 사고는 참가선수의 조작실수에 의한 것이고 안전배려의무의 미비는 없다는 취지로 다투었다. 그런데 소송중에 C연맹의 안전보고서가 제출되었는데, 그에 의하면 이 사고는 전적으로 선수의 조작실수에 의한 것으로 볼 수만은 없다고 한다. 이에 C연맹은 정관과 규정에 따라 소송방침을 변경하여, C연맹과 B사 사이에 책임이 어떻게 분담되는지, 참가선수의 조작실수는 어느 정도인지를 따지기로 결정했다.[11]

> 이 사례에서 변호사 甲이 B사와 C연맹을 동시에 대리한 것은 윤리적으로 문제가 없는가? 만약 후에 C연맹의 입장변경으로 소송방침을 바꾼 경우에 변호사 甲은 어떻게 해야 하는가?

변호사가 다수의 당사자를 대리하는 일이 있을 수 있다. 예컨대 집단폭행으로 인한 형사사건에서 다수의 피고인을 동시에 대리할 수 있다. 상속재산을 보호하기 위해서 상속인이 공동으로 제 3 자를 상대로 소유권이전등기소송을 제기하는 경우 상속인 전원을 의뢰인으로 하는 소송을 수임할 수 있다. 또 채무자와 보증인을 상대로 대여금청구소송을 하는 경우에 채무자와 보증인 양자를 동시에 대리하면서 원고에 대항할 수도 있다. 이처럼 여러 의뢰인을 동시에 대리하는 경우에는 주장의 중복을 막고 경제적으로 소송을 진행할 수 있는 장점이 있다. 이처럼 동일사건에서 한 변호사가 다수의 당사자를 동시에 대리하는 것은 합법적이다.

그런데 경우에 따라서는 다수 당사자를 함께 대리할 수 없는 경우도 있을 수 있다. 예컨대 공범으로서 재판을 받고 있는데, 공범 두 사람이 서로 상대방이 정범이며 자신은 종범에 불과하다고 주장하는 경우에는, 공범간에 이익의 충돌이 있기 때문에 동시에 두 피고를 대리할 수 없게 된다. 이러한 경우 변호사가 사건을 수임하게 되면, 변호사는 한 당사자의 희생하에 다른 당사자의 이익을 추구할 수밖에 없다. 따라서 윤리규약 제22조 제 1 항 제 5 호는 동일한 사건에서 둘 이상의 의뢰인의 이익이 충돌하는 경우 수임을 할 수 없도록 하고, 다만 관계되는 의뢰인이 모두 동의하고 의뢰인의 이익이 침해되지 않는다는 합리적인 사유가 있는 경우에는 수임할 수 있도록 하였다.

따라서 변호사는 이익이 서로 충돌되지 않는 경우에만 2인 이상의 당사자를 동시에 대리할 수 있다. 그러나 실제 다수 당사자를 대리하는 경우는 다소간 이익충돌의 가능성이 잠재하고 있는 경우가 많다. 또 경우에 따라서는 이익충돌이 있음에도 불구하고 모두를 대리할 수 있는 경우도 있다. 예컨대, 다소 이익충돌이 있지만 분열하여 상호폭로하기보다는 단일한 변호사를 이용하여 피고인끼리

---

11) 사례는 小島武司, 앞의 책, 87쪽을 참고하여 수정한 것임.

비밀정보를 공유하면서 공동대응하는 것이 양자에게 유리한 경우도 있기 때문이다. 통상 다수 당사자를 대리하는 경우는 그들간에 이익충돌이 전혀 없는 경우라기보다, 이익충돌에도 불구하고 다수의 변호사를 두는 것보다 단일한 변호사를 두는 것이 더 유리하다고 판단한 경우에 해당한다는 것이 현실적이다. 따라서 다수 당사자를 대리하는 경우 문제는 이익충돌이 현저한지의 여부, 그리고 현저하지 않은 경우에 그러한 이익충돌의 상황을 어떻게 관리할 것인지의 문제이다.

[사례 7]의 경우에 B사와 C연맹에 대해서 서로 다른 의무위반을 주장하고 있기 때문에 A의 주장에 대한 반대증거를 제시하는 과정에서 B사와 C연맹 사이에서 이익충돌이 현재화하는 상황이 발생할 것으로 충분히 예상할 수 있다. 하지만 B사와 C연맹은 그러한 위험성에도 불구하고 서로 협력하여 상호공격하지 않으면서 참가선수의 과실을 일관되게 주장하는 것이 유리하다고 판단했을 수 있다. 아무튼 변호사라면 그러한 위험성을 충분이 예상할 수 있을 것이고 마땅히 할 수 있어야 한다.

그렇다면 이처럼 이익충돌이 현재화할 가능성이 있는 사건의 경우 변호사 甲이 사건을 맡는 것은 허용되는가? 이와 관련하여 일본의 직무기본규정은 "변호사는 동일한 사건에 대하여 복수의 의뢰자가 있어서 그 상호간에 이익의 대립이 생길 우려가 있을 때에는 사건의 수임에 임하여 의뢰자 각각에 대하여 사임의 가능성 기타 불이익을 초래할 우려가 있다는 것을 설명해야 한다"고 규정한다(직무기본규정 제32조). 우리나라의 경우도 이와 같이 해석되어야 할 것으로 생각된다. 즉, 사소한 이익충돌이 있다고 해서 무조건 수임을 금지할 것은 아니고, 중대한 이익의 충돌이 있는 경우에는 수임이 금지되지만, 그렇지 않은 경우는 의뢰인 각자에게 충분한 설명을 하고 의뢰인 각자로부터 동의를 얻어서 사건을 수임할 수 있다고 보아야 할 것이다.

이때에도 변호사가 알고 있는 모든 비밀정보가 의뢰인 상호간에 전면적으로 공개되어야 할 것이다. 그렇지 않으면 동의절차는 사기에 불과하기 때문이다. 변호사는 여러 당사자의 정보를 제공한 후 동의로 인하여 각자가 갖게 되는 이익과 불이익을 충분히 설명해야 한다. 이러한 전제가 충족된다면, 변호사가 다수의 의뢰인을 동시에 대리하는 것이 그 자체로서 부당한 것은 아니다.

[사례 7]과 같이 수임을 받아서 일을 처리하는 과정에서 동의시점에 미처 예

상치 않은 변수가 나타난 경우에는 변호사는 다시 전원의 동의를 얻어야 하고, 의뢰인 중 한 명이라도 동의하지 않는 경우에는 의뢰인 전원에 대한 대리를 사임해야 한다. 다시 말해 전원의 동의를 얻지 못한 경우 동의하는 사람만을 위한 대리는 허용되지 않는다. 그렇지 않으면 윤리규약 제22조 제 1 항 제 5 호의 위배가 되기 때문이다. 다만 관계되는 의뢰인들이 모두 동의하고 의뢰인의 이익이 침해되지 않는다는 합리적인 사유가 있는 경우에는 그러하지 않다(윤리규약 제22호 제 1 항 단서). 따라서 전원의 동의가 있더라도 수임하고 있는 당사자들간의 이익충돌이 현저한 경우는 쌍방의 동의가 있더라도, 수임할 수 없다고 보아야 한다. [사례 8]에서 변화된 상황에서라면 변호사는 사건에서 사임해야 마땅할 것으로 보인다. 그렇기 때문에 변호사가 복수의 당사자를 동시에 대리하거나 변론할 때는 지극히 조심하지 않으면 안 된다.

5. 잠재적 의뢰인과의 이익충돌

[사례 8]

A는 현재의 부인과 심한 갈등을 겪고 이혼하기로 결심하고 이혼소송을 대리할 변호사를 물색하고 있다. A의 고민은 자신의 성격에도 적잖이 문제가 있다는 것을 알고 있지만, 자신의 과실을 가급적 인정하지 않고 자기명의의 재산을 모두 보유하면서 협의이혼하는 것이다. 먼저 변호사 甲을 만나 솔직히 자신의 고민을 말하고 해결방안이 있을지에 대해서 상담을 한 후 다시 변호사 乙을 찾아가 동일한 상담을 했다. 후에 A는 변호사 乙에게 자신의 이혼사건을 의뢰했다. 그런데 후에 A의 부인인 B가 변호사 甲을 찾아가 자신의 이혼소송을 대리해 줄 것을 의뢰했다. 이때 변호사 甲은 B로부터 사건을 수임할 수 있는가? 만약 변호사 甲이 B로부터 사건을 수임한 경우 A는 어떤 조치를 취할 수 있는가?

사건의 의뢰의 여부를 결정하기 위해서 변호사와 상담하는 고객을 잠재적 의뢰인이라고 한다. 일반적으로 변호사는 잠재적 의뢰인의 비밀정보에 대해서도 비밀유지의무를 진다(변호사법 제26조). 그런데 문제는 잠재적 의뢰인에 대해서도 이익충돌회피의무를 지는지이다. 종전에는 이에 관한 규정이 없어서 다소간의 논란이 있었다.

대한변협은 잠재적 의뢰인에 대해서 원칙적으로 이익충돌회피의무를 부정하는 입장을 보이고 있다. 그 논거로는 "수임을 승낙한 경우"란 "구체적인 사건에서 있어서 일방 당사자인 의뢰인측을 위해서 업무를 수행하겠다는 의사표시를 한 경우"로 해석되어야 한다는 것이다. 그 연장선에서 "약정서나 위임장이 작성되지 아니하고 수임료의 지급도 없는 경우에는 특별한 사정이 없는 한 수임의 승낙이 없는 것"으로 보아야 한다는 것이다. 이러한 맥락에서 본다면 잠재적 의뢰인은 아직 "수임의 승낙이 없는 경우"에 해당되므로 이익충돌회피의무가 발생하지 않는다는 것이다.

하지만 이러한 입장은 변호사의 의무를 지나치게 협소하게 정의하여 의뢰인의 이익보호를 경시하는 문제를 낳을 수 있다.

대한변협의 입장을 적극 지지하는 입장[12]에서도 잠재적 의뢰인의 비밀정보에 대한 보호의무는 인정한다. 그에 의하면 상담과정에서 알게 된 비밀을 누설하거나 이용하지 않으면서도, 그 잠재적 의뢰인의 이익과 충돌하는 다른 의뢰인의 사건을 언제나 무제한적으로 수임할 수 있다고 하는데, 과연 그러한 것이 현실적으로 기대가능한 대안인지 의문이다. 이 경우 잠재적 의뢰인의 비밀정보를 이용하지 않으면 현재 의뢰인의 이익을 충분히 도모할 수 없고, 그것을 이용하면 잠재적 의뢰인의 비밀을 보호해야 할 의무를 다할 수 없게 된다. 이것이 전형적인 이익충돌상황이라고 하지 않을 수 없다. 결국 유일한 선택은 사건을 수임하지 않는 방법밖에 없다.

물론 잠재적 의뢰인의 이익과 충돌되는 모든 사건의 수임을 종전 의뢰인에 준하여 제한하는 것도 과도한 제한이라고 할 수 있다. 미국의 경우도 잠재적 의뢰인은 종전 의뢰인보다는 덜 보호하며, "현저하게 해로운 정보를 얻은 경우"에만 잠재적 의뢰인과의 이익충돌로 인한 자격부인을 인정한다(표준규칙 1.18(c)). 생각건대, 이 문제를 해결하는 것은 언제 변호사-의뢰인 관계가 형성되느냐라는 관점에서 해결되어야 할 것으로 본다. 변호사의 의뢰인에 대한 의무는 변호사-의뢰인의 관계가 형성된 시점에 생긴다고 볼 수 있는데, 이러한 관계는 반드시 수임계약서의 작성 여부나 수임료의 지불 여부에 의해서 생기는 것은 아니다. 그렇다고 명시적으로 위임-수임의 의사의 합치가 있었던 때에 변호사-의뢰인 관

---

12) 박휴상, 앞의 책, 142~144쪽.

계가 형성된다고 보는 것도 적절하지 않다. 앞의 미국 사례에서 보듯이(제4장 Ⅲ 참조) 변호사-의뢰인 관계의 형성시점은 변호사-의뢰인의 신뢰관계가 형성된 시점으로 보아야 하며, 특히 의뢰인의 중요한 비밀정보가 변호사에게 전달되었다면 신뢰관계가 형성된 하나의 증거로 볼 수 있을 것이다. 이러한 기준은 다소 모호하여 개별적·구체적으로 판단할 수밖에 없겠지만, 이러한 기준의 존재 가치를 부인할 수는 없어 보인다. 이러한 관점에서 [사례 8]을 보면, 상담을 한 A는 솔직하게 자신의 입장을 밝히고 상담에 임했기 때문에 상담과정에서 양자간에 신뢰관계가 형성되었다고 볼 수 있으며, 따라서 변호사는 잠재적 의뢰인에 대해서 비밀유지의무뿐만 아니라 종전 의뢰인에 준하는 이익충돌회피의무를 진다고 보아야 할 것이다.

물론 이러한 해석은 변호사의 활동반경을 협소하게 만들 수도 있다. 특히 변호사가 과소한 지역이나 고도로 전문화된 분야의 변호사가 섣불리 상담에 응하게 되면, 이익충돌로 인하여 변호사 스스로도 사건을 수임하지 못하게 될 뿐만 아니라, 그 변호사를 사용하고자 하는 다른 의뢰인에게도 불측의 손해를 입힐 수 있다. 이러한 것은 상대방의 변호사선택권을 제약하기 위해서 악의적으로 이루어질 수도 있기 때문에 더구나 조심해야 한다. 하지만 변호사에 대한 신뢰를 유지하고 법률전문가인 변호사에게 상담을 구하는 고객의 입장을 생각한다면 불가피하다고 하지 않을 수 없다.

변호사의 입장에서 잠재적 의뢰인으로 인한 시장축소를 미연에 방지하기 위하여, 상담을 하기 전에 의뢰인의 동의를 얻어두는 것은 하나의 해법이 될 수 있다. 예컨대 상담한 내용이 의뢰인에게 불리하게 이용될 수 있다는 것을 명시적으로 설명하고 서면의 동의를 미리 얻어두는 것이다. 그렇게 함으로써 의뢰인이 상담단계에서 자신의 비밀정보를 섣불리 공개하지 않도록 주의시키고 설사 비밀정보가 변호사에게 유출된 경우에도 변호사는 그 의뢰인의 이익에 반하는 소송을 수임할 수 있게 되는 것이다. 미국의 대형로펌의 경우는 수임 전(前)단계의 상담만을 전담하는 변호사를 둠으로써 의뢰인의 비밀정보가 로펌으로 흘러들어가지 않도록 하는 장치를 마련하기도 한다.

윤리규약(2014)은 잠재적 의뢰인의 이익충돌문제에 대해서 별도의 규정을 두고 있다. 이에 의하면 "변호사는 의뢰인과 대립되는 상대방으로부터 사건의 수임을 위해 상담하였으나 수임에 이르지 않았거나 기타 그에 준하는 경우로서 의뢰인의 이익보호에 지장이 없다고 합리적으로 여겨지는 경우에는 상담 등을 이유로 수임이 제한되지 아니한다"(윤리규약 제22조 제3항). 결국 수임여부를 결정하는 것은 "의뢰인의 이익보호에 지장이 없다고 합리적으로 여겨지는 경우"에 해당하는지를 보아서 판단해야 한다는 것이다. 이를 위의 논의와 연결해서 본다면, 변호사가 상담단계에서 의뢰인의 중대한 비밀정보를 접했는지가 중요한 판단기준이 될 수 있을 것이다.

III. 변호사와 의뢰인 사이의 이익충돌(계쟁권리의 양수 금지)

변호사가 소송을 통해서 의뢰인의 이익을 추구하는 것이 아니라, 변호사 자신의 이익을 추구하게 되면 어떤 문제가 생길까? 아래를 보자.

[사례 9]

A은 2007년 서울역 근처의 부동산을 매입하면서 1가구 2주택의 양도소득세를 회피할 목적으로 B의 명의로 부동산을 등기(명의신탁등기)했다. 후에 A가 부동산을 매각하려고 했는데, B는 이에 협조하지 않으면서 차일피일하고 있다. 이에 A는 B를 상대로 부동산명도 및 소유권이전등기 청구소송을 제기했다. 피고 B는 이 사건을 변호사 甲에게 위임하면서, 수임료 대신 분쟁대상인 부동산의 지분 1/5을 소유권 이전하겠다고 제안했다. 甲은 이러한 수임계약을 할 수 있는가?

위 사례에서 변호사 甲은 소송에 이기면 소송대상이 되는 부동산의 20%를 갖게 된다. 이러한 수임계약은 허용되는지가 문제이다.

변호사법 제32조는 "변호사는 계쟁권리를 양수해서는 안 된다"고 규정하고 있다. 변호사의 계쟁권리양수를 금지한 것은 "① 변호사가 계쟁권리를 당사자로부터 양수함으로 인하여 당사자와 변호사 사이의 신임관계의 균열을 초래하고, ② 당사자와 이해상반되는 결과를 가져올 수 있으며, ③ 나아가 변호사의 일반적 품위를 손상시킬 염려가 있기 때문"[13]이라고 설명한다. 위와 같은 사례에서 보듯이 변호사가 계쟁권리 자체에 이해관계를 가지게 되면, 그러한 이해관계로 인하여 변호사는 의뢰인의 이익이 아니라 자신의 이해관계를 앞세울 가능성이 생기게 된다. 다시 말해 변호사가 계쟁권리 자체에 이해관계를 가지게 되면, 소송은 곧 자신을 위한 소송이 된다. 이때 변호사 자신의 경제적 이해관계로 인하여 의뢰인을 위한 성실한 대리는 뒷전이 될 수 있다. 예컨대 변호사는 위와 같은 사건에서 의뢰인의 승소를 도모하기보다는 확보된 자신의 재산을 보호하는 방식으로 소송을 진행하기 쉽다. 그렇게 되면 의뢰인의 이익은 뒷전이 되는 것이다. 무엇보다 의뢰인을 위해서 성실하게 일을 해야 하는 변호사가 의뢰인의 이익과 충돌하는 자신의 독자적인 이해관계를 갖지 않도록 하려는 것이 이 규정의 취지라고 할 수 있다. 다만 성공보수 약정과 조화롭게 해석하여야 한다.

여기에서 "계쟁권리"라 함은 계쟁중에 있는 권리라는 의미로서 강학상의 "소송물"과 동일한 개념으로 볼 수 있다.[14] 윤리규약 제34조 제 2 항에서는 "변호사는 소송의 목적을 양수해서는 안 된다"고 규정한다. 계쟁권리라는 말을 쓰지 않고 "소송의 목적"이라는 표현을 쓰고 있지만 동일한 의미로 이해된다. 위 사례의 경우 "분쟁대상"이 되는 바로 그 권리를 인수(매매, 증여, 일부 양도 포함)하여 확정판결 전 당사자적격(엄밀히 말하면 본안적격)을 취득하였다면 윤리규약 위반이 된다. 따라서 변호사 甲이 위 부동산에 1/5 지분 등기까지 하였다면 계쟁권리의 양수로 보아야 할 것이다. 그러나 등기에 이르지 않고 매매계약 내지 증여계약만 체결한 경우에도 계쟁권리의 양도로 보아야 할 것이다.

다만 한때 계쟁목적물이었더라도 판결이 확정된 후라면 더 이상 계쟁권리라고 할 수 없다.[15] 따라서 계쟁의 목적물이었던 권리를 사건의 종결 후에 수임료 등으로 양수하거나 확정판결 전에 성공보수 약정을 하면서 승소 후 1/5를 이전하기로 계약한 경우는 금지되지 않는다.

이 규정은 강행규정이며, 이를 위반하여 계쟁권리를 양수한 변호사는 형사처벌을 받는다(변호사법 제112조 제 5 호).

---

13) 인권과 정의 제359호, 2006. 7, 183쪽.
14) 박휴상, 앞의 책, 257쪽.
15) 대법원 1985. 4. 9. 선고 83다카1775 판결.

≪판례≫ 구 변호사법 제17조 규정의 성질과 동조 소정의 계쟁권리의 의미

구 변호사법 제17조(현행 변호사법 제32조)는 변호사는 계쟁권리를 양수할 수 없다고 규정하고 있는바, 이는 변호사가 당사자로부터 계쟁권리를 양수함으로 인하여 당사자와 변호사 사이의 신임관계에 균열을 초래하며 또는 당사자와 이해상반하는 결과를 가져오는 등 변호사의 일반적 품위를 손상시킬 염려가 있으므로 이와 같은 행위를 단속하기 위하여 금지규정을 둔 것에 불과하여 그 양수행위의 사법적 효력에는 아무 소장이 있을 수 없을 뿐만 아니라 계쟁권리라 함은 바로 계쟁 중에 있는 그 권리이며 이 사건에서와 같이 판결이 확정된 계쟁목적물이었던 부동산은 계쟁권리라 할 수 없다(대법원 1985. 4. 9. 선고 83다카1775 판결).

≪판례≫ 변호사가 직접 수임사건의 분쟁당사자로 참여한 경우

원고는 변호사로서 의뢰인으로부터 관련 민사사건과 형사사건을 수임한 후 경매진행 중인 의뢰인 소유 부동산의 경매 절차정지 공탁보증금을 의뢰인에게 빌려준 것을 계기로 하여 그 이후 당사자 간에 다툼의 소지가 많은 이 사건 부동산의 3순위 근저당권채권을 양수하고 배당요구까지 하게 됨으로써 이해관계가 상반되는 4순위 근저당권자로부터 배당이의소송을 제기당하여 패소하였고, 또한 의뢰인에 대한 채권을 회수하기 위하여 실제 채권액을 훨씬 초과하는 금액의 약속어음을 교부받고 이를 공증받아 채권을 압류하였다. 원고의 이와 같은 일련의 행위는 의뢰인의 분쟁에 지나치게 개입한 것으로서 이로 인하여 의뢰인의 이익을 위한 변호사 업무활동에서 벗어나 상대방과의 관계에서 직접 분쟁의 이해당사자로 발전하였을 뿐만 아니라 상대방으로부터 배당이의소송을 제기당하는 결과까지 초래하였는바, 이는 정상적인 변호사 업무활동을 벗어난 것으로서 변호사법 제91조 제 2 항 제 3 호 소정의 '변호사로서의 품위를 손상하는 행위를 한 경우'에 해당한다(대법원 2008. 2. 28. 선고 2007두25886 판결).

Ⅳ. 공무원 등으로 사무에 관여한 사건에서의 이익충돌

변호사는 변호사의 자격을 지니고 공무원으로서 일을 할 수가 있다. 판사나 검사가 대표적이겠지만, 그 외에 공정거래위원회나 금융감독원 등 공적기관에서

공무원으로서 근무할 수 있다. 그러다가 후에 사직하고 나와서 변호사로서 사적인 대리업무를 수행할 수 있다. 이때 공무원으로서 다루던 사건을 변호사로서 다루는 데에는 규제가 가해지고 있다. 아래의 사례를 보자.

[사례 10]

2004년 甲은 서울지방법원의 판사로서 A기업의 부당공동행위에 대해서 공정거래위원회가 부과한 과징금의 취소를 청구하는 소송을 맡은 바가 있다. 하지만 당시 인사이동이 있던 기간이었고, 甲 자신은 지방으로 발령이 났기 때문에 공판기일을 정하기만 했을 뿐 공판에 참여하지는 않았다. 그로부터 2년 뒤에 甲은 판사직을 사직하고 변호사개업을 했다. 그런데 하루는 A기업의 사내변호사가 찾아와서 A기업의 대표이사가 관련된 형사사건의 수임을 의뢰했다. 혐의는 공정거래법 제66조 제9호(부당공동행위의 금지)위반이었다. 이 경우 변호사 甲은 사건을 수임할 수 있는가?

여기서 문제로 되는 것은 공무원으로서 취급한 사건을 나중에 변호사로서 취급할 수 있는지 여부이다. 변호사법은 "공무원·조정위원 또는 중재인으로서 직무상 취급하거나 취급하게 된 사건"에 대해서는 직무를 행할 수 없다(변호사법 제31조 제 1 항 제 3 호; 윤리규약 제22조 제 1 항 제 1 호). 여기서 '공무원'에는 법관, 검사, 국가공무원법 및 지방공무원법상의 공무원은 물론, 공무원 의제규정에 의하여 공무원으로 인정된 자도 포함된다. 민사조정법상의 조정위원, 중재법상의 중재인도 이 규정에 포함된다. 공증인으로서 직무상 공증한 사건은 원칙적으로 수임제한을 받는다.[16] 변호사법 제51조에 따르면, "법무법인은 그 법인이 인가공증인으로서 공증한 사건에 대하여 변호사 업무를 수행할 수 없다. 다만 대통령령으로 정하는 경우에는 그러하지 아니하다."고 규정함으로써, 공증사건에 대하여 수임금지를 원칙으로 하고 있다. 또한 변호사윤리규약 제22조 제 1 항 제 1 호에는 "공정증서 작성사무에 관여한 사건"을 수임하지 아니한다고 규정한다.

변호사는 변호사로서 공직을 맡기도 하고 공직을 마친 후에 다시 사적인 법

---

16) 정형근, 법조윤리강의(제11판), 2022, 217쪽.

률사무를 담당하기도 한다. 이러한 것을 소위 "회전문"(revolving door)이라고 한다. 이러한 경우 공직에서 담당한 사건을 사적인 변호사로서 다루지 못하게 하는 이유는 공무원으로서의 지위를 남용할 가능성을 막기 위해서이다. 예컨대, 정부의 비밀정보를 부적절하게 이용할 가능성과 정부변호사가 장래 사적인 고용주를 위하여 공직을 이용할 위험성을 막기 위한 것이다.[17] 만약 이를 허용한다면, 甲은 재직중에 사직을 염두에 두고 A기업에 유리한 판결을 내려줄 수도 있고, 경우에 따라서는 甲이 재판자료를 통해서 알게 된 정보를 이용하여 나중에 변호사가 된 후에 이를 A에게 유리하게 이용할 수도 있을 것이다. 대한변협은 변호사법 제31조 소정의 수임제한규정은 변호사업무의 공공성과 공정성을 구현하기 위한 것이라고 한다.[18] 그런 점에서 공무원으로서 취급한 사건은 나중에 변호사가 된 후에 수임하지 못하도록 하는 것이다.

[사례 10]에서처럼 단지 기일만 정한 경우에도 공무원으로서 취급한 사건이라고 볼 수 있는가? 공무원으로 재직 시에 취급한 사건의 범위와 관련하여, 대한변협은 매우 넓게 이해하고 있다. ① 변호사가 법원의 형사항소부 판사로 재직하다가 퇴직한 경우, ② 당직 판사로 영장업무를 수행한 사건, ③ 구속적부심 단계에서 취급한 사건, ④ 소속되었던 재판부로 사건배당은 되었으나 기일은 지정되지 않았던 사건, ⑤ 기일이 이미 지정되었으나 실제로 공판은 진행되지 않는 사건 등은 모두 수임할 수 없다고 한다.[19] 아울러 수임하고 있는 사건과 공직 당시의 직무가 추상적으로라도 연관되어 있으면 사건수임이 금지된다고 한다.[20]

경매담당 판사로서 경매개시결정, 입찰명령, 감정평가명령을 내리는 절차까지 관여한 사건에 대해서 변호사개업 후 낙찰인으로부터 소송의뢰를 받고 채무자 및 배당받은 채권자, 감정인을 상대로 경매물건의 하자로 인한 손해배상, 불법행위책임을 묻는 민사소송을 제기하는 것이 수임제한규정에 위반된다고 보았다.[21] 이처럼 대한변협은 공직에서 취급한 사건을 매우 넓게 이해하고, 그러한 모든 사건에 대해서 수임을 금지하는 취지의 입장을 취하고 있다.

---

17) Ronald D. Rotunda, *Legal Ethics in a Nutshell*, Thomson/west, 2006, p. 218.
18) 인권과 정의 제359호, 2006. 7, 185쪽.
19) 인권과 정의 제359호 2006. 7, 185쪽.
20) 인권과 정의 제359호 2006. 7, 185쪽.
21) 인권과 정의 제359호 2006. 7, 189쪽.

≪판례≫ 변호사가 판사 재직 시 허가한 정리회사의 계약에 관한 사건을 수임한 경우

변호사법 제31조 제 3 호 소정의 '공무원으로서 직무상 취급한 사건'의 범위에 관하여 판사로서 회사정리 사건의 업무에 관여하였다면 그 회사의 회사정리절차 진행 중에 있었던 모든 사건에 대하여 변호사로서의 업무를 수행할 수 없다는 것으로 무한히 확장하여 해석할 수는 없고, 변호사로서의 품위유지, 사건 당사자들의 이익보호, 공정한 재판업무 수행 등 공익적 요소와 변호사로서의 직업선택 및 직업수행의 자유 등 사익적 요소를 고려하여 볼 때, 판사로서 재직 시 구체적인 계약 등 법률행위의 허가, 허가의 변경 등에 관여하였을 경우 그 계약과 관련된 직무수행을 제한하는 것으로 해석함이 타당하다고 판단된다(대법원 2010. 12. 23. 선고 2008두20857 판결).

≪판례≫ 중재인이 중재절차 진행 중에 그 중재사건의 일방 당사자나 대리인의 의뢰로 당해 중재사건과 사실상 또는 법률상 쟁점을 같이 하는 동종사건의 중재 대리인으로 활동한 행위가 구 중재법 제13조 제 1 항 제 1 호 소정의 중재판정 취소사유에 해당하는지 여부

변호사는 비록 의뢰인으로부터 보수를 받는다 하더라도 의뢰인의 지휘·감독에 복종하지 아니한 채 독립하여 자유롭게 그 직무를 행하는 것이므로, 변호사가 중재인으로 선정되어 중재절차가 진행되고 있는 상황이라도 변호사로서의 직무상 불특정다수의 고객들에게 상담을 하여 주고 그들로부터 사건을 수임하는 것은 허용된다 할 것이나, 중재인으로 선정된 변호사는 중재인의 공정성과 독립성의 확보를 위하여 그 중재사건의 일방 당사자나 그 대리인과 중재절차 외에서 접촉하는 것은 가급적 제한되어야 하고, 나아가 당해 사건과 무관한 것이라 하더라도 일방 당사자나 그 대리인의 의뢰로 사건을 수임하는 것 역시 원칙적으로는 허용될 수 없으며, 더구나 그 수임사건이 당해 사건과 사실상 또는 법률상 쟁점을 같이 하는 동종의 사건인 경우에는 그 수임행위는 당해 중재인을 그 중재절차에서 배제시켜야 할 정도로 그 공정성과 독립성에 관하여 의심을 야기할 수 있는 중대한 사유에 해당하고, 만약 당해 중재인이 배제되지 아니한 채 중재판정이 내려졌다면 이는 구 중재법 제13조 제 1 항 제 1 호 소정의 '중재인의 선정 또는 중재절차가 이 법이나 중재계약에 의하지 아니한 때'에 해당하여 취소를 면치

못한다(대법원 2004. 3. 12. 선고 2003다21995 판결).

공직으로 일하는 것이 반드시 공무원의 신분을 가지는 것에 한정하는 것인가 아니면 널리 공적인 역할을 하는 것을 포함하는가? 예컨대, 어떤 변호사가 선거관리위원으로 재직중에 특정 입후보자를 공직선거법위반으로 고발한 경우, 그 변호사가 그 입후보자에 대한 형사사건을 수임할 수 있겠는가? 이에 대해서 대한변협은 부정적으로 판단했다. 본 사례는 선거관리위원회법 제 2 조(설치)에 정하고 있는 선거관리위원회의 비상임위원인 경우가 문제로 되는데, 각급 선거관리위원회는 합의제 행정관청에 해당하고 위원은 상임, 비상임을 불문하고 해당 직무에 관하여 광의의 공무원에 해당된다는 것이다. 이 경우 소속위원은 상임이든 비상임이든, 실질적으로 그 고발에 참여했든 아니했든, 전결규정에 따라 위원장이 전결했든 사무국장이 전결했든, 기타 여하한 경우라도 그 소속위원이 직무상 취급한 사건의 범위에 해당하므로 수임할 수 없다고 한다.[22]

이처럼 전직 공무원으로서 처리한 사건과 관련하여 대한변협은 "추상적으로"라도 연관이 있으면 수임이 금지된다고 하는데, "추상적으로"라는 의미는 모호하다. 미국의 경우 표준규칙 1.11에 의하면 변호사가 공직에서 취급한 사건을 공직사임 후에 맡게 된 경우, 일반적으로 종전 의뢰인의 보호에 적용되는 규정(미국 표준규칙 1.9)을 따르는 외에, 공무원으로서 "개인적으로 실질적으로"(personally and substantially) 참여한 사안에 한하여 의뢰인을 대리하지 못한다. 그리고 정부당국이 문서로써 설명 있는 동의를 하는 경우에는 공직에서 취급한 사안도 다룰 수 있는 것으로 하고 있다. 따라서 단순히 결재를 하기는 했지만, 개인적으로 실질적으로 다룬 사건이 아닌 경우에는 공직을 사임한 후에 그 동일한 사건을 다룰 수 있는 것이다. 우리나라가 미국에 비해 이처럼 더 엄격하게 규율하는 것은 변호사의 공공적 역할을 중시하기 때문이라고 보인다.

위의 [사례 10]에 적용해 본다면, 변호사 甲은 A기업의 사내변호사가 수임하려는 사건을 수임할 수 없다. 공판기일을 정하기만 했지만 이 경우에도 甲은 관련 서류를 접했을 가능성이 있고 따라서 그 사건은 공무원으로서 직무상 취급한

---

22) 인권과 정의 제365호, 2007. 1, 235쪽.

사건이라고 볼 수 있을 것이기 때문이다.

≪판례≫ 공무원이었던 변호사의 수임제한이 변호사의 직업수행의 자유를 침해
하는가

1. 공무원이었던 변호사가 직무상 취급하거나 취급하게 된 사건을 수임하지
못하도록 한 변호사법(2008. 3. 28. 법률 제8991호로 개정된 것) 제31조 제 1 항
제 3 호 중 "공무원으로서 직무상 취급하거나 취급하게 된 사건"에 관한 부분(이
하 '금지조항'이라 한다) 및 변호사법(2011. 5. 17. 법률 제10627호로 개정된 것)
제113조 제4호 가운데 제31조 제 1 항 제 3 호 중 "공무원으로서 직무상 취급하거
나 취급하게 된 사건"에 관한 부분(이하 '처벌조항'이라 하고, 금지조항과 더불어
'심판대상조항'이라 한다)이 변호사의 직업수행의 자유를 침해하는지 여부(소극)

"변호사직무 수행의 공정성과 변호사의 품위 및 신뢰를 담보하고, 공무원의 직
무염결성을 보장하며, 사건 당사자의 이익도 보호하고자 하는 심판대상조항의
입법목적은 정당하다.

심판대상조항은 공무원으로서 취급하거나 취급하게 된 사건과 분쟁의 사회적
실체 또는 쟁점이 같은 사건에 한하여만 수임을 제한하고 있다. 따라서 공무원
으로서 취급하지 않은 사건은 물론 공무원으로서 취급한 사건과 관련이 있더라
도 분쟁의 실체 또는 쟁점이 다른 사건은 얼마든지 수임할 수 있다. 또한, 전관
예우의 문제가 사법에 대한 신뢰를 크게 흔들고 있는 우리 현실에 비추어 보면
재직 중 취급한 사건의 수임을 전면적으로 금지할 필요성은 매우 크고, 공무원으
로서 재직 중 알게 된 정보나 사건 장악력은 시간이 경과한다고 해서 감소되는
성질의 것이 아니며, 시간이 경과하거나 공익 목적으로 수임한다고 하여도 반대
당사자의 이익 및 신뢰를 저해할 우려는 계속 존재한다.

따라서 심판대상조항이 기간의 제한 없이 또는 공익 목적으로 수임하는 경우
에도 공무원으로서 취급한 사건의 수임을 절대적으로 금지하는 것이 과잉금지원
칙을 위반하여 청구인의 직업수행의 자유를 침해한다고 볼 수 없다.

2. 법무사·변리사·세무사·관세사는 수행업무가 변호사와 본질적으로 다르
다. 변호사에 대하여만 공무원 취급사건의 수임제한은 차별취급이라 볼 수 없다
(헌법재판소 2016. 12. 29. 선고 2015헌마880 결정).

V. 공직퇴임변호사의 수임사건 제한

　　법관, 검사 등 공직에 있었던 자가 변호사를 개업하여 그 직전에 근무했던 법원 혹은 검찰의 사건을 수임하는 경우 소위 전관예우의 문제가 생길 수 있다. 실제로 전관 변호사가 다른 곳이 아닌 바로 직전 근무지의 사건을 다량 수임하고 그 수임액수도 불균형하게 높아 종종 전관예우의 시비가 일어나곤 한다. 전관에 대한 예우라는 용어도 적절치 않고, 실질적으로는 전관특혜나 전관비리에 해당하는 경우도 적지 않다는 지적도 종종 제기된다. 이러한 폐해는 국민의 사법불신을 가중시키는 주된 이유 중의 하나가 된다. 또한 직전 근무지의 사건을 수임할 경우 전관예우의 의혹과 함께, 이익충돌의 문제도 생길 수 있다. 자신이 직접 취급하지 않은 사건이라 하더라도 다른 변호사들보다 더 사건 정황에 더 쉽게 다가갈 수 있다거나 인맥상 연결될 수 있다는 의혹을 받을 소지가 있다. 이러한 이익충돌 및 전관예우의 시비를 불식하기 위한 여러 입법적 조치가 나올 수 있다. 그 중 하나가 공직퇴임변호사는 자신이 근무했던 기관이 처리하는 사건을 일정기간 동안 수임할 수 없도록 하는 방안이다. 이러한 방안은 2011년 변호사법 개정을 통해 공직퇴임변호사의 수임금지 규정으로 제도화되었고 이후 법개정을 통해 보강되고 있다.

　　기본규정인 변호사법 제31조 제 3 항 및 제 4 항의 골격은 다음과 같다. 법관으로 있다가 퇴직하여 개업한 변호사는 "퇴직 전 1년부터 퇴직한 때까지 근무한 법원이 처리하는 사건을 퇴직한 날부터 1년 동안 수임할 수 없다." 검사는 "퇴직 전 1년부터 퇴직한 때까지 근무한 검찰청이 처리하는 사건을 퇴직한 날부터 1년 동안 수임할 수 없다." 여기에 장기복무 군법무관도 군사법원에 대하여 같은 취지의 수임제한이 규정되어 있다. 그런데 전관예우의 의혹은 법관, 검사, 군법무관에 국한된 것이 아니라, 다른 공직 근무의 경우에도 광범하게 제기되어 왔다. 그 중에서 "금융위원회, 공정거래위원회, 경찰관서 등 국가기관"의 공무원직에 있다가 퇴직하여 개업한 변호사도 해당 기관의 사건을 1년동안 수임할 수 없다. 이러한 경우를 총칭하여 "공직퇴임변호사"라고 하고, 공직퇴임 직전 1년간 근무지의 사건을 개업 직후 1년간 수임할 수 없도록 제한한 것이다.

　　법관의 경우 해당 근무지는 법원 단위로 구분된다. 대법원, 소속 고등법원,

소속 지방법원 및 소속 지방법원 지원 단위로 구분하는 것이다. 예컨대 대법관으로 퇴직했다면 대법원 사건을 1년동안 수임할 수 없고, 서울중앙지방법원 법관을 퇴직 전 1년간 근무했다면 서울중앙지방법원의 사건을 1년동안 수임할 수 없게 된다. 검사의 경우도 대검찰청, 고등검찰청, 지방검찰청, 지방검찰청 지청을 단위로 동일성 여부를 판단한다. 그런데 법관과 검사의 경우 해당 기관 뿐 아니라 "그에 대응하여 설치된" 검찰청의 기관은 "각각 동일한 국가기관으로 본다." 예컨대 대법관으로 근무하다 퇴직하여 개업했다면 그의 수임제한은 대법원 및 대검찰청이 처리하는 사건에 걸치게 된다. 서울중앙지방검찰청의 검사로 1년이상 근무하다가 퇴직했다면, 그의 수임제한은 해당 검찰청 뿐 아니라 서울중앙지방법원의 사건에 걸치게 된다.

공직퇴임변호사는 퇴직 시점부터 1년간 수임제한을 절대적으로 받게 되므로, 재직중 직무상 해당 사건을 취급했는지의 여부와는 상관이 없다.

다른 한편 변호사는 자신이 '공무원, 조정위원, 중재인으로서 직무상 취급하거나 취급하게 된 사건'에 대하여 수임제한을 받는다(변호사법 제31조 제 1 항 제 3 호). 이러한 직무상 사건관련으로 수임제한을 받는 경우는 1년이라는 시간적 제약이 없다. 퇴직후 1년 이내의 직무상 사건이라면, 직무상 제한 뿐 아니라 공직퇴임변호사의 수임제한 규정을 동시에 받게 되는 셈이어서, 직무상 사건의 경계가 모호한 경우에도 수임제한을 받게 된다고 볼 것이다.

이러한 수임제한을 회피하거나 우회하려는 경우가 있을 수 있다. 실질적으로 수임하면서 다른 변호사의 명의를 빌려 쓰는 경우가 있을 수 있고, 또한 법무법인의 경우 실질적으로 사건 수임이나 소송수행을 하고 수임료를 받으면서 소송서류에는 담당변호사로 표기하지 않는 경우 등이다. 그에 대하여 변호사법 제31조 제 4 항은 보충적으로 수임제한의 편법적 우회로를 명시적으로 차단하고 있다.

제31조 ④ 제3항의 수임할 수 없는 경우는 다음 각 호를 포함한다.
1. 공직퇴임변호사가 법무법인, 법무법인(유한), 법무조합 또는 「외국법자문사법」 제2조제9호에 따른 합작법무법인(이하 이 조에서 "법무법인등" 이라 한다)의 담당변호사로 지정되는 경우
2. 공직퇴임변호사가 다른 변호사, 법무법인등으로부터 명의를 빌려 사건을 실질적으로 처리하는 등 사실상 수임하는 경우

3. 법무법인등의 경우 사건수임계약서, 소송서류 및 변호사의견서 등에는 공직퇴임변호사가
   담당변호사로 표시되지 않았으나 실질적으로는 사건의 수임이나 수행에 관여하여 수임료
   를 받는 경우

　　위와 같은 수임제한에 대한 예외가 있다. "국선변호 등 공익목적의 수임과
사건당사자가 친족인 경우의 수임"(제31조 제 3 항 단서)은 가능하다. 국선변호 등은
사선과 달리 전관예우의 폐해와 무관하고 이익충돌의 여지도 별로 심각하지 않
을 것으로 생각되기 때문이다. 친족의 경우에는 친족 간의 정리(情理)를 일정부분
배려하는 것도 법의 취지에 배치되지 않을 것이란 생각이다. "공익목적 수임"의
범위에 대하여는 변호사법시행령 7의3에서 구체화되고 있다. 1. 국선변호 또는
국선대리 2. 변호사회가 지정하는 무상 공익활동 3. 공익법인, 비영리법인에 대하
여 제공하는 무료 법률서비스 4. 그에 준하는 것으로 법무부장관이 지정하는 활
동 등이 그것이다. 무상, 무료 법률서비스의 제공은 전관예우와 무관할 것이고,
권장되어야 할 것이기 때문에 수임제한을 걸 이유가 없다.
　　이러한 방식의 수임제한 규정에 대하여 비판이 없는 것은 아니다. 변호사의
직업선택의 자유를 제한하여 위헌이라는 비판으로부터, 수임의 범위가 넓어 과잉
입법이며, 법조윤리의 문제를 법률로 강제한다는 비판도 제기되었다. 하지만 이
러한 제한규정은 법조계 전체가 국민의 신뢰와 존중을 회복하고, 공정한 법률시
장을 형성하기 위하여 감수해야 할 불가피한 조치로 생각할 수 있다. 더욱이 전
관예우 혹은 전관비리의 의혹은 사법적 결정의 정당성을 훼손하고 사법불신의
큰 문제를 지속적으로 야기하여 왔으므로, 수임제한의 처방은 필요하고 오히려
더 강화된 조치가 필요하다는 지적이 계속 제기되고 있다.
　　공직퇴임변호사가 위의 수임제한을 위배하게 되면 변호사법 위반으로 징계
사유가 된다.

Ⅵ. 이익충돌회피의무 위반행위에 대한 제재

[사례 11]

변호사가 이익충돌로 인하여 수임할 수 없는 사건을 수임한 경우 의뢰인 또는 그 상대방은 어떤 조치를 취할 수 있는가? 그리고 이익충돌을 이유로 징계를 받을 수도 있는가? 만일 이익충돌의 지적 없이 본안에 대한 판결이 내려졌다면, 이후 이익충돌을 이유로 재심 등을 청구할 수 있는가?

1. 민사소송에서 위반행위의 효력

우선 민사소송과정에서 이익충돌회피의무 위반이 발견된 경우, 변호사의 대리행위에 대해서 자격 부인(disqualification)의 이의를 제기하여, 변호사로 하여금 더 이상 상대방을 대리하지 못하게 막을 수 있다. 즉, 변호사의 대리를 중지하게 하는 중간판결을 구하는 것이다. 만약에 판사에 의해서 받아들여지게 되면, 변호사는 대리행위를 중지해야 한다. 그렇게 되면 그 변호사를 고용했던 의뢰인은 다른 변호사를 찾아야 한다. 이때 대리권이 부인된 변호사는 의뢰인의 비밀이 새로운 변호사에게 전달되지 않도록 조치해야 한다. 변호사의 자격부인이 선고되는 경우, 미국에서는 수임료의 환불을 요구하는 경우도 있는데, 우리나라의 경우도 마찬가지로 볼 수 있을 것이다.

다음으로 수임제한규정을 위반한 변호사에 대해서 징계를 청원할 수 있다. 의뢰인 또는 의뢰인의 법정대리인·배우자·직계친족 또는 형제자매는 소속지방변호사회의 장에게 해당 변호사에 대한 징계개시의 신청을 청원할 수 있다(변호사법 제97조의3).

만약 이익충돌에도 불구하고 변호사가 사건을 수임하여 소송을 진행한 결과, 의뢰인에게 손해가 발생했다면, 의뢰인은 해당 변호사를 상대로 법무과오(malpratice)에 기한 손해배상소송을 제기할 수 있을 것이다.

그런데 이익충돌의 상황에도 불구하고 소송과정에서 A가 아무런 문제제기하지 않은 채 판결에 이른 경우 A가 후에 변호사 甲의 대리행위에 문제가 있었다는 것을 이유로 재심을 요구할 수 있는가? 민법에 의하면 쌍방대리는 효력이 없지만 본인의 허락이 있으면 그렇지 않다(민법 제124조). 그러나 변호사법은 [사례 1]과 같은 쌍방대리의 경우 본인의 허락을 받더라도 이를 대리하지 못하게 하고 있다. 그럼에도 불구하고 이를 대리한 경우 그 법률적 효과를 어떻게 볼 것인지가 문제이다. 절대적으로 무효로 하는 방법과 제한적으로 유효성을 인정하는 방법이 있을 수 있다.

　　2003년의 한 판결은 "변호사법 제31조 제1호에서는 변호사는 당사자 일방으로부터 상의를 받아 그 수임을 승낙한 사건의 상대방이 위임하는 사건에 관하여는 그 직무를 행할 수 없다고 규정하고 있고, 위 규정의 입법취지 등에 비추어 볼 때 동일한 변호사가 형사사건에서 피고인을 위한 변호인으로 선임되어 변호활동을 하는 등 직무를 수행했다가 나중에 실질적으로 동일한 쟁점을 포함하고 있는 민사사건에서 위 형사사건의 피해자에 해당하는 상대방 당사자를 위한 소송대리인으로서 소송행위를 하는 등 직무를 수행하는 것 역시 마찬가지로 금지되는 것"이라고 전제하면서도, "상대방 당사자가 그와 같은 사실을 알았거나 알 수 있었음에도 불구하고 사실심변론종결 시까지 아무런 이의를 제기하지 아니했다면 그 소송행위는 소송법상 완전한 효력이 생긴다"고 했다.[23] 결국 이익충돌로 인한 소송대리권의 흠결은 소송중에 적극적으로 이의를 제기하지 않는 한 소송 자체의 효력을 부인하는 근거로 되지는 못한다는 것이다.[24] 참고로 일본의 경우도 이와 같은 입장을 보이고 있다. 즉, (일본 변호사법상) 이익충돌의 규정을 위반한 변호사소송행위는 상대방이 이의를 제기하지 않은 채 소송절차를 진행시킨 결과, 제2심 구두변론이 종결된 때는 그 무효를 주장할 수 없다는 것이다.[25] 이러한 입장이 정당화되는 이유는 이익충돌을 이유로 소송 전체를 무효화는 것에 대한 부담이 크기 때문이라고 보인다. 미국에서는 이익충돌의 법리를 남용하여 소송이 무르익어가는 시점에 이익충돌을 이유로 상대방 변호사의 자격을 부인함으로써 상대방에게 치명적인 손실을 입히는 소송전략을 쓰는 데 대해서, 법원이 이를 부인한 경우가 있고, 이때 동원되는 논리는 금반언의 법리 또는 권리행사의 태만을

---

23) 대법원 2003. 5. 30. 선고 2003다15556 판결.
24) 미국이 경우는 반드시 그런 것은 아니다. 예컨대 이익충돌에도 불구하고 형사변호를 한 경우 유죄판결을 번복하는 근거가 되기도 한다.
25) 最大判昭, 38. 10. 30.

든다. 이렇게 본다면 이익충돌은 이미 진행된 소송 자체를 무력화시키는 도구로 사용될 수 없다고 하겠다. 이상에서 본 것을 토대로 생각해 본다면 [사례 1]에서 A는 이익충돌을 이유로 재심을 청구할 수는 없다.

≪판례≫ 쌍방대리: 수임제한규정 위반의 무권소송대리행위에 대한 추인의 소송 법상 효력

본건 건물의 철거소송의 별소에서 피고의 소송대리인이였던 자가 본건 동일 목적물의 철거소송에서 위 피고의 상대자인 원고의 소송대리인으로서 소송행위 를 하였음은 변호사법 제16조 제 1 호(현행 변호사법 제31조 제 1 항 제 1 호)에 위반 되는 행위로서 무권대리행위라고 할 것이라 하여도 원심에서 원고가 위 무권소 송대리행위를 추인하였음이 기록상 뚜렷하므로 그 소송행위는 소송법상 완전한 효력이 발생된다 할 것이다(대법원 1970. 6. 30. 선고 70다809 판결).

≪판례≫ 변호사법 제31조 제 1 항 제 3 호를 위반한 소송행위의 효력

변호사가 판사로서 항소심변론에 관여하였던 재심대상사건을 수임하여 소송 대리를 한 것은 그 변호사가 공무원으로서 직무상 취급한 사건에 관하여 변호사 로서 그 직무를 담당하고 소송을 대리한 것이니 이것은 변호사법 제16조 제 2 호 (현행 변호사법 제31조 제 1 항 제 3 호)에 저촉되는 것이라 할 것이고 이러한 경우에 그 변호사가 소송을 대리한다는 것은 적법한 소송대리권이 없는 사람이 소송을 대리하는 것과 마찬가지로 보아야 할 것이고, 변호사법 제16조의 규정은 공익적 인 강행규정으로서 이에 위반되는 행위는 그 효력이 없다.

그러나, 민사소송법 제422조 제 1 항 제 3 호 소정의 소송대리권 흠결의 재심사 유 있는 경우에도 민사소송법 제422조 제 1 항 단서에 의하여 당사자가 상소에 의하여 그 사유를 주장하였거나 이를 알고 주장하지 아니한 때에는 재심의 소를 제기할 수 없다(대법원 1971. 5. 24. 선고 71다556 판결).

2. 형사소송에서 위반행위의 효력

형사사건의 변호인에게 변호사법에 규정된 바의 수임제한 규정을 위반한 위 법이 있다고 하더라도, 피고인들 스스로 그 변호사를 선임하여 판결까지 나온 이

후에 그 피고인이 상소심에서 변호사법 위반(이익충돌)을 내세워 상소이유로 삼는 것은 맞지 않다. 그 피고인이 변호인을 선임하여 심급 종료까지 되었다면 그 피고인이 자신의 권리가 침해되었다거나 소송절차가 무효가 된다고 볼 수는 없다.[26]

이익충돌이 되는 국선변호인을 법원이 선임하여 피고인의 조력을 하게 한 경우는 어떻게 되는가. 이 경우는 법원이 국선변호인의 선임과정에 법령위반이 있고, 그러한 위법은 피고인으로 하여금 국선변호인의 조력을 받아 효과적인 방어권 행사를 못한 결과를 가져올 수 있으므로 판결에 영향을 미친 잘못이 있다.[27]

≪판례≫ 피고인이 스스로 선임한 변호인에게 수임제한 규정을 위반한 위법이 있는 경우 피고인의 변호인의 조력을 받을 권리가 침해되었다거나 그 소송절차가 무효에 해당하는지 여부

변호사법 제31조 제1호는 '변호사는 당사자 일방으로부터 상의를 받아 그 수임을 승낙한 사건의 상대방이 위임하는 사건에 관하여는 그 직무를 행할 수 없다'고 규정하고 있는바, 위 규정의 입법 취지 등에 비추어 볼 때, 동일한 변호사가 민사사건에서 형사사건의 피해자에 해당하는 상대방 당사자를 위한 소송대리인으로서 소송행위를 하는 등 직무를 수행하였다가 나중에 실질적으로 동일한 쟁점을 포함하고 있는 형사사건에서 피고인을 위한 변호인으로 선임되어 변호활동을 하는 등 직무를 수행하는 것 역시 금지된다고 봄이 상당하다.

그런데 피고인들의 제1심 변호인에게 변호사법 제31조 제1호의 수임제한 규정을 위반한 위법이 있다 하여도, 피고인들 스스로 위 변호사를 변호인으로 선임한 이 사건에 있어서 다른 특별한 사정이 없는 한 위와 같은 위법으로 인하여 변호인의 조력을 받을 피고인들의 권리가 침해되었다거나 그 소송절차가 무효로 된다고 볼 수는 없다(대법원 2009. 2. 26. 선고 2008도9812 판결).

≪판례≫ 법무법인의 경우, 수임제한규정에 위반하여 선임된 국선변호인의 소송행위의 소송법상 효력

변호사법 제31조 제1호에서는 변호사는 당사자 일방으로부터 상의를 받아 그

---

26) 대법원 2009. 2. 26. 선고 2008도9812 판결.
27) 대법원 2004. 11. 26. 선고 2004도5951 판결; 대법원 2015. 12. 23. 선고 2015도9951 판결.

수임을 승낙한 사건의 상대방이 위임하는 사건에 관하여는 그 직무를 행할 수 없다고 규정하고, 위 규정의 입법 취지 등에 비추어 볼 때, 동일한 변호사가 민사사건에서 형사사건의 피해자에 해당하는 상대방 당사자를 위한 소송대리인으로서 소송행위를 하는 등 직무를 수행하였다가 나중에 실질적으로 동일한 쟁점을 포함하고 있는 위 형사사건에서 피고인을 위한 국선변호인으로 선임되어 변호활동을 하는 등 직무를 수행하는 것 역시 마찬가지로 금지되는 것으로 볼 것이며, 이러한 규정은 변호사법 제57조의 규정에 의하여 법무법인에 관하여도 준용된다고 할 것이므로, 법무법인의 구성원 변호사가 형사사건의 피해자에 해당하는 상대방 당사자를 위한 소송대리인으로 선임된 그 법무법인의 업무담당 변호사로 지정되어 그 직무를 수행한 바 있었음에도, 그 이후 공소 제기된 같은 쟁점의 형사사건에서 이번에는 피고인을 위한 국선변호인으로 직무를 수행하는 것도 금지되는 것임은 물론이고, 비록 국선변호인이 먼저 진행된 민사사건에서 위 형사사건의 피해자를 위한 직접적인 변론에 관여를 한 바 없었다고 하더라도 달리 볼 것은 아니라고 할 것이니, 이러한 행위들은 모두 변호사법 제31조 제 1 호의 수임제한규정을 위반한 것이다.

그럼에도 불구하고 원심이, 변호사의 수임제한규정에 위반하는 국선변호인을 선정한 다음 그 국선변호인의 변론을 거쳐 심리를 마친 과정에는 소송절차에 관한 법령위반의 위법이 있고, 이러한 위법은 피고인으로 하여금 국선변호인의 조력을 받아 효과적인 방어권을 행사하지 못한 결과를 가져옴으로써 판결에 영향을 미쳤다고 할 것이다(대법원 2004. 11. 26. 선고 2004도5951 판결).

≪판례≫ 수임제한규정에 위반하여 선임된 국선변호인의 소송행위의 소송법상 효력

헌법상 보장되는 '변호인의 조력을 받을 권리'는 변호인의 '충분한 조력'을 받을 권리를 의미하므로, 피고인에게 국선변호인의 조력을 받을 권리를 보장하여야 할 국가의 의무에는 피고인이 국선변호인의 실질적 조력을 받을 수 있도록 할 의무가 포함된다.

공소사실 기재 자체로 보아 어느 피고인에 대한 유리한 변론이 다른 피고인에게는 불리한 결과를 초래하는 경우 공동피고인들 사이에 이해가 상반된다. 이해가 상반된 피고인들 중 어느 피고인이 법무법인을 변호인으로 선임하고, 법무법

인이 담당변호사를 지정하였을 때, 법원이 담당변호사 중 1인 또는 수인을 다른 피고인을 위한 국선변호인으로 선정한다면, 국선변호인으로 선정된 변호사는 이해가 상반된 피고인들 모두에게 유리한 변론을 하기 어렵다. 결국 이로 인하여 다른 피고인은 국선변호인의 실질적 조력을 받을 수 없게 되고, 따라서 국선변호인 선정은 국선변호인의 조력을 받을 피고인의 권리를 침해하는 것이다.

이 사건 피고인들 사이에 이해가 상반되는데, 피고인 2가 공소외 1 법무법인을 변호인으로 선임하고 위 법무법인이 변호사 공소외 5를 담당변호사로 지정하였는데도, 원심법원이 같은 변호사를 피고인 1을 위한 국선변호인으로 선정한 것은, 앞서 본 법리와 같이 국선변호인의 실질적 조력을 받을 피고인 1의 권리를 침해하는 것이다. 따라서 원심판결에는 국선변호인의 조력을 받을 권리에 관한 법리를 오해하여 판결에 영향을 미친 잘못이 있다(대법원 2015. 12. 23. 선고 2015도9951 판결).

3. 위반행위에 대한 제재: 징계 · 처벌 · 배상책임 등

이익충돌 금지규정을 위반하여 사건을 수임하여 처리하면 징계사유가 된다. 이익충돌에 대한 이의제기가 없어 소송법적으로 유효하다고 해도, 변호사의 의무위반이므로 징계사유가 된다.

이익충돌 사건을 수임하여 의뢰인에게 손해를 발생시켰다면 이는 법무과오에 해당하고 불법행위로 인한 손해배상책임을 질 수 있다.

이익충돌 사건에서 형사처벌이 되는 경우도 있다. 변호사법 제31조 제 1 항 제 3 호에 위반하여 공무원 · 조정위원 · 중재인으로서 직무상 취급한 사건을 수임한 변호사는 형사처벌을 받을 수 있다(변호사법 제113조 제 4 호). 변호사는 계쟁권리를 양수해서는 안 되며, 이를 위반하면 형사처벌을 받는다(변호사법 제112조 제 5 호). 공직퇴임변호사가 수임제한규정을 위반하면 이는 형사처벌 대상은 아니고, 과태료부과의 징계사유가 될 수 있을 것이다(변호사법 제117조 제 1 항, 제 2 장 제 8 조).

● 연구과제 ●

다음과 같은 질의에 대해서 생각해 보자.

서울지방법원 ○○지원 제 3 민사부는 1998. 11. 5. 원고 A, 피고 B 외 1인간의 대여금사건에 관하여 원고패소판결을 선고했습니다(원고가 대부분 패소했습니다). 판결선고 당시 재판장은 甲부장판사였습니다. 패소한 원고는 1998. 11. 말경 항소를 제기했습니다. 저희 법무법인(X)은 1998. 12. 하순경 원고 A와의 상담을 거쳐 항소심사건을 수임했고 1999. 1. 11.경 항소심법원에서 소송위임장을 제출했습니다. 그 후 1심재판장이었던 甲부장판사는 1999. 2.말경 법관을 사직하고서 같은 해 3월부터 저희 사무소의 구성원변호사로 근무하고 있습니다.

저희 법무법인이 위 항소심사건을 수임할 당시 위 변호사는 법원에 재직중이었고, 저희 법무법인의 구성원이 아니었습니다. 즉, 항소심사건 수임 당시에는 아무런 문제나 제약이 없었는데 후발적으로 1심재판장이 저희 법무법인의 구성원변호사로 근무하게 된 경우입니다.

가. 항소심사건도 재판장이 직무상 취급한 사건이라고 볼 수 있는지요?

나. 저희 법무법인이 위 변호사로 하여금 항소심소송수행에 관여하지 않게 조치하고서 항소심사건을 계속해서 소송대리하는 경우 변호사법에 저촉되는지요? [28]

위의 질의는 한편으로 공무원으로서 취급한 사건에 관한 윤리와 로펌에서의 이익충돌의 문제가 중첩되어 있다. 甲은 1심의 판결에까지 개입했으므로 직무상 취급한 사건이라는 점은 명백하다. 그렇다면 동일한 로펌 내의 누구도 이 사건을 담당할 수 없다. 甲변호사가 그 로펌에서 근무하기 전부터 그 로펌에서 처리한 경우에 대해서, 대한변협은 "법제위원회의 검토를 거친 결과 이 사안의 경우는 구 변호사법 제24조 제 3 항(현재 제31조 제 1 항 제 3 호와 동일)에 위반된다"고 판단했다. 여기까지는 논란의 여지가 없어 보인다.

그런데 만약 위 "변호사가 항소심소송수행에 관여하지 않게 하는 경우"에 계속해서 소송대리를 할 수 있는가라는 문제는 다소 복잡하다. 즉, 로펌의 경우에 공무원으로서 사건을 취급한 변호사가 해당 사건에 대해 관여하지 않게 조치하는 경우 로펌은 그 변호사가 수임할 수 없는 사건을 수임할 수 있는가? 미국에서는 이를 차단막(screening, Chinese wall)이라고 한다. 미국의 관련 규정은 다음과 같다.

─────────────

28) 대한변협, 질의회신집, 2000, 137쪽.

표준규칙 1.11

(b) 한 변호사가 a)에 의해서(즉, 공무원으로서 취급한 사건이어서) 대리가 부인된 경우, 그 변호사가 소속된 로펌의 어떤 변호사도 의식적으로 그 사안에 대해서 대리를 맡거나 계속할 수 없다. 다만 다음의 경우는 다르다.

  (1) 자격부인된 변호사가 그 사안에 참여하지 못하도록 적절히 걸러지고 있으며, 그 로부터 수임료를 배분받지 않을 것 그리고

  (2) 서면의 통지가 즉시 해당 정부당국에 전달되어서 이 규칙의 내용의 준수를 확인할 수 있게 할 것.

말하자면, 로펌 내의 어떤 변호사가 공무원으로서 취급한 사건이면 그 로펌 내의 다른 어떤 변호사가 그 사건을 대리하거나 계속할 수 없지만, 차단막을 설치하고, 그 사실을 당국에 통보하여 차단막이 제대로 작동하는지 확인할 수 있게 한다면, 로펌은 그 사건을 수임할 수 있다는 것이다. 통상적으로는 로펌 내의 어떤 변호사가 수임하지 못하는 사건이면, 다른 변호사도 당연히 그 사건을 수임하지 못하고 이 경우 차단막의 설치가 허용되지 않는 것에 비해서(표준규칙 1.10), 공무원으로서 취급한 사건에 대해서는 차단막을 통한 방법을 허용하고 있는 것은 변호사의 공직진출을 조장한다는 취지가 있는 것이다. 이러한 규정이 우리나라에서 적용될 여지는 있는가? 대한변협은 조심스럽게 부정적인 견해를 보이고 있는 것으로 보인다.[29]

그런데 차단막이 문제가 되는 경우는 위의 질의와 같이 공무원이 연루된 사건보다는 오히려 변호사의 전직과 관련한 것이다. 아래 읽을거리를 참고하면서 차단막의 현실적 의미와 우리나라에서의 적용가능성에 대해서 토론해 보자.

---

29) 대한변협, 징계사례집, 2000, 138쪽.

제 8 장

변호사 광고

이 전 오

[기본질문]

1. 변호사 광고에 대한 규제가 어떻게 변천해 왔는지 살펴보고, 그러한 규제는 어떤 근거에서 정당화되었는지를 말해 보세요. 광고규제를 반대하는 입장이 제기한 문제점은 무엇이고, 이러한 비판이 광고의 허용에 미친 영향을 설명해 보세요.

2. 일반적인 상업광고와 변호사 광고를 다르게 취급해야 하는 이유는 무엇인가요? 변호사 업무는 "상행위"와 무관한 업무이기 때문인가요? 올바른 정보를 제공하여 시민들이 자신에게 적합한 변호사를 쉽게 찾을 수 있도록 하는 방안을 말해 보세요.

3. 여러분이 개인법률사무소를 열었다고 가정하고, 개업 초기에 의뢰인을 어떻게 유치할 것인지를 구체적으로 생각해 보세요. 여러분이 개업한 지역에 아무 연고가 없는 상황이라면 어떻게 할지도 말해 보세요.

4. 미국에서는 변호사 광고를 비교적 넓게 인정하고 그 범위도 점차 확대하고 있다. 하지만 변호사가 직접 잠재적 의뢰인을 접촉하여 사건을 유치하는 것은 유인(solicitation)이라고 하여 광고(advertisement)와 구별하고, 이를 금지하고 있다. 이러한 구별의 실익을 토론해 보세요.

5. 우리나라에서는 소위 "법조비리"라며 세간의 지탄을 받는 사건이 발생할 때, 종종 "브로커"를 고용하여 사건을 유치한 것이 문제시된다. 왜 브로커를 고용하는 폐습이 생겨났고, 이것이 잘 근절되지 않는지 논의해 보세요.

6. 최근에 플랫폼을 통한 변호사광고가 크게 논란이 되고 있다. 이에 대한 여러분의 생각은 어떤지요?

◇ **관련 법령**
 - 변호사법
   제23조(광고), 제24조(품위유지의무 등), 제25조(회칙준수의무)
   제30조(연고 관계 등의 선전금지), 제35조(사건 유치 목적의 출입금지 등)
   제36조(재판·수사기관 공무원의 사건 소개 금지), 제37조(직무취급자 등의 사건 소개 금지)
 - 대한변호사협회 회칙(2021. 7. 21. 개정)
   제44조(변호사·법무법인·법무법인(유한)·법무조합 등의 보수 및 광고) 제 5 항, 제57조(규칙 및 규정)
 - 대한변호사협회, 변호사윤리장전 중 윤리규약(2021. 5. 31. 개정)
   제 5 조(품위유지의무), 제 9 조(부당한 사건유치 금지 등), 제19조(예상 의뢰인에 대한 관계), 제31조(원칙), 제39조(사건 유치 목적의 출입 금지)
 - 대한변호사협회, 변호사 광고에 관한 규정(2021. 5. 3. 전부개정)

Ⅰ. 변호사 광고의 의의와 찬반론

1. 변호사 광고의 의의

 "변호사 광고"라 함은 변호사 등[1])에 관한 소개·홍보, 변호사 등이 수행하는 일체의 직무에 관한 소개·홍보 그 밖의 소비자와 변호사 등을 연결하는 일체의 수단과 방법을 말한다(「변호사 광고에 관한 규정」 제2조 제1항).

　　변호사법 제23조는 변호사가 광고를 통해 의뢰인을 유치하는 것을 허용하고 있다. 미국, 일본 등 다른 나라들도 변호사 광고를 허용하고 있다. 하지만 광고의 내용과 방법에 대해 여러 가지 제한 규정을 두고 있어, 다른 상업적 광고들에 비해 변호사 광고는 많은 제한을 받고 있다. 역사적으로 볼 때 변호사 광고는 전면적인 금지에서 부분적인 허용으로 변천해 왔지만, 현재와 같은 규제에 대해서도 긍정적인 시각과 부정적인 시각이 공존하고 있다.

　　변호사 광고에 대한 규제는 단순히 광고에 관한 기술적인 문제를 넘어선다. 변호사 광고에서 허용되는 내용과 방법을 지금보다 더 넓게 인정해야 하는지 아니면 현행대로 유지해야 하는지, 또는 과거처럼 규제를 더 강화해야 하는지는 변호사 직무의 본질에 직결되어 있는 매우 근본적인 문제이다. 변호사 광고 문제는 변호사 보수 문제와 함께 변호사라는 법조직의 이상과 현실이 교차하는 지점에 위치하고 있다. 변호사직의 이상인 공공성을 강조하는 입장과 현실적인 상인성을 강조하는 입장의 확연한 시각 차이가 바로 변호사 광고를 둘러싼 첨예한 논란의 바탕에 깔려 있다. 한편, 법률서비스 이용자의 관점에서, 더 정확하고 다양한 정보에 접근할 수 있는 소비자 주권을 강조하며 변호사 광고 문제를 바라보는 입장도 있다.

자료 1　　변호사업무광고금지의 역사[2]

　　유럽에서 근대국가 성립 이후 변호사광고에 대한 규제사(規制史)를 보면, 대부분의 국가에서 변호사광고는 금지되었던 것 같다. 특히 앵글로 아메리카에 있어서 변호사광고 금지 규범은 잉글랜드에 있어서 배리스터(barrister)제도의 관습에서 유래하였다고 할 수 있다.

　　옛날에 잉글랜드에서는 배리스터로 되기 위해 법학원(Inns of Court)에 모인 젊은이는

---

1)　변호사·법률사무소·법무법인·법무법인(유한)·법무조합·합동법률사무소·공동법률사무소 등을 모두 합하여 가리키는 말이다(「변호사 광고에 관한 규정」 제1조).
2)　강희원, "변호사의 직업윤리와 그 의무의 충돌 : 변호사광고 및 비밀유지의무와 진실의무를 중심으로", 「법과 사회」 제29호, 2005. 12., 50~51쪽.

모두 부유계급의 출신자로서 생활의 자금을 이 직업을 통해서 얻을 필요가 없었다. 그래서 이들은 상업과 그 특징인 경쟁의 원리를 멸시하였다. 그래서 배리스터에게는 자신의 광고를 하는 것은 하품(下品)에 해당하며, 동료에 대해서 예의가 아니라고 생각되었다.

그뿐만 아니라 배리스터는 일반 민중으로부터 직접 의뢰를 받는 것이 아니라, 솔리스터(solicitor)를 통해서 사건을 수임하는 것이기 때문에, 민중에 대해 자신을 광고 · 선전할 필요가 없었고, 민중들도 배리스터에 관한 정보에 기하여 스스로 그것을 선택할 필요도 없었다.

따라서 배리스터에 관한 광고금지의 윤리규범은 극히 엄격하였다. 예컨대, 배리스터는 견장, 공용 및 사용의 문서, 명찰 등에 '변호사'라는 자구를 인쇄할 수 없으며, 그의 주거 또는 사무소의 어떤 건물의 입구에 성명 외에 변호사자격의 표시를 해서는 아니 된다. 그리고 그의 성명과 함께 변호사라는 명찰의 착용을 요구받는 비법률가의 회합에 출석해서도 아니 되고, 그러한 단체에 가입해서는 아니 된다. 또 배리스터는 계속 중의 사건은 물론 과거에 담당했던 사건에 대해서 조금이라도 신문지상에 기사 또는 담화를 공포해서도 아니 되고, 라디오나 텔레비전에 출연하는 경우에 변호사라는 칭호를 공표해서는 아니 된다고 하였다.

변호사의 직무를 오로지 공공적 봉사라고 생각하고, 동료 변호사 사이의 에티켓을 그대로 직업적 윤리라고 하고, 직업에 의한 금전적 수입을 부차적인 현상으로 하는 '고귀한' 직업집단에 있어서는 자기선전과 같은 짓을 하는 것은 비천한 것이며, 동료에 대한 무례라고 하였던 것은 당연하였다. 그리고 그러한 배리스터가 신사도(紳士道)로서의 직업윤리를 명예로 해서 사회로부터의 존경을 얻으려고 하였던 것은 엘리트집단으로서는 충분히 의의가 있는 것이었다.

2. 변호사 광고 찬반론

변호사 광고는 변호사 자신의 정보와 업무 내용을 고객에게 널리 알려서 법률서비스의 공급자인 변호사의 경쟁의 우위를 확보할 수 있고, 법률서비스의 수요자인 고객에게도 변호사 선택권을 보장해주는 긍정적인 효과가 있다. 그에 반하여, 변호사 광고를 허용하면 변호사가 사건의 유치를 위해 왜곡되거나 과장된 정보를 제공함으로써 고객을 오도(誤導)하고 결국 변호사직의 공공성과 품위를 해칠 우려가 있다. 그런 까닭에 변호사 광고를 허용할 것인지 여부에 관하여는 역사적으로 찬반 양론의 대립이 있었다.

위 <자료 1>은 영국에서 변호사, 특히 '법정변호사'로 번역되는 배리스터 (barrister)에게 광고가 엄격히 금지된 역사적 배경을 설명해 주고 있다. 영국법을 계수(繼受)한 미국의 경우도 이와 유사한 역사적 경험을 가지고 있다. 미국은 영국과는 달리, 법정변호사(barrister)와 사무변호사(solicitor)의 구별을 없앴음에도, 모든 변호사(attorney at law)에게 광고를 금지했다.

미국 변호사협회(ABA)가 1908년에 채택한 변호사윤리강령(Canons of Professional Ethics)은 변호사가 광고나 유인을 통해 의뢰인을 찾거나 사건을 적극적으로 유치하는 것을 금지했다. 이 강령의 기본 시각은 변호사가 직무를 잘 수행하여 좋은 평판과 신용을 얻으면 의뢰인이 자연히 오게 되어 있다는 것이다. 변호사가 자신을 광고하거나 의뢰인을 찾아나서는 일은 변호사라는 고귀한 전문직의 전통에 정면으로 반하는 행위라고 보았다.[3]

1969년에 ABA가 채택한 직무책임준칙(Model Code of Professional Responsibility)도 변호사 광고(advertisement)와 의뢰인 유인(solicitation)을 전면적으로 금지했다. 직무책임준칙은 변호사의 도움을 필요로 하는 모든 일반인들에게 법률서비스가 이용가능하도록 필요한 조치를 취할 직업윤리적 의무를 모든 변호사들에게 부과했다. 이러한 의무는 광고의 금지와 양립하기 어려운 면이 있었다.

미국에서 변호사 광고를 허용할지 여부가 본격적으로 다투어진 것은 아래 <자료 2>에서 보는 1977년의 베이츠(Bates) 사건이다.

자료 2   Bates v. State Bar of Arizona, 433 U.S. 350(1977)

1972년에 아리조나 주립 대학 로스쿨을 졸업한 존 베이츠(John Bates)와 밴 오스틴 (Van O'Steen)은 2년 동안 법률구조기관에서 근무하다가 1974년 3월에 자신들의 법률사무소(Legal Clinic of Bates & O'Steen)를 개설하여 저소득층에게 법률서비스를 저렴한 비용에 제공하려고 하였다. 이들은 복잡한 사건은 맡지 않고 저렴한 수임료로 정형적인 사건만 수임하였다. 그러나, 약 2년간 법률사무소를 운영해본 결과 광고를 하지 않으면 도저히 수지를 맞출 수 없다는 결론에 이르렀고, 그래서 자신들의 저렴한 서비스를 보다 많은 사

---

3) Mortimer D. Schwartz, et al., *Problems in Legal Ethics*, 8th ed. West, p.84.

람에게 알리려고 1976년 2월 22일에 한 일간지에 광고를 냈다. 이들은 "변호사가 필요하십니까? 매우 합리적인 비용으로 법률서비스 제공"(Do you need a lawyer? Legal Services at Very Reasonable Fees)이라는 제목의 박스광고에 '합의이혼 : 수임료 175달러 및 법원 인지대비용 20달러, … 개명(改名) : 수임료 95달러 및 법원인지대비용 20달러' 등을 적시하고 자신들의 사무소 주소와 전화번호를 명기했다. 이 광고 때문에 이들은 1976년에 애리조나주 변호사협회로부터 징계를 받았고[4], 애리조나주 대법원은 이들의 변호사업무를 정지시켰다. 이에 불복하여 이들 두 변호사는 연방대법원에 상고했다.

미국 연방대법원은 베이츠 사건에서 5 : 4로 근소하게 의견이 갈렸다. 반대의견을 낸 4명의 대법관들은 이 광고의 내용이 일반인들을 "본질적으로 오도(誤導)"(inherently mis-leading)한다고 보았고, 이런 광고를 허용하는 것은 "고도의 전문지식을 요하는 직업"(learned profession)의 특성을 해칠 것이라고 보았다. 반면에 다수의견은 이 광고가 "본질적으로 오도"하는 내용이 아니라고 판단했고, 이러한 광고까지 제한하는 것은 언론의 자유를 보장한 수정헌법 제1조에 위반된다고 판결했다. 또한 다수의견은 변호사업무가 공적 서비스의 성격을 갖고 있지만, 동시에 변호사들이 수임료를 받아 생계를 유지한다는 현실을 솔직히 인정해야 한다고 보았다.

Bates 판결을 참조하여 변호사 광고의 찬반론을 정리하면 다음과 같다.

가. 변호사 광고 규제론[5]

(1) 변호사의 전문직업성 훼손

변호사 보수를 광고하는 것은 상업화를 초래하고 이것은 변호사의 품위와 자존감을 해치게 될 것이다. 변호사 직역에 시장논리를 도입하면 변호사 직역이 나아갈 방향에 부정적인 영향을 끼치게 되고 경제적 욕구와 이타적 봉사의무 간

---

4) Arizona 주 변호사협회 징계규칙 2-101(B)
  "A lawyer shall not publicize himself, or his partner, or associate, or any other lawyer affiliated with him or his firm, as a lawyer through newspaper or magazine advertisements, radio or television announcements, display advertisements in the city or telephone directories or other means of commercial publicity, nor shall he authorize or permit others to do so in his behalf."
5) 애리조나 주 변호사협회가 주로 취했던 논거들을 미국 연방대법원이 정리한 것이다.

의 균형을 깨뜨릴 것이다. 또한, 광고는 의뢰인의 변호사에 대한 신뢰도 해치게
된다. 의뢰인이 변호사가 의뢰인의 이익을 위해서가 아니라 변호사 자신의 이윤
추구 동기로 행동한다는 것을 아는 순간 변호사의 공공적 이미지는 퇴색된다.

(2) 변호사 광고의 오도적(誤導的) 속성

법률서비스는 그 내용과 질이 워낙 개별적이어서 광고로 나타내기가 어렵고,
소비자는 그가 원하는 법률서비스가 어떤 것인지 사전에 알기가 어려우며, 광고
는 변호사의 업무능력에 필요한 사항이 아니라 불필요한 사항을 강조함으로써
소비자를 오도(誤導)할 우려가 있다.

(3) 사법 기능 실현에 대한 부정적 영향

변호사 광고는 사람들로 하여금 하지 않아도 될 소송을 하도록 부추김으로
써 사회적 안정을 깨고, 부당하게 큰 고통을 당한 경우에 사법체계를 통해 해결
한다는 사법의 본래적인 기능의 실현을 저해한다.

(4) 부정적인 경제적 효과

광고는 변호사 직역의 간접비용을 높이고 이것은 변호사 보수에 더해져 소
비자에게 전가될 것이다. 이와 같은 추가비용은 신규 변호사가 시장에 진입하는
것을 어렵게 하고, 기존 변호사의 지위를 공고하게 만든다.

(5) 법률서비스의 질 저하 우려

변호사가 광고시에는 미리 책정한 가격으로 규격화된 법률서비스를 알린 뒤
에, 개별사건에서는 의뢰인의 필요에 부합하는지 여부와 관계없이 표준화된 서비
스만 제공함으로써 법률서비스의 질이 떨어지게 된다.

나. 변호사 광고 허용론

위와 같은 광고규제론에 대하여 Bates 판결의 다수의견은 다음과 같이 반박
하면서 변호사 광고는 허용되어야 한다고 판시하였다.

(1) 광고를 허용한다고 하여 반드시 변호사의 공공성과 전문성의 훼손, 품위 손상을 가져오지 않는다.

변호사 광고 규제론은 변호사가 변호사업을 통하여 생계를 유지하고 있다는 사실을 도외시하고 있다. 만약 윤리적 이유로 변호사 광고를 금지해야 한다면, 사건을 맡은 후에 수임료 약정을 하는 것은 왜 허용하는가? 사건을 맡은 후의 약정이 허용된다면 사건을 맡기 전에 수임료를 미리 광고하는 것도 허용되어야 한다. 또한, 광고를 허용하면 변호사의 품위를 손상시킨다는 주장에도 찬성할 수 없다. 예컨대 금융업자나 엔지니어들이 오래 전부터 광고를 하고 있지만, 그렇다고 하여 그들의 품위가 손상된다고는 여겨지지 않는다. 많은 사람들은 법률 문제가 발생하였을 때에 그 사안에 적합한 변호사가 누구인지 알 수 없는 경우가 많고, 높은 수임료를 걱정하는 예가 많다. 광고를 허용하는 것이 변호사가 사회에 적극적으로 참여하고 봉사하는 길이다.

(2) 변호사 광고가 반드시 소비자를 오도(誤導)한다고 보기 어렵다.

광고 규제론에서는 법률서비스는 그 내용이 워낙 천차만별이라서 광고에 부적합하다고 하지만, 변호사가 제공하는 법률서비스 중에는 매우 정형적이기 때문에 일정한 수임료를 사전에 널리 알릴 수 있는 성질의 서비스도 있다. 또, 고객은 그가 원하는 서비스가 무엇인지를 사전에 알 수 없다고 주장하나, 고객은 세부적인 쟁점은 모르더라도 그가 원하는 서비스가 큰 틀에서 무엇인가는 매우 잘 알고 있다. 나아가, 소비자에게 제공되는 정보가 충분하지 않다고 하여 광고를 금지한다면 소비자에게 가는 정보를 아예 차단하는 것이다. 오히려 더 많은 정보를 제공하여 소비자의 선택을 돕도록 해야 한다. 요컨대, 소비자 오도론(誤導論)은 국민은 무지(無知)하다는 잘못된 가정에 입각한 주장이다.

(3) 변호사 광고가 사법에 대한 신뢰 훼손을 가져오는 것이 아니다.

광고가 남소(濫訴)를 불러 일으킨다고 하지만, 국민이 무엇인가 잘못을 당했다고 생각할 때에 법적인 행동을 취하지 말고 그냥 참고 넘기라고 할 수는 없다. 미국 국민의 70%가 적절한 법률 서비스를 받지 못한다고 생각하는데, 그 이유는 자신에게 적합한 변호사에 대한 정보 부족과 수임료에 대한 걱정 때문이다. 변호사 광고는 소비자의 변호사에 대한 접근권을 높이고, 국민이 법률 서비스를 충분히 이용할 수 있게 하는데 기여할 것이다.

(4) 변호사 광고는 수임료를 낮추고 신규 변호사의 시장진입을 쉽게 한다.

변호사 광고 규제론에서는 변호사 광고 때문에 법률 서비스의 가격이 올라간다고 하는데, 광고를 금지하면 가격 경쟁이 없어져서 누가 최저가의 공급자인지 알 수 없게 된다. 다른 상품이나 용역과 마찬가지로 변호사 광고도 오히려 수임료를 낮추게 할 것이다. 아울러, 변호사 광고는 신규 변호사의 시장 진입을 저해한다고 하는데 오히려 그 반대라고 보아야 한다. 광고가 금지된다면 신규 변호사가 고객을 확보하는 방법은 소비자와의 개별적인 만남에 한정되므로 기존 법률시장에 들어가기가 매우 어려울 것이고, 그에 따라 기존 변호사의 지위는 더욱 공고해질 것이기 때문이다.

(5) 광고를 통한 경쟁은 변호사 직무의 전문화를 가져오고 서비스의 질을 향상시킨다.

표준적인 법률 서비스와 관련하여, 사안의 내용이 유사한 경우가 많기 때문에 정형적인 절차에 따라 해결하는 것이 업무상 오류 가능성을 줄이고 효율적인 경우가 많으므로 이런 경우 변호사 광고가 법률서비스 질의 저하를 가져온다고 단정할 수 없다. 일반론으로 말하더라도, 광고를 통한 변호사 간의 치열한 경쟁은 직무 전문화와 법률 서비스 수준 향상을 가져올 가능성이 더 많다.

3. 결어

위에서 본 바와 같이 변호사 광고를 허용하는 것은 긍정적인 면과 부정적인 면을 아울러 가지고 있다. 법률소비자들에게 변호사에 관한 정보를 제공하는 것이 긍정적인 면이라면, 소비자를 오도(誤導)할 위험성이나 변호사직의 공공성을 해칠 우려 등은 부정적인 면이다.

그러나, 오늘날은 세계 주요 국가들이 변호사 광고를 허용하고 있고 우리나

라도 그러하다. 변호사 광고를 다른 광고와 달리 더욱 규제하는 것은 법률소비자
의 판단능력을 불신하는 권위주의적이고 국가주의적인 발상이라고 비판한다.

그렇다면 이제 변호사 광고의 허용 여부는 논란의 여지가 없고, 문제는 변호
사 광고의 허용 범위 및 그 규제 내용에 있다고 하겠다.

Ⅱ. 우리나라 변호사 광고의 역사적 변천

대한변호사협회는 광고에 대한 부정적인 인식을 1990년대 후반까지 견지해
왔다. 즉, 대한변호사협회는 인권옹호와 사회정의 실현을 사명으로 하는 청렴한
변호사상을 이상형으로 하여, '돈' 문제를 애써 외면하는 태도를 취했기 때문에
변호사의 광고를 가능한 한 허용하지 않았다.

구체적으로 보면, 대한변호사협회는 1993. 6. 28.에 변호사광고에 관한 최초
의 통일적인 규범인 「변호사업무 광고에 관한 규정」을 제정하였으나 그 내용은
광고할 수 있는 사항을 한정적으로 열거하고 광고의 방법이나 내용을 엄격히 제
한하는 것이었다.[6]

변호사법은 2000. 1. 28.에 전면 개정할 때까지 광고에 관해 아무런 규정도
두지 않았다.[7] 2000. 1. 28. 변호사법 제23조[8]에 광고 규정이 신설되었는데, 제 1
항에서 변호사도 광고를 할 수 있다는 원칙을 밝히면서도 제 2 항에서 광고에 관
한 구체적인 내용은 대한변호사협회가 제한할 수 있도록 함으로써, 사실상 대한
변호사협회가 전권을 갖고 변호사 광고를 제한할 수 있게 하였다.

그 후 공정거래위원회는 정부 차원의 규제개혁의 일환으로 법률 소비자에
대한 정보제공과 사업자간 서비스 및 가격경쟁을 촉진하기 위하여 변호사법 제

---

6) 자세한 내용은, 이해진, "변호사 윤리강령 및 윤리규칙 해설", 「인권과정의」, 1993. 6., 9쪽
   참조.
7) 최진안, 「법조윤리(제3판)」, 세창출판사, 2014., 313쪽 참조.
8) 2000. 1. 28. 전부개정된 변호사법 제23조(광고) ① 변호사·법무법인 또는 공증인가합동법
   률사무소는 자기 또는 그 구성원의 학력·경력·주요취급업무·업무실적 기타 그 업무의 홍
   보에 필요한 사항을 신문·잡지·방송·컴퓨터통신 등의 매체를 이용하여 광고할 수 있다.
   ② 대한변호사협회는 제 1 항의 규정에 의한 광고에 관하여 광고매체의 종류, 광고회수, 광
   고료의 총액, 광고내용 등을 제한할 수 있다.

23조 2항의 삭제 등 변호사 업무광고에 대한 규제 개선을 제안하였다.[9]

그러나 대한변호사협회는 광고제한 규정을 폐지하는 제도 개선안에 대하여 자율권을 주장하며 반대하였고[10], 2007년에 이르러서야 위 변호사법 제23조 제 2 항은 폐지되었다. 2007. 1. 26. 개정된 변호사법 제23조에서는 종전에 광고 규제의 구체적인 내용에 대하여 대한변호사협회에 완전히 위임한 것과 달리, 금지되는 광고의 범위를 법률에서 직접 규정하고(위 변호사법 제23조 제 2 항 제 1 호 내지 제 6 호), 그 밖에 광고의 방법 또는 내용이 변호사의 공공성 또는 공정한 수임질서를 해치거나 소비자에게 피해를 줄 우려가 있는 것에 대해서만 대한변호사협회가 정할 수 있도록 함으로써(위 변호사법 제23조 제 2 항 제 7 호), 변호사 광고에 대한 규제를 대폭 완화하였다. 즉 ① 광고할 수 있다는 것을 원칙으로 하고 ② 금지되는 광고내용을 열거하여 제한한다.

그렇다고 하여 그 후로 변호사 광고가 완전히 자유로워진 것은 아니다. 변호사직이 가지는 고도의 공공성 및 윤리성에 비추어 볼 때에 변호사 광고를 다른 상업적인 광고와 꼭 같이 취급할 수는 없기 때문에, 대한변호사협회는 지금도 2021. 5. 3. 전부개정된 「변호사 광고에 관한 규정」에 의하여 광고의 방법이나 내용에 대하여 여전히 여러 가지 제한을 가하고 있다. 다만, 점차 그 제한의 정도를 완화해 가는 것이 대체적인 흐름이라고 평가할 수 있다.

Ⅲ. 변호사 광고의 방법과 내용

1.광고의 허용원칙과 제한사항 열거

변호사법 제23조 제 1 항은 변호사·법무법인·법무법인(유한) 또는 법무조합은 자기 또는 그 구성원의 학력, 경력, 주요 취급 업무, 업무 실적, 그 밖에 그 업무의 홍보에 필요한 사항을 신문·잡지·방송·컴퓨터통신 등의 매체를 이용하여

---

9) "공정위, 변호사·의사 광고 내년 상반기 자유화", 동아일보 2000. 11. 16., 26쪽 참조.
10) 대한변호사협회는 "변호사의 업무광고는 소비자에 대한 올바른 정보제공이라는 측면과 과대, 허위 광고로 인한 소비자의 피해를 예방하는 차원에서 합리적인 제한이 불가피하며, 그 제한의 방법과 정도는 변협의 자율에 맡기는 것이 타당하다"는 의견을 제시하였다.

광고할 수 있다고 하여 원칙적으로 광고를 허용하고 있다. 하지만 제 2 항에서 다음과 같은 광고를 금지하고 있다.

1. 변호사의 업무에 관하여 거짓된 내용을 표시하는 광고
2. 국제변호사를 표방하거나 그 밖에 법적 근거가 없는 자격이나 명칭을 표방하는 내용의 광고
3. 객관적 사실을 과장하거나 사실의 일부를 누락하는 등 소비자를 오도(誤導)하거나 소비자에게 오해를 불러일으킬 우려가 있는 내용의 광고
4. 소비자에게 업무수행 결과에 대하여 부당한 기대를 가지도록 하는 내용의 광고
5. 다른 변호사 등을 비방하거나 자신의 입장에서 비교하는 내용의 광고
6. 부정한 방법을 제시하는 등 변호사의 품위를 훼손할 우려가 있는 광고
7. 그 밖에 광고의 방법 또는 내용이 변호사의 공공성이나 공정한 수임(受任)질서를 해치거나 소비자에게 피해를 줄 우려가 있는 것으로서 대한변호사협회가 정하는 광고

한편, 변호사법은 광고에 관한 세부적인 규율을 대한변호사협회가 정할 수 있도록 위임했고(변호사법 제23조 제 4 항), 이에 따라 만들어진 것이 대한변호사협회의 종전의 「변호사업무 광고규정」인데, 이것은 2021. 5. 3. 「변호사 광고에 관한 규정」으로 전부개정 되었다(2021. 8. 4.부터 시행). 이어 2022. 10. 11.에는 또 한 차례 개정되는데, 헌법재판소의 위헌결정[11])을 반영한 것이다. 변호사법 제25조는 모든 변호사들에게 자신들이 속한 지방변호사회와 대한변호사협회의 '회칙'을 준수할 의무를 부여하고 있다. 따라서 변호사는 대한변호사협회의 '윤리장전'은 물론이고 「변호사 광고에 관한 규정」도 지켜야 할 법적인 의무가 있는 것이다.

「변호사 광고에 관한 규정」은 제 2 조 제 1 항에서 변호사 광고를 "변호사 등에 관한 소개·홍보, 변호사 등이 수행하는 일체의 직무에 관한 소개·홍보 그 밖의 소비자와 변호사 등을 연결하는 일체의 수단과 방법을 말한다."고 정의한다. 그리고 제 2 조 제 2 항은 "변호사 등이 기사 작성, 인터뷰 게재, 인터넷 멀티미디

---

11) 헌법재판소 2022. 5. 26. 선고 2021헌마619 결정.

어 방송 출연, 방송 출연, 상훈 등의 행위와 관련하여 금전·기타 경제적 이익을
제공할 경우, 이는 그 명칭과 형식을 불문하고 광고로 보며 본 광고 규정의 적용
을 받는다."고 규정하고 있다.

위 「변호사 광고에 관한 규정」 제2조는 변호사 광고의 목적이 단지 보다
많은 고객을 확보한다는 '마케팅'의 측면뿐만 아니라 국민에게 변호사 선택에 도
움을 주는 측면을 강조하고, 아울러 과열경쟁이나 부당한 방법을 통해 변호사의
품위를 훼손하는 광고행위를 막고자 한 것으로 보인다.

2. 광고내용의 제한

이러한 원칙과 우려에 기초하여, 「변호사 광고에 관한 규정」에 아래와 같이
광고의 내용과 방법에 관한 상세한 제한을 두고 있다.

> 변호사 광고에 관한 규정 제4조[광고 내용 등의 제한] 변호사 등은 스스로 또
> 는 타인을 통하여 다음과 같은 광고를 할 수 없다.
> 1. 변호사 등의 업무 및 경력에 관한 객관적 사실에 부합하지 아니하거나 허
>   위의 내용을 표시한 광고
> 2. 객관적 사실을 과장하거나 사실의 일부를 누락하는 등으로 고객을 호도하
>   거나 고객으로 하여금 객관적 사실에 관하여 오해를 불러일으킬 우려가 있
>   는 내용의 광고
> 3. 승소율, 석방율 기타 고객으로 하여금 업무수행결과에 대하여 부당한 기대
>   를 가지도록 하는 내용의 광고
> 4. 다른 변호사를 비방하거나 다른 변호사나 그 업무의 내용을 자신의 입장에
>   서 비교하는 내용의 광고
> 5. 변호사의 품위 또는 신용을 훼손할 우려가 있는 내용의 광고
> 6. 특정사건과 관련하여 당사자나 이해관계인(당사자나 이해관계인으로 예상
>   되는 자 포함)에 대하여 그 요청이나 동의 없이 방문, 전화, 팩스, 우편, 전
>   자우편, 문자 메시지 송부, 기타 이에 준하는 방식으로 접촉하여 당해 사건
>   의 의뢰를 권유하는 내용의 광고. 다만, 소속지방변호사회(이하 "지방회"의
>   허가를 받은 경우에는 그러하지 아니하다.

7. 국제변호사 기타 법적 근거가 없는 자격이나 명칭을 표방하는 내용의 광고

8. 과거에 취급하였거나 관여한 사건이나 현재 수임중인 사건 또는 의뢰인(고문 포함)을 표시하는 내용의 광고. 다만, 의뢰인이 동의하거나, 당해 사건이 널리 일반에 알려져 있거나 의뢰인이 특정되지 않는 경우 등 의뢰인의 이익을 해칠 우려가 없는 경우에는 그러하지 아니하다.

9. 법률사건이나 법률사무의 수임을 위하여 재판이나 수사 등 업무(변호사법 제109조 제 1 호 각 목에 정한 사건 관련 업무)에 종사하는 공무원과의 연고 등 사적인 관계를 드러내며 영향력을 미칠 수 있는 것으로 선전하거나 암시하는 내용의 광고

10. 변호사법 제31조 제 3 항에서 정한 수임제한의 해제 광고

11. 변호사 보수액에 관하여 견적, 입찰, 비교 등을 표방하는 등 공정한 수임질서를 저해할 수 있는 내용의 광고

12. 사건 또는 법률사무의 수임료에 관하여 공정한 수임질서를 저해할 우려가 있는 무료 또는 부당한 염가(廉價)를 표방하는 광고

13. 수사기관과 행정기관의 처분·법원 판결 등의 결과 예측을 표방하는 광고

14. 기타 법령, 변호사윤리장전, 대한변호사협회(이하 "협회") 및 지방회의회칙이나 규정(이하 "회규")에 위반되는 광고(개정 2022. 10. 11.)

≪판례≫ 대한변호사협회의 '유권해석에 반하는 내용의 광고' 금지 규정은 위헌이다.

대한변호사협회의 변호사 광고에 관한 규정(2021. 5. 3. 전부개정된 것) 제 4 조 제14호 중 '협회의 유권해석에 반하는 내용의 광고' 부분, 제 8 조 제 2 항 제 4 호 중 '협회의 유권해석에 위반되는 행위를 목적 또는 수단으로 하여 행하는 경우' 부분은 헌법에 위반된다.

수범자인 변호사등은 이 사건 유권해석위반 광고금지규정에서 유권해석을 통해 금지될 수 있는 내용들의 대강을 알 수 있어야 한다. 그런데 수범자들은 유권해석이 내려지기 전까지는 금지되는 내용이 무엇인지 도저히 알 수 없다. 특히 이 사건 규정은 그 수범자가 특정 광고 행위를 하고자 할 때 참조할 수 있는 마지막 단계의 규율임에도, 스스로 그 내용을 파악하여 광고 행위 여부를 정하지 못하고 변협의 유권해석을 통해 확인받아야 한다는 점에서 규율의 예측가능성이

현저히 떨어진다. 그뿐만 아니라, 설령 어떤 특정 사안이나 관련 법령에 대한 변협의 유권해석이 있다고 하더라도, 그것이 과연 수범자가 하고자 하는 광고 행위에까지 적용되는 것인지 미리 판단하기 어렵고, 이는 결국 법집행기관의 자의적인 해석을 배제할 수 없는 문제가 있다.

따라서 이 사건 유권해석위반 광고금지규정은 수권법률로부터 위임된 범위를 벗어나는 규율 내용까지 포함할 가능성이 있으므로, 위임 범위 내에서 명확하게 규율 범위를 정하고 있다고 보기 어렵다.

3. 광고 방법의 제한

광고규정 제5조에는 광고 방법의 제한을 두고 있다.

> 변호사 광고에 관한 규정 제 5 조[광고방법 등에 관한 제한] ① 변호사 등은 스스로 또는 타인을 이용하여 다음 각 호의 방법으로 광고할 수 없다.
> 1. 불특정한 다수에게 전화를 걸거나 전자적 매체[12]를 통한 메시지를 발송하는 행위[13]
> 2. 광고 전단, 명함 기타 광고물을 공공장소에서 불특정한 다수인에게 나누어 주거나 살포하는 행위
> 3. 운송수단(자동차, 전동차, 기차, 선박, 비행기 등)의 외부에 광고물을 비치, 부착, 게시하는 행위
> 4. 현수막, 에드벌룬, 확성기, 샌드위치맨, 어깨띠를 사용하여 광고하는 행위
> 5. 기타 큰 소음, 소란, 교통체증 등을 유발하는 등 변호사의 품위를 해칠만한 방법
> ② 변호사 등은 다음 각 호의 행위를 하는 자(개인·법인·기타단체를 불문한다)에게 광고·홍보·소개를 의뢰하거나 참여 또는 협조하여서는 아니 된다.
> 1. 변호사 또는 소비자로부터 금전·기타 경제적 대가(알선료, 중개료, 수수료,

---

12) 영상녹화, 녹음, 멀티미디어, 온라인콘텐츠 등 영리목적의 광고성 정보 제공.
13) 다음은 이제 광고 가능하다. * 특정한 사람에게 광고목적으로 방문, 전화. * (불특정) 다수 상대의 e-mail, fax. * 개인 홈페이지, 유튜브, 블로그 등 개인의 SNS 계정을 개설하여 광고하는 행위.

회비, 가입비, 광고비 등 명칭과 정기·비정기 형식을 불문한다)를 받고 법률상담 또는 사건 등을 소개·알선·유인하기 위하여 변호사 등과 소비자를 연결하는 행위(개정 2022. 10. 11.)

2. 광고 주체인 변호사 등 이외의 자가 자신의 성명, 기업명, 상호 등을 표시하거나 기타 자신을 드러내는 방법으로, 법률상담 또는 사건 등을 소개·알선·유인하기 위하여 변호사 등과 소비자를 연결하거나 변호사 등을 광고·홍보·소개하는 행위

3. 변호사 등이 아님에도 수사기관과 행정기관의 처분·법원 판결 등의 결과 예측을 표방하는 서비스를 취급·제공하는 행위

4. 변호사 등이 아님에도 변호사 등의 수임료 내지 보수의 산정에 직접 관여하거나, 이에 대한 견적·비교·입찰 서비스 등을 취급·제공하는 행위

5. 변호사 등이 아님에도 변호사 등의 직무와 관련한 서비스의 취급·제공 등을 표시하거나, 기타 소비자로 하여금 변호사 등으로 오인하게 만들 수 있는 일체의 행위

6. 기타 법령, 변호사윤리장전, 협회 및 지방회의 회규에 위반되는 광고행위

③ 변호사 등은 광고이면서도 광고가 아닌 것처럼 가장하는 방법으로 광고를 하여서는 아니 된다.

④ 변호사 등은 소비자에게 금전·기타 경제적 이익을 공여하거나 공여할 것을 약속하는 방법으로 광고를 하여서는 아니 된다.

이제 변호사 광고에 관한 몇 가지 사례를 살펴보자.

[사례 1]

변호사 甲은 시내버스의 바깥에 아래와 같은 내용의 광고를 하려고 한다. 현행 법규에 비춰 이 광고는 허용될 수 있는가?

> 개인 회생·파산 전문 변호사
>
> 전국 접수 1위, 97% 인가 달성
>
> "불인가 시 수임료 전액 환불"
>
> (○○○ 법률사무소, 주소, 전화번호)

　　[사례 1]에 나오는 광고의 문제점은 첫째로 시내버스 바깥이라는 광고 장소이다.「변호사 광고에 관한 규정」제5조 제1항 제3호는 "운송수단(자동차, 전동차, 기차, 선박, 비행기 등)의 외부에 광고물을 비치, 부착, 게시하는 행위"를 금지하고 있다. 따라서 현행 규정에 의하면, 광고 내용에 관계없이 [사례 1]의 광고는 허용되지 않는다. 2016. 6. 27. 변호사업무광고규정이 개정되기 이전까지는 운송수단의 외부뿐만 아니라 내·외부에 광고하는 것을 일절 금지하였다. 현행 규정은 그에 비하면 다소 완화된 것이기는 하나, 운송수단의 외부에 일체 광고를 하지 못하게 하는 것이 과연 타당한지를 장차 검토해 볼 필요가 있다.

　　미국의 관련 법규정이나 판례의 입장처럼, 변호사 광고의 내용이 거짓이나 기망적이지 않고 정확하다면 광고방법은 가능한 한 허용하는 것이 옳다. 내용에 문제가 없음에도 이처럼 광범위한 제한을 광고방식에까지 가하는 것은 광고허용의 원칙을 무의미하게 한다. 시내버스 외부와 같이 여러 사람이 볼 수 있어 광고효과가 높은 운송수단에 광고하는 것을 모두 금지하는 것은, 이런 행위가 변호사의 품위를 훼손한다고 보는 시각에서 비롯되었다고 보인다.

　　한편, [사례 1]의 광고는 신문이나 잡지 등 허용되는 방식으로 게재되었다고 하더라도, 그 내용상으로 문제가 있다. 광고의 내용에 관한 제한을 규정하고 있는「변호사 광고에 관한 규정」제4조 제3호는 고객이 업무수행의 결과에 대해 부당한 기대를 가지게 할 우려가 있는 '승소율' 같은 내용을 광고에 담지 못하게 하고 있다. 따라서 [사례 1]의 "전국 접수 1위," "97% 인가 달성"과 같은 표현은 이 규정에 의해 허용되지 않는다.

　　또한 "개인 회생·파산 전문 변호사"라는 광고 문구도 검토의 여지가 있다. 예전의「변호사업무 광고규정」제7조는 주로 취급하는 업무나 분야를 명시하는 것은 허용했지만, "최고," "유일," "전문"과 같은 용어의 사용을 금지하였다. 하지만

2009. 9. 14.에 변호사가 최대 2개까지의 "전문분야"를 등록할 수 있도록 한 「변호사전문분야 등록에 관한 규정」이 제정되고, 전문분야를 광고할 수 있도록 관련 규정도 개정되었다. 이와 관련하여 현행 「변호사 광고에 관한 규정」 제7조는 다음과 같이 규정하고 있다.

> 변호사 광고에 관한 규정 제7조 [주로 취급하는 업무 광고] ① 변호사는 주로 취급하는 업무("주요취급업무", "주로 취급하는 분야", "주요취급분야", "전문", "전담" 등의 용어도 사용 가능하다)를 광고할 수 있다. 단, 협회의 명칭을 병기하는 "전문" 표시의 경우, 협회 '변호사 전문분야 등록에 관한 규정'에 따라 전문분야 등록을 한 변호사만이 사용할 수 있다.
> ② 변호사는 자신이나 자신의 업무에 대하여 "최고", "유일" 기타 이와 유사한 용어를 사용하여 광고할 수 없다.

즉, 2021. 5. 3. 개정된 「변호사 광고에 관한 규정」에서는 변호사의 업무 분야와 관련하여 '전문' 또는 '전담'의 용어를 자유롭게 사용할 수 있도록 허용하되, 전문분야 등록 제도의 취지를 고려하여 대한변호사협회의 명칭을 병기(倂記)하는 '전문' 표시의 경우, 「변호사 전문분야 등록에 관한 규정」에 따라 전문분야 등록을 한 변호사만이 사용할 수 있도록 하였다.

조세 부문을 예로 들어 설명하면, 변호사는 누구든지 "조세 전문 변호사 홍길동"이라고 광고할 수 있다. 그러나, 「변호사 전문분야 등록에 관한 규정」에 따라 조세법 전문 등록을 한 변호사만 "대한변호사협회 등록 조세법 전문 변호사 홍길동"이라는 표현을 쓸 수 있다. 대한변호사협회에 전문등록을 하지 않은 변호사가 "대한변호사협회 등록(또는 인증) 조세 전문 변호사 홍길동" 등과 같이 광고하는 것은 금지된다.

한편, 동 규정에서 주체는 "변호사등"이 아니라 "변호사"이므로 개인변호사만 여기에 해당하며, 법무법인에는 '전문'이라는 표현을 쓸 수 없다.

위와 같은 개정으로 말미암아 변호사는 누구든지 자기가 취급하고 싶은 업무 분야에 대하여 '전문'이라는 표현을 자유롭게 사용할 수 있게 됨으로써 업무 범위 확대와 고객 유치 측면에서 유리하게 되었다. 그러나, 일반국민으로서는 '대한변호사협회 등록 전문 변호사'와 그렇지 않은 '전문 변호사'가 따로 있다는 사실 자체를 알기 어려운 까닭에 혼란을 겪을 우려가 있다. 가령 의사가 '전문의'라는 표현을 쓰려면 엄격한 요건과 자격을 갖추어야 하는 점에 대비시켜 보면, 법률서비스 영역에서 '전문'이라는 표현이 주는 기대와 신뢰감에 부응하지 못하는 변호사 광고가 넘쳐나면 전문변호사 제도는 법률서비스 소비자인 국민들로부터 불신을 당할 우려도 있다. 전문변호사 제도는 아직은 미완의 제도라 할 것이다.

2020. 12. 28. 개정된 현행 「변호사 전문분야 등록에 관한 규정」 제2조 및 별표 1에 따르면, 변호사는 자신의 전문분야를 2개까지 등록할 수 있는데, 전문분야에는 다음과 같은 62개 분야가 있다.

1. 민사법 2. 부동산 3. 건설 4. 재개발·재건축 5. 의료 6. 손해배상 7. 교통사고 8. 임대차 관련법 9. 국가계약 10. 민사집행 11. 채권추심 12. 등기·경매 13. 상사법 14. 회사법 15. 인수합병 16. 도산 17. 증권 18. 금융 19. 보험 20. 해상 21. 무역 22. 조선 23. 중재 24. IT 25. 형사법 26. 군형법 27. 가사법 28. 상속 29. 이혼 30. 소년법 31. 행정법 32. 공정거래 33. 방송통신 34. 헌법재판 35. 환경 36. 에너지 37. 수용 및 보상 38. 식품·의약 39. 노동법 40. 산재 41. 조세법 42. 법인세 43. 관세 44. 상속증여세 45. 국제조세 46. 지적재산권법 47. 특허 48. 상표 49. 저작권 50. 영업비밀 51. 엔터테인먼트 52. 국제관계법 53. 국제거래 54. 국제중재 55. 이주 및 비자 56. 해외투자 57. 스포츠 58. 종교 59. 성년후견 60. 스타트업 61. 학교폭력 62. 입법

이것은 종전에 비해 대폭 늘어난 것이고 앞으로도 계속 확대될 것으로 예상된다. 그런데, 현행 전문분야 중에는 민사법, 상사법, 회사법, 가사법, 행정법 등처럼 이것을 과연 전문분야로 분류할 수 있을지 의문인 항목도 있고, 조세법, 법인세, 관세, 상속증여세, 국제조세처럼 지나치게 세분류가 아닌가 여겨지는 항목도 있다. 장차 다시 재고할 필요가 있다.

[사례 1]의 광고내용이 가진 또 하나의 문제점은 "불인가 시 수임료 전액 환불"이라는 문구이다. 대한변호사협회는 이러한 문구를 광고에 사용하는 것은 변호사의 품위를 훼손할 우려가 있다고 보며, 동시에 다른 변호사와 보수에 관해 부당하게 경쟁하는 것으로 보아 종래의 윤리규칙 제2조(기본윤리) 제3항(품위손상)과 제37조(보수의 부당경쟁 규제)의 위반으로 보았다.[14]

---

14) 대한변호사협회, 「인권과 정의」 제377호, 2008. 1., 265쪽.

이와 관련하여, 현행 변호사윤리규약 제5조는 "변호사는 품위를 유지하고, 명예를 손상하는 행위를 하지 아니한다."고 규정하고 있고, 제31조 제3항(2021. 5. 31. 신설)은 "변호사는 건전한 수임질서를 교란하는 과당 염가(廉價) 경쟁을 지양함으로써 법률사무의 신뢰와 법률시장의 건강을 유지한다."고 규정하고 있다. 또한, 현행 「변호사 광고에 관한 규정」 제4조 제5호는 "변호사의 품위 또는 신용을 훼손할 우려가 있는 내용의 광고"를, 제12호는 "사건 또는 법률사무의 수임료에 관하여 공정한 수임질서를 저해할 우려가 있는 무료 또는 부당한 염가(廉價)를 표방하는 광고"를 각각 금지하고 있다.

[사례 2]

변호사 甲은 자신의 출신대학 동문회 홈페이지를 통해 법률상담을 시작했다. 동문회 홈페이지 좌측에 "동문 변호사에게 물어보세요"라는 배너가 깜빡이고, 이곳을 클릭하면 甲변호사의 개인 홈페이지로 링크가 된다. 甲변호사는 "후배들을 위한 등록금 한 번 더 내기" 캠페인에 참여하고, 이 홈페이지의 링크를 동문회 사무국으로부터 허락받았다. 甲변호사의 홈페이지는 블로그 형식으로 되어 있고, "법조 경력 20년 ○○○변호사의 삶과 우정"이라는 제목이 붙어 있다. 이 블로그에는 甲변호사의 학력과 경력(판사로서 근무한 법원들과 근무기간을 포함하여) 그리고 변협회지와 일간지 등에 기고한 시론이 실려 있다. 또, 甲변호사 자신이 맡았던 사건들을 요약해서 서술해 놓은 부분도 있고, 교통사고·의료사고 등에 관련된 최근 판례들도 소개하고 있다. 甲변호사는 자신의 삶에서 가장 중요한 부분은 좋은 벗들을 사귀는 것이라고 밝히며, 정·관계, 법조계의 여러 인사들과 다양한 장소에서 함께 찍은 사진들을 블로그 앨범에 올려두고 그 인사들의 실명과 현직을 사진 아래에 붙이고 있다. 甲변호사는 이 블로그에 Q & A란을 통해 법률상담을 무료로 하고 있다. 그리고 자신이 주로 취급하는 사무들에 대한 수임료를 안내하면서, 자신은 매달 수입의 일정 부분을 출신 대학의 동문장학금으로 내고 있고 종교단체에도 주기적으로 기부하고 있다고 적고 있다.

甲변호사의 출신대학 동문회 홈페이지 이용과 甲변호사 자신의 블로그는 현행 변호사윤리 규정에 비춰 문제가 없는가?

인터넷 보급률이 전 세계에서 가장 높은 나라 중의 하나인 우리나라에서 인터넷은 다른 사람과의 소통수단 중에서 가장 중요한 수단으로 이용되고 있다. 이러한 상황 속에서 인터넷을 이용한 변호사광고를 규율하기 위해 대한변호사협회는 종전에 「인터넷 등을 이용한 변호사업무광고기준」을 제정하여 운영하였으나, 2016. 6. 27. 「변호사업무 광고규정」을 개정하면서 위 「인터넷 등을 이용한 변호사업무 광고기준」은 폐지하였다. 대한변호사협회의 이런 태도로 볼 때에 변호사는 인터넷을 이용하여 비교적 자유롭게 광고할 수 있다고 보인다.

그렇게 볼 때에, [사례 2]는 인터넷 수단을 이용하는 측면에서는 큰 문제가 없어 보인다. 그렇지만 이 사례의 광고에서 문제의 소지가 많은 것은 변호사의 블로그이다. 이 블로그는 "광고이면서도 광고가 아닌 것처럼 가장하는 방법"(「변호사 광고에 관한 규정」 제 5 조 제 3 항)에 해당될 수 있다는 지적이 있었으나, 2021년부터 블로그는 사용가능하게 되었다. 또한 법조계 등의 유력인사들과 친분을 과시하는 사진을 올린 것은 변호사법 제30조(연고관계 등의 선전)[15] 위반이다. 이것은 "고객을 호도"(「변호사 광고에 관한 규정」 제 4 조 제 2 호)할 수 있고, "업무수행결과에 대하여 부당한 기대를 가지도록 하는 내용의 광고"(「변호사 광고에 관한 규정」 제 4 조 제 3 호)에 해당될 수 있다. 또, 무료 법률상담은 「변호사 광고에 관한 규정」 제 8 조 제 1 항[16] 위반 소지가 있다.

변호사 광고에 관한 대한변호사협회의 규정은 아직도 지나친 측면이 있다. "공정한 수임질서를 저해할 수 있는 내용의 광고", "무료 또는 부당한 염가를 표방하는 광고"를 금지대상으로 삼고 있는데, 이는 변호사 간의 경쟁촉진을 저해하고, 공급자단체의 동업자적 자기규제라고 비판받을 소지가 있다. 광고 관련 규정을 보다 현실에 맞게 개정하고 그 대신에 엄격히 지키도록 하는 것이 마땅한데, 변호사 광고 문제는 변호사업무의 공공성, 변호사의 적절한 의뢰인 유치수단 제공, 국민들의 변호사 접근ㆍ이용의 편리성 등을 고려하여 이상과 현실이 조화를 이루도록 해야 한다.

---

15) 변호사법 제30조(연고 관계 등의 선전금지) 변호사나 그 사무직원은 법률사건이나 법률사무의 수임을 위하여 재판이나 수사업무에 종사하는 공무원과의 연고(緣故) 등 사적인 관계를 드러내며 영향력을 미칠 수 있는 것으로 선전하여서는 아니 된다.

16) 「변호사 광고에 관한 규정」 제 8 조 [법률상담 광괴 ① 변호사 등은 무료 또는 부당한 염가의 법률상담 방식에 의한 광고를 하여서는 아니 된다. 다만, 공익을 위한 경우 등 공정한 수임질서를 저해할 우려가 없는 경우에는 그러하지 아니 하다.

한편 변호사로서는 현행 규정 내용에 비추어 허용 여부가 불분명한 광고를 하고자 할 때에는, 그 광고를 하기 전에 대한변호사협회 또는 지방변호사회의 광고심사위원회에 구체적인 광고의 방법 및 내용의 타당성에 관해 유권해석을 미리 구하는 것이 신중한 태도일 것이다.

Ⅳ. 변호사 중개 플랫폼 논란

오늘날 과학기술의 눈부신 발전은 모든 산업부문에 커다란 변화를 불러일으키고 있다. 법률 분야도 예외가 아니다. 이처럼 제4차 산업혁명 시대를 맞아 인공지능(Artificial Intelligence, AI)을 활용한 기술이 산업 전반에 큰 영향을 미치고 있는 가운데, 우리나라 법률서비스 시장에도 30여개의 '리걸 테크(Legal Tech)' 기업들이 출현한 것으로 나타났다.[17]

리걸 테크(Legal tech)는 법률(Legal)과 기술(Technology)의 결합어로서, 법률과 인공지능의 결합으로 새로 탄생하는 법률서비스를 의미한다.[18] 당초 리걸 테크는 법률서비스를 제공하기 위한 기술 및 소프트웨어를 일컫는 용어였으나, 최근에는 IT기술을 기반으로 혁신적인 법률서비스를 제공하는 스타트업과 그러한 산업 생태계를 아우르는 의미로 확장되어 사용되고 있다.[19]

스탠포드 대학교의 법, 과학, 기술 프로그램(Stanford Program in Law, Science & Technology) 중 하나인 CodeX는 리걸 테크를 ① 분석(Analytics), ② 법규준수(준법감시, Compliance), ③ 문서 자동화(Document Automation), ④ 법률교육(Legal Education),

---

17) 국내 주요 리걸 테크 사업자로는 법률포털 사업자인 ㈜로앤비, 변호사 광고 플랫폼 로톡 운영사인 ㈜로앤컴퍼니, 지능형 법률 정보시스템을 개발하여 인공지능 기반 법률 및 판례검색 서비스를 제공하는 ㈜인텔리콘연구소, 일반인을 위한 지능형 법률·판례 검색서비스인 '리걸서치' 서비스 운영업체인 리걸테크㈜, 전자계약 서비스업체인 ㈜모두싸인, 판결문 검색 서비스를 운영하는 ㈜엘박스, 법률/특허 등 전문 분야에 특화된 인공지능 번역 서비스를 제공하는 ㈜베링랩 등이 있다. "법률시장 30여개 기업 '리걸테크' 서비스", 법률신문, 2021. 4. 26.; "변호사 업계와 부딪친 리걸테크, '제2의 타다' 되나", 한겨레신문 2021. 5. 10.
18) 송시섭, "리걸테크(LegalTech)시대의 법조윤리-변호사소개서비스를 중심으로-", 「아주법학」 제12권 제4호, 2019. 2., 177면.
19) 나지원, "리걸테크(legal tech) 발달과 법조윤리의 대응-플랫폼에 의한 변호사광고를 중심으로 -", 「아주법학」 제15권 제2호, 2021. 8., 28-29면.

⑤ 법률자료 검색(Legal Research), ⑥ 변호사 소개(중개, Marketplace), ⑦ 온라인 분쟁해결(Online Dispute Resolution), ⑧ 법률사무소 운영(Practice Management), ⑨ 전자 증거개시(eDiscovery) 등 9개로 유형화하고 있고,[20] Sabrina Praduroux 교수 등은 리걸 테크를 ① 변호사 소개 서비스(Lawyer Marketplace), ② 문서 자동화 및 작성(Document Automation and Assembly), ③ 법률사무소 운영(Practice Management), ④ 법률자료 검색(Legal Research), ⑤ 예측 분석 및 소송 데이터 마이닝(Predictive Analytics and Litigation Data Mining), ⑥ 전자 증거개시(Electronic discovery), ⑦ 온라인 분쟁해결(Online dispute resolution), ⑧ 데이터 보안 기술(Data security technologies) 등 8개로 유형화하고 있다.[21]

국내에서 위와 같은 리걸 테크 영역 중 변호사 광고와 관련하여 최근에 크게 논란이 되고 있는 것은 변호사 소개(중개) 서비스이다. 즉, 최근에 국내에서 법률 소비자들이 분야나 지역별로 변호사들을 검색할 수 있도록 하는 온라인 플랫폼이 등장하면서 크게 논란이 일고 있다. 이러한 형태의 변호사 중개 플랫폼에 대하여는 뒤에서 보듯이, 단순한 광고 플랫폼에 불과하고 변호사법 위반 소지가 없기 때문에 적극적으로 허용하여야 한다는 입장이 있는가 하면, 일종의 불법 중개 서비스로서 법률 시장을 왜곡시킬 위험성이 있기 때문에 강력하게 규제하여야 한다는 주장이 대립한다.

그 일례로 2012년 설립된 주식회사 로앤컴퍼니는 2014년 2월부터 법률 플랫폼 로톡(LawTalk) 서비스를 출시하여 운영하고 있는데, 로톡은 ① 궁금한 문제를 검색하면, 상담사례 및 변호사 정보 제공, ② 변호사의 전문성, 수임료, 상담후기, 해결사례 등 제공, ③ 간편하게 변호사와의 전화/방문상담 예약 가능, ④ 온라인 상담글 작성 시 변호사 답변 무료 제공 등의 서비스를 제공하고 있다.[22] 그밖에 포털 사이트 네이버가 2020년부터 운영하는 네이버 엑스퍼트(eXpert)도 변호사가 상담료를 게시하고 소비자가 자기에게 맞는 변호사를 선택할 수 있는 플랫폼 방식의 서비스를 제공하고 있다.[23]

---

20) https://techindex.law.stanford.edu/(2022. 1. 13. 검색).

21) Sabrina Praduroux, Valeria de Paiva and Luigi di Caro, Legal Tech Start-ups: State of the Art and Trends, 2016 in Proceedings of the Workshop on 'Mining and Reasoning with Legal Texts collocated at the 29th International Conference on Legal Knowledge and Information Systems.

22) http://lawcompany.co.kr/(2022. 1. 13. 검색).

23) https://m.expert.naver.com(2022. 1. 13. 검색).

변호사 단체는 로톡과 같은 형태의 영업방식은 플랫폼 사업자가 소비자들에게 변호사를 소개·알선하는 대가로 다수 변호사들로부터 광고료 명목으로 막대한 재산상 이익을 취하는 구조이므로 일종의 '사무장 로펌'과 유사한 것으로서, 이를 방치하면 변호사 시장의 정상적인 수임질서가 무너지고 플랫폼 사업자가 조만간 법조 시장을 장악하는 기형적 상황이 발생할 것이라고 판단하여 변호사 소개 서비스에 대한 전면적인 대응에 나서게 되었다.

그리하여 340여명의 변호사가 참여하고 있는 '법조정상화를 위한 변호사모임(직역수호변호사단)'은 2020. 11. 18. 변호사 소개 플랫폼인 '로톡(Lawtalk)'서비스를 운영하는 ㈜로앤컴퍼니와 그 회사 대표를 변호사법 및 개인정보 보호법 위반 혐의로 서울중앙지방검찰청에 고발하는 한편,[24] 공정거래위원회에 ㈜로앤컴퍼니를 부당한 표시·광고 및 불공정거래행위로 신고하였다.[25]

그럼에도 불구하고 로톡 영업이 계속되자 대한변호사협회는 이를 차단하기 위하여 2021. 5. 3. 종전의 「변호사업무 광고규정」을 「변호사 광고에 관한 규정」으로 전부개정하고, 2021. 5. 31. 변호사윤리장전을 일부 개정하였다. 개정내용은 아래와 같다.

변호사 윤리장전 제31조
③ 변호사는 건전한 수임질서를 교란하는 과당 염가 경쟁을 지양함으로써 법률사무의 신뢰와 법률시장의 건강을 유지한다. (신설 2021. 5. 31.)
④ 변호사는 변호사 또는 법률사무 소개를 내용으로 하는 애플리케이션등 전자적 매체 기반의 영업에 대하여 이에 참여하거나 회원으로 가입하는 등의 방법으로 협조하지 않는다. (신설 2021. 5. 31.)

「변호사 광고에 관한 규정」 제4조
11. 변호사 보수액에 관하여 견적, 입찰, 비교 등을 표방하는 등 공정한 수임질서를 저해할 수 있는 내용의 광고
12. 사건 또는 법률사무의 수임료에 관하여 공정한 수임질서를 저해할 우려가

---

24) "직역수호변호사단, '로톡 운영' 로앤컴퍼니 등 고발", 법률신문 2020. 11. 18.
25) "직역수호변호사단, '로톡 운영' 로앤컴퍼니 공정위에 신고", 법률신문 2020. 11. 20.

있는 무료 또는 부당한 염가를 표방하는 광고

13. 수사기관과 행정기관의 처분·법원 판결 등의 결과 예측을 표방하는 광고[26]

14. 기타 법령, 변호사윤리장전, 대한변호사협회 및 지방회의 회칙이나 규정에 위반되거나, 협회의 유권해석에 반하는 내용의 광고

대한변호사협회는 위와 같이 규정을 개정한 후에, 변호사가 플랫폼 변호사 소개 서비스 업체에 가입하는 것을 금지하고 이미 플랫폼에 가입한 변호사들에 대해서는 자발적인 탈퇴를 유도하였다.[27]

이에 대응하여 로톡의 운영자인 ㈜로앤컴퍼니는 60명의 변호사와 함께 2021. 5. 31.「변호사 광고에 관한 규정」개정안이 "직업을 자유롭게 수행할 권리와 표현의 자유를 침해했다"고 주장하면서 헌법재판소에 헌법소원을 제기하고, 공정거래위원회에 대한변호사협회를 공정거래법·표시광고법 위반 혐의로 신고하였다.[28] 대한변호사협회와 서울지방변호사회도 2021. 8.경 ㈜로앤컴퍼니를 전자 상거래법·표시광고법 위반 등 혐의로 공정위에 신고하였다.[29]

위와 같은 공방 속에 공정거래위원회는 2021년 11월과 12월에 걸쳐 '로톡의 허위·과장 광고 사건'에 대해 무혐의 결정을 내리고, 반면에 ㈜로앤컴퍼니가 대한변호사협회를 신고한 건에 대해서는 공정거래법[30] 및 표시광고법[31] 위반 혐의

---

26) 로톡에서는 한때 형량 예측 서비스를 제공하였으나, 현재는 그런 서비스를 중단하였다.

27) "'로톡 변호사 201명 징계' 변협, 특별조사위 회부", 매일경제 2021. 10. 26.; "변협, 개정된 변호사업무광고규정 등에 따라 온라인 법률플랫폼 가입 변호사들에 대한 조사 착수", 대한 변호사협회 2021. 8. 5. 보도자료; "변호사 소개 플랫폼 가입 회원 대상 '특별조사위원회' 발족", 대한변호사협회 2021. 10. 7. 보도자료.

28) "로톡, 공정위에 대한변협 신고", 조선비즈 2021. 6. 10.

29) 로톡 "공정위 신고 모두 무혐의…변협 무책임한 허위", 한국일보 입력 2021. 11. 1.

30) ㈜로앤컴퍼니가 신고할 당시에 적용된 조항은 구「독점규제 및 공정거래에 관한 법률」제26조 제1항 제1호, 제19조 제1항인데, 2020. 12. 29. 전부개정된 같은 내용의 현행 법령은 다음과 같다.
「독점규제 및 공정거래에 관한 법률」제45조(불공정거래행위의 금지) ① 사업자는 다음 각 호의 어느 하나에 해당하는 행위로서 공정한 거래를 해칠 우려가 있는 행위(이하 "불공정거래행위"라 한다)를 하거나, 계열회사 또는 다른 사업자로 하여금 이를 하도록 하여서는 아니 된다.
3. 부당하게 경쟁자를 배제하는 행위
8. 부당하게 다른 사업자의 사업활동을 방해하는 행위

31)「표시·광고의 공정화에 관한 법률」제6조(사업자단체의 표시·광고 제한행위의 금지) ① 사업자단체는 법령에 따르지 아니하고는 그 사업자단체에 가입한 사업자에 대하여 표시·

가 있다고 판단하였다. 나아가, 서울지방경찰청은 2021. 12. 31. 직역수호변호사
단으로부터 변호사법 위반 등 혐의로 고발당한 '로톡' 서비스 운영사인 ㈜로앤컴
퍼니 및 회사 대표에 대하여 불송치 결정을 하였다.

　　로톡과 같은 영업방식을 규제할 것인지 여부에 대하여 스타트업계에서는 당
연히 규제에 반대하지만,[32] 변호사업계 내부에서는 찬반 의견이 갈린다.

　　규제에 찬성하는 측은, 로톡과 같은 변호사소개 플랫폼은 그 운영주체가 변
호사가 아니면서 마치 법률상담 등 법률사무를 취급하는 것처럼 표시·광고하는
방법을 통하여 회원들(변호사)을 통제하기 때문에, 변호사법 제34조(변호사가 아닌
자와의 동업 금지 등) 및 변호사법 제112조 제 3 호[33] 위반이라고 주장한다. 또한,
사설 변호사소개 플랫폼 운영을 허용할 경우, 온라인 플랫폼은 그 성질상 초기
일정기간 손해를 감수하면 네트워크 효과와 락인(Lock-in) 효과가 발생하여 선두
플랫폼이 시장지배적 지위에 이르게 되는데, 이렇게 되면 대다수 변호사가 플랫
폼에 종속되는 결과에 이르게 되어 변호사의 독립성과 공공성을 해치게 된다고
주장한다.[34]

　　그에 비하여 규제에 반대하는 측은, 변호사법이 광고 규정을 신설하고 광고
의 자유를 확대해온 입법 연혁을 고려했을 때, 법률플랫폼의 활성화는 국민에게
변호사 정보를 활발히 제공하여 법률브로커를 배제하고 변호사에 대한 직접적인

광고를 제한하는 행위를 하여서는 아니 된다. 다만, 공정거래위원회가 소비자의 이익을 보
호하거나 공정한 거래질서를 유지하기 위하여 필요하다고 인정하는 경우에는 그러하지 아
니하다.

② 공정거래위원회는 제 1 항 단서에 따라 사업자단체의 표시·광고 제한행위를 인정하려는
경우에는 관계 행정기관의 장과 미리 협의하여야 한다.

③ 공정거래위원회는 사업자단체가 제 1 항 본문을 위반하는 행위를 하는 경우에는 다음 각
호의 조치를 명할 수 있다.

1. 해당 위반행위의 중지
2. 해당 위반행위를 정한 정관·규약 등의 변경
3. 그 밖에 위반행위의 시정을 위하여 필요한 조치

32) "경찰의 '로톡'에 대한 변호사법 위반 무혐의 결정 환영", 코리아스타트업포럼 입장문, 2022.
　　1. 4. https://stibee.com/api/v1.0/emails/share/JlysCTFznstgTAd_WaQIff_i-SagPQ==
33) 변호사법 제112조(벌칙) 다음 각 호의 어느 하나에 해당하는 자는 3년 이하의 징역 또는 2
　　천만원 이하의 벌금에 처한다. 이 경우 벌금과 징역은 병과할 수 있다.
3. 변호사가 아니면서 변호사나 법률사무소를 표시 또는 기재하거나 이익을 얻을 목적으로 법
　　률 상담이나 그 밖의 법률사무를 취급하는 뜻을 표시 또는 기재한 자
34) 김기원, "변호사법상 소개·광고의 구분 기준 및 변호사법의 취지와 플랫폼의 편리성을 조
　　화시킬 대안", 대한변호사협회 주최 '변호사 매칭서비스의 알고리즘 문제와 변호사법의 검
　　토' 심포지엄 자료집, 2021. 11. 3. 27면, 36-37면 등 참조.

접근성을 높임으로써 법률시장을 확대하고 의뢰인과 변호사 모두에게 이익을 가져다 줄 수 있다고 주장한다.[35] 또는, 변호사 광고를 주업으로 하는 법률플랫폼의 등장은 변호사 광고 시장의 건전한 경쟁자가 생기는 것이고 리걸테크 산업 발전의 초석이 되는 일이기 때문에 '플랫폼은 악'이라는 프레임을 씌워 놓고 성장의 기회부터 빼앗는 것은 리걸테크 산업의 경쟁력 자체를 약화시키는 것이라는 점에서 특정 회사가 애초에 사업을 하지 못하도록 규제를 더욱 강화하는 변협의 접근방식은 바람직하지 않다고 주장한다.[36]

딥러닝(deep learning) 기술이 발전하면서 리걸 테크에 AI가 본격적으로 접목하면서 리걸 테크 시장은 날로 확대되고 있고, 이런 경향은 앞으로도 계속될 것이다. 예컨대, 글로벌 데이터 분석회사인 택슨(Tracxn)의 2021. 4. 11.자 Legal Tech−Feed Report에 따르면 전세계의 리걸 테크 기업은 5,490개로서 투자액은 약 74억 달러(약 8조 7890억원)에 이른다.[37]

위와 같은 흐름에 비추어 보면 변호사 소개(중개)를 표방한 서비스는 앞으로도 계속 확대·속출할 가능성이 있고, 그동안의 정부 태도에 비추어 보면[38] 이를 완전히 막기는 어려워 보인다.[39] 미국의 아보(Avvo),[40] 일본의 벤고시닷컴(弁護士

---

35) 안기순, "변호사법상 '소개'와 '광고'의 구분기준과 적용범위", 서울지방변호사회 주최, '변호사 소개 플랫폼 및 리걸테크의 미래상 모색을 위한 토론회' 자료집, 2021. 12. 6., 8면.
36) 구태언, "변호사소개 플랫폼이 나아가야 할 바람직한 미래상", 서울지방변호사회 주최, '변호사소개 플랫폼 및 리걸테크의 미래상 모색을 위한 토론회' 자료집, 2021. 12. 6., 64면.
37) https://tracxn.com/d/reports-feed/legal-tech-sector-landscape-report(2022. 1. 14. 검색).
38) 대한변호사협회는 2012년 변호사 소개 플랫폼 '로시컴'에 이어 2016년 '로톡' 등 4곳을 변호사법 위반 혐의로 검찰에 고발했으나 검찰은 모두 무혐의 처리하였다. 경기남부청 분당경찰서는 2021. 7.경 네이버 엑스퍼트에 대하여 불송치 결정을 하였다. "경찰, '변호사법 위반 논란' 네이버 무혐의 결론", 서울경제 2021. 7. 26.; 법무부는 법률플랫폼을 크게 변호사와 이용자 간 계약 체결에 관여하지 않고 광고료만 취득하는 '광고형 플랫폼'과 변호사와 이용자가 플랫폼을 통해 계약을 체결하고 그 수수료를 취득하는 '중개형 플랫폼'으로 나눌 수 있다고 보고, 계약 체결에 직접적으로 관여하고 수수료를 챙기는 '중개형 플랫폼'은 변호사법 위반이라고 해석한 반면 '광고형 플랫폼'은 변호사로부터 사건 소개 등의 대가로 수수료를 받는 것이 아니라 정액의 광고료만 지급받으므로 변호사법 위반이 아니라고 하면서, 로톡 서비스는 이용자에게 특정한 변호사를 소개·알선하고 그에 대한 대가를 취득하는 방식이 아니라, 이용자가 플랫폼에 게재된 변호사의 광고를 확인하고 상담 여부를 자유롭게 판단하는 방식으로 운영되기 때문에 변호사법 위반이 아니라는 입장을 밝혔다. "온라인 법률 플랫폼에 관한 쟁점을 설명드립니다", 법무부 2021. 8. 24. 배포 보도자료.
39) 전문직역 단체들과 스타트업을 비롯한 신흥 플랫폼 기업 간의 충돌은 법조계가 아닌 다른 직역에서도 벌어지고 있다. 예컨대 성형·미용 정보 플랫폼인 '강남언니'의 운영사 주식회사 힐링페이퍼, '바비톡'을 운영하는 주식회사 케어랩스 등이 대한의사협회와 충돌했고, 세무 정보 관련 플랫폼인 '삼쩜삼'의 운영사 주식회사 자비스앤빌런즈는 한국세무사고시회와, '빌

ドットコム)[41] 등 로톡과 유사한 기능을 하는 변호사 소개 서비스가 주요 외국에서도 허용되는 추세라는 점에 비추어 보더라도 그러하다.

이처럼, 변호사 숫자가 대폭 증가하였지만 법률 서비스 문턱이 여전히 높다고 생각하는 국민 입장에서는 '로톡'과 같은 형태의 영업을 금지하려는 움직임을 변호사단체의 자기 영역 지키기로 볼 가능성이 높고, 플랫폼 시대로의 변화는 거스를 수 없는 추세라는 점을 생각하면 플랫폼 광고를 완전히 막을 수는 없다.

그러나, 플랫폼 형태의 변호사 소개 서비스가 변호사제도의 근간을 해치게 두어서는 아니 될 것이다. 변호사업의 비즈니스적 속성을 아예 무시하는 것은 현실에 맞지 않지만, 변호사는 오로지 상업적 이익을 위하여 활동하는 존재가 아니라 국가 권력을 감시·견제함으로써 국민의 기본적 인권을 옹호하고 사회정의를 실현함을 사명으로 하는 존재이다(변호사법 제 1 조 제 1 항). 즉, 변호사 직역은 고도의 공공성과 공익성을 띠고 있다. 따라서, 변호사의 플랫폼 광고 문제를 다른 일반 상거래 영역에서의 플랫폼 문제와 동일하게 논할 수는 없다. 변호사 광고, 의료 광고 등 전문직역의 광고 문제를 기술혁신 내지 시장중심적 관점에서만 접근하는 것은 전문자격제도와 전문직 윤리를 통째로 허물어뜨릴 위험성이 있다.[42]

결국, 변호사 직역의 플랫폼 광고 내지 변호사 소개 서비스는 그 형식이 광고이든 소개이든 관계없이 그런 서비스의 내용이 그야말로 소비자의 접근성과

라시세 자동산정' 서비스를 제공하는 부동산 빅데이터 기업 주식회사 빅밸류는 한국감정평가사협회와 대치하고 있다. "로톡과 '3전 3패' 변협의 전면전이 남긴 숙제", 주간조선 2691호, 2022. 1. 11.

40) https://www.avvo.com/
2006년에 설립된 Avvo는 변호사에게 법률서비스, 광고 등의 서비스를 판매하고, 전화상담이나 정형적인 법률서비스에 대하여는 소비자와 변호사를 연결시켜 준다. Avvo는 미국 전역 97% 이상의 변호사에 대한 프로파일과 고객 리뷰, 등급 평가(Lawyer ratings)를 제공한다. 그 중 변호사 등급 평가는 개개 변호사에 대하여 1.0(Extreme Caution)에서 10.0(Superb) 까지로 점수를 매기고 있다. Avvo의 등급 평가제도에 대하여는 변호사들로부터 많은 비판이 있었고 소송도 제기되었으나, 법원은 평가제도는 단순한 의견에 불과한 것으로서 수정헌법 제 1 조의 표현의 자유에 의하여 보호된다고 판결하였다. Browne v. Avvo 525 F. Supp. 2d 1249 (W.D. Wash. 2007). Avvo case에 관한 자세한 것은 송시섭, 앞의 논문, 178-186 참조.

41) https://www.bengo4.com/
2005년 설립된 벤고시닷컴주식회사(弁護士ドットコム株式会社)가 운영하는 벤고시닷컴(弁護士ドットコム)에는 일본 변호사 4만3000명 중 49.5%(2만1278명)가 등록되어 있고, 이 중 5,140명이 유료회원이며, 일반인은 월 330엔만 내면 이들이 남긴 답변을 모두 열람할 수 있다고 한다. 벤고시닷컴에 관한 자세한 것은 송시섭, 앞의 논문, 186-188 참조.

42) 나지원, 앞의 논문, 47면.

편의를 증진시키는 실질적인 광고의 영역에 머물게 하여야 하고, 더 나아가 변호사의 공공성, 윤리성, 독립성, 자율성, 전문성을 심각하게 침해하는 영업 형태는 금지하여야 할 것이다. 어떤 경우에도 변호사 직역을 기술 혁신의 미명 아래 자본과 경쟁에 내맡긴 채 일반 상거래 영역과 동일하게 취급한 결과, 변호사와 법률소비자 모두가 플랫폼 운영자의 통제에 들어가는 일은 없어야 할 것이다.

V. 브로커와 사건 유치

[사례 3]

새벽녘 안개 속을 운행하던 차량들이 고속도로상에서 연쇄충돌을 일으켜 대규모의 사상자가 발생하는 참사가 있었다. 사상자들 중에는 수학여행을 다녀오던 중학생들이 있었고, 봉사활동을 다녀오던 교회 신도도 있었다. 과적 트럭에서 굴러 떨어진 강철 호일, 안개가 자주 생기는 지역의 고속도로 관리 소홀, 최초 추돌 차량들의 안전거리 미확보, 과속운행 등 사고에 원인을 제기했다고 보여지는 다양한 원인들이 언론을 통해 보도되었다.

변호사 甲은 손해사정인 자격을 가진 A와 전직 경찰관 B를 해당 중학교에 보내, 피해자 가족들을 만나게 했다. 甲변호사는 A와 B가 고객을 유치해 오면 한 건당 수임료의 10~20%를 주기로 구두로 약속했다. 甲변호사는 또한 직접 해당 교회를 방문하여 토요일 오후에 "교통사고 피해보상"이라는 주제의 설명회를 가졌다. 이 설명회에 참석한 이들 중에서 이번 사고 피해자들의 가족들을 알아내 이들의 이름과 전화번호를 받은 甲변호사는, 자신의 사무직원을 통해 이 가족들에게 전화를 걸어 여러 건의 사건을 유치했다.

甲변호사의 위와 같은 행위는 변호사윤리에 위반되는가?

[사례 3]은 브로커 및 유인(solicitation) 문제를 제기한다. 브로커 문제는 전관예우 문제와 함께 우리나라 법조비리에 단골로 등장하는 고질적인 병폐 중의 하나이다. 브로커를 통한 사건 유치가 근절되지 않는 이유로 일부 법조인들의 직업

윤리의식 결여, 도덕적 해이와 경제적 탐욕을 들 수도 있지만, 법률소비자들에게 변호사에 관한 정보가 충분히 제공되지 않는 것과도 관련이 있다. 변호사 광고 활성화, 시민단체 감시, 변호사회의 정보 제공이 충분히 이루어지면, 브로커 비리 문제는 상당히 줄어들 것이다. 이 사례에서처럼 브로커를 고용하여 사건 유치에 대한 대가를 주는 것은 변호사윤리의 명백한 위반(윤리규약 제 9 조[43])일 뿐만 아니라, 변호사법 제34조[44]를 위반하는 행위로서 형사처벌을 받을 수 있다.

　　변호사가 '설명회'나 '세미나'의 형식으로 광고를 하는 것은 허용된다(구 「변호사업무 광고규정」 제 2 조 제 1 항 제 5 호 참조). 하지만, 상대방의 요청이 없는 상황에서 특정 사건의 당사자나 이해관계자를 직접 만나거나 전화통화 등의 방법으로 사건의뢰를 권유하는 것은 법조윤리에 어긋나는 행위이다(윤리규약 제 9 조, 제19조[45], 「변호사 광고에 관한 규정」 제 4 조 제 6 호). 미국의 경우 변호사가 잠재적 고객을 직접 접촉하여 사건을 유치하는 것을 '유인(solicitation)'이라고 따로 부르며 엄격히 제한하고 있다.[46] 다른 사람을 논리적으로 설득하는 전문기술을 갖추고 있는 변호사

---

43) 윤리규약 제 9 조[부당한 사건유치 금지 등] ① 변호사는 사건의 알선을 업으로 하는 자로부터 사건의 소개를 받거나, 이러한 자를 이용하거나, 이러한 자에게 자기의 명의를 이용하게 하는 일체의 행위를 하지 아니한다.
　② 변호사는 어떠한 경우를 막론하고 사건의 소개·알선 또는 유인과 관련하여 소개비, 기타 이와 유사한 금품이나 이익을 제공하지 아니한다.
44) 변호사법 제34조(변호사가 아닌 자와의 동업 금지 등) ① 누구든지 법률사건이나 법률사무의 수임에 관하여 다음 각 호의 행위를 하여서는 아니 된다.
　1. 사전에 금품·향응 또는 그 밖의 이익을 받거나 받기로 약속하고 당사자 또는 그 밖의 관계인을 특정한 변호사나 그 사무직원에게 소개·알선 또는 유인하는 행위
　2. 당사자 또는 그 밖의 관계인을 특정한 변호사나 그 사무직원에게 소개·알선 또는 유인한 후 그 대가로 금품·향응 또는 그 밖의 이익을 받거나 요구하는 행위
　② 변호사나 그 사무직원은 법률사건이나 법률사무의 수임에 관하여 소개·알선 또는 유인의 대가로 금품·향응 또는 그 밖의 이익을 제공하거나 제공하기로 약속하여서는 아니 된다.
　③ 변호사나 그 사무직원은 제109조 제 1 호, 제111조 또는 제112조 제 1 호에 규정된 자로부터 법률사건이나 법률사무의 수임을 알선받거나 이러한 자에게 자기의 명의를 이용하게 하여서는 아니 된다.
　④ 변호사가 아닌 자는 변호사를 고용하여 법률사무소를 개설·운영하여서는 아니 된다.
　⑤ 변호사가 아닌 자는 변호사가 아니면 할 수 없는 업무를 통하여 보수나 그 밖의 이익을 분배받아서는 아니 된다.
45) 윤리규약 제19조[예상 의뢰인에 대한 관계] ① 변호사는 변호사로서의 명예와 품위에 어긋나는 방법으로 예상 의뢰인과 접촉하거나 부당하게 소송을 부추기지 아니한다.
　② 변호사는 사무직원이나 제 3 자가 사건유치를 목적으로 제 1 항의 행위를 하지 않도록 주의한다.
46) *Ohralik v. Ohio State Bar Association*, 436 U.S. 447(1978) 참조.

가 잠재적 의뢰인을 접촉하는 것을 허용하면 의뢰인에게 불리한 수임계약을 체결할 위험이 있다고 보기 때문에, 광고는 허용해도 유인은 허용하지 않고 있다. 하지만 인터넷을 통한 질의응답이나 화상(video) 상담 등이 활성화되고 있어, 광고를 통한 유치와 유인의 엄격한 구별이 모호해지고 있다.

이와 관련하여, 변호사가 인터넷 홈페이지, 블로그, 카페 등을 통하여 특정사건에 관한 소송참여자를 모집하는 것이 허용되는지가 문제된다.[47] 대한변호사협회는 이에 대하여, "인터넷 홈페이지 등에 특정사건의 수임과 관련하여 이를 안내하는 내용을 게재하여 놓은 상태에서 인터넷 이용자가 스스로 필요에 의해서 홈페이지 등에 접근하여 이를 열람하는 것은 규정상 허용된다. 다만, 이 경우에도 홈페이지 등을 운영하는 변호사 등이 불특정 다수인에게 이메일, 문자메시지 등을 보내거나 이에 준하는 방법을 이용하여 광고를 하거나 위 홈페이지 등에 접근하도록 유도하는 것은 변호사업무 광고규정 제 5 조 제 2 항(현행 「변호사 광고에 관한 규정」 제 5 조 제 1 항 제 1 호)에 위반될 소지가 있다. 아울러 법무법인 등이 인터넷 홈페이지 등에 위와 같은 방법으로 사건을 유치하는 경우에는 변호사업무 광고규정 제10조(현행 「변호사 광고에 관한 규정」 제 3 조 제 3 항)에 따라 그 홈페이지 등에 사건을 유치하고자 하는 법무법인, 변호사 등의 이름을 명확히 밝혀야 한다"고 하고 있다.[48]

---

47) 예컨대, 인터넷 쇼핑몰 인터파크의 정보 유출 피해자, 배기가스 조작 사태를 일으킨 독일 폭스바겐을 구입한 소비자, 옥시 등의 가습기 살균제 피해자, 오스템임플란트 직원 횡령 및 회사의 부실공시로 피해를 입은 주주들을 상대로, 손해배상청구 소송에 참여할 원고를 모집하는 변호사 광고가 인터넷 홈페이지(집단소송닷컴, 온라인소송닷컴 등)나 블로그, 카페 등에 게재된 바 있다.

48) 대한변호사협회 2008. 9. 23. 법제 제2305호.

제 9 장

변호사의 보수

정 한 중

[기본질문]

1. 변호사윤리규약은 보수에 관한 절에서 변호사는 "직무의 공공성과 전문성에 비추어," "부당하게 과다한 보수를 약정하지 아니한다"고 규정하고 있다. 변호사보수에 관한 이러한 기본 인식이 타당한지 논의해 보시오.

2. 변호사보수의 산정하는 방식과 기준은 무엇이고, 변호사보수를 규제할 현실적인 문제점과 규제의 필요성을 설명하고 적정한 보수의 판정은 누가 어떻게 하는지 알아보자.

3. 여러분이 개인법률사무소를 개업한다면 어떤 방식의 보수를 받을 것인지를 생각해 보고, 그러한 선택의 이유를 설명해 보시오.

4. 변호사보수 중에서 특별히 논란이 많은 성공사례금에 관해서 알아보자. 성공사례금을 허용하는 법정책이 타당한지를 검토해 보고, 다른 나라들의 경우도 살펴보자.

5. 변호사 보수를 규제하는 현행 법규를 알아보고 그 한계에 대하여 논의해 보시오.

◇ 관련 법령

- 변호사법

제25조(회칙준수의무), 제28조의2(수임사건의 건수 및 수임액의 보고), 제34조(변호사 아닌 자와의 동업금지)

- 대한변호사협회, 변호사윤리장전 중 윤리규약

제24조(금전 등의 수수)   변호사는 예납금, 보증금 등의 금전 및 증거서류 등의 수수를 명백히 하고, 이로 인한 분쟁이 발생하지 아니하도록 주의한다.

제 3 절 보수

제31조(원칙)   ① 변호사는 직무의 공공성과 전문성에 비추어 부당하게 과다한 보수를 약정하지 아니한다.

② 변호사의 보수는 사건의 난이도와 소요되는 노력의 정도와 시간, 변호사의 경험과 능력, 의뢰인이 얻게 되는 이익의 정도 등 제반 사정을 고려하여 합리적으로 결정한다.

제32조(서면계약)   변호사는 사건을 수임할 경우에는 수임할 사건의 범위, 보수, 보수 지급방법, 보수에 포함되지 않는 비용 등을 명확히 정하여 약정하고, 가급적 서면으로 수임계약을 체결한다. 다만, 단순한 법률자문이나 서류의 준비, 기타 합리적인 이유가 있는 경우에는 그러하지 아니하다.

제33조(추가 보수 등)   ① 변호사는 정당한 사유 없이 추가보수를 요구하지 아니한다.

② 변호사는 명백한 서면 약정 없이 공탁금, 보증금, 기타 보관금 등을 보수로 전환하지 아니한다. 다만, 의뢰인에게 반환할 공탁금 등을 미수령 채권과 상계할 수 있다.

③ 변호사는 담당 공무원에 대한 접대 등의 명목으로 보수를 정해서는 아니 되며, 그와 연관된 명목의 금품을 요구하지 아니한다.

제34조(보수 분배 금지 등)   ① 변호사는 변호사 아닌 자와 공동의 사업으로 사건을 수임하거나 보수를 분배하지 아니한다. 다만, 외국법자문사법에서 달리 정하는 경우에는 그러하지 아니하다.

② 변호사는 소송의 목적을 양수하거나, 정당한 보수 이외의 이익분배를 약정하지 아니한다.

Ⅰ. 변호사의 보수와 규제의 필요성

1. 규제의 필요성

변호사보수는 변호사가 제공하는 법률서비스에 대한 대가를 말하는데, 법조윤리에 관련된 모든 논의에서 이상과 현실이 가장 심하게 불일치하는 부분이 바로 보수에 관한 것이다. 변호사가 인권옹호와 사회정의실현이라는 숭고한 사명을 지고 있다는 것을 모르는 사람은 없다. 즉, 변호사업무는 그 기본 속성이 공공성을 지니고 있다. 하지만 변호사는 공무원이 아니고, 사업자등록증을 관할 세무서에서 받아 업무를 보고 의뢰인으로 받은 금전으로 생계를 유지하는 사인(private citizen)이다. 로스쿨에 진학하는 많은 예비법조인들은 물론이고 일반 시민들도 변호사를 "고액 소득자"로 알고 있다. 한편 변호사를 선임한 경험이 있는 많은 이들이 변호사보수가 지나치게 높다고 불만을 표시한다. 변호사들은 고도의 지적 서비스를 제공한 것에 합당한 보수라고 주장하지만, 의뢰인들은 이를 쉽게 납득하지 못한다.

각국의 변호사의 보수는 점점 시장원리에 따라 결정되는 추세인데, 대한변호사협회가 제정한 「변호사보수에 관한 규칙」이 공정거래위원회에서 보수담합을 이유로 폐지됨으로써 우리나라에서도 보수에 관한 약정은 당사자의 자유로운 약정에 의하여 정하여지게 되었다. 이와 같은 자율적 보수 결정을 위해서는 법률서비스 시장에서 시장경쟁원리가 정상적으로 작동되어야 한다는 것이 전제되어야 한다.

그런데 우리나라 실제 변호사보수는 사건처리 결과와 관계없이 일반적으로 사건수임 시에 지급되는 착수금과 사건을 성공적으로 처리하는 것[1]을 조건으로

---

1) '성공'의 의미는 '승소'와 유사하지만 기본적으로 변호사와 의뢰인의 약정에 의한 결과를 말하므로 승소와 반드시 일치한다고 할 수도 없다. 예를 들면 손해배상청구소송에서 원고가 피고에게 1억원의 지급을 청구하는 경우에 전부 승소해야 성공한 것으로 볼 수 있고 일부 승소(예, 피고는 원고에게 5,000만원을 지급하라는 판결)의 경우에도 피고가 원고의 제소 전에 전혀 지급할 의무가 없다거나 4,000만원을 지급하겠다고 주장하는 경우에는 성공으로 볼 수 있다. 이전등기청구소송이나 행정소송의 경우도 대개는 전부승소가 성공이지만 당사자간에 달리 할 수도 있다. 영업취소처분취소소송에서 조정에 의하여 영업정지로 종결된 경우도 약정에 따라 성공으로 볼 수도 있는 것이다. 형사소송에서는 승소 · 패소라고 하지 않는데 피고인이 무죄를 받으면 성공보수를 받기로 약정한 경우에, 수죄가 병합된 경우에 전부무죄여야 하는가 일부 무죄라도 중요한 공소사실이 무죄이어야 성공의 결과인가 등은 결국 당

사건이 종료한 후에 지급되는 성공사례금 또는 성공보수라고 하는 보수의 이중적·중첩적 구조를 갖고 있다.[2] 변호사보수와 관련한 문제점들은 주로 성공사례금과 관련되어 있지만, 착수금의 경우도 의뢰한 사건이 소송에서 패소하더라도 변호사는 보수를 취할 수 있기 때문에 변호사는 패소할 확률이 높은 경우에도 승소할수 있다는 잘못된 정보를 제공하고 이에 따라 의뢰인은 소송을 개시하게 된다.[3]

또한 변호사보수 분쟁에 있어 착수금의 경우, 소제기 전이나 소제기 후 소송당사자 사이에 원만한 합의 등으로 소송이 종결되어 착수금 환급의 여지가 있음에도 수임약정서에 착수금 불반환 조항을 삽입하여 이를 근거로 변호사가 반환해 주지 않아 분쟁이 발생하기고 하기도 하고, 성공보수의 경우에 성공의 조건이성취되지 않았거나 변호사가 성취에 아무런 영향력도 미치지 않았는 데도 성공보수를 지급하여야 하는 사유를 지나치게 광범위하게 정하여 자의적인 판단으로보수를 청구하는 것이 분쟁의 원인이다.

그리고 우리나라의 경우는 법률서비스의 공급자가 변호사로 제한되어 있고, 변호사보수에 대한 정보가 일반인에게 제대로 알려져 있지 않아 일반의 상품이나서비스와 같이 시장에서 수요와 공급의 원리에 의하여 보수가 결정된다면 의뢰인이 절대적으로 불리한 입장에 처하게 된다. 따라서 법률서비스 시장에서는 여전히 일정한 규제와 공공적 개입이 필요하다고 할 것이다.[4]

2. 성공보수 규제론

변호사보수, 특히 성공보수와 관련한 분쟁이 적지 않고 국민들이 변호사에대한 부정적 인식의 대부분도 이와 관련되어 있는 현실에서 당연히 성공보수에관한 규제의 필요성이 논의되고 있다. 변호사보수에 관한 분쟁에 대해 강제중재절차를 마련할 필요가 있다는 견해, 성공보수를 포함하여 보수의 최저와 최고를법규로 정하는 변호사보수기준을 마련하자는 견해,[5] 형사사건과 가사사건의 성공

사자간의 약정에 의해서 결정된다는 점은 같다.

2) 전경운, "변호사의 성공보수약정", 민사법학 제25호, 한국민사법학회, 2004, 205쪽.

3) 가정준, "변호사 선임계약의 법적 성격 및 내용", 외법논집 제19집, 2005. 2, 293쪽은 이러한
   결과가 발생하는 이유를 정보의 비대칭성이론으로 설명하기도 한다.

4) 박휴상, 법조윤리, 도서출판 fides, 2010, 290쪽.

5) 박경재, 앞의 논문, 944쪽; 오종근, 앞의 논문, 132쪽; 정선주, 앞의 논문, 163쪽 참조. 특히

보수 약정을 금지하자는 견해⁶⁾ 등이 그것이다.

최근 대법원⁷⁾은 전원합의체판결을 통해, 형사사건에서 성공보수 약정을 무효로 하여 종전의 판례를 파기하였다. "민사사건은 대립하는 당사자 사이의 사법상 권리 또는 법률관계에 관한 쟁송으로서 형사사건과 달리 그 결과가 승소와 패소 등으로 나누어지므로 사적 자치의 원칙이나 계약자유의 원칙에 비추어 보더라도 성공보수약정이 허용됨에 아무런 문제가 없고, 의뢰인이 승소하면 변호사보수를 지급할 수 있는 경제적 이익을 얻을 수 있으므로, 당장 가진 돈이 없어 변호사보수를 지급할 형편이 되지 않는 사람도 성공보수를 지급하는 조건으로 변호사의 조력을 받을 수 있게 된다는 점에서 성공보수 제도의 존재 이유를 찾을 수 있다."고 한다. 그러나 형사사건에서는 다르다고 본다. "형사사건에 관하여 체결된 성공보수약정이 가져오는 여러 가지 사회적 폐단과 부작용 등을 고려하면, 구속영장청구 기각, 보석 석방, 집행유예나 무죄 판결 등과 같이 의뢰인에게 유리한 결과를 얻어내기 위한 변호사의 변론활동이나 직무수행 그 자체는 정당하다 하더라도, 형사사건에서의 성공보수약정은 수사 · 재판의 결과를 금전적인 대가와 결부시킴으로써, 기본적 인권의 옹호와 사회정의의 실현을 사명으로 하는 변호사 직무의 공공성을 저해하고, 의뢰인과 일반 국민의 사법제도에 대한 신뢰를 현저히 떨어뜨릴 위험이 있으므로, 선량한 풍속 기타 사회질서에 위배되는 것으로 평가할 수 있다."고 형사 사건의 경우, 이 판결 이후 체결되는 성공보수 약정을 무효라고 판시하였다.

이 판결은 종래 형사사건에서 성공보수 관행이 초래한 문제점을 발본색원하겠다는 의지를 담은 획기적 판결이다. 그러나 이 판결 후에도 변호사들 중에는 성공보수 대신 잔금 등의 형태로 사실상 형사사건의 성공보수 약정을 체결하는 경우도 적지 않고, 성공보수 대신 착수금을 과다하게 약정하는 등 보수에 관한

오종근, 132쪽 이하는 2000년에 종전 변호사보수기준에 관한 규칙을 폐지한 것은 변호사들 사이에 부당한 경쟁을 유발하여 변호사 직무의 영리사업화 가능성이 있으며, 변호사보수의 고액화, 특히 변호사보수에 관한 광고가 허용되지 않는 현실에서 의뢰인 등이 변호사보수를 예측할 수 없다는 점에서 폐지된 것이므로 현시점에서 다시 변호사보수기준을 마련할 필요가 있다고 주장한다.

6) 이상수, 앞의 책, 251면; 정선주, 앞의 논문, 168쪽은 형사사건의 성공보수를 금지하여야 한다고 주장한다. 그러나 대한변협은 성공보수 약정이 형사사건에서도 가능하다고 한다(대한변협, 법제1345호, 2008. 4. 8).

7) 대법원 2015. 7. 23. 선고 2015다200111 전원합의체 판결.

분쟁이 끊이지 않고 있는 등 이 판결에 대한 저항도 적지 않다. 성공보수의 허용 여부보다 성공보수금을 포함한 보수의 과다가 문제가 되고 있다는 점, 성공보수의 긍정적인 면과 민사사건과 달리 형사사건의 경우에 전관예우 등 국민들의 사법불신과 직접적 관련이 있다는 점 등을 고려하여 규제하여야 한다. 따라서 형사사건의 경우에 한하여 성공보수를 포함한 전체 변호사보수의 상한을 정하고, 특별한 사정이 있는 경우, 지방변호사회의 승인을 거쳐 상한의 1/2까지 더 가산하여 약정하는 등의 대안도 검토할 여지가 있다. 이를 위반한 변호사에 대한 징계규정을 신설하여 제한의 실효성을 확보하고, 민사를 포함한 모든 변호사보수의 분쟁에 대한 강제중재절차의 도입도 검토해봄직 하다.

≪판례≫ 형사사건 성공보수 약정의 효력

형사사건에 관하여 체결된 성공보수약정이 가져오는 여러 가지 사회적 폐단과 부작용 등을 고려하면, 구속영장청구 기각, 보석 석방, 집행유예나 무죄 판결 등과 같이 의뢰인에게 유리한 결과를 얻어내기 위한 변호사의 변론활동이나 직무수행 그 자체는 정당하다 하더라도, 형사사건에서의 성공보수약정은 수사·재판의 결과를 금전적인 대가와 결부시킴으로써, 기본적 인권의 옹호와 사회정의의 실현을 사명으로 하는 변호사 직무의 공공성을 저해하고, 의뢰인과 일반 국민의 사법제도에 대한 신뢰를 현저히 떨어뜨릴 위험이 있으므로, 선량한 풍속 기타 사회질서에 위배되는 것으로 평가할 수 있다.

다만 선량한 풍속 기타 사회질서는 부단히 변천하는 가치관념으로서 어느 법률행위가 이에 위반되어 민법 제103조에 의하여 무효인지는 법률행위가 이루어진 때를 기준으로 판단하여야 하고, 또한 그 법률행위가 유효로 인정될 경우의 부작용, 거래자유의 보장 및 규제의 필요성, 사회적 비난의 정도, 당사자 사이의 이익균형 등 제반 사정을 종합적으로 고려하여 사회통념에 따라 합리적으로 판단하여야 한다.

그런데 그동안 대법원은 수임한 사건의 종류나 특성에 관한 구별 없이 성공보수약정이 원칙적으로 유효하다는 입장을 취해 왔고, 대한변호사협회도 1983년에 제정한 '변호사보수기준에 관한 규칙'에서 형사사건의 수임료를 착수금과 성공보수금으로 나누어 규정하였으며, 위 규칙이 폐지된 후에 권고양식으로 만들어 제공한 형사사건의 수임약정서에도 성과보수에 관한 규정을 마련하여 놓고 있었다. 이에 따라 변호사나 의뢰인은 형사사건에서의 성공보수약정이 안고 있는 문제점 내지 그 문제점이 약정의 효력에 미칠 수 있는 영향을 제대로 인식하지 못한 것이 현실이고, 그 결과 당사자 사이에 당연히 지급되어야 할 정상적인 보수까지도 성공보수의 방식으로 약정하는 경우가 많았던 것으로 보인다.

이러한 사정들을 종합하여 보면, 종래 이루어진 보수약정의 경우에는 보수약정이 성공보수라는 명목으로 되어 있다는 이유만으로 민법 제103조에 의하여 무효라고 단정하기는 어렵다. 그러나 대법원이 이 판결을 통하여 형사사건에 관한 성공보수약정이 선량한 풍속 기타 사회질서에 위배되는 것으로 평가할 수 있음을 명확히 밝혔음에도 불구하고 향후에도 성공보수약정이 체결된다면 이는 민법 제103조에 의하여 무효로 보아야 한다(대법원 2015. 7. 23. 선고 2015다200111 전원합의체 판결).

Ⅱ. 적정성의 원칙과 서면계약

[사례 1]

원고 A는 H은행을 상대로 부당이득의 반환을 구하는 소를 제기하였다가 1심에서 전부 패소 판결을 선고받았고, 이에 불복하여 제기한 항소심사건(이하 '이 사건 수임사건'이라 한다)을 변호사 甲에게 위임하면서 착수금을 500만원으로, 성공보수금을 착수금의 28배로 약정했다. 승소 후 甲은 합계 1억 4,400만 원의 보수를 지급받았다. A는 과다한 보수를 지급하였다고 하면서 甲에게 9,000만원을 넘는 부분에 대하여 반환청구를 하였다. 甲의 변호사보수는 적정한 것인가?[8]

[사례 2]

변호사 甲은 증권거래법위반혐의로 기소된 A와 시간당 30만원의 보수로 수임계약을 체결했다. 甲이 이 사건에 관한 법리검토를 시작할 무렵, 다른 의뢰인 B와 C가 증권거래법위반과 관련해서 甲에게 자신들의 사건을 의뢰하였다. A, B, C사건은 모두 사실관계와 적용법규가 유사하여, 甲변호사는 A에 관한 법리검토만으로 B와 C의 사건에 대한 소송준비를 할 수 있었다. A사건에 총 40시간을 사용한 甲변호사

[8) 대법원 2014. 7. 10. 선고 2014다18322 판결 사례 변형.

는 A, B, C 모두에게 각각 40시간의 시간당 보수를 청구하였다.
   甲변호사의 이러한 시간당 보수청구는 합당한가?

1. 적정보수의 원칙

변호사의 보수는 그 액수가 실질적으로 적정해야 한다. 대한변협 회칙 제44
조 제 3 항이 "변호사·법무법인·법무법인(유한)·법무조합의 보수는 위임인과 계
약으로 정한다. 다만, 보수는 사회통념에 비추어 현저하게 부당한 것이어서는 아
니 된다"거나, 윤리규약 제31조(원칙)가 "① 변호사는 직무의 공공성과 전문성에
비추어 부당하게 과다한 보수를 약정하지 아니한다. ② 변호사의 보수는 사건의
난이도와 소요되는 노력의 정도와 시간, 변호사의 경험과 능력, 의뢰인이 얻게
되는 이익의 정도 등 제반 사정을 고려하여 합리적으로 결정한다"고 규정하고 있
는 것은 적정한 보수의 원칙을 천명한 것이라고 볼 수 있다.

2. 적정성 판단기준

다양한 사안에서 공통적으로 적용될 수 있는 적정한 보수의 판단기준은 일
률적으로 정할 수는 없고[9] 당사자의 경제적 이익, 사안의 난이, 시간과 노력 기
타 사정을 참작하여 정할 수밖에 없다.

수임료가 부당하게 과다하다고 판단될 경우는 어떻게 할 것인가. 대법원은
"변호사의 소송위임 사무처리 보수에 관하여 변호사와 의뢰인 사이에 약정이 있
는 경우 위임사무를 완료한 변호사는 원칙적으로 약정 보수액 전부를 청구할 수
있다. 다만 의뢰인과의 평소 관계, 사건 수임 경위, 사건처리 경과와 난이도, 노

---

9) 권오승, "변호사보수에 관한 검토", 법과 사회 제11호, 1995. 상반기, 145~150쪽; 박경재, "변
   호사의 법적지위와 변호사보수", 법학연구 제51권 제 1 호, 부산대 법학연구소, 2010. 2, 935
   쪽은 이와 같은 적정성 판단의 기준 정립과 관련하여 '공정보수의 원칙'과 '가정적 표지'의
   두 가지 원칙을 제시하고 있다. 즉, 전자는 변호사는 사무실을 운영하는 데에 필요한 비용
   을 보상하고 변호사에게 적정한 이윤을 보상해 줄 수 있는 선에서 결정되어야 한다는 것이
   고, 후자는 경쟁시장에서 형성된 보수 수준을 기준으로 하여 당해 시장의 보수가 적정한지
   의 여부를 판단하는 방법이다. 그러나 전자는 적정이윤을 산출하기 어렵고, 후자는 유사한
   경쟁시장이 존재하여야 한다는 전제가 충족되기 어려울 뿐만 아니라 개개 사건의 난이도
   차이가 큰 변호사보수의 적정성 판단에 적용하기 어렵다고 본다.

력의 정도, 소송물 가액, 의뢰인이 승소로 인하여 얻게 된 구체적 이익, 그 밖에 변론에 나타난 여러 사정을 고려하여, 약정 보수액이 부당하게 과다하여 신의성실의 원칙이나 형평의 관념에 반한다고 볼 만한 특별한 사정이 있는 경우에는 예외적으로 적당하다고 인정되는 범위 내의 보수액만을 청구할 수 있다. 그런데 이러한 보수 청구의 제한은 어디까지나 계약자유의 원칙에 대한 예외를 인정하는 것이므로, 법원은 그에 관한 합리적인 근거를 명확히 밝혀야 한다."[10]고 판시하고 있다. 즉 ▲수임료 약정계약은 그대로 지켜져야 하는 것이 원칙이다. ▲다만 그 약정이 신의칙이나 형평의 관념에 반할 정도로 부당하게 과다한 경우에는 적당한 범위내의 보수액만을 청구할 수 있다. ▲그런데 법원이 약정 보수액이 과다하다고 보아 그 액수를 감액하라고 판결할 경우에는 합리적 근거를 명확히 밝혀야 한다는 것이다. 이러한 법리는 대법원이 오랜 시간에 걸쳐 발전시켜 온 것으로 판례가 축적되어 있다. 다만 실제로 대부분의 판결은 보수액이 부당하게 과다하다는 쪽의 판결을 내리지 않는 편이다.

한편 이러한 판례의 경향에 대해 유력한 비판도 있다. 신의칙이나 형평의 관념을 근거로 계약을 무효로 선언할 수 있는 실정법률상의 근거가 없다거나, 신의칙이나 형평 관념 등 법의 일반원칙에 의해 개별 약정의 효력을 제약하려고 시도하는 것은 사적자치의 원칙, 시장경제질서 등 헌법가치에 반할 수 있다는 것이다.[11] 하지만 실제 사례를 보면 약정 보수가 지나치게 과다한 사례가 적지 않고, 약정 체결시점에 어려운 법적 처지에 몰린 의뢰인과 법전문가인 변호사와는 법적 정보의 현저한 불균형과 심리적 취약성 등을 고려하지 않을 수 없다. 따라서 오히려 현재의 판결례보다, 약자 보호의 견지에서 신의칙 · 형평 등의 기준에 따라 법원이 보다 적극적으로 개입하여 조정해야 한다는 반론도 충분히 제기될 수 있다.

미국 ABA 직무행위 표준규칙이나 캘리포니아 변호사회 윤리규칙 등은 우리나라 변호사윤리규약에 비해서는 조금 더 상세한 기준을 제시하고 있지만, 이것 역시 추상적인 가이드라인에 불과하여 실제로 보수를 산정하고 그 적정성을 판단하는 명확한 기준은 되지 못한다.[12]

---

10) 대법원 2018. 5. 17. 선고 2016다35833 전원합의체 판결.
11) 대법원 2018. 5. 17. 선고 2016다35833 전원합의체 판결 중 별개의견 취지.

대법원은 "변호사의 성공보수가 과다한지 여부를 판단함에 있어 착수금의 액수를 고려할 수는 있겠으나, 단순히 성공보수금이 착수금보다 얼마나 많은지를 주된 기준으로 삼아서는 안 되고 사건의 난이도, 승소 가능성, 의뢰인이 얻는 이익, 수임인의 전문성이나 기여도 등을 종합적으로 판단하여야 한다. 특히 의뢰인의 경제적 사정 등을 고려하여 착수금을 낮게 정하는 대신 성공보수금을 높이는 경우가 있다는 점을 고려하면 이 사건 성공보수금이 이 사건 위임계약에서 정한 착수금의 28배가 넘는다는 점이 과다 여부 판단에 주된 기준이 되어서는 안 된다."고 판시하였다. 따라서 위 [사례 1]의 보수청구에 대하여 항소심은 적정하지 않다고 하였으나 대법원은 적정하다고 판단하였다.[13] 그러나 시간당 보수의 기본 취지를 고려하여 건전한 상식에 따른 판단을 한다면 위 [사례 2]의 보수청구는 부당하다. 비슷한 사실관계와 적용법규 때문에 3명의 의뢰인들을 위해 쓴 시간의 총량은 각각의 의뢰인에게는 3분의 1씩 쓴 것으로 청구하여야 한다.

---

12) 변호사보수의 적정성 판단 기준을 제시하여 분쟁을 예방하고자 하는 면에서는 실효성이 없다고 생각한다. 결국 이들 기준은 분쟁이 발생한 이후 (궁극적으로 법원의) 판단 기준이지 의뢰인이 이를 보고 판단하여 계약을 체결하는 등 분쟁예방기능을 할 수 있는 것은 아니기 때문이다.

13) 대법원 2014. 7. 10. 선고 2014다18322 판결은 피고(변호사 甲)가 착수금도 받지 아니한 채 원고(A) 대신 이 사건 수임사건의 인지대 등 소송비용을 전부 대납하면서 이 사건 수임사건에서 승소하지 못할 경우 원고의 형편 때문에 대납해 준 금액조차 돌려받지 못할 수 있다는 위험을 감수하고 사건을 수임한 점, 피고는 2011. 7.부터 이 사건 수임사건에 대한 화해권고결정이 확정(사실상 승소)된 2012. 8.까지 1년 넘는 기간에 7차례 변론기일에 출석하고, 항소이유서와 준비서면을 총 8회, 청구취지 및 청구원인 변경서 1회, 증인신청서 2회, 사실조회신청서 5회, 문서제출명령신청서 1회 등 각종 서면을 법원에 제출하는 등 이 사건 수임사건을 수행하면서 적지 않은 노력을 기울였던 점, 수임사건 진행 중에 원고가 H은행으로부터 2006. 9. 발급받은 미지급증명원 사본을 찾게 됨에 따라 피고가 이를 증거로 제출한 것은 사실이지만, 여전히 원고는 그 원본은 찾지 못하는 상황에서 하나은행이 위 사본이 위조되었다고 다투자, 피고는 위 사본 양식과 거기에 찍힌 인영이 하나은행 해당 지점에서 사용하던 것임을 밝히기 위하여 문서제출명령과 사실조회신청을 하는 등 위 사본의 진정성립 여부가 계속해서 쟁점이 되었고, 원고는 2012. 8. 위 화해권고결정에 따라 하나은행으로부터 지급받기로 한 금액에서 이 사건 성공보수금을 합한 1억 5천여만 원 상당의 수임료와 대납비용 정산금을 피고에게 지급해 주었는데 그 과정에서 원고가 피고에게 수임료가 과다하다는 등의 이의를 제기한 사실이 없는 점,다. 이 사건 위임계약에서 정한 착수금 500만 원은 사건 착수 단계가 아니라 이 사건 수임사건 종결 후 지급하기로 하였는데 피고는 위 착수금을 면제해 달라는 원고의 요청을 받아들여 이 사건 성공보수금과 대납한 비용만을 받은 점을 고려하여, 원심이 설시하는 사정만으로는 이 사건 성공보수금이 부당하게 과다하여 신의성실의 원칙이나 형평의 원칙에 반한다고 볼 만한 특별한 사정이 있다고 하기 어렵고 판시하였다.

≪판례≫ 변호사보수의 규제의 필요성과 한계

(생략) 변호사가 법률사무에 관한 위임사무의 처리에 대하여 보수를 받는 것은 법률상 위임계약의 성질을 갖는 것이기 때문에 그 보수의 결정도 수임인인 변호사와 위임인인 의뢰인의 자유로운 합의에 의하여 결정되는 것이 원칙이라 할 것이나, 변호사는 기본적 인권을 옹호하고 사회정의를 실현함을 사명으로 하고 그 사명에 따라 성실히 직무를 수행하고 사회질서 유지와 법률제도 개선에 노력하여야 하는 공공성을 지닌 법률 전문직으로서의 지위에 있기 때문에(변호사법 제 1 조, 제 2 조) 그 직무의 수행에 대한 보수도 제한 없이 사적자치의 영역에 방치될 수는 없는 것이고, 공익적 차원에서 이를 합리적으로 조정·규제할 당위성을 갖게 되는 것이다. 이러한 변호사 보수의 성질과 변호사 직무의 특성을 균형 있게 고려하면, 변호사가 수행한 업무와 노력에 비하여 사회상규에 현저하게 어긋나는 과다한 보수를 약정하거나 위임계약의 체결과 위임에 의한 업무수행에 있어 변호사에게 책임을 지울 수 있는 흠결이 있는 경우 등과 같이 예외적인 경우에만 약정된 보수액이 신의성실의 원칙이나 형평의 원칙에 반한다고 제한적으로 해석하여야 할 것이다.

(중략) 일반적으로 민사사건은 소송의 결과에 따른 경제적 이익이 보수 산정의 주요한 기준이 되고, 형사사건의 경우 결과에 따른 경제적 이익 산출이 여의치 않은 반면 인신 구속과 형의 선고로 인한 신체적 자유의 박탈 여부가 주요한 기준이 된다고 할 것인바, 원심이 지적하는 바와 같이 원고가 수임한 형사사건은 사안의 성질상 유죄판결이 선고될 경우 의뢰인인 피고의 인신에 중대한 결과가 초래될 가능성이 있을 뿐만 아니라 앞으로 진행될 민사사건의 결과에도 심대한 영향을 미칠 수 있을 터인데, 관련 민사사건의 경제적 이익은 이 사건 부동산 가액이나 위 편취액으로 가늠해 볼 수 있다고 할 것이고, 그렇다면 어느 모로 보더라도 이 사건 수임사건의 중대성에 비하여 이 사건 보수약정이 부당하게 과다하여 감액을 면하지 못할 정도라고 보기 어렵다. 그리고 피고가 원고에게 위 사건을 위임한 것은 원고 소속 변호사의 위임사무 수행 능력을 평가한 외에 다른 요소가 개입되었다고 볼 자료가 전혀 없고, 원고 소속 변호사가 위 위임사무를 수행함에 있어 어떠한 법률적 흠결이나 배신적인 행위가 있었다고 볼 자료도 없으며, 위임사무 수행의 결과는 이 사건 보수약정에 부합하며 피고가 기대할 수 있는 최선의 것이다.

그렇다면, 이 사건 보수약정과 그 위임사무의 처리에 있어서 위 법리가 적시하는 어느 사유도 인정되지 않는다고 할 것임에도 원심은 만연히 판시와 같은 사유에 기대어 위와 같은 결론에 이르렀으니, 원심판결에는 보수금약정에 관한 법리를 오해하고 심리를 다하지 않음으로써 판결 결과에 영향을 미친 위법이 있다(대법원 2009. 7. 9. 선고 2009다21249 판결).

≪판례≫ 보수액의 과다에 대한 입증책임

변호사의 소송위임사무처리에 대한 보수에 관하여 의뢰인과의 사이에 약정이 있는 경우에 위임사무를 완료한 변호사는 특별한 사정이 없는 한 약정된 보수액을 전부 청구할 수 있는 것이 원칙이기는 하지만, 의뢰인과의 평소부터의 관계, 사건 수임의 경위, 착수금의 액수, 사건처리의 경과와 난이도, 노력의 정도, 소송물의 가액, 의뢰인이 승소로 인하여 얻게 된 구체적 이익, 기타 변론에 나타난 제반 사정을 고려하여 약정된 보수액이 부당하게 과다하여 신의성실의 원칙이나 형평의 원칙에 반한다고 볼 만한 특별한 사정이 있는 경우에는 예외적으로 상당하다고 인정되는 범위 내의 보수액만을 청구할 수 있고(대법원 1995. 4. 25. 선고 94다57626 판결, 대법원 2002. 4. 12. 선고 2000다50190 판결 등 참조), 위와 같은 특별한 사정의 존재에 대한 증명책임은 약정된 보수액이 부당하게 과다하다고 주장하는 측에 있다(대법원 2012. 8. 17. 선고 2010다60172 판결).

≪판례≫ 성공 보수액의 과다를 인정한 판례

원심판결 이유 및 원심이 인용한 제1심판결 이유에 의하면, 원심은 그 판시와 같은 사실을 인정한 다음 이 사건 민사사건 약정에 따른 성공보수금은 청구취지로 확장된 673,951,176원을 기준으로 산정하여야 하고, 이 사건 민사소송의 청구내역과 청구금액, 소송의 경과 등을 고려하면, 이 사건 민사사건 약정에 따른 성공보수금은 부당하게 과다하여 신의성실의 원칙에 반하는 것으로 보이므로 이 사건 민사사건 약정에 따른 성공보수금은 2,500만 원으로 정함이 상당하다고 판단하였다(대법원 2013. 7. 11. 선고 2011다18864 판결).

자료 1　　미국 ABA 직무행위 표준규칙

1.5(보수(Fees))

(a) 변호사는 불합리한(unreasonable) 보수나 비용의 청구나 수령을 내용으로 하는 합의를
　　해서는 아니 된다. 보수의 적정성(reasonableness)은 다음과 같은 요소들을 고려하여
　　결정한다.

　　(1) 필요한 시간량과 노동량, 관련 문제의 생소함과 난이도, 그리고 그 직무를 적절히
　　　　수행하는 데 필요한 기술

　　(2) 그 일을 맡게 되었을 때 변호사가 다른 일을 못하게 될 가능

　　(3) 비슷한 직무에 대해 그 지역에서 통상 요구하는 보수

　　(4) 관계된 사건의 크기와 얻어낸 결과

　　(5) 의뢰인이나 상황이 부과하는 시간제약

　　(6) 의뢰인과 맺은 직업적 관계의 성격과 기간

　　(7) 서비스를 제공하는 변호사의 경험, 명성과 능력 그리고

　　(8) 보수가 고정급인가 성공조건부인가의 여부

3. 설명의무와 서면 계약의 원칙

　　일본 직무기본규정 제29조 제 1 항은 "변호사가 법률사무를 수임할 때는 변
호사의 보수와 비용에 관하여 적절한 설명을 하여야 한다"고 규정하고 있다. 또
2004. 2. 16. '변호사 보수에 관한 기준'을 제정하여 보수기준의 작성ㆍ비치의무,
보수견적서 작성 등 보수결정의 절차에 관한 상세한 규정을 두고 있으나 우리의
윤리규약 등은 이와 관련하여 아무런 규정이 없다.

　　개정 윤리규약 제24조는 "변호사는 예납금, 보증금 등의 금전 및 증거서류
등의 수수를 명백히 하고, 이로 인한 분쟁이 발생하지 아니하도록 주의한다"고,
제32조는 "변호사는 사건을 수임할 경우에는 수임할 사건의 범위, 보수, 보수 지
급방법, 보수에 포함되지 않는 비용 등을 명확히 정하여 약정하고, 가급적 서면
으로 수임계약을 체결한다. 다만, 단순한 법률자문이나 서류의 준비, 기타 합리적
인 이유가 있는 경우에는 그러하지 아니하다"고 규정하여 보수 등과 관련한 분쟁

을 방지하기 위한 서면계약의 여부는 변호사의 재량이 위임되어 있고 그 재량 서면작성에 대하여도 예외를 두고 있어 서면계약을 하지 않았다고 하더라도 징계사유가 되지 않는다.

분쟁의 소지를 막기 위해서는 입법론으로 설명의무와 서면계약작성을 의무화하고, 서면계약의 부재로 인한 모든 불이익은 변호사의 부담으로 하는 것이 타당하다.[14]

Ⅲ. 변호사보수 산정방식과 내용

변호사의 보수를 어떻게 산정할 것인가는 간단한 문제가 아니다. 간단히 말해서, 변호사가 그 사건에 많은 시간과 노력을 들였다면 높은 보수를 청구하는 것이 정당화될 수 있을 것이다. 그런데 많은 나라에서 오랫동안 주로 이용된 방식은 사건의 종류에 따라 일정한 정액보수(flat fee)를 받는 방식이었다. 미국에서도 1950년대까지 이러한 방식이 가장 널리 이용되었다. 그런데 미국에서 시간당보수(hourly fee)의 방식이 등장하여 확산되었고, 우리나라에서도 법무법인을 중심으로 이러한 방식이 보편화되고 있다. 미국에서 정액보수 대신 시간당 보수가 선호되게 된 가장 큰 요인은 민사소송에서 소송 전 절차인 '증거개시'(discovery)제도의 확산이었다.[15] 그러나 시간당 보수산정방식은 의뢰인들의 불만을 많이 사고

---

14) 박휴상, 앞의 책, 297쪽; 이상수, 법조윤리의 이론과 실제, 서강대학교 출판부, 2009, 238쪽.
15) 1938년 미연방민사소송규칙은 연방법원에 있어 증거개시절차 실무에 엄청난 변혁을 가져왔다. 이 규칙의 제정취지는 정보에 대한 개시거부특권이 없는 한 소송당사자가 변론 전에 상대방 또는 제 3 자가 가지고 있는 제반 관련 정보를 취득할 수 있게 하는 것이다. 이에 따라 민사소송에서 증거개시의 수단은 전통적으로 5종류로 구분할 수 있는데, 첫째, 구술 또는 서면의 질문에 의하여 사전에 증언을 수집하는 진술녹취서(deposition), 둘째, 상대방에게 서면으로 질문의 회답을 구하는 질문서(interrogatories), 셋째, 문서와 물건을 제출받을 수 있도록 한 문서·물건의 제출(production of documents and things), 넷째, 상대방 또는 상대방의 지배하에 있는 사람을 검사(정신검사 포함)할 수 있는 신체검사(physical examination), 다섯째, 상대방에게 사실의 자백을 요구하는 자백의 요구(requests for admissions)가 그것이다. 이와 같은 증거개시제도를 통한 변론 전 절차의 강화는 변호사에게 상당한 시간의 투입과 노력을 요하게 되었고, 이에 대한 보상(의뢰인의 비용부담)은 소가나 승소 여부를 가지고 정해지는 정액보수 방식으로는 한계가 있을 수밖에 없어 시간당 보수방식이 확산되는 계기가 되었다. 이에 따라 증거개시 비용의 증가와 증거개시의 남용을 초래하여 이에 대한 개선방안으로 여러 차례 위 규칙이 개정되었다. 이규호·정영수, 민사증거개시제도 도입방안,

있다. 가장 큰 불만은 수임료가 얼마가 될지 정확히 예측하기 어렵다는 것이고, 변호사가 제시하는 금액이 정확히 자신의 사건처리에 사용된 시간에 합당한 것인지를 의심하는 경우도 많다. 아래의 자료에서 보수의 종류를 알아보고 각각의 장단점을 논의해 보자.

자료 2　　변호사보수의 종류[16]

변호사보수는 보수산정방식에 따라 시간기준보수, 가액기준보수, 정액보수로 분류할 수 있으며, 변호사가 제공하는 법적 서비스의 내용에 따라 사건보수, 사무보수, 실비변상으로 분류할 수 있다.

1. 보수산정방식에 따른 분류

변호사보수는 시간기준보수, 가액기준보수, 정액보수 중 어느 하나로 정해지거나 이들 중 몇 가지가 혼합되는 방식[17]으로 정해진다.

1) 시간기준보수

시간기준보수는 변호사 혹은 그 직원이 당해 사건을 처리하기 위해 소비한 시간에 시간당 보수액을 곱하여 산정한다. 시간제보수는 상담, 감정, 문서작성 등 일정한 사무처리에 대한 보수방식으로 주로 이용된다. 반면에 미국에서는 로펌을 중심으로 특히 기업이 의뢰하는 소송사건에서도 빈번하게 이용된다.

시간제는 실제 투입된 노력에 비례한 보수라는 점에서 합리적인 방식이지만, 보수가 시간과 결부되어 있어, 변호사가 화해 등 신속한 사건해결을 위한 적극적인 노력을 회피할 가능성이 있다.[18]

2) 가액기준보수

가액기준보수는 수임한 사건·사무의 경제적 가치에 대한 일정 비율을 보수로 산정하는 방식이다. 비율산정의 기초가 되는 경제적 가치로는 대상물(소송물)의 경제적 이익가액이나 승소금액 또는 의뢰인이 현실적으로 취득한 금액 등이 가능하다.[19]

사법제도개혁추진위원회 연구용역 보고서, 2006, 12쪽 이하 참조.

16) 오종근, "변호사보수에 관한 연구", 법과 사회 제27호, 2004, 78~81쪽.

17) 이러한 경우 시간기준과 정액이나 가액기준을 혼합하여 성공 여부를 불문하고 보수가 증액되는 문제점이 있다.

18) 이러한 경우 정확한 시간을 산정하기가 곤란하여 로펌에서 법원에 제출하는 준비서면, 의견서 등 서류, 변호사 접견시간 등을 기준으로 약정하기 때문에 불필요한 서류를 이중으로 법원에 제출하는 방식으로 보수를 증액하는 문제점이 있다.

가액기준보수의 경우 기준이 되는 가액이 소액인 때는 변호사가 들인 노력에 비하여 보수가 과소하게 되고, 역으로 기준이 되는 가액이 거액인 때는 보수가 과다해질 수 있다. 따라서 가액기준보수는 사건·사무의 경제적 가치가 증대될수록 비율을 낮추는 '역진제'가 일반적으로 활용된다.

3) 정액보수

가령 형사사건의 보수처럼 시간기준보수나 가액기준보수로 보수약정을 하기 곤란한 경우에는 200만원 혹은 500만원과 같이 특정한 금액을 변호사보수로 약정한다. 그리고 상담료, 감정료, 문서작성료 등과 같은 사무보수는 일정한 금액의 정액보수에 소요되는 시간을 기준으로 한 시간기준보수를 추가하는 형태의 혼합형 보수약정이 일반적이다.

정액보수는 명확성이라는 장점이 있지만, 변호사가 사건해결을 위해 처음에 예상하였던 것 이상으로 노력을 들여야 할 위험을 부담하는 한편, 예상보다 간단하게 사건이 해결되어 약정한 보수가 들인 노력에 비해 과도하게 되는 경우도 있을 수 있다.[20]

2. 서비스내용에 따른 분류

변호사보수는 변호사가 제공하는 법적 서비스의 내용에 따라 사건보수, 사무보수, 실비변상으로 분류할 수 있다.

1) 사건보수

'사건보수'는 후술하는 '사무보수'에 대응하는 개념인데, 변호사가 위임사무를 처리한 결과에 있어서 성공과 실패가 있는 법률사무의 처리에 대한 보수를 말한다. 사건보수는 위임사무의 처리를 위해 소송을 수행하여야 하는 경우도 있지만, 화해절충사무나 계약교섭사무와 같이 소송을 전제로 하지 않을 수도 있다.

사건보수는 사건의 내용에 따라 민사사건의 보수, 형사사건의 보수, 행정사건의 보수, 가사사건의 보수, 등기 및 공탁사건의 보수 등으로 분류된다. 사건보수는 사건 및 심급마다 1건으로 하여 정하는 것이 원칙이다. 사건보수는 가액기준보수로 보수약정을 하는 것이 일반적이지만, 기준이 되는 가액을 정할 수 없는 형사사건에서는 정액보수가 일반적이다.

---

19) 민사소송에서 손해배상, 대여금 등 금전지급 청구사건에서 이 방식으로 약정하는데, 손해배상이나 보험금 청구소송 등에서는 보험회사 등 피고측에서 제소당하기 전에 원고측에게 일정한 액수를 제시하기 때문에 변호사는 그 제시한 액수를 넘는 부분에 한하여 가액기준이나 정액보수 약정을 하기도 한다.

20) 대부분의 변호사들이 이전등기청구 등 민사소송이나 행정소송 등에서 이 방식으로 약정하며, 형사사건의 경우도 대부분 이 방식인데, 검찰특수부의 인지 사건 등 경우에 피의자신문 시에 변호인 참여를 하는 경우에도 시간기준보수 약정을 하지 않고 착수금에 포함하는 것으로 약정하여 불성실한 참여(조서에 서명·날인할 때만 참여하는 등)를 하는 경우가 많다.

사건보수는 보수지급방식에 따라 착수금과 성공보수로 분류되기도 한다. 착수금은 사건처리의 결과와 관계없이 지급되는 보수로서 일반적으로 사건수임 시에 지급된다. 성공보수는 사건을 성공적으로 처리하는 것을 조건으로 지급되는 보수로서 사건이 종료한 후에 지급되는 것이 일반적이다. 성공보수약정은 수임사건의 결과에 따라 확정금액을 받거나 수임사건의 경제적 이익가액에 대한 일정 비율을 받기로 약정할 수 있다.

2) 사무보수

'사무보수'는 전술한 '사건보수'에 대응하는 개념인데, 위임사무처리의 결과에 있어서 성공과 실패가 의미를 갖지 않는 법률사무의 처리에 대한 보수를 말한다. 사무보수에는 상담료, 감정료, 문서작성료, 고문료 등이 있다. 사무보수의 경우, 기본적인 보수는 정액보수로 하면서, 시간기준보수 혹은 가액기준보수를 추가하는 형태의 혼합형 보수산정방식이 일반적으로 이용된다.

3) 실비변상

실비변상은 사건 또는 사무를 처리함에 있어서 소요되는 비용 및 여비를 말한다. 그러한 점에서 실비변상은 엄격하게 말하여 '보수'가 아니다. 실비변상은 변호사보수와 별도로 지급되어야 한다. 위임사무처리비용에는 도면·모형·사진 등 제작비, 인지대, 송달료, 복사료, 우편료, 통신료, 기타 사무·사건을 처리함에 필요한 비용을 의미한다. 여비는 변호사 또는 사무원이 사무·사건의 처리와 관련하여 출장을 갈 때 소요되는 실비로서 교통비, 숙박료, 일당을 의미한다.

Ⅳ. 보수청구권의 발생

1. 위임계약과 보수

변호사의 보수는 변호사와 의뢰인 사이에 체결된 변호사보수계약에 의해 정해지며, 보수계약의 법적 성질은 위임계약으로 보는 것이 일반적이다.[21] 위임계약이므로 의뢰인이 변호사에게 법률사무의 처리를 위탁하고 변호사는 전문지식을 사용하여 의뢰인의 사무를 처리할 것을 승낙함으로써 계약이 성립한다. 위임

---

21) 가정준, 앞의 논문, 282쪽; 박경재, 앞의 논문, 928쪽; 전경운, 앞의 논문, 206쪽.

계약은 편무·무상이 원칙이지만, 보수지급에 관한 특약이 있으면 쌍무·유상계
약이 된다. 이러한 특약은 묵시로도 가능하며 특히 변호사와 같이 수임인이 맡은
사무가 그의 영업 내지 업무에 속하는 경우에는, 오히려 무보수의 특약이 없는
한 보수지급의 묵시의 약정이 있는 것으로 보는 것이 사회통념 내지 거래관행에
도 부합한다.[22]

   판례도 변호사에게 계쟁 사건의 처리를 위임함에 있어서 그 보수지급 및 수
액에 관하여 명시적인 약정을 하지 않은 경우에도, 무보수로 한다는 특별한 사정
이 없는 한 응분의 보수를 지급할 묵시의 약정이 있는 것으로 보며,[23] 변호사는
그 수임사건이 승소로 확정된 때와 이와 동일시할 사건귀결이 된 경우에는 무보
수로 한다는 특약이 없는 한 민법 제686조에 의하여 승소사례금을 청구할 수 있
다고 한다.[24] 또한 변호사의 보수에 관하여 당사자간에 그 액수의 약정이 없는
경우에는 사건수임의 경위, 사건의 경과와 난이 정도, 소송물가액, 승소로 인하여
당사자가 얻는 구체적 이익과 소속변호사회 보수규정 및 의뢰인과 변호사간의
관계 기타 변론에 나타난 제반사정을 참작하여 결정함이 상당하다는 것이 판례
의 입장이다.[25] 따라서 판례의 취지는 변호사는 보수지급의 명시적 약정유무와
관계없이 위임계약상의 수임인이라면 당연히 성공보수금을 포함한 보수청구권이
있다는 것이다.[26]

≪판례≫ 변호사보수금채무의 성격(분할채무)

   피고나 그와 함께 공유수면매립을 공동으로 하는 다른 동업자들인 소외 김무ㅇ,
같은 ㅇㅇ기업주식회사, 같은 ㅁㅁㅁㅁ주식회사의 원고에 대한 소송대리 위임에
따른 보수금 지급채무는 특단의 사정이 없는 한 분할채무라 할 것이고, 분할채무
관계에 있어 채무자 1인에 관하여 생긴 사유는 다른 채무자에게 영향을 미치지
않는다고 할 것인바, 원심은 판시의 사정을 참작하여 피고들 4인이 이행할 성공
보수금으로 금 16,000,000원을 인정하여 분할채무의 논리에 따라 피고가 지

---

22) 김형배, 민법학강의(제 8 판), 신조사, 2009, 1442쪽; 박경재, 앞의 논문, 929쪽.
23) 대법원 1995. 12. 5. 선고 94다50229 판결 등.
24) 대법원 1975. 5. 25. 선고 75다1637 판결.
25) 대법원 1995. 12. 5. 선고 94다50229 판결.
26) 그러나 성공보수까지 묵시의 약정을 인정한 것은 의문이고 현재에는 현실에도 부합하지도
   않는다고 본다.

급할 보수액을 그 4분의 1인 금 4,000,000원으로 인정하였는데, 기록에 의하면 위 김무ㅇ이 원고에게 위 손해배상청구사건이 종료된 후에 성공보수금으로 금 2,500,000원을 지급한 사실은 소론이 주장하는 바와 같지만 위 김무ㅇ이 다른 동업자들을 위하여 이를 지급하였다고 볼 만한 사정이 없으므로 이는 김무ㅇ 자신의 보수금채무를 변제한 것이라 할 것이다(대법원 1993. 11. 12. 선고 93다36882 판결).

2. 착수금의 반환 가능 여부

변호사가 소송대리에 관한 법률사무를 위임받아 사건기준보수방식에 따라 변호사의 보수를 정할 경우 흔히 이를 착수금과 성공보수금으로 구분하여 약정한다.[27] 착수금은 통상적으로 위임계약을 체결할 때 지급하는 것으로 약정한다.[28] 착수금은 보수금의 일부 선급금지급의 성격이 있으므로 사건의 성공과는 무관하게 지급되는 금원이다. 착수금을 일단 받으면 어떤 일이 있어도 반환하지 않는다는 약정이 허용되는지가 문제된다. 착수금 지급 이후에 그에 상응하는 업무가 없는 경우 착수금은 환불을 요구할 수 있는 금액에 포함된다고 본다. 따라서 소송위임계약이 중도에 해지된 경우 수임인인 변호사는 사무처리의 정도 등에 비추어 일부 착수금을 반환할 의무가 있다.[29]

≪판례≫ 변호사 귀책사유로 위임계약이 해지된 경우 착수금 반환의무의 범위

기록에 의하면, 원고는 이 사건 소송위임계약 당시 피고에게 착수금을 선불로 지급하면서 피고와의 사이에, 위 착수금에 대해서는 소의 취하, 상소의 취하, 화해, 당사자의 사망, 해임, 위임계약의 해제 등 기타 어떠한 사유가 발생하더라도 반환을 청구할 수 없는 것으로 약정한 사실, 피고는 이 사건 소송위임계약에 따라 원고로부터 위임받은 소송사무를 처리하던 중 2004. 2. 18. 원고를 퇴직한 근로자들로부터 소송을 위임받아 원고를 상대로 한 퇴직금청구소송을 제기한 사

---

27) 도재형, 법조윤리, 이화여자대학교출판부, 2011, 200쪽.
28) 따라서 대법원은 종합소득세부과처분의 대상인 착수금 소득도 실제로 지급받았는가 여부를 떠나 그 약정한 기일에 착수금 상당의 소득이 발생한 것으로 본다(대법원 2000. 6. 27. 선고 98두17876 판결).
29) 박휴상, 앞의 책, 303쪽; 이상수, 앞의 책, 242쪽.

실, 피고가 위와 같이 원고를 상대로 소송을 제기할 당시 피고는 당초 원고로부터 위임받았던 소송사무에 관하여 모두 제소 또는 응소를 하고 준비서면 작성·제출, 변론기일 출석 등 일정 정도의 소송수행을 한 사실, 원고는 2004. 4. 1. 피고의 원고에 대한 소송제기로 인한 신임관계 위배를 이유로 피고에게 이 사건 소송위임계약을 해제한다는 통고를 한 사실을 알 수 있는바, 위와 같이 원고와 피고는 이 사건 소송위임계약에 따라 지급된 착수금에 대해서는 원칙적으로 그 반환을 구할 수 없는 것으로 약정한 점, 피고가 이 사건 소송위임계약 종료의 원인이 된 원고에 대한 소송제기행위를 하기 이전에 원고로부터 위임받았던 위 9건의 소송에 관한 소송사무를 일정 부분 처리하였고, 당시까지의 업무처리가 원고와의 신임관계에 위배하여 부적절하게 처리되었다고 볼 만한 별다른 사정이 없는 점, 이 사건 소송위임계약에 따라 피고에게 지급된 착수금은 피고가 처리하는 사무처리의 대가일 뿐 사무처리로 인한 구체적인 결과에 대한 대가로 볼 수는 없는 점 등 제반 사정에 비추어 보면, 이 사건 소송위임계약과 관련하여 위임사무 처리 도중에 수임인인 피고의 귀책사유로 계약이 종료되었다 하더라도, 원고는 피고가 계약종료 당시까지 이행한 사무처리 부분에 관해서 피고가 처리한 사무의 정도와 난이도, 사무처리를 위하여 피고가 기울인 노력의 정도, 처리된 사무에 대하여 가지는 원고의 이익 등 제반 사정을 참작하여 상당하다고 인정되는 보수 금액 및 상당하다고 인정되는 사무처리 비용을 착수금 중에서 공제하고 그 나머지 착수금만을 피고로부터 반환받을 수 있다고 봄이 상당하다.

따라서 원심이 그 판시와 같은 사정들을 감안하여 피고로 하여금 이미 지급받은 착수금에서 상당하다고 인정되는 범위의 비용 및 보수금을 공제한 나머지 금액의 반환을 명한 것은 옳고, 거기에 상고이유의 주장과 같은 위임계약 해지에 따른 청산의무의 범위에 관한 법리오해 또는 채증법칙과 관련된 법령위반 등의 위법이 있다고 할 수 없다(대법원 2008. 12. 11. 선고 2006다32460 판결).

≪판례≫ 선정당사자와 변호사의 계약과 선정자에 대한 효력

선정당사자는 선정자들로부터 소송수행을 위한 포괄적인 수권을 받은 것으로서 일체의 소송행위는 물론 소송수행에 필요한 사법상의 행위도 할 수 있는 것이고 개개의 소송행위를 함에 있어서 선정자의 개별적인 동의가 필요한 것은 아니라 할 것이므로(대법원 2003. 5. 30. 선고 2001다10748 판결 참조), 자신과 선정자들

을 위한 공격이나 방어를 위하여 필요한 범위에서 특정한 법률관계에 실체법적 효과를 발생시키는 행위나 변제의 수령 등을 할 수 있다고 할 것이지만, 변호사인 소송대리인과 사이에 체결하는 보수약정은 소송위임에 필수적으로 수반되어야 하는 것은 아니므로 선정당사자가 그 자격에 기한 독자적인 권한으로 행할 수 있는 소송수행에 필요한 사법상의 행위라고 할 수 없다.

따라서 선정당사자가 선정자로부터 별도의 수권 없이 변호사 보수에 관한 약정을 하였다면 선정자들이 이를 추인하는 등의 특별한 사정이 없는 한 선정자에 대하여 효력이 없다고 할 것이며, 뿐더러 그와 같은 보수약정을 하면서 향후 변호사 보수와 관련하여 다투지 않기로 부제소합의를 하거나 약정된 보수액이 과도함을 이유로 선정자들이 제기한 별도의 소송에서 소취하합의를 하더라도 이와 관련하여 선정자들로부터 별도로 위임받은 바가 없다면 선정자에 대하여 역시 그 효력을 주장할 수 없다(대법원 2010. 5. 13. 선고 2009다105246 판결).

≪판례≫ 보수액의 감액 기준

변호사의 소송위임사무처리에 대한 보수에 관하여 의뢰인과의 사이에 약정이 있는 경우에 위임사무를 완료한 변호사는 특별한 사정이 없는 한 약정된 보수액을 전부 청구할 수 있는 것이 원칙이기는 하지만, 의뢰인과의 평소부터의 관계, 사건 수임의 경위, 착수금의 액수, 사건처리의 경과와 난이도, 노력의 정도, 소송물의 가액, 의뢰인이 승소로 인하여 얻게 된 구체적 이익과 소속변호사회의 보수규정, 기타 변론에 나타난 제반 사정을 고려하여 약정된 보수액이 부당하게 과다하여 신의성실의 원칙이나 형평의 원칙에 반한다고 볼 만한 특별한 사정이 있는 경우에는 예외적으로 상당하다고 인정되는 범위 내의 보수액만을 청구할 수 있다고 보아야 한다(대법원 1995. 4. 25. 선고 94다57626 판결; 대법원 2002. 4. 12. 선고 2000다50190 판결 등 참조).

원심판결 이유 및 원심이 인용한 제1심판결 이유에 의하면, 원심은 그 판시와 같은 사실을 인정한 다음 이 사건 민사사건 약정에 따른 성공보수금은 청구취지로 확장된 673,951,176원을 기준으로 산정하여야 하고, 이 사건 민사소송의 청구내역과 청구금액, 소송의 경과 등을 고려하면, 이 사건 민사사건 약정에 따른 성공보수금은 부당하게 과다하여 신의성실의 원칙에 반하는 것으로 보이므로 이 사건 민사사건 약정에 따른 성공보수금은 2,500만 원으로 정함이 상당하다고 판단하였다(대법원 2013. 7. 11. 선고 2011다18864 판결).

V. 변호사보수에 대한 규제와 윤리

1. 성공조건부[30]보수의 규제

(1) 성공보수[31] 약정의 허용 여부

> [사례 3]
> 　법무법인 L이 금전소비대차사건(소가 3억)을 의뢰인 A로부터 수임하면서 착수금
> 으로 3,000만원(부가세 별도)을 받고, 성공보수금으로 승소금액의 10%를 지급받기
> 로 약정한 내용이 변호사법이나 윤리규정에 위배되는가?

　　우리나라의 경우 성공보수를 금지하는 규정은 없고, 형사사건을 제외하고 대법원도 이를 허용하고 있는 등 오래전부터 착수금과 성공보수로 이분하는 것을 당연한 것으로 수용하여 왔다. 즉 개정 전의 윤리규칙 제33조는 "변호사는 성공보수를 조건부로 미리 받아서는 아니 된다"고 규정하여 성공보수약정을 허용하는 것을 전제로 하고 있는 것이다.[32] 그러다가 이번 개정에서는 조건부 성공보수를 금지했던 제33조를 세금신고 문제 등을 고려하여 계약자유의 원칙에 맡기기로 하고 삭제하였다. 각국의 입법례는 <자료 3>에서 보는 바와 같이 상이하다.

　　우리나라의 경우 성공보수가 논란이 되는 것은 주로 사안의 성격이나 변호사가 처리한 업무의 양에 비하여 보수액이 현저히 과하기 때문이다. 따라서 성공보수의 허용 여부를 별도로 논하기보다는 과다한 보수, 즉 보수의 적정성에 포함하여 규제하는 것이 합리적이라고 할 것이다.[33] [사례 3]의 경우 변호사법이나

---

30) 이 책에서는 아래 '성공보수'와 '조건부보수'를 합하여 '성공조건부보수'라고 한다.
31) 이를 박휴상, 앞의 책, 302쪽은 '제한적 성공보수제'라고 하며, 최진안, 앞의 책, 258쪽은 '성공조건부 약정'이라고 한다. 이 책에서는 '성공보수'라고 하고 그 약정을 '성공보수 약정'이라고 한다.
32) 형사사건에서 성공보수가 과다한지 여부가 문제된 사안인 대법원 2009. 7. 9. 선고 2009다2124 판결 등에 비추어 보면 대법원도 이를 허용하는 것을 전제로 성공보수의 적정성 여부를 판단하고 있다.
33) 박경재, 앞의 논문, 938쪽 참조.

윤리규정에 위반되는 것은 아니다.

(2) 조건부보수[34]의 허용 여부

> [사례 4]
>
> 변호사 甲은 자력이 없는 의뢰인 A로부터 착수금 없이 의사 B의 의료과오로 인한 손해배상청구사건을 성공을 조건으로 보수를 받기로 하고 수임하면서 의뢰인에게 금전을 대여하여 소송비용을 납부할 수 있도록 하고, 의뢰인이 승소하여 청구금액을 받게 되면 승소금액의 5%에 해당하는 성공보수와 함께 대여금을 받기로 하였다. 이것이 변호사법이나 윤리규약에 위반되는가? [35]

조건부보수 약정은 사건수임 시에는 전혀 보수를 받지 않다가 승소한 후 그 승소액의 일정금액이나 비율을 성공보수로 받고, 패소 시에는 전혀 보수를 받지 못하는 형태를 말한다.

조건부보수 약정의 인정 여부에 관한 각국의 태도는 <자료 3>에서 보는 바와 같이 다양하다. 특히 미국은 이혼사건이나 형사사건에서는 금지하고 있지만 상해로 인한 손해배상사건이나 토지수용사건 등 그 인정범위가 넓다.

조건부보수 규제론의 근거는[36] ⅰ) 조건부보수 약정은 승소의 확률과 연결되어 있어서 결과만 보면 적정한 것으로 보여도 사전적 확률에 비추어 보면 불공정 계약이다. ⅱ) 변호사가 사건에 직접적 이해관계를 가지게 되어 과도하게 소송에 집착하여 남소의 가능성이 증가하고 화해 등을 저지하여 소송지연을 초래하는 등 소송질서를 해칠 수 있다. ⅲ) 변호사와 의뢰인간에 이익충돌 상황을 만들어 변호사로 하여금 의뢰인을 충실히 대변하지 못하게 한다. ⅳ) 미국의 경우, 형사사건의 경우 사법제도를 부패시킬 가능성이 있고, 가사사건에서는 혼인을 깨는 쪽으로 변호사가 일하게 마련이라는 이유로 금지하고 있다 등을 들 수 있다.

---

34) 이를 박휴상, 앞의 책, 306쪽은 '완전 성공보수제'라고 하지만 이 책에서는 최진안, 앞의 책, 259쪽과 같이 '조건부보수'라고 한다.

35) 대한변협 홈페이지, 변호사법 질의회신 제524호, 2010. 5. 3. 사례변형.

36) 이상수, 앞의 책, 246~247쪽; 이창희, 법률가의 윤리와 책임, 박영사, 2003, 298~300쪽; 최진안, 앞의 책, 259~260쪽 참조.

조건부보수 약정 찬성론의 근거는[37] ⅰ) 소송비용을 지출할 수 있는 능력을 가진 의뢰인의 경우에도 당장의 소송비용을 마련할 필요가 없고, 변호사로 하여금 분발을 촉구하는 효과를 기대할 수 있다. ⅱ) 변호사보수를 부담할 수 없는 가난한 사람의 권리를 보호할 수 있다. ⅲ) 우리나라의 경우 변호사보수를 포함한 소송비용을 패소자에게 부담하게 하지만(민사소송법 제98조), 이 기준이 실제 보수에 훨씬 미치지 못하는 현실에서 승소가능성이 높은 사건의 경우 조건부보수는 필요악이다 등을 들 수 있다.

우리나라의 경우 조건부보수 약정에 관하여는 명문으로 금지하는 규정이 없고 찬성론에서 본 바와 같이 일부 순기능이 있는 점 등을 근거로 이를 허용할 수밖에 없지만 규제론에서 본 바와 같은 역기능에 비추어 의뢰인의 자력이 없는 경우와 같이 현실적으로 필요한 경우가 아니면 가급적 이를 회피하는 것이 타당하다는 견해가 있다.[38]

그러나 위 찬반론 모두 민사소송은 물론 형사소송에서도 당사자주의가 지배하는 미국에서의 논거에 의한 것으로 민사소송에서조차 법원의 석명권, 직권탐지 등 직권주의적인 요소가 많은 우리 현실에서 논거로 삼기에는 적절하지 않으며, 최근 변호사 수의 증가로 인하여 착수금 없이 소송을 수임하는 경우도 증가하고 있는바, 우리나라의 경우 명문으로 금지하는 규정이 없어[39] 조건부보수도 허용되지만 과다한 금액에 대하여는 적정보수의 원칙에 따라 개별적인 규제가 가능하다고 생각된다.[40] 따라서 [사례 4]의 경우 甲은 변호사법이나 윤리규약에 위반되지 않으며 다만 5%의 보수금이 적정한지 여부는 승소로 인한 의뢰인의 경제적 이익 등을 참작하여 결정되어야 한다.

(3) 성공보수청구권의 성립

[사례 5]

변호사 甲은 A로부터 민사사건 소송대리를 제1심부터 위임받으면서, 항소심에

---

37) 이상수, 앞의 책, 247쪽; 이창희, 앞의 책, 300~301쪽; 최진안, 앞의 책, 260~261쪽 참조.
38) 최진안, 앞의 책, 261쪽.
39) 사법연수원, 변호사실무(형사), 2009, 13쪽은 조건부보수 약정은 금지된다고 한다.
40) 박휴상, 앞의 책, 308쪽 참조.

이르러 승소금액의 10%를 성공보수로 지급받기로 약정하였는데, 제 1 심은 물론 당
해 항소심에서는 패소하였고, 이후 대법원에서 A의 청구를 인용하는 취지로 원심
판결을 파기하여 환송 후 항소심에서 A의 청구가 인용되었고, 이에 상대방이 상고
하였으나 상고가 기각됨으로써 A의 승소가 확정되었다. 그런데 甲은 항소심 이후
의 각 심급, 즉 상고심, 파기환송 후 항소심, 재상고심을 수임하였으나 이 경우 각
일정 금액(제 1 심, 항소심에서 받은 착수금과 같은 500만원 또는 그보다 100~200만
원 적은 금액)을 착수금조로 A에게 요구하여 이를 수령하였을 뿐, 성공보수에 관하
여는 별다른 언급을 하지 않았다. 甲은 성공보수금을 청구할 수 있는가? 41)

    성공보수금을 약정한 경우에는 약정한 일정한 결과(예컨대 승소판결, 무죄판결
등)가 발생해야 보수를 청구할 수 있음은 당연하다.42) 일부 승소 시에도 성공보수
를 지급하기로 약정한 때에는 화해권고결정이 확정되어도 약정의 일부 승소의
경우에 해당되는 성공보수금을 청구할 수 있다.43) 판례에 따르면 성공보수의 약
정이 제 1 심에 대한 것으로 인정되면, 심급대리의 원칙에 따라 수임한 사무가 종
료하는 시기인 '제 1 심 판결을 송달받은 때'이며,44) 따라서 성공보수의 소멸시효
의 기산점도 이때부터 진행된다. 승소로 확정될 때 성공보수를 받기로 한 경우에
는 당해 '확정판결 시'라고 한다.45) 그러나 제 1 심을 위임받은 변호사가 승소 후
항소심에 관여하지 않는 경우, 항소심에서 패소한 때에도 성공보수금을 청구할
수 있는가라는 점 등을 고려하면 성공보수청구권을 심급대리의 원칙으로 설명하
는 것은 무리가 있다. 성공보수 약정을 포함한 수임 약정은 반드시 심급대리와
동일하게 해석할 수 없고, 당사자와 작성한 수임계약서의 문언 및 수임 약정 및
소송수행의 전 과정을 종합하여 개별적으로 판단되어야 할 문제이기 때문이다.
[사례 5]를 보면 소송대리권의 경우 환송 전 심급에서의 소송대리권은 환송 후

41) 대한변협 홈페이지, 변호사법 질의회신 제490호, 2009. 12. 2.
42) 대법원 1970. 12. 22. 선고 70다2312 판결은 "피고의 소송대리를 수임하면서 성공보수금을
약정한 경우에 그 사건이 쌍불로 일단 취하 간주되었다면 결국 제소자의 소권행사를 저지
한 결과를 가져온 것이므로 그 후에 다시 제소된 여부에 구애 없이 피고 소송대리인이 승
소한 경우에 준한다"고 해석하여 성공보수청권을 인정하고 있다.
43) 서울중앙지방법원 2006. 11. 14. 선고 2006가단192339 판결.
44) 대법원 1995. 12. 26. 선고 95다24609 판결.
45) 대법원 2007. 6. 28. 선고 2002도3600 판결. 세법상으로도 실제 의뢰인으로부터 수령하였는지
를 묻지 않고, 위 시기에 보수금 소득이 실현된 것으로 본다는 것이 판례(대법원 2002. 7. 9.
선고 2001두809 판결 등)이므로 주의하여야 한다.

당해 심급에서도 계속 소송대리권이 인정되는 점, 변호사의 노력 정도 등을 참작하면 甲은 성공보수금을 청구할 수 있을 것으로 판단된다.

≪판례≫ 변호사성공보수금채권의 발생시기(항소심에서 수임한 경우)

수임인은 위임사무를 완료하여야 보수를 청구할 수 있는 것이 원칙이다(민법 제686조 제2항 참조). 항소심 사건의 소송대리인인 변호사 또는 법무법인, 법무법인(유한), 법무조합(이하 '변호사 등'이라 한다)의 위임사무는 특별한 약정이 없는 한 항소심판결이 송달된 때에 종료되므로, 변호사 등은 항소심판결이 송달되어 위임사무가 종료되면 원칙적으로 그에 따른 보수를 청구할 수 있다. 그러나 항소심판결이 상고심에서 파기되고 사건이 환송되는 경우에는 사건을 환송받은 항소심법원이 환송 전의 절차를 속행하여야 하고 환송 전 항소심에서의 소송대리인인 변호사 등의 소송대리권이 부활하므로, 환송 후 사건을 위임사무의 범위에서 제외하기로 약정하였다는 등의 특별한 사정이 없는 한 변호사 등은 환송 후 항소심 사건의 소송사무까지 처리하여야만 비로소 위임사무의 종료에 따른 보수를 청구할 수 있다(대법원 2016. 7. 7. 선고 2014다1447 판결).

≪판례≫ 예상 가능한 성공보수금 청구

소송위임계약과 관련하여 위임사무 처리 도중에 수임인의 귀책사유로 신뢰관계가 훼손되어 더 이상 소송위임사무를 처리하지 못하게 됨에 따라 계약이 종료되었다 하더라도, 위임인은, 수임인이 계약종료 당시까지 이행한 사무처리 부분에 관해서 수임인이 처리한 사무의 정도와 난이도, 사무처리를 위하여 수임인이 기울인 노력의 정도, 처리된 사무에 대하여 가지는 위임인의 이익 등 여러 사정을 참작하여 상당하다고 인정되는 보수 금액 및 상당하다고 인정되는 사무처리 비용을 지급할 의무가 있다(대법원 2008. 12. 11. 선고 2006다32460 판결 등 참조).

그리고 당사자들 사이에 이른바 성공보수의 약정을 하면서 전 심급을 통하여 최종적으로 승소한 금액의 일정 비율을 성공보수금으로 지급하기로 한 경우에, 특별한 사정이 없는 한 성공보수는 소송위임계약에서 정한 소송위임 사무처리 대가로서의 보수의 성격을 가진다고 할 것이고, 또한 각 심급별 소송비용에 산입될 성공보수는 최종 소송 결과에 따라 확정된 성공보수금을 승소한 심급들 사이에서 각 심급별 승소금액에 따라 안분하는 방법으로 산정함이 타당함에 비추어 보면(대법원 2012. 1. 27.자 2011마1941 결정 참조), 위와 같이 상당한 보수 금액을 정할 때에는 그 당시까지의 소송 수행의 결과 충분히 예상 가능한 성공보수액도 참작할 수 있다고 봄이 상당하다(대법원 2012. 6. 14. 선고 2010다52584 판결).

(4) 승소간주조항의 효력

[사례 6]

변호사 甲은 의뢰인 A로부터 "어머니의 19억원 가량의 부동산을 증여받은 4촌 B를 상대로 제기하는 소송을 맡아 달라"는 제의를 받고 사건을 수임했다. 양측은 소송위임계약을 체결하면서 착수금 1,000만원과 승소사례금으로 소송물 시가의 15%를 지급하기로 하는 대신 소송비용은 변호사가 대납하고 나중에 정산하기로 했다. 甲은 위임계약에 따라 B를 상대로 소유권이전등기말소 청구소송을 제기해 서면 공방을 벌이고 증거자료를 제출하는 한편 B를 사기 등의 혐의로 고소했다. 하지만 그 후 A는 변호사 몰래 B를 만나 6억원을 받는 대신 민·형사상 분쟁을 종식하기로 합의하고 법원에 소취하서를 접수시켰다. 민사사건의 위임계약을 체결하면서 A가 이 사건 위임계약을 위반하거나 중도해지 등을 한 경우에 전체에 대하여 승소한 것으로 간주하고 소송비용, 착수금 및 승소사례금을 지급하기로 정하였는바, 변호사 甲은 A를 상대로 "성공조건부보수를 포함해 모두 2억 7,600여만원을 지급하라"고 청구할 수 있는가? 46)

승소간주조항은 위임계약상 "의뢰인이 임의로 청구의 포기·인낙, 소취하, 항소취하, 상대방의 청구포기·인낙, 소취하, 행정처분의 직권취소 등의 경우에는 승소로 본다"라는 계약의 내용을 말한다. 이러한 승소간주조항의 효력이 문제된다.

일반적으로 의뢰인이 정당한 사유 없이 성공보수의 지급을 면하기 위하여 변호사를 해임하거나 소취하 등 소송을 종료시키는 것은 신의성실의 원칙에 반하여 고의로 조건의 성취를 방해한 것에 해당할 수 있으므로(민법 제150조) 변호사는 성공보수를 청구할 수 있다고 본다.47)

그러나 종래 대한변호사협회에서 회원들에게 제시한 위임계약안, 즉 '수임인

---

46) 대법원 2007. 9. 21. 선고 2005다43067 판결 사례임.
47) 유사취지 판결로 대법원 1955. 4. 14. 선고 4287민상342 판결.

이 동의하지 않는 한 어떠한 경우에도 위임인이 소를 취하하거나 청구의 포기 또는 화해 등을 할 경우 승소로 간주한다'는 조항[48])에 대하여 대법원[49])은 "그 경위나 목적, 궁극적으로 위임인이 얻는 경제적 이익의 가치 등에 관계없이 전부 승소한 것으로 간주하여 산정한 성공보수를 수임인에게 지급하도록 하고 있어서, 최종적인 소송물에 대한 처분권을 가진 위임인에 대하여 부당하게 불리한 조항으로 신의성실원칙에 반하여 공정을 잃은 약관이라고 할 것이므로 약관의 규제에 관한 법률 제 6 조에 의하여 무효"라고 하였다. 그러나 대법원은 이 사안에서 특약으로 포함시킨 '위임인이 약정을 위약하거나 해지한 경우 승소한 것으로 간주하고 소송비용과 착수금 및 승소사례금을 지급한다'는 내용의 또 다른 승소간주조항에 대해서는 개별적이고 구체적인 합의에 따라 계약내용에 포함된 것으로서 유효하다고 판단하고 그 법률적 성격을 '손해배상의 예정'으로 보아 법원이 감액조정할 수 있다고 하면서 위 사안에서 특약사항에 의해 산정되는 위약금 2억 9,100여만원을 (사건처리의 경과와 난이도 및 변호사의 노력 정도 등의) 제반사정을 고려해 1억 4,500만원으로 감액한 원심 판단에는 위법이 없다"고 판시했다.

한편 대한변협은 2005년 문제가 된 승소간주조항을 포함한 변호사 사건위임계약서상의 일부 약관조항이 약관법에 위반된다는 공정거래위원회의 시정권고를 받아들여 새로운 '사건위임계약서' 양식을 만들고 회원들에게 사용을 권장하고 있다. 여기에서 승소간주조항은 '승소로 보고 약정 성공보수금을 지급토록 한 규정 중, 변호사가 위임사무 처리를 위하여 상당한 노력을 투입한 후 의뢰인이 임의로 청구의 포기 또는 인낙, 소의 취하, 상소를 취하한 경우'를 규정하고, '다만 위임인에게 아무런 경제적 이득, 또는 기타 이득이 없이 청구의 포기, 소의 취하, 인낙, 상소를 취하한 때에는 변호사의 노력 및 업무수행 경과를 감안하여 위임인과 수임인이 상호 협의하여 성과보수를 조정할 수 있다'는 것으로 하였다. 그러나 위임인에게 아무런 이득이 없는 경우에는 성공보수금을 청구할 수 없도록 하는 것이 타당하다고 본다.

---

48) 대법원은 이러한 승소간주조항은 위임계약의 일방 당사자인 변호사가 다수의 상대방과 계약을 체결하기 위하여 일정한 형식에 의하여 마련한 계약의 내용으로 약관에 해당한다고 하였다.
49) 대법원 2007. 9. 21. 선고 2005다43067 판결.

자료 3 각국의 성공보수 비교[50)]

1. 미   국

미국에서는 인신손해·채권회수·토지수용 등의 민사사건에 대해서는 원칙적으로 성공조건부보수특약을 인정하고 있다. 미국의 직무행위표준규칙(Model Rules of Professional Conduct) 1.5(c)는 변호사가 법률서비스를 제공하는 대가로서의 성공보수특약은 특별히 금지되지 않는 한 허용된다고 하면서, 1.5(b)에서 성공보수특약이 인정되는 경우 그 특약은 반드시 서면으로 작성하도록 하고 있다.

또한 이러한 성공조건부보수특약은 우리나라와는 달리 사건수임 시에는 전혀 보수를 받지 않다가 승소한 후 그 승소액의 일정 비율을 성공보수로 받고, 패소 시에는 보수를 전혀 받지 못하는 형태로 운영되고 있다. 그 보수액은 일반적으로 원고가 배상받은 총액의 일정 비율 내지는 원고가 배상받은 총액에서 소송비용을 제외한 순수익에 기초한다. 또한 변호사의 성공보수금비율은 사건을 화해에 의해 종결하는 경우에는 배상액의 25%, 사건을 사실심리단계까지 수행한 경우에는 30% 정도이다.

이러한 특징을 가진 미국에서의 성공조건부보수특약은 ① 합법적인 법적 청구권을 가지고 있으나 이를 소로 제기할 경제적 여력을 가지고 있지 않은 사람에게 그들의 정당한 권리를 실현케 하고, 특히 아직 기반이 튼튼하지 못한 젊은 변호사들에게 이러한 성공조건부보수특약에 의하여 상당수의 고객을 확보하게 해 주는 점, ② 수임한 사건에 대하여 승소하면 변호사에게 이득이 생기므로 소송을 적극적으로 행한다는 점, ③ 시간제보수금계약으로 선임된 변호사는 일의 효율성이 떨어질 수 있으나 성공조건부보수약정을 한 변호사는 경비를 절약하고 당해 분쟁을 신속하게 처리하려는 경향을 보인다는 점 등에서 장점을 가지고 있다. 반면 이러한 미국의 성공보수금체계는 변호사는 성공조건부보수특약을 통하여 고객인 의뢰인의 이익보다는 자신의 이익을 추구할 가능성이 높다는 것이다.

그러나 성공조건부보수특약은 형사사건, 가사관계사건 및 입법로비영역에서는 금지하고 성공조건부보수특약의 사법적 효력도 부인하고 있다. 왜냐하면 이러한 영역에서는 사법제도를 부패시킬 가능성이 보다 크다고 보기 때문이다. 형사사건에 있어서는 그 보수를 지급할 재산을 창출하지 않을 뿐만 아니라 그러한 보수는 피고를 석방하기 위하여 비윤리적이고 불법적인 수단을 끌어들일 우려가 있기 때문이다. 또한 가사사건에 있어서는 이혼이나 별거를 부당하게 조장하게 되고, 당사자 사이의 화해를 방해하거나 배우자 및 자녀들의

---

50) 배성호, 위의 논문, 34~39쪽.

생활을 지원해야 할 자금이 변호사에게 넘어갈 가능성이 높기 때문이다. 그리고 입법로비 영역에서 성공보수약정을 하게 되면 많은 사람들의 법적 권리에 영향을 미치는 영역에서 변호사가 일반 공중의 희생하에 의뢰인의 이익만을 위하여 활동할 것이기 때문이다.

2. 영 국

영국에서는 미국과는 달리 성공보수에 대한 규제는 연혁적으로 로마법상의 변호사보수에 대한 전통을 이어받아 법정변호인(barrister)은 법률서비스에 대하여 보수를 청구할 수 없다라는 관념과 소송 당사자 아닌 자가 소송비용을 대어 주거나 소송을 부추겨서 생겨나는 남소(濫訴)나 소송지연의 규제와 맞물려 있다.

영국에서는 1967년까지 소송 당사자에게 소송비용을 대어주어, 소의 상대방을 괴롭힐 목적이거나 기타 정당한 소인(訴因) 없는 소를 제기하게 하거나 상대방의 소송에 대한 부당한 방어행위를 하게 하는 행위를 범죄로 삼고 있었다. 당사자에게 돈을 대어 주고, 나중에 승소하는 경우 받는 돈의 일부를 나누어 받는 행위, 즉 이익분배조건부 소송원조행위를 Champerty라 하는데, 성공보수는 이런 부정적 행위의 하나로 간주되었다. 오늘날에는 사법제도의 정비 등으로 인하여 당사자 아닌 자의 소송관여도 정당한 것으로 여겨지게 되었지만, 성공보수에 대한 규제는 여전히 남아 있는데, 오늘날 성공보수를 규제하는 이유는 변호사가 사건에 직접적 이해관계를 가지게 되는 결과증거를 조작한다든가 기타 부정행위를 저지를 가능성이 한층 높아진다는 점 및 변호사와 의뢰인간의 이해관계의 충돌이 생긴다는 점을 들고 있다. 변호사가 소송물을 양도받거나 신탁받는 행위와 마찬가지로, 성공보수는 변호사가 자기 자신의 이익을 의뢰인의 이익보다 앞세울 가능성을 갖는다. 결국 성공보수를 규제하는 이유는 자신의 이익을 꾀하는 과정에서 의뢰인의 이익을 침해하게 될 것이고, 더욱이 남소의 가능성도 높아질 것이기 때문이다.

또한 영국은 전통적으로 변호사선임료를 지불할 자력이 없거나 부족한 사람은 폭넓은 법률구조(legal aid)를 받을 수 있었는데, 법률구조기금의 적자가 누적되면서 법률구조의 범위가 아주 협소해져 1990년부터 조건부보수계약, 즉 특정 부분에 있어 성공보수약정이 허용되기 시작하였다. 영국에서의 성공보수약정은 법률구조의 대상이 될 수 없는 사람 또는 상사협회나 소송비용보험에 의하여 보호받지 못하는 사람에게 소송을 제기할 수 있는 길을 열어 주게 된다고 한다. 1990년의 '법원 및 법률서비스법'(Courts and Legal Services Act 1990)의 규정들을 보완하고 성공보수금약정이 적용될 수 있는 절차와 유형을 규정하는 '성공보수금계약에 관한 명령'(The Conditional Fee Agreements Order 1995)이 1995년 제정되었다. 이 명령에서는 대인법익침해사건, 도산사건 그리고 유럽인권위원회 및 유럽인권법원에서 제기된 절차에 한하여 성공보수약정을 허용하고 있으며, 또한 성공보수금의 최대한도를 통상적으로 정산한 사무변호사(solicitor)비용의 100%로 제한하고 있다. 즉 사무변호사가 통상적으로 받는 보수와 승소조건부 사례금의 최대한을 합치면 사무변호사가 받는 통상적인 보수의 2배에 해당하게 되는 것이다.

3. 독 일

독일에서는 변호사의 보수기준은 연방변호사보수법(Bundesgebührenordnung für Rechtsanwälte v.26. 7. 1957 : BRAGO)에 상세히 규정되어 있었고, 그 후 2004년 제정된 변호사보수법(Rechtsanwaltsvergütungsgesetz, RVG)에 규정되어 있는데, 변호사보수산정의 구체적인 방법과 절차 등이 상세하게 규정되어 있다. 동 법률이 정하고 있는 변호사보수기준은 최저액을 의미하며, 기준액수를 초과하는 보수약정은 반드시 서면으로 작성되어야 한다. 그리고 약정된 보수액이 부당하게 높은 경우에는 법원은 적당한 금액으로 감경할 수 있다. 성공보수특약에 대해서는 종래 비용법적 규정의 변경과 보충에 관한 법(Gesetz zur Änderung und Ergänzungkostenrechtlicher Vorschriften v.26. Juli. 1957) 제 9 조 제 1 항 제 2 문에서 변호사의 성공보수약정을 명문으로 금지하고 있었고 판례를 통하여 사법기관으로서 변호사의 지위와는 맞지 않는 것이며, 공서양속에 반하는 합의라는 이유로 성공보수 약정을 전면적으로 금지시켜 왔으나 독일연방헌법재판소가 2006. 12. 12. 성공보수합의를 전면적으로 금지하고 있으면서 아무런 예외를 인정하지 않고 있는 연방변호사법 제49조 b 제 2 항의 규정은 기본법 제12조 제 1 항의 직업의 자유를 침해하는 것으로 보아 위헌이라는 결정을 내렸다.[51]

이에 따라 연방변호사법(Bundesrechtsanwaltsordnung)과 변호사보수법이 2008. 6. 12. 개정되어 성공보수약정이 가능하게 되었다. 즉, 연방변호사법 제49조 b 제 2 항 전문은 "변호사보수법이 달리 규정하지 않는 한, 변호사보수의 지급 여부와 액수를 소송의 승패나 변호사활동의 결과에 좌우되도록 하거나 이에 따라 소송에서 취득한 금액의 일부를 변호사가 사례금(성공보수금)으로 받는 합의는 허용되지 않는다."라고 개정되었고, 변호사보수법 제 4 조 a는 "(1) 성공보수(연방변호사법 제49조 b 제 2 항 제 1 문)는 의뢰인이 자신의 경제적 사정 때문에 성공보수의 약정이 없이는 권리추구가 어려울 때, 개별적인 경우에서 합의할 수 있다. 법원의 소송절차에서 승소한 경우에 법정보수보다 더 많은 액수의 지급을 합의하였다면, 패소한 경우에는 무보수 또는 법정보수보다 적은 액수의 지급을 합의할 수 있다.[52] (2) 합의서에는 다음의 내용이 포함되어 있어야 한다. 1. 예상되는 법정보수와 경우에 따라서는 승소와 무관한 계약상의 보수(이 보수액에 변호사가 기꺼이 사건을 수임

---

51) BVerfG 12. 12. 2006, 1 BvR 2576/04, NJW 2007, 979. 재판관 8명 중 5명이 위헌이라고 판단하였다. 이하 개정 연방변호사보수법은 정선주, "변호사의 성공보수약정 : 독일연방헌법재판소 2006년 12월 12일 결정을 중심으로", 민사소송 : 한국민사소송법학회지 제12권 제 1 호, 2008. 5, 144~169쪽 참조. 다만 이후 연방의회에서 일부 수정된 부분을 새로 반영하였다.

52) 따라서 조건부보수도 허용되는 것으로 보인다.

하려고 하는 경우) 2. 어떠한 조건이 성취되었을 때 어떠한 보수가 지급되는지에 대한 내용 (3) 그 밖의 보수합의서에는 성공보수 산정에 결정적인 주요한 근거가 밝혀져야 한다. 나아가 의뢰인이 부담하게 될지 모르는 재판비용, 행정비용 및 다른 참여자의 비용은 성공보수합의에 전혀 영향을 받지 않는다는 점에 대해서도 적시되어 있어야 한다"고 개정되었다. 또한 변호사보수법 제 3 조 a 제 2 항은 "합의된 보수나 제 4 조 제 2 항 제 1 문에 따라 변호사협회의 이사회가 확정한 보수 또는 제 4 조 a에 따른 성공보수가, 모든 사정을 감안하더라도, 너무 높게 책정된 경우, 이에 대한 분쟁이 발생하면 법정보수까지의 적절한 금액으로 감액될 수 있다. 법원은 감액 전에 변호사협회 이사회의 의견을 구하여야 한다. 다만, 변호사협회가 제 4 조 제 3 항 제 1 문에 따라 보수를 확정한 경우에는 그러하지 아니하다. 변호사협회의 의견서는 무상으로 제출되어야 한다"고 규정하여 법원의 감액 등 성공보수금에 대하여 일정한 제한을 가할 수 있도록 하고 있다.

4. 일   본

일본에는 변호사법에 기초하여 변호사회가 변호사보수에 대한 표준을 정한 규정을 두고 있었지만 2003년에 폐지되어 현재는 이에 관한 규정이 없다. 폐지된 변호사보수규정에는 형사사건이나 민사사건 모두에 착수금 이외의 변론결과에 따른 보수기준을 제시하고 있었다. 이 규정에서 정하고 있는 보수기준 중 형사사건에 관한 부분을 보면, 무죄나 집행유예가 선고된 경우 또는 구형보다 형이 감경된 경우에 보수기준을 각각 달리 규정하고 있어, 위 규정에서 정하고 있는 보수는 곧 성공보수를 의미하는 것이었다.

이와 같은 과거의 일본의 변호사보수에 관한 법령의 규정과 변호사보수에 있어 착수금과 성공보수라고 하는 이원체계만을 놓고 보면 우리나라와 매우 유사하지만, 그 실질은 상당한 차이가 있다. 그 이유는 일본에서는 대다수의 피고인이 국선변호인의 조력을 받아 재판에 임하고 있으며, 사선변호인을 선임하는 경우에도 그 보수기준은 상당히 낮기 때문이다.

5. 기   타

소송비용부담제도와 관련하여, 영국처럼 패소자가 승소자의 변호사비용을 부담하는 제도하에서는 성공보수가 없다 하더라도 정당한 권리가 있는 사람은 자기 권리를 주장할 수 있을 것이다. 따라서 경제적 여유가 없더라도 승소가능성이 높다면 제소할 가능성이 많다. 그러나 한편으로 패소 시 상대방 당사자의 변호사비용을 부담하여야 하기 때문에 공익소송과 같이 승소가능성이 낮으면 제소를 망설이게 될 것이다. 미국에서는 승패와 관계없이 각 당사자가 자기 변호사의 보수를 부담함이 원칙이다. 이 경우에는 성공보수제도가 없다면 승소가능성이 높아도 돈 없는 사람은 자기 권리를 찾을 길이 없게 된다. 이러하듯 성공보수금은 의뢰인의 이익을 성실하게 대변하여야 할 변호사의 경제적 유인에 영향을 미치고, 제소율에도 영향을 미친다.

우리나라에서는 변호사보수를 포함한 소송비용을 패소자가 부담함이 원칙이지만, 소송비용으로 인정되는 변호사보수의 범위는 실제로 지급된 보수가 아니라 법원이 정한 일정 기준에 그치고, 이 기준은 실제 보수에 훨씬 못 미치는 것이 일반적이다.[53]

2. 기타 규제 및 유의사항

(1) 비변호사와 동업금지 및 보수분배금지

> [사례 7]
> 乙 노무법인이 A기업과 월 100만원의 자문계약을 체결하고 노무관련 업무 외 다른 법률업무에 대해서는 변호사 甲이 상담·지원해 주면서 乙이 그 수입 중 일부를 변호사 甲에게 지급할 경우 변호사법 등 관련법령에 저촉되는가? 자문료 전액을 노무법인의 수익으로 하고, 다만 구체적으로 고객이 변호사에게 자문 등 조력을 받을 경우 乙 노무법인에서 변호사 甲에게 그에 상응하는 비용을 지급할 경우는 어떤가?[54]

변호사법 제34조 제1항은 "누구든지 법률사건이나 법률사무의 수임에 관하여 다음 각 호의 행위를 하여서는 아니 된다. 1. 사전에 금품·향응 또는 그 밖의 이익을 받거나 받기로 약속하고 당사자 또는 그 밖의 관계인을 특정한 변호사나 그 사무직원에게 소개·알선 또는 유인하는 행위 2. 당사자 또는 그 밖의 관계인을 특정한 변호사나 그 사무직원에게 소개·알선 또는 유인한 후 그 대가로 금품·향응 또는 그 밖의 이익을 받거나 요구하는 행위," 동조 제2항은 "변호사나 그 사무직원은 법률사건이나 법률사무의 수임에 관하여 소개·알선 또는 유인의 대가로 금품·향응 또는 그 밖의 이익을 제공하거나 제공하기로 약속하여서는 아니 된다." 동조 제4항은 변호사 아닌 자가 변호사를 고용하여 법률사무소를 개설·운용하는 것을 금하고 있다. 동조 제5항은 "변호사가 아닌 자는 변호사가

아니면 할 수 없는 업무를 통하여 보수나 그 밖의 이익을 분배받아서는 아니 된
다"고 규정한다. 윤리규약 제34조 제1항은 "변호사는 변호사 아닌 자와 공동의
사업으로 사건을 수임하거나 보수를 분배하지 아니한다. 다만 외국법자문사법에
서 달리 정하는 경우에는 그러하지 아니하다"라고 규정하여 원칙적으로 변호사는
변호사 아닌 자와 동업이 금지되고, 비변호사와 보수분배를 할 수 없다고 하고
있다. 같은 조 제2항은 "변호사는 소송의 목적을 양수하거나, 정당한 보수 이외
의 이익분배를 약정하지 아니한다"고 규정하여 의뢰인으로부터 소송의 목적을 양
수하거나 의뢰인과 정당한 보수 외 이익분배 약정을 금지하고 있다.

　　따라서 [사례 7]에서 乙 노무법인이 월 100만원의 자문료를 받기로 하고 A
기업과 자문계약을 체결하고 그 수입 중 일부를 변호사 甲에게 지급하는 것은 변
호사법 제34조 제1항 제1호에서 금지된 행위에 해당하고 변호사법 제109조에
의하여 처벌되는 행위이다. 자문료 전액을 노무법인의 수익으로 하고, 다만 구체
적으로 고객이 변호사 甲에게 자문 등 조력을 받을 경우 乙 노무법인에서 변호사
甲에게 그에 상응하는 비용을 지급할 경우에도 제34조 제1항 제2호에 규정된
행위에 해당된다고 본다.

(2) 추가보수 금지 등

　　개정 전 윤리규칙 제33조에 규정되어 있던 성공보수 선수령 금지 조항은 삭
제되었다. 따라서 변호사는 성공조건이 성취되기 전에 성공보수를 미리 받을 수
도 있게 되었다. 그러나 개정 윤리규약 제33조 제3항은 "변호사는 담당 공무원
에 대한 접대 등의 명목으로 보수를 정해서는 아니 되며, 그와 연관된 명목의 금
품을 요구하지 아니한다"고 규정하여 판사나 검사 등에 대한 로비 등과 연관된
명목의 금품수수는 여전히 금지하고 있다.

　　또 윤리규약 제33조는 종전과 유사하게 "① 변호사는 정당한 사유 없이 추
가보수를 요구하지 아니한다. ② 변호사는 명백한 서면 약정 없이 공탁금, 보증
금, 기타 보관금 등을 보수로 전환하지 아니한다. 다만, 의뢰인에게 반환할 공탁
금 등을 미수령 채권과 상계할 수 있다"고 규정하면서 변호사가 의뢰인에게 반
환할 공탁금 등을 의뢰인으로부터 받지 못하고 있는 채권과 상계할 수 있는 근
거를 마련하였다. 종전 윤리규칙 제36조(증거조작금지),[55] 제37조(보수의 부당경쟁규

제)⁵⁶⁾는 다른 법률에 의하여 위법 사유가 되는 경우 외에 추가로 윤리규칙으로 규정할 필요가 없다는 취지에서 삭제된 것으로 보인다.

(3) 회사 또는 단체의 구성원(개인)을 위한 변호사보수의 지출과 횡령죄

변호사가 회사 또는 단체 그 자체를 위하여 법률사무를 수행하는 경우에는 그 변호사보수를 단체의 비용으로 지출하더라도 별 문제가 없다. 그러나 회사나 단체의 구성원을 위해 법률사무를 수행하는 경우에는 원칙적으로 그 변호사보수를 단체의 비용으로 지급할 수 없다.⁵⁷⁾ 따라서 후자의 경우에 회사나 단체의 자금 지출을 결정한 사람이 업무상 배임 또는 업무상 횡령에 해당할 수 있다. 이러한 행위에 변호사가 가담하는 경우에 공범 내지 공동불법행위자로서 민사나 형사 책임을 부담할 수 있다.⁵⁸⁾ 다만 소송이나 고소의 내용 또는 경위, 단체의 업무 집행과의 관련성, 소송이나 고소 당시 단체나 회사가 처한 상황 등 변호사 비용 지출 당시의 제반 사정을 고려하여 단체나 회사의 이익을 위해 소송을 수행하거나 고소에 대응해야 할 특별한 필요성이 인정되는 경우에는 단체나 회사의 비용으로 지출할 수 있다.⁵⁹⁾

≪판례≫ 회사나 단체의 비용으로 변호사보수 지급 가능 여부

원칙적으로 단체의 비용으로 지출할 수 있는 변호사 선임료는 단체 자체가 소송당사자가 된 경우에 한한다 할 것이므로 단체의 대표자 개인이 당사자가 된 민·형사사건의 변호사 비용은 단체의 비용으로 지출할 수 없고, 예외적으로 분쟁에 대한 실질적인 이해관계는 단체에게 있으나 법적인 이유로 그 대표자의 지위에 있는 개인이 소송 기타 법적 절차의 당사자가 되었다거나, 대표자로서 단체를 위해 적법하게 행한 직무행위 또는 대표자의 지위에 있음으로 말미암아 의무적으로 행한 행위 등과 관련하여 분쟁이 발생한 경우와 같이 당해 법적 분쟁이

55) '변호사는 조세포탈 기타 어떠한 명목으로도 의뢰인 또는 관계인과 수수한 보수의 액을 숨기기로 밀약하거나 영수증 등 증거를 조작하여서는 아니 된다.'
56) '변호사는 사건의 유치를 위하여 상담료, 고문료, 감정료 기타 보수 등에 관하여 다른 변호사와 부당하게 경쟁하여서는 아니 된다.'
57) 도재형, 앞의 책, 209쪽; 박준, 판례법조윤리, 소화, 2011, 400쪽. 대법원 2008. 6. 26. 선고 2007도9679 판결 등.
58) 박준, 앞의 책, 400쪽.
59) 도재형, 앞의 책, 210쪽.

단체와 업무적인 관련이 깊고, 당시의 제반 사정에 비추어 단체의 이익을 위하여 소송을 수행하거나 고소에 대응하여야 할 특별한 필요성이 있는 경우에 한하여 단체의 비용으로 변호사 선임료를 지출할 수 있다 할 것이다.

원심이 인용한 제 1 심법원이 적법하게 채택한 증거에 의하면, 2002. 2. 21.자 업무상배임의 점은 피고인 개인의 명예를 훼손하는 □□일보의 보도에 대한 피고인 개인 명의의 손해배상청구소송을 위하여, 2003. 4. 29.자 업무상횡령의 점은 공소외 1이 피고인 개인의 명예훼손행위 및 허위고소가 있었다고 주장하며 제기한 손해배상청구소송을 위하여, 변호사를 소송대리인으로 선임하고 그 선임료를 재건축조합의 비용으로 지출한 경우인바, 앞서 본 법리에 비추어 이러한 소송은 피고인 개인이 소송주체가 된 것으로 기록상 □□재건축조합(이하 '조합'이라고 한다)을 위하여 조합의 비용으로 그 소송을 수행하여야 할 특별한 필요성도 찾아볼 수 없으므로 피고인의 이 부분 공소사실을 유죄로 인정한 원심의 판단은 정당한 것으로 수긍할 수 있고, 거기에 상고이유에서 주장하는 바와 같은 업무상배임죄 및 업무상횡령죄에 관한 법리오해 등의 위법이 없다(대법원 2006. 10. 26. 선고 2004 도6280 판결).

제10장

사내변호사와 변호사윤리

이 상 수

[기본질문]

甲변호사는 A기업의 고문변호사이다. A기업은 부동산 재개발회사로서, 이미 여러 건의 재개발사업을 수행한 바 있다. B는 A기업의 법무담당이사로서 甲변호사의 고용을 주도했으며, 甲변호사에게 업무지시를 하고 업무보고를 받는다. B는 甲의 업무수행능력에 만족해 하고 있으며, 甲을 깊이 신뢰하고 있다. 어느 날 甲은 B와 함께 식사하던 중 B를 포함한 몇몇 이사들이 부동산 개발정보를 이용하여 큰 돈을 벌고 있다는 것을 알게 되었다. 내용인즉 개발예정지의 토지를 사전에 매입하여, 회사에 비싼 값으로 되팔아 왔다는 것이다. 甲이 볼 때 이는 상법상 금지되는 이사의 자기거래(상법 제398조)에 해당하는 것이다. 이러한 사실을 알게 된 甲변호사는 어떻게 처신해야 하는가?

이 사례는 기업을 대리하는 변호사가 기업 내의 위법한 행위를 알게 되는 경우 어떻게 대처해야 하는지에 관한 문제이다. 답변되어야 할 주요 쟁점들은 다음과 같다. 甲변호사는 B의 비밀정보(즉, B가 위법행위를 하고 있다는 점)를 보호해야 하는가? 변호사는 일반적으로 기

업 내의 위법행위에 대한 감시의 의무가 있는가? 기업을 대리하는 변호사가 기업 내의 위법
행위를 알게 되었을 때 어떻게 처신해야 하는가? 변호사는 위법사실을 알게 된 경우 이를 경
찰에 고발할 의무가 있는가? 만약에 변호사가 이 사실을 언론에 공개한다면 변호사는 비밀유
지의무의 위반을 이유로 징계받을 가능성이 있는가? 변호사가 사외에서 기업을 대리하는 고
문변호사인 경우와 사내변호사인 경우 변호사의 의무에서의 차이가 있는가? 각각의 답변이
무엇이 되어야 하는지 생각해 보자.

◇ 관련 법령

[윤리규약]
제51조(사내변호사의 독립성)
제52조(사내변호사의 충실의무)

일본의 [직무기본규정] 제5장 조직 내 변호사의 규율
제50조(자유와 독립) 관공서 또는 공사(公私)의 단체(변호사법인을 제외. 이하 이것
을 포함하여 조직이라고 한다)에서 직원 또는 사용인으로 되거나 중역이사 기타 간
부로 되어 있는 변호사(이하 조직 내 변호사)는 변호사의 사명 및 변호사의 본질인
자유와 독립을 자각하고 양심에 따라 직무를 하려고 노력한다.
제51조(위법한 행위에 대한 조치) 조직 내 변호사는 그 담당하는 사건에 관하여 그
조직에 속한 자가 업무상 법령에 위반하는 행위를 하거나 행하려고 하는 것을 알게
된 때는 그 자 스스로가 소속한 부서의 장 또는 그 조직의 장, 중역회 또는 이사회
기타 상급기관에 대한 설명 또는 권고 기타 그 조직 내에서의 적절한 조치를 취해야
한다.

미국의 [표준규칙]
규칙 1.13(의뢰인으로서의 조직)
(a) 조직에 고용되었거나 조직의 사건을 수임한 변호사는 합당하게 권한을 부여받은
[조직]구성원(constituents)을 통하여 움직이는 조직을 대리한다.
(b) 만약 조직의 변호사가 대리와 관련한 사안에서 회사에 속한 간부, 피고용인 또는
여타 사람이 조직에 대한 법적 의무위반이거나 합리적으로 조직에 전가될 수 있는
법률위반이면서 조직에 상당한 손실을 낳을 것으로 보이는 행동에 가담하고 있거나
가담하려고 하거나 행동을 거부하는 것을 알게 되면, 그 변호사는 조직의 최대이익의
입장에서 합리적으로 필요한 조치를 취해야 한다. 변호사는 그렇게 하는 것이 조직을

위해서 필요하지 않다고 합리적으로 믿지 않는 한, 변호사는 그 사안을 조직의 고위 책임자에 보고해야 한다. 만약 정황상 필요하다면, 현행법의 규정에 따라 조직을 위해서 행동할 수 있는 최고위 책임자에 보고해야 한다.

(c) (d)에서 규정된 것을 제외하고, 만약

(1) (b)에 따른 변호사의 노력에도 불구하고 조직을 위해 행동하는 최고위 책임자가 명백히 법의 위반인 행동을 고집하거나 적시에 적절한 방법으로 처리하지 못하거나 행동하기를 거부한다면, 그리고

(2) 변호사가 그 위반이 조직에 상당한 손실을 낳는 것이 확실하다고 합리적으로 믿는다면,

그때 변호사는, 규칙 1.6이 공개를 허용하든지 상관없이, 대리와 관련된 정보를 공개해도 된다. 그러나 변호사가 조직에 상당한 손실을 막기에 필요하다고 합리적으로 믿는 경우 그 한도 내에서 그렇다.

Ⅰ. 도입: 기업법무와 변호사

변호사의 주 고객이 개인에서 기업으로 이동했다는 것은 공지의 사실이다. 우리나라에서도 이미 과반수의 변호사들이 기업을 고객으로 하고 있으며, 수임가액으로 보면 기업고객이 압도적이다. 그러한 기업법무는 각 사건의 규모도 크고 복잡하기 때문에 고도의 전문성이 요구되며 많은 사람이 동시에 작업해야 하기 때문에 대개 로펌이 그러한 업무를 담당한다. 다른 한편 많은 기업들은 외부의 로펌의 법률서비스를 이용하는 것과 더불어, 기업내에 변호사를 직접 고용하여 상설적으로 법적인 문제에 대응하기도 한다. 이러한 변호사를 흔히 사내변호사 (in-house counsel)라고 한다.

윤리규약은 사내변호사에 대한 포괄적인 규정을 두고 있다. 윤리규약에 의하면 사내변호사는 정부, 공공기관, 비영리단체, 기업, 기타 각종 조직 또는 단체 등(단, 법무법인 등은 제외한다. 이하 '단체 등'이라 한다)에서 임원 또는 직원으로서 법률사무에 종사하는 변호사를 말한다(윤리규약 제51조). 여기서 보듯이 윤리규약은 사내변호사를 단지 기업에 속한 변호사에 한정하지 않고 정부, 공공기관, 비영리단체에 속한 경우를 포함할 뿐만 아니라, 기타 각종 조직이나 단체에 속한 변호사를 포함하는 것으로 정의하고 있다. 이들의 공통점은 조직이나 단체에 소속된다

는 것이다. 이처럼 변호사가 조직에 소속되어 그 조직을 위해서 법률사무를 제공하게 되면 통상적인 변호사와는 다른 윤리적 딜레마에 빠지게 된다.

첫째, 사내변호사의 경우 가장 문제로 되는 것은 과연 변호사가 조직의 구성원으로서 다른 구성원과 마찬가지로 조직내의 근무지시를 따라야 하는지, 아니면 변호사로서의 특수성에 기하여 상당한 정도의 독립적 자세를 견지해야 하는지이다. 이에 대해 윤리규약은 사내변호사는 "그 직무를 수행함에 있어 독립성의 유지가 변호사로서 준수해야 하는 기본윤리임을 명심하고, 자신의 직업적 양심과 전문적 판단에 따라 업무를 성실히 수행한다"고 밝힌다. 따라서 변호사는 자신이 조직에 속해 있다고 하더라도 변호사로서의 정체성을 상실하는 것이 아닐 뿐만 아니라, 조직에 속하지 않고 조직을 위해서 법률사무를 수행해주는 외부 변호사와 마찬가지로 독립적인 지위에서 사무를 제공해야 하며, 변호사윤리를 준수해야 한다고 할 것이다.

둘째로 조직이나 단체를 대리하는 사내변호사에서 유의할 점은, 조직을 대리하는 사내변호사의 경우 자신의 의뢰인이 누구인지에 대해서 혼돈을 일으키기 쉽다는 점이다. 조직이나 단체는 그 자체가 형상이 없기 때문에 조직의 대표나 기관을 통해서 사무를 처리하게 되는데, 그러한 자연인으로서의 조직의 대표나 기관 또는 그 조직에 속한 조직 구성원은 의뢰인이 아니라는 것이다. 다시 말해 조직이나 단체 자체가 의뢰인의 지위를 가지는 것이지, 그 구성원은 아니라는 점이다. 윤리규약은 이 점을 밝히고 있다. 즉, 사내변호사는 변호사윤리의 범위 안에서 그가 속한 단체 등의 이익을 위하여 성실히 업무를 수행해야 한다(윤리규약 제52조).

셋째로 사내변호사들이 종종 겪는 윤리적 딜레마는 법률사무를 수행하는 중에 조직내의 위법행위를 알게 된 경우 어떻게 처신해야 하는지이다. 이에 대해서는 윤리규약의 개정과정에서도 많은 논의를 통해서 초안이 제시되었으나 최종 의결단계에서 삭제되었다. 현재로서는 학설로서 해결할 수밖에 없다.

아래에서는 사내변호사에 한정하지 않고, 널리 기업의 내부·외부에서 기업을 위해서 법률서비스를 제공하는 이른바 "기업변호사"(business lawyer)라는 점에서 변호사가 유의해야 할 점들을 살펴본다.

자료 1 ....

기업의 법률수요의 변화에 따라 기업과 법률가와의 관계도 다음과 같은 변화를 맞게 되었다.

(1) 사후적인 소송대리에서 사전적인 법률자문으로

과거 기업은 불가피한 상황이 아니면 법률사무소의 문을 두드리기를 꺼려했다. 거래상대방과 분쟁에 말려들게 된 경우에도 편법을 통해서 문제를 해결하려는 경향이 있었다. 유력정치인, 고위관리, 안기부와 보안사와 같은 권력기관, 심지어는 청와대의 고위층에 이르기까지 과거에는 기업을 위해서 비공식해결사 노릇을 하는 사람들이 적지 않았다. 변호사는 모든 수단이 실패해서 최악의 사태인 재판이 임박해서야 비로소 동원되는 존재에 불과했다.

그러나 이러한 상황은 최근 사뭇 달라지고 잇다. 요즘에는 사전에 변호사에게 법률적인 자문을 구하는 일이 다반사가 되고 있다. 엄청난 규모의 거래, 복잡하고 첨단적인 거래가 증가함에 따라 미리 변호사의 의견을 받아 볼 필요가 있는 경우도 늘어나고 있다. 그러나 그에 앞서 주목할 것은 문제가 생기면 법률이 적어도 주요한— 비록 유일하지는 않더라도 — 기준이 되는 사례가 가히 폭발적으로 증가하고 있다는 사실이다. 이러한 이유로 법률가가 기업활동에 개입하는 빈도도 늘었을 뿐 아니라 개입의 시점도 앞당겨지고 있다. 기업인수, 구조조정과 같은 중요한 거래나 결정 시에 법률가가 계획단계에서부터 적극적으로 관여하는 예도 차츰 늘어가고 있다.

(2) 우연적 · 일회적인 관계에서 일상적 · 계속적인 관계로

과거에는 기업과 법률가와의 관계가 우연적으로 맺어지는 경우가 많았다. 뜻하지 않게 소송에 말려든 경우에만 마지못해 맺게 되는 관계이다 보니 그때그때 소송의 내용이나 재판부의 구성에 따라 우연적으로 결정되는 경향이 있었다. 소송이 종결되면 양자의 관계도 해소되는 것이 보통이었다. 기업과 고문관계를 맺었다 해도 계속적 · 체계적으로 법률서비스를 제공하기보다 소송사건이 생겨야 비로소 자문에 응하는 빈도가 늘어감에 따라 기업과 법률가의 관계가 보다 일상적이고 계속적인 관계로 발전되었다. 법률가가 기업에 실질적인 도움을 줄 수 있으려면 기업의 사업내용을 충분히 파악하고 있어야 한다. 그 과정에서 기업의 기밀에 접할 수밖에 없기 때문에 기업과 법률가 사이에는 특별한 신뢰관계가 형성된다. 따라서 기업이 법률고문을 자주 바꾸는 것은 바람직하지 않다.

(3) 일면적인 관계에서 전면적인 관계로

과거에는 기업이 소송에 휘말린 경우에 한하여 변호사를 찾았기 때문에 변호사는 특정 사건에 관한 서비스만을 제공하면 그뿐이었다. 그러나 기업이 필요로 하는 법률서비스의 폭이 늘어남에 따라 기업을 상대하는 법률사무소도 다양한 서비스를 제공할 필요를 느끼게 되었다. 물론 기업은 동시에 여러 변호사를 이용할 수 있다. 그러나 예컨대 M&A와 같이 회사법, 세법, 노동법 등 여러 법분야에 걸치는 복잡한 거래를 행하는 경우에는 각 분야별로 다른 변호사를 이용하는 것은 큰 불편이 따른다.[1]

자료 2

사내변호사의 가장 큰 특징은 회사 내에 상임(常任)한다는 데 있다. 즉, 항상 회사 내에서 근무를 하면서, 회사의 경영활동 및 영업활동을 지근(至近)거리에서 지원한다. 이렇게 함으로써 사내변호사는 자신이 속한 기업에 대해 두 가지 점에서 커다란 기여(value-add)를 하는 것이다.

첫째, 사내변호사는 회사의 어떠한 법률적인 문제가 발생하더라도, 비즈니스적으로 전후좌우의 맥락을 이미 파악한 상태에서 법률적인 조언을 제공할 수 있다. 그렇게 해야만이 회사의 입장에서 가치 있는 해결책을 제공받을 수 있는 것이다. 물론, 외부 법률사무소에 근무하는 변호사들 가운데 장기적으로 한 회사 또는 한 업계에 법률자문을 제공하는 변호사들이 있다. 그러나 한 기업의 특성이나 업무상의 기밀사항에 대해서까지 면밀히 파악하고, 이로부터 갖가지 사업적으로 타당한 법률적인 해결책을 제공할 수 있는 능력은 사내에 근무하는 변호사가 아니면 매우 어렵다. 또한 외부 법률사무소 소속변호사로부터 지속적 혹은 장기적으로 법률자문을 받을 필요가 있는 경우, 법률수수료를 감안한다면 사내변호사를 고용하는 것이 훨씬 경제적일 수 있다.

둘째, 사내변호사는 법률적인 리스크를 사전에 감지하고 미연에 방지할 수 있다. 사내변호사는 일상적으로 회사의 업무에 깊숙이 관여함으로써, 기업의 활동 가운데 법률적으로 문제가 될 소지가 있는 이슈들을 초기에 발견하고 이를 시정할 수 있다. 이 점에 있어서만큼은 외부의 자문변호사가 사내변호사를 대신할 수 없다. 이와 같은 사전(事前) 예방적인 법무활동은 기존의 사후(事後)대응적인 법무활동과 비교해 보면 사내변호사의 역할이 돋보이는 대목이다. 이 점에 있어서 사내변호사는 주치의(home doctor)라는 직업과

---

1) 김건식, "기업변호사의 역할과 윤리", 법률가의 윤리와 책임, 서울대학교 법과대학 편, 박영사, 2003, 276~277쪽.

유사한 점이 많다.[2]

─────────────────────────────

　　이제 기업변호사의 대두는 돌이킬 수 없는 흐름이 되고 있으며, 나아가 변호
사업계의 주류적 지위를 차지하고 있다. 기업의 사회적 영향력이 큰 만큼 기업변
호사의 사회적인 역할이나 중요성도 더욱 증가한다고 할 수 있다. 기업변호사는
그러한 책무에 상응하게 높은 윤리적 기준을 세우고 준수하지 않으면 안 될 것이
다. 지금부터 앞에서 제기된 문제를 중심으로 기업변호사의 윤리를 본격적으로
살펴보자.

Ⅱ. 기업변호사의 윤리

1. 기업 내 위법행위와 기업변호사

(1) 기업변호사의 의뢰인은 "기업"

　　기업변호사에게 가장 중요한 문제는 누가 자신의 의뢰인인지를 정확히 인식
하는 것이다. 이것이 왜 중요한지를 이해하기 위해서 다수 당사자를 동시에 대리
하는 변호사와 기업변호사를 비교해 보는 것이 유익하다. 예컨대, 2명의 상속인
을 동시에 대리하여 피상속인의 재산에 대한 분쟁을 수임한 변호사 甲과 2명의
주주로 구성된 주식회사를 대리하는 기업변호사 乙을 비교해 보자. 전자에서는 2
명의 상속인이 각각 변호사의 의뢰인이다. 그렇기 때문에 변호사는 이들 각각에
대해 성실의무, 이익충돌회피의무, 비밀유지의무를 진다. 만약 2명 사이에 이익충
돌이 있다면 변호사는 그 사건을 수임하지 못한다(변호사윤리규약 제22조 제 1 항 제 5
호). 그러나 후자 즉 주식회사를 대리하는 변호사에게 주주는 의뢰인이 아니다.
그렇기 때문에 기업변호사는 주주에 대해서 성실의무, 이익충돌회피의무, 비밀유
지의무 등 변호사─의뢰인 관계에서 발생하는 각종 변호사의 윤리적 의무를 부담
하지 않는다. 변호사는 기업에 고용된 것이지 주주에게 고용된 것은 아니다. 주

─────────────────────────────

2) 이석우, "글로벌 기업에서 사내변호사의 역할", 국제업무연구 제 9 호, 2005, 1532~1533쪽.

식회사에는 주주총회, 이사, 이사회, 대표이사, 감사, 감사위원회 등의 기관이 있는데, 이들도 기업변호사의 의뢰인은 아니다. 이들 기관은 모두 회사의 수족으로서 회사를 운영하지만 스스로 회사인 것은 아니다. 이사나 대표이사, 감사는 모두 회사의 기관으로서 회사에 대해서 신인의무(fiduciary duty)를 부담한다. 즉 이들 기관은 주식회사의 기관으로서, 자신의 이익을 추구해서는 안 되고 회사의 이익을 위해서 일할 것이 기대되는 것이다. 이들이 자신의 지위를 자기의 이익을 위해서 사용한다면 이는 신인의무의 위반이 된다. 실무적으로 보자면 기업변호사는 이들에 의해서 고용되지만, 이들 기관이 기업변호사의 의뢰인인 것은 아니다. 이들 기관은 자신을 위한 변호사를 고용하는 것이 아니고, 회사를 위한 변호사를 고용하는 것이다. 그렇기 때문에 기업변호사의 의뢰인은 어디까지나 기업 자체이고, 기업변호사는 의뢰인인 기업 자체에 대해서 신인의무를 부담한다. 의뢰인이 기업 자체이기 때문에, 변호사는 기업 자체에 대해서 성실의무, 이익충돌회피의무, 비밀유지의무를 진다. 따라서 변호사는 기업을 구성하는 이사, 대표이사, 감사, 기업의 종업원 등 기업구성원(constituents)에 대해서는 변호사가 의뢰인에게 지는 의무를 갖지 않는다. 이들 구성원들간의 이익충돌이 있다고 하더라도 기업변호사가 활동하는 데는 전혀 문제되지 않는다. 기업변호사는 기업 자체의 이익을 대변하면 되기 때문이다.

이와 같이 기업의 의뢰인을 기업구성원이 아니라 기업 자체라고 정의하지 않는다면 변호사가 기업을 대리하는 것은 거의 불가능하게 된다. 기업구성원들의 수는 많고 이들 사이에는 이익충돌의 가능성이 지극히 높기 때문이다. 기업의 대리인이 기업 자체 또는 실체로서의 기업이라고 하는 이론을 "실체이론"(entity theory)이라고 한다. 우리나라의 경우 사내변호사는 그가 속한 단체 등의 이익을 위해서 성실히 업무를 수행하도록 하고 있어서 동일한 입장을 개진하고 있다(윤리규약 제52조).

그러나 기업변호사의 의뢰인이 기업 자체라는 점을 받아들이더라도, 실제 실무에서 그것을 구현하는 것은 쉽지 않다. 왜냐하면 기업은 법률적으로 인격성이 인정되는 실체인 것이 틀림없지만, 여전히 의제된 인격체로서의 물리적 실체를 가지고 있지 않으며, 결국은 자연인인 기관을 통해서 활동할 수밖에 없기 때문이다. 자연인인 이사나 대표이사의 지시를 받으며 일을 하는 변호사는 자칫 이들을 자신의 의뢰인으로 오인하기 쉽다. 기업변호사가 이 점을 잘 명심하고 업무에 임하지 않으면, 변호사로서의 의뢰인에 대해서 갖는 의무를 다하지 못하는 경우가 발생할 수 있다.

예컨대, 위 사례를 보자. 甲변호사는 일상적으로 B이사로부터 지시를 받고 그에게 업무를 보고한다. 甲의 입장에서 기업변호를 한다는 것은 사실상 B이사의 지시에 따라서 일하는 것을 의미한다. B이사도 甲을 변호사로서 신뢰하고 회사의 기밀사항들도 공유하면서 법률적 대책을 함께 논의한다. 그렇지만 B는 甲의 의뢰인이 아니라는 점은 변함없다. 甲은 B를 위해서 일하는 것이 아니고 A를 위해서 일하는 것이다. 이 점은 B도 마찬가지이다. 즉, B는 자신의 이익을 위해서 일하는 것이 아니고 A를 위해서 일하는 것이다. 이러한 구도에서 甲이 B의 지시를 받아서 일하는 것은 그것이 자동적으로 A를 위해서 일하는 것으로 간주된다. 그러나 B가 A의 이익을 위해서 일하지 않고 자신의 이익을 위해서, 또는 A의 이익에 반하여 이사의 지위를 이용한 것을 甲이 알게 되었을 때는 사정이 전혀 달라진다. 甲이 B의 비밀을 보호해 준다면 이는 A에 대한 성실의무를 다하지 못한 것이 된다. 그리고 甲의 입장에서 B는 의뢰인이 아니기 때문에 그의 비밀을 보호해 줄 의무는 없다.[3] 이처럼 통상적인 경우에 이사의 업무지시는 회사의 이익에 합치하지만, 이사가 법령을 위반하거나 기타 이사로서의 신인의무를 위반하여 회사에 불이익을 초래하는 사태가 발생하면 회사의 이익과 자신이 접촉하는 이사의 이익이 충돌할 수 있기 때문에, 기업변호사로서는 자신의 의뢰인이 누구인지를 명확히 유념해야 한다. 위 사례를 좀 더 살펴보면서 이를 확인해 보자.

---

3) 다만 다음과 같은 경우는 B의 비밀을 보호해야 한다. 예컨대, B가 자신의 비위행위를 고민하던 중 이를 해결하기 위해 甲에게 법률적인 상담을 받고자 했는데, 甲이 그에 응한 경우라면, 비록 甲이 B로부터 수임계약을 하거나 수임료를 받지 않았다고 하더라도 甲은 B의 비밀을 공개할 수 없다. 일종의 유사 변호사–의뢰인 관계(quasi lawyer-client relationship)가 형성되었다고 볼 수 있기 때문이다. 이로 인해서 만약 甲이 변호사로서 B의 의무를 A에게 전달할 수 없다면 이는 甲이 A에 대한 성실의무를 다하지 못하는 것이 되기 때문에 A의 대리도 할 수 없게 된다. 결국 甲은 두 의뢰인 중 누구도 대리할 수 없는 황당한 궁지에 빠지게 된다. 따라서 기업변호사는 자신의 의뢰인이 누구인지를 명확히 인식하고 행동을 조심하지 않으면 안 된다. 유사 변호사–의뢰인 관계에 대해서는 제4장을 참고하고, 기업의 구성원에 대한 법률상담의 위험성에 대해서는 본절 II. 3을 참고하라.

(2) 변호사는 기업 내 위법행위를 감시할 의무가 있는가?

기업변호사는 기업 내의 위법행위를 감시할 의무가 있다. 이는 기업구성원과 기업 자체 사이의 이익충돌의 가능성에 기반한 것이다. 대표이사를 위시한 이사는 경영상의 판단을 하고 이를 집행함으로써 회사의 이익을 추구한다. 경영상의 판단은 때로는 직관에 의존하기도 하고 때로는 회사를 위험에 빠뜨릴 수도 있는 모험을 추구하기도 한다. 그러나 이러한 경영판단은 경영자의 고유 권한이고 사내변호사가 간섭할 부분은 아니다. 이에 비해 경영자가 위법행위를 하기로 결정하거나 결행하는 것은 전혀 다른 문제이다. 기업은 언제나 법질서 내에 존재해야 하며 위법행위는 결코 경영자가 선택해서는 안 된다. 이사의 위법행위를 감시하는 의무는 감사에게도 부과되어 있다고 볼 수 있지만, 그 기업을 대리하는 기업변호사에게도 그러한 역할이 기대되는지가 문제이다. 정답은 "그렇다"이다. 이것은 변호사에게 경찰이나 감독관청을 대신하여 위법행위를 감시하라는 취지는 아니다. 오히려 변호사는 기업 자체의 대리인으로서 기업에 대한 성실의무를 지기 때문에, 그 연장선에서 기업 내의 위법행위를 감시하는 역할을 부과받는다고 할 수 있다. 즉 변호사의 감시의무는 의뢰인, 즉 기업 자체의 이익을 위한 것이다.

기업의 규모가 커지고 법의 지배영역이 확장되면서, 기업의 준법경영은 기업운영에서 사활적 중요성을 띠게 되었다. 중요한 계약을 하는 경우뿐만 아니라 경영상의 결정을 하는 경우에도 전문적인 기업변호사에 의한 법률검토가 필수적인 과정으로 되고 있다. 만약 충분한 법률적 검토가 없이 사업이 진행된 결과 회사가 소송에 휩싸이게 되면 회사의 위신과 자산에 막대한 손상을 입을 뿐만 아니라 심한 경우 회사 자체의 존립이 위태롭게 되기도 한다. 기업이 기업변호사를 고용하는 이유 중에는 바로 이러한 위험성을 사전에 관리하기 위한 것이 그 핵심에 있다. 법률상의 위험관리(risk management)라는 이러한 맥락에서 보자면 기업변호사에게 기업 내의 위법행위를 감시하게 하는 것은 위법행위가 발각되었을 때 기업이 입게 되는 심각한 손상을 사전에 방지한다는 데 큰 의미가 있다. 예컨대 종업원이 폐수를 하천에 방류하는 것을 발견한 경우 이를 적발하고 시정하게 하는 것은 그것이 발각되었을 때 기업이 입게 되는 손실을 두려워하기 때문이다.

경우에 따라서는 종업원이나 이사가 기업 자체의 이익에 반하여 자기 이익을 추구하는 위법행위도 변호사가 감시해야 할 범주에 들 수 있다. 예컨대 경리담당이사가 회사 돈을 저리로 자신에게 대부한 경우를 들 수 있다. 만약 이 돈으로 주식투자를 한다면 이는 회사를 상당한 위험에 빠뜨릴 수 있다. 이러한 행위는 위법한 것으로서 누군가가 이를 감시하지 않으면 안 된다.

기업 자체의 이익을 위하여 기업 내의 위법행위를 적발하고 바로잡는 것이 필요하다고 하더라도, 이 역할을 기업변호사가 감당하는 것이 마땅한지에 대해서는 많은 논란이 있을 수 있다. 변호사의 본질적인 기능은 감시기능이 아니기 때문이다. 우리나라의 변호사윤리규약은 이에 대한 규정이 없다. 미국이나 일본의 경우는 기업 내 위법행위에 대한 감시의무를 기업변호사에게 부과하고 있다. 물론 기업 내의 모든 사소한 위법행위를 감시하는 것을 자신의 업무로 하라는 것은 아니다. 미국의 경우 적극적으로 위법행위를 감시해야 할 의무가 변호사에게 있는 것은 아니지만, 적어도 회사에 상당한 손상(substantial injury)을 낳을 가능성이 있는 위법행위를 알게 된 경우라면 일정한 조치를 할 의무를 기업변호사에게 부과하고 있다.

이와 유사한 조문이 없는 우리나라로서는 변호사의 성실의무의 연장에서 기업 내의 위법행위를 발견한 경우에 그것이 기업에 상당한 손실을 낳을 것이 예상된다면 이에 대해서 조치할 의무를 진다고 볼 수 있지 않을까? 물론 변호사가 기업 내의 위법행위를 막기 위해서 경찰과 같은 적극적인 역할을 할 의무는 없다고 생각된다. 하지만 어떤 사유에서이든지 업무와 관련하여 기업에 중대한 손실을 낳는 위법행위를 알게 되었다면 이를 모른 척해서는 안 될 것이다. 그렇다면 기업변호사가 기업 내 위법행위를 알게 된 경우 어떻게 조치해야 하는가? 미국 표준규칙을 참고하면서 생각해 보자.

(3) 기업 내의 위법행위를 알게 되는 경우 어떻게 처신해야 하는가?

1) 상부로의 보고

기업변호사가 기업 내의 위법행위를 알게 되었고, 그것이 중대한 것이어서 회사에 상당한 손실을 낳을 것으로 보이면 그 위법행위를 시정하거나 중지시키는 것이 필요하다. 가장 먼저 생각해 볼 수 있는 것은 위법행위를 한 사람에게 직접 위법행위의 시정·중지를 요구하는 것이다. 그럼에도 불구하고 충분한 시정조치가 이루어지지 않는다면, 그러한 위법행위를 시정·중지시킬 수 있는 권한이 있는 상급자에게 보고하고, 그래도 조치가 충분하지 않으면 기업의 최상부에 이를 때까지 상부로 보고하는 것이 필요하다. 미국의 표준규칙(1.13(b))이나 일본의 직무기본규정(제51조)은 이 점을 명백히 하고 있다. 즉 기업 내의 위법행위를 인식한 변호사는 그 위법행위가 시정되지도 않으면서 상부로 보고되지도 않는 일이 없도록 해야 한다. 즉 위법행위의 시정이 없으면 기업변호사는 '반드시' 그 사실을 기업의 최고위 책임자에게까지 전달되도록 하지 않으면 안 된다. 주식회사의 경우 기업의 최고위 책임자란 결국 이사회를 지칭하는 것이다.

사실 기업의 최고 경영자는 하급 종업원에 의한 위법행위를 묵인하는 경우가 많다. 위법행위가 단기적으로 회사의 이익에 도움이 될 수도 있기 때문이다. 예컨대 안전기준을 준수하지 않은 물건을 생산한다든지, 적정한 절차에 따라서 폐기물을 처리하지 않는 것 등이 그렇다. 경영자들은 종종 이러한 사실을 묵인하고 있다가 후에 문제가 되면 자신은 그러한 사실을 몰랐다고 발뺌한다. 이러한 관행을 고려한다면 변호사로 하여금 위법사실을 반드시 상부로 보고하게 하는 것은 각별한 의미를 갖는다. 변호사로 하여금 위법행위를 '반드시' 상부에 보고하게 하는 것은 기업 내의 위법행위를 실질적으로 해결할 권한이 있는 사람에게 위법사실을 보고하게 함으로써 위법사실이 시정될 수 있도록 하는 취지도 있지만, 그와 동시에 상부로의 보고를 통해 책임소재를 좀 더 선명히 함으로써 기업 내 위법행위를 막으려는 사회적인 동기도 담고 있다. 미국의 경우 2003년 표준규칙을 개정할 때, 기업 내 위법행위에 대한 변호사의 감시의무를 강화하기로 하고 기업변호사가 위법행위를 반드시 상부로 보고하게 하는 의무를 의문의 여지가 없도록 명확하게 규정했다.

요컨대 기업변호사라면 기업 내에서 중대한 위법행위를 인식하고도 침묵해서는 안 된다. 기업변호사는 기업 내 위법행위의 시정 또는 중지를 위한 적극적인 조치를 해야 하며, 그 첫 조치는 명령계통을 따라 상부로 보고하는 것이다.

2) 외부적 공개는 가능한가? 어느 단계에서?

변호사가 기업의 최고위 책임자에게까지 중대한 위법행위의 존재에 대해서 보고했음에도 불구하고 아무런 조치가 취해지지 않으면 어떻게 해야 하는가? 일본의 직무기본규정에 의하면, 더 이상 기업변호사가 조치할 방법은 없다. 변호사로서는 침묵하거나 사임하는 방법밖에 없다. 미국 표준규칙은 다소 다른 입장을 취하고 있다. 이에 의하면 최고위 책임자에 대한 보고에도 불구하고 위법행위가 시정·방지되지 않고 그 위반으로 인해 기업에 상당한 손실이 있을 것으로 믿는다면, 그 위법사실을 외부에 공개하는 것을 허용하고 있다. 다만 변호사는 기업의 상당한 손실을 막는 데 필요한 최소한에 대해서 공개해야 한다(표준규칙 1.13(c) 참조). 이처럼 표준규칙이 위법행위의 외부적 공개를 허용한 것은 그리 오래되지 않았다. 즉 2003년 표준규칙이 개정되기 전에는 일본과 마찬가지로 기업변호사는 기업 내 위법행위를 인식한 경우 묵인하거나 사임할 수는 있었지만, 이를 외부로 공개할 수 없었다. 표준규칙이 이처럼 공개의 허용으로 태도를 바꾼 것은 엔론 파산에 따른 반성으로서, 기업변호사들이 좀 더 적극적으로 기업 내 위법행위를 저지할 수 있도록 하기 위한 것이다. 하지만 공개는 기업의 손실을 막기에 필요한 최소한에 그치도록 하였기 때문에, 공개는 위법행위의 시정권한이 있는 대주주, 행정적 감독기관 등에 대해서 필요한 만큼만 공개할 수 있다. 따라서 여기에서 말하는 외부적 공개란 언론이나 대중을 향한 무제한적이고 선정적인 공개를 의미하는 것은 아니다.

　　관련 조문이 없는 우리나라의 경우, 과연 기업변호사가 기업 내 위법행위를 외부로 공개할 수 있을 것인지 의문이 들 수 있다. 생각건대, 이를 허용하는 것이 마땅할 것으로 생각된다. 왜냐하면 만약 이를 허용하지 않는다면 변호사는 의뢰인(기업)에게 심각한 손상을 초래하는 위법행위를 알고도 시정할 수단을 상실하게 될 것이기 때문이다. 반면 위법을 하기로 결심한 경영자는 주주의 희생하에 변호사를 교체해 가면서 위법행위를 계속할 수 있게 될 것이다. 이와 같은 불합리를 막기 위해서는 제한적으로나마 공개를 허용하는 것이 필요하다. 사실 기업변호사에게 기업 내 위법행위의 외부공개를 허용한다고 해서 얼마나 적극적으로 내부고발(whistle-blowing)을 실행할지는 의문이다. 하지만 적어도 그럴 가능성 자체를 봉쇄하는 것은 바람직하지 않다고 생각된다.

　3) 사베인즈-옥슬리법

　　기업 내 위법행위에 대해서 기업변호사가 어떻게 대처해야 하는지와 관련하여 미국의 사베인즈-옥슬리법(Sarbanes-Oxley Act of 2002, 이하 "사베인즈법"이라고 함)도 참고할 만하다. 이 법은 엔론 파산 이후 미국 내 대기업의 회계비리를 방지하기 위해서 마련된 법인데, 이 법 제307조에는 증권변호사(공개회사의 증권업무를 담당하는 변호사)들의 직무책임에 대해서 규정하고 있다. 미국 연방증권거래위원회는 이 조항에 근거하여 좀 더 자세하게 증권변호사의 책임을 규정하고 있다.

이에 의하면, 만약 증권변호사가 기업 내에서 중대한 위법행위의 증거를 알게 되면, 법무실장이나 최고 경영자에게 보고해야 한다. 그럼에도 적절한 조치가 있다고 합리적으로 믿어지지 않으면 이사회나 그에 상응하는 최고위 책임자에 이를 때까지 상부로 보고해야 한다. 그럼에도 불구하고 적절한 조치가 취해지지 않으면, 다시 한 번 법무실장과 최고 경영자에게 설명해야 한다. 그래도 조치가 취해지지 않으면 연방증권거래위원회에 공개해도 된다는 것이다. 요컨대 의무적으로 상부로 보고해야 하며(mandatory reporting-up), 외부로의 공개는 허용된다는 것(permissive reporting-out)이다.

4) 사례의 해결

이상의 논의를 토대로 위의 사례에 대해서 일정한 해법을 모색해 보자. B의 행위는 기업에 상당한 손해를 끼치는 위법행위이고 앞으로도 일어날 가능성이 있는 것으로 보인다. 그렇다면 甲은 이에 대해 가만히 있어서는 안 되고 적극적으로 조치해야 한다. 직접 B에게 중지를 요구하는 방법이 있을 것이고, 여의치 않는 경우 최고 경영자(CEO)에게 보고하고, 이어 전체 이사회에도 이 사실을 보고해야 한다. 보고에도 불구하고 적절한 조치가 이루어지지 않은 경우, 위법행위를 시정할 권한이 있는 자 — 예컨대, 대주주나 재개발을 관리하는 행정관청 — 에게 이를 공개하는 방법을 선택할 수 있다. 위법행위에 대한 공개가 의무로 되어 있지 않기 때문에, 변호사는 침묵하거나 사임할 수도 있다. 변호사가 상부로 보고하지 않는다면 징계가 문제될 수 있겠지만, 외부로 공개하지 않은 것을 이유로 징계되지는 않을 것이다.

만약 변호사가 위법행위에 대해서 침묵했는데 나중에 그 위법행위로 인해서 손해를 본 사람이 변호사의 부작위를 이유로 변호사를 상대로 손해배상소송을 제기할 수 있을지는 논란의 여지가 있다. 앞으로 변호사윤리장전이 정비되고 판례가 형성되어 보아야 하겠지만, 이를 적극적으로 이해하는 것도 불가능한 것만은 아니라는 점을 지적하고자 한다.[4] 그 외에 위법행위에 대한 공개를 의무화하

---

4) 미국에서의 논의를 번역한 아래의 글을 참고하기 바란다. 출전은 Ronald D. Rotunda, *Legal*

는 방법을 포함하여, 기업 내 위법행위를 방지할 다른 여러 해법에 대해서도 토론해 보자.

(4) 기업 내 위법행위를 사정당국이나 언론에 공개하는 문제: 비밀유지의 무와의 관계

지금까지의 논의는 기업변호사의 의뢰인이 기업 자체라고 보고, 기업의 이익과 이사 등 기업구성원의 이익이 충돌하는 경우에 기업변호사가 기업의 이익이라는 관점에서 어떻게 처신해야 하는지에 대해서 살펴본 것이다. 여기에서는 기업변호사가 기업 내의 위법행위를 인식했을 때, 공익의 관점에서 이를 외부에 공개하는 것이 허용되는가를 생각해 보자. 여기에서 변호사는 기업의 이익이 아니라, 공익의 관점에 선다는 것이 차이점이다. 예컨대 기업이 하천에 폐수를 방류하는 경우 이를 경찰이나 언론에 고발하는 것이 허용되는가? 이러한 문제는 기업

Ethics in a Nutshell(2nd ed.), 2006, 105~107쪽.

표준규칙 1.6(b)(1)에 따라서 변호사들은 의뢰인의 비밀을 공개할 윤리적 재량권을 가지는데, ABA는 이러한 재량권이 절대적이며 사법적 심사를 받지 않는 것으로 의도하고 있다. 그래서 ABA의 입장에서 보자면 변호사가 정보를 공개하지 않기로 결정하는 것은 언제나 그의 재량권 내에 있다(표준규칙 1.6 주석 15). 그러나 *Tarasoff v. Regends of the University of California*(Cal. 1976)의 판례에 비추어 볼 때 법원이 그러한 사법심사배제의 재량권을 인정할지에 대해서 의문이 제기되고 있다.

Tarasoff사건에서 심리치료사는 그의 환자가 살인을 계획하고 있다는 것을 알았지만 희생자에게 경고하지 않았다. 법원은 심리치료사를 상대로 부당한 죽음에 대한 불법행위소송의 원인이 존재한다고 판시했다.

"환자가 다른 사람에 대한 심각한 폭력의 위험을 초래한다는 것을 치료사가 확인했거나 직무기준에 따라 마땅히 확인했어야 했다면, 그는 그러한 위험으로부터 의도된 희생자를 보호하기 위해 합리적인 조치를 취할 의무를 갖게 된다. 이러한 의무를 다하기 위해서 치료사는 의도된 희생자나 희생자에게 위험을 고지할 다른 사람에게 경고하거나, 경찰에 신고하거나, 또는 여건에 따라 합리적으로 필요한 다른 조치를 취해야 되는 수가 있다."

Tarasoff사건과 같은 결정을 고려해 본다면, 변호사에게 사법심사배제의 재량권을 부여하려는 ABA 대의원대회의 노력은 성공하지 못한 것으로 보이며, 특히 적절한 사실관계를 포함한 불법행위소송에서는 그러하다. 표준규칙 1.6 주석 15는 "다른 법률"이 의무적인 공개를 요구하고 그로써 표준규칙 1.6을 무력화하는 것을 인정하고 있다.

달리 말하자면, 변호사는 '위험을' 공개하지 않는다고 하더라도 징계받지는 않겠지만, 만약 변호사가 희생자에게 공개하지 않거나 경고하지 않음으로써 생긴 손상을 이유로 희생자(또는 희생자의 상속인)가 변호사를 기소하는 경우 변호사는 손해배상의 책임을 질 수 있다는 것이다. 변호사는 공개가 의무가 아니라고 주장하겠지만, 원고의 변호사는 윤리규칙의 어느 것도 변호사가 공개하지 말도록 막지 않았다고 대답할 것이다. 변호사는 공개하지 않기로 결정했지만, 결과는 희생자가 손상을 입었거나 살해되었다. 달리 말하자면 "해도 된다"는 것은 민사책임의 맥락에서는 "해야 한다"로 연결될 수 있다. 왜냐하면 공개하지 않기로 하는 재량권은 재량권을 남용해도 된다는 것을 의미하지 않기 때문이다.

변호사에 고유한 문제라기보다 의뢰인의 비밀정보의 보호에 관한 문제이다. 따라서 여기에서 깊이 살펴보지는 않겠다.

의뢰인의 비밀정보는 각별히 보호되지만, 중대한 공익상 이유가 있는 경우에는 공개가 허용된다(변호사윤리규약 제18조 제4항). 위 사례의 경우 의뢰인의 비밀을 공개할 만큼 심각한 공익의 침해가 있는지가 쟁점이 될 것이다. 이 사례의 경우 이사의 개입으로 인해서 재개발건축의 원가상승이 있었다고 보이지만, 이것이 공개를 허용하는 정도라고 보기는 어렵다고 생각된다. 더구나 변호사가 개입한 위법행위도 아니기 때문에 변호사에게 이의 공개를 요구하기는 어려울 것이다.

공개가 허용되기 위해서는 생명·신체에 심각한 손상이 초래하는 정도의 사태가 벌어지거나 변호사의 서비스를 이용하여 제3자의 경제적 손실이 심각하게 초래되는 정도의 사태가 있어야 할 것이다(미국 표준규칙 1.6 참조).

2. 변호사의 위법행위

변호사 甲은 A기업의 사내변호사로 취업하는 길을 택했다. A기업은 건설회사로서 대규모 정부사업을 수주한 바 있는 중견기업이다. 최근 甲은 A기업과 건설자재 공급기업인 B 사이의 매매계약서를 검토하던 중 B기업에서 공급될 건설자재가 통상적인 시장가격에 비해서 20% 가량 높게 매겨져 있는 것을 알게 되었다. 甲은 이것이 이상하게 생각되어 법무실의 선배 변호사인 乙에게 문의한바, 乙은 많은 건설회사들이 그러한 방식으로 비자금을 조성한다고 했다. 즉 시장가격을 넘는 20% 부분은 나중에 A기업의 비자금계좌로 환류된다는 것이다. 이렇게 마련된 비자금은 정부건설을 수주할 때 국회의원과 공무원에 대한 로비자금(뇌물)으로 쓰이며 주요 간부에 대한 비공식특별상여금으로 쓰이기도 한다고 한다. 아울러 乙은 법무실의 변호사들도 늘 그 수혜자에 포함된다는 것을 알려 주었다. 甲은 이러한 식의 자금운용은 불법으로서 적발되면 형사처벌을 받을 수 있을 뿐만 아니라, 무엇보다 A기업에 투자한 주주에 대한 배신행위라는 의견을 말했다. 이에 대해 乙은 우리나라 건설회사가 이렇게 비자금을 조성하는 것은 드문 일이 아니며 뇌물을 쓰지 않고는 정부발주를 받기 힘들다고 하면서, 세상물정 모르는 소리하지 말고 계약서의 나머지 부분에 문제가 없는지만 검토하라고 지시한다. 그리고 이러한 것이 나중에 문제되더라도 자신이 책임질 터이니 걱정하지 말라고 한다. 甲이 乙의 지시에 따라서 행동한 경우 당신은 甲의 행동에 대해서 비난할 수 있는가? 만약 당신이 甲이라면 어떻게 처신하겠는가?

국민이라면 누구나 법을 준수해야 하는 것이 당연하다. 하물며 법치주의의 첨병이 되어야 할 변호사에 대해서야 더 말할 것이 무엇이 있겠는가. 변호사의 위법행위가 금지된다는 사실을 말하기 위해서 윤리장전을 인용하는 것조차 부끄럽게 느껴진다. 변호사는 인권의 옹호와 사회정의의 실현을 사명으로 하면서 준법정신을 포함한 법률문화의 향상을 위해서 헌신해야 할 지위에 있는 사람이다 (변호사윤리장전 중 윤리강령 참조). 이들에 의한 위법행위는 변호사직역 전체를 불명예에 빠뜨리는 것일 뿐만 아니라 법치주의와 사법질서를 우롱하고 불신을 심화시키는 것이기 때문에 실로 가혹하게 비난받아 마땅하다.

사정이 이러함에도 불구하고 변호사들은 의외로 쉽게 위법행위에 노출되는 것으로 보인다. 미국의 경우를 보면 주요 스캔들에서 변호사들이 조력한 경우가 적지 않다. 이들 변호사들은 중대한 위법행위에 연루된 경우에도 그 심각성에 대한 인식이 그다지 높지 않다. 발각이 되어도 변호사들은 몰랐다거나 지시를 따랐을 뿐이라는 식으로 손쉽게 피해 나간다. 변호사들이 위법행위에 노출되는 것은 변호사들의 낮은 윤리의식 탓도 있겠지만, 변호사가 취한 입장의 취약성에도 그 원인이 있다고 보인다. 다시 말해 변호사들이 의뢰인의 요구에 대해서, 심지어 그것이 위법적인 경우에도, 쉽게 거부하기 어렵다는 것이다. 로펌의 경우도 의뢰인의 비위를 거스르기 어렵다. 아래를 보자.

로펌은 분명 고객인 대기업에 종속되는 경향이 있다. 그러나 로펌이 현재의 고객에만 신경을 쓰는 것은 아니다. 당장은 고객이 아니라 하더라도 대기업에 대해서는 아무래도 눈치를 살피게 되게 마련이다. 예컨대 어느 대기업의 지배주주가 회사재산을 자신의 자식에게 헐값에 양도한 것이 문제가 되었다고 가정하자. 상법상 이 회사의 일반주주는 지배주주 내지 이사의 책임을 묻기 위해서 이른바 주주대표소송을 제기할 수 있다. 그러나 이들 주주가 유수한 로펌의 도움을 얻기는 쉽지 않다. 이는 단순히 로펌의 변호사보수가 높기 때문만은 아니다.

대기업을 고객으로 유치하기 위하여 치열한 경쟁을 벌이고 있는 로펌으로서 장차 자신을 찾을 수도 있는 대기업을 상대로 공격에 나서는 것은 극히 부담스런 일이다. 이런 성향이 심화되면 일반적으로 잠재적 고객인 대기업 — 보다 정확하게는 대기업의 오너 — 의 비위를 거스르는 행동도 삼가게 될 수도 있을 것이다.[5]

변호사는 본질적으로 의뢰인의 요구를 충실히 따르는 경향이 있다. 특히 변호사들은 그것이 윤리적으로 다소 문제가 있다고 보이는 데에도 불구하고, 불법적이지 않다면 모든 수단을 강구하여 의뢰인의 이익을 추구하는 경향이 있다. 하지만 그러한 태도로 의뢰인의 요구를 지나치게 의식하고 따르다 보면 어느덧 불법적인 것조차 불사하는 지경에 이를 수 있다.

이즈음에서 사례로 돌아가 보자. 甲이 乙의 지시에 따라서 계약서를 검토함으로써 비자금의 조성에 조력한 경우 우리는 甲을 비난할 수 있는가? 아마도 甲은 구직난을 뚫고 A기업에 취업했을 수도 있다. 만약 甲이 乙의 지시를 거부하면 해고되거나 승진기회에 부정적 영향을 받을지도 모른다. 만약 A기업의 비리를 외부에 공개한다면, 의뢰인의 비밀유지의무의 위반으로 징계를 받을지도 모르고, 나아가 다시는 다른 기업에 사내변호사로 취직하지 못할 수도 있다. 이러한 모든 어려움을 생각할 때 甲의 행동은 용서받을 수 있는가? 이러한 모든 사정에도 불구하고 甲은 용납되기 힘들다고 보인다. 우리 사회에서는 변호사보다 훨씬 어려운 사람이 오직 생계를 위해서 위법행위를 한 경우에도 그것이 위법성을 조각하는 사유가 되지 못한다. 하물며 변호사가 생계를 이유로 위법행위를 변명하는 것은 가능하지 않다. 상급자의 지시를 받았다는 사실도 위법성을 조각하는 사유가 될 수 없다. 변호사는 위법을 요구하는 명령은 거부해야 한다. 이렇게 볼 때, 甲변호사가 위법한 계약서를 검토하여 완성시켜 주는 행위는 위법행위에 대한 조력으로서, 스스로 범죄행위를 시작하는 것임에 틀림없다. 사례와 같은 경우에 변호사가 할 수 있는 선택에 대해서 윤리규약은 다음과 같이 규정하고 있다. "변호사는 의뢰인의 범죄행위, 기타 위법한 행위에 협조하지 아니한다. 직무수행중 의뢰인의 행위가 범죄행위, 기타 위법행위에 해당된다고 판단된 때에는 즉시 그에 대한 협조를 중단한다"(윤리규약 제11조 제 1 항). 따라서 변호사는 일단 위법행위에

5) 김건식, 앞의 논문, 282~283쪽.

대한 협조를 중지해야 한다. 이어 앞서 살펴본 기업 내 위법행위의 법리에 따라서 위법행위의 시정·중지를 위한 조치를 취해야 한다.

자료 3

변호사가 연루된 기업범죄는 소위 화이트칼라 범죄에 속한다고 할 수 있다. 아래의 자료를 보면서 이러한 유형의 범죄의 특징을 생각해 보자.[6]

오늘날 화이트칼라 범죄는 다음과 같은 특징을 지니는 것으로 요약할 수 있겠다. 첫째, 화이트칼라 범죄는 정상적인 업무수행 과정에서 행해지기 때문에 잘 드러나지 않는다(낮은 가시성). 피해자는 자신의 피해사실을 느끼지 못할 수도 있으며, 증거도 잘 노출되지 않고 있으며, 때문에 적발될 위험성도 상대적으로 적다.

둘째, 화이트칼라 범죄에는 그 범죄자의 직업적 역할의 기초를 이루는 전문성과 기술적 난해성, 복잡한 업무처리방식, 복잡한 규정들 때문에 어떤 범죄가 이루어졌는지, 누가 책임을 져야 하는지 결정하기 어렵다(복잡성·전문성).

셋째, 직업적 역할이 분업화되어 있는 기업체나 조직체에서는 특정 행위에 대한 책임의 소재를 가려내기가 매우 어렵다(책임의 분산). 특히 업무수행에 있어 부수적으로 지켜야 할 규정, 가령 건강·안전·품질통제·정보·판매관행 등에 관한 규정들을 무시하거나 속여넘기는 조직체범죄의 경우 더욱 그렇다. 누가 책임 있는지 가리기 이전에 누구의 행위가 문제의 결과를 초래했는지 인과관계의 입증도 쉽지 않다. 안전관리를 소홀히 하는 기업의 분위기가 있다면 그 분위기를 조장한 데 대해 많은 간부급 인사들이 공동으로 책임을 져야 하겠지만, 그것을 법적 책임으로 하기에 쉽지 않은 문제점이 수반될 것이다. 더욱이 조직체 자체의 범죄의 경우에는 형사처벌의 전제가 될 '고의'의 요건을 입증하기가 매우 어렵다. 기업체의 조직 자체가 책임을 분산시키고, 따라서 법적 책임을 묻기 어렵게 되어 있는 것이다.

넷째, 통상의 범죄에서는 특정될 수 있는 가해자가 특정될 수 있는 피해자에 대한 것임에 반해 화이트칼라 범죄는 사회·국가에 대한 범죄로 간주되거나 개인적 범죄라 할지라도 특정인에게 그 피해가 집중되지 않는 면을 지니고 있다(피해자의 분산). 개개인에게는 약간의 손해를, 범죄자에게는 거대한 이익을 남기는 것이 화이트칼라 범죄라는 것이다. 인간의 오관을 직접 자극하거나 신체의 안전성을 직접 위협하는 범죄는 '범죄공포'를

---

6) 자료의 원문은 한인섭, "화이트칼라 범죄론의 현대적 의의", 인도주의적 형사법과 형사정책, 동성사, 2000, 417~434쪽을 참조.

불러일으키지만, 화이트칼라 범죄는 그러한 효과를 불러일으키지 않는다. 화이트칼라 범죄를 통해서도 사람들이 얼마든지 살상당할 수 있지만, 책임의 분산이나 고의성의 입증곤란 등의 문제로 인해 기껏해야 과실범으로 처벌될 수 있을 뿐이다.

다섯째, 화이트칼라 범죄는 그 적발과 소추가 쉽지 않다. 법집행자는 범법자와 같은 수준의 과학적·기술적 전문지식을 갖추어야 하며, 복잡한 사건의 전모를 파악하기 위해서는 상당한 시간이 소요된다. 기업의 회계장부, 은행계좌의 추적, 상품의 품질검사 등은 시간소모적이고 많은 비용이 든다. 사건이 파악되어도 그 범죄가 누구에 의해 저질러졌는지, 그리고 고의성이 있는지 입증하기 어렵다. 증인들을 다루기도 어렵고, 노련한 변호사와의 대결도 각오해야 한다. 수사기관에 영향을 끼치려는 각종의 압력으로부터 벗어나기도 쉽지 않을 것이다. 조직체들은 비공식절차를 통해 사건을 해결하고자 할 것이며, 또한 소추된다고 하여도 관대하게 다루어질 가능성이 적지 않다. 구체적 피해자의 결여는 화이트칼라 범죄자의 법적 처벌결과에 관심을 갖는 사람이 적을 것임을 시사한다. 단속법규의 모호성도 또한 문제이다. 실제로 사건의 복잡성에 비해 단속법규상의 흠결이나 법규내용의 모호함으로 인해 법망을 빠져나갈 여지가 적지 않으며, 사안의 성질상 그 법규를 구체화하는 데도 한계가 있다. 단속법규가 짜여지는 만큼 새로운 탈법수단이 신속히 개발되는 것도 또다른 문제이다. 그러나 전체 화이트칼라 범죄의 사회적 심각성에 비추어 사회정의와 형평의 견지에서 화이트칼라 범죄의 사전적·사후적 통제는 모든 국가의 중대한 관심사가 될 수밖에 없다.

3. 기업구성원의 대리

> A기업의 상무이사인 B는 가족들과 휴가차 여행을 하던 중 C가 운전하던 승용차와 충돌하여 C를 사망케 하는 교통사고를 일으켰다. C의 상속인인 D는 B를 상대로 한 손해배상소송을 제기했다. 이때 D는 A기업의 고문변호사인 甲에게 사건을 위임할 수 있는가?

이 사례는 기업변호사의 경우 의뢰인이 누구인가에 관한 문제이다. 甲은 A기업의 고문변호사이다. 이 경우 기업변호사 甲의 의뢰인은 기업 자체이지 기업의 구성원은 아니다. 따라서 甲은 B상무이사를 상대로 한 D의 소송을 수임할 수 있다. 다만 甲과 B 사이에 개인적으로 특별한 관계가 있어서, D를 성실히 대리하지 못할 사정이 있다면 D의 사건을 대리할 수 없다고 보아야 할 것이다. 또는 B가 업무수행 중 사고를 일으켜 D가 A기업에 대해서도 책임을 물을 가능성이 큰 경우라면 甲은 D의 사건을 수임할 수 없다고 보아야 할 것이다. 甲의 의뢰인(A)과 이익충돌이 있기 때문이다. 다음과 같은 경우는 어떤가?

A기업의 운전자인 B는 회사 차량을 운전하던 중 C가 운전하던 승용차와 충돌하여 C를 사망케 하는 교통사고를 일으켰다. C의 상속인인 D는 A기업 및 운전자 B를 상대로 손해배상청구소송을 제기했다. 한편 A기업의 고문변호사인 甲은 사고 후 즉시 병원으로 가서 B를 면담하고 "나는 A회사의 고문변호사이니 자세한 사고경위를 말하라"라고 하였다. 면담중 甲은 B가 음주운전했으며 개인적인 용무로 차량을 이용하던 중 사고를 낸 것을 알게 되었고, 이를 근거로 A의 C에 대한 사용자책임을 부인하였다. 이로써 D는 B의 과실을 확실히 입증할 수 있게 됐고, A기업은 책임을 면하게 됐다. 甲의 행동에는 어떤 문제가 있는가? 윤리적인 변호사라면 어떻게 처신하는 것이 올바른 것이었겠는가? B는 A에 대해서 어떤 조치를 취할 수 있는가?

여기에서 문제로 되는 것은 B운전자와 甲의 관계를 어떻게 이해하는가이다. 甲은 A기업을 대리하는 것이지 B를 대리하는 것은 아니다. 그럼에도 불구하고 "나는 A회사의 고문변호사이니 자세한 사고경위를 말하라"라고 말함으로써, 마치 甲이 B의 이익을 대리하는 듯이 말하였다. 이 말을 들은 B는 甲이 자기 회사의 고문변호사이므로 甲이 자신의 이익도 함께 대리해 줄 것으로 기대하고 자신의 비밀을 솔직히 털어 놓았다. 이후에 甲은 자신의 의뢰인인 A를 위하여 B의 비밀정보를 이용하였다. 여기서 쟁점은 甲이 B의 비밀을 유지할 의무가 있는가이다. 정답은 "그렇다"이다. 이 문제는, 정확히 말하자면, 언제 변호사-의뢰인 관계가 형성되는가에 관한 것이다. 변호사-의뢰인 관계는 계약서가 작성되거나 금전이 수수된 시점이 아니다. 오히려 변호사-의뢰인 사이의 신뢰가 형성되고 그에 기초해서 의뢰인의 비밀정보가 전달되었다면, 이때 변호사-의뢰인의 관계가 형성

되었다고 할 수 있다. 이때 이후로 변호사는 의뢰인의 비밀정보를 공개해도 안
되며, 의뢰인의 이익에 반하여 그 정보를 이용해도 안 된다. 甲의 과실로 B가 甲
을 자신의 변호사로 오인하고 비밀정보를 제공한 이상, 甲변호사는 B를 상대로
손해배상을 요구하는 소송을 제기할 수 없으며, B의 정보를 B에게 불리하게 이
용할 수 없다. 이미 공개한 경우 공개로 인해 손해배상을 추궁당할 수도 있고 징
계가 논의될 수도 있다.

그렇다면 이러한 경우 甲은 어떻게 처신했어야 했는가. 甲은 "나는 A회사의
고문변호사이니 자세한 사고경위를 말하라"라고 말해서는 안 되고, "나는 A기업의
고문변호사이지 당신의 변호사가 아니다. 그러니 당신이 나에게 하는 말은 당신에
게 불리하게 이용될 수도 있다"고 말해야 한다. 미국에서는 이를 "기업미란다 경
고(Corporate Miranda Warning)"이라고 한다. 이러한 경고를 하면 위의 운전자는 입
을 다물고 아무런 정보도 주지 않겠지만, 이는 할 수 없는 일이다. 하지만 경고를
하지 않으면 자칫 기업구성원과 사내변호사 사이에 변호사-의뢰인 관계가 형성
되어 변호사의 입지가 크게 위축될 수도 있다. 따라서 변호사는 기업구성원이 오
해하지 않도록 명시적으로 설명해야 한다. 이러한 설명 없이 기업구성원에게 불
리하고 기업에는 유리한 정보를 기업구성원으로부터 얻게 되면, 그 변호사는 그
사안에서 회사를 대리할 수 없게 되는 난처한 상황에 처할 수 있다.

4. 주주대표소송과 변호사의 역할

A기업은 컴퓨터 조립회사로서 B기업으로부터 메인보드를 위시한 많은 부품을 공
급받고 있다. B기업 주식의 51%는 C가 보유하고 있으며, C는 A기업의 대표이사인
D의 아들이다. A기업의 소수주주인 E를 위시한 다수의 주주들은 D가 자신의 아들
을 위한 거래를 했다고 하면서, D를 상대로 주주대표소송을 제기하고자 한다. A기
업의 고문변호사인 甲은 D로부터 사건을 수임할 수 있는가?

甲의 의뢰인은 A기업이기 때문에 甲은 A기업에 대해서 성실의무를 다해야
한다. 만약 甲이 D의 대리가 자신의 업무범위 안에 포함된다고 보아 회사를 위하

여 D를 대리하게 되면 D도 의뢰인이 되므로 D에 대해서도 성실의무를 다해야 한다. 이 사례의 경우 E가 승소하게 되면, 그것은 A기업이 수혜자가 된다. 따라서 A기업을 대리하는 甲의 입장에서 볼 때, A기업의 이익과 D대표이사 사이에 이익의 충돌이 있는 것으로 보이기 때문에 사건을 수임하기 어려워 보인다. 한편 수시로 제기되는 모든 주주대표소송에서 기업의 경영자가 기업의 고문변호사나 사내변호사를 이용하지 못하고, 스스로 변호사비용을 부담해야 한다면 고문변호사나 사내변호사를 두는 보람이 없어질 것이다. 아래 글을 참고로 하면서 해법을 찾아보자.

　　주주대표소송의 기본적 성질에 대해서는 견해가 나누어지고 있다. 즉, 회사의 이사·감사에 대한 소송제기해태가능성의 폐해를 방지하기 위하여 주주가 회사를 대신하여 제기하는 소송이라는 견해와 주주가 주주에게 인정된 이사에 대한 업무감독시정권을 행사하는 것에 역점을 둔 견해가 있다. 전자의 견해에서 보자면, 주주는 회사와 같은 입장에 서고 회사와 피고이사는 이익충돌하는 것으로 되지만, 후자의 견해에 선다면, 주주의 입장을 회사와 동일시할 수 없고, 회사와 피고이사 사이에 반드시 이익충돌이 존재하는 것은 아니게 된다. 판례는 전자와 후자의 성질을 모두 갖는다는 입장에 선 것으로 보인다.
　　회사의 고문변호사는 회사에 대해서 상시 성실의무를 지고 있으며, 그 직무에서 공정해야 한다. 대표소송에서 전자의 성질을 배제하지 못하는 이상, 회사의 고문변호사가 대표소송에서의 이사 개인의 대리인이 되는 것은 고문변호사가 피고인 이사를 두둔하는 것으로 보여서 직업윤리상 바람직하지 않다. 따라서 회사의 고문변호사로서는 회사와 피고이사 사이에서는 원칙적으로 이익충돌이 있는 것으로 보아 피고이사를 위한 법률상담 내지 소송수임을 하지 않는 것이 변호사윤리에 합당한 직무방식이라고 말할 수 있다.[7] [8]

---

7) 小島武司 외, 現代の法曹倫理, 法律文化社, 2007, 119쪽.
8) 일본은 2001년에 상법을 개정하여, 감사의 동의를 얻어 회사가 피고측에 소송참가하는 것을 인정했다. 이에 의해 회사의 고문변호사가 회사의 대리인으로서 피고측의 보조행위가 가능하기 때문에 직접 피고의 대리인이 되는 것은 당연히 피해야 하는 것으로 되었다(小島武司, 위의 책, 2006, 200쪽). 그러나 문제는 직접 피고의 대리인이 되든지 소송참가이든지 상관없이, 고문변호사가 피고이사를 위해서 변론할 수 없는 경우가 있는지 여부이다. 그리고 만약 그러한 경우가 있다면 어떤 경우인지가 문제이다.

표준규칙 1.13 주석 14

조직을 대리하는 변호사가 그러한 (주주대표)소송에서 피고(대표이사)를 변호
할 수 있는지에 관한 문제가 제기될 수 있다. 변호사의 의뢰인은 조직이라는 명
제만으로는 이 문제를 해결할 수 없다. 대부분의 주주대표소송은 조직업무의 통
상적인 사건이기 때문에 다른 소송과 마찬가지로 조직의 변호사에 의해서 변호
되어야 한다. 그러나 만약 (원고의) 청구가 조직을 책임진 사람의 비행에 관한
심각한 혐의내용을 담고 있다면 조직에 대한 변호사의 의무와 변호사의 이사회
에 대한 관계 사이에서 이익충돌이 발생할 수 있다.

◈ 사례의 해설

위에서 제시된 일본의 학설은 원칙적 금지의 입장이고 미국의 표준규칙은
원칙적 허용의 입장이다. 전자는 이익충돌이 없는 것이 입증되지 않는 한 수임하
지 않는 것이 옳다는 것이고, 후자는 명백한 이익충돌이 있는 경우에는 수임할
수 없다는 입장이다. 우리나라 법원이 어떤 입장을 취할지는 좀 더 두고 보아야
한다. 아무튼 적어도 이사의 비행에 관한 심각한 혐의내용을 담고 있다면 대리할
수 없다는 점에서는 명백하다.

그렇다면 위 사례의 경우는 어떤가? 이와 같은 경우는 구체적인 사정을 보아
이익충돌의 여부를 판단해야 할 것이다. 예컨대, 이사회의 결의가 있었는지, 거래
규모는 어느 정도인지, 시장가격과의 차이는 어느 정도인지 등으로 고려하여 판
단하여야 할 것으로 생각된다. 이에 대해서도 향후 법원의 판결을 기다려야 할
것으로 보인다. E를 대리하는 변호사의 입장에서는 甲이 회사의 비밀정보 중 유
리한 정보만을 이용하여 D를 변호할 가능성이 크다고 볼 것이므로, D와 A회사간
의 이익충돌의 존재를 증명하여 甲의 대리자격을 부인하는 것이 필요할 것이다.

5. 기업집단은 동일한 실체인가?

A기업은 B기업의 주식을 60% 보유한 모회사이고, 변호사 甲은 B기업의 고문변
호사로서 활동하고 있다. 그런데 A기업이 건설회사인 C기업을 상대로 건축물의 하

자담보책임을 묻는 소송을 제기하고자 한다. 이때 甲이 C기업을 위해서 소송의 대리를 수임할 수 있는가?

이 문제에서 쟁점은 A기업과 B기업을 동일한 실체로 볼 수 있느냐이다. 통상 甲이 B기업을 대리하는 경우 甲은 B라는 기업 자체를 대리하는 것이지, B기업의 주주나 이사 등 기업구성원을 대리하는 것이 아니다. 이러한 관점에서 보면, 甲의 입장에서 A는 자신의 의뢰인이 아니므로 당연히 C를 대리할 수 있다.

다만 경우에 따라서는 A기업과 B기업을 동일한 실체로 보아야 할 경우도 있을 수 있다. 예컨대 법률적으로 분리된 실체임에도 불구하고, 사실상 A기업이 B기업의 정보에 대해서 일상적으로 접근한다든지, A기업이 B기업의 인사권에 영향을 미친다든지, A기업과 B기업의 임원 중에서 겸직하는 사람이 있다든지 하는 경우에는 A기업과 B기업을 동일한 실체로 볼 수 있다. 이에 해당한다면 B기업의 고문변호사는 A를 상대로 한 소송을 대리할 수 없다. 이때 A는 그와 같은 사실을 입증함으로써 甲의 대리자격을 부인하는 청구를 할 수 있다.

6. 고문변호사의 겸직문제

甲변호사는 건설회사인 A기업의 고문변호사로서 지난 7년간 활동해 왔고, A기업으로부터 받는 고문료와 사건수임료는 甲변호사의 전체 수익의 약 50%를 차지한다. A기업의 대표이사인 B는 금번 주주총회에서 甲을 A기업의 감사로 영입하고 싶다는 의견을 개진해 왔다. 甲은 이를 수락해도 되는가?

만약 수락해도 된다고 했을 때 甲변호사가 A기업을 위해서 수임중인 사건을 계속해야 하는지 의문이 든다. 현재 진행중인 사건은 A기업이 상가를 신축하기 위해서 터파기를 하던 중 인접한 주택(C의 소유)이 붕괴한 것과 관련한 손해배상소송이다. C는 포크레인 기사인 D와 대표이사인 B 그리고 A기업을 공동피고로 하여 소송을 제기하였다. 甲이 감사로 취임한 경우 이 사건을 계속 수행할 수 있는가?

변호사가 기업의 이사 등으로 취임할 수 있는가? 전통적으로 변호사업무는 영리적 성격을 갖지 않는 것으로 이해했기 때문에 만약 변호사가 공공연하게 영리사업을 한다면 이는 변호사의 품위를 해치는 것으로 이해됐다. 그리고 변호사로서 업무를 하면서 영리활동을 겸한다면 변호사의 독립적인 판단에도 영향을 미쳐 변호사에 대한 신뢰에도 나쁜 영향을 미친다고 보았다. 이에 따라 변호사법 제38조 제2항은 "변호사는 소속 지방변호사회의 허가 없이 상업 기타 영리를 목적으로 하는 업무를 경영하거나 이를 경영하는 자의 사용인이 되거나 또는 영리를 목적으로 하는 법인의 업무집행사원·이사 또는 사용인이 될 수 없다"고 규정하고, 다만, 변호사가 휴업을 하고 그러한 직책을 맡는 것은 허용하는 것으로 하였다. 일본의 경우도 이와 같은 규정이 있었지만, 최근 변호사법의 개정으로 '허가'가 아니라 '신고'만으로 변호사가 그러한 직책을 맡을 수 있도록 하였다. 허가든 신고든 이렇게 규제함으로써 영리활동에 가담한 변호사가 변호사로서의 품위를 유지할 수 있도록 견제하려는 취지로 이해된다.

그런데 변호사가 감사로 취임하는 데 대해서는 명문으로 금지하고 있지 않아서 논란이 있을 수 있다. 이에 대해서는 대체로 긍정하는 입장이 대세인 것으로 보인다. 변호사의 감사취임을 명문으로 금지하고 있지 않을 뿐만 아니라, 감사의 직무는 이사나 사용인의 그것과는 달리 영리적 성격이 약하다고 보기 때문이다.

변호사가 감사의 직위에 취임했을 때, 그 기업을 위해서 소송을 수임할 수 있는지가 위 사례의 문제이다. 아래를 보면서 어떤 쟁점이 내재되어 있는지를 살펴보자.

(1) 수임불가론

감사는 주주총회에서 선임하고, 대주주의 영향력을 차단하기 위하여 감사 선임에 있어서의 대주주의 의결권을 제한하고 있으며(상법 제409조 제2항), 독립적으로 회계감사와 업무감사를 하여야 하는 책임과 의무가 있다. 이러한 직무를 수행하는 감사가 경영진이 의뢰하는 소송사건을 상시 수임하고 감사의 보수와는 별도의 보수를 받는다면 필연적으로 감사업무가 부실해질 수밖에 없다. 따라서 변호사법에 규정된 변호사의 사명, 지위, 품위유지 등 책임과 의무를 비추어 볼 때 회사가 위임하는 사건을 수임할 수 없다고 보아야 한다.

(2) 수임가능론

감사는 직무상 회사의 내부적인 경영실태나 업무처리내용까지 잘 알 수 있는 지위에 있다. 회사로서는 소송사건을 성실하게 수행할 변호사를 선임하게 마련이므로 이런 취지에서 회사의 내부사정까지 잘 알아서 사건을 성실하게 해결할 수 있는 지위에 있는 감사를 경영진의 판단에 따라 변호사로 선임하는 것을 금지할 이유가 없다. 만약, 소송사건의 위임을 둘러싸고 배임행위가 있다면 그것은 주주총회 등을 통하여 문제를 삼거나 상법 제414조 소정의 감사로서의 책임을 추궁하면 된다.

(3) 대한변협 입장

대한변호사협회는 일응 수임가능론을 지지하고 있다.

변호사가 주식회사의 감사로 재직하면서 그 회사의 소송대리인이 되는 것이 감사의 직무의 독립성 등에 비추어 볼 때 바람직하다고 볼 수는 없으나, 회사가 적법절차를 거쳐 감사에게 특정의 소송사건을 의뢰하는 것을 금지할 이유도 없고 회사의 결정을 존중해 줄 필요도 있기 때문이라고 하면서 또한 현실적으로도 다수의 변호사로 구성된 법무법인의 경우 그 구성원 중 1인이 감사를 맡고 있는 회사라고 하여 그 법무법인이 그 회사의 소송사건을 수임할 수 없다고 하면 회사나 법무법인 모두에게 불합리한 점이 많을 수도 있기 때문이라고 한다.[9]

위의 수임불가론과 수임가능론 견해는 모두 일견 타당한 측면이 있어서 획일적으로 단정하기는 어려워 보인다. 다소 관대한 절충설을 취한다면, 감사인 변호사는 원칙적으로 해당 기업의 사건을 수임할 수는 있지만, 감사의 직무와 충돌 가능성이 있는 경우에는 수임할 수 없다고 할 수 있다.

생각건대 위 사례의 경우는 감사의 직무와 충돌이 있는 경우에 해당한다고 보인다. 감사의 업무는 일반적으로 이사의 업무를 감시하는 것인데, 만약 감사인 변호사가 위의 사건을 맡게 되면, 이사의 비위사실을 알게 되더라도 이를 공개할 수 없고, 이를 공개하지 않으면 감사업무를 성실하게 할 수 없게 되는 딜레마에 빠진다. 위 사례의 경우 대표이사 B의 고의·과실 여부가 소송의 쟁점이 될 수

---

9) 배기석, "기업법무 변호사의 윤리", 부산대학교 법학연구 제48권 제 2 호, 2008, 392~393쪽.

있음에 주의해야 한다.

　이렇게 볼 때 일반적으로 변호사가 감사에 취임하게 되면, 수임할 수 있는
사건이 좀 더 제한된다고 할 수 있겠다. 구체적으로 어떤 경우가 이에 해당하는
것인지는 판결을 기다려 보아야 하겠지만, 기본축은 수임한 사건에서 감사의 업
무와 변호사의 역할이 충돌하는지 여부를 판정하는 것이다. 감사에 취임하려는
변호사는 이러한 논란을 고려하여 취임해야 할 것이며, 취임한 경우에도 감사의
직무와의 충돌 여부를 신중히 판단한 후에 사건을 수임해야 할 것이다.

7. 정부기관의 대리

> 　변호사 甲은 고양시장과 고문계약을 체결하고 고양시에 대한 자문을 해 오고 있
> 다. 그런데 甲은 고양시 일산서구청장을 상대로 행정소송을 제기하는 A의 소송을
> 대리할 수 있는가? [10]

　정부를 대리하는 변호사(이하 "정부변호사"라 함)의 경우에도 기업변호사와 마
찬가지로 의뢰인이 누구인지를 잘 정의하는 것이 필수적이다. 그리고 이 경우는
기업변호사보다 조금 더 복잡하다. 예컨대 재경부를 위해서 일하는 고문변호사가
국세청을 상대로 한 행정소송에서 시민측을 대리할 수 있겠는가? 만약 정부변호
사의 의뢰인을 전체 정부라고 한다면 그러한 소송을 대리할 수 없을 것이다. 그
렇지 않고 그 변호사의 의뢰인이 재경부에 한정된다면 이 소송을 대리할 수 있을
것이다. 또 다른 예를 들어보자. 서울시의 고문변호사가 안양시를 상대로 한 행
정소송에서 시민측을 대리할 수 있겠는가? 이러한 경우라면 특별한 사정이 없는
한 수임이 가능할 것이라고 보인다. 서울시와 안양시는 별도의 자치단체이므로
그 동일성을 인정하기 어렵기 때문이다. 경우에 따라서는 정부변호사가 이익충돌
로 인하여 사건을 수임하지 못하는 수도 있다. 예컨대 서울시의 고문변호사라면
서울시를 상대로 한 행정소송에서 상대방을 대리하지 못할 것이다. 하지만 서울
시의 고문변호사의 의뢰인은 서울시 자체이기 때문에 서울시 공무원 개인을 상

---

10) 인권과 정의 제377호, 2008. 1, 267쪽.

대한 소송에서 시민측을 대리하는 것은 원칙적으로 가능하다고 할 것이다. 이상에서 보듯이 정부변호사는 자신의 의뢰인이 누구인지를 명확히 정의하는 것이 필요하다.

그런데 구체적인 사례에서 변호사의 의뢰인이 누구인지를 어떻게 알 수 있는가? 우선 위임계약서를 통해서 명시적으로 대리의 범위를 정한 경우 그에 따르면 된다. 그러한 명시적인 합의가 없거나 모호한 경우에는 구체적인 사정을 보아서 판단하는 수밖에 없다. 해당 정부변호사의 보수가 어느 예산에서 집행되는지, 정부변호사를 고용한 기관이 독립적인 권한이 있는지, 정부기관간에 소송과 관련한 정보의 소통이 있는지 등을 고려하여 의뢰인이 누구인지를 확정해야 한다.

위 사례의 경우에도 의뢰인을 누구로 정의할 것인지가 중요하다. 이익충돌의 존재 여부를 확인하는 데에서 제일 첫 단계는 의뢰인을 정의하는 것이다. 위의 사례에 대해 대한변협은 다음과 같은 답변을 했다.

① 고양시의 고문변호사라고 하더라도 고양시 내에 있는 모든 행정기관의 고문변호사라고 보기 어려운 점, ② 설사 고문의 범위가 고양시 내의 구청업무에 미친다고 하더라도 해당 사건에 대해서 고문변호사로서 고양시 또는 구청에 자문을 제공하지 아니하였다면 실질적인 이해충돌은 없는 점, ③ 변호사법 제31조 각 호에 해당되지 아니하고 달리 수임을 제한할 근거규정을 찾기 어려운 점 등의 사정을 고려할 때, 위 변호사가 고양시에 대하여 위 사건에 관하여 자문을 제공한 사실이 없다면, 위 변호사가 위 사건을 수임하는 것이 변호사법에 위반된다고 보기 어렵다고 보이므로, 고양시 일산서구청장을 상대로 한 행정소송을 제기하는 당사자의 소송대리는 가능하다고 판단됩니다.

이와 같은 답변에 대해서는 약간의 비평이 필요해 보인다. ②번 항목의 경우 정확한 답변은 아니다. 만약 고문의 범위가 구청업무에 미친다고 한다면 甲은 그 구청을 상대로 한 사건은 수임할 수 없는 것이 당연하다. 설사 해당 사건과 관련하여 자문한 바 없다고 하더라도 지금부터라도 자문을 해야 하는 것이 甲의 의무일 것이기 때문이다. ③번의 경우도 충분한 논거가 되지 못한다. 법조윤리의 문제는 단순히 규정의 존재 여부에 의존하는 것이 아니다. 판사도 관련 규정이 없는 경우 성실의무 등 일반규정을 이용하여 판결을 내릴 수 있다. 따라서 윤리규정에 명문으로 규정화되지 못한 모든 행동이 당연히 윤리적으로 허용된다고 이해하는 것은 곤란하다. 미국의 경우도 윤리규정의 한계성을 지적하고 변호사측에서 추가적인 노력이 필요함을 밝히고 있다(표준규칙 전문(7) 참조). 근거규정이 없다는 논거로는 부족하고, 왜 그것이 허용되어도 되는지를 설명하는 것이 중요하다.

대한변협의 답변 중 핵심은 ①번 논거이다. 즉, 이 사례의 핵심은 변호사의 의뢰인이 누구인지를 정의하는 문제이다. 사례에서 변호사 甲의 의뢰인이 좁은 의미의 시청에 한정되는지, 산하기관을 포함하는지를 판단해야 한다. 이는 구체적인 수임계약내용을 보아야 하겠지만, 그 외 변호사비용의 지출근거, 변호사에 대한 실질적인 통제권, 변호사가 비밀정보에 접근하는 정도 등을 종합적으로 고려하여 판단해야 한다. 만약 변호사가 구청을 포함한 시정 전체를 위해서 고용되었다면, 구청에 대해서 자문을 제공한 바 없다고 하더라도, 구청을 상대로 한 사건을 수임할 수 없다. 그렇지 않고 변호사가 구청을 제외한 시정업무만을 하도록 예정된 것으로 보인다면 구청을 상대로 한 사건을 수임할 수 있다.

8. 조합 등 기타 조직의 대리

A 등 25명의 주민은 안양천 주변에서 자그마한 마을을 이루고 살고 있던 사람들이다. 그런데 2007년 여름 장마로 둑이 무너져 내려 집안이 침수되는 등 수해를 입었다. 이들은 둑의 보수와 유지에 책임이 있는 서울시를 상대로 영조물책임을 묻는 손해배상소송을 제기하기로 하고 X로펌에 사건을 의뢰했다. X로펌이 서울시와 접촉해 본바, 서울시는 가구당 2,000만원 수준의 위자료에 만족한다면 그에 상당하는 배상을 해 주겠지만, 그렇지 않다면 소송을 끝까지 진행할 것이며 자연재해를 입증하여 완전한 면책을 주장하겠다고 한다. 이 사실이 주민들에게 알려지면 주민들은 반반으로 나누어지면서 분열될 것으로 추정된다. X로펌은 이 사실을 주민들에게 알려야 하는가? 로펌이 미처 결심을 하기 전에 주민들이 이 사실을 알고 분열이 된 경우에 로펌은 어떻게 처신해야 하는가?

◆ **사례의 해설**

이 사례는 의뢰인이 누구인지를 식별하는 문제이다. 즉 주민 각자가 의뢰인인지 아니면 주민 전체가 하나의 실체로서 의뢰인인지를 판단하는 문제이다. 즉 이 사례에서 X로펌은 개인들을 대리하는가 아니면 조직을 대리하는가?

먼저 X로펌이 주민 25명을 각각 대리하는 경우를 생각해 보자. 이 경우 X로펌은 주민 각각에 대해서 성실의무를 다해야 한다. 주민들 사이에 이익충돌이 있으면 X로펌은 사건을 수임할 수 없다(윤리규약 제22조 제1항 제5호). 다만 주민 전원이 각각 동의를 하면 함께 대리할 수는 있다. 주민 전원의 동의를 얻은 경우에도 동의를 얻을 당시에 미처 예상치 못한 이익충돌상황이 발생하면 다시 전원의 동의를 얻어야 한다. 만약 X로펌과의 수임계약이 이러한 성격을 갖는 경우라면 X로펌은 서울시의 입장을 주민 각자에게 통지하여야 하고, 소송의 계속적인 수임을 위해서는 다시 동의를 얻어야 한다. 만약 한 명으로부터라도 동의를 얻지 못한다면 변호사는 이 사건에서 사임해야 한다.

다음으로 X로펌이 주민 전체를 하나의 실체로서 대리하는 경우를 생각해 보자. 만약 주민들이 예컨대 "수해대책주민회"를 조직하고 회장 등 조직대표를 선출하고, 주민회가 변호사를 수임한 경우라면, X로펌은 개별 주민을 대리한다기보다 주민회 자체를 대리한 경우에 속한다고 할 수 있다. 이러한 경우에는 개별 주민에게 서울시의 입장을 설명할 필요가 없고, 주민회의 대표자에게만 보고하고 그 지시를 따르면 된다. 형식적으로 주민 전원이 원고로서 소장에 기재되어 있다고 하더라도 실질적으로 원고 전원이 조직으로서 위임한 경우라면 변호사는 조직을 대리하는 것으로 보아야 할 것이다. 조직을 대리하는 것인지 그 구성원을 대리한 것인지를 판정하는 것은, 그것이 조직으로서의 실체가 있는지 여부, 즉 정당하게 조직을 대표하는 대표의 존재 여부에 달려 있다. 아무튼 주민이 조직으로서 결합되어 있고 그 대표를 통해서 변호사를 고용한 경우라면 X로펌은 주민들간의 이익충돌에 대해서 고려할 필요가 없이 대표자의 지시에 따라 조직 자체의 최대이익이라는 관점에서 사무를 처리하면 된다.

이 사례는 기업 등 조직을 대리하는 경우와 다수 당사자를 대리하는 경우가 어떻게 다른지를 현저하게 보여 준다. 기업과 같이 많은 이해관계자가 있는 경우에 다수 당사자를 대리하는 방식으로 소송을 대리하는 것은 거의 불가능하다는 것을 알 수 있을 것이다. 소규모 조직을 대리하는 경우 변호사가 조직 자체를 대리하는지 아니면 그 구성원 각자를 대리하는지가 불명확할 수 있으므로, 변호사는 자신의 의뢰인이 누구인지를 명확히 해 두는 것이 필요하다.

9. 사내변호사의 겸직

> 변호사 갑은 로스쿨을 졸업한 후 개업변호사로서 주택임대차 관련 법률사무를 수행해 왔지만 사무실을 유지하는 것도 쉽지 않았다. 그러던 중 중소기업인 K건설회사로부터 사내변호사로 일할 것을 제안받았다. 갑은 차제에 K건설회사에 취직하여 전업으로 회사에 소속되어 직장생활을 하기로 했다. 이 경우 변호사 갑은 겸직허가를 받아야 하는가? 만약 갑이 K건설회사가 아니고 대학에 사내변호사로 취업하는 경우라면 사정이 달라지는가?

겸직의 문제를 논하기 전에 먼저, 변호사가 사기업이나 다른 공공기관에 취업하는 것이 문제가 없는지를 먼저 검토해 볼 필요가 있다. 왜냐하면, 변호사법 제34조 제4항은 "변호사 아닌 자는 변호사를 고용하여 법률사무소를 개설, 운영하여서는 아니된다"고 규정하기 때문이다. 이에 의하면 변호사를 이 조항은 마치 변호사가 아닌 자는 변호사를 고용할 수 없는 것처럼 읽힐 수 있다. 그러나 이 조항의 취지는 누구도 변호사를 고용하여 제3자를 위한 법률사무를 수행하게 하여 그로부터 수익을 얻는 행위를 금지하려는 것이다. 이는 비변호사가 변호사 업무로부터 수익사업을 하지 못하도록 하여, 법률전문가로서의 변호사의 독립성을 보장하려는 것이다. 즉, 이 조항은 사기업이나 공공기관이 변호사를 고용하여 해당 조직의 법률사무를 수행하게 하는 것을 막으려는 것은 아니다. 다만, 이런 식으로 변호사가 비변호사에게 고용되어 일하는 것이 무조건적으로 허용되는 것은 아니다. 그것이 사내변호사의 겸직 문제이다. 이와 관련하여 변호사법 제38조는 다음과 같이 규정한다.

제38조(겸직 제한) ① 변호사는 보수를 받는 공무원을 겸할 수 없다. 다만, 국회의원이나 지방의회 의원 또는 상시 근무가 필요 없는 공무원이 되거나 공공기관에서 위촉한 업무를 수행

하는 경우에는 그러하지 아니하다.

② 변호사는 소속 지방변호사회의 허가 없이 다음 각 호의 행위를 할 수 없다. 다만, 법무법인·법무법인(유한) 또는 법무조합의 구성원이 되거나 소속 변호사가 되는 경우에는 그러하지 아니하다.

  1. 상업이나 그 밖에 영리를 목적으로 하는 업무를 경영하거나 이를 경영하는 자의 사용인이 되는 것

  2. 영리를 목적으로 하는 법인의 업무집행사원·이사 또는 사용인이 되는 것

③ 변호사가 휴업한 경우에는 제1항과 제2항을 적용하지 아니한다.

    변호사의 겸직에 대한 제한은 변호사가 변호사 업무를 하면서 동시에 변호사 업무에 장애가 될 수 있는 다른 업무를 하지 못하게 함으로써, 변호사가 독립성을 유지하면서 업무의 충실성을 유지하도록 하려는 것이다. 따라서 변호사가 휴업을 한 경우는 겸직의 문제가 발생하지 않는다(법 제38조 제3항). 다시 말해 겸직은 변호사가 변호사의 지위를 유지하면서 다른 직을 갖는 경우를 다루는 규정이다. 아래에서는 이 조항과 관련한 유의점을 정리해보자.

    (1) 변호사가 휴업을 하지 않은 채 공무원이 되려는 경우에는 겸직허가를 받아야 하는가? 변호사가 공무원이 되는데 제한은 없다. 다만 공무원의 영리활동은 제한되기(「국가공무원법」 제64조) 때문에 일단 공무원이 되면 개업변호사로서 활동을 할 수 없다. 또한 변호사 공무원이 된다는 것은 공무에만 전임하는 것을 당연히 의미하기 때문에 겸직허가를 받을 필요가 없다. 겸직이 애당초 허용되지 않기 때문이다. 이 점은 법 제38조 제2항에 의하더라도 명확하다. 그렇다면 공무원인 변호사가 민원인을 상대로 법률상담을 해줄 수 있을까? 위 조항에 의하면 일단 공무원이 되면 변호사만 할 수 있는 성질의 업무를 할 수 없다. 여기에는 무료의 법률상담활동을 포함한다고 해석된다. 따라서 공무원인 변호사는 "공무원으로서 담당한 업무를 수행하는 과정에 민원인에게 안내를 하거나 설명해 주는 것은 가능하지만, 변호사임을 표방하거나 표시하는 등 변호사의 자격으로 민원인에 대하여 법률상담을 해주는 것은 변호사법에 위반된다."[11]

---

11) 대한변협, 변호사법 질의(교육청 근무 변호사의 업무분장표에 따른 법률자문 및 법률상담 수행 가부)에 대한 검토의견서, 2021. 12. 31; 다만, 변호사가 사용자의 지시에 따라서 사건을 수임하거나 변호사로서의 업무를 수행한다면 이는 변호사의 독립성을 해치는 것이므로 허용되지 않는다(대한변협, 변호사법질의(사내변호사의 같은 기관 직원의 참고인조사 입회

법 제38조 제 1 항은 공무원의 겸직을 불허하면서도, 국회의원이나 지방의회 의원은 겸직허가 없이 겸직할 수 있는 것으로 서술되어 있다. 그러나 2013년 개정된 국회법 제38조에 의해서 국회의원은 '영리 목적으로는' 변호사 업무를 수행할 수 없게 됐다. 노동위원회의 위원이나 선거관리위원 등은 상시 업무가 아니므로 겸직허가 없이 변호사 업무와 겸할 수 있다.

(2) 변호사가 휴업을 하지 않은 채 사기업에 취업하는 경우는 어떤가? 제38조 제 2 항이 이에 대해서 답하고 있다. 이에 의하면 상인이 되거나 그 자의 사용인이 되기 위해서는 겸직허가를 받아야 하며, 영리법인의 업무집행사원, 이사, 사용인이 되기 위해서도 겸직허가를 받아야 한다. 업무집행사원은 합명회사나 합자회사의 무한책임사원을 말하며, 이사는 법인 이사회의 구성원이나 대표이사를 말하며, 사용인이란 회사의 대외적 사무를 수행하는 자를 말한다. 따라서 변호사가 이런 직무를 수행하는 지위에서 일하는 취업을 하려고 하면 소속 지방변호사회로부터 겸직허가를 받아야 한다. 다만 영리기업과 고문계약을 하는 것은 겸직으로 보지 않기 때문에 겸직허가의 문제가 발생하지 않는다.

(3) 변호사가 영리기업에 취업했지만, 무한책임사원, 이사 혹은 사용인의 지위에 있지 않으면서, 내부적으로 법률사무를 수행하는 경우에는 겸직허가를 받아야 하는가? 위 조항을 엄격히 해석하면 겸직허가를 받을 필요가 없을 것이다. 다만 사용인의 해석은 다소 모호할 수 있는 점에 유의할 필요가 있다. 직위의 명칭이 사용인에 해당되지 않더라도, 개별 업무에서 대외적 사무를 할 수도 있다. 따라서 변호사가 영리기업에 취업하는 경우, 휴업하지 않는 한, 겸직허가를 받는 것이 안전하다.

(4) 비영리 시민단체에서 고용되어 활동하거나 비영리 법인인 학교에 고용되어 일하는 경우에 겸직허가를 받아야 하는가? 위 조항에 의하면, 이 경우는 변호사가 상인이나 영리법인에게 고용되는 경우가 아니기 때문에 겸직허가를 받을 필요가 없다. 겸직허가 없이, 매주 3일은 이들 조직을 위해서 보수를 받으면서 일하고 나머지는 개업변호사로서 활동할 수 있다. 다만, 비영리 법인이라고 하더라도, 고용조건으로서 변호사에게 개업변호사로서의 활동하지 않을 것을 요구할 수 있다.

시 변호사법 위반 여부)에 대한 검토의견서, 2020. 8. 5).

(5) 변호사가 겸직허가를 받고 영리기업에 취업한 후에, 송무를 수행할 수 있는가? 겸직 허가를 받았다는 것은 사내변호사의 지위와 독립하여 자유롭게 직무를 수행하는 개업변호사로서의 지위를 함께 유지한다는 것을 의미하므로,[12] 변호사로서 송무를 수행할 수 있다. 다만, 서울변호사회는 취업한 기업을 위한 송무라고 하더라도 송무를 주업무으로 한 변호사 고용은 허용되지 않는다고 하고, 사내 변호사는 연간 10건 이내의 송무만 할 수 있도록 하는 자체 규정을 가지고 있다.[13] 변호사가 소속 기업을 위한 송무를 수행하고 그 기업으로부터 별도의 수임료를 받을 수 있을까? 이는 기업이 자율적으로 정할 문제일 것이다. 대한변협도 그럴 수 있다고 했다.[14] 이 경우 소송비용은 해당 기업의 입장에서는 소송비용으로 처리된다.

(6) 변호사가 겸직허가를 받고 영리기업에 취업한 후에, 제3자를 위한 소송을 수행하고 이로부터 수임료를 받을 수 있는가? 이는 해당 영리기업과의 고용계약에 의해서 결정될 것이다. 만약 해당기업이 이를 허락한다면 할 수 있다. 말하자면 이런 행태가 불법은 아니다. 겸직의 문제는 근본적으로 개업변호사로서의 지위를 유지하면서 영리활동하는 것을 제한적이나마 허용하려는 것이기 때문이다.

이제 사례로 돌아가서 보자. 변호사 갑은 K건설회사의 사내변호사로 취업하는 경우이다. 만약 이사나 사용인의 지위로 취업하는 것이라면, 휴업하지 않는 한, 반드시 지방변호사회로부터 겸직허가를 받아야 한다. 그 이외이 직위로 취업하는 경우라면 반드시 겸직이 필요하지는 않겠지만, 일반적으로 변호사는 소속회사의 사용인의 일을 수행하기 쉽기 때문에, 그런 경우에도 겸직허가를 받는 것이 안전할 것이다. 다만 대학의 사내변호사로 취업하는 경우라면, 비영리법인이라고 보아 겸직허가가 필요하지 않다. 이 경우 갑이 개업변호사로 활동할 수 있는지 여부는 고용계약의 내용에 따라야 한다. 만약 국립대학에 취업하는 경우라면 공무원이 되는 것이므로 개업변호사로 활동하는 것은 법률에 의해 금지된다.

---

12) 대한변협, 변호사법질의(대학교 소속 사내변호사의 대표자 또는 교원 개인에 대한 소송 대리 여부)에 대한 검토의견서, 2020. 4. 14.
13) 정형근 교수는 겸직을 허가하면서 동시에 수임할 수 있는 사건수를 제한하는 것은 겸직허가제도의 본질에도 반하고 법적 근거도 없다고 지적했다(정형근, 변호사법 주석, 피앤시미디어, 2016, 319쪽).
14) 대한변협 질의회신 831호, 2014.8.14.

제11장

형사변론과 변호인의 윤리

김 인 회

[기본질문]

1. 형사변호는 '기본적 인권을 옹호하고 사회정의를 실현'(변호사법 제1조 제1항)하는 것을
   사명으로 하는 변호사의 가장 기본적인 임무 중의 하나이다. 피의자·피고인이 단순히 형
   사절차의 대상이 아니라 헌법상의 기본권을 보장받는 기본권 주체라는 인식에서부터 형사
   변호는 시작된다. 형사변호와 민사변론과의 차이점은 무엇이 있는지 생각해 보자.

2. 변호사는 "공정하고 성실하게 독립하여 직무를 수행"(변호사윤리규약 제2조 제1항), "의
   뢰인에게 항상 친절하고 성실하여야" 하며, "업무처리에 있어서 직업윤리의 범위 안에서
   가능한 한 신속하게 의뢰인의 위임목적을 최대한 달성할 수 있도록 노력"(제13조)하여야
   한다. 형사소송절차에서 성실한 변론이란 무엇을 의미하는지 그리고 피의자·피고인의 위
   임목적을 최대한 달성한다는 것과 법률전문직으로서 독립하여 직무를 수행한다는 것과 마
   찰은 없는지 생각해 보자.

3. 변호사는 피의자피고인의 이익을 위해서라면 자신이 알고 있는 내용과 다르게 형사변호

활동을 할 수 있는지에 대하여 생각해 보자. 피의자피고인과의 접견 및 면담과정에서 진실을 알게 된 경우 이와 반대되는 변호활동을 할 수 있는가?

4. 변호사는 형사변호과정에서 일반적으로 법이 허용하는 최대한의 범위 내에서 피의자·피고인의 권리와 이익을 옹호하여야 한다고 한다. 피의자피고인이 명시적으로 말하지는 않지만 위법행위를 하려고 하는 경우 변호인은 어떤 입장을 취해야 하는가?

5. 변호사는 그 직무상 알게 된 비밀을 누설하여서는 안 된다. 그런데 변호인이 형사변호과정에서 피의자·피고인이 현재 수사가 진행중인 사건을 저질렀다는 사실을 알게 된 경우, 혹은 피의자피고인이 앞으로 범죄를 계획하고 있다는 것을 알게 된 경우에도 변호사의 비밀유지의무는 적용되는가?

6. 형사변호에서 사선변호보다 국선변호의 비중이 점점 높아지고 있다. 국선변호과정에서 발생할 수 있는 문제점을 생각해 보자.

7. 형사변호과정에서 피해자를 만나야 할 경우가 있다. 피해자에게 2차 피해가 가지 않도록 하면서 충실한 형사변호를 하기 위한 방법을 생각해 보자.

◇ **관련 법령**

[헌법]

제12조 ④ 누구든지 체포 또는 구속을 당한 때에는 즉시 변호인의 조력을 받을 권리를 가진다. 다만, 형사피고인이 스스로 변호인을 구할 수 없을 때에는 법률이 정하는 바에 의하여 국가가 변호인을 붙인다.

⑤ 누구든지 체포 또는 구속의 이유와 변호인의 조력을 받을 권리가 있음을 고지받지 아니하고는 체포 또는 구속을 당하지 아니한다. 체포 또는 구속을 당한 자의 가족 등 법률이 정하는 자에게는 그 이유와 일시·장소가 지체 없이 통지되어야 한다.

[변호사법]

제 1 조(변호사의 사명)
제 2 조(변호사의 지위)
제24조(품위유지의무 등)
제26조(비밀유지의무 등)
제27조(공익활동 등 지정업무처리의무)
제29조의2(변호인선임서 등 미제출 변호금지)
제30조(연고관계 등 선전금지)
제72조(국선변호협력의무 등)

[변호사윤리규약]
제 1 조(사명)
제 2 조(기본 윤리)
제 4 조(공익활동 등)
제11조(위법행위 협조 금지 등)
제17조(국선변호인 등)
제18조(비밀유지 및 의뢰인의 권익보호)
제27조(의뢰인간의 이해 대립)
제36조(재판절차에서의 진실의무)
제38조(영향력 행사 금지)
제39조(사건 유치 목적의 출입금지)
제40조(공무원으로부터의 사건 소개 금지)

Ⅰ. 형사변호인의 책무와 윤리

1. 형사소송의 이념

변호사의 형사변호는 형사소송과정에서 이루어지므로 형사변호윤리 역시 형사소송절차 속에서 모색되어야 한다. 형사소송절차는 형사소송이념을 구현하기 위하여 마련된 것이다. 따라서 형사소송이념에 대한 정확한 인식은 형사절차에서 변호인이 차지하는 지위와 역할, 형사변호의 목표만이 아니라 형사변호윤리를 결정하는 기초가 된다.

우리 형사소송법이 실체적 진실주의와 적정절차원칙을 주된 이념으로 한다는 것은 주지의 사실이다. 형사절차란 범죄가 발생함에 따라 필연적으로 발생하는 국가형벌권을 구체적으로 실현하기 위한 절차이다. 이를 위해서 우선 형사절차의 기초가 되는 범죄행위에 대한 진실을 명확히 하여야 한다. 이것이 형사절차의 영원한 과제라고 할 수 있는 실체적 진실발견의 요청이다. 그러나 실체적 진실발견이 형사절차의 기본과제라고 하더라도 실체적 진실발견을 위한 방법은 제한된다. 근대 형사절차가 도입된 이래 형사소송의 역사는 실체적 진실을 발견하기 위한 방법을 합리적이고 인간적으로 제한해 온 역사라고 해도 과언이 아니다.

근대 형사소송절차는 형사절차가 지향하는 객관적 진실규명이 저해되거나 또는 불가능하게 되더라도 경우에 따라서 법공동체가 추구하는 다른 가치나 이념을 위하여 이를 용인하지 않으면 안 되는 경우가 있음을 인정하고 있다.[1]

형사소송은 생명과 신체의 자유 등 인간의 가장 본질적인 인권을 다루기 때문에 형사소송 이념 중 적정절차원칙이 강조될 수밖에 없다. 적정절차원칙은 인간의 본질적인 인권을 침해하는 공권력의 행사를 정당화하는 기능을 한다. 도덕적이고 공정하고 인도주의적이며 최소한의 침해가 되도록 적정절차원칙이 규율하는 것이다. 이것이 헌법에서 적정절차원칙을 규정하고 있는 이유이다. 적정절차원칙은 공권력의 활동을 규율함으로써 인간의 기본적인 권리와 자주성을 존중할 것을 요청한다. 이에 따라 적정절차원칙은 단순히 원칙의 수준을 넘어 인권의 하나로서 피의자·피고인이 형사절차에서 적정절차를 보장받을 권리로까지 확대·발전하고 있다.[2]

실체적 진실주의와 적정절차원칙은 피의자·피고인이 단순히 형사절차상의 대상에 그치지 아니하고 형사절차에서 자신의 권리를 주장할 수 있고 이에 응하여 국가는 이를 존중해야 한다는 사실, 즉 피의자·피고인이 권리의 주체로서 자주적인 결정권을 갖는다는 것을 전제로 한다. 이를 형사변호의 윤리로 확장하면 변호인은 피의자·피고인의 자율성을 존중하면서 그 권리와 이익을 최대한 옹호해야 한다는 점을 의미한다.

2. 당사자주의와 결합하는 형사소송의 이념

형사소송의 이념은 당사자주의를 채택한 우리 형사소송구조와 결합하여 더욱 피의자·피고인의 주체성을 명확히 하고 있다. 특히 2007년 개정된 형사소송법은 당사자주의를 원칙으로 하면서 직권주의를 가미하는 선에서 형사절차의 실체적 진실발견을 꾀하고 있다.[3] 이러한 생각에 동의하지 않고 우리 형사소송의 구조가 직권주의를 기본구조 내지 기초로 하면서도 형식적으로는 당사자주

---

1) 신동운, 신형사소송법, 법문사, 2008, 10쪽.
2) James W. Nickel, *Making Sense of Human Rights*—, 2nd ed., Blackwell Publishing, 2007, 106쪽 이하. Nickel 교수는 Due Process Rights라는 권리를 기본적 인권의 하나로 규정하고 있다.
3) 신동운, 앞의 책, 14쪽.

의구조를 취하여 당사자주의와 직권주의를 조화한 것이라고 보는 입장[4]에서도 2007년의 형사소송법이 당사자주의를 대폭 강화하였다는 점은 부인하기 어려울 것이다.

당사자주의와 결합한 형사소송구조는 피의자·피고인의 주체성을 선명하게 부각시키므로 형사변호의 첫 번째 임무는 피의자·피고인의 방어권을 현실화하기 위한 것이 된다. 이것은 곧 형사변호과정에서 변호인의 역할이 공평무사한 것이 아니라 강한 당파성을 띠는 것을 의미한다. 당사자주의구조에서 변호인의 역할은 객관적으로 공정한 재판을 실현하는 데 협력할 것을 목적 내지 임무로 하는 법원의 협동자가 아니라, 무엇보다도 먼저 당사자의 입장에 서서 그의 주장 및 이익을 실현하는 데 협력·진력하는, 필연적으로 당파적 성질을 갖는다.[5] 변호인의 당파적 성격은 진실의무에서 가장 잘 나타난다. 변호인은 진실의무를 부담하고 있으나 그 진실발견의무는 어디까지나 피의자·피고인에게 유리한 사실을 밝힘으로써 소극적으로 실체진실을 추구하는 모습을 취하게 된다. 만일 변호인이 판사나 검사와 동일한 의무를 부담한다면 변호인을 선임한 피의자·피고인은 변호인을 선임하지 않은 피의자·피고인보다 불리한 지위에 빠지게 된다. 변호인의 당파성이야말로 피의자·피고인의 방어권을 실질화하는 기초인 것이다. 이것은 변호인이 피의자·피고인을 대리하기 때문에 당연히 발생하는 결과이기도 하다.

또한 당사자주의 아래에서 변호인이 열성적인 변론을 하기 위해서는 의뢰인인 피의자·피고인과 독립하여 중립적인 지위가 보장되지 않으면 안 된다. 즉, 피의자·피고인이 저질렀다고 기소된 범죄사실, 피해의 정도, 피의자·피고인의 인격, 방어권 행사방법, 범행 후의 정상 등에 도덕적으로 비판받을 만한 내용이 있다고 하더라도 방어권의 행사는 이러한 비판으로부터 독립된 권리이고 피의자·피고인의 방어권을 체현하는 변호인 역시 이러한 비판으로부터 중립적이어야 한다. 그렇지 않으면 형사절차에서 피의자·피고인에게 변호인에 의한 변호를 받을 권리를 보장한 제도 자체가 붕괴될 수 있다.

미국 변호사협회의 직무행위표준규칙 1.2(b)는 "변호사의 대리는 의뢰인의 정치적·경제적·사회적 또는 도덕적 견해 및 행동을 시인하는 것이 아니다"라고

---

4) 이재상, 신형사소송법, 박영사, 2008, 49쪽.
5) 사법연수원, 법조윤리론, 2008, 266쪽.

규정하고 있다. 이것이 중립성의 요청이다. 이 경우 변호인은 단순히 피의자·피고인만을 대리하는 것이 아니다. 그렇다고 하여 국가를 대리하는 것도 아니다. 변호인의 변호활동은 정형화되고 통제가능한 절차를 통하여 진실을 발견하도록 하는 것이다. 정의의 실현과정을 인도적으로 순화시킴으로써 공동체의 유지·존속에 기여한다. 그러므로 이때 변호인은 공동체인 시민사회를 대리한다고 할 수 있다. 시민사회의 유지·존속·발전에 필요한 역할을 담당하는 것이다. 다만 변호인의 시민사회 대리는 피의자·피고인 대리보다는 부차적이고 피의자·피고인 대리의 한계를 설정하는 역할을 담당한다.

이상의 점에 대한 논의를 풍부하게 하기 위하여 당사자주의하에서의 형사변호인의 지위에 대한 미국의 논쟁을 살펴보자.

형사변호인이 처할 수 있는 난처한 입장을 설명하면서 먼로 프리드만(Monroe Freedman)은 가장 어려운 문제점으로 다음의 세 가지 문제를 지적한다.

첫째, 상대방측 증인이 진실을 말하고 있는 것을 알면서도 그 진실성이나 신빙성을 탄핵하기 위하여 반대신문을 하는 것은 옳은 것인가? 둘째, 위증을 하리라는 것을 알면서도 증인으로 신문하기 위하여 증거신청을 하는 것은 옳은 것인가? 셋째, 법률상담 시 제공한 법률지식이 당사자의 부정행위를 유발시킬 가능성을 알면서도 그러한 법률지식을 제공하는 것은 옳은 것인가?[6] 이 문제는 형사변호인의 어려운 처지를 단적으로 보여 주는 상황일 수 있다.

이 세 가지 문제에 대해 논의하면서 프리드만은 "당사자주의에서의 변호인의 역할은 당사자들로 하여금 재판관이나 배심원에게 서로 상반되는 견해를 주장하여 투쟁하게 하는 것이 가장 효과적으로 진실을 발견하는 방법이라는 것에 기초"하고 있고, 이를 위해서는 "당사자와 변호인간의 완전하고 자유로운 정보의 교환이 필수적"[7]이라고 한다. 의뢰인인 피의자·피고인과 변호인의 완전한 정보의 교환이 이루어지기 위해서는 의뢰인의 입장에서 볼 때에는 변호인에게 진실을 제공하더라도 자신이 진실을 제공하기 전에 비하여 불리한 지위에 떨어지지 않는다는 확신이 있어야 하고 변호인의 입장에서는 이러한 확신을 제공하여야 한다. 이것이 바로 의뢰인과 변호인의 신뢰관계이다.

---

6) Monroe H. Freedman, "Professional Responsibility of the Criminal Defense Lawyer : The Three Hardest Questions", *64 Michigan Law Review* 1469(1966), 1469쪽. 이하 번역은 사법연수원, 앞의 책, 337~351쪽을 참조하였음.

7) Monroe H. Freedman, 앞의 논문, 1470쪽.

이런 면에서 첫 번째 문제를 살펴보면, 만일 변호인이 반대신문을 하지 않는다면 이것은 신뢰관계를 배반하는 결과를 초래할 것이므로 변호인으로서는 반대신문을 성실히 수행하지 않으면 안 된다. 변호인은 의뢰인과의 신뢰관계를 침범하는 행위를 하여서는 안 되는데 그것은 "당사자가 법률상 조력을 얻기 위하여 찾아간 변호인에게 신뢰를 갖는 데 주저하게 되는 경우 초래될 수 있는 더 큰 불행을 방지하기 위하여 필요하기 때문"이고 "신뢰관계를 배반하는 경우 일반인들은 전문지식을 갖춘 전문인에게 상담하려 하지 않거나 혹은 사실관계를 절반 정도밖에 털어 놓지 않을 것"[8]이기 때문이다. "이와 반대의 견해는 사법정의실현에 긴요한 당사자와 변호인간의 완전한 접견교통권을 불가피하게 침해할 것"[9]이고 이에 따라 당사자주의의 근본, 형사소송의 원칙을 파괴할 것이다.

두 번째 문제를 해결하는 방안으로서는 우선 변호인의 사임을 생각할 수도 있겠으나 사임은 다른 변호사에게 문제를 떠넘기는 것일 뿐, 종국적인 해결방식은 아니다. 그리고 국선변호인의 경우 법관에게 사임의 이유를 밝혀야 한다면 이것은 공정한 재판을 받을 권리를 침해하는 것이 될 수도 있다. 다음으로 "당사자로 하여금 증인석에 서게 하는 대신 변호인이 신문에 참여하지 않고 또한 최종변론 시 피고인의 증언내용을 언급하지 않는 길"[10]이 있다. 하지만 이 방법은 피고인을 전혀 변호하지 않는 것과 마찬가지로 아무런 효과가 없는, 잘못하면 역효과가 있는 치명적인 방법이다. 변호인으로서는 우선 "당사자가 허위의 증언을 하기 전에 법률과 도덕적인 근거에서 허위로 증언하지 말도록 설득할 책임이 있고" 나아가 "자기의 거짓 알리바이가 소송기술면에서도 위험스러운 것"임을 깨닫게 하여야 할 책임[11]이 있다. 그러나 "허위의 증언을 할 것인가 아닌가에 관한 결정권은 당사자가 가지고"[12] 있으므로 변호인으로서는 "재판관에게나 배심원들에게는 피고인이 범인이라는 사실을 명시적으로나 묵시적으로 나타내지 않고 허위진술을 하려는 피고인을 증거신청하여 증인석에 세우는 길밖에는 다른 해결방법이 없다"[13]고 설명한다.

세 번째 문제에 대해 프리드만은 만일 변호인 자신이 피고인이 되는 경우를 생각해 보면 법률지식은 피고인이 스스로 갖추고 있는 지식에 지나지 않고 "당사자로서는 마땅히 법에 대한 이와 같은 지식을 얻을 수 있고 이 지식에 의하여 행동할 것인지는 스스로 결정할 수 있어야 한다"[14]고 주장한다. 따라서 정확한 법률지식을 제공하지 않는 것은 "교

---

8) Monroe H. Freedman, 앞의 논문, 1475쪽.
9) Monroe H. Freedman, 앞의 논문, 1475쪽.
10) Monroe H. Freedman, 앞의 논문, 1477쪽.
11) Monroe H. Freedman, 앞의 논문, 1478쪽.
12) Monroe H. Freedman, 앞의 논문, 1478쪽.
13) Monroe H. Freedman, 앞의 논문, 1477쪽.

육수준이 낮은 피고인을 부당히 처벌하는 결과가 될 뿐 아니라, 변호인과의 신뢰관계에서 변호인을 믿고 사실 그대로 당사자가 이야기한 그 이유 때문에 당사자에게 불이익을 초래하게 되는 결과"[15]가 될 것이다.

세 가지 문제에 대한 분석을 통하여 프리드만은 "당사자주의의 실현, 무죄의 추정, 합리적인 의심을 뛰어넘어서 유죄라는 증거를 제출할 검찰측의 입증책임, 변호인의 조력을 받을 권리 및 변호인과 당사자간의 신뢰관계 유지의무"[16] 등의 정책적 고려 때문에 실체적 진실발견이나 정당한 청구를 때때로 좌절시키는 것까지도 용인하여야 한다고 주장하고 있다. 프리드만의 입장은 당사자주의에 충실한 형사변호인의 자세를 요구하고 있다.

한편, 마빈 프랑켈(Marvin Frankel) 판사는 프리드만의 견해에 의문을 제기한다. 프랑켈은 근본적으로 당사자주의의 문제점을 지적하면서 형사변호사에게 진실의무를 부담시킬 수는 없지만 그렇다고 하여 이를 조장할 필요는 없다고 지적하고 있다. 즉, 프랑켈은 "당사자주의가 사법기관이 추구하여야 할 목표 가운데서 진실추구를 너무 낮은 순위에 두고 있으며,"[17] 오히려 "당사자소송의 규정이나 기술 등 다수가 진실발견보다는 진실추구를 방해하는 데 곧잘 이용되고 있다"[18]고 지적하고 당사자주의하에서 "상당수 변호인에게 진실발견과 재판에서의 승소가 양립할 수 없다"고 주장한다.[19] 프랑켈은 "진실발견을 상대적으로 가볍게 여기는 것이야말로 법조직역이 존경받지 못하는 가장 큰 이유일 것"[20]이라고 지적한다. 이를 위해 "첫째, 당사자주의 이념의 수정, 둘째, 진실발견의 궁극적 목적화, 셋째, 당사자에 대한 진실추구의무부과"[21]를 제안하고 있다. 특히 사실조사에 있어 "변호사의 첫째 임무가 당사자의 이익추구보다는 진실발견이어야 하는지를 진지하게 검토"하여야 하는데 그 이유는 "진실추구에 대한 욕구를 강력히 억누르고 오직 승리하기 위한 투쟁에서는 극히 부수적으로나 우연한 경우에만 공공의 이익에 합치될 뿐이기 때문"[22]이라고 지적한다. 그리고 프리드만이 제기한 세 번째 문제에 대한 해답, 즉 법률상담 시 제공한 법률지식이 당사자의 부정행위를 유발시킬 가능성을 알면서도 그러한 법률지식을 제공해야 한다는 해답에 대해서는 "공공의 직업에는 적합하지 않고 미련하고 위험한 생

---

14) Monroe H. Freedman, 앞의 논문, 1481쪽.
15) Monroe H. Freedman, 앞의 논문, 1482쪽.
16) Monroe H. Freedman, 앞의 논문, 1482쪽.
17) Marvin Frankel, "The Search for Truth : An Umpireal View", *123 University of Pennsilvania, L. Rev.* 1031(1975), 1032쪽. 이하 번역은 사법연수원, 앞의 책, 352~367쪽을 참조하였음.
18) Marvin Frankel, 위의 논문, 1036쪽.
19) Marvin Frankel, 위의 논문, 1037쪽.
20) Marvin Frankel, 위의 논문, 1040쪽.
21) Marvin Frankel, 위의 논문, 1052쪽.
22) Marvin Frankel, 위의 논문, 1055쪽.

각"이며 "중요한 직업을 수행하도록 교육받은 사람 중 부정직하고 사악한 사람의 수를 제한하는 수단"이 마련되어야 하고 제도적으로 "올바르지 못한 일을 부추길 이유는 없다"[23]는 점을 강조한다.

프랑켈의 견해에 의하면 형사변호인은 프리드만의 견해보다 훨씬 더 무거운 공익의무, 진실의무를 부담한다. 최소한 피의자나 피고인이 악을 행하지 않도록 해야 하는 의무를 변호인이 부담하고 있다는 것이다. 형사변호인은 사법시스템하에서 극히 중요한 역할을 수행하므로 이들에게 높은 수준의 윤리와 공익의무를 부담시키는 것이 정당화될 수 있다고 본다.

프리드만의 견해와 프랑켈의 견해는 서로 대립된다. 하지만 이것은 순수한 당사자주의가 지배하는 미국에서의 논의이다. 우리 형사소송법은 직권주의를 포함하고 있다. 그렇다면 이 논쟁은 우리에게 어떤 시사점을 줄 수 있는가? 이에 대해 논의해 보자.

3. 변호인의 지위

변호인은 보호자로서의 지위를 가지고 피의자 · 피고인의 방어권 행사를 돕는다. 변호인의 보호자로서의 지위는 형사절차에서 무기대등의 원칙을 실현하기 위한 변호인의 기본적인 지위이다. 여기에서 중시되어야 할 점은 피의자 · 피고인이 헌법상의 권리를 가진 주체로서 자주적으로 판단하고 결정할 수 있다는 점이다. 피의자 · 피고인은 일방적인 시혜나 보살핌의 대상이 아니다. 변호사법도 피의자 · 피고인에게 권리와 이익이 있음을 인정하고 이를 최대한 옹호할 것을 요구하고 있다.

보호자로서 변호인은 피의자 · 피고인의 보호자로서 법적 조언을 행하고, 증거의 수집 등 기타 활동을 통하여 피의자 · 피고인을 돕는다. 변호인의 법적 조언에는 실체법적인 권리만이 아니라 절차법적인 권리 등 모든 법적 권리가 포함한다. 보호자로서의 변호인 지위는 변호인의 피의자 · 피고인 대리의 지위에서 도출되는 결론이다. 여기에서는 사적 대리의 원칙이 지배되며 피의자 · 피고인을 위한 변호활동이 강조된다. 어떤 경우에도 변호활동을 통하여 피의자 · 피고인에게 불리한 상태를 초래해서는 안 된다. 형사변호인을 포함한 변호사가 갖는 비밀유지

---

23) Marvin Frankel, 위의 논문, 1056쪽.

의무, 성실의무의 뿌리는 여기에 있는 것이다. 하지만 형사변호인은 여기에 한정되지 않는다.

변호인은 피의자·피고인의 보호자로서의 지위 이외에도 독립적인 지위도 갖고 있다. 피의자·피고인은 형사절차로 겪게 되는 당황과 무경험 때문에 적절하게 방어권을 행사하지 못하는 경우가 많다. 따라서 변호인으로서는 피의자·피고인의 권리와 이익에 충실하면서도 직접적인 이해관계로부터 어느 정도 거리를 두고 독립하여 객관적으로 판단하여야 한다. 변호인으로서는 피의자·피고인의 이해관계를 법원에 현출할 때 이를 형사소송의 원칙과 법률에 맞게 제출해야 할 의무가 있다.

변호인이 의뢰인의 선택을 존중한다는 것은 처음부터 의뢰인에게 순종한다는 의미가 아니다. 변호인은 스스로 최선이라고 생각하는 방침을 의뢰인에게 이야기해 주고 또 그 예상하는 효과와 위험 내지는 다른 선택방안에 대해서도 충분히 설명해 주어야 한다.[24] 설명의무가 먼저 이행되지 않고는 의뢰인 스스로 올바른 결정을 내릴 수 없다. 이것은 곧 피의자·피고인의 표면적인 요청대로 변호를 하였다고 하여 성실한 변호가 되지 않는 경우가 있음을 말한다. 또한 변호인은 피의자·피고인이 반대하더라도 유리한 증거를 제출할 수 있다.

이러한 요청을 두고 변호인은 대리인을 초월한 보호자이며 형사절차의 일익을 담당한 자로서 정의와 진실에 기여하는 공익적 지위를 가지는 것으로 해석하기도 한다.[25] 나아가 변호인의 보호자로서의 지위와 공익적 지위가 충돌할 수 있다고 설명하기까지 한다.[26] 하지만 변호인은 근본적으로 피의자·피고인의 이익으로부터 자유로울 수 없다. 변호인의 존재 자체가 피의자·피고인의 방어권을 현실화하기 위한 것이기 때문이다. 그럼에도 불구하고 변호인에게 이러한 의무가 강조되는 것은 변호인이 피의자·피고인을 대리하면서 동시에 시민사회를 대리하기 때문이다. 이러한 현상을 잘 보여주는 사례는 국선변호이다. 국선변호는 국가가 비용을 부담하여 국가를 대상으로 변호를 하게 하는 제도이다. 이것은 변호인

---

24) 배기석, "형사변호인의 진실의무와 변호권의 한계", 인권과 정의 제357호, 대한변호사협회, 2006, 164쪽.
25) 박휴상, 법조윤리, 도서출판 fides, 2010, 397쪽.
26) 이를 두고 '개인인 의뢰인을 위할 의무'와 '국가 사법의 공정 실현에 기여할 의무'간의 충돌이라고 표현하는 경우도 있다. 배기석, 앞의 논문, 160쪽.

이 피의자·피고인, 그리고 국가 이외에 다른 것을 대리한다는 것을 보여준다. 이 것이 바로 시민사회이다. 공동체의 유지·존속에 관심을 가지는 시민사회를 대리 하는 것이 변호사인 것이다. 이런 이유로 변호사는 정의 발견을 위한 정형화된 절차의 진행에 깊숙이 개입하여 견제하고 감시하는 것이다. 즉, 위법수사나 위법 한 공소제기, 수사권 남용이나 공소유지권한의 남용, 위법한 재판진행에 대한 견 제와 감시는 피의자·피고인을 위한 것이기도 하지만 공동체의 유지·존속을 위 한 것이기도 하다.

하지만 변호인의 시민사회 대리이론은 어디까지나 피의자·피고인 보호에 비하면 부차적이다. 시민사회의 대리나 공익적 지위를 앞세워 피의자·피고인을 변호인과 만나기 전보다 오히려 불리한 위치로 떨어뜨리는 것은 허용되지 않는 다. 만일 그렇게 되면 변호인 제도가 존속될 수 없다. 이러한 이유로 일본의 변호 사직무기본규정 제82조는 '제 5 조(인용자주 : 진실존중의무)의 해석적용에 있어 형사 변호의 경우에는 피의자 및 피고인의 방어권 및 변호인의 변호권을 침해하지 않 도록 유의하여야 한다'고 규정하고 있다. 다만 피의자·피고인을 보호한다고 하면 서 같이 위법한 행위를 하는 것은 불필요하고 오히려 공동체의 유지·존속에 해 를 끼치므로 금지된다. 결국 변호인의 공익적 지위론은 보호자 지위가 지나치지 않도록 하는 한계설정기능을 하는 것이다.

Ⅱ. 적극적인 변론활동

[사례 1]

변호사 甲은 연쇄 살인사건의 피고인 A를 변호하게 되었다. A의 범행은 모두 여 성을 대상으로 수년에 걸쳐 이루어진 것이고 범행수법 역시 잔혹하여 이미 언론에 자세히 보도되고 사회적으로 지탄의 대상이 되어 버렸다. 변호사 甲이 A를 한번 접견한 결과 A는 죄값을 치르겠다고 하면서 재판을 빨리 끝내달라고 요청하였고, 증거를 검토한 결과 일부 위법증거는 있지만 나머지 증거에 의하더라도 유죄가 명 백하다고 판단되었다. 그리고 사안이 중대하여 무기징역 이상의 형이 예상되었다.

이에 변호사 甲은 A의 취지대로 양형을 위한 증인을 신청하지 않고 A에 대한 피

고인신문만을 행하고 A가 범죄를 저지른 것은 사실이지만 지금은 반성하고 있다는
취지의 3페이지 분량의 변론요지서를 제출하고 사실상 변호활동을 종결하였다.

변호사 甲은 변호인으로서 성실의무를 다했다고 할 수 있는가?

[사례 2]

변호사 甲은 구속된 피고인 A에 대한 제1심 선고 당일 출석하여 같이 선고를
들었다. 피고인 A에 대해서는 집행유예가 선고되었다. 따라서 피고인 A는 당연히
석방되어야 하는데 교도관들은 검사의 석방지휘가 없다는 이유로 피고인 A가 구치
소에 일단 돌아가야 한다고 주장하면서 석방에 반대하고 있다면, 변호사 甲은 피고
인 A의 석방을 법원에 요청하여야 하는가? 아니면 A에게 일단 구치소로 돌아갈 것
을 권유하여야 하는가?

1. 성실의무는 변호인의 가장 기본적인 의무

형사변호인의 의뢰인은 피의자·피고인이다. 변호인이 누구에 의하여 선임되
었는가는 묻지 아니한다. 비록 국선변호인이라고 하더라도 의뢰인은 바로 피의
자·피고인이다. 변호사윤리규약에 의하면 변호사는 "업무처리에 있어서 직업윤
리의 범위 안에서 가능한 한 신속하게 의뢰인의 위임목적을 최대한 달성할 수 있
도록 노력"(제13조)하여야 한다. 따라서 변호인은 피의자·피고인의 권리와 이익을
위하여 성실하게 헌신적으로 최선을 다하여야 한다. 피의자·피고인의 권리와 이
익을 최대한 옹호하는 것은 무엇을 말하는가. 이것은 피의자·피고인이 자백하고
있어도 유리한 정상을 모두 현출하고, 부인하고 있는 경우에는 무죄로 연결시킬
수 있는 사실을 명확히 하여 필요한 법률론을 모두 전개하여야 하는 것을 의미한
다.[27]

영국의 Brougham경은 1821년 형사변호의 핵심을 말한 바 있다.[28]

---

27) 佐藤博史, 刑事辯護の 技術と 倫理, 有斐閣, 2007, 25쪽.
28) Trial of Queen Caroline 8(1821), *Harvard Law Review*, 1999. 3, 1086쪽에서 재인용. 한인섭,
"왜 법률가의 윤리와 책임인가", 법률가의 윤리와 책임, 서울대학교 법과대학 편, 박영사,

변호인은 자신의 임무를 수행하는 과정에서 이 세상에서 오직 한 사람만을 인식한다. 그 사람은 그의 의뢰인이다. 의뢰인을 구하는 것은 그의 첫 번째이자 유일한 의무이다. 그것을 위해 어떤 수단과 방편을 사용하든, 타인에게 어떤 위험과 비용이 초래되든 상관없다. 이러한 의무를 이행하는 데 변호인은 다른 사람에게 초래될지도 모르는 공포, 고통, 파멸을 고려하지 않아야 한다. 변호인은 변호인의 의무와 애국자의 의무를 엄격히 구분해야 하며 그로 인한 결과의 무모함을 무릅쓰지 않으면 안 된다. 비록 조국을 혼란에 빠뜨리게 되는 결과에 이른다고 하더라도 이를 받아들여야만 한다.

이와 같은 변호인의 성실의무는 기본적으로 정열적인 변호론과 연결되어 있다.[29] 지금까지 형사변호인에게 성실의무를 강조해 온 것은 사실상 정열적인 변호의 의무를 말하는 것이라고 할 수 있다. "성실의무"라는 용어는 지나치게 정적이고 차분한 느낌을 주는 것이어서 혼신의 힘을 다하는 열정적인 변호를 떠올리기는 어렵다. 하지만 변호인은 피의자·피고인의 권리와 이익을 위하여 최선을 다해 변호하여야 하는 의무는 곧 자신이 가지고 있는 모든 능력과 기술을 동원하여 열정적으로 변호에 임하는 것을 의미하지 않을 수 없다. 피의자·피고인이 객체가 아닌 자신의 권리와 이익을 파악하고 이를 행사할 수 있는 주체라고 인식한다면, 변호인의 성실의무는 지금까지 생각되어 온 것처럼 정형화된 변호가 아니라 더 넓고 더 적극적이고 더 정열적인 의무라고 할 것이다. 따라서 단순히 피의자·피고인에게 최소한의 형식적인 변호만 행한 경우에는 일반적인 의미에서의 성실의무는 다했다고 할 수는 있겠으나 피의자·피고인의 권리와 이익을 최대한 옹호하는 정열적인 변호를 한 것으로 인정되지는 않을 것이다.

하지만, 변호인의 성실의무, 즉 정열적인 변호의무는 그 자체로서는 유효한 변호가 될 수 없다는 점 역시 명심해야 한다. 열정적이고 혼신의 힘을 다하는 변호는 변호인이 아니라 피의자·피고인의 가족이나 친구들이 더 잘 할지도 모른다. 변호인에게는 변호인으로서 필요한 변호를 정열적으로 해야 할 의무가 있다. 따라서 변호사는 형사변호의 전문가로서 기대되는 기술을 가지지 않으면 안 된다.

2007, 18쪽 참조.
29) 佐藤博史, 위의 책, 27쪽.

기술 없는 열정만의 변호는 적극적인 성실의무를 다하는 변호가 아닌 것이다.[30]

변호인은 형사재판의 기본원칙을 잘 알고 이를 잘 적용해야 한다. 예를 들면 변호인은 반드시 법정에 출석하여 구두로 변론을 벌여야 한다. 이미 의견서 등 서면으로 의견을 제출했다고 하더라도 구두변론은 반드시 해야 한다. 판례는 구두변론의 필요성을 절대적으로 보고 있다. 검사가 공판정에서 구두변론을 통해 항소이유를 주장하지 않았기에 피고인도 그에 대한 적절한 방어권을 행사하지 못하는 등 검사의 항소이유가 실질적으로 구두변론을 거쳐 심리되지 않았다고 평가될 경우, 항소심법원이 검사의 항소이유 주장을 받아들여 피고인에게 불리하게 제1심판결을 변경하는 것은 허용되지 않는다.[31] 이처럼 변호인도 1심이든 항소심이든 반드시 구두변론을 해야 한다.

형사절차에서 적정절차원칙이 강조되면 강조될수록 피의자·피고인의 권리가 높아진다. 그에 비례하여 변호인의 활동도 더욱 중요해진다. 피의자·피고인의 방어권을 현실화하는 것이 바로 변호인이기 때문이다. 이전의 변호활동은 주로 수사가 끝난 후 재판과정에서 범죄의 유무와 양형의 적정성을 다투는 것이었다고 할 수 있다. 하지만 변호활동은 수사초기 단계부터 공판기일과 판결선고에 이르기까지 적극적으로 참여하여 실시간으로 위법한 수사와 재판을 견제·감시하고 방어권을 최대화하는 역할을 하는 것으로 변화하고 있다. 변호인의 변호활동 영역의 확대와 심화는 적정절차원칙의 발전과 함께 발전하고 있다.

형사변호인의 성실의무와 관련하여 최근 문제가 되는 것은 전자정보 압수수색 과정에 대한 변호인의 참여 여부이다. 압수수색 참여권은 압수수색의 범위를 제한하고 압수수색의 정당성을 결정하는 중요한 방어권이다. 대법원도 저장매체에 대한 압수·수색 과정에서 범위를 정하여 출력 또는 복제하는 방법이 불가능하거나 압수의 목적을 달성하기에 현저히 곤란한 예외적인 사정이 인정되어 전자정보가 담긴 저장매체 또는 하드카피나 이미징 등 형태를 수사기관 사무실 등으로 옮겨 복제·탐색·출력하는 경우에도, 그와 같은 일련의 과정에서 형사소송법 제219조, 제121조에서 규정하는 피압수·수색 당사자나 변호인에게 참여의 기회를 보장하고 혐의사실과 무관한 전자정보의 임의적인 복제 등을 막기 위한 적

---

30) 佐藤博史, 앞의 책, 28쪽.
31) 대법원 2015. 12. 10. 선고 2015도11696 판결.

절한 조치를 취하는 등 영장주의 원칙과 적법절차를 준수하여야 한다[32]고 밝히고 있다. 변호인의 성실의무는 실질적인 변호, 전면적인 변호로 발전하고 있다. 성실의무는 의뢰인의 도움이 필요한 모든 분야에 미친다.

2. 구속된 경우 석방을 위한 최선의 노력

(1) 구속의 중대성

형사절차에서 구속은 절대적인 영향을 미친다. 구속은 수사기관이 행사할 수 있는 강제처분 중에서 신체의 자유를 구속하는 강제처분으로서 가장 강력한 처분이다. 따라서 피의자에게 미치는 영향은 막대하다. 구속된 자는 사회생활로부터 격리되고 본인 및 가족의 경제생활, 사회생활에 부정적인 영향을 받는다. 구속으로 인한 불이익은 사회가 고도화·조직화될수록 심각하다. 한번 신용불량자로 낙인찍히면 재기하기 어렵고 구속자로 낙인찍히면 두 번째 기회는 사라지기 마련이다. 그리고 구속자는 외부세계와 고립됨으로써 방어권을 적절하게 행사하지 못하고 쉽게 수사기관에 굴복하게 된다. 신체구속을 당하면 대부분 당황하고 초조하며 심리적으로 위축되어 자포자기의 심정을 갖게 되기 쉽고, 여기에 수사기관의 회유와 강박이 더해지면 허위자백을 하는 경우도 없지 않다.[33] 따라서 변호인은 피의자·피고인이 구속된 경우 그 방어권 행사에 지장이 없도록 더욱 신경을 써야 한다. 피의자·피고인이 구속된 경우 변호인으로서는 접견을 충실하게 해야 하며 신체구속으로부터 조기에 석방되도록 최선의 노력을 다할 의무가 있다.

(2) 접견의 의무

변호인은 구속된 피의자·피고인에 대하여 접견을 해야 할 의무가 있다.[34] 변호인의 접견은 피의자·피고인의 방어권 행사를 위하여 충분하게 이루어져야 한다. 변호인의 접견은 우선 사건의 실체를 파악하고 변호의 방향을 설정하기 위하여 필요하다. 하지만 이에 한정되지 않는다. 피의자·피고인의 심리적 안정을

---

32) 대법원 2015. 7. 16. 선고 2011모1839 전원합의체 결정.
33) 사법연수원, 변호사실무(형사), 2009, 44쪽.
34) 박휴상, 앞의 책, 402쪽; 최진안, 법조윤리, 세창출판사, 2010, 277쪽.

364 제11장 형사변론과 변호인의 윤리

위해서도 필요하다. 구속된 경우에는 자포자기의 심정으로 방어를 포기하는 경우가 발생할 수 있기 때문이다. 특히 수사초기의 진술이 향후 수사와 재판의 방향을 결정한다는 점을 고려해 보면 사건 초기의 접견은 매우 중요하다.

변호인은 우선 피의자·피고인이 구속·체포되는 즉시 접견을 해야 할 의무가 있다. 사건의 내용을 파악하는 것도 목적이지만 우선 피의자·피고인의 심리적 안정을 위해서도 접견이 필요하다. 초기 접견에서는 피의자·피고인의 권리 설명과 변호인과의 신뢰형성이 중요하다. 보통사람은 구속이 되는 순간 심리적으로 무장해제되는 경우가 생길 수 있다. 그러므로 일단 변호인이 접견하여 진술거부권과 무죄추정의 권리, 변호사의 조력을 받을 권리, 수사에 임하는 자세, 향후 진행될 절차, 체포·구속적부심사, 보석을 통한 석방의 가능성 등에 대하여 설명해 주어야 한다. 피의자·피고인의 권리 설명은 피의자·피고인이 수사와 재판의 주체로서 책임감 있게 형사절차에 임할 수 있도록 도와주므로 반드시 이루어져야 한다. 특히 진술거부권과 무죄추정의 권리, 변호인의 조력을 받을 권리에 대한 설명은 필수적이다. 그리고 조기의 접견은 피의자·피고인과 변호인 사이의 신뢰형성에도 필요하다.

다음으로 사건의 실체를 파악하고 변호의 방향을 수립하기 위하여 충분한 접견을 하여야 한다. 사건의 실체 파악은 피의자·피고인의 방어권을 실현하는 과정이므로 충분히 이루어져야 한다. 수사 및 재판의 진행상태를 파악하여 변론의 방향을 수정할 때에도 접견은 필요하다. 그리고 재판 직전에는 반드시 접견하여 재판 절차를 설명하고 변호의 방향 및 내용을 점검해야 한다.

한편, 비변호인과의 접견교통권도 헌법상의 기본권이다.[35] 따라서 변호인은 구속된 피의자·피고인의 가족 및 사회와의 교류 및 방어권 보장을 위해서 비변호인과의 접견교통권도 적극 보장하도록 노력해야 한다.

미결수용자는 수사·재판·국정감사 또는 법률로 정하는 조사에 참석할 때는 사복을 착용할 수 있다(형의 집행 및 수용자의 처우에 관한 법률 제82조). 미결수는 비록 수용중에 있더라도, 무죄추정의 원칙을 적용받고 있으며, 외부에 노출될 때 자신이 원하는 복장을 착용할 수 있는 것이다. 미결수는 무죄추정의 원칙을 적용받으므로, 그에게 수의(囚衣)를 입히는 것은 심리적인 위축으로 피의자·피고인의

---

35) 헌법재판소 2003. 11. 27. 선고 2002헌마193 결정.

권리를 제대로 행사할 수 없게 하여 실체적 진실 발견을 저해하고 절차적 권리 보장을 제대로 받지 못하게 할 수 있다. 수사 또는 재판에서 사복을 입지 못하게 하는 것은 어떤 이유를 내세우더라도 정당화될 수 없다. 헌법재판소는 이러한 취지로 미결수에게 사복착용을 제한하면 위헌임을 분명히 했다.[36]

또한 기결수라 할지라도 별도의 형사재판을 받고 있다면, 그 부분에 대해서는 무죄추정의 원칙의 적용을 받는 미결수이므로 사복착용권이 인정되어야 한다. 수형자라 할지라도 별도 사건에서 형사재판 출석 시 사복착용을 금지한다면 이는 "인격적인 모욕감과 수치심 속에서 재판을 받도록 하는 것"이 되고, "소송관계자들에게 유죄의 선입견을 줄 수 있고, 이미 수형자의 지위로 인해 크게 위축된 피고인의 방어권을 필요 이상으로 것이다"는 것이 헌법재판소의 입장이다.[37]

그런데 미결수는 사복착용을 요구할 경우 혹시 불이익을 입지 않을까 하는 우려에서 권리행사를 주저하거나, 사복착용권이 있는 줄 아예 몰라서 권리를 불행사하는 경우가 많다. 형사변호인은, 사복착용의 권리를 적극적으로 알리고, 의뢰인이 사복착용권을 행사할 수 있도록 적극 조력해야 한다. 미결수의 권리의 부분인데, 변호인의 무지 혹은 주저로 인해 의뢰인의 정당한 권리 행사에 장애를 초래해서는 안 될 것이다.

(3) 석방 노력 의무

변호인은 또한 피의자·피고인이 가능한 한 조기에 석방되도록 최선의 노력을 다해야 한다.[38] 피의자·피고인은 무죄추정의 권리를 가지고 있기 때문에 불구속 수사와 불구속 재판이 원칙이다. 그리고 피의자·피고인의 방어권은 불구속일 때 제대로 보장될 수 있다. 심리적으로 위축되지 않고 변호에 필요한 증거나 자료를 수집하기 위해서는 불구속으로 재판을 받아야 할 필요성이 높다. 또한 피의자·피고인의 조속한 사회복귀를 위해서도 석방의 노력은 필요하다. 가족생활과 사회생활을 계속 유지하는 것은 피의자·피고인의 사회복귀에 결정적인 역할을 한다. 이런 의미에서 변호인은 체포·구속적부심을 통한 석방의 가능성, 보석

---

36) 헌법재판소 1999. 5. 27. 선고 97헌마137 결정.
37) 헌법재판소 2015. 12. 23. 선고 2013헌마712 결정.
38) 박휴상, 앞의 책, 402쪽; 최진안, 앞의 책, 278쪽.

을 통한 석방의 가능성을 적극적으로 고려하여 필요한 절차를 밟아야 한다. 구속영장 실질심사에서 변호인은 최선을 다해 변론해야 한다. 실형 대신 형의 유예(집행유예, 선고유예)의 가능성이 있다면 그 점에 대해서도 적극 변론해야 한다. 만일 석방의 가능성이 있음에도 불구하고 이를 놓치게 된다면 변호인으로서는 성실의무를 다하지 못한 것이 된다. 그러나 변호인으로서 자신이 출석보증인이 되거나 보석보증금까지 마련해야 할 의무는 없다고 할 것이다.[39]

3. 불성실변론은 징계의 대상

불성실변론은 징계의 대상이 된다.

대한변협 1993. 8. 11. 결정 징계 제93-3호는 "○○고등법원으로부터 피고인(항소인)에 대한 보건범죄단속에 관한 특별조치법(무허가식품제조)위반 피고사건에 관한 국선변호인선정결정등본, 소송기록접수통지서 및 원심판결등본의 송달을 받고 정당한 사유 없이 항소이유서 제출기한 내에 항소이유서를 제출치 아니함으로써 공무소의 지정업무를 처리하지 아니하고 변호사의 품위를 손상하였다"고 하여 과태료 100만원의 징계를 결정한 바 있다.

또한 대한변협 2007. 5. 21. 결정 징계 제2006-36호는 "피고인으로부터 사건을 수임하여 제1차 공판기일에서 피고인으로 하여금 공소사실 전부를 자백하게 한 상태에서 변론요지서도 제출하지 않은 채 1,400억원대의 피해가 야기된 피해자 수 명을 상대로 약 4,000만원 상당의 합의를 한 후 그 결과만을 참고자료형태로 제출하는 등 변론에 있어서 적극적인 노력을 보이지 아니하여 직무성실의무를 다하지 아니하고 이후 피고인이 그의 처를 통하여 변론요지서사본을 요청하자 마치 이미 제출하였던 변론요지서인 것처럼 뒤늦게 만든 변론요지서의 사본을 피고인에게 교부하였다"고 하여 과태료 300만원의 징계를 결정한 바 있다.

4. 불성실변론은 손해배상의 대상

민사사건에서 불성실변론이 손해배상의 대상이 될 수 있다는 것은 여러 번

---

39) 박휴상, 앞의 책, 402쪽.

대법원의 판결을 통하여 확인되었다. 하지만 아직 형사상 불성실변론에 대한 대법원의 판결은 없다.

일본의 판례(1963)에 의하면 1심에서 사형판결을 받은 피고인의 항소심 국선변호인이, 피고인의 행위는 전율할 만한 것이기 때문에 1심판결이 사형인 것은 당연하다고 사료된다는 취지의 항소이유서를 제출하였던 것이, 항소심 국선변호인의 의무를 다하지 않은 것이라고 하여 손해배상(위자료)을 인정한 판례가 있다.[40]

이상의 내용을 바탕으로 사례를 살펴보자.

[사례 1]의 경우 변호사 甲으로서는 우선 일부 위법증거의 증거능력을 다투어야 할 것이다. 이것은 A의 자백이나 반성과 관계없이 이루어져야 한다. 특히 변호인에게는 형사절차상의 염결성을 확보하기 위하여 위법수집증거에 대해서는 재판결과에 관계없이 이를 다투어야 할 의무가 있다. 나아가 변호사 甲으로서는 사안의 중대성에 비추어 최소한 정상에 관한 증인을 신청하여 이를 신문하여야 한다. 사형 또는 무기형이 선고될 수도 있는 사안에서 사실관계를 다투는 것이 어렵다고 한다면 양형에 관한 정상자료를 하나라도 더 수집하고 제출하여 적절한 양형이 이루어지도록 최선을 다해야 한다. 이를 위하여 변호사 甲은 우선 A를 설득하여야 한다. 형사절차가 단순히 유·무죄를 판단하는 것에 그치지 않고 양형에 관한 절차를 포함하고 있음을 들어 A를 설득하여야 한다. 하지만 최선을 다한 설득에도 불구하고 A가 거절하는 경우, 그리고 A가 증인으로서 누구도 추천하지 않는 경우에는 A의 결정권을 존중하여 증인을 신청하지 않아도 윤리상 문제는 되지 않는다고 보는 입장도 있을 수 있다. 그리고 변론요지서의 분량이 중요한 것은 아니지만 위법수집증거도 있고 피의자신문조서 등에 나타난 정상을 인용하여 정열적인 변호를 한다면 변론요지서는 3장 이상이 될 수 있을 것이다. 변호사 甲의 단순히 범죄사실을 자백하고 있고 반성하고 있다는 취지의 변론요지서는 정열적인 변호, 성실한 변호와 거리가 있다고 볼 여지가 충분히 있다.

---

40) 高中正彦, 法曹倫理講義, 民事法研究會, 2005, 166쪽.

5. 형사절차상 정의의 확보를 위한 노력

피의자·피고인의 권리와 이익을 옹호하기 위하여 최선을 다해야 하는 변호인의 의무는 단순히 해당 사건에서 피의자·피고인의 권리와 이익만을 지키는 것을 의미하지는 않는다. 변호인은 공익적인 지위에서 형사절차의 염결성과 엄격성을 감시하고 문제가 있을 경우 이를 시정해야 할 의무를 부담한다. 이 의무는 변호인이 시민사회를 대리하여 형사절차를 견제하고 감시하여야 하는 의무에서 파생되는 것이다. 형사절차는 그 자체가 국민의 자유와 권리를 침해하는 면이 있으므로 언제든지 남용될 수 있다. 따라서 형사절차에는 공권력 행사가 남용된 경우 즉시 해당 절차를 중단할 수 있는 시스템이 있어야 한다. 그 역할이 법관, 검사, 변호사 모두에게 주어져 있으나 특히 변호사의 역할이 중요하다.

이러한 시스템은 특히 구체적인 형사절차가 헌법상 혹은 법률상 피의자·피고인에게 주어진 권리를 침해하는 경우에 필요하다. 관행이나 편의성으로 피의자·피고인에게 주어진 권리를 침해할 수는 없고 형사절차의 엄격성을 완화할 수 없다. 이런 이유로 [사례 1]에서 본 바와 같이 위법수집증거가 일부에 지나지 않고 결론에는 영향이 없는 것처럼 보여지더라도 위법수집증거의 증거능력을 다투지 않으면 안 될 것이다.

그리고 [사례 2]의 경우에는 집행유예의 선고로 구속영장이 실효되었고 이에 따라 피고인이 당장 석방되지 않으면 안 된다는 점을 들어 반드시 법원의 석방명령을 구해야 할 것이다. 형사소송법 제331조는 무죄, 면소, 형의 면제, 형의 선고유예, 형의 집행유예, 공소기간 또는 벌금이나 과료를 과하는 판결이 선고된 때에는 구속영장은 효력을 잃는다고 규정하고 있다. 이때 구속영장이 효력을 잃는다는 것은 구속취소의 절차를 거칠 필요 없이 판결선고와 동시에 구속영장이 실효된다는 것을 의미[41]하고 검사의 석방지휘 등 석방절차를 기다릴 필요 없이 판결이 선고된 그 자리에서 바로 석방되어야 한다는 것을 의미하기 때문이다. 무죄판결을 받은 경우 피고인이 임의로 교도관과 일시 동행하는 것은 무방하나, 피고인의 동의를 얻지 않고 의사에 반하여 구치소로 연행하는 것은 헌법 제12조의 규정에 비추어 허용할 수 없다.[42] 현재는 공판관여검사는 무죄판결, 집행유예판

---

41) 헌법재판소 1992. 12. 24. 선고 92헌가8 결정.

결 등이 선고되면, 재판장으로부터 판결선고결과를 서면으로 교부받아, 그 하단
의 석방지휘란에 서명·날인하여 즉석에서 교도관에게 이를 교부하여, 신속히 피
고인을 석방하도록 하고 있다.[43]

Ⅲ. 피의자·피고인의 권리와 이익

[사례 3]

　변호사 甲은 폭행의 혐의를 받는 피고인 A를 접견하였다. A는 자신이 범죄를 저
지른 사실을 솔직히 인정하고 죄값을 치르겠다고 하였다. 그런데 변호인이 검찰측
의 증거를 검토한 결과 피고인의 자백이 없으면 유죄의 입증이 곤란할 정도로 증
거는 부족하였다. A 역시 경찰 및 검찰 단계에서는 범행을 부인하였다.

　이때 변호사 甲이 A에게 "이 사건은 유죄입증의 증거가 불충분하므로 자백하지
않으면 무죄가 될 수 있으므로 진술거부권을 행사하는 것이 좋겠다"라고 말하는 것
은 문제가 있는가?

　A가 폭행의 사실을 인정하고 있는데 증거를 검토한 결과 계획적인 폭행이 아니
라 우발적인 폭행이라고도 볼 여지가 있어 우발적인 폭행이라고 진술하도록 설득
하는 것은 어떤가?

---

1. 법률지식의 제공

　변호인이 형사변호과정에서 필요한 법률지식을 제공하는 것은 당연한 변호
인의 임무이다. 따라서 변호인이 피의자·피고인에게 진술거부권을 알려 주고 필
요한 경우 이를 행사할 것을 권유하는 것은 문제가 없다. 그런데 여기에서 더 나
아가 피의자·피고인이 순순히 범행을 자백하고자 하는데 변호인이 적극적으로
진술거부권을 행사할 것을 권유하거나 계획적인 범죄가 아니라 우발적인 범죄가
될 수 있으므로 이러한 방향으로 진술을 하도록 권유하는 것이 윤리적으로 문제

---

42) 헌법재판소 1997. 12. 14. 선고 95헌마247 결정.
43) 「석방지휘 신속처리지침」, 대검예규 공판 제343호, 2003.7.28.

가 될 수 있을까?

변호인의 공익의무, 변호인의 진실의무를 강조하는 입장에서는 피의자·피고인의 자백을 막는 이와 같은 행위를 해서는 안 된다고 주장할 수 있을 것이다. 그러나, 법률지식은 어떤 경우에도 제한되어서는 안 된다. 만일 어떤 피의자·피고인이 법률지식을 스스로의 학습을 통하여 알게 되었다면 당연히 이를 이용할 것이다. 그리고 변호인 자신이 피의자·피고인이 되었다면 당연히 자신이 알고 있는 법률지식에 따라 변호방향을 결정할 것이다. 따라서 변호인의 단계에서 이를 제한하는 것은 허용될 수 없다. 변호인이 피의자·피고인에게 소송법상의 권리를 알려 주고 실체법적·소송법적 지식에 대하여 조언하는 것은 비록 피고인이 이를 악용하는 경우일지라도 무제한하게 허용된다.[44] 변호인은 피의자·피고인이 진범일 경우 자신의 방어를 위하여 악용할 여지가 있는 법적 사항에 대해서까지 조언할 수 있고,[45] 또 조언하여야 한다.[46]

법률지식은 변호사의 전공분야이기는 하지만 독점되어 있는 것이 아니다. 법률지식은 널리 알려져 있고 또 알려져 있어야 하는 것이다. 따라서 법률지식의 제공을 거절하는 것은 교육수준에 따른 차별일 수 있고,[47] 지식을 독점함으로써 피의자·피고인의 자주적인 결정권을 침해하는 위법행위가 될 수 있다. 변호사는 피의자·피고인의 자주적인 결정에 속하는 부분을 피의자·피고인을 대신하거나 혹은 미리 성급하게 판단해서는 안 된다. 지식이 많을수록 자유롭고 또 책임도 높아진다.

변호인이 스스로 피의자·피고인의 행위에 대한 판단을 바탕으로 법률지식 제공을 거부한다면 이것은 변호인의 설명의무 위반이 될 수 있다. 변호인은 사건을 수임할 때, 사건의 진행도중, 그리고 사건이 종료된 경우 모두 설명의무를 진다. 특히 사건의 진행 도중에 "변호사는 의뢰인에게 사건의 주요 경과를 알리고, 필요한 경우에는 의뢰인과 협의하여 처리"(변호사윤리규약 제28조 제 1 항)하여야 하는 설명의무를 진다. 이러한 설명의무에 법률지식은 당연히 포함된다. 미국 변호사협회의 형사소송상 윤리기준 역시 4-5.1에서 "(a) 변호사는 의뢰인에게 사실

---

44) 이재상, 앞의 책, 139쪽.
45) 신동운, 앞의 책, 81쪽.
46) 박휴상, 앞의 책, 411쪽; 최진안, 앞의 책, 286쪽.
47) 사법연수원, 법조윤리론, 351쪽.

과 법률에 관하여 충분히 설명한 후 사건의 모든 측면과 예상되는 결과에 관하여 완전한 신뢰를 전제로 솔직하게 조언하여야 한다. (b) 변호사는 고의로 피고인의 유·무죄 답변에 관한 결정에 부당한 영향을 주기 위해 사건의 위험이나 전망을 과장, 축소해서 설명해서는 안 된다"[48]라고 규정하여 법률지식의 완전한 제공을 전제로 하고 있다.

하지만 이에 대해서는 반론이 있다. 즉, 무제한의 법률지식제공은 변호인의 공익적 지위에서 유래하는 진실의무에 반하기 때문에 변호인은 실체적 진실에 반하는 것임을 알면서 적극적으로 피의자·피고인이 내세우는 것과 동일한 법적 주장을 하거나 또는 이들의 주장을 무죄변론의 기초로 삼아서는 안 된다는 것이다.[49]

하지만 위 주장에 의하더라도 피의자·피고인이 진실을 말하지 않고 변호인에게 자신이 무죄인 양 하면서 법률지식제공을 요청하였을 경우 변호인은 당연히 법률지식을 제공하여야 할 것이다. 그런데 피의자·피고인이 진실을 말했을 때에는 이에 대한 법률지식의 제공이 거절될 수 있는 가능성이 있다. 그렇다면, 피의자·피고인은 과연 변호인에게 진실을 털어 놓을 수 있을까? 그리고 변호인과 의뢰인의 신뢰관계에 기초한 조력을 제대로 받을 수 있을까? 이 점에 대해서는 항목을 바꾸어 논의해 보자.

2. 진술거부권 행사의 권고와 그 한계

수사기관에 입건되어 피의자가 된 때의 곤혹스러움은 경험자가 아니면 짐작조차 하기 어렵다. 아무런 죄가 없는 사람도 최종적으로 무혐의 처분을 받기까지 엄청난 스트레스를 겪는다. 심지어 오랫동안 판사, 검사, 변호사로 활동하던 법률가나 수사가 직업인 경찰관도 피의자가 되면 불안에 떤다. 그리고 불안과 초조에 시달리다 보면 누구나 터무니없는 실수를 저지르게 된다.

피의자가 수사에 대처하기 힘들어 하고 실수를 저지르는 것은 너무나 당연한 일이다. 수동적으로 수사를 받는 피의자는 약자의 처지에 있을 수밖에 없기 때문이다. 아무리 민주적인 사법제도를 갖춘 나라에서도 피의자와 수사기관이 실질적으로

---

48) 이용식, "형사소송에서의 변호사 윤리", 법률가의 윤리와 책임, 서울대학교 법과대학 편, 박영사, 2007, 225쪽에서 재인용.
49) 신동운, 앞의 책, 84쪽.

동등한 위치에 있다는 견해는 찾아보기 어렵다. 약자인 피의자가 반드시 지켜야 할 행동지침이 두 가지 있다. 첫째는 아무것도 하지 말라는 것이다. 둘째는 변호인에게 모든 것을 맡기라는 것이다.

아무것도 하지 말라는 말은 쉽게 받아들이기 어렵다. 억울함을 밝혀야 하지 않겠는가. 설사 죄를 지은 것이 사실이라고 하더라도 조금이라도 유리한 점을 찾아내서 수사에 대응해야 하지 않겠는가. 그러나 그렇게 생각하는 순간 당신은 이미 파멸로 이끄는 길에 한 걸음을 내딛는 것이다. 수사에는 밀행성의 원칙이 있어서 진행 상황을 비밀로 하게 되어 있다. 공개가 원칙인 재판과는 달리 수사를 받는 피의자는 충분한 정보도 없이 어둠 속에서 헤매야 하는 것이다. 아무것도 모르는 상태에서 섣불리 행동하면 상처를 입는다. 가만히 있으면서 상황을 파악하는 것이 현명한 태도다. 더구나 수사기관에는 피의자에게 유리한 사실까지 찾아내야 하는 의무가 있다. 어떤 검사도 무고한 피의자를 기소했다가 무죄를 받고 싶어 하지 않는다. 그러므로 기다리고 또 기다려라. 스스로 만든 함정에 빠지는 것만은 피하라. 상황을 파악한 이후에도 수사에 대응할 충분한 시간과 기회가 있다.

또 하나의 중요한 원칙은 변호인에게 모든 것을 맡기라는 것이다. 검사나 경찰관은 수사에 있어서 프로라고 할 수 있다. 아마추어가 프로와 싸워서 이기려는 것은 요행을 바라는 것에 불과하다. 사람들은 병에 걸렸을 때는 의사를 찾아가면서도 수사를 받을 때는 스스로 무언가 해 보려고 한다. 완전히 잘못된 판단이다. 의사도 아플 때면 다른 의사를 찾아간다. 자신의 운명이 걸린 승부에서 냉정을 유지하는 것은 지극히 어렵기 때문이다.

물론 변호인에게 사건을 의뢰하는 데는 금전적인 부담이 따른다. 그러나 직업적인 범죄인이 아닌 평범한 사람이 수사를 받는 것은 일생에 몇 번 없는 일이다. 중병에 걸렸다는 진단을 받은 것과 마찬가지라고 생각해야 한다. 동원할 수 있는 모든 자원을 아낌없이 투자하여 훌륭한 변호인을 구해야 한다. 도저히 그럴 수 없는 경우에도 국선 변호인 제도를 이용하는 등 다른 방법이 있다.[50]

피의자·피고인에게 진술거부권 행사를 권고하는 것이 변호인의 진실의무에 위배될 수는 없다. 진술거부권은 피의자·피고인에게 인정된 헌법상의 권리(제12조②)이고, 형사소송법 제283조의2(피고인의 진술거부권)에 명문화된 권리이다. 이는

---

50) 금태섭, "피의자가 됐을 때 차라리 아무 것도 하지말라, 현직검사가 말하는 수사 제대로 받는 법", 한겨레신문 2006. 9. 10일자.

적정절차를 보장받을 권리의 핵심 중의 하나이다. 진술거부권을 포기하고 증인으로 선서한 후 증언할 수 있는 미국과 달리 우리 법제에서는 진술거부권이 공법상의 기본권이기 때문에 포기의 대상이 될 수도 없다. 그리고 진술거부권을 행사할 것인지 여부는 전적으로 피의자·피고인이 결정할 수 있는 문제이다. 변호인이 진술거부권의 내용과 그 효과에 대하여 충분히 설명한다면 피의자·피고인이 스스로 이를 결정할 수 있는 것이다. 따라서 어떤 경우에도 이 권리는 제한될 수 없다고 보아야 할 것이고 변호인이 피의자·피고인에게 진술거부권의 행사를 권고하는 것은 진실의무에 위배된다고 할 수 없다.[51] 특히 사례와 같이 자백만이 유일한 증거이고 다른 증거가 불충분한 경우에 진술거부권 행사를 권유하는 것은 법률적으로 문제가 되지 않는다고 판단된다.[52] 다만 변호인이 적극적으로 허위의 진술을 권고하는 것은 진실의무에 반할 여지가 있다.[53] 이것은 진술거부권의 행사수준을 뛰어넘는 것이라고 할 수 있다. 하지만 이런 경우에도 피고인을 허위진술죄로 처벌할 수 없는 이상 범죄가 되지는 않는다.

Ⅳ. 조력의 한계

> [사례 4]
>
> 변호사 甲은 업무상 횡령의 혐의를 받는 A를 변호하게 되었다. 변호사 甲이 구속된 A를 접견한 결과 A는 변호사 甲에게는 자신의 범죄를 인정하면서도 무죄변론을 요청하였다. 그리고 A는 회사의 자금을 여러 해에 걸쳐 횡령하면서 횡령의 액수를 기재해 놓은 장부를 애인인 B에게 맡겨 두었으므로 B에게 연락하여 그 장부를 폐기하도록 말을 전해 달라고 하였다. 만일 그 장부가 없다면 횡령한 정확한 액수가 밝혀질 수 없으므로 무죄가 될 수도 있고 낮은 형량으로 처벌받을 수 있다고 말했다.

51) 이재상, 앞의 책, 139쪽; 박휴상, 앞의 책, 412쪽; 최진안, 앞의 책, 287쪽.
52) 판례도 변호인이 적극적으로 피의자 또는 피고인으로 하여금 허위진술을 하도록 하는 것이 아니라 단순히 헌법상 권리인 진술거부권이 있음을 알려 주고 그 행사를 권고하는 것은 변호사로서의 진실의무에 반하는 것은 아니라고 판시하고 있다. 대법원 2007. 1. 31.자 2006모 656 결정.
53) 신동운, 앞의 책, 85쪽; 이재상, 앞의 책, 140쪽.

변호사 甲은 A가 진범임을 알면서도 무죄변론을 할 수 있는가?

변호사 甲이 양심상 도저히 진범임을 알면서 무죄변론을 못할 것 같으면 어떻게 해야 할 것인가?

변호사 甲이 B에게 연락하여 장부를 폐기하도록 도와주면 어떤 문제가 발생할 수 있는가?

변호사 甲이 A에게 본인이 장부를 폐기하면 증거인멸죄가 되지 않고 나아가 가족이 장부를 폐기해도 증거인멸죄가 되지 않으나 애인이나 자신이 관여하게 되면 자신들은 처벌받을 수 있다고 법률적인 조언을 하는 것은 어떠한가? [54]

1. 진범임을 알면서도 무죄변론을 할 수 있는가?

변호인은 범인이라고 스스로 인정하는 피의자·피고인에 대해서까지 무죄변론을 할 수 있는가? 이것이 변호인의 권리이자 의무인가? 만일 변호인의 정열적인 변호활동으로 진범인이 무죄석방되는 경우 정의는 실현되지 않은 것이 아닌가 하는 의문이 들기도 한다. 그러나 무죄변론은 일차적으로는 죄 없는 자들의 자유를 보호하기 위한 것이지만 나아가 형사사법의 부정의로부터 죄 있는 자들을 보호하기 위한 것임을 명심할 필요가 있다.[55] 또한 변호인의 변론이 진실 그 자체는 아니더라도 그것이 법원을 기망하는 것은 아니라는 점을 이해하여야 한다. 변호인이 스스로 진실에 반한다고 믿는 변론을 할 때에도 그것이 법원을 기망하는 것이라고는 할 수 없다.[56] 형사소송법은 설사 진범인일지라도 적법절차를 준수하여 수집된 증거에 의해서만 유죄를 선고하도록 요구하고 있으므로 변호인은 최소한 피의자·피고인의 자백에도 불구하고 자백의 보강증거나 그 밖에 유죄판결을 하기에 충분한 증거가 법원에 수집되어 있지 아니한 경우, 또는 자백이 진실한 것이 아니라고 판단하는 경우에는 피의자·피고인을 위하여 무죄의 변론을 행할 수 있으며 또한 행하여야 한다.[57]

나아가 수사 및 재판과정의 위법이 없고 유죄의 심증이 가는 경우에도 변호

---

54) 高中正彦, 앞의 책, 164쪽의 사례 141을 바탕으로 새롭게 작성.
55) 이용식, 앞의 논문, 223쪽.
56) 이용식, 앞의 논문, 223쪽.
57) 신동운, 앞의 책, 83쪽.

인은 기본적으로 피의자·피고인의 의사로부터 자유로울 수 없다. 피의자·피고인이 무죄추정의 권리와 진술거부권을 누리고 검사에게 엄격한 증명의 책임이 있는 이상, 변호인은 피고인을 위한 최선의 변호를 하여야 한다.[58] 다만 유죄 인정의 충분한 증거가 있는 경우에는 피고인에게 정보를 제공한 후 소송 진행방향을 상의하여 결정하여야 할 것이다.

변호인은 형사소송절차에서 자신이 피의자·피고인의 주장이 사실인지 아닌지를 최종적으로 판단할 수 있는 지위에 있지 않고 또 그러한 권리를 가지고 있지 못하다. 만일 형사변호인에게 이와 같은 권한이 있다고 한다면 피의자·피고인은 변호인을 선임하기 전보다 선임한 이후에 더 불리한 지위에 빠지는 이상한 결과를 초래한다.

한편, 정열적인 형사변호를 위해서는 피의자·피고인의 입장을 충분히 이해하고 이를 논리적·법률적으로 세련되게 반영하여야 하지만 변호사의 형사변호가 피의자·피고인이 저지른 범죄를 옹호하거나 두둔해야 하는 것은 아니다. 변호사는 피의자·피고인의 절차적 권리를 충실하게 변호하는 것에 지나지 않는다. 따라서 미국 변호사협회의 직무행위표준규칙 1.2(b)가 적절하게 지적하고 있는 바와 같이 "변호사의 대리는 의뢰인의 정치적·경제적·사회적 또는 도덕적 견해 및 행동을 시인하는 것이 아니다."

2. 변호인의 사임

아무리 형사변호인의 임무가 피의자·피고인의 헌법상의 권리와 이익을 지키는 것이라도 법원에 앞서 피의자·피고인의 행위에 대하여 법률적 판단을 할 필요는 없지만 변호사 개인의 양심은 여전히 남는다. 변호사가 의뢰인과의 격렬한 마찰이나 개인의 양심에 비추어 볼 때 도저히 정열적인 형사변호를 하지 못할 정도라면 사임하는 것도 하나의 방법이다. 하지만 변호사의 개인적인 양심의 자유는 변호사 직업상의 요청, 즉 형사절차에서 피의자·피고인의 보호자와 대리인으로서 활동하여야 한다는 요청에 의하여 제한을 받지 않을 수 없다. 원칙적으로 변호를 수임한 이상 변호사는 개인적인 양심, 윤리, 신념, 법률상의 견해를 우선

---

58) 박휴상, 앞의 책, 408쪽; 최진안, 앞의 책, 291쪽.

시키지 않고 피고인의 보호자로서 피고인의 권리와 이익을 위하여 최선의 노력을 다하여야 한다.[59] 하지만 변호사 개인의 양심에 대한 본질적인 침해가 있다고 판단되는 경우에는 사임하는 방법밖에 없을 것이다. 이때 변호사로서는 자신의 개인적 양심과 직업적 양심에서 비롯되는 갈등에 대하여 심각하게 숙고하여야 한다. 심각하게 생각하고 이를 검토한 이후에도 사임이 불가피하다면 사임의 길을 선택할 수 있다. 하지만 심각한 고려 없이 성급하게 사임하는 것은 형사변호인의 의무를 다하지 못하는 결과를 초래할 수 있다. 그리고 사임하는 경우에도 피의자 · 피고인에게 가장 피해가 적은 방법으로 사임하여야 한다. 피의자 · 피고인에게 사임의 이유를 충분히 설명할 뿐 아니라 피의자 · 피고인의 방어준비에 필요한 시간을 확보하도록 배려하여야 한다. 만일 방어준비에 충분한 시간이 없다면 사임의 자유는 제한될 수밖에 없다. 또한 변호인은 업무상 지득한 비밀을 누설하지 말아야 하고 특히 수사기관이나 법원이 이를 알지 못하게 하여야 한다.

변호인이 피의자 · 피고인과 무관하게 재판진행상 법원과 다투면서 사임하는 것은 더욱 조심스러워야 한다. 이 경우에는 피의자 · 피고인에게 원인이 없음에도 불구하고 이들에게 직접적인 피해가 발생하기 때문이다. 변호인이 형사재판에서 더 이상 공정한 재판을 기대할 수 없거나, 변호인의 변호권이 침해받아 정당한 변론을 할 가능성이 전혀 없어 변호권이 침해되었다는 점을 대외적으로 알리기 위해서는 극히 예외적으로 사임할 수도 있을 것이다.[60] 이 경우에는 더욱 피의자 · 피고인의 방어권이 침해되지 않도록 유의하여야 한다. 잘못하면 재판의 불공정성을 알리기 위한 사임이 오히려 피고인에게 불리할 수 있기 때문이다.

---

59) 이용식, 앞의 논문, 226쪽.

60) 2009. 1. 19. 발생한 용산참사 사건에 대한 재판에서 변호인들은 "용산사건의 재판이 우리 형사사법제도가 추구하는 공정한 재판이 아니라 피고인들에게 부여된 헌법적 권리마저 확인할 수 없는 재판이고, 변호인으로서 이를 그대로 용인할 수 없으며 나아가 지금 이대로의 재판을 받는 것은 마치 공정한 재판인 양 모양새를 만들어 주는 것일 뿐, 자칫 피고인들로 하여금 무죄의 판결을 받을 기회조차 제공받지 못한 채 유죄의 판결만을 받아들이라고 강요받는 것이며 장차 용산참사의 진실을 밝혀내고 피고인들이 정당한 처분을 받을 수 있는 가능성마저 물거품으로 만들 우려가 크다"는 이유로 사임하였다. 민주사회를 위한 변호사모임, 민주사회를 위한 변론 제9 · 10호, 2009, 19쪽. 변호인들의 사임의 이유가 정당한 것인지 특히 변호인의 변호권과 피고인의 방어권을 비교하면서 논의해 보자.

3. 피의자·피고인진술의 전달

변호인이 피의자·피고인의 진술내용을 피의자·피고인의 변호를 위하여 다른 사람에게 전달하는 것은 정당한 변호활동의 일부라고 볼 수 있는가? 이 경우는 특히 공범의 경우에 문제가 될 수 있다. 변호인이 피의자·피고인의 진술을 공동피의자·공동피고인의 변호인에게 전달하는 경우는 정당한 변호활동의 범위에 속한다. 공동으로 변호를 해야 할 필요성이 인정되기 때문이다. 범죄조직의 활동을 돕는 것이라고 하여 금지시키는 것은 변호인의 주관적 의사를 형사처벌의 대상으로 삼는 것이므로 허용되지 않는다고 보아야 할 것이다.[61]

증거수집이나 증인신문준비 등을 위하여 피의자·피고인의 진술을 전달하는 것 역시 당연히 정당한 변호활동에 포함된다. 그리고 가족이나 친지들에게 문제 없으니 안심하라는 취지의 진술을 전하는 것, 역시 변호인의 보호자로서의 의무에 속한다. 그런데 예를 들어 노동조합간부가 구속된 경우 자신은 끝까지 투쟁하겠으니 노동조합활동에 동요가 없도록 당부하는 말을 전하는 것은 어떨까? 이 경우에도 범죄행위에 직접 관여하지 않는 한 아무런 문제가 없을 것이다.

4. 위법행위에 대한 개입

변호사의 진실의무가 피의자·피고인의 입장에서 진실을 추구한다고 하더라도 피의자·피고인의 이익을 위하여 실체적 진실발견을 적극적으로 방해하는 것까지를 포함하지는 않는다. 변호사는 위증을 교사하거나 증거인멸을 해서는 안된다. 위증하려는 증인이나 조작된 증거를 신청해서도 안 된다. 직접적인 위법행위에 참여하는 것은 엄격히 금지된다. 변호사윤리규약은 이에 대하여 명백한 입장을 가지고 있다. 즉 변호사윤리규약은 "변호사는 그 직무를 행함에 있어서 진실을 왜곡하거나 허위진술을 하지 아니한다"(제2조 제2항), "변호사는 의뢰인의 범죄행위, 기타 위법행위에 협조하지 아니한다. 직무수행 중 의뢰인의 행위가 범죄행위, 기타 위법행위에 해당된다고 판단된 때에는 즉시 그에 대한 협조를 중단한다"(제11조 제1항), "변호사는 위증을 교사하거나 허위의 증거를 제출하게 하거

---

61) 신동운, 앞의 책, 85쪽.

나 이러한 의심을 받을 행위를 하지 아니한다"(제11조 제3항)라고 규정하여 위법 행위에 개입을 금지하고 있다. 또한 재판절차와 관련해서는 "변호사는 재판절차에서 의도적으로 허위 사실에 관한 주장을 하거나 허위증거를 제출하지 아니한다"(제36조 제1항), "변호사는 증인에게 허위의 진술을 교사하거나 유도하지 아니한다"(동조 제2항)라고 규정하고 있다. 이 정도의 사안은 윤리 이전에 형법상 범죄가 되므로 변호인으로서 판단하는데 어려움은 없을 것이다.

판례는 변호인이 의뢰인의 요청에 따른 변론행위라는 명목으로 수사기관이나 법원에 대하여 적극적으로 허위의 진술을 하거나 피고인 또는 피의자로 하여금 허위진술을 하도록 하는 것은 허용되지 않는다고 하면서 사기사건에서 진범을 은폐하는 허위자백을 유지하게 함으로써 범인을 도피하게 한 사안에서 범인도피방조죄를 인정한 바 있다.[62]

이런 경우에도 변호인은 피의자·피고인을 설득하여야 한다. 피의자·피고인의 의도대로 행동하였을 경우 발생할 수 있는 위험성을 충분히 설명하고 뜻을 돌리도록 하여야 한다. 그런데 이와 같이 최선을 다했는데도 피의자·피고인이 뜻을 굽히지 않을 경우는 어떻게 할 것인가? 이때는 피의자·피고인이 원하는 바를 무시하고 변호활동을 계속하는 것은 성실의무와의 관계에서 문제가 되므로 사임하지 않을 수 없을 것이다.[63]

형사재판과 관련하여 변호사윤리규약은 "변호사는 개인적 친분 또는 전관관계를 이용하여 직접 또는 간접으로 법원이나 수사기관 등의 공정한 업무 수행에 영향을 미칠 행위를 하지 아니한다"(제38조), "변호사는 사건을 유치할 목적으로 법원, 수사기관, 교정기관 및 병원 등에 직접 출입하거나 사무원 등으로 하여금 출입하게 하지 아니한다"(제39조), "변호사는 법원, 수사기관 등의 공무원으로부터 해당기관의 사건을 소개받지 아니한다"(제40조)라고 규정하고 있다.

또한 변호사법 제110조 제1호는 변호사가 "판사·검사 기타 재판·수사기관의 공무원에게 제공하거나 그 공무원과 교제한다는 명목으로 금품 기타 이익을 받거나 받기로 한 행위"를 처벌하고 있다. 이 조항에서 '교제'에 대하여 판례는 의뢰받은 사건의 해결을 위하여 접대나 향응은 물론 사적인 연고관계나 친분관

---

62) 대법원 2012. 8. 30. 선고 2012도6027 판결.
63) 森際康友, 法曹の 倫理, 名古屋大學出版會, 2006, 167쪽.

계를 이용하는 등 이른바 공공성을 지닌 법률전문직으로서의 정상적인 활동이라고 보기 어려운 방법으로 당해 공무원과 직접·간접으로 접촉하는 것을 뜻하는 것이라고 해석되고, 변호사가 받은 금품 등이 정당한 변호활동에 대한 대가나 보수가 아니라 교제 명목으로 받은 것에 해당하는지 여부는 당해 금품 등의 수수 경위와 액수, 변호사선임계 제출 여부, 구체적인 활동내역 기타 제반 사정 등을 종합하여 판단하여야 한다고 보고 있다.[64] 정당한 변호활동에 대한 대가가 아닌 금품수수는 엄격하게 금지되는 범죄행위라는 취지이다.

V. 진실의무: 대신범의 문제

[사례 5]

변호사 甲은 피의자 A를 변호하게 되었는데 A를 접견한 결과 A는 이 사건의 범인은 자신이 아니라 자신의 동생인 B인데 B는 현재 집행유예기간중이어서 자신이 대신 자백하였다고 말하였다. 그러면서 자신이 대신 범인으로 처벌받도록 도와 달라고 하였다.

변호사 甲은 A에 대하여 A의 요청대로 유죄취지의 변호를 하여야 하는가 아니면 A의 의사에 반하여 진실을 경찰이나 검찰에 알려야 하는가? 나아가 변호사 甲이 A의 변호과정에서 이 사건의 범인은 B라고 법정에서 폭로하는 것은 어떠한가?

[유사사례]

변호사 甲은 식품위생법 위반혐의의 C를 변호하게 되었다. 그런데 C를 접견하자 C는 해당 무허가유흥주점의 실제 사장인 D로부터 고용된 소위 "바지사장"이라고 하면서 D를 대신하여 자신이 처벌받도록 도와 달라고 하였다.

변호사 甲은 C에 대하여 유죄취지의 변호를 하여야 하는가?

---

1. 진실의무의 경계

변호사에게는 진실의무가 있다. 그런데 변호인의 진실의무는 변호사가 형사

---

64) 대법원 2006. 11. 23. 선고 2005도3255.

법정의 변호인으로서 법원에 대하여 진실의무를 진다는 것을 의미하는 것이지 법원과 검찰과 동일한 정도의 진실의무를 진다는 것은 아니다.

개정된 변호사윤리규약 역시 "변호사는 그 직무를 행함에 있어서 진실을 왜곡하거나 허위진술을 하지 아니한다"(제2조 제2항)라고 규정하여 진실의무를 규정하고 있다. 그런데 개정된 변호사윤리규약은 이전의 변호사윤리규칙에 비하여 공익적 측면의 진실의무를 상대적으로 덜 강조하고 있다. 즉 개정전 변호사윤리규칙은 "변호사는 정의와 자유를 사랑하며, 진리를 추구하고, 민주적 기본질서의 확립에 정진하여야 한다"(제1조 제1항), "변호사는 직무의 내외를 불문하고 품위를 해하거나 공공복리에 반하는 행위를 하여서는 아니 된다"(제2조 제3항), "변호사는 직무의 성과에 구애되어 진실규명을 소홀히 하여서는 아니 된다"(제2조 제4항)라고 규정하여 상대적으로 많은 조문을 할애하고 있었다. 이러한 차이에도 불구하고 변호인에게 진실의무가 인정된다는 점은 다름이 없다.

하지만 위에서 살펴본 바와 같이 변호사의 진실의무는 당사자의 입장에서 의뢰인의 주장을 대변하고 그 이익을 실현하는 것인 점에서 필연적으로 당파적인 것이다.[65] 변호사는 피고인의 진실을 가장 피고인에게 유리한 방향으로 해석하고 이를 법원에 설득하는 과정에서 진실을 추구한다. 만일 변호인에게 수사기관이나 법원과 같은 진실의무가 있다고 한다면 피의자·피고인은 변호인에게 진실을 털어놓지 않게 되어 공정하고 효과적인 변호를 받을 수 없고 나아가 당사자주의적 형사소송절차 자체가 붕괴하게 될 것이다.

이러한 이유에서 일본의 변호사직무기본규정은 제82조에서 "제5조(인용자 주: 진실존중의무)를 해석적용함에 있어 형사변호에서는 피의자 및 피고인의 방어권과 변호인의 변호권을 침해하지 않도록 유의하여야 한다"라고 규정하여 변호인의 진실의무가 피의자·피고인의 방어권을 침해하지 않는 범위 내에서 소극적으로만 존재함으로 명확히 규정하고 있다.

2. 대신범의 문제

변호인의 성실의무와 비밀유지의무가 첨예하게 대립하는 사안이 바로 [사례

---

65) 이용식, 앞의 논문, 227쪽.

5]와 같은 소위 대신범의 문제다. 대신범의 문제는 변호인이 유죄임을 알면서 무죄변론을 요청받은 경우와 정반대의 경우로서 변호인이 무죄임을 알면서 유죄요청을 받은 경우이다.

그런데 진범인의 무죄변호와 다른 점이 있다. 진범인의 무죄변호의 경우 피고인이 증거인멸죄나 위증죄와 같은 다른 범죄를 저지르지 않지만 대신범의 경우에는 적극적으로 범인은닉죄를 범하고 있다.[66] 그리고 진범인의 무죄변호의 경우 피고인에 대한 변호를 하지 않으면 무죄가 될 수 없지만, 대신범의 경우에는 피고인의 기소 자체가 잘못되어 있기 때문에 변호를 하지 않으면 피고인이 진실에 반하여 유죄로 될 가능성이 매우 높다.[67]

대신범의 경우에도 진범인의 무죄변호와 같이 변호인이 적극적으로 진실을 밝혀서는 안 되고 또 그럴 의무가 없으므로 피고인이 진범을 위하여 범인도피죄를 저지르고 있다고 폭로해서는 안 된다는 점은 쉽게 수긍할 수 있을 것이다.[68] 이것은 변호인의 성실의무나 소극적 진실의무로부터 도출되는 결론이다.

여기에서 더 나아가 어떤 변호를 하여야 하는가에 대해서는 입장이 나뉘어진다. 첫째, 유죄변론 입장이 있다. 변호인의 성실의무나 비밀유지의무를 강조하는 입장이다. 사형판결이 예상되는 경우 이외에는 기본적으로 피의자·피고인의 의사에 따를 것을 주장한다.[69] 피고인이 다투지 않는 이상 변호인도 다투지 말고 정상에 관한 변호만 하거나 유죄의 증거로 피고인의 자백밖에 없다면 증거불충분에 따른 무죄주장을 할 수 있고 또 해야 한다는 입장이다.[70] 피의자·피고인의 자기결정권을 존중하여야 하므로 대신범을 폭로하지 않는 한도 내에서 주장·입증을 하여야 한다는 입장도 동일하다고 할 수 있다.[71] 그러나 이 입장은 변호인의 성실의무, 즉 정열적인 변호를 해야 할 의무와 충돌할 가능성이 있다. 왜냐하면, 변호인이 성실의무를 다하기 위해서는 진실을 알아야 하고 진실에 기초하여야 최선을 다한 정열적인 변

---

66) 대법원 역시 범인 아닌 자가 수사기관에서 범인임을 자처하고 허위사실을 진술하여 진범의 체포와 발견에 지장을 초래한 행위는 범인은닉죄에 해당한다고 판시한 바 있다. 대법원 1996. 6. 14. 선고 96도1016 판결; 2000. 11. 24. 선고 2000도4078 판결.
67) 佐藤博史, 앞의 책 36쪽.
68) 佐藤博史, 앞의 책, 36쪽; 森際康友, 앞의 책, 168쪽.
69) 森際康友, 앞의 책, 168쪽.
70) 佐藤博史, 앞의 책, 37쪽.
71) 高中正彦, 앞의 책, 337쪽.

호를 할 수 있기 때문이다. 정상변론밖에는 할 수 있는 변호가 없을 것이다.

둘째, 무죄변론 입장이 있다. 비밀보장의무보다 진실의무를 중시하는 입장이다. 이 입장은 피의자 · 피고인의 의사에 반하여도 무죄의 주장을 하여야 한다고 주장한다. 즉, 피의자 · 피고인의 주장대로 대신범을 인정하는 것은 피의자 · 피고인의 객관적 이익에 반한다는 것이다.[72] 공적인 지위를 차지하는 변호인의 윤리에 반하지 않는 입장인 것으로 보인다. 그러나 이 입장은 피의자 · 피고인의 명시적인 의사에 반한다는 것이 가장 큰 문제이다. 피의자 · 피고인의 명시적인 의사에 반하여 변호인이 행동한다면 이것은 곧 의뢰인과 변호사간의 신뢰관계가 파탄에 이른 것을 말한다.[73] 그리고 이 입장은 현실적으로 불가능한 변론이라고 할 수 있다. 예를 들어, 성인 오락실 불법영업 사실과 같이 불법영업행위 사실은 이미 증명이 된 상태에서 피고인이 자백하는 경우, 증거법상 보강증거만 제시하면 유죄가 되는데 변호인이 모든 보강증거를 탄핵하는 것은 사실상 불가능하다.[74] 나아가 변호인이 무죄변론을 하겠다고 하면, 피의자 · 피고인은 변호인을 해임하고 새로운 변호인을 선임할 것이다. 그리고 새로운 변호인에게는 진실을 털어놓지 않고 변호를 의뢰할 것이다. 따라서 이 해결방법은 현실적이지도 종국적이지도 않은 해결방법이다.

셋째, 사임해야 한다는 입장이 있다.[75] 이 입장은 피고인이 대신범을 번의하지 않으면 변호인이 사임하여야 한다는 입장이다. 하지만 사임하게 된다면 문제는 다음의 변호사가 그 역할을 대신할 뿐이므로[76] 딜레마의 해결이 아니고 연기일 뿐이다.

한편, 일본 최고재판소는 자동차 교통사고를 야기한 사건에서 운전자를 바꿔치기 하여 재판에 회부된 피고사건을 맡은 변호사가 운전자 바꿔치기 사실을 알고서도 그 사실을 법원에 알리지 아니한 채 유죄변론으로 결심한 사건에서 변호사가 사건을 수임하면서 그와 같은 사정을 알고서도 진범의 처벌을 면하게 할 목

---

72) 森際康友, 앞의 책, 168쪽; 高中正彦, 앞의 책, 336쪽; 최진안, 앞의 책, 295쪽; 박휴상, 앞의 책, 410쪽
73) 배기석, 앞의 논문, 172쪽.
74) 배기석, 앞의 논문, 169쪽.
75) 정형근, 법조윤리강의 제7판, 박영사, 2016, 250쪽. 변호사 윤리장전 "직무수행 중 의뢰인의 행위가 범죄행위 기타 위법행위에 해당한다고 판단된 때에는 즉시 그 협조를 중단해야 한다"에서 근거를 구하고 있다.
76) 배기석, 앞의 논문, 170쪽.

적으로 진범의 자수의사를 저지하고 나아가 그 사건 재판을 진행시켜 결심케 한 이상 대신범으로 하여금 진범을 은닉케 한 것이라고 하여 변호인에게 유죄판결을 내린 적이 있다.[77] 다만 이 사건은 진범이 자수하려는 것을 변호인이 저지한 점에서 사실관계에 차이가 있다.

이러한 문제에 부딪혔을 때 대부분의 변호인은 먼저 진실에 기반한 변호활동을 해야 한다고 피고인을 설득할 것이다. 그러나 만일 피의자·피고인이 그 뜻을 번복하지 않을 경우에는 어떻게 할 것인가? 최소한 피고인을 변호인이 없는 경우보다 불리한 상황에 빠뜨려서는 안 되는 것이 가장 기본적인 원칙이 될 것이다. 즉, 당사자주의 원칙하에서 피고인의 의사 존중은 변호인 활동의 최종적인 기준이다. 당사자주의 원칙하에서 피고인의 의사를 존중하는 것을 두고 그 변호가 반윤리적이라고 치부될 이유도 없고, 이 문제에 대해 심각한 고민을 하지 않는다고 비윤리적이라고 비판하는 것은 검사가 피고인 특정을 잘못한 것에 대하여 그 피고인을 대리하는 변호사에게 책임을 전가하는 결과가 될 수 있다.[78] 이때에는 피고인의 이익을 당해 사건에서의 유·무죄만이 아니라 더 넓게 이해해야 할 것이다.

3. 진실과 다른 변호의 확장

진실과 다른 변호는 진범인의 변호나 대신범의 경우와 같이 극단적인 경우만 있는 것은 아니다. 오히려 이런 경우는 매우 드물다. 대부분의 경우는 일부의 진실이 포함되어 있는 것이다. 유사 사례가 대표적이다. 이 외에 검찰측 증인이 진실을 말하고 있다는 것을 피고인도 인정하고 있으나 이에 대하여 탄핵신문을 하지 않으면 안 되는 경우나 범죄행위의 일부를 행한 자가 피고인이 속한 회사, 노동조합, 범죄단체의 다른 인물인 것을 은폐하기 위한 경우,[79] 무죄이거나 혹은 다툼의 여지가 있다고 생각하고 있으나 보석이나 조기의 집행유예를 받기 위하여 사실을 인정하고 정상변호를 구하는 피의자·피고인이 있을 경우[80] 등이 일부

---

77) 日本 大審判 昭化 5. 2. 7 刑集 제 9 권, 51쪽; 배기석, 앞의 논문, 170쪽에서 재인용.
78) 배기석, 앞의 논문, 172쪽.
79) 佐藤博史, 앞의 책, 40쪽.
80) 森際康友, 앞의 책, 168쪽.

의 진실을 포함하고 있는 사례들이다. 그리고 뇌물사건에서 한쪽은 돈을 주었다고 하고 다른 한쪽은 돈을 받지 않았다고 주장하는 경우도 이에 해당한다. 이러한 경우에는 일부의 진실이 포함되어 있으므로 변호인으로서는 진실과 변호활동 사이에 갈등은 적을 것이나 여전히 진실과 다른 변호의 문제는 남는다.

한편, 공범사건은 진실과 다른 변호와 다른 문제를 제기한다. 즉, 공범 사이의 이해관계의 충돌문제이다. 공범 사이에는 언제든지 이해관계가 충돌할 가능성이 있다. 다만 그 이익충돌이 현재화되어 있는가 아니면 잠재적인 상태에 있는가 하는 점의 차이만이 있을 뿐이다. 형사사건에서 공범자의 수임 여부에 관해서는 첫째, 이익충돌이 현재화되지 않았는지를 묻지 않고 공범자 쌍방으로부터 수임을 금지하는 것을 원칙으로 하고 공통의 변호가 피고인에게 유리한 것이 명백하거나 기타 특별한 사정이 있는 경우에만 공범자 쌍방으로부터 수임할 수 있다는 의견과 둘째, 이익충돌이 현재화되지 않은 공범자 쌍방으로부터 수임하는 것은 원칙적으로 가능하며 공범자 사이에 명백한 이익충돌이 생겨 그것이 해소될 전망이 보이지 않는 경우에 한하여 수임을 그만두거나 사임해야 한다는 의견이 양립하고 있다.[81] 원칙적으로는 전자의 입장이 타당하겠지만 공범 사이에 공동변호의 필요성이 있을 수 있다는 점도 고려되어야 한다. 이에 대하여 변호사윤리규약은 "수임 이후에 변호사가 대리하는 둘 이상의 의뢰인 사이에 이해의 대립이 발생한 경우에는 변호사는 의뢰인들에게 이를 알리고 적절한 방법을 강구한다"(제27조)라고 규정하고 있다. 따라서 변호사윤리규약에 따르면 의뢰인인 공범자 사이에 이해관계 대립이 발생하기 전에는 수임에 제한은 없다. 이후 공범자 사이에 이해관계 대립이 발생한 경우에는 우선 의뢰인들에게 이를 설명한 다음 의뢰인의 의사를 바탕으로 적절한 방법을 강구해야 한다. 여기서의 적절한 방법에는 사임이 포함된다.

특히 공소사실 기재 자체로 보아 어느 피고인에 대한 유리한 변론이 다른 피고인에게는 불리한 결과를 초래하는 경우 공동피고인들 사이에 이해가 상반된다. 공동피고인 사이에 이해가 상반되면 변호인은 서로 달라야 한다. 법무법인 소속 변호사의 경우에는 같은 법무법인 소속이어서는 안된다. 법무법인이 변호인이기 때문이다. 따라서 이해가 상반된 피고인들 중 어느 피고인이 법무법인을 변

---

81) 박휴상, 앞의 책, 427쪽.

호인으로 선임하고, 법무법인이 담당변호사를 지정하였을 때, 법원이 담당변호사 중 1인 또는 수인을 다른 피고인을 위한 국선변호인으로 선정한다면, 국선변호인 으로 선정된 변호사는 이해가 상반된 피고인들 모두에게 유리한 변론을 하기 어렵다. 결국 이로 인하여 다른 피고인은 국선변호인의 실질적 조력을 받을 수 없게 되고, 따라서 국선변호인 선정은 국선변호인의 조력을 받을 피고인의 권리를 침해하는 것이 된다.[82]

VI. 위증의 문제

[사례 6]

변호사 甲은 피의자 A의 변호인으로 선임되었는데 관련 증거에 의하면 A가 합리적 의심 없이 범인이라고 생각되었다. 그런데 A는 자신이 범인이 아니며 이를 입증해 줄 증인으로 B가 있다고 주장하면서 B를 반드시 증인으로 신청해 줄 것을 요청하였다. 그리고 자신도 적극적으로 피고인신문에 임할 것이니 피고인신문을 정열적으로 해 줄 것을 요청하였다. 변호사 甲은 증거에 의하면 유죄일 가능성이 높으므로 가능한 한 자백을 하고 양형상 불이익을 당하지 않는 것이 좋겠다고 조언했으나 A는 여전히 무죄변론을 강하게 요청했다.

변호사 甲은 위증으로 확신하는 B를 증인으로 신청하여야 하는가?

변호사 甲은 B가 위증으로 될 가능성이 농후하기 때문에 이를 적극 만류하였으나 A는 전혀 말을 듣지 않고 자신의 요청대로 해 줄 것을 강력하게 요청하였다.

이때 변호사 甲은 어떻게 하여야 하는가?

변호사 甲은 만일 이와 같이 계속 위증을 하겠다고 하면 자신이 직접 나서서 위증의 사실을 법원에 알리고 나중에 증인이 되어 위증사실을 증언할 것이라고 말했다. 이것은 허용되는 것인가?

---

82) 대법원 2015. 12. 23. 선고 2015도9951 판결.

1. 위증의 문제

피고인은 피고인신문 시 진실을 말할 의무가 없다. 피고인은 선서를 하지 않으며 위증죄의 주체가 되지 않는다. 오히려 피고인에게는 진술거부권과 자신에게 유리한 사실을 말할 권리가 주어져 있다. 따라서 변호인은 피고인의 진술내용이 거짓인가 진실인가에 관계없이 이를 저지하거나 만류할 수 없고 또 만류해서도 안 된다. 하지만 이 과정에서 발생하게 되는 양형상의 위험 등은 법률지식에 해당하므로 충실하게 조언하여야 할 것이다. 만일 피고인의 신문내용을 저지하게 되면 피고인으로서는 충분하고 효과적인 변호를 받지 않은 것이 될 수도 있다. 손해배상의 대상이 될 뿐 아니라 불충분한 변호를 이유로 재판의 결과에 영향을 미칠 수 있다.

그러나 위증은 다르다. 증인이 선서한 후 허위의 사실을 증언하면 위증죄가 성립한다. 증인에게 위증죄가 성립되면 위증을 교사한 피고인은 위증교사죄로 처벌받고,[83] 증인을 신문한 변호인은 위증죄의 교사범 또는 방조범이 될 수 있다. 이것은 피고인의 장래의 범죄행위에 대하여 침묵하는 것을 넘어서서 변호인 스스로 범죄행위에 공범으로 개입하는 것을 의미한다. 따라서 형사변호인은 변호사윤리규약의 "변호사는 의뢰인의 범죄행위, 기타 위법행위에 협조하지 아니한다. 직무수행 중 의뢰인의 행위가 범죄행위, 기타 위법행위에 해당된다고 판단된 때에는 즉시 그에 대한 협조를 중단한다"(제11조 제1항), "변호사는 위증을 교사하거나 허위의 증거를 제출하게 하거나 이러한 의심을 받을 행위를 하지 아니한다"(제11조 제3항)는 규정에 따라 위증에 개입해서는 안 된다. 나아가 변호인은 위증이 결코 사건에 도움이 되지 않고 검찰측의 다른 증거와 증인, 그리고 해당 증인에 대한 검사의 반대신문과정을 통해 위증이라는 사실이 발각될 가능성이 높다는 점 등을 들어 최선을 다해 위증을 하지 않도록 설득하여야 한다. ·

그런데도 피고인이 이를 계속 고집할 경우에는 어떻게 될 것인가? 사임하는 것도 하나의 방법일 수는 있으나 사임은 종국적인 해결은 아니다. 다른 변호사가 변호인으로 새롭게 선임될 것이고 이번에는 그 변호사에게 허위라는 사실을 더

---

83) 피고인이 위증죄의 교사범이 될 수 있는지에 대하여 다수의 학설은 소극설을 취하지만 판례는 적극설을 취하고 있다. 대법원 2004. 1. 27. 선고 2003도5114 판결.

욱 적극적으로 숨기고 허위증언을 요청할 것이기 때문이다. 부적절한 시기에 사임하게 된다면 법원에 유죄의 심증을 줄 수도 있고 피고인의 변호에 차질을 빚을 수도 있다.

2. 위증의 거절이 성실변호의무에 위배되는가?

피고인이 위증의 계획을 번복하지 않는 경우 변호인이 부딪히는 문제는 두 가지이다. 하나는 위증이 확실시되는 증인신청을 거절하는 것이 혹시 변호인의 충분하고 효과적인 변호를 포기하는 것이 아닌가, 즉 변호인의 성실의무의 범위에 대한 문제이다. 그리고 다른 하나는 위증을 저지하기 위하여 변호인 스스로 그 내용을 검찰이나 법원에 알리는 등 변호인 자신이 업무상 지득한 비밀을 이용할 수 있는가 하는 점이다.

실제로 미국에서는 변호인이 피고인의 위증을 저지하기 위하여 위증사실을 법원에 알리겠다고 하여 피고인의 증언을 막은 적이 있다. 사안의 개요는 다음과 같다.[84] 1977. 2. 8. 캘빈 러브(Calvin Love)가 아이오와주 세다 라피즈(Cedar Rapids)에서 마약거래와 관련하여 칼에 찔려 살해되었다. 러브는 엠마누엘 화이트사이드(Emmanuel Whiteside)와 마리화나거래에 관하여 언쟁하던 중 화이트사이드가 휘두른 칼로 가슴에 치명적인 부상을 입었다. 화이트사이드는 러브를 살해한 혐의로 기소되어 재판을 준비하던 중 변호사들에게 언쟁중에 러브가 여자친구에게 자기 총을 가져오라고 말하는 것을 들었고 총을 보지는 못했지만 러브가 총을 가지고 있을 것이라고 확신하였다고 일관되게 말했다. 재판 1주일 전 화이트사이드는 그가 러브를 찌르기 바로 직전에 금속성 물질을 보았다고 증언하겠다고 하였다. 변호인들은 화이트사이드에게 피고인의 증언을 뒷받침할 수 있는 증거가 전혀 없으므로 그 증언에 동의할 수 없고 나아가 만일 그와 같이 증언한다면 법원에 위증임을 알리고, 그 증언에 대해서는 검사를 위한 탄핵증인이 될 수도 있고 위증을 고집한다면 변호를 그만둘 것이라고 말하였다. 이에 화이트사이드는 금속성 물질을 보았다는 증언을 포기했다.

화이트사이드에게는 살인죄의 유죄판결이 있었고 화이트사이드는 "변호인들이 자신이 생각했던 대로 증언을 하지 못하도록 막음으로써 변호사의 효과적인 도움을 받지 못했

---

84) 사법연수원, 앞의 책, 391~392쪽.

고 자신을 변호할 권리를 거부당했다"라고 재심리를 요청하였다. 위 재심리는 아이오와
대법원에까지 상고되었으나 기각되었다. 하지만 화이트사이드는 아이오와주 남부지역 연
방지방법원에 인신보호영장(Writ of Habeas Corpus)발부를 신청하였고 연방지방법원은 이
를 기각하였으나 연방항소법원은 원심을 파기하고 화이트사이드의 주장을 받아들였다. 연
방항소법원은 화이트사이드의 변호인들의 경고와 위협으로 인하여 그가 효과적인 변호인
의 조력을 받을 권리, 적법절차의 권리와 자기 자신을 위하여 증언할 권리를 박탈당하였
다고 판시했다. 특히 위증을 하려고 한다고 법원에 알리겠다고 경고한 것은 의뢰인의 기
밀을 보호해 주어야 한다는 변호사의 의무를 위반한 협박이라고 판시했다. 그리고 변호인
과 화이트사이드 사이의 이해관계충돌이 있었고 피고인에 대한 유죄판결을 파기하는 데는
피고인의 권리가 침해되었다는 사실까지 증명될 필요는 없다고 판시하였다.

하지만 연방대법원의 판결은 이와 달리 화이트사이드의 신청을 기각하였다.[85] 연방
대법원은 변호사의 효과적인 도움을 받지 못했다는 주장을 바탕으로 연방의 인신보호영장
을 얻어 석방되기 위해서는 그 신청자가 변호사의 심각한 실수 및 피해를 입증해야 하는
데 그것은 그 변호사가 수정헌법 제6조에서 피고인에게 보장해 주고 있는 변호사로서의
기능을 하지 못했다고 할 정도로 심각한 것이고, 변호사의 과실이 재판결과의 신뢰성을
무너뜨릴 정도로 재판을 불공정하게 만들었다고 하는 점을 입증하는 것이라고 먼저 설시
한 후 본 사건을 살펴보았다.

변호사에게는 피고인의 주장을 옹호해 주어야 하는 포괄적인 의무가 있으나 이 의무
는 반드시 진실의 추구라는 재판의 특성과 부합되는 정통하고 합법적인 행동에만 제한적
으로 적용되어야 하며, 변호사는 그 의뢰인의 목표를 달성해 주기 위해서는 모든 합리적
이고 합법적인 방법들을 다 동원해야 한다. 하지만 변호사가 의뢰인이 거짓 증거를 제시
하거나 기타 법률을 위반하는 일을 도와주기 위해 어떤 조치를 취하는 것은 금지되어 있
다고 판시했다. 나아가 의뢰인의 이익을 증진시키기 위한 변호사의 윤리적 의무는 이와
똑같이 엄숙한 의무라 할 수 있는 법률과 전문직업인의 행동기준에 적합한 행동을 해야
한다는 의무에 의해 제한되어야 한다고 하면서 변호인은 법정에 대한 거짓말을 막아야 하
고 또 그것을 공개해야 한다는 특수한 의무를 진다고 판시하였다.

나아가 연방대법원은 사법부의 공직자(officer)요 진실 추구에 헌신하는 사법제도의 핵
심적인 구성원인 윤리적인 변호사가 지녀야 할 책무는 의뢰인이 증인이나 배심원을 매수하
거나 협박하겠다는 의사를 밝힌 경우에 대해서나, 위증을 하거나 다른 사람에게 위증을 시

---

85) *Nix v. Whiteside*, 475 U.S. 157(1986). 이하 사법연수원, 앞의 책, 410~431쪽에서 재인용.

키겠다는 의사를 밝힌 경우에 대해서나 꼭 같이 적용되는 것이므로 피고인에게는 결코 변호사에게 도움을 강요하거나 입을 다물고 있으라고 강요할 권리가 없다고 판시하였다.

　　형사변호인에게는 위증에 협력할 의무는 없다. 그런데 문제는 여전히 남는다. 즉, 이 사건의 변호사와 같이 변호인이 사임하여 법원에 위증임을 알리고, 그 증언에 대해서는 소추당사자를 위한 탄핵증인이 될 것이라고 말하면서까지 피고인을 설득하는 것이 피고인을 위한 성실의무를 다한 것으로 볼 수 있을까? 그리고 이와 같은 설득까지는 하지 않고 그냥 사임하는 것이 바람직한 것은 아닐까? 허위의 증언을 할 것인가에 대해서는 최종적으로 당사자가 결정해야 하므로 변호인으로서는 그 결정을 도울 수 있을 뿐, 강요할 수 없다고 보는 것이 당사자주의의 정신이지 않을까? 변호인이 위증을 거부하면서도 피의자·피고인과 신뢰관계를 손상시키지 않고 적절한 변호를 제공하는 것, 혹은 피의자·피고인을 더 불리한 상태에 빠뜨리지 않고 사건을 종결시키는 방안은 없을까? 이 점은 논의과제가 될 수 있다.

Ⅶ. 형사변호인의 비밀유지의무

> [사례 7]
>
> 　(1) 변호사 甲은 A의 변호를 담당하면서 증거서류 일체를 등사하여 변호를 준비하였다. 변호사 甲은 A에 대한 양형증인으로 그 부인인 B를 신청하여 증인신문을 준비하면서 증거의 일부를 함께 보았다. A에 대해서는 유죄판결이 내려졌다. 사건 종결 후 B는 변호사 甲에게 형사기록을 복사해 줄 것을 요청하였고 변호사 甲은 특별한 생각 없이 이를 복사해 주었다. 그런데 B는 형사기록을 보면서 A의 전과내용과 여성관계를 알게 되었고 이것이 자신이 알고 있는 것과 너무 달라 도저히 혼인을 지속할 수 없다고 판단하여 이혼소송을 제기하였다.
>
> 　변호사 甲의 행위는 무엇이 문제인가?[86]

---

86) 塚原英治·宮川光治·宮澤節生, 法曹の 倫理と 責任, 現代人文社, 2008, 284쪽, 설례 9, 문 1의 사례.

(2) 변호사 乙은 독실한 종교인으로서 종교인은 누구보다도 도덕적으로 청렴해야 한다고 생각하고 있다. 변호사 乙은 자신이 변호하는 사건의 참고인으로 종교인 A가 조사를 받은 것을 알고 참고인진술조서를 등사하여 확인해 본 결과 A의 비리를 확인하였다. 범죄의 정도에는 이르지 않았지만 A의 비리는 종교인으로서는 묵과하기 어렵다고 판단하고 이를 소속 종교단체에 알렸다.

변호사 乙의 행위는 무엇이 문제인가?

[사례 8]

변호사 甲은 살인혐의를 받는 A를 변호하게 되었다. A는 변호사 甲에게 자신이 혐의를 받는 사건 이외에 다른 피해자 소녀들의 살인사실 및 시신을 묻은 장소를 말하였다. 피해자 소녀의 부모는 처음에는 단순히 딸이 가출한 것으로 생각하였으나 A가 기소되자 A에 의하여 살해되었을 수도 있다고 생각하여 변호사 甲을 찾아가 딸의 사건을 말하고 소재를 물었다. 변호사 甲은 소녀가 이미 살해된 사실과 어디에 묻혀 있는지 알면서도 모른다고 답하였다. 6개월 후 A에 대한 재판이 시작되어 A가 소녀 및 다른 3인의 살해에 대하여 자백하였고 변호사 甲은 이제야 소녀와 그 외 살해사건의 내용과 증거를 공개했다.

변호사 甲의 행위는 정당한 것인가?

만일 A의 범죄사실이 과거에 저지른 범죄가 아니라 현재 진행형인 경우는 어떠한가? 살인혐의를 받는 A가 소녀를 감금하고 있었다면 변호인으로서는 어떻게 행동하여야 하는가?

만일 불구속상태의 A가 자신의 범죄에 대한 유력한 증인을 살해하기 위한 범죄계획을 세우고 이를 변호사 甲에게 말하고 변호사 甲이 이를 제지하기 위하여 설득했으나 실패한 경우에는 변호사 甲은 어떻게 해야 하는가?

---

1. 변호사의 비밀유지의무

변호사는 비밀유지의무를 진다. 비밀유지의무가 없다면 의뢰인은 변호사를 신뢰하고 조언을 구하기 어렵게 되고 그렇게 되면 변호사가 의뢰인의 이익을 위하여 가장 적절한 변호의 방법을 찾아내기 어렵게 될 것이다. 이러한 요구는 형사변호인의 경우 더욱 높다. 형사변호의 경우 취급하는 사안은 민사소송의 경우에 비하여 해당 정보가 개인의 신상이나 프라이버시에 관련된 것이 많고 외부로 유출되는 순간 명예훼손을 구성할 정도의 사실이기 때문이다. 이러한 이유로 형법에서는 변호사에 대하여 업무상비밀누설죄(제317조)를 두고 있고, 검찰, 경찰 기타 범죄수사에 관한 직무를 행하는 자에 대하여 피의사실공표죄(제126조)를 두고 있다.

변호사법은 형법 이외에 "변호사 또는 변호사이었던 자는 그 직무상 알게 된 비밀을 누설하여서는 아니 된다"(제26조)라고 하여 비밀유지의무를 인정하고 있고, 변호사윤리규약은 제18조에서 ① 변호사는 직무상 알게 된 의뢰인의 비밀을 누설하거나 부당하게 이용하지 아니한다. ② 변호사는 직무와 관련하여 의뢰인과 의사교환을 한 내용이나 의뢰인으로부터 제출받은 문서 또는 물건을 외부에 공개하지 아니한다. ③ 변호사는 직무를 수행하면서 작성한 서류, 메모, 기타 유사한 자료를 외부에 공개하지 아니한다. ④ 제1항 내지 제3항의 경우에 중대한 공익상의 이유가 있거나, 의뢰인의 동의가 있는 경우 또는 변호사 자신의 권리를 방어하기 위하여 필요한 경우에는, 최소한의 범위에서 이를 공개 또는 이용할 수 있다고 규정하여 비밀유지의무와 그 한계를 밝히고 있다.

2. 기록의 유출 및 비밀누설

형사소송법은 증거개시제도를 도입하면서 피고인과 변호인의 증거에 대한 접근권을 대폭 강화하였다. 즉, 피고인 또는 변호인은 검사에게 공소제기된 사건에 관한 서류 또는 물건의 목록과 공소사실의 인정 또는 양형에 영향을 미칠 수 있는 서류 또는 물건의 열람·등사 또는 서면의 교부를 신청할 수 있다(형사소송법 제266조의3 제1항 본문). 새로운 증거개시제도가 도입됨에 따라 피고인의 방어권이 더욱 공고하게 보장될 수 있게 되었다. 하지만 이에 따른 피해도 있을 수 있기 때문에 개시된 증거를 다른 목적으로 활용할 수 없도록 벌칙을 신설하였다. 즉 피고인 또는 변호인(피고인 또는 변호인이었던 자를 포함한다)은 검사가 증거를 개시한 서면 및 서류 등의 사본을 당해 사건 또는 관련 소송의 준비에 사용할 목적이 아닌 다른 목적으로 다른 사람에게 교부 또는 제시(전기통신설비를 이용하여 제공하는 것을 포함한다)해서는 안 되고(형사소송법 제266조의16 제 1 항) 만일 이를 위반하는 때에는 1년 이하의 징역 또는 500만원 이하의 벌금으로 처벌된다(동조 제 2 항). 따라서 기록을 무단으로 유출하는 것은 단순히 비밀유지의무위반이라는 윤리의무위반에 그치지 않고 형법상의 업무상비밀누설죄 및 형사소송법상 기록부당목적교부죄에 해당된다. 이 규정은 주로 사건관계자의 프라이버시를 보호하기 위한 것이다.

한편, 일본도 2004년에 형사소송법 개정을 통하여 이와 유사한 규정을 마련하여 1년 이하의 징역 또는 50만엔 이하의 벌금에 처하도록 하였다.[87] 그리고 일본 변호사들은 일본 변호사연합회회칙에 따라 "개시증거의 복제 등에 관한 규정"을 두어 자체적으로 규율하고 있다.

한편, 형사소송법은 형사기록의 공공성을 고려하여 형사기록공개제도를 두고 있다. 즉 형사소송법 제59조의2는 누구든지 권리구제·학술연구 또는 공익적 목적으로 재판이 확정된 사건의 소송기록을 보관하고 있는 검찰청에 그 소송기록의 열람 또는 등사를 신청할 수 있다고 규정하여 형사기록의 공공성과 활용가능성을 원칙적으로 확인하고 있다. 하지만 이에 대해서도 자신이 확인한 정보를 이용하여 공공의 질서 또는 선량한 풍속을 해하거나 피고인의 개선 및 갱생을 방해하거나 사건관계인의 명예 또는 생활의 평온을 해하는 행위를 하여서는 안 되는 의무가 부과되어 있다. 그러므로 형사변호인에게는 권리구제·학술연구 또는 공익적 목적으로 확정재판의 기록을 이용할 수는 있을 뿐이고 의뢰인의 비밀과 관련된 기록은 철저하게 지켜야 하는 의무가 있다.

이와 같이 형사기록과 관련한 여러 규정들을 살펴보면 비공개가 원칙이고 공개가 예외인 것처럼 보인다. 여기에 형사변호인의 비밀유지의무가 더해지면 형사기록은 기본적으로 비공개되어야 하는 것으로 오해받기 십상이다. 그러나 형사소송기록과 관련하여 사건관계자의 프라이버시 보호에만 집착해서는 안 된다. 현대의 형사소송은 원칙적으로 공개재판이므로 누구나 재판기록에는 접근할 수 있는 것이 원칙이고 나아가 형사재판기록에 대한 공공의 이익이 있기 때문이다. 형사기록은 공공의 영역인 범죄에 대하여 공권력이 국가의 예산과 인력을 동원하여 만든 기록이다. 따라서 원칙적으로 공공의 재산이다.

---

87) 일본 형사소송법 제281조의3, 제281조의4, 제281조의5.

따라서 형사기록은 원칙적으로 공개되어야 한다.[88] 첫째, 형사기록의 공개는 국가기관에 대한 견제와 감시를 위한 기초자료가 된다. 국가기관에 대한 견제와 감시를 위한 형사기록 공개의 권리는 일차적으로 사건 당사자인 피의자·피고인과 그 변호인에 있다. 그러나 이에 국한되지 않는다. 시민사회를 구성하는 시민도 역시 국가기관의 권한행사에 견제와 감시를 할 권리가 있다. 형사기록이 공개되지 않는 이상 국가권력 행사의 위법성과 부당성을 견제할 방법이 없다. 둘째, 피의자·피고인의 입장에서는 정보 프라이버시권, 자신의 정보결정권에 기초하여 정보에 접근할 수 있고 접근하여야 한다. 불기소에 그친 사건이라고 하더라도 잘못된 수사내용이 있다면 이를 열람하고 시정할 권리가 있는 것이다. 셋째, 피의자·피고인을 포함한 국민은 알권리에 의해서도 형사기록에 접근할 수 있다. 국가기관은 자신의 공권력 행사에 대해서는 설명의무가 있기 때문이다. 다만 형사기록의 민감성에 비추어 관계자들의 프라이버시는 충분히 보호되어야 할 것이다.

이와 관련하여 일본의 高野隆 변호사는 원칙적으로 형사소송의 정보는 경찰 등이 공권력을 행사하여 수집한 정보이므로 피고인이나 참고인의 진술, 현장검증의 결과 등 공권력의 개입이 정당화되는 시점에서 프라이버시권을 주장할 근거가 사라진 것으로도 볼 수 있다고 주장한다. 수사기관이 개인정보를 강제적으로 수집하는 것을 인정하면서 시민이 접근하는 것을 금지한다면 수사기관의 정보수집을 비판한다든지, 수사와 재판이라는 국가권력의 발동을 시민이 감시하고, 개인의 자유를 옹호하고, 사법과 법을 건전하게 발전시키는 것이 불가능하게 될 것이라고 경고하고 있다.[89] 실제로 형사사건의 기록은 훌륭한 논문의 재료이기도 하고 논픽션이나 다큐멘터리의 재료가 될 수도 있다.

한편, 변호사가 직무상 알게 된 비밀을 누설한 경우에는 당연히 징계사유가 된다. [사례 7] (2)와 유사한 경우에 대한변협 2004. 12. 20. 결정 징계 제2004-31호는 징계대상자인 변호사가 "그 업무처리중 알게 된 타인의 비밀을 누설하여서는 아니 됨에도 불구하고 2004. 4.경 '○○암 주지 김○○이 금원을 편취하여 긴급체포된 사실이 있는 사람이고, 검찰조사과정에서 보조금을 타내기 위해

---

88) 福島至, 刑事司法と 知る權利, 刑事司法改革と 刑事訴訟法(上), 日本評論社, 2007, 128쪽 이하.
89) 高野隆, "사건기록 심리 이외의 활용도 인정하라(나의 관점)", 마이니치 신문 2004. 5. 18; 塚原英治 외, 앞의 책, 285~286쪽에서 재인용.

○○당 모 국회의원에게 로비를 한 사실 및 관할 군수에게 돈을 제공한 점을 집중 추궁받다가 이틀 후 다시 조사를 받으러 자진출두하겠다, 그때 모든 자료를 가져와 사실대로 조사에 응하겠다라는 거짓말을 하고 석방된 사실이 있으며 광주시 모병원에 사적으로 돈을 투자해 놓은 것이 있다'라는 등의 내용이 담긴 편지 2통을 작성하여 이를 ○○사 주지스님 및 ○○종 ○○원 ○○부장 앞으로 우송하여 도달하게 함으로써 업무처리중 알게 된 비밀을 누설하였다"고 하여 징계에 처한 바 있다.

3. 의뢰인의 과거의 여죄

형사변호인의 비밀유지의무가 윤리상으로 문제가 되는 것은 비밀유지의무를 지킨 것이 일반적인 도덕관념과 차이가 나기 때문이다. 여기에서 형사변호인의 비밀유지의무의 한계가 어디까지인가가 문제가 된다.

[사례 8]은 1973년 미국에서 실제 발생했던 플레전트호 사건(Lake Pleasant case)의 내용이다.[90]

당해 변호사는 변호사회에 고발되었고 사체유기죄 등의 혐의로 기소되었다. 일반인의 관점에서 보았을 때 이 사건 변호인들의 행동은 도저히 용납되기 어려웠기 때문이다. 법원은 사체매장, 사체보고위반죄 혐의에 대해서는 그 행동이 의뢰인의 보호의무에 따른 것이라고 무죄로 판결하였고 소송대리와 관련된 윤리적인 문제에 대해서는 기소범위 밖이라는 이유로 판단하지 않았다. 뉴욕주 변호사협회윤리위원회는 "피고사건과 무관한 다른 두 건의 살인에 관해 알게 된 지식을 공개하지 않았음이 부적절하다고 볼 수는 없으며 만약 이를 공개하였다면 사실상 변호사협회의 변호사책임표준전범이 정한 윤리적 의무를 위반한 것이 된다"는 의견을 제출했다.[91]

이에 대하여 비교형량의 관점에서 접근하여야 한다는 주장이 있다. 즉, 저울의 한쪽에는 비밀유지의무, 의뢰인의 권익옹호의무가 있고 저울의 다른 쪽에는 진

---

90) 본 사건의 자세한 경위는 사법연수원, 앞의 책, 260쪽 이하; 小島武司·柏木俊彦·小山稔 編, 現代の法曹倫理, 法律文化社, 2007, 37~41쪽.

91) Rober H. Arsonson and Donald T. Weckstein, *Professional Responsibility in a Nutshell*, 2nd ed.(West Publishing Co., 1991), p. 211; 이용식, 앞의 논문, 234쪽에서 재인용.

실의무, 공익의무가 있다는 것이다.[92] 이 사건에서 만일 살해된 소녀의 사체가 발견된다면 의뢰인에 대한 혐의사실이 추가되고 유죄의 심증은 증폭될 것이다. 그러나 이를 숨기면 부모가 겪게 될 심적 고통은 계속되고 수사기관의 수사기간은 불필요하게 장기간이 될 것이다. 이 두 가지를 비교형량하여야 한다는 것이다.

이 사건에서 비밀유지의무를 선택했던 변호사들은 만일 피해자를 발견하였던 당시에 피해자가 아직 생존하고 있었다면 그의 생명을 구하기 위하여, 예컨대 피고인에게 불이익을 가져오는 일이 있더라도 당연히 적절한 연락조치를 취하였을 것이나 피해자는 이미 사망하였으므로 그 결과 자체는 어떻게 하더라도 변경될 수 없는 곤란한 상황으로 되어 있었던 이상, 피고인에 대한 불이익을 무시하면서까지 어떠한 연락조치를 취하지 않으면 안 된다고 하는 뚜렷한 이유는 없고 오히려 그렇게 하지 않는 것이 변호인으로서의 의무라고 말했다.[93] 이 사건의 변호인들 역시 비교형량의 관점에서 자신들의 행동을 결정하였다고 설명한 것이다.

원칙적으로 비교형량의 관점에서 이와 같은 사안을 해결하는 것은 타당하다고 할 수 있다. 하지만 형사소송절차에서 모든 사안을 비교형량의 원칙으로 해결할 수는 없다는 점도 명심해야 한다. 앞에서 살펴본 대로 형사소송에서는 이익형량의 대상이 되지 않는 원칙이 많이 있다. 아무리 공익상의 이유가 있다고 하더라도 변호인이 진술거부권을 침해하면서까지 피고인에게 과거의 여죄를 추궁할 수는 없을 것이다. 이익형량의 원칙은 피고인의 본질적인 이익을 침해하지 않는 범위 내에서만 적용된다.

한편, 한국의 변호사윤리규약이 "중대한 공익상의 이유"가 있는 경우 등에서 이를 공개할 수 있도록 규정하고 있다는 점과 공익상의 필요가 추상적인 점에 비추어 보면 이 사안에서 소녀가 매장된 장소 등 최소한의 정보는 익명으로 공개하였어도 문제가 되지 않았을 것이라고 볼 수도 있다. 다만 공익상의 필요에 의한 정보의 공개가 의무규정으로 될 수는 없기 때문에 공익상의 이유가 무한정 확대될 수 없음도 명확하다.

그런데 비교형량의 관점에서 이 문제를 해결하기 전에 우선 이 사건 변호인들이 어떤 의무를 선택할 것인가를 두고 심각하게 고민했다는 점에 관심을 돌릴

---

92) 이용식, 앞의 논문, 234쪽.
93) 사법연수원, 법조윤리론, 2008, 257~258쪽.

필요가 있다. 플레전트호 사건이 대표적이기는 하지만 변호인들이 형사소송과정에서 부딪히는 윤리문제는 정답이 없는 경우가 많다. 따라서 변호인으로서는 어떤 결정을 내리기 전에 해당 사안에 대하여 심각하게 숙고하여야 한다. 필요하다면 사안에 대한 법률이나 규정에 대한 조사를 하여야 하고 도저히 본인 스스로 결론을 내리지 못할 경우 동료나 전문가와 상담하여야 한다. 이러한 심각한 숙고를 거치지 않는 의사결정은 비교형량의 관점에서도 정당화되기 어려울 것이다.

4. 진행되고 있거나 가까운 미래의 범죄계획

피의자·피고인이 현재 진행하고 있거나 가까운 미래에 범할 범죄계획에 대한 비밀유지의무와 공익의무의 대립 역시 비교형량의 입장에서 결정하지 않으면 안 된다. 범죄를 예방해야 할 의무가 모든 사람에게 부과되어 있는 것은 아니지만 피의자·피고인의 특정한 범죄계획을 알게 된 경우 진실의무와 공익의무를 부담하고 있는 변호인으로서는 이를 저지하여야 할 의무가 있다고 할 것이다. 특히 비밀유지의 대상이 이미 발생하여 돌이킬 수 없는 과거의 사건이 아니라 변호인이 알고 있는 사실에 의하여 현재 진행중이거나 가까운 장래에 발생할 것이 명확한 범죄를 방지할 수 있다는 점에서 공익의무는 더 중대하게 고려되어야 한다.[94] 더 중대하게 고려되어야 할 공익의무는 어떤 범위에까지 확대될 수 있을 것인가?

이에 대하여 미국 변호사협회의 직무행위표준규칙(MRPC) 1.6(b)(1)은 "의뢰인이 긴박한 사망 또는 중상해의 결과가 예상되는 범죄를 꾀할 때 이를 저지하기 위하여" 의뢰인의 비밀을 공개할 수 있다고 규정하고 있다. 나아가 애리조나주와 코네티컷주는 이를 변형하여 살인 또는 중상해의 범죄의 경우는 의무적으로, 기타 범죄는 임의적인 공개로 규정한 것[95]이 참조가 될 것이다.

---

94) 테러범행 모의에 관여된 비밀을 알게 된 경우에는 심각한 결과가 초래될 수 있으므로 변호사로 하여금 경찰에 알리도록 해야 한다는 의견도 있다. 정형근, 변호사법주석, 피앤씨미디어, 2016, 192쪽
95) 이용식, 앞의 논문, 236쪽.

5. 변호사의 법관 및 검사의 비행 보고 의무

변호사는 법관이나 검사의 직무상 범죄행위, 비행에 대하여 보고할 의무가 있다. 법관이나 검사의 직무상 범죄행위, 비행은 형사사법제도를 타락시키고 정의를 왜곡한다. 형사사법제도를 타락시키는 법관이나 검사의 직무상 범죄행위에 대해서 변호사는 이를 보고함으로써 정의를 바로잡을 의무가 있다. 미국의 다음 사례가 대표적인 예이다.[96]

미국의 전직 검사 리흘만 Michael G. Riehlmann 변호사는 1994년 4월 로스쿨 동창생이고 검사시절 동료였던 디건 Geny Deegan 변호사를 만났다. 디건 변호사는 친구인 리흘만 변호사에게 자신이 죽어간다고 하면서 과거 자신이 검사로서 기소했던 형사사건에서 무죄를 증명하는 혈액증거를 은폐한 적이 있다고 털어놓았다. 하지만 디건 변호사는 아무런 조치없이 사망했다. 그 5년 뒤인 1999년 5월 20일, 디건 변호사가 검사재직 시절인 1985년 무장강도 사건으로 기소했던 톰슨 John Thompson의 사형집행이 예정되어 있었다. 톰슨의 변호사들은 같은 해 4월 희생자와 격투에서 범죄자의 피로 얼룩진 바지와 운동화에 대한 실험결과가 담긴 과학수사연구소 보고서를 발견했다. 보고서에는 톰슨이 유죄판결을 받은 사건에서 강도의 혈액형이 B형이라고 기재되어 있었고 톰슨의 혈액형은 O형이었다. 이 보고서나 혈흔이 증거로 채택되었다면 공판절차에서 톰슨이 강도범행을 저지르지 않았다는 사실이 입증되었을 것이었다. 하지만 당시 증거개시절차에서 위 보고서나 혈흔은 피고인의 변호인에게 공개되지 않았다.

리흘만 변호사는 톰슨의 변호인이 위 보고서를 발견했다는 사실을 전해 듣고 1999년 4월 27일 "작고한 디건 변호사는 무장강도 심리에서 톰슨의 무죄를 증명할 혈액증거를 고의로 은폐했다고 나에게 말했다"는 내용의 선서진술서를 작성했다. 리흘만 변호사는 디건 변호사의 비행을 루이지애나주 변호사 징계담당관실에 보고했고 6월 톰슨의 무장강도 재심절차에서 증언했다.

2001년 징계담당관은 리흘만 변호사가 디건 변호사의 과거 비행에 대한 정보를 듣고 그것이 변호사 의뢰인 특권의 보호 대상이 되는 정보가 아님에도 불구

---

96) In re Riehlmann(Supreme Court of Louisiana; January 19, 2005; 891 So. 2d 1239), 박준, 이상원, 이효원, 박준석, 윤지현, 판례로 본 미국의 변호사 윤리, 소화, 2012, 440쪽에서 재인용

하고 보고하지 않은 행위가 루이지애나 주 변호사의 직무행위규칙을 위반한 것이라고 보고 리흘만 변호사에 대한 징계절차를 개시했다. 징계위원회는 리흘만 변호사에게 자격정지 6개월의 징계를 권고했다.

이에 대해 리흘만 변호사는 상고를 했다. 루이지애나 대법원은 상고를 기각했다. 루이지애나 대법원은 "보고대상인 위반행위가 발생했다고 생각되면 보고는 즉각 이루어져야 한다. 위반자의 장래 비행으로부터 일반 공중과 법조직역의 직무수행을 보호하려는 규칙의 목적을 고려할 때 적시의 보고가 요구된다. 리흘만 변호사는 디건 변호사의 직무행위규칙 위반사실을 더 일찍 보고했어야 하며 5년이나 기다릴 만한 이유는 없었다"고 하면서 상고를 기각했다.

이 사안은 비록 미국의 사안이지만 죄없는 자를 구하여 이중의 불의를 바로잡는 것이 얼마나 중요한 것인지를 잘 보여준다. 무고한 자를 처벌하는 것은 진범을 놓치는 불의에 더해 무고한 자를 처벌하는 불의를 저지르는 이중의 불의이다. 이 중 무고한 자를 이유 없이 처벌하는 불의가 더 무겁다. 이중의 불의는 형사사법절차에서 반드시 피해야 하는 것으로서 이에 간접적으로 관여한 변호인도 보고의무가 있다고 보아야 한다.

VIII. 국선변호

[사례 9]

변호사 甲은 피의자 A의 국선변호인으로 선정되었다. 변호사 甲이 증거를 검토한 결과 A의 유죄는 확실한 것으로 판단되었다. 그러나 A는 자신이 무죄라고 주장하면서 무죄변론을 강력하게 요청하였다. 변호사 甲은 유죄의 증거가 충분함을 설명하면서, 법정에서 무죄를 주장하였으나 유죄로 인정되는 경우 양형상에 불이익이 있을 수 있음을 들어 자백을 권유했다. 그러자 A는 감정적으로 대응하면서 변호사 甲에게 폭언을 하였다.

변호사 甲은 A와 더 이상의 신뢰관계는 깨졌다고 생각하고 변호인을 사임해야겠다고 생각했다. 변호사 甲은 국선변호인을 사임할 수 있는가?[97]

---

97) 塚原英治 외, 앞의 책, 260쪽, 설례 4의 변형.

[사례 10]

　변호사 甲은 폭행사건의 피의자 A의 국선변호인으로 선정되었다. 변호사 甲은 A의 부인인 B를 만나 사건의 내용을 설명하면서 피해자와의 합의가 중요하다고 설명하고 같이 피해자를 만나 합의를 하자고 제안하였다. B는 이에 응하여 변호사 甲과 피해자와 합의를 가면서 택시비 3만원은 당연히 자신이 내야 한다고 생각하고 자신이 지급하였다. 그리고 피해자와의 합의에 노력해 준 것에 감사를 표하며 30만원을 준비했다며 꼭 받아달라고 부탁했다.

　국선변호인 甲은 택시비 및 30만원을 받아도 되는가?

　B는 변호사 甲이 피해자와 직접 만나 합의를 시도하는 등 열심히 활동하는 것을 보고 국선변호인의 보수에 대해서 알게 되었다. B는 국선변호인의 보수로는 제대로 된 활동을 할 수 없다고 생각하고, 사선변호인으로 활동하는 것이 좋지 않겠느냐며 자신이 아는 친척을 통하여 변호사의 수임료는 드리겠다고 제안하였다. 변호사 甲은 국선변호활동을 통하여 보람을 느끼고 국선변호를 하더라도 사선변호인과 같이 최선을 다해 변호하겠다고 하면서 이를 거절하였다. 하지만 B는 여전히 사선변호인이 되어 A를 변호해 줄 것을 간청하고 있다.

　국선변호인 甲은 어떻게 해야 하는가?

　피해자와의 합의로 A의 사건은 잘 종료되었다. 사건이 끝난 후 A와 B는 변호사 甲의 사무실로 찾아와 그동안 변호활동에 힘써 준 것에 고맙다고 하면서 과일과 10만원 상당의 상품권을 가지고 왔다.

　국선변호인으로서 변호활동을 마친 변호사 甲은 과일과 상품권을 받아도 되는가? [98]

1. 국선변호의 확대

　형사변호는 크게 사선변호와 국선변호로 나뉘어진다. 우리나라에서 형사변호에서 국선변호가 차지하는 비중은 계속 증가중이다. 2020년 현재 전체 형사공판사건 피고인 352,843명중 36.1%에 해당하는 127,232명이 국선변호인의 조력하에 재판을 받았다. 국선변호인의 선정 건수는 2011년 101,672건이고 해마다 증가하여 2020년엔 120,664건에 이르고 있다. 2020년에 형사공판사건 중에서 사선변호인을 선임한 피고인이 82,765명인데, 국선변호인을 선임한 피고인은 125,794

---

98) 高中正彦, 앞의 책, 169~170쪽, 케이스 146, 147의 변형.

명에 달하면서 국선변호인의 비중이 사선보다 1.5배 이상 더 큰 것으로 나타나고 있다. 이와 같이 형사사건에서 국선변호의 비중이 갈수록 높아가는 추세에 있다. 이러한 경향에 비추어 볼 때 앞으로 형사사건의 상당부분은 국선변호에 의하여 이루어질 가능성이 높다.

이와 같이 국선변호의 수가 증가하게 된 것은 제도의 변경에 힘입은 바 크다. 형사소송법은 구속영장이 청구된 경우 필요적으로 피의자 단계에서부터 국선변호인을 선정하도록 하였고 법원은 국선전담변호사제도를 도입(형사소송규칙 제15조의2)하여 국선변호의 양과 질을 높이는 데 노력하고 있다. 특히 국선전담변호사들은 2004년에 도입되었고, 2006년에는 41명이 1만 5천여 건을, 2007년에는 58명이 2만 5천여건을 처리했다. 2021년에는 234명의 국선전담변호사가 활동하고 있다.[99] 국선전담변호인은 원칙적으로 국선사건만 수임하고, 일반사건을 수임할 수는 없다. 건별 수당이 아닌 월정액의 보수를 지급받는다. 국선전담 경험이 법관 임용을 위한 경력으로 활용되고 있기도 하다. 이 두 가지 요인은 앞으로도 계속 국선변호의 수를 증가시킬 요인으로 계속 작용할 것이다.

필요적 변호사건에서는 변호인이 없으면 소송행위는 무효가 된다. 필요적 변호사건의 공판절차가 사선 변호인과 국선 변호인이 모두 불출석한 채 개정되어 국선 변호인 선정 취소 결정이 고지된 후 변호인 없이 피해자에 대한 증인신문 등 심리가 이루어진 경우, 그와 같은 위법한 공판절차에서 이루어진 피해자에 대한 증인신문 등 일체의 소송행위는 모두 무효이다.[100]

시민의 자유와 권리가 확대되면서 변호인의 조력을 받을 권리도 확대되고 있다. 이 결과 필요적 변호사건도 증가하고 있다. 그 수요는 국가가 담당해야 한다. 우선 국선변호를 확충해야 하지만 결국 법원이 아닌 제3의 기관이 담당하는 기구가 필요하다. 형사공공변호인제도가 그것이다. 수사를 하는 모든 경찰서와 검찰청 근처에 국가가 고용한 변호인이 상주하는 형사공공변호인 사무실을 두고 피의자가 변호인의 도움을 요청하면 즉시 도움을 제공하는 구상이다. 형사공공변호인제도는 국선변호의 문제를 해결하면서 더 높은 수준의 변호를 제공할 것이다.

이와 같이 국선변호의 수가 증가하게 되면 형사변호의 윤리문제는 주로 국

---

99) 사법연감(2021); 법률신문 2021. 12. 2.
100) 대법원 1999. 4. 23. 선고 99도915 판결.

선변호인의 형사변호문제로 제기될 가능성이 높다. 일반 사선변호인과 비교하여 국선변호인의 형사변호 시 발생할 수 있는 윤리문제는 무엇이 있는가?

첫째, 국선변호인은 법원에 의하여 선정되므로 사임의 자유가 제한된다. 사임의 자유가 제한되더라도 완전히 사임을 금지시킬 수는 없기 때문에 그 범위를 명확히 할 필요가 있다. 둘째, 국선변호인의 보수가 사선변호인의 수임료에 비하여 소액이기 때문에 이에 걸맞게 최소한의 변호만으로 충분한 것이 아닌가 하는 의문이 있을 수 있다. 즉, 변호인의 성실의무가 제한적으로 적용될 수 있는가 하는 문제이다. 셋째, 의뢰인으로부터의 대가수령의 문제이다. 국선변호인의 보수가 적다보니 적극적인 활동을 위해서는 일정한 한도 내에서는 의뢰인으로부터 대가를 수령하는 것이 허용될 수 있다고 의문을 제기할 수 있다. 넷째, 국선변호인으로서 활동하면서 사선변호인으로 선임되면 보수의 문제와 성실한 변호의 문제를 해결할 수 있으므로 이를 허용해야 한다는 입장이 있을 수 있다. 마지막으로 국선변호인에 대한 평가를 누가 어떻게 할 것인가 하는 문제가 있다. 만일 국선변호인을 선정하는 법원에서 평가를 하게 된다면 의뢰인을 위한 정열적인 변호가 아니라 법원의 취향에 맞는 변호가 이루어질 가능성이 있기 때문이다.

2. 국선변호인의 사임 가능성

국선변호인으로서 최선을 다한다고 하더라도 의뢰인인 피의자·피고인과의 마찰을 완전히 피할 수는 없다. 마찰은 갈등으로 발전할 수 있고 최종적으로 변호인과 의뢰인 사이의 신뢰관계를 계속할 수 없을 경우도 있다. 위에서 본 바와 같이 진범임에도 불구하고 무죄변호를 요청받은 경우, 혹은 무죄임에도 유죄변호를 요청받은 경우 변호인으로서는 최선을 다해 설득할 것이지만 설득이 성공하지 않을 수도 있다. 이와 같이 변호사로서의 직업적 양심에 비추어 도저히 변호가 불가능한 사례도 배제하기 어렵다. 의뢰인을 위해서나 변호사를 위해서나 사임이 필요한 경우가 발생할 수 있다.

그러나 국선변호인에게 사임의 자유를 무한정 인정해서는 국선변호제도 자체를 존속시킬 수 없다. 따라서 국선변호인에게는 사임의 자유를 일정 정도 제한하여야 한다.

우리 형사소송법체계에서 국선변호인 선정의 법적 성질에 대하여 재판설과 공법상의 일방행위설, 공법상의 계약설 등의 다툼이 있으나 통설과 법원행정처는 재판설에 따른다. 재판설은 국선변호인의 선정을 법원 또는 지방법원 판사가 일정한 자에게 변호인의 자격을 부여하는 공권적 의사표시라고 본다. 재판설에 따르면 국선변호인의 선정에는 선정되는 변호인의 동의를 요하지 않으며 일단 선정된 변호인은 법원의 해임명령이 없는 한 사임할 수 없다.[101] 공법상의 일방행위설과 공법상의 계약설에 의하면 변호인의 승낙거절이나 피의자·피고인의 국선변호인선정거부로 인하여 국선변호제도의 근간이 흔들릴 수 있으므로 제도의 취지상 재판설을 따르는 것이 타당하다. 따라서 원칙적으로 국선변호인에게는 사임의 자유가 제한된다.

국선변호인의 사임이 허용되는 구체적인 사유는 무엇인가? 형사소송규칙 제20조에 따르면 국선변호인은 ① 질병 또는 장기여행으로 인하여 국선변호인의 직무를 수행하기 곤란할 때, ② 피의자·피고인으로부터 폭행, 협박 또는 모욕을 당하여 신뢰관계를 지속할 수 없을 때, ③ 피의자·피고인으로부터 부정한 행위를 할 것을 종용받았을 때, ④ 그 밖에 국선변호인으로서의 직무를 수행하는 것이 어렵다고 인정할 만한 상당한 사유가 있을 때에는 법원 또는 지방법원 판사의 허가를 얻어 사임할 수 있다. 이 경우 법원 또는 지방법원 판사는 사임을 허가하고 국선변호인의 선정을 취소하여야 한다(규칙 제18조 제1항 제3호).

다만 국선변호인으로서는 사임을 신청할 때 피의자·피고인으로부터 지득한 비밀을 누설하지 않아야 하며 피의자·피고인이 유죄라는 심증을 갖고 있더라도 이를 표현하지 않도록 조심하여야 한다. 그리고 충실한 변호준비를 위한 시간적 여유를 두고 사임에 임해야 할 것은 말할 것도 없다.

3. 국선변호인의 보수와 대가

국선변호인의 보수는 형사소송비용 등에 관한 규칙에 의하여 정해진다. 동 규칙 제6조는 국선변호인의 보수는 매년 예산의 범위 안에서 대법관회의에서 정하며 그 보수는 심급별로 지급하되, 체포 또는 구속적부심에 있어서는 심급에

---

101) 신동운, 앞의 책, 76쪽.

관계없이 별도로 지급하고, 위 보수는 사안의 난이, 국선변호인이 수행한 직무의 내용, 사건처리에 소요된 시간 등을 참작하여 예산의 범위 안에서 당해 재판장이 이를 증액할 수 있다고 규정하고 있다. 이에 따라 2023년 현재 형사공판사건 및 형사사건의 경우 국선변호인 기본보수로 50만원이 책정되어 있다. 국선변호인의 보수는 증액될 수 있는데 재판장은 사안의 난이, 국선변호인이 수행한 직무의 내용, 사건처리에 소요된 시간 등을 참작하여 국선변호인의 보수를 증액할 필요가 있다고 인정한 때에는 매년 대법관회의에서 정한 보수액의 5배의 범위 안에서 국선변호인의 보수를 증액할 수 있다.[102] 하지만 증액을 하는 경우에도 기준이 있어 해당 기준에 따라야 한다. 기본 보수가 많지 않은 액수이기 때문에 증액을 한다고 하더라도 사선변호에 비하여 보수가 적은 것은 틀림없는 사실이다.

그러나 보수의 많고 적음이 변호의 질을 좌우할 수는 없다. 국선변호인과 사선변호인은 선임하는 사람만이 다를 뿐 변호하는 사람은 완전히 동일하다. 따라서 국선변호인은 사선변호인과 동일하게 피의자·피고인에 대한 성실의무와 비밀유지의무, 진실의무를 부담한다. 따라서 변호활동에 차이가 있어서는 안 된다.[103] 국선변호활동은 변호사공익활동의 중추를 이루는 것이기 때문이다. 변호사윤리규약은 "변호사는 법원을 비롯한 국가기관 또는 대한변호사협회나 소속 지방변호사회로부터 국선변호인, 국선대리인, 당직변호사 등의 지정을 받거나 기타 임무의 위촉을 받은 때에는, 신속하고 성실하게 이를 처리하고 다른 일반사건과 차별하지 아니한다"(제16조 제3항 제1문)라고 규정하여 이를 명확히 하고 있다. 피의자·피고인이 구속된 경우 구속적부심청구, 보석청구 등은 형사사건처리의 필요불가결한 과정이기 때문에 당연히 성실한 변호활동에 포함된다. 피해자와의 합의 역시 이에 포함된다.

판례 역시 국선변호라고 하더라도 피고인은 충분한 조력, 실질적인 조력을 받을 권리가 있다고 밝히고 있다. 헌법상 보장되는 '변호인의 조력을 받을 권리'는 변호인의 '충분한 조력'을 받을 권리를 의미하므로, 피고인에게 국선변호인의 조력을 받을 권리를 보장하여야 할 국가의 의무에는 피고인이 국선변호인의 실질적 조력을 받을 수 있도록 할 의무가 포함된다.[104]

---

102) 국선변호에 관한 예규 제14조 제1항.
103) 박휴상, 앞의 책, 416쪽.
104) 대법원 2015. 12. 23. 선고 2015도9951 판결.

국선변호인의 보수가 소액이라고 하여 의뢰인이나 이해관계인으로부터 별도의 보수를 받아서는 안 된다. 변호사윤리규약은 "변호사는 국선변호 등 공익에 관한 직무를 위촉받았을 때에는 공정하고 성실하게 직무를 수행하며, 이해관계인 등으로부터 부당한 보수를 받지 아니한다"(제4조 제2항), "국선변호인 등 관련 법령에 따라 국가기관에 의하여 선임된 변호사는 그 사건을 사선으로 전환하기 위하여 부당하게 교섭하지 아니한다"(제17조 제1항)라고 규정하고 있다. 보수 이외의 비용 역시 받아서는 안 된다. 국선변호에 관한 예규에 의하면 "변론활동을 위하여 피고인 또는 피의자 접견, 기록의 열람, 복사, 통역, 번역을 시행하거나 여비, 숙박비, 식비 기타 비용을 지출한 경우에는 재판장이 인정하는 범위 내에서 국선변호인이 소명하는 비용을 지급"(제15조 제1항 제6호)하기 때문에 정당한 변호활동과정에서 발생한 비용은 국가로부터 지급받을 수 있기 때문이다. 사례의 경우 피해자와의 합의를 위해 지급한 교통비는 정당한 변호활동비용이므로 이를 이해관계인으로부터 수령해서는 안 된다. 다만 사건이 끝난 후 의례적인 인사로 가져온 과일은 보수나 비용에 해당한다고 보기 어렵다는 주장은 있을 수 있다. 하지만 이 역시 받지 않는 것이 바람직할 것이다.[105]

4. 국선변호인의 사선변호인으로의 선임

국선변호인으로서 활동을 하다가 사선변호인으로 선임되는 것은 가능한가? 이와 관련하여 변호사윤리규약은 "국선변호인 등 관련 법령에 따라 국가기관에 의하여 선임된 변호사는 그 사건을 사선으로 전환하기 위하여 부당하게 교섭하지 아니한다, 의뢰인의 요청에 의해 국선변호인 등이 사선으로 전환한 경우에는 별도로 소송위임장, 변호사선임신고서 등을 제출한다"(제17조)라고 규정하고 있다. 따라서 변호사윤리규약에 의하면 원칙적으로 사선변호인으로 선임하도록 교섭할 수 있는 것이 된다. 부당한 교섭만 금지되고 의뢰인의 요청이 있으면 별도의 소송위임장과 변호사선임신고서를 제출하기만 하면 충분하다.

하지만 사선변호인으로의 전환을 원칙적으로 허용한 이번 개정은 윤리적으로 문제가 있다. 개정전 변호사윤리규칙은 사선변호인으로 선임되기 위한 교섭

---

105) 박휴상, 앞의 책, 417쪽.

을 금지시키고 있었다. 그리고 일본의 경우도 거의 유사하다. 일본 변호사직무
기본규정은 "변호사는 전항의 사건(인용자 주 : 국선변호사건)에서 피고인 기타 관계
자에 대하여 그 사건의 사선변호인으로 선임되려고 노력해서는 안 된다. 다만
본회 또는 소속변호사회가 정한 회칙이 달리 정한 경우에는 그에 한하지 않
는다"(제49조 제2항)라고 규정하고 있다. 일본의 단위 변호사회에서는 동일 심급
에서 사선으로 교체하는 것을 전면적으로 금지하는 곳도 있고 변호사회의 승
인하에 교체를 인정하는 단위 변호사회도 있다. 심급을 달리하는 경우에는 자유
로이 인정하는 변호사회와 변호사회의 승인을 필요로 하는 변호사회도 있다고
한다.106)

국선변호인이 사선변호인이 되기 위하여 교섭하는 것은 금지하는 것이 옳다.
왜냐하면 이러한 시도는 의뢰인의 궁박한 상태를 이용하여 불공정한 계약이 될
수 있기 때문이고 국선변호의 질을 저하시켜 국선변호제도에 대한 국민의 불신
을 낳을 수 있기 때문이다. 다만 개정된 변호사윤리규약에 의하면 부당한 교섭만
금지되고 의뢰인의 요청에 의하여 사선변호인으로 선임되는 것은 허용된다고 할
것이다. 사안의 경우와 같이 의뢰인으로부터 거듭되는 제안을 받았을 경우가 이
런 경우이다. 그런데 만일 변호사 甲이 "국선변호인이 국가로부터 받는 보수는
적어서 충분한 변호활동을 하기 어렵다"라고 말하였다면 이것은 사선변호인으로
선임되기 위한 권유행위, 부당한 교섭행위로 볼 수 있어 문제가 된다.

5. 국선변호인에 대한 평가

국선변호인의 충실한 형사변호는 국민이 국선변호제도를 신뢰하고 이를 활
용하는 기본이 된다. 그리고 국선변호의 운영은 제한된 국가의 예산으로 운영된
다. 이러한 이유로 국선변호의 효율성 제고 및 국민적 신뢰 제고를 위하여 국선
변호인의 형사변호활동에 대한 평가는 반드시 필요하다.

그렇다면 국선변호인의 형사변호활동에 대한 평가를 누가 할 것인가?

우선 평가 주체와 관련하여 법원이 국선변호인의 형사변호활동에 대하여 평
가를 하여야 한다는 주장이 있다. 그 근거는 첫째, 비록 국가가 의뢰인은 아니지

---

106) 塚原英治 외, 앞의 책, 274쪽.

만 국가가 예산을 지급하므로 보수지급에 따른 평가의 권한이 있다는 점, 둘째, 법원이 국선변호인을 선정하므로 선정에 따른 책임이 있다는 점, 셋째, 구체적인 변호활동을 직접 확인할 수 있는 곳은 법정이므로 재판부가 현실적으로 가장 적합하다는 점 등을 근거로 들 수 있다.

이에 따라 대법원은 「국선변호에 관한 예규」에서 "재판장은 분기별 또는 반기별로 '전산양식 B2059'의 예를 참고하여 국선변호인의 활동에 대한 평가서를 작성하여 법원장에게 제출하고 이 평가서는 다음 연도 국선변호인예정자명부 지정 시에 참고자료로 활용한다"(제19조)라고 규정하여 법원의 평가권을 명문화하고 있다. 각급 법원에서는 국선변호운영위원회를 둔다(동 예규 제23조).

하지만 평가 이후의 조치에 대해서는 일반 국선변호인과 국선전담변호사 사이에 차이가 있다.

즉, 일반 국선변호인의 경우에는 평가를 바탕으로 다음 연도 국선변호인예정자명부에 누락함으로써 국선변호인에서 배제할 수 있고 나아가 "국선변호인이 그 임무를 해태하여 국선변호인으로서의 불성실한 사적이 현저하다고 인정할 때에는 원칙적으로 그 사유를 대한변호사협회장 또는 소속 지방변호사회장에게 통고"할 수 있다(형사소송규칙 제21조). 이후의 절차는 대한변호사협회 또는 소속 지방변호사회 차원에서 진행된다.

하지만 국선전담변호인의 경우에는 "국선전담변호사에 대한 평가가 평균수준에 미치지 못하는 경우" 법원행정처장은 이를 해촉할 수 있다(국선변호에 관한 예규 제21조 제2항). 그리고 형사소송규칙에 따라 대한변호사협회나 소속 지방변호사회장에게 통고할 수도 있다.

그런데 법원이 국선변호인의 형사변호활동에 대한 평가주체가 되는 것은 첫째, 당사자주의가 강화된 형사재판에서 재판부와 변호인이 원칙적으로 대립하는 것은 아니지만 현실에서는 치열하게 대립하는 경우가 많다는 점,[107] 둘째, 형사변호의 수준과 질을 변호사가 아닌 법원이 판단한다는 것은 형식적이고 최소한의 평가에 지나지 않게 될 가능성이 있다는 점, 셋째, 변호사의 자치라는 측면에서 볼 때 원칙적으로 국선변호에 대한 평가의 주체는 변호사회이어야 한다는 점[108]

---

107) 제2장, Ⅲ. 변호사자치 부분 참조.
108) 박휴상, 앞의 책, 422쪽.

등에 비추어 볼 때 문제가 있다. 따라서 법원의 평가권은 어디까지나 변호사회의 평가를 전제로 이루어져야 하고 최종적이고 종국적인 것이어서는 안 된다. 나아가 만일 법원의 평가로 인하여 국선전담변호사 등에 대하여 불측의 피해가 발생하는 경우에는 변호사회로서는 변호사의 자치 이념과 변호사활동의 독립성을 근거로 이를 다투어야 할 것이다.

하지만 현재 대한변호사협회나 각 지방변호사회에는 국선변호인에 대한 평가와 관련한 규정이나 기구가 없다. 일반 징계위원회만 있을 뿐이다. 변호사회로서는 신속히 국선변호인의 활동에 대한 평가 매뉴얼을 개발하여야 할 것이다. 이 과정에서 국선변호인의 의뢰인인 피의자·피고인의 의사가 반영될 수 있도록 하여야 할 것이다.

Ⅸ. 피해자와의 합의, 증인에 대한 신문

[사례 11]

변호사 甲은 명예훼손사건의 피고인 A를 변호하고 있다. A는 명예훼손사실에 대하여 자백하고 있고 관련 증거도 모두 유죄임을 보이고 있다. 명예훼손죄는 반의사불벌죄이므로 이 사건에서는 가장 중요한 변호활동 중의 하나로 고소인과의 합의가 필요한 상태이다. 그래서 변호사 甲은 피고인 A가 반성하고 있고 A가 전과가 없음을 들어 합의를 부탁하였으나 고소인은 A와 합의할 생각이 전혀 없다는 말만 하였다.

변호사 甲은 고소인을 만나 합의를 시도하려고 하는데 이때 무엇을 주의하여야 하는가?

[사례 12]

변호사 甲은 성폭력범죄의처벌등에관한특례법 위반혐의를 받는 피고인의 변호인으로서 법정에서 피해자를 증인으로 신문하게 되었다. 그런데 검사는 피해자보호를 위하여 증인신문을 비공개로 할 뿐 아니라, 나아가 위 법률 제40조에 따른 '비디오 등 중계장치에 의한 증인신문'을 신청하였다.

변호사 甲은 이에 어떻게 대응하여야 할 것인가?

만일 검사의 신청이 기각되어 직접 신문을 하게 된 경우 형사피해자의 2차 피해를 막기 위하여 증인신문을 어떻게 해야 좋을 것인가?

1. 변호인의 합의 노력

변호인이 고소인이나 피해자를 만나서 합의나 고소취소를 요청하는 것은 친고죄나 반의사불벌죄의 입법취지에 비추어 볼 때 피의자·피고인을 위한 변호활동에 당연히 포함된다.[109] 국선변호에서도 동일하다. 이때 피해자에게 2차 피해가 발생하지 않도록 주의하여야 한다. 피해자는 해당 범죄사실로 인하여 육체적·심리적 충격을 받고 이를 극복하기 위하여 노력하고 있는 과정에 있으므로 무리하게 범죄 당시의 사정을 회상시키거나 피해자의 평소 생활태도 등을 들어 이를 비난하거나 모욕을 주거나 압박해서는 안 된다.

특히 강간, 강제추행 등 성폭력 사건의 피해자가 상대방인 경우 "누구든지 피해자의 주소, 성명, 나이, 직업, 학교, 용모, 그 밖에 피해자를 특정하여 파악할 수 있는 인적사항이나 사진 등을 피해자의 동의를 받지 아니하고 신문 등 인쇄물에 싣거나 「방송법」 제 2 조 제 1 호에 따른 방송 또는 정보통신망을 통하여 공개하여서는 안 되므로"(성폭력범죄의 처벌 등에 관한 특례법 제24조 제 2 항) 변호인은 특히 이에 유의하여야 한다.

한편, 변호사가 피고인이 아닌 피해자를 대리하는 경우도 있다. 이때 변호사는 범죄혐의가 희박한 사건의 고소, 고발 또는 진정 등을 종용해서는 안 된다(변호사윤리규약 제11조 제 2 항).

고소인이나 피해자와 만나 합의를 하는데 발생할 수 있는 문제는 무엇이 있고 어떻게 대처해야 하는지 논의해 보자.

2. 피해자에 대한 증인신문

---

109) 신동운, 앞의 책, 81쪽; 이재상, 앞의 책, 140쪽.

증인은 형사재판과정에서 물증과 더불어 가장 중요한 증거이다. 증인은 선서를 하고 거짓이 있으면 위증의 부담을 지고, 나아가 상대방의 엄격한 반대신문을 통과하여야 한다. 증인의 증언이 신빙성이 높은 이유는 이러한 장벽을 통과하기 때문이다. 따라서 증인에 대한 반대신문권은 원칙적으로 제한되어서는 안 된다. 다만 반대신문권 행사가 증인의 인격을 모독하거나 사생활에 침해를 초래하지 않도록 하여야 하는 것은 말할 것도 없다.

문제는 사안의 경우와 같이 증인의 증언 자체에 제한이 가해지는 경우이다. 변호인으로서는 반대신문이 원활히 수행되기 위해서는 이상과 같은 제약이 없어야 한다는 점을 인식하고 기록을 면밀히 검토한 후 굳이 비공개나 비디오 등 중계장치에 의한 증인신문을 할 필요가 없다는 사실이 있다면 검사의 신청에 반대하여야 할 것이다. 증인의 증언으로 사실상 재판이 결정되는 사건에서 특히 이 점은 중요하다. 증인으로서도 공개된 법정에서 증언을 한다는 부담을 이겨내야만 하는 것이 원칙이다. 따라서 피고인의 방어권 행사에 장애를 초래한다면 이에 대해 반대하는 것은 변호인의 당연한 성실의무에 속한다.

증인에 대한 반대신문을 하면서 피해자의 2차 피해를 막기 위하여 노력하는 것이 형사변호사의 윤리에 포함되는가? 변호인은 주신문의 범위 내에서 모든 방법을 동원하여 검사측 증인을 탄핵하여야 한다. 형사소송규칙에 의하면 위협적이고 모욕적인 신문이나 증인의 명예를 해치는 내용의 신문이 아니면 모두 허용된다. 변호인으로서는 공개된 법정에서 증언하는 증인을 인격적으로 존중하고 증언 과정에서 새로운 침해가 발생하지 않도록 주의하여야 하겠지만 이 때문에 피고인의 방어권에 장애가 발생하여서는 안 될 것이다. 특히 당사자주의가 강화된 현재 형사소송절차에서는 증인신문이 철저히 이루어져야 할 필요가 있으므로 변호인의 성실의무에 기초하여 이 문제를 해결해야 할 것이다.

피고인 및 변호인의 반대신문권은 방어권의 본질을 이룬다. 피고인 및 변호인의 반대신문권은 증인대면권을 포함한다. 하지만 형사소송법은 증인의 보호를 위하여 공판을 비공개로 할 수 있고 나아가 차폐시설을 설치할 수 있도록 규정하고 있다. 차폐시설은 피고인과 증인 사이의 차폐시설만이 아니라 변호인과 증인 사이의 차폐시설도 포함한다고 대법원은 보고 있다.[110] 하지만 변호인의 증인대

---

110) 대법원 2013. 7. 26. 선고 2013도2511, 대법원 2015. 5. 28. 선고 2014도18006.

면권까지 부정하는 것은 문제가 있다. 공개재판이 원칙이고 비공개재판은 예외라는 점, 증인의 증언태도는 변호인과의 대립 속에서 확인할 수 있다는 점, 변호인이 증인의 태도를 확인해야 반대신문이나 재신문을 실감나게 할 수 있다는 점, 법관이 확인해야 할 것은 증인과 변호인의 반대신문과정에서 드러나는 모든 사정이지 증인의 태도만이 아니라는 점, 만일 변호인이 비공개 증언을 공개하면 이는 따로 징계나 처벌하면 충분하다는 점[111] 등을 고려하면 판례의 입장에 다소 의문이 있다. 변호인은 법원이 차폐시설 설치 결정을 하는 경우 구체적인 사실을 들어 그 부당성을 다툴 수 있을 것이다.

---

111) 김인회, 형사소송법, 피앤시미디어, 2015, 344쪽.

제12장

변호사의 공익법률활동

한 상 희   김 인 회

[기본질문]

1. 변호사법에 의하면 변호사는 "공공성을 지닌 법률전문직"으로 일정 기간 공익활동에 종사하여야 할 의무가 있다. 그 이유는 무엇인가?

2. 일반 국민은 법률서비스에 대한 보편적 접근권을 가지는가? 만약 그렇다면 이와 변호사의 공익활동의무는 어떤 관계에 있는가?

3. 변호사의 공익법률활동은 공익인권소송까지 발전하고 있다. 공익인권소송은 무엇이고 한국의 대표적인 공익인권소송으로는 어떤 것들이 있는가?

4. 무변촌에 자원하여 근무하는 변호사 甲에게 어떤 사건이 의뢰되었는데, 甲은 이런 종류의 사건을 다루어 본 적이 없어 수임하지 않는 것이 좋다고 생각하였다. 하지만, 그 지역에는 변호사란 甲 혼자뿐이어서 만약 甲이 거절하면 이 사건은 법률적으로 처리되지 못하는 상황에 빠져 있다. 이 경우 甲은 어떻게 하여야 하나?

Ⅰ. 변호사의 공익활동의무

1. 의 의

[질문 1]

1. 변호사의 공익활동에는 어떤 것들이 포함될 수 있는가?
2. 변호사의 법률서비스가 제공되지 못하는 사법행정 또는 사법체계의 모순은 무엇인가? 그 이유와 대처방안을 논의해 보라.
3. 변호사의 공익활동을 법제화하는 것은 변호사직무의 독립성·자율성이라는 요청에 반하지는 않는가? 최선이라 생각되는 변호사법 개정안을 마련해 보라.

자료 1

공적 시민으로서의 변호사는 법률과 사법행정, 공정한 서비스의 개선을 위해 노력하여야 한다. 변호사는 지식인집단의 구성원으로서 그 지식을 고객을 위해 사용하는 수준을 넘어 법률지식을 더 높이고 법률의 개혁을 위해 그 지식을 활용하여야 하며 법률교육을 강화하기 위해 노력하여야 한다. 변호사는 사법행정이 야기하는 모순을 항상 염두에 두면서 가난하고 도움이 필요한 사람들에게 적절한 법적 원조를 행하며 이들을 대변하기 위해 직업적 시간과 시민사회에의 영향력을 행사하여야 한다.[1]

자료 2

법치주의가 확산되어 가는 상황에서 변호사의 역할은 커진다. 마른 물에서 놀던 고기가 물을 만난 꼴이다. 독재정권하에서 법률은 장식품이고 사법장치는 허구이다. 이러한 시대에 변호사가 하는 역할이라는 것도 형식적이고 허구적일 수밖에 없다. 그러나 법치주의가 살아날 때는 변호사가 의지하는 법이 독자적인 생명력을 갖고 작동한다.

정치·경제·사회 모든 영역에서 정의를 실현하고 국민의 권익을 옹호함으로써 공동체의 발전에 기여하려는 시민운동은 이제 법률운동의 형식을 띠지 않을 수 없다. 공동선에 부합하는 법을 만들고 그 법을 이 세상 모든 사람에게 공평하게 적용되도록 감시하는 역할이 바로 시민운동이기 때문이다. (중략) 이러한 시민운동의 견인차는 역시 변호사이다. 변호사는 사회현상을 논리적으로 파악하고 이에 대해 법률적으로 해석해서 그를 시정

---

1) Center for Professional Responsibility, *Model Rules of Professional Conduct*, ABA, 1992, pp. 5~6.

하기 위하여 고소·제소하거나 그 현상을 개혁하는 내용의 법안을 마련하여 이를 입법화하는 데 전문이다. 시민운동에서 변호사의 참여가 필수적인 것은 바로 이러한 변호사의 전문성 때문이다.[2]

우리 변호사법 제 2 조는 "변호사는 공공성을 지닌 법률전문직으로서 독립하여 자유롭게 그 직무를 수행한다"고 하여 변호사의 공공성을 강조하고 있을 뿐 아니라, 제27조 제 1 항은 "변호사는 연간 일정 시간 이상 공익활동에 종사하여야 한다"고 규정함으로써 이러한 공공성을 보다 구체화하고 있다.

실제 변호사는 법의 집행을 담당하는 가장 중요한 부분으로 그 자체로 공적인 이익에 봉사하고 있는 직업군이라 할 수 있다. 변호사법 제 1 조의 규정처럼 "변호사는 기본적 인권을 옹호하고 사회정의를 실현함"을 사명으로 하고 있을 뿐 아니라, "사회질서 유지와 법률제도 개선에 노력하여야" 할 의무를 띠고 있기 때문이다. 즉, 변호사의 업무는 시민사회에서 법의 지배가 관철될 수 있도록 하며 이를 통해 인권의 보장과 사회정의의 실현, 더 나아가 사회질서의 유지에 결정적인 기여를 한다. 독일변호사법 제 1 조가 변호사를 사법기관(Organ der Rechtspflege)이라고 간주하고자 하는 것은 변호사가 수행하는 이러한 기능 때문이다.

변호사윤리규약 역시 제 1 조에서 "변호사는 인간의 자유와 권리를 보호하고 향상시키며, 법을 통한 정의의 실현을 위하여 노력한다," "변호사는 공공의 이익을 위하여 봉사하며, 법령과 제도의 민주적 개선에 노력한다"라고 규정하여 변호사의 사명으로 공익활동을 강조하고 있다. 나아가 변호사윤리규약은 제 4 조에서 독립적인 공익활동 규정을 두어 "① 변호사는 공익을 위한 활동을 실천하며 그에 참여한다. ② 변호사는 국선변호 등 공익에 관한 직무를 위촉받았을 때에는 공정하고 성실하게 직무를 수행하며, 이해관계인 등으로부터 부당한 보수를 받지 아니한다"라고 공익활동의 실천과 참여 의무를 명시하고 있다.

그럼에도 불구하고 각국의 변호사제도는 법령 등에서 별도의 규정을 정해 변호사의 공익활동의무를 명문화하거나 혹은 미국에서처럼 일정한 공익활동이

---

2) 박원순, "시민운동과 변호사의 역할", 법률가의 윤리와 책임, 서울대학교 법과대학 편, 박영사, 2003, 450~451쪽.

하나의 관습으로 제도화하는 방식으로 변호사들에게 특별한 활동을 행할 것을 요구하고 있다. 물론 변호사의 공익활동의무가 변호사직의 본질요소인지 아니면 제도적·관습적으로 부가된 의무일 따름인지 등에 관하여는 논의의 여지가 있으나 적어도 오늘날의 법제에서는 변호사의 공익활동은 누구도 부인하기 어려운 변호사의 의무 중의 하나가 되어 있다 할 것이다.

　이에 대한변협에서는 미국에서의 공익활동(pro bono[3]) 개념을 차용하여 변호사의 공익활동을 "시민의 권리나 자유 또는 공익을 위하거나 경제적인 약자를 돕기 위하여 마련된 자선단체, 종교단체, 사회단체, 시민운동단체 및 교육기관 등 공익적 성격을 가진 단체에 대하여 무료 또는 상당히 저렴한 비용으로 법률서비스를 제공하는 활동과 위 공익적 단체의 임원 또는 상근자로서의 활동"으로 규정하고 있다(대한변협, 공익활동 등에 관한 규정 제2조 제1호). 그 외에도 ① 각종 변호사회의 임원, 위원으로서의 활동, ② 법률상담변호사로서의 활동, ③ 공익활동 프로그램에서의 활동, ④ 국선변호인 또는 국선대리인으로서의 활동, ⑤ 법령 등에 의해 관공서로부터 위촉받은 사항에 관한 활동으로 상당한 보수를 받는 경우를 제외한 것, ⑥ 개인에 대한 무료변호 등 법률서비스 제공행위 가운데 공익적 성격을 가진 활동 등을 거론하고 있다(동 규정 제2조 제2호 내지 제7호).[4]

　반면 일본 동경 제2변호사회의 경우 ① 변호사회의 각종 위원회에의 활동, ② 변호사회 및 변호사회가 지정한 법률상담 담당자로서의 활동, ③ 국선변호인으로서의 활동, ④ 당직변호사로서의 활동, ⑤ 법률구조사건에 관한 활동, ⑥ 변호사회가 설치한 중재센터의 중재인 또는 그 보조인으로서의 활동, ⑦ 법령에 의한 관공서가 위촉한 사항에 관한 활동, ⑧ 기타 변호사회가 위촉한 사항에 관한 활동 등을 제시하고 있다.[5] 미국에서는 주로 경제적 약자 등에 대한 법률서비스

[3] pro bono는 라틴어의 pro bono publico의 줄인 말로 "for the public good"이라는 의미로 해석된다.
[4] 이 외에도 변호사에게는 후계자를 양성하여야 할 의무를 거론하는 경우도 있다. 전문직의 발생과정에서 두드러졌던 길드 혹은 동업조합의 역사에서 보듯 당해 전문직업구조를 유지하기 위하여 그 구성원들은 새로운 신참자를 교육·훈련시키고 자격을 심사하며 시장에 진입시키는 일련의 활동을 하여야 할 필요가 있다.
[5] 일본의 공익활동에 관하여 간단한 소개로는 森際康友, 法曹の倫理, 名古屋大學出版會, 2005, 230~236쪽 참조. 그는 특히 집단소송 특히 소비자소송, 의료과오소송, 제조물책임소송과 같은 현대형소송, NGO활동 등을 새로운 공익활동영역으로 부각시키고 있다. 같은 책, 237~239쪽.

의 제공에 초점을 맞추면서 변호사의 공익활동을 폭넓게 규정하는 방식을 취하고 있는 반면, 일본의 경우는 매우 구체적이며 실천적 성격을 강조하고 있다는 점에서 특징적이다. 대한변협의 경우에는 미국의 예를 따르면서도 개인적인 법률사무소의 운영을 넘어 어느 정도 공적인 성격을 가진 활동이라면 모두 공익활동으로 개념화하는, 상당히 넓은 방식으로 변호사의 공익활동을 규정하고 있다. 그리고 "무료 또는 상당히 저렴한 비용으로 법률서비스를 제공하는 활동"을 공익활동으로 규정함으로써 변호사 사무실 내에서의 무료법률상담 또한 공익활동의 한 분야로 인정할 여지를 남겨두고 있다. 변호사법 제27조 제2항에서 강제되고 있는 변호사의 공익활동종사의무를 이행할 수 있는 가능성을 폭넓게 인정하고 있는 셈이다.

변호사의 공익활동은 크게 두 가지로 나누어진다. 법률사무에 종사함으로써 필연적으로 발생하는 공익활동이 하나이다. 대표적인 예가 국선변호활동 및 관공서로부터 위촉받은 사항에 관한 활동, 법률상담변호사로서의 활동, 당직변호사로서의 활동 등이다. 이미 정형적으로 주어진 공익활동이고 전통적으로 법률구조에 해당하는 분야라고 할 수 있다. 다른 하나는 비정형화된 공익활동이다. 이 부분은 "시민의 권리나 자유 또는 공익을 위하거나 경제적인 약자를 돕기 위한" 활동이라고 정의된다. 이는 열린 개념이고 확장되어 나가는 개념이다. 민주주의가 발전함에 따라 시민사회의 각 부분들은 다양한 형태로 사회생활과정에 참여하고자 한다. 여기서 사회적·경제적 약자들 또한 평등하게 참여할 수 있어야 하고 자신들의 자유와 권리를 보호받을 수 있어야 한다. 법치주의의 발전은 이런 영역에서 변호사들이 적극적으로 개입할 것을 요청한다. 법과 정의의 이름으로 그들의 자유와 권리를 보호하여야 할 필요가 있기 때문이다. 아울러 시민사회가 발전하고 시민운동이 활성화되면서 이들의 주장과 요구들이 민주적인 과정을 통해 국가정책으로 통합될 수 있도록 법적 원조를 할 필요도 발생한다. 변호사의 비정형화된 공익활동은 이 점에서 더욱 필요해진다. 요컨대, 사회발전 정도에 따라 비정형화된 공익활동의 여지는 점점 넓어질 것으로 보인다.

2. 근   거

[질문 2]

1. 국민에게 재판을 받을 권리가 있고 국가는 이를 최대한 보장할 의무가 있다 하더라도 그것이 어떻게 변호사의 공익활동의무를 발생시키게 되는가?

2. 실제 의사나 회계사, 교사 등과 같은 전문직의 경우 변호사만큼 강력한 공익활동의무가 요구되지 않고 있다. 왜 변호사는 다른 전문직보다 더 강하게 공익활동의무가 요구되는가?

3. 공리주의적 접근방식에서 말하는 반대론에 의할 경우 법치의 실현을 위한 비용을 국가와 변호사, 일반 국민 등이 어떻게 부담할 것인가의 문제로 이전하게 된다. 그 판단의 기준은 무엇이어야 하는지 논의해 보라.

4. 우리나라의 경우 그동안 변호사들은 사법시험과 사법연수원 등 국가적 지원과 통제에 의하여 충원되고 또 양성되어 왔다. 이러한 모습이 변호사의 공익활동의무에 어떤 영향을 미치는가?

자료 3 ┊ 공익활동의무의 근거

    … 미국에서의 *pro bono* 활동은 경제적 이유로 법률서비스에 접근하기 어려운 상태에 있는 경제적 약자를 위하여 변호사가 무료로 서비스를 제공하는 것을 말한다. 이 의미에서의 공익활동을 의무화하는 것에 대하여는 다음과 같은 논의가 이루어지고 있다. … 요컨대 미국에서는 권리론적 접근방식(right-based approach)과 공리주의적 접근방식(utilitarian approach)으로 나뉘어 다음과 같은 논의들을 전개한다.[6]

    우선 권리론적 접근방식은 법률서비스에의 접근권은 가장 기본적인 권리라는 점을 강조한다. "재판을 받을 권리는 모든 권리의 기반으로서 그것을 지키는 권리이다"라는 미국 연방대법원의 판시를 인용하면서 변호사의 도움을 받지 못하게 되면 이러한 의미를 가지는 재판을 받을 권리는 실제 그 의미를 거의 상실하게 되고 만다는 논의를 전개한다. 그런데, 현실의 미국사회에서는 저소득층 중 변호사에 의한 법률서비스를 받지 못하는 비율이 75% 이상이라는 조사가 나와 있다. 법 아래에서의 평등, 법에 대한 평등과 현실의 간극은 현저하다. 이에 변호사회가 *pro bono* 활동을 의무화하여 실천함으로써 이런 간극을 메우도록 노력하고 있다. 의무화되어 있지 않는 현실에서는 *pro bono* 활동은 1주에 평

---

6) Doborah L. Rhode, Professional Responsibility : Ethics by the Pervasive Method, pp. 25~27 (2d ed. Aspen 1998)(원전의 각주임 : 인용자 주).

균 30분도 되지 않는다는 조사도 보고되고 있다. 1년은 52주인만큼 30분이라 하더라도 26 시간이다. 그런 까닭에 변호사가 법률업무를 독점하는 것이 인정되고 있는 이상 *pro bono* 활동을 의무화하여 이 숫자를 상향시키고 법률서비스를 이용하기 쉽도록 하는 것은 변호사 전체의 의무라고 하여야 할 것이다.

하지만, 권리론적 접근방식으로부터 역으로 의무화에 반대하는 논의도 가능하다. 도대체 변호사의 권리란 무엇인가? 자격제를 실시하는 다른 직업에서 무료로 서비스를 제공해야 할 의무가 부과되고 있는 예는 없다. 왜 변호사만이 이러한 의무를 져야 하는가? 그것은 공적인 권력에 의한 적정절차(due process)의 부정, 정당한 보상 없는 일종의 수용은 아닌가?[7]

공리주의적 접근방법에서 *pro bono*를 찬성하는 입장은 의무화가 가져다 줄 이익에 착안한다. 그것은 법률문제의 해결이 보다 적정한 것으로 되는 것, 보다 많은 시민이 스스로의 중요한 권리를 실현시킬 수 있도록 하는 것, 사법제도의 정당성을 높이는 것, 법조에 대한 존경을 강화하는 것, 개개의 변호사에 대해서도 경제적인 약자를 위하여 법이 어떻게 기능하는가 혹은 어떻게 기능하지 않는가를 아는 기회를 제공하는 것 등이다. 이러한 유익한 효과가 무료로 서비스를 제공하는 비용 이상의 것이 된다고 논의를 전개한다.

물론 공리주의적 접근방식에서 의무화를 부정하는 논의도 가능하다. *pro bono* 활동의 의무화가 법률서비스에의 접근을 확대하는 데 반드시 효율적인 방법인 것은 아니라는 주장이 그것이다. 의무화되면 의욕 없는 변호사가 행하는 업무는 질적으로 당연히 충실한 것이라 할 수 있을 것인가? 역으로 소수의 시간을 의무적으로 제공하여야 함으로써 외관은 어떻게 되더라도 실제 문제의 본질은 놓쳐 버리고 올바른 해결을 지체하게 되는 것은 아닌가? 제대로 되어야 할 것은 본인만으로도 소송이 가능하도록 법절차를 간소화하거나 법률원조에의 공적 기금을 대폭 증액하거나 또는 변호사들이 법률업무를 독점하는 것 자체를 검토하여 서비스 제공자를 증가시켜서 문호를 개방하는 것 등이 아닐까? 등등이 그에 해당한다.

현실의 미국사회에서는 미국 변호사회의 변호사업무모범규칙(Model Rules of Professional Conduct) 6.1조가 입안되는 과정에서 연간 40시간의 *pro bono* 활동의무를 부여할 것이 논의되었다가 결국 적어도 연간 50시간의 활동을 목표로 노력하여야 한다는 규정을 채택하였다. 그것을 실효적으로 운영하기 위해 *pro bono* 활동의 실적을 변호사회가 보고하는 제도를 채용할 것을 전미변호사회가 권장하도록 하였다. 전미 50개 주 중 실적 보고를 의무

---

7) 미국에서 *pro bono* 활동에 반대하는 헌법상의 근거는 주로 다음의 두 가지이다. 그 하나는, 정당한 보상 없이 재산을 수용하는 것을 금지하는 수용조항(미국연방헌법 수정헌법 제5조, 제14조), 또다른 하나는 노예제 및 의사에 반하는 노역(involuntary servitude)을 금지하는 수정헌법 제13조이다(이하 생략)(원전의 각주임 : 인용자 주).

화하고 있는 주는 플로리다주 등 5개 주, 변호사가 자발적으로 보고하도록 하는 제도를 취한 주도 하와이주 등 11개주에 불과하다. 역으로 보고를 의무화하는 제도를 채택하는 것을 명시적으로 부정한 주는 뉴욕주와 매사추세츠주 등 8개 주에 이르며, 자발적 보고제도를 채택한 11개 주에서도 실제로 이루어지는 보고는 많아야 40% 적은 경우는 8% 내지 3~5%에 지나지 않는다.[8]

변호사가 공익활동에 종사하여야 할 의무를 진다고 할 때 그 근거는 무엇인가? 변호사의 공익활동의무를 논의할 때 가장 먼저 제시되는 근거는 국민의 기본권이다. 국민들은 재판을 받을 권리를 가질 뿐 아니라, 법적용에 있어 평등하게 대우받을 권리도 가진다. 더구나 헌법은 특정한 경우 국민들에게 변호사의 도움을 받을 권리까지 기본권으로 인정하고 있다. 여기서 만일 변호사가 국가의 한 기관이거나 혹은 국가적 권력을 위임 내지는 신탁받은 자라고 한다면 논의는 간단해진다. "변호사의 공익성"이란 변호사가 국가로부터 위임 혹은 신탁받은 업무의 기본성격을 이루며 여기에는 의당히 변호사가 공적 이익을 위하여 일정한 서비스를 제공하여야 할 의무가 포함된다고 보는 것이다. 법관이나 검찰이 공익의 실현을 도모하며 국민들에게 평등하고도 실효적인 법률서비스를 제공하여야 하듯, 변호사 역시 마찬가지로 모든 국민에게 적절한 법률서비스를 제공하여야 하며 공익의 실현에 기여하여야 할 법적 의무를 부담하여야 한다고 할 수 있다.

하지만, 변호사가 사적인 법률전문직에 지나지 않는다고 한다면 이런 논의는 보다 정치한 설명이 수반되어야 한다. 인권의 보장이나 법치의 실현이란 제1차적으로는 국가의 의무이지 그것을 곧장 사인인 변호사에게 부담지울 수는 없다. 하지만 이렇게 변호사를 법률전문직으로 파악하더라도 그 전문직체계 자체가 국가가 공식적으로 승인하고 법적으로 제도화한 것이라는 점에서 이 공익성의 요청은 변호사의 필수적 의무로 부과되는 것은 당연한 것이다. 즉, 법률전문직으로서의 변호사제도가 국가법체계내로 편입되는 과정에서 공익성은 법률전문직이 지향하여야 할 기본적인 가치 내지는 이념으로 투입되는 것이다.

변호사의 자격이나 업무를 규제하고 강력한 윤리적 규율을 가함으로써 법률

---

8) 小島武司 외, 法曹倫理, 有斐閣, 2006, 211~213쪽.

서비스시장을 국가가 규제하는 경우는 그 대표적인 예가 된다. 미국을 비롯하여 우리나라 일본의 경우 법률서비스는 변호사만이 제공할 수 있다. 변호사가 아니면 법률서비스를 제공하는 것을 자신의 업으로 삼을 수 없다. 그런데 법치의 원칙상 법률서비스는 하나의 공공재이며 따라서 모든 사람들이 보편적으로 이용할 수 있어야 한다. 이런 체제에서 법률서비스의 공급을 사적 자치라는 시장의 원리에만 맡겨 둔다면 경제적 약자나 사회적 약자가 할 법률서비스로부터 배제되는 결과가 야기될 수도 있다. 이는 법률서비스에 대한 보편적 접근이라는 요청에 어긋난다. 이런 모순을 극복하기 위하여 국가 또는 변호사단체는 법률서비스의 배타적 제공권을 가지는 변호사로 하여금 일정한 공적 의무를 부과하게 된다.

또 다른 견해로 본질론이 존재한다. 변호사의 공익성은 변호사제도에 내재하는 본질적인 속성이라는 것이다. 변호사제도의 발전과정이 잘 보여 주듯, 변호사가 제공하는 법률서비스는 국가의 법집행에 있어 필요불가결한 것이었다. 당사자주의에 입각한 소송제도는 그 대표적인 예가 된다. 변호사의 도움 없이는 법적 정의를 실현하는 것은 상당히 곤란해진다. 즉, 공공재로서의 법률서비스를 변호사라고 하는 법률전문직이 그 일부를 전담하여 자신의 업무로 포섭하는 과정에서 변호사의 공공성이 당연한 속성으로 부착되었다는 것이다.

물론 시장주의에 의할 경우 변호사의 공공성이라는 요청은 현격히 약화된다. 이에 의하면 변호사는 본질적으로 고객의 이익을 위하여 그 고객에 봉사하여야 하는 자 혹은 자신의 직업활동에 충실할 뿐인 자이다. 따라서 그 변호사가 제공하는 법률서비스는 시장의 논리에 따라 결정되어야 하는 것이지 국가 혹은 시장외적인 통제장치에 의하여 강제될 것은 아니라고 본다. 그럼에도 불구하고 변호사의 공공성이 강제되는 것은 변호사제도 자체에서 필연적으로 파생되는 요청이 아니라 그동안 변호사들이 공적인 역할을 수행하면서 구축되어 온 하나의 관행적인 것에 지나지 않는다는 것이 이 주장의 요체이다. 즉, 이들에 의하면 변호사의 공익활동의무는 변호사 사회 내부— 보다 정확히는 법률서비스시장의 내부—에서 자율적으로 결정되고 또 집행되어야 할 것이지, 외부적인 강제에 의하여 통제되어야 하는 것은 아니라고 한다.

하지만 이런 시장주의적 논의는 변호사의 공공성을 강조하는 우리나라의 변호사법제에 부합하지 않는다. 이 모든 논란은 공적인 법률서비스를 사적으로 제공하게 한 법률서비스전달체계로 인하여 발생한다. 변호사가 제공하는 법률서비스는 근원적으로 공적인 성격을 띠고 있다. 특히 형사소송에서는 변호사의 도움을 받을 권리를 헌법상의 기본권으로까지 보장하고 있다. 하지만 법률서비스를 전적으로 국가가 제공하는 것도 한계가 있다. 법률서비스는 기본적으로 사적인 거래관계를 통해 제공된다. 원칙적으로 대리의 원리가 지배하기 때문이다. 이러한 갈등은 법률서비스로부터 소외되는 사람들이 나타나게 만든다. 아무리 많은 변호사를 선발하여도 돈이 없는 경제적 약자나 소수자 등의 사회적 약자는 법률서비스를 이용하기가 어렵다. 현실은 이런 법률서비스의 공백현상을 국가와 변호사 혹은 변호사단체가 분담하는 체제를 취한다. 국가는 국민의 기본권을 보장하고 사법접근권을 강화하여야 할 의무를 이행하기 위하여, 그리고 변호사들은 공공재인 법률서비스의 배타적 제공자라는 점에서 이런 법률서비스의 사각지대에 개입하게 되며, 또 그것이 변호사의 공적 의무로 제도화되는 것이다. 요컨대, 변호사가 어떤 이론적 근거로 얼마만큼의 공적 의무를 부담하여야 할 것인가가 중요한 것일 뿐, 변호사가 공적 의무로부터 완전히 면제될 가능성은 없다고 할 것이다.

3. 내   용

우리나라에서 변호사의 공익활동의무는 변호사법과 변호사윤리장전 등 일련의 법령에 의해 부과되고 있다. 변호사법은 제 1 조에서 변호사는 "기본적 인권을 옹호하고 사회정의를 실현함"(제1항)을 사명으로 한다고 선언하는 한편, 변호사에게는 "사회질서의 유지와 법률제도의 개선에 노력하여야"(제2항) 할 의무를 부과하고 있다. 아울러 제 2 조는 명시적으로 "변호사는 공공성을 지닌 법률전문직"으로 규정함으로써 변호사에게 공익의 실현에 기여하여야 할 법적 근거를 마련하고 있다.

변호사법 제27조는 "변호사는 연간 일정시간 이상 공익활동에 종사하여야 한다"(제1항)고 규정함으로써 이를 보다 구체화한다. 이에 따르면 변호사는 대한변협이 정하는 바에 따라 공익활동(제1항) 혹은 법령에 의하여 공공기관, 대한변호사협회 또는 소속 지방변호사회가 지정한 업무(제2항)를 처리하여야 할 의무를 지게 된다.

대한변협은 변호사법상의 이런 의무조항을 대한변협회칙 제9조의 2에서 반복규정함으로써 자치규약으로 전환시킨 다음, 2000. 6. 대한변협규정 제54호로 제정된 <공익활동 등에 관한 규정>(2000년 제정, 2014년 개정)을 통해 공익활동의 범위와 시행방법 등의 내용을 상세히 정하고 있다. 이에 따르면 변호사의 공익활동은 다음과 같은 것들로 구성된다(동 규정 제2조).

1. 시민의 권리나 자유 또는 공익을 위하거나 경제적인 약자를 돕기 위하여 마련된 자선단체, 종교단체, 사회단체, 시민운동단체 및 교육기관 등 공익적 성격을 가진 단체에 대하여 무료 또는 상당히 저렴한 비용으로 법률서비스를 제공하는 활동과 위 공익적 단체의 임원 또는 상근자로서의 활동 중 이 회 또는 지방변호사회가 공익활동으로 인정하는 활동
2. 이 회 또는 지방변호사회의 임원 또는 위원회의 위원으로서의 활동
3. 이 회 또는 지방변호사회가 지정하는 법률상담변호사로서의 활동
4. 이 회 또는 지방변호사회가 지정하는 공익활동 프로그램에서의 활동
5. 국선변호인 또는 국선대리인으로서의 활동
6. 법령 등에 의해 관공서로부터 위촉받은 사항에 관한 활동(다만, 상당한 보수를 받는 경우를 제외)
7. 개인에 대한 무료변호 등 법률서비스 제공행위 가운데 공익적 성격을 가진 것으로서 이 회 또는 지방변호사회가 공익활동으로 인정하는 활동
8. 이 회 또는 지방변호사회가 설립한 공익재단등에 대한 기부행위(2010 신설)

또한 규정 제3조는 공익활동의 실행에 관한 구체적 사항을 규정하고 있다. 즉, 대한변협의 개인회원(이하 이 항에서는 '변호사'라 함)은 이상과 같은 활동 중 하나 이상을 선택하여 연간 30시간 이상 행하여야 한다. 다만 이 시간은 특별한 사정이 있는 경우 지방변호사회가 20시간까지 축소 조정할 수 있다(제3조 제1항). 만약 변호사가 부득이한 사정으로 이 시간을 완수하지 못한 경우 1시간당 20,000원 내지 30,000원에 해당하는 금액을 소속 지방변호사회에 납부하여야 한다(제3조 제2항).[9] 또한 이 규정은 법조경력이 일천하여 변호사업무에 정착하기 위한 시간

---

9) 공익활동의무를 금전으로 대납할 수 있도록 하는 것에 대하여는 찬반 양론이 있다. 변호사

이 필요한 법조경력 2년 미만의 변호사와 노령(60세 이상)·질병 등의 사유로 정상적인 변호사업무를 수행할 수 없는 경우 기타 공익활동을 수행할 수 없는 정당한 사유가 있는 회원은 이런 공익활동의무를 면제하도록 하고 있다(제3항).

한편 이 규정은 법무법인이나 법무법인(유한), 법무조합 등 변호사들이 하나의 법인으로 조직된 경우 그 조직 전체가 공익활동의무를 수행할 수 있도록 하는 대안적 방식도 허용하고 있다. 즉, ① 이들 법무법인 등이 스스로 그 구성원변호사 및 소속변호사 전원을 위하여 공익활동을 한 경우, ② 법무법인 등이 그 구성원변호사 및 소속변호사 전원을 대신하여 공익활동을 행할 변호사를 지정하여 그 변호사가 공익활동을 한 경우 이를 구성원변호사 혹은 소속변호사 전원이 공동으로 공익활동을 한 것으로 처리할 수 있도록 한다(제4조 제1항). 이때 공익활동시간을 배분·인정하는 것은 그 법무법인 등의 대표자가 소속 지방변호사회의 허가를 받아야 한다(제4조 제4항). 또한 공증인가합동법률사무소나 조합형 합동법률사무소의 경우도 이를 준용하여 마찬가지로 처리할 수 있다(제4조 제3항). 이런 규정은 법무법인 등과 같이 조직화된 법률사무소의 경우 고도로 전문화된 분업과 협업의 체계를 운영하는 등 내부적으로 가장 최적화된 방식으로 그 업무를 수행하고 있음을 감안한 것이다. 즉, 법무법인 등에서 업무를 보고 있는 변호사들에게 개별적으로 공익활동을 하게 하는 것은 경우에 따라 그 변호사업무의 전문성, 특수성뿐 아니라 업무수행의 집중성, 조직체계의 효율성 등을 감소시킬 위험도 발생하게 한다. 반면 이런 위험을 무릅쓰고 연간 30시간 정도의 공익활동을 하도록 강제한다고 해서 그 공익활동이 효율적으로 이루어질 것이라는 보장도 없다. 따라서 이 규정은 법무법인 등이 자신의 내부적 업무수행체계를 효과적으로 유지하는 동시에 변호사의 공익활동의무를 이행할 수 있는 타협점을 모색할 수 있도록 선택의 가능성을 마련하고 이를 통해 보다 집중적이고 효율적인 공익실현을 도모하고 있다.

이러한 공익활동의무를 보다 효율적으로 수행할 수 있도록 하기 위하여 대

들이 공익활동의무를 회피하는 수단으로 활용되어 그 제도의 취지를 손상시킨다는 주장이 있는 반면, 대납된 금전으로 대한변협이나 지방변호사회 등이 보다 조직적이고 효율적인 공익활동사업을 벌일 수 있다는 찬성론이 그것이다. 하지만, 어떤 논의에 의하건 현행 대한변협규정에서 정하는 것과 같이 공익활동의무위반에 대한 제재로서 금전납부의무를 부과하는 방식은 바람직해 보이지는 않는다.

한변협은 그 내부에 특별위원회로 공익활동심사위원회를 설치·운영하고 있다. 이 위원회는 10인 이상 30인 이내의 대한변협회원으로 구성하며 ① 공익활동의 범위와 내용의 조사연구에 관한 사항, ② 공익활동의 활성화에 관한 사항, ③ 공익활동범위의 인정에 관한 사항, ④ 기타 협회장이 자문한 사항 등을 조사·연구·심의하고, 그 결과를 대한변협회장에게 건의하는 권한을 행사한다(공익활동심사위원회규정 제1조 내지 제3조).

뿐만 아니라 개개의 변호사에게 매년 1월 말까지 그 전년도 공익활동 등의 결과를 소속 지방변호사회에 보고하도록 하고(제8조 제1항), 지방변호사회는 매년 2월 말까지 소속회원의 그 전년도 공익활동 등의 결과를 대한변협에 보고하도록 하여(제2항) 지방변호사회 및 대한변협의 감시·감독의 가능성을 열어두고 있다. 특히 이 규정 제9조는 지방변호사회 회장으로 하여금 공익활동의무를 위반한 변호사에 대한 징계개시신청권을 부여하고 있다, 즉, 정당한 이유 없이 공익활동을 수행하지 않거나 그에 대한 금전대납의무를 이행하지 않은 변호사에 대하여는 당해 변호사가 소속한 지방변호사회의 회장은 징계권을 가진 대한변협회장에게 징계개시신청을 할 수 있다.

Ⅱ. 공익인권소송과 공익전담변호사

1. 공익인권소송의 등장

변호사의 공익활동의 새로운 유형으로 공익인권소송이 있다. 공익소송은 주로 미국사회를 중심으로 발전된 개념으로 법적으로 충분히 보호받지 못하는 사회적 소수자와 약자의 권리나 이익을 법적으로 보호하기 위한 소송을 말하지만[10] 우리의 현실에서는 이에 더하여 민주화 및 권력감시활동이나 시민들의 사법접근권 확대를 위한 소송까지 포함하는 것으로 이해할 필요가 있다.[11] 법원이나 변호사를 이용하는 데 드는 비용을 감당할 수 없는 경우, 어떤 사회적 이익이 중요한

---

10) 황승흠, "공익인권소송의 역사와 쟁점", 한국의 공익인권소송, 경인문화사, 2010, 19쪽 내지 21쪽.
11) 염형국, "한국의 공익변호사 현황과 전망", 공익과 인권, 제13호, 2013, 9쪽.

법적 이익임에도 불구하고 아직 법적 권리로 인식되지 못한 경우, 많은 사람들에게 두루 이익이 되는 것이기는 하지만 개인적으로는 그 이익이 크지 않아 법적 절차로 나아갈 필요성을 느끼지 못하는 경우 등은 사회적인 소수자, 약자들이 법적으로 충분히 보호를 받지 못하게끔 하거나 혹은 커다란 공익상의 필요가 있음에도 불구하고 그 위험부담 때문에 섣불리 법적 문제로 제시되지 못한 채 방치되는 예이다. 공익소송은 이러한 이익이나 권리를 보호하기 위하여 법원에 소송을 제기하여 새로운 판결을 이끌어내려는 노력을 의미한다.

한편 공익소송의 한 분야로서 인권소송이 있다. 인권소송은 문자대로 해석한다면 인간의 가장 기본적인 권리인 인권이 보장되지 못했을 때 그 인권을 지키기 위한 소송을 의미한다. 하지만 우리나라에서의 인권소송은 이와 같이 넓은 의미로 사용되지 않는다. 우리나라에서 인권소송은 군부독재와 권위주의 정부 시절 정부에 벌어진 인권탄압 행위에 대한 인권변론활동을 포함한다. 아울러 이렇게 확보되는 인권들을 바탕으로 정치과정 및 정책과정에 적법절차를 확립하고 시민들의 능동적인 참여를 보장하는 한편, 사회 각 부분들 사이의 실질적인 평등을 도모함으로써 전반적인 민주화를 추구하는 변론활동도 이 범주로 이해할 수 있다.

실제 공익소송과 인권소송은 이론적으로 별개로 정립되었고 우리나라에서는 따로 시도되었다. 하지만 공익의 가장 핵심에 있는 것이 인권이라는 점, 우리나라에서 인권변호사라고 하는 동일한 주체가 공익소송과 인권소송을 수행했다는 점 등에 비추어 보면 이를 굳이 구분하여 사용할 필요는 없다고 생각된다.

공익인권소송이라는 개념이 널리 퍼지게 된 것은 대체로 1987년 6월의 민주항쟁 이후부터라고 할 수 있다.[12] 최소한의 정치적 자유와 인권이 보장되자 사회 각 분야의 요구가 분출되었고, 그중에는 사회적 약자와 소수자의 집단적 요구 또한 적지 않았다. 공익인권소송은 이러한 사회의 집단적 요구들을 법률적·사법적으로 처리함으로써 사회적 갈등이나 분쟁을 해결함에 있어 매우 참신하면서도 평화적인, 그러면서도 안정적이고 실효적인 해결방법으로 인식되었다.

공익인권소송은 특히 정치적으로 해결되어야 할 많은 공공의 이익들이 정치권에서 해결되지 못함으로써 발생하는 공백을 메우는 역할을 담당한다. 공익인권소송은 단순한 개인의 권리나 이익이 아니라 집단의 권리나 이익을 보호하기 위

---

12) 이석태, "공익인권소송의 기획과 수행", 한국의 공익인권소송, 경인문화사, 2010, 3쪽.

한 것이므로 필연적으로 제도의 개혁을 요구한다. 즉, 사회 전체로 확산시킬 만한 이익을 대상으로 전형적인 사건을 제기하므로 소송의 결과는 곧 제도개혁으로 이어진다. 제도개혁 과정에서 공익인권소송은 제도개혁의 직접적인 주체인 국가를 대상으로 함으로써 강한 압력으로 작용한다. 그리고 공익인권소송은 승패가 분명하기 때문에 문제해결에 효과 있는 결론을 도출할 수 있다. 사법부가 판결 또는 결정의 형태로 제도 개선의 필연성을 확정적으로 판정하면 다른 행정 조치나 입법을 기다릴 필요가 없다.[13] 그리고 공익인권소송은 법률적 문제의 발굴부터 소송의 수행까지를 포괄하므로 변호사의 공익활동의 대부분이 포함된다. 즉 법률문제의 발견, 법률상담, 소송계획의 수립, 재판의 진행, 제도 개혁 방안 마련, 법률안의 제출, 재판의 집행 등 법률활동의 거의 모든 분야가 포함된다. 이런 면에서 공익인권소송은 변호사 공익활동의 최고 형태라고도 할 수 있다.

[표] 공익소송 수행 양태의 비교: 미국형 v. 남미형

	미국형	남미형
고객	주로 개인을 대변하거나 개인을 강조하는 양상	공동체나 집단, 혹은 사회운동 등을 대변 (개인 대변은 공익소송 아님)
방법	소송 외에도 대중교육이나 대중조직, 언론홍보 등 보다 넓은 영향을 미치는 수단들을 사용	소송에 집중하며 그를 통해 사회에 강력한 충격을 주고자 노력
목적	법원 뿐 아니라 행정기관 등 다양한 통로를 통해 그 고객의 수요를 충족	혁신적인 선례를 받아내거나, 모범적인 변론을 행함으로써 이후 다른 소송에서도 활용할 수 있도록 하거나, 아직 사건이 법적으로 성숙하지 아니한 경우에는 차후 소송을 제기할 수 있는 기회를 확보하고자 함
목표	공익소송을 수행하는 변호사들은 승소하여 고객의 요구가 충족되는 것을 추구	소송 자체 혹은 소송에서의 승리 외에도 소송 과정에서 파생되는 다른 부수적 효과도 추구

---

13) 이석태, 위의 논문, 9쪽.

| 전략 | 공익소송이 정부구조의 문제나 시장질서의 문제들을 포함하는 것임을 인정하면서도,
그 관심방향은 소송이 진행되는 법원을 설득하고 소정의 판결을 받아내는 것에 중점
이를 위해 고객의 능력과 역량을 확보하고 강화하는 데에 비중 | 공익소송은
① 가시적인 것(visibility)이어야 하며, ② 정부나 사회의 기능에 있어서의 구조적인 문제에 관한 것이어야 하며,
③ 정책 또는 보다 일반적인 관점에서는 거버넌스에서의 변화를 촉발할 수 있어야 함 |

2. 공익인권소송의 발전

한국의 공익인권소송은 조영래 변호사가 수행한 망원동 수재사건에서부터 비롯된다는 데에 의견이 일치하고 있다. 망원동 수재사건은 공익과 확산이익을 대상으로, 변호사가 의도적으로 개입하여 승소판결을 이끌어냄으로써 사회변화를 이끌어냈다는 점에서 공익인권소송의 전형이라고 할 수 있다.[14] 이 사건을 계기로 하여 한국의 인권소송은 변화하게 된다. 즉, 그동안 인권변호사의 활동은 시국 형사사건 내지 노동사건의 변론이라는 영역에 머물러 왔었다. 그런데 위법·부당한 공권력 행사로 인해 피해를 보게 된 다수의 일반 시민들에 대하여 재판을 통한 권리구제를 실현함으로써 인권변호사들의 지평을 확대하였다.[15] 이 사례는 1970년대와 1980년대 초의 소위 인권변론과, 1980년대 중반 이후의 노동변론에 더하여 공익인권소송의 새로운 범주를 연 것이다. 물론 인권변론과 노동변론의 경험이 한국의 공익소송을 발전시킨 원동력이었다고 할 수 있다.

이후 한국의 공익인권소송은 다양한 방면으로 확대되고 있다. 특히 시민운동의 발전은 적극적인 공익인권소송을 필요로 하였다. 시민운동과 결합된 공익인권소송은 대기업에 대한 통제라는 사회구조적인 문제의식, 소비자권익옹호라는 사회운동적인 측면을 가지게 되었고, 지역시민단체와의 연대, 다양한 분야의 전문가들의 참여 등으로 그 활동 방식을 확대해 나갔다. 이를 유형별로 간략히 소개하면 다음과 같다.

---

14) 황승흠, 앞의 논문, 35쪽 내지 36쪽.
15) 한택근, "망원동 수재 집단 손해배상청구소송", 한국의 공익인권소송, 경인문화사, 2010, 142쪽.

- 과거사 사건 관련 : 수지김 유족의 손해배상청구소송, 소록도 대일보상청구 소송, 인혁당 사건 등에 대한 재심소송 등
- 환경문제 : 월성 원전1호기 수명연장 무효소송[16], 생리대 문제 공론화로 인한 손해배상청구소송[17], 탄소중립기본법 무효 헌법소원[18] 등
- 소비자 권익옹호 : BMW 리콜 관련 손해배상 집단소송[19], 페이스북 개인정보 무단 제공에 대한 손해배상청구[20], 통신사 상대 5G 품질불만 소비자소송[21] 등
- 여성권익 옹호 : 호주제위헌소송, 미군 기지촌 위안부 국가배상청구소송[22], 낙태죄 위헌소송[23], 성폭력 피해 대응 미투 소송 등
- 장애인 인권 옹호: 전동휠체어의 광역저상버스 접근권 차별구제청구소송, 시·청각장애인 영화관람 차별구제청구소송, 장애인활동지원법 헌법소송[24], 시설 학대 피해로 사망한 장애인의 국가 상대 손해배상청구소송[25] 등
- 외국인·난민의 권리 보호 : 난민인정자 자녀의 장애인등록 거부처분 취소소송[26], 난민 체류지침 정보공개청구소송[27], 난

---

16) 2017. 2. 7. 법률신문, "법원 월성원전 1호기 수명연장 처분 위법"
17) 2021. 11. 10. 한겨레 신문, "깨끗한 나라, 생리대 문제 공론화 여성환경연대 상대 10억 손배소 패소", https://www.hani.co.kr/arti/society/women/1018797.html
18) 2021. 10. 12. 중앙일보, "탄소중립기본법 무효 헌법소원 ... 기후소송 본격화하는 환경단체", https://www.joongang.co.kr/article/25014143#home
19) 2018. 10. 1. 연합뉴스, "BMW리콜 관련 집단소송 참여자 2천명 넘어", https://www.yna.co.kr/view/AKR20181001049000003
20) 2021. 4. 19. 한겨레신문, "330만명 개인정보 유출 책임져라 페북 상대 국내 첫 집단소송 나서", https://www.hani.co.kr/arti/society/society_general/991579.html
21) 2021. 11. 18. 조선일보, "683명이 제기한 5G 집단소송 1차 변론 19일 열려", http://it.chosun.com/site/data/html_dir/2021/11/18/2021111802839.html
22) 2018. 2. 8. 한겨레신문, "국가가 미군 기지촌 성매매 조장 첫 판결...배상범위 확대", https://www.hani.co.kr/arti/society/society_general/831422.html
23) 2019. 4. 11. 법률신문, "헌재, 낙태죄 임산부의 자기결정권 침해...헌법불합치", https://m.lawtimes.co.kr/Content/Article?serial=152221
24) 2020. 12. 23. 법률신문, "헌재, 노인성 질환 장애인에게 장애급여 지급 금지 위헌", https://m.lawtimes.co.kr/Content/Article?serial=166791
25) 2021. 4. 19. 한국일보, "장애인 맞아 죽은 시설 관리 의무 방기 정부 상대 첫 손배소송", https://www.hankookilbo.com/News/Read/A2021041916070000096
26) 2017. 10. 31. 법률신문, "난민도 장애인 복지서비스 받을 권리 있다", https://www.lawtimes.co.kr/Legal-News/Legal-News-View?serial=122406
27) 2021. 10. 18. 국민일보, "법원, 난민 체류지침 공개 판결...난민 인권운동 새 역사", http://m.kmib.co.kr/view.asp?arcid=0924213979

민조사 부실·허위작성 피해 국가배상청구소
송[28]), 사업장 이동 제한 고용허가제 헌법소
송[29]) 등
- 노동자의 권리 : 불법파견과 사용자의 직접고용 책임을 인정받기 위한 소
  송[30]), 반도체 노동자 백혈병 피해 산재 소송[31]), 아파트 경
  비원 임금청구소송[32]) 등
- 소수자 인권 : 공익제보자의 권리 보호소송, 성전환자 호적상 성별 정정사건,
  양심적 병역거부 헌법소송[33]), 군대내 동성애 처벌 군형법 헌
  법소송[34]) 등

공익변호사들의 활동형태 또한 소송의 방식에 한정되지 않는다. 최근 공익변
호사들이 사회적으로 대표되지 못하는(disfranchised) 사람들이나 과소대표되는
사람들, 혹은 전통적인 공적 포럼에 의미 있게 접근할 기회가 박탈되거나 제한된
사람들을 위하여 그들의 법적 요구들을 대변하는 방식은 공익소송외에도 다음과
같은 것들이 있다.

- 입법운동 : 당사자 단체, 활동가, 법률가 등이 함께 협업하여 의견을 수렴하
  고 입법안을 만들어 입법청원을 하거나 국회의원을 섭외하여 법
  안 발의를 하는 형태로 입법운동을 벌임
- 연구조사 : 공익법운동의 영역에서 제도개선이 필요하거나 시범소송을 제기
  하고자 하는데 해당 분야에 대하여 당 단체 활동가·전문가·법
  률가가 결합하여 국가기관·지자체·연구기관의 연구용역을 수

---

28) 2021. 12. 6. 연합뉴스, "난민조서 부실·허위작성한 공무원들...법원 국가, 배상책임",
https://www.yna.co.kr/view/AKR20211206040500004
29) 2021. 12. 24. 연합뉴스, "고용허가제 합헌 결정, 인종차별 금지 등 국제인권 규범 위배",
https://www.yna.co.kr/view/AKR20211224128200371
30) 이석태·한인섭, 한국의 공익인권소송, 경인문화사, 2010 참조.
31) 2020. 9. 15. 연합뉴스, "삼성반도체 근무 중 희귀질환 걸린 노동자 16년만에 산재 인정",
https://www.yna.co.kr/view/AKR20200915121800530
32) 2021. 8. 10. 조선일보, "휴식 시간에도 근무, 압구정 현대 경비원들, 임금 소송 승소",
33) 2018. 6. 28. 한겨레신문, "총보다 양심...헌법재판소 대체복무제 도입하라",
https://www.hani.co.kr/arti/society/society_general/851052.html
34) 2020. 2. 20. 경향신문, "군대 내 동성애 처벌 군형법 법원의 위헌제청 또 나왔다",
https://m.khan.co.kr/national/national-general/article/202002201613001#c2b

주하거나 자체적으로 연구조사를 진행

- 공익법교육 : (예비)변호사, (예비)활동가를 양성하고 교육
- 공익법중개 : 공익법분야에서의 법률수요자(공익단체·당사자)와 법률공급자 (변호사·전문가 등)을 연결하고 필요한 경우 이들간의 네트 워크를 형성하는 활동으로, 자원활동가 인턴십·인권법 캠 프·공익법강의·전문분야 변호사 네트워크 구축·공익변호 사 간담회 등의 방식을 사용한다.

3. 공익전담변호사의 등장과 발전

1987년 민주화 이후 이러한 공익인권소송이 크게 활성화되고 이에 참여하는 변호사들도 대폭 늘어나게 되었다. 동시에 변호사들의 공익활동도 조직적으로 다양화되고 공익인권소송이나 공익활동을 전담하는 변호사와 변호사단체들도 등장하고 있다. 이들을 이른바 공익전담변호사 혹은 공익변호사라고 이름지을 수 있을 것인 바, 주로 비영리로 공익인권사건을 전담하고 있다는 점에서 자신의 업무 중 일부를 공익인권사건에 할당하여 봉사하는 프로보노 변호사와는 다른 모습을 보인다. 그리고 이러한 공익전담변호사의 조직화에 힘입어 공익인권사건 또한 그 범위가 급진적으로 확장되어 소비자사건, 환경사건, 행정소송과 헌법소송 등은 물론 입법변론활동이나 정책개선연구 및 제안 등 능동적인 정책과정참여활동도 활성화되고 있다.[35)]

대체로 이들이 활동하는 방식은 몇 가지의 유형을 보인다. 먼저, 인권보호와 민주화라는 두 과제를 동시에 추구하는 변호사들의 자원활동모임인 민주사회를 위한 변호사모임(민변)은 변호사들이 독자적으로 공익인권활동을 조직화한 사례로, 프로보노 변호사들을 주축으로 체계적으로 사회문제의 개선과 사회발전을 도모한다. 또 다른 방식으로는 시민사회단체와 변호사가 결합하여 공익인권사건들을 처리하는 경우가 있다. 이는 다시 시민사회에서 활동하는 권력감시기구나 소수자·노동·환경 등의 시민운동단체에 소속되어 상근활동가로 활동하거나 실행위원이나 자문위원이 되어 자원활동을 하는 유형과, 별도로 법률사무소를 두고

---

35) 염형국, 앞의 논문, 12쪽.

나름의 상대적 독립성을 유지하면서 노동·환경 등 관련 단체와 제휴하여 그와 관련된 특정 영역에 집중하는 유형으로 나뉜다. 전자는 참여연대나 한국가정법률 상담소, 전공공무원노동조합, 한국소비자단체협의회 등이, 그리고 후자는 전국민 주노동조합총연맹 법률원, 공공운수노동조합 법률원, 환경법률센터 등이 그 사례라 할 것이다.

하지만 무엇보다 특기할 만한 것은 2000년대에 와서 본격적으로 등장하는 공익활동전담조직들이다.[36] 공익변호사들이 공익인권사건을 전담하는 조직을 만들어 보다 조직적이고 체계적으로 활동할 수 있도록 한 것이다. 2004년 설립된 공익인권변호사그룹 공감을 필두로 공익법센터 어필, 공익인권변호사모임 희망을 만드는 법 등이 그 예로서, 이들은 의뢰인들로부터 수임료를 받지 않고 개인과 단체의 기부로 운영되는 "비영리"의 공익전담 조직이다. 이들은 사회적·경제적 소수자의 인권보호를 전면에 내세우면서 다양한 공익인권단체들이나 시민단체들과 긴밀한 협업관계를 맺으며 활동한다. 공감의 경우에는 여성, 장애인, 이주·난민, 빈곤과 복지, 국제인권, 취약노동, 성소수자 등에 집중하고 있으며, 어필의 경우에는 난민, 이주민, 무국적자, 인신매매피해자 인권 등에 집중하며, 희망을 만드는 법은 장애인, 성소수자, 기업인권 등에 특성화되어 있다.

또 다른 양상으로는 기존의 로펌이 공익활동을 위한 법인을 설립하는 경우를 들 수 있다. 재단법인 동천은 2009년 법무법인 태평양이 설립한 공익법인으로, 법무법인 소속 변호사의 프로보노 활동을 활성화하고 공익단체, 활동가 및 예비공익변호사를 지원, 양성하는 한편, 공익법 연구 및 법률구조, 제도개선, 입법지원 활동을 함으로써 소수자, 사회적 약자에 대한 법률지원을 제공하고자 한다. 법무법인 로고스가 설립한 사단법인 희망과 동행은 다문화가정과 장애인, 탈북자가정과 출소자 등 사회소외계층을 위한 법률지원활동들을 한다.[37]

---

36) 이러한 법률센터의 전형은 랄프 네이더가 1968년 창설한 '공익법률사무소'(Public Interest Law Office)에서 찾을 수 있다. 황승흠, 앞의 논문, 28쪽.
37) 이에 관하여는 염형국, 앞의 논문; 황필규, "한국의 공익법 운동의 성과와 도전", 전남대학교 공익인권법센터, 인권법평론, 2009. 등 참조.

[표] 공익변호사 단체 현황[38]

설립 기반	단체명	주요 활동영역	
변호사	공익법센터 어필	난민, 이주민, 인신매매, 기업인권	
	공익변호사와 함께 하는 동행	장애, 이주와 난민, 여성 등	
	공익인권법재단 공감	여성, 장애, 이주와 난민, 빈곤, 복지, 취약노동, 성소수자, 국제인권	
	공익인권변호사모임 희망을 만드는 법	장애, 성소수자, 기업과 인권, 표현의 자유	
	기후솔루션	환경	
	민주사회를 위한 변호사모임	인권 전반	
	사단법인 오픈넷	표현의 자유, 지적재산권, 망중립성	
	이주민지원센터 감사와 동행, 장애인권법센터, 법조공익모임 나우, 장애인법연구회 등		
로펌	사단법인 두루 (법무법인 지평)	장애, 아동청소년, 사회적경제, 이주와 난민, 국제인권	
	사단법인 온율 (법무법인 율촌)	성년후견, 공익법제, 청소년교육, 범죄피해자 등	2014
	사단법인 나눔과 이음 (법무법인 세종)	탈북인, 아동청소년, 공익단체 지원 등	
	재단법인 동천 (법무법인 태평양)	이주와 난민, 사회적경제, 장애, 탈북민, 복지 등	
	재단법인 화우 (법무법인 화우)	한센인권, 홈리스, 노동, 이주민, 청소년 등	
	사단법인 선(법무법인 원), 사단법인 정(법무법인 바른), 사단법인 희망과 동행(법무법인 로고스), 법무법인 디라이트, 법무법인 더함, 김앤장 사회공헌위원회 등		
시민 단체	난민인권센터	난민	
	사교육걱정없는 세상	교육	
	아시아의 창	이주민	

---

38) 2019. 사단법인 두루와 공익변호사와 함께 하는 동행의 '한국 공익변호사 실태조사 보고서'(17~20면)과 2021. 서울대 공익법률센터의 '로스쿨생을 위한 공익진로가이드'(6~11면) 참고.

	아시아인권평화디딤돌 아디	아시아 분쟁 지역의 인권과 지원활동
	이주민센터 친구	이주민
	참여연대	공익법센터
정부/ 위탁	국가인권위원회	인권침해사건 조사 및 정책조사
	대한법률구조공단	취약계층 법률상담, 법률구조
	경기도장애인권익옹호기관	장애인
	경기북부장애인권익옹호기관	장애인
	법률홈닥터	취약계층 법률상담
	서울시 사회복지공익법센터	취약계층 지원, 사회복지
	서울특별시 장애인인권센터	장애인
	중앙장애인권익옹호기관	장애인
	아동권리보장원	아동
	양육비이행관리원	양육비

Ⅲ. 사법접근권으로서의 법률서비스에의 보편적 접근권

[질문 3]

1. 변호사의 대도시집중현상은 세계적으로 일반적인 경향이다. 그러나 한국에서는 더욱 심각한 사정이다. 변호사의 조력을 받지 못하는 문제점과 무변촌의 해소방안을 논의해 보라.

2. 현재는 중대범죄에 한정하여 필요적 국선변호를 하고 있다. 하지만 형사사건에서 변호인의 조력을 받을 권리는 헌법상 기본권이므로 모든 피의자에게 국선변호를 제공해야 한다는 주장도 높다. 공적변호인제도의 필요성에 대하여 논의해 보라.

1. 사법접근권과 변호사의 역할

모든 사람들이 법과 사법과정에 자유롭고 효과적으로 접근하여 자신의 권리와 의무를 정의롭게 확정할 수 있도록 하는 것은 법치주의의 본질적인 요소이자 동시에 민주사회가 터잡는 사회적 토대를 이룬다. 법이 만들어지고 집행되며 그 법을 해석하고 이에 사실관계들을 포섭하는 각각의 과정에 시민 모두가 평등하고 실질적으로 참여할 수 있도록 하는 것이야 말로 자유민주주의의 전제요소라는 것이다.

사법접근권(access to justice)은 바로 이 점을 지칭하는 것이나, 실제 그 의미와 내용은 어떻한 것인지에 대해서는 아직도 많은 논의를 필요로 한다. 북미의 경우, 대체로 1960년대에 이 개념이 형성되었을 때에는 사회적 약자 특히 경제적 약자들에게 법률원조(legal aid)를 함으로써 그들이 형사절차나 정부의 복지행정, 주택문제 또는 고용문제에서 불이익을 당하지 아니하도록 적법절차를 보장한다는 관점에서 접근되었다. 1970년대에는 이에 더하여 사법제도를 보다 공정하고 손쉬운 절차로 개선하여 전 사회적으로 부정의가 사법적으로 제거될 수 있는 체계를 마련하고자 하는 관점으로 바뀌었다. 중산층을 중심으로 소액사건제도의 도입이라든가 무과실책임 및 제조물책임제도의 도입, 소비자보호제도의 구축뿐 아니라 인권위원회나 주택임대차보호청의 설치 등의 요구들이 집중적으로 나왔다.

1980년대에 들어서면서는 사법과정을 통한 실질적인 평등의 구현이라는 요구가 추가된다. 회복적 정의라든가 대안적 분쟁해결장치(ADR)의 도입, 가족법이나 상속법, 부동산거래법, 아동복지법 등 개별적인 법영역에서 실질적인 평등을 이루기 위한 법개정운동이 일어나고 법과 사법의 영역에서 시민들의 역량을 강화(empowering)하도록 하여야 한다는 주장이 줄 이었다. 이어 1990년대에는 법원을 통한 사후적 교정이 아니라 사전적·예방적 분쟁통제, 법정립과 법집행의 과정에 대한 시민적 참여기회의 확대, 사적 영역에서 만들어지는 제반의 규율들 — 취업규칙이나 쇼핑센터이용규칙 등 — 에 대한 공적 규제 등을 사법접근권의 개념이 포섭하기도 하고, 2000년대에는 시민과 법정립·집행기관 간의 협치적 관계 형성을 위한 운동이 벌어지기도 하였다.

이러한 운동과 흐름의 중심에 자리잡은 것이 바로 변호사의 공익활동이다. 민주사회에서 법치와 사법의 핵심이 국가에 의한 일방적인 법집행이 아니라 시민들이 주도하는 법 내지는 시민들의 참여와 동의에 의하여 실천되는 법의 지배에 놓여져 있다고 한다면, 이 사법접근권의 실질적 보장이야말로 민주적 법치, 민주적 사법의 중핵을 이루게 된다. 그리고 바로 이 점이 변호사의 공익활동의무와 직결된다. 국가와 시민사회(혹은 고객)을 중개하면서 일면에서는 법집행의 보조자로서 다른 면에서는 시민의 자유와 권리의 보장자로 기능하는 변호사는 자신의 고객 또는 시민 일반이 보다 손쉽게 법과 사법과정에 접근할 수 있도록 그 기회를 확대하고 시민들과 고객의 역량을 강화하는 역할을 수행하여야 할 의무가 발생하게 된다. 나아가 이러한 민주적 법치와 사법을 실천할 수 있는 제도개선에 적극적으로 나서야 할 직무상의 의무 또한 지게 된다.

실제 앞서 설명한 공익인권소송이라든가, 공익전담변호사와 같은 실천사례들은 궁극적으로는 시민들의 사법접근권을 확대하고자 하는 활동의 또 다른 양상이라 할 수 있다. 사법접근권의 변화 과정 자체가 변호사의 공익활동이 지향하였던 법적·사법적 의제설정의 변화양상에 다름 아니기 때문이다. 다만 지적해야 할 것은 변호사의 공익활동이 궁극적으로는 변호사가 주체가 되어 사법적 정의를 실현하는 시민사회가 아니라, 변호사를 매개로 하여 시민과 시민사회 자체가 법의 주체도 자리매김할 수 있는 민주적 법치의 체제를 구성하는 것을 지향하여야 한다는 점이다. 사회·경제적 약자들을 대상으로 삼아 변호사가 이들을 원조하는 체제를 넘어서서 그들이 능동적으로 법주체로 나설 수 있도록 역량을 강화하며 그들이 실질적인 평등과 실체적 정의를 향유할 수 있도록 법제와 사법과정을 개선해 나가는 운동을 변호사들이 그들과 함께 주도해 나가는 방식으로 나아가야 한다는 것이다. 그리고 여기서 변호사의 공익활동과 시민들의 사법접근권 특히 법률서비스에의 접근권을 조화시키는 특단의 노력이 필요하게 된다.

2. 무변촌의 문제

하지만 우리 사회에서 사법접근권을 말할 때에는 아직도 법률서비스 자체에 대한 접근권의 보장이라는 가장 원초적인 문제에 부딪히게 된다. 한국의 변호사는 그동안 그 숫자가 엄청나게 증가하였지만 시민들의 법률서비스접근이라는 점에서 보자면 여전히 다른 나라에 비하여 과소하다. 특히 지역적으로 변호사들의 편중현상이 극심하다. 변호사들이 송무사건 등 수임사건이 많은 대도시나 지방법원 소재지를 중심으로 개업하는 것이 거의 제도화되기에 이르는 반면 상대적으로 수입원이 적을 수밖에 없는 시·군·구 등 기초지방자치단체 단위의 생활공동체에서는 개업변호사가 없거나 지나치게 적어 필요한 법률서비스를 적시에 제대로 공급받지 못하는 경우가 지금까지도 제대로 개선되지 않고 있는 것이다. 이는 한국과 일본의 특이한 현상이다.

법률서비스는 국가의 법집행을 주도하거나 혹은 그 중요한 부분을 담당하는 일종의 공적 역무로서의 성격을 띠고 있는 만큼 그로부터 소외되는 공간이 나타난다는 것은 사법접근권의 문제 이전에 법집행의 사각지대가 형성됨을 의미한다. 나아가 법률서비스의 공급의 차별화는 그 자체 법집행에 있어서의 차별로 이어지기 십상이다.

우리나라의 변호사 분포는 극심한 지역적 편중현상을 보인다.[39] 대한변협의 회원현황표를 보면 2022년 1월 기준 대한변협에 등록된 개업 변호사 26,199명 중 19,626명(74.9%)가 서울에서 개업하고 있으며 경기·인천을 포함하는 수도권에는 21,835명(83.3%)이 개업하여 극단적인 집중성을 나타내고 있다. 이러한 추세는 계속 악화되는 경향을 보이는 것이라 더욱 문제적이다. 예컨대, 2008년 6월 기준 서울에 개업한 변호사는 70.7%(6,331명/총8,952명)이었으나 2012년의 경우에는 이 비율이 74%에 조금 못 미치는 수준이었다.

또한 전국의 기초지방자치단체를 기준으로 시·군·구 중 개업변호사가 한 명도 없는 '무변촌'도 적지 않다. 2004년의 경우 이 무변촌은 총 120개에 이르렀고 변호사 1인만 있는 경우도 19개였다.[40] 2004년에는 이 수치가 각각 105개, 18개로 줄었으며, 2016년의 경우는 각각 64개, 30개로 대폭 줄어들었다.

이러한 결과는 변호사의 수가 대폭 늘어난 결과로 법률서비스가 보편적으로 제공되어야 한다는 요청이 나름 잘 실천되고 있음을 보여준다. 그럼에도 가까운 거리에서 변호사의 도움을 받을 수 없는 무변촌이 여전히 상당수에 이르고 있음은 우리가 추구하는 법치의 이념이 현실에서는 얼마나 위태한 것인가를 잘 보여준다. 시민들이 그 분쟁의 발생을 즈음하여 법률에 관한 전문적인 지식과 그 자격을 갖춘 법률전문가로부터 적절하고도 적시의 법률서비스를 공급받지 못한다면, 그 헌법이념이나 헌법명령은 무의미한 것이 되고 말 것이기 때문이다.[41]

---

39) 예컨대, 한상희·박근용, 법률서비스 소외지역의 해소방안에 관한 연구, 국회법제사법위원회 정책연구, 2008. 12. 31. 참조.

40) 2013년의 통계로는 158개의 시·군 중 총 70곳이 무변촌이다. 법무부, 보도자료 "이젠 오지 마을 주민도 전화 한 통화로 변호사의 도움을 받을 수 있다" - 법무부, 안정행정부·대한변협과 '마을변호사' 도입 추진, 2013. 8. 19

41) 실제 일본의 한 조사결과에 의하면 농촌지역에서 변호사가 존재하고 있다는 사실 혹은 변호사는 없어도 법률상담센터가 설치된 적이 있다는 경험은 그 지역주민들의 법의식 자체에

이러한 변호사의 지역적 편중 현상, 무변촌의 문제는 일본도 동일하다. 다만 차이는 일본은 이를 극복하기 위하여 변호사들 스스로 나서고 있다는 점이다. 일본변호사연합회(일변련)는 1996. 5. 변호사의 지역별 편중에 따른 무변촌 문제를 조속히 해결할 것을 천명하는 '변호사 과소지역의 법률상담체계 확립에 관한 선언'(나고야 선언)을 발표하였다. 이들은 무변촌 문제가 국민들의 평등이 침해되고 있는 문제라고 인식하고, 법률서비스 제공의 독점권을 갖고 있는 변호사와 그 단체의 긴급한 현안이라고 평가하였다. 이들은 이 같은 문제인식하에 향후 5년 내에 변호사가 전혀 없거나 1명에 불과한 지역을 중심으로 법률상담센터를 설치하는 등 시민들이 용이하게 변호사에게 상담하고 또 사건을 의뢰할 수 있는 체제를 확립하기 위해 최선을 다할 것을 다짐하였다. 그리고 이를 바탕으로 일변련은 1996년 이래 전국의 변호사들로부터 특별회비를 걷어 '히마와리(해바라기)기금'을 조성하여 변호사가 부족한 지역에 법률사무소 설치를 지원하거나 스스로 공설법률사무소를 설치하는 등 지금까지 변호사 지역별 편중(무변촌) 문제 해결을 위한 장기간의 활동을 벌이고 있다.[42]

3. 법률서비스 사각지대의 해소를 위한 노력 사례들

법률서비스 사각지대는 굳이 지역적으로만 존재하지 않는다. 사회적·경제적 약자나 소수자의 경우에는 가까이에 변호사가 있다 하더라도 그에 접근하기가 쉽지 않다. 뿐만 아니라 우리의 법문화에 비추어볼 때 일반적인 시민의 경우에도 변호사사무실의 "문턱이 높다"라는 말은 여전히 법률서비스에 대한 접근권이 편향될 수 있음을 암시한다.

앞서 언급한 공익전담변호사나 그 단체들의 존재는 이런 한계를 극복하는 가장 좋은 대안을 이룬다. 스스로 공익인권사건에 특화하여 사회적·경제적 소수

큰 영향을 미치고 있다고 한다. 樫村志郎, 김영기 역, "시민법률상담에 있어서 의식과 언어", 동북아시아의 법과 사회, 한국법사회학회·일본법사회학회, 2001. 9. 15. 발제문 참조.

42) 나고야 선언이 채택된 1996년 당시에 '변호사 제로지역'이 47곳이었는데, 꾸준히 감소하여 2008년 6월에 이르러 모두 사라졌다. '변호사 원 지역'은 1996년에 31곳이었는데, 2008년 12월 현재 20곳이다. 2000년 6월, 시마네현에 '이와미 해바라기기금 법률사무소'가 개설된 이후 전국 중소도시들에 2008년 11월 현재 93개소(누계)가 설치되었다. 이를 위해 일변련은 2007년 말까지 7년 6개월 동안 5억 8,839만엔을 원조하였다.

자들에게 접근하여 법률서비스를 제공하는 유효한 틀을 마련하고 있는 것이다.
여기에 최근에는 또 다른 방식의 공익적 법률서비스 제공모델이 등장하고 있다.

2012년 개업한 "동네변호사카페"와 같은 실험은 그 대표적인 사례가 된다.
흔히 법원주변에 법률사무소를 두는 관행과는 달리 이 경우는 전통 시장 한복판
에 법률사무소를 개설하여 시장 상인이나 고객, 지역주민들과 일상적인 접촉을
하면서 법률서비스를 제공하는 주민밀착형의 사례에 해당한다.

2012년 설립된 이주민지원센터 친구는 또 다른 방식의 소수자밀착형의 법률
사무소 방식이다. 이주민의 인권과 권익을 보호하기 위하여 법무법인 덕수의 재
정지원을 받아 외국인 밀집지역인 서울 구로동에 사무소를 둔 이 사례는 법률서
비스를 필요로 하는 잠재적 고객의 특성을 맞추어 근거리에서 법률상담 및 법률
지원, 의료·심리상담 지원, 문화교류와 교육 등의 업무를 수행한다. 단순히 이주
민에 대한 지원에 그치지 않고 이주민과 내국인의 공존과 통합을 도모하는 주축
으로 활동하고 있는 것이다.[43]

그 외 2004년부터 법원이 주관하는 국선변호전담변호인제도도 기존의 국선
변호제도를 보다 발전시킨 것으로 상당한 의미를 가진다. 다만 이를 더욱 확대하
여 각 경찰서 및 검찰청 단위에 형사변호를 담당하는 등 법률서비스를 필요로 하
는 현장에 배치되어 제1차적 법률서비스를 제공하는 공적변호인제도로 이어질
필요가 있기도 하다.

법무부가 2011년부터 시, 군, 구 등 지방자치단체와 사회복지기관에서 서민
들에게 법률상담, 법률정보검색 및 제공, 법교육, 소송구조 알선 등의 1차 무료법
률서비스를 제공하는 '법률홈닥터'제도나 2013년부터 무변촌을 중심으로 전화를
통해 법률상담을 할 수 있는 '마을변호사'를 운영한 것 등도 서민들의 사법접근권
을 확대하고자 하는 시도로 꼽을 수 있다. 이는 취약계층에 직면하는 문제들을
종합적으로 검토·분석하고 거기서 발생 가능한 법률적 문제를 추출하여 기초적
인 법률지원을 행하는 것으로, 그동안 법률서비스의 전달체계에서 누락되었던 지
역이나 계층에 대하여 적시에 필요한 예방적 조치나 제1차적 법률서비스지원
등이 가능하게끔 한 제도이다.[44]

---

43) 염형국, 앞의 논문, 37~39쪽.
44) 자세한 것은 법무부 홈페이지(http://www.moj.go.kr) 참조.

제13장

변호사 징계

김 희 수   한 인 섭

[기본질문]

1. 변호사 징계는 어떤 사유가 있을 때에 징계 사유가 되며, 징계의 종류는 무엇이 있는가. 그동안 징계가 이루어진 사례 중 쟁점이 된 사례로는 무엇이 있는가?

2. 변호사 징계개시청구는 어떻게 이루어지며, 징계의 구체적인 절차는 어떻게 되는가? 징계 결정에 불복하는 경우 어떤 절차를 밟아야 하는가?

3. 그동안 변호사에 대한 대표적인 징계사례는 무엇이 있을까. 이를 통해서 배울 수 있는 시 사점은 무엇인가? 변호사에 대한 징계양정은 적정한 것일까. 징계양형의 적정성은 무엇을 기준으로 판단하여야 하는가?

4. 변호사법 제 5 조에 규정된 변호사의 결격사유에 해당하는 경우에 징계는 가능한가. 만일 징계대상자가 형사처벌을 받은 경우 징계를 다시 병과하는 것은 일사부재리원칙(一事不再 理原則)에 위반되지 않는가?

5. 대한변호사협회 징계위원회에서의 징계절차에서 징계혐의자에게 소정의 변명기회를 주지

아니한 경우 징계는 적법한가?

6. 변호사가 일정 범죄 등으로 인하여 변호사 결격사유가 발생한 경우 징계는 불가능할까?

7. 변호사 징계 사유로서 품위손상은 매우 불확정적이고 포괄적인 개념이다. 법적 개념으로 불명확하기 때문에 무효인가, 그렇지 않은가? 어떠한 내용이 변호사의 품위손상이 되는 것인가? 대법원 판례 중에서 참조할 내용은 있는가? 변협징계위원회의 입장은 무엇인가?

I. 변호사 징계절차

1. 변호사 징계의 종류(변호사법 제90조)[1]

① 영구제명

② 제명

③ 3년 이하의 정직

④ 3천만원 이하의 과태료

⑤ 견책

영구제명은 변호사 신분을 영구적으로 박탈하는 징계로 변호사법 제 5 조 제 7 호에 의하여 변호사가 될 수 없으나, 단순 제명은 변호사 신분을 일정 기간(5년) 동안 박탈하는 징계로 변호사법 제 5 조 제 4 호에 의하여 5년이 경과하면 변호사 신분을 회복할 수 있다는 점이 다르다. 정직은 일정기간 변호사 업무를 정지하는 것으로 변호사 자격 및 신분을 잃는 것은 아니지만 정직기간 동안 일체의 변호사 업무를 행하지 않을 의무를 부담하며, 과태료는 변호사 신분에는 영향을 미치지 않지만 과태료를 납부해야 할 재산상 불이익을 받는다. 견책은 변호사 신분 및 활동에 아무런 제한을 가하지 않는 가장 가벼운 징계처분이다.

---

[1] 변호사법은 이하 생략하고 조문만 표기하기로 한다.

2. 변호사 징계 사유

(1) 영구제명 사유(제91조 제 1 항)

① 변호사의 직무와 관련하여 2회 이상 금고 이상의 형을 선고받아(집행유예를 선고받은 경우를 포함한다) 그 형이 확정된 경우(과실범의 경우는 제외한다)

② 이 법에 따라 2회 이상 정직 이상의 징계처분을 받은 후 다시 제 2 항에 따른 징계 사유가 있는 자로서 변호사의 직무를 수행하는 것이 현저히 부적당하다고 인정되는 경우

(2) 영구제명 이외의 징계 사유(제91조 제 2 항)

① 이 법을 위반한 경우[2]

② 소속 지방변호사회나 대한변호사협회의 회칙을 위반한 경우[3]

③ 직무의 내외를 막론하고 변호사로서의 품위를 손상하는 행위를 한 경우[4]

④ 이 규칙에 의하여 출석, 경위서 및 소명자료제출 등의 요구를 받고도 2회 이상 불응한 경우[5]

3. 징계절차

(1) 징계개시청구권자

대한변호사협회의 장은 변호사가 제91조에 따른 징계 사유에 해당하면 변협 징계위원회에 징계개시를 청구하여야 한다(제97조). 대한변호사협회장에게 징계개시청구권을 독점적으로 인정한 것은 변호사활동에 대한 외부적 간섭을 막고, 변

---

[2] 변호사법 제21조부터 제38조에 해당하는 경우를 말한다.
[3] 대한변호사협회 회칙 제 9 조 제 1 항은 '모든 회원은 이 회의 회칙, 규칙, 규정 및 결의를 준수하여야 하며, 이 회로부터 지정 또는 위촉받은 사항을 신속·정확하게 처리하여야 한다'고 규정하고 있다.
[4] 오종근, 변호사징계제도, 집문당, 2002, 54쪽에서 1993년에 개정된 변호사법 이래 품위손상행위를 징계사유로 추가한 것은 인권을 옹호하고 사회정의를 실현할 사명을 가진 변호사에게 높은 윤리적 가치가 요구되기 때문이라고 생각되지만, 이러한 추상적인 징계사유는 자칫 변호사에 대한 징계권의 남용으로 인해 변호사 활동의 독립성을 해칠 염려가 있다고 지적하고 있다. 품위손상행위와 관련한 문제는 다시 후술하기로 한다.
[5] 변호사징계규칙 제 9 조 제 6 호에 규정하고 있다.

호사단체의 자율권을 확대·강화하기 위한 것으로 해석된다.[6]

대한변호사협회의 장은 제89조의4 제 4 항(제89조의5 제 3 항에 따라 준용되는 경우를 포함한다) 또는 제97조의2에 따른 징계개시의 신청이 있거나 제97조의3 제 3 항에 따른 재청원이 있으면 지체 없이 징계개시의 청구 여부를 결정하여야 한다(제97조의4 제 1 항).

대한변호사협회의 장은 징계개시의 청구 여부를 결정하기 위하여 필요하면 조사위원회로 하여금 징계혐의사실에 대하여 조사하도록 할 수 있다(제97조의4 제 2 항).[7]

대한변호사협회의 장은 제 1 항의 결정을 하였을 때에는 지체 없이 그 사유를 징계개시 신청인(징계개시를 신청한 윤리협의회 위원장이나 지방검찰청검사장을 말한다. 이하 같다)이나 재청원인에게 통지하여야 한다(제97조의4 제 3 항). 즉 변호사에 대한 징계개시청구권은 대한변호사협회의 장에게만 인정되고, 지방검찰청검사장, 지방변호사회의 회장, 윤리협의회 위원장에게는 징계개시신청권만 인정되고, 의뢰인 등 이해관계자에게는 징계개시 청원권만 인정된다.

징계의 청구는 징계사유가 발생한 날부터 3년이 지나면 하지 못한다(제98조의 6 : 징계 청구의 시효).

---

6) 오종근, 위의 책, 39~40쪽, 징계개시청구권을 대한변호사협회장에게만 독점적으로 인정한 것은 1995. 12. 29. 개정된 변호사법부터다. 그 이전에는 대한변호사협회장 이외에 검찰총장에게도 징계개시청구권을 인정하였다. 그러나 대한변호사협회장이 징계개시청구권을 적절히 행사하지 않는 경우 변호사징계제도의 공정성을 의심하게 될 것이며, 변호사단체의 자율성에 심각한 위협이 될 수 있다고 지적하고 있다.

7) 조사위원회 설치 등에 관하여는 변호사징계규칙 제31조부터 제36조에 걸쳐 규정하고 있다. 문제는 조사위원회 조사결과 징계청구를 함이 타당하다는 의결과 보고가 있는 경우 대한변호사협회장이 조사결과에 구속되는가 하는 문제다. 이에 대하여 변호사에 대한 징계청구권은 대한변호사협회장에게만 인정되는 고유한 권능이며, 조사위원회의 설치 및 직무권한은 변호사법에 근거함이 없이 단지 규칙에 근거하는 기구에 불과하다는 점에 비추어 보면 조사위원회는 대한변호사협회장이 징계개시청구권을 적절하게 행사하는 것을 보조하기 위한 자체적인 보조기관에 지나지 않아 이에 구속되지 않는다고 해석하는 견해가 있다(오종근, 앞의 책, 50쪽). 한편 변호사징계규칙 제10조 제 6 항은 '협회장은 조사위원회 조사결과 징계청구를 함이 타당하다는 보고가 있을 때에는 징계청구를 하여야 한다'고 규정하고 있고, 변호사법 제97조의4 제 2 항은 대한변호사협회장은 '징계 청구 여부를 결정하기 위하여 필요한' 경우에 조사위원회에 조사하도록 할 수 있는 재량 규정으로 되어 있는 점을 고려하면 문리해석상으로는 조사위원회 조사결과에 대한변호사협회장이 구속되지 않는다고 해석할 수밖에 없다고 보인다. 입법론적 검토의 필요성이 제기될 수는 있을 것이다.

(2) 징계개시신청권자

1) 지방검찰청검사장

지방검찰청검사장은 범죄수사 등 검찰업무의 수행중 변호사에게 제91조에 따른 징계 사유가 있는 것을 발견하였을 때에는 대한변호사협회의 장에게 그 변호사에 대한 징계개시를 신청하여야 한다(제97조의2 제 1 항).

2) 지방변호사회의 장

지방변호사회의 장이 소속 변호사에게 제91조에 따른 징계 사유가 있는 것을 발견한 경우에도 대한변호사협회의 장에게 그 변호사에 대한 징계개시를 신청하여야 한다(제97조의2 제 2 항).

3) 의뢰인 등의 청원

의뢰인이나 의뢰인의 법정대리인·배우자·직계친족 또는 형제자매는 수임변호사나 법무법인[제58조의2에 따른 법무법인(유한)과 제58조의18에 따른 법무조합을 포함한다]의 담당 변호사에게 제91조에 따른 징계 사유가 있으면 소속 지방변호사회의 장에게 그 변호사에 대한 징계개시의 신청을 청원할 수 있다(제97조의3 제 1 항).

지방변호사회의 장은 제 1 항의 청원을 받으면 지체 없이 징계개시의 신청 여부를 결정하고 그 결과와 이유의 요지를 청원인에게 통지하여야 한다(제97조의3 제 2 항).

청원인은 지방변호사회의 장이 제 1 항의 청원을 기각하거나 청원이 접수된 날부터 3개월이 지나도 징계개시의 신청 여부를 결정하지 아니하면 대한변호사협회의 장에게 재청원할 수 있다. 이 경우 재청원은 제 2 항에 따른 통지를 받은 날 또는 청원이 접수되어 3개월이 지난날부터 14일 이내에 하여야 한다(제97조의3 제 3 항).[8]

4) 법조윤리협의회 위원장

윤리협의회의 위원장은 공직퇴임변호사에게 제91조에 따른 징계사유나 위법의 혐의가 있는 것을 발견하였을 때에는 대한변호사협회의 장이나 지방검찰청

---

8) 오종근, 앞의 책, 42쪽, 의뢰인 등의 진정은 징계권을 발동하게 하는 계기가 될 수 있을 뿐 지방변호사회의 장 등에게 이에 응할 법적의무를 부과하는 것은 아니므로 이들 기관이 징계권을 발동하지 않았다 하여 의뢰인 등에게 불복방법이 인정되는 것은 아니다. 의뢰인 등이 변호사징계절차에 직접적 혹은 간접적으로 관여할 수 있는 제도적 장치를 마련하는 것이 필요하다는 지적이다. 이러한 지적에 따라 2008. 3. 28. 변호사법 제97조의3 제 3 항의 재청원 규정이 신설된 것으로 보인다.

검사장에게 그 변호사에 대한 징계개시를 신청하거나 수사를 의뢰할 수 있다(제 89조의4 제 4 항, 제89조의5 제 3 항에 따라 준용되는 경우를 포함).

(3) 징계결정 절차

1) 징계결정의 주체

변호사의 징계는 변호사징계위원회가 하며(제92조 제 1 항), 대한변호사협회와 법무부에 각각 변호사징계위원회를 둔다(제92조 제 2 항).

변협징계위원회는 제91조에 따른 징계 사유에 해당하는 징계 사건을 심의하고(제95조 제 1 항), 변협징계위원회는 심의를 위하여 필요하면 조사위원회에 징계 혐의사실에 대한 조사를 요청할 수 있다(제95조 제 2 항).

변호사의 징계혐의사실에 대한 조사를 위하여 대한변호사협회에 조사위원회를 두고(제92조의2 제 1 항), 조사위원회는 필요하면 관계 기관·단체 등에 자료 제출을 요청할 수 있으며, 당사자나 관계인을 면담하여 사실에 관한 의견을 들을 수 있다(제92조의2 제 2 항). 조사위원회의 구성과 운영 등에 관하여 필요한 사항은 대한변호사협회가 정한다(제92조의2 제 2 항).

2) 징계혐의자 청문절차

변협징계위원회의 위원장은 징계심의의 기일을 정하고 징계혐의자에게 출석을 명할 수 있고(제98조의2 제 1 항), 징계혐의자는 징계심의기일에 출석하여 구술 또는 서면으로 자기에게 유리한 사실을 진술하거나 필요한 증거를 제출할 수 있다(동조 제 2 항).

변협징계위원회는 징계심의기일에 심의를 개시하고 징계혐의자에 대하여 징계 청구에 대한 사실과 그 밖의 필요한 사항을 심문할 수 있고(동조 제 3 항), 징계혐의자는 변호사 또는 학식과 경험이 있는 자를 특별변호인으로 선임하여 사건에 대한 보충 진술과 증거 제출을 하게 할 수 있으며(동조 제 4 항), 변협징계위원회의 위원장은 출석한 징계혐의자나 선임된 특별변호인에게 최종 의견을 진술할 기회를 주어야 한다(동조 제 6 항).

변협징계위원회는 징계혐의자가 위원장의 출석명령을 받고 징계심의기일에 출석하지 아니하면 서면으로 심의할 수 있고(동조 제 5 항), 징계개시 신청인은 징계사건에 관하여 의견을 제시할 수 있다(동조 제 7 항).

3) 징계 의결 및 효력발생

변협징계위원회는 사건 심의를 마치면 위원 과반수의 찬성으로써 의결한다(제98조의4 제 1 항). 변협징계위원회는 징계의 의결 결과를 징계혐의자와 징계청구자 또는 징계개시 신청인에게 각각 통지하여야 하고(동조 제 2 항), 징계혐의자가 징계결정의 통지를 받은 후 제100조 제 1 항에 따른 이의신청을 하지 아니하면 이의신청 기간이 끝난 날부터 변협징계위원회의 징계의 효력이 발생한다(동조 제 3 항).[9]

변호사징계규칙 제28조의3은 징계결정은 이의신청기간이 만료한 때 또는 법무부 변호사징계위원회의 이의신청에 대한 결정이 난 때부터 효력을 발생한다고 규정하고 있다.[10]

(4) 징계결정에 대한 불복

법무부 변호사징계위원회(이하 "법무부징계위원회"라 한다)는 위원장 1명과 위원 8명으로 구성하며, 예비위원 8명을 두고(제94조 제 1 항), 법무부징계위원회는 변협징계위원회의 징계 결정에 대한 이의신청 사건을 심의한다(제96조).

변협징계위원회의 결정에 불복하는 징계혐의자 및 징계개시 신청인은 그 통지를 받은 날부터 30일 이내에 법무부징계위원회에 이의신청을 할 수 있다(제100조 제 1 항). 법무부징계위원회는 제 1 항에 따른 이의신청이 이유 있다고 인정하면

---

9) 이현수, "변호사자치와 변호사징계결정의 효력발생시기", 법률가의 책임과 윤리, 서울대학교 법과대학 편, 박영사, 2003. 저자는 위 글에서 우리와 동일한 규정을 두고 있던 변호사에 대한 징계처분이 당해 변호사에게 고지된 때 효력을 발생한다는 일본최고재판소의 판결을 소개하면서, 우리의 변호사징계제도를 살펴볼 때 첫째, 변호사가 법관에 버금가는 독립성을 유지하여야 할 공익적인 필요가 있다고 하더라도 법관징계처분 역시 행정처분의 효력발생에 관한 일반원칙에 따라 고지 시에 효력을 발생한다는 점, 더욱이 우리 변호사법에서는 검사징계법을 준용하고 있으며 검사에 대한 징계처분도 일반원칙에 따라 고지 시에 효력을 발생한다는 점 등으로 미루어 볼 때 우리의 변호사법이 과거 일본의 변호사단체가 취하고 있었던 견해와 유사하게 변호사징계결정이 이의신청기간의 만료 혹은 법무부 징계위원회의 결정에 의하여 효력이 발생한다고 규정하고 있는 것은 판사, 검사에 대한 징계 결정과 비교할 때 균형이 맞지 않는다고 비판하고 있다. 小島武司 외, 法曹倫理(제 2 판), 有斐閣, 2006, 272~273쪽에 일본 最高判 召42. 9. 27. 民集 제21권 제 7 호 1955쪽에 사안과 판시 요지가 소개되어 있다.

10) 오종근, 앞의 책, 79쪽에서는 변호사에 대한 징계처분은 당해 변호사의 신분상·재산상 이익에 중대한 영향을 미치는 것으로서 일반 행정처분과 같이 집행부정지원칙을 고수할 경우 이의신청의 결과 본래 징계처분이 취소되더라도 당해 변호사는 회복할 수 없는 손해를 받을 염려가 있어 징계처분이 확정되었을 때 효력이 발생한다는 예외 규정을 두고 있다고 설명하고 있다.

변협징계위원회의 징계 결정을 취소하고 스스로 징계 결정을 하여야 하며, 이의
신청이 이유 없다고 인정하면 기각하여야 한다. 이 경우 징계심의의 절차에 관하
여는 제98조의2를 준용하며(동조 제2항), 제2항의 결정은 위원 과반수의 찬성으
로 의결한다(동조 제3항).

(5) 행정소송

법무부징계위원회의 결정에 불복하는 징계혐의자는 「행정소송법」에서 정하
는 바에 따라 그 통지를 받은 날부터 90일 이내에 행정법원에 소(訴)를 제기할 수
있고(동조 제4항),[11] 제4항의 경우 징계 결정이 있었던 날부터 1년이 지나면 소
를 제기할 수 없다. 다만, 정당한 사유가 있는 경우에는 그러하지 아니하다(동조
제5항). 제4항에 따른 기간은 불변기간으로 한다(동조 제6항).

(6) 징계 집행 및 공개

징계는 대한변호사협회의 장이 집행하고(제98조의5 제1항), 제90조 제4호의
과태료 결정은 「민사집행법」에 따른 집행력 있는 집행권원과 같은 효력이 있으
며, 검사의 지휘로 집행한다(동조 제2항).

대한변호사협회의 장은 징계처분을 하면 이를 지체 없이 변협 인터넷 홈페
이지에 3개월 이상 게재하는 등 공개하여야 한다(동조 제3항). 변호사를 선임하려
는 자는 해당 변호사의 징계사실 여부를 알기 위하여 징계정보를 열람·등사를
신청하는 경우 대한변협의 장을 이를 제공해야 한다(동조 제4항). 그 구체적 내용
을 대통령령으로 정한다(동조 제5항).

대한변호사협회는 피징계자가 영구제명, 제명 또는 정직의 징계처분을 받아
확정된 때에는 대법원, 대검찰청, 피징계변호사가 속한 소속 지방변호사회의 관

---

11) 헌법재판소 2000. 6. 29. 선고 99헌가9 결정 : 대한변호사협회징계위원회에서 징계를 받은 변
    호사는 법무부변호사징계위원회에서의 이의절차를 밟은 후 곧바로 대법원에 즉시항고토록
    하고 있는 변호사법 제81조 제4항 내지 제6항이 법관에 의한 재판을 받을 권리를 침해하
    는 것인지 여부가 문제된 사안에서, 전심절차로서 기능하여야 할 법무부변호사징계위원회를
    최종적인 사실심으로 기능하게 함으로써, 일체의 법률적 쟁송에 대한 재판기능을 대법원을
    최고법원으로 하는 법원에 속하도록 규정하고 있는 헌법 제101조 제1항 및 제107조 제3
    항에 위반되고, 위 법률조항들이 의사·공인회계사·세무사·건축사 등 여타 전문직 종사자들
    에 비하여 합리적 근거 없이 변호사를 차별하는 것으로 평등권에 반한다고 위헌결정을 내
    림으로써 법률이 행정소송이 가능하도록 변경·개정되었다.

할 고등, 지방, 가정의 각 법원에 징계 집행 사실을 통보하여야 한다(변호사징계처분집행규정 제2조).

4. 업무정지명령

1982년 변호사법 제15조는 '법무부장관은 형사사건으로 공소제기된 변호사에 대하여 그 판결이 확정될 때까지 업무정지를 명할 수 있다. 다만 약식명령이 청구된 경우는 그러하지 아니한다'고 규정하고 있었다. 이 규정의 위헌여부는?

위 규정의 위헌 여부가 쟁점이 되었는바, 헌법재판소는 위 결정에서 변호사 업무정지명령제도가 업무의 전면적 정지인데다가 기한의 제한도 없는 등으로 직업선택의 자유를 제한하는 요건이 포괄적이어서 목적이 적합하지 않고, 제한 정도가 과잉금지원칙에 위배되며, 당해 변호사가 자기에게 유리한 사실을 진술하거나 필요한 증거를 제출할 수 있는 청문의 기회가 보장되지 아니하여 적법절차에 어긋난다는 취지로 위헌으로 결정하였다(헌법재판소 1990. 11. 19. 선고 98헌가48 결정). 이러한 위헌결정에 따라 변호사법의 업무정지명령제도가 전면적으로 개정되게 되었다. 위 결정에서 헌법재판소는 '업무정지명령은 그 명령을 받은 당해 변호사는 그 기간 동안 당해 직업에 종사할 수 없게 됨으로써 기본적 생존, 인간다운 생활에 위협을 받게 되고 인간으로서의 존엄과 가치에 중대하고 회복할 수 없는 손해를 가져올 수 있는 것으로 직업선택의 자유의 큰 제한인 것이다. 업무정지명령이 문제의 변호사를 그대로 방치해 둘 때 변호사의 계속적인 직업활동으로 인하여 의뢰인이나 일반 사법제도에 해악을 끼칠 구체적인 위험성 때문에 하는 잠정적인 처분이라는 데 제도적 당위성이 있다면 이에 맞게 엄격히 요건을 정비하여 필요한 최소한의 범위로 제한하는 등 기본권침해에 관한 비례의 원칙을 준수할 때에 합헌성을 유지할 수 있는 것으로 볼 것이다'라고 판시하고 있다. 이렇게 위헌결정이 내려진 이유 중의 하나는, 변호사의 업무정지명령이 매우 악용되었기 때문이다. 군사정권 하에서 인권변론에 앞장섰던 변호사(한승헌·강신옥 등)에 대하여, 터무니없는 사유로 기소만 하면 변호사의 업무정지를 시켜버렸던 예들이 적지 않았던 것이다.

법무부장관은 변호사가 공소제기되거나 제97조에 따라 징계절차가 개시되어 그 재판이나 징계 결정의 결과 등록취소, 영구제명 또는 제명에 이르게 될 가능성이 매우 크고, 그대로 두면 장차 의뢰인이나 공공의 이익을 해칠 구체적인 위험성이 있는 경우에는 법무부징계위원회에 그 변호사의 업무정지에 관한 결정을 청구할 수 있다.[12] 다만, 약식명령이 청구된 경우와 과실범으로 공소제기된 경우에는 그러하지 아니하다(제102조 제1항). 법무부장관은 법무부징계위원회의 결정에 따라 해당 변호사에 대하여 업무정지를 명할 수 있다(제102조 제2항).

법무부징계위원회는 제102조 제1항에 따라 청구를 받은 날부터 1개월 이내에 업무정지에 관한 결정을 하여야 한다. 다만, 부득이한 사유가 있는 때에는 그 의결로 1개월의 범위에서 그 기간을 연장할 수 있고(제103조 제1항), 업무정지에 관하여는 제98조 제3항 및 제98조의2 제2항부터 제6항까지의 규정을 준용한다(제103조 제2항).

업무정지 기간은 6개월로 한다. 다만, 법무부장관은 해당 변호사에 대한 공판 절차 또는 징계 절차가 끝나지 아니하고 업무정지 사유가 없어지지 아니한 경우에는 법무부징계위원회의 의결에 따라 업무정지 기간을 갱신할 수 있다(제104조 제1항). 제1항 단서에 따라 갱신할 수 있는 기간은 3개월로 하고(동조 제2항), 업무정지 기간은 갱신 기간을 합하여 2년을 넘을 수 없다(동조 제3항).

법무부장관은 업무정지 기간중인 변호사에 대한 공판 절차나 징계 절차의 진행상황에 비추어 등록취소, 영구제명 또는 제명에 이르게 될 가능성이 크지 아니하고, 의뢰인이나 공공의 이익을 침해할 구체적인 위험이 없어졌다고 인정할 만한 상당한 이유가 있으면 직권으로 그 명령을 해제할 수 있다(제105조 제1항).

대한변호사협회의 장, 검찰총장 또는 업무정지명령을 받은 변호사는 법무부장관에게 업무정지명령의 해제를 신청할 수 있고(동조 제2항) 법무부장관은 제2항에 따른 신청을 받으면 직권으로 업무정지명령을 해제하거나 법무부징계위원회에 이를 심의하도록 요청하여야 하며, 법무부징계위원회에서 해제를 결정하면

---

12) 서울행정법원 2008. 4. 22. 선고 2007구합44023 판결에서 "…개정된 변호사법에서 '등록취소 가능성'과 '그대로 방치하면 장차 의뢰인이나 공공의 이익을 해칠 구체적 위험성'을 업무정지명령의 요건으로 규정하게 된 상황을 종합하여 볼 때 '그대로 방치하면 장차 의뢰인이나 공공의 이익을 해칠 구체적 위험성'은 등록취소 가능성이 있음으로 인하여 당연히 추정된다고 볼 수는 없고, 등록취소 개연성이 있다는 사정과는 별개로 구체적으로 그러한 위험성이 있다는 사정이 나타나야 한다"고 판시하였다.

지체 없이 해제하여야 한다(동조 제 3 항).

　업무정지명령은 그 업무정지명령을 받은 변호사에 대한 해당 형사 판결이나 징계 결정이 확정되면 그 효력을 잃는다(제106조).

　업무정지명령을 받은 변호사가 공소제기된 해당 형사사건과 같은 행위로 징계개시가 청구되어 정직 결정을 받으면 업무정지 기간은 그 전부 또는 일부를 정직 기간에 산입한다(제107조). 업무정지명령, 업무정지 기간의 갱신에 관하여는 제100조 제 4 항부터 제 6 항까지의 규정을 준용한다(제108조).

Ⅱ. 변호사 징계사례 등

1. 변협징계위원회의 징계내용

　대한변호사협회는 1996년 법무부로부터 변호사징계권이 완전히 이관된 후 징계위원회에서 징계심의를 하여 징계결정을 내려왔다. 2011년부터 2023년까지 통계를 보면, 총 1,320건의 징계가 내려졌는데, 2016년 이전에는 연 50건 내외의 징계가 내려졌으나, 2016년부터 2019년까지 사이에는 총 641건, 연평균 약 160건 정도로 많은 징계가 내려졌다가, 이후 2020년과 2021년 감소하였으나, 최근인 2022년 169건과 2023년 154건으로 다시 증가하고 있다. 대한변호사협회에서 징계사례를 유형별로 분류하여 낸 <징계사례집(제 8 집, 2019－2022)>에 수록된 대표적인 징계사례를 정리해보면, 최근의 징계 사안의 특징을 이해할 수 있다.[13]

위반내용	취급건수
성실의무 위반	12건
이중사무소 금지 위반	1건
광고규정 위반	6건
품위유지의무 위반	18건
소속 변호사 신고의무 위반	1건
사무직원 미신고 채용 위반	2건

---

13) 대한변호사협회, 징계사례집(2019-2022년 징계결정사례 중심), 제 8 집, 2024.

사무직원 지휘, 감독 위반	2건
위법행위 협조 금지 등	2건
과다보수 약정금지 위반	1건
추가보수 등 위반	1건
대리인 있는 상대방과 직접교섭 금지 위반	2건
경위서 및 소명자료제출 등 위반	1건
비밀유지의무 위반	2건
수임장부의 작성 · 보관 의무 위반	1건
변호인선임서 등의 지방변호사회 경위 위반	2건
변호사선임서 등 미제출 변호 금지 위반	2건
연고 관계 등의 선전금지 위반	1건
수임제한 위반	5건
계쟁권리의 양수금지 위반	2건
변호사가 아닌 자와 동업금지 등 위반	3건
사건유치 목적의 출입금지 등 위반	1건
공직퇴임 변호사의 수임자료 등 제출위반	3건
특정변호사 수임자료 등 제출 위반	1건
법무법인 등에서의 퇴직공직자 활동내역 등 제출위반	3건

실제로 징계양정이 어떻게 결정되었는가에 대하여는 다음 2019년 통계를 보면 짐작할 수 있다. 2019년 징계위원회에서 심의된 사안은 총140건으로, 그 중 기각(8건), 각하(16건)을 제외한 116건에 대하여 과태료, 견책, 정직 등의 결정이 최종 확정되었다. 그 중 징계 사유별 결정 현황은 '공직퇴임변호사 수임자료 제출의무 위반(27건)', '품위유지의무 위반(22건)', '성실의무 위반(14건)', '수임제한 위반(14건)' '변호사가 아닌 자와의 동업금지 등 위반(10건)' 등의 순이다.14)

---

14) 대한변협, "2019년 징계 사례" 발표, 보도자료(제50-86호, 2020.2.20.)

변호사징계위원회 2019. 1. 1. ~ 2019. 12. 31. 징계 결정 기준

징계 사유	징계 종류					합 계
	1.영구 제명	2.제명	3.정직	4.과태 료	5.견책	
1. 겸직제한 위반	-	-	-	-	-	0
2. 계쟁권리 양수금지 위반	-	-	-	1	-	1
3. 공익활동 종사의무 위반	-	-	-	-	-	0
4. 공직퇴임변호사 수임자료 제출의무 위반	-	-	-	19	8	27
5. 대리인 있는 상대방 당사자와의 직접교섭 금지 위반	-	-	-	1	-	1
6. 법무법인등의 퇴직공직자 활동내역 제출의무 위반	-	-	-	1	-	1
7. 변호사가 아닌 자와의 동업금지 위반	-	-	8	2	-	10
8. 변호사업무광고규정 위반	-	-	-	-	4	4
9. 변호인선임서등 경유의무 위반	-	-	-	-	-	0
10. 변호인선임서등 미제출변호금지 위반	-	-	-	1	-	1
11. 비밀유지의무 위반	-	-	-	3	-	3
12. 사무직원 신고의무 위반	-	-	-	5	1	6
13. 설명의무 위반	-	-	-	-	-	0
14. 성실의무 위반	-	-	3	10	1	14
15. 수임제한 위반15)	-	-	-	6	8	14
16. 연고관계등 선전금지 위반	-	-	-	1	-	1
17. 외국법자문사법 위반	-	-	-	-	-	0
18. 이중사무소금지 위반	-	-	-	1	-	1
19. 진실의무 위반	-	-	-	-	-	0
20. 특정변호사 수임자료 제출의무 위반	-	-	-	3	2	5
21. 품위유지의무 위반	-	-	2	15	5	22
22. 기타16)	-	-	1	2	2	5
합 계	0	0	14	71	31	116

(단위: 건)

---

15) 공직퇴임변호사 수임제한 위반(과태료 3, 견책 4) 포함
16) 징계 사유가 다수이거나(정직 1, 과태료 1), 해당 사유로 인한 징계 건수가 적은 경우(아래

2. 변호사 징계양정의 적정성

변호사 징계가 적정한 것인지 여부는 적지 않은 논란을 일으키고 있는 문제다. 이는 기본적으로 변호사 단체가 징계를 사실상 독점하는 것에 따르는 문제이고, 변호사 단체의 자치권 및 자율성 보장 문제와 변호사 단체의 내부적 결정기준과의 충돌 문제라고 할 수 있을 것이다.

3. 변호사 비위 유형의 변화

검찰에서 변호사의 비위 내용을 수사하여 징계개시 통보를 하는 경우가 2006년 34명, 2007년 32명, 2008년 20명, 2009년 21명이었는데 2010년 42명, 2011년부터 2014년까지 173건으로 증가하고 있다. 2010년 변호사의 범죄유형은 의뢰인의 돈을 횡령한 경우, 차용금 사기 등 개인적 비리혐의가 증가하고 있다. 최근 변호사들이 형사재판에 넘겨진 사례를 보면 과거 브로커를 이용한 변호사법위반 사례 등의 전통적인 변호사 관련 비위 혐의는 줄어든 반면 직무와 관련된 생계형 경제관련 범죄가 대부분을 차지하고 있는 특징을 보이고 있다.

이에 대하여 변호사의 윤리의식 강화와 직역확대를 통한 새로운 시장 확대, 변호사 징계 강화 등이 필요하다는 지적이 제기되고 있다.[17]

Ⅲ. 변호사 징계사례와 관련 쟁점

1. 변호사 결격사유자와 징계

변호사 甲은 2002. 2. 7.부터 2003. 6. 중순경까지 사이에 외근사무장 A로부터 소개받은 손해배상청구사건 15건의 사건을 수임하면서 사건의 알선유치대가로 총 870만원을 A에게 제공하였다는 내용 등으로 변호사법위반으로 기소되어, 대법원에서

참조)
  - 과태료 : 사무직원 지휘·감독 소홀(1)
  - 견책 : 소속 변호사 채용 미신고(1), 결격 사무직원 채용(1)
17) 법률신문 2010. 12. 23.자 보도 내용.

> 2004. 8. 징역 6월 집행유예 1년의 형을 선고받고 그 형이 확정되었다. 형이 확정된
> 변호사법위반과 동일내용으로 징계를 할 수 있는가?[18]

변호사에 대한 징계 대상은 변호사이며, 변호사가 아닌 자는 징계 대상자가 될 수 없다. 그렇다면 위 사안과 같이 변호사 결격사유자에 대한 징계는 가능한지 논란이 되고 있다. 징계 가능여부, 가능하다면 그 이유는 무엇이고, 불가능하다면 근거는 무엇인지가 문제다.

변협징계위원회에서는 법원직원 등으로부터 사건을 알선받고 소개비 등을 지급한 범죄로 변호사법위반으로 집행유예를 선고받아 확정된 사안(제1999-5호, 제2003-25호, 제2004-6호) 또는 징계혐의자가 사기죄(제2003-17호, 제2002-16호), 업무상횡령·상습도박 등(제2002-6호 등), 폭력행위 등 처벌에 관한 법률위반죄 등(제2002-2호)으로 집행유예의 형을 선고받아 확정된 자를 상대로 대한변호사협회장이 변협징계위원회에 징계개시청구를 하였는데 이에 대하여 변호사 자격 결격사유에 해당하는 자에 대하여 징계할 수 없다고 보아 각하 결정을 하였다.

먼저 이미 변호사 자격 결격사유자[19] [20]에 해당하는 자에 대하여는 징계를 할 수 없다는 부정론 즉 변협징계위원회 입장은 다음과 같다.

부정론의 근거로는, 첫째, 변호사가 결격사유에 해당하게 되면 실체적으로 당해 변호사는 변호사로서의 자격 자체가 상실된다고 보아야 한다. 이를 전제로 변호사법 제5조 각 호 소정의 결격사유에 해당된 변호사의 등록을 필요적으로 취소하도록 한 동법 제18조 제1항 제2호의 규정, 그 변호사에 대한 법무부장관

---

18) 제2004-6호 사건을 사례화한 것임.
19) 제5조(변호사의 결격사유) 다음 각 호의 어느 하나에 해당하는 자는 변호사가 될 수 없다.
  1. 금고 이상의 형(刑)을 선고받고 그 집행이 끝나거나 그 집행을 받지 아니하기로 확정된 후 5년이 지나지 아니한 자
  2. 금고 이상의 형의 집행유예를 선고받고 그 유예기간이 지난 후 2년이 지나지 아니한 자
  3. 금고 이상의 형의 선고유예를 받고 그 유예기간중에 있는 자
  4. 탄핵이나 징계처분에 의하여 파면되거나 이 법에 따라 제명된 후 5년이 지나지 아니하거나 징계처분에 의하여 해임된 후 3년이 지나지 아니한 자
  5. 금치산자 또는 한정치산자
  6. 파산선고를 받고 복권되지 아니한 자
  7. 이 법에 따라 영구제명된 자
20) 변호사법 제5조 제1호의 규정(금고 이상의 형(刑)을 선고받고 그 집행이 끝나거나 그 집행을 받지 아니하기로 확정된 후 5년이 지나지 아니한 자)이 직업선택의 자유 및 평등원칙에 위반되지 아니한다는 헌법재판소 결정이 있다(헌법재판소 2006. 4. 27. 선고 2005헌마997 결정).

의 등록취소명령권을 정한 동법 제19조의 규정, 변호사 결격사유가 있는 사람의 변호사자격등록신청 거부를 정한 동법 제8조 제1항 제2호의 규정 등 사후적·절차적 규정들이 설정된 것으로 풀이된다.

둘째, 변호사법 제90조 이하에 규정된 대한변호사협회 변호사징계위원회의 징계는 변호사에 대한 감독권의 행사인 것이므로, 변호사가 아닌 자나 변호사법 제5조에 열거된 결격사유로 인하여 변호사의 자격이 상실되어 있는 자에 대하여는 징계권이 없다고 보아야 할 것이다. 따라서 변협징계위원회는 징계개시 사유의 인정 여부를 떠나 징계권이 없기 때문에 징계개시 청구를 각하해야 한다는 견해다.[21]

징계할 수 있다는 긍정론의 논거를 생각해 보면,[22]

첫째, 변호사법에 규정된 징계대상은 변호사로서 활동한 기간 동안의 변호사법위반 등의 일정한 징계사유에 대한 감독권 행사이므로 비록 징계청구 당시에 변호사 자격이 상실된 경우라고 할지라도 징계할 수 있다고 해석하는 것이 타당하다.

둘째, 만일 징계할 수 없다고 본다면 변호사 결격사유에 해당하는 형사처벌을 받은 자의 경우에는 징계사유가 더 엄중함에도 불구하고 징계면죄부를 부여하는 것이 되어서 이보다 더 경미한 사유로 징계를 받게 되는 다른 변호사의 징계와도 형평에 맞지 않는다.

셋째, 현행 변호사법에는 변호사 자격 결격사유에 해당하는 자는 징계할 수 없다는 명문의 규정이 존재하지 않는다.

넷째, 변호사법 제91조 제1항의 영구제명 징계사유로 변호사직무와 관련하여 2회 이상 금고 이상의 형을 선고받아(집행유예를 선고받은 경우를 포함한다) 그 형이 확정된 경우(과실범의 경우를 제외한다), 이 법에 의하여 2회 이상 정직 이상의 징계처분을 받은 후 다시 동법 제91조 제2항의 규정에 의한 징계사유가 있는 자로서 변호사 직무를 수행함이 현저히 부당하다고 인정되는 경우를 규정하고

---

21) 제2002-6호 등(병합사건) 등, 제1997-7호 사건에서는 일부에서는 징계대상이 된다는 의견도 제기됐으나 치열한 토론 끝에 대한변호사협회 징계위원회는 변호사 자격을 상실한 자, 협회 회원이 아닌 자에 대해서까지 징계하는 것은 옳지 않으므로 본 사건 징계개시청구는 각하하는 것이 마땅하다고 결정했다고 밝히고 있다.
22) 개인적으로 생각해 볼 수 있는 견해를 정리한 것임.

있는데, 변호사 결격사유에 해당한다는 이유로 변호사 징계를 하지 않을 경우 또 다른 재범의 경우에도 징계사유에 있어 부당한 이익을 누릴 수 있다는 점에서도 변호사를 징계할 수 있다고 보아야 할 것이다.

2. 징계와 일사부재리원칙

> 징계혐의자인 변호사 甲은 자신의 과오인 외국환관리법위반 등에 대하여 이미 형사처벌을 받았기 때문에 징계대상자가 아니며 이는 동일내용으로 인한 실질적인 이중처벌이고, 일사부재리원칙(一事不再理原則)에 반한다고 주장한다. 어떻게 판단해야 하는가.

변호사는 기본적 인권을 옹호하고 사회정의 실현을 사명으로 하고 있다(변호사법 제1조). 이러한 사명을 달성하기 위하여 변호사에게는 고도의 순수성과 윤리성을 갖출 것이 요구되고 있고, 따라서 변호사법도 변호사에게 품위유지의무(제24조), 회칙준수의무(제25조), 비밀유지의무(제26조), 공익활동 등 지정업무 처리의무(제27조) 등 각종 의무를 부과하고 있고, 이러한 의무에 위반하는 경우에 징계사유에 따라 징계할 수 있도록 규정되어 있다. 이러한 변호사단체 내부의 징계는 변호사의 기본적 인권옹호의무 및 사회정의 실현을 위한 질서벌로서 형벌과는 그 성질이나 목적이 전혀 다른 차원이므로 일사부재리원칙에 위배되는 이중처벌이라고 볼 수 없다는 것이 변협징계위원회의 입장으로 보인다.[23]

판례 등의 태도는 어떠한가. 헌법 제13조 제1항은 '모든 국민은 …동일한 범죄에 대하여 거듭 처벌받지 아니한다'고 규정하여 일사부재리원칙을 인정하고 있다. 이러한 일사부재리원칙 또는 이중처벌금지의 원칙은 형사판결이 확정되어 기판력이 발생하면 동일한 사건에 대하여 거듭 심판할 수 없다는 내용으로 형벌권 행사에 덧붙여 일체의 제재나 불이익 처분을 부가할 수 없다는 것은 아니다.[24] 대

---

23) 제1998-15호 등.
24) 헌법재판소 2003. 7. 24. 선고 2001헌가25 결정(공정거래법상 형사처벌과 과징금 사건); 1994. 6. 30. 선고 92헌바38 결정(건축법상 형벌과 과태료 부과 사건); 2001. 5. 31. 선고 99헌가18 결정(부동산실권리자명의등기에 관한 법률상 형사처벌과 과징금 병과) 등의 사건에서 이중처벌이 아니라고 보고 있다.

법원도 행정법상의 질서벌인 과태료와 형사처벌은 그 성질이나 목적을 달리하여 별개의 것이므로 행정법상의 질서벌인 과태료를 납부한 후에 형사처벌을 한다고 하여 이를 일사부재리의 원칙에 반한다고 할 수 없다고 밝히고 있다.[25]

3. 징계와 적법절차

> (1) 징계혐의자 甲은 이중 법률사무소 설치혐의에 대하여 조사위원회의 조사과정에서 청문의 기회가 보장되지 아니하고 이루어진 조사위원회의 결정은 적법절차에 위배되어 위법하다고 주장한다. 사실관계가 그러하다면, 이러한 주장은 타당한가?
> (2) 징계혐의자 乙은 의뢰인의 공탁금 횡령혐의에 대하여 변협징계위원회 심의기일에 청문의 기회가 보장되지 아니한 상태에서 진행된 징계결정은 적법절차에 위배되어 위법하다고 주장한다. 사실관계가 그러하다면, 이러한 주장은 타당한가?

위와 같이 징계혐의자가 주장하는 적법절차 주장에 대하여 어떻게 판단해야 하는가.

먼저 대한변호사협회의 변호사징계규칙(이하 '징계규칙'이라 함)을 살펴보면 다음과 같다.

제5조 ① 징계위원장은 필요한 때에는 징계사건에 대한 심사를 담당하게 하기 위하여 주임징계위원을 지명할 수 있다. ② 주임징계위원은 징계사건에 관하여 심사기일을 지정하여 혐의사실에 대한 심사를 한 후 심사조서를 징계위원회에 제출하여야 한다.
제35조(조사위원회의 조사절차) ① 위원장은 징계혐의가 있다고 인정되거나 제10조 제4항의 사유가 있을 때에는 즉시 조사위원회를 소집하여 징계혐의사실에 대한 조사를 하여야 한다. (생략) ③ 조사위원회의 징계혐의사실에 대한 조사절차와 방법에 관해서는 징계위원회의 심사절차와 방법에 관한 제15조 내지 제24조를 준용한다.
제36조(주임조사위원의 지정과 조사) ① 조사위원회는 필요하다고 인정할 때에는 위원 1인 또는 수인을 지정하여 징계혐의사실을 조사하게 할 수 있다.
제15조(심의기일의 통지) ① 징계위원회는 징계혐의자에게 심의기일의 일시·장소를 통지하여야 한다. 다만, 심의기일에 출석한 징계혐의자에게는 고지할 수 있다.

25) 대법원 1996. 4. 12. 선고 96도158 판결.

제18조(징계혐의자의 출석의무) ① 징계혐의자는 심의기일에 출석하여야 한다. ② 징계위원회는 징계혐의자나 그 특별변호인이 심의기일에 출석하지 않는 경우에도 심의절차를 진행하고 심의를 종결할 수 있다.

만일 징계절차에서 조사기일 통지 및 조사가 필수적인 내용이라면 적법절차를 위반한 것이 될 것이다. 그런데 징계규칙은 제5조의 주임징계위원 지명 및 제36조 제1항의 주임조사위원 지정 및 조사 규정은 주임징계위원에 의한 징계사건의 조사는 징계결정을 하기에 앞서 반드시 필요적으로 거쳐야 하는 절차가 아니고 징계위원회가 조사의 필요성이 있다고 판단하는 경우에 거칠 수 있는 임의적 조사절차라고 봄이 상당하므로 이의신청에 대한 징계결정이 위와 같은 조사절차를 거치지 아니하고 이루어졌다고 하여 위법이 있다고 할 수 없다.[26) 27)] 조사위원회 단계에서 조사기일을 이의신청인에게 통지하지 아니하고 일방적으로 진행한 사실은 인정되나, 징계개시 여부 결정단계에 있어서의 내부절차에 불과한 조사위원회의 조사과정에서 통지를 누락하였다고 하더라도 이 사건에 영향을 미친 절차위반이나 신의칙위반 등의 위법사유가 된다고 하기 어렵고, 변협 조사위원회에서나 변협 변호사징계위원회에서 동일한 징계혐의사실을 내용으로 조사하였고, 징계심사과정에서 이의신청인의 진술 및 증거제출의 권리를 보장하면서 진행한 것이 명백하므로 징계절차에 영향을 미쳤다고 보기 어렵다.[28)] 변협징계위원회에서 의견 진술의 기회가 보장된 이상 징계개시신청 전의 절차상의 하자는 치유되었다 할 것이다.[29)]

변호사법 제98조의2(징계혐의자의 출석·진술권 등), 징계규칙 제15조(심의기일통지), 제18조(징계혐의자의 출석의무) 등의 규정에 의하면 징계위원회 위원장은 징계혐의자에게 징계심의기일을 통지하여야 하고 징계혐의자는 그 기일에 출석하여 자기에게 유리한 사실을 진술하거나 증거를 제출할 수 있으나 징계혐의자가

---

26) 제1994-3호.
27) 小島武司 외, 法曹倫理(제2판), 有斐閣, 2006, 268쪽, 우리 법제의 조사위원회와 비슷한 일본의 강기위원회 조사에 대하여 강기위원회의 결정은 변호사회의 최종적인 의사형성과정에서 내부적·예비적 행위이기 때문에 그 때문에 해당 변호사의 권리의무에 중대한 변화를 발생시키는 것은 아니다. 따라서 이것에 대한 독립된 소송제기를 허용하지 않는다고 한다(東京地判 昭53. 9. 7. 판시 제912호 53쪽).
28) 제1997-11호.
29) 제1996-5호.

심의기일에 출석하지 아니한 때에는 서면에 의하여 심의절차를 진행하고 종결할 수 있도록 되어 있어 결국 위 규정의 취지는 징계혐의자에게 심의기일에 출석하여 유리한 사실을 진술하고 증거를 제출할 수 있는 기회를 부여하라는 것일 뿐 징계혐의자의 출석을 징계절차 진행의 필요적 요건으로 하는 것은 아니고 이는 징계결정이 제명이라는 중한 내용이라 하여 달리 볼 것이 아니며, 나아가 이 건과 같이 징계혐의자가 기일연기신청서를 제출하고 불출석한 경우에 과연 심의기일을 연기할 것인가의 여부는 징계위원회의 재량사항이라고 결정하였다.[30]

그러나 만일 변호사법 제98조의2, 징계규칙 제15조에 의한 징계심의기일을 징계혐의자에게 적법하게 통지하지도 않아 심의기일에 출석하여 유리한 사실을 진술하고 증거를 제출할 수 있는 청문권의 기회 자체를 부여하지 않았다면 이는 위법한 징계절차로서 취소사유에 해당한다고 보아야 할 것이다.[31]

4. 품위손상

> 징계혐의자 甲은 청구 외 A와 혼인신고를 마치고 두 자녀를 두고 있는데 청구 외 B와 계속 동거하면서 성관계를 유지함으로써 변호사로서의 품위를 손상하는 행위를 하였다고 징계개시청구가 되었다. 그런데 甲은 자신의 처인 A로부터 징계혐의자의 애정생활 기타 사생활에 간섭하지 않는다는 각서를 받았기 때문에 이후 B와의 관계유지는 헌법이 보장하는 사생활의 자유에 속하기 때문에 징계사유가 되지 않는다고 주장하고 있다. 이러한 경우 징계 사유가 될 수 있는가.[32]

변호사 징계 사유로서 품위손상은 매우 불확정적이고 포괄적인 개념이다. 법적 개념으로 불명확하기 때문에 무효인가 그렇지 않은가?[33] 어떠한 내용이 변호

---

30) 제1995-3호.

31) 대법원 2007. 11. 16. 선고 2005두15700 판결 : 행정절차법 제22조 제1항 제1호에 정한 청문제도는 행정처분의 사유에 대하여 당사자에게 변명과 유리한 자료를 제출할 기회를 부여함으로써 위법사유의 시정가능성을 고려하고 처분의 신중과 적정을 기하려는 데 그 취지가 있으므로, 행정청이 특히 침해적 행정처분을 할 때 그 처분의 근거법령 등에서 청문을 실시하도록 규정하고 있다면, 행정절차법 등 관련 법령상 청문을 실시하지 않아도 되는 예외적인 경우에 해당하지 않는 한 반드시 청문을 실시하여야 하며, 그러한 절차를 결여한 처분은 위법한 처분으로서 취소사유에 해당한다. 대법원 2004. 7. 8. 선고 2002두8350 판결 등.

32) 제1996-17호 사례임.

33) 서울행정법원 2010. 11. 5. 선고 2009구합5039 판결에서 변호사 징계와 관련하여 '품위라 함은 기본적 인권을 보장하고 사회정의를 실현함을 사명으로 하는 등의 공공성을 지닌 법률

사의 품위손상이 되는 것인가? 대법원 판례 중에서 참조할 내용은 있는가? 변협 징계위원회의 입장은 무엇인가?

변호사 품위는 무엇을 의미하는가? 이것은 매우 추상적이고 포괄적인 개념이다. 그러므로 변호사법 제24조 제1항은 일반조항이며, 앞으로 구체적인 상황에 따라 구체적으로 확정되어야 한다.[34] 변호사윤리규정에 위반하는 행위가 있었다고 하여 바로 변호사법에 규정된 징계사유가 있다고 할 수는 없다. 그러나 변호사윤리규약은 변호사법에서 정하고 있는 징계사유인 품위를 손상하는 행위에 해당하는지 여부를 판단함에 있어서 하나의 중요한 자료가 될 것이다.[35]

변호사 관련 징계 사례는 아니지만 참고적으로 대법원 판례에서 품위손상을 인정한 사례를 살펴보면, 사립학교 교원이 대학의 신규 교원 채용에 서류심사위원으로 관여하면서 소지하게 된 인사서류를 학교운영과 관련한 진정서의 자료로 활용하고 위조된 서면에 대한 확인조치 없이 청원서 등에 첨부하여 사용한 경우,[36] 대학 설립자에게 금품을 제공하고 대학 강사로 임용된 경우,[37] 명예를 훼손하는 인신공격적이고 사생활에 관한 내용을 담은 유인물이나 대자보를 게시한 경우,[38] 교육공무원의 부정시험 등,[39] 영관급 장교의 비윤리적인 처신으로 인한 사실혼관계 파탄,[40] 시립합창단 상임지휘자가 단장과 상의 없이 기업체 사가를 지어준다고 홍보한 행위,[41] 뇌물수수 행위,[42] 경찰관이 계약서 손괴 및 해외취업 알선 명목으로 금품수수한 경우,[43] 공무원이 여관을 매수하여 타인에게 임대를 하고 이에 관련하여 범죄를 저지른 경우,[44] 공무원 임용 결격사유가 있음에도 이

전문직인 변호사로서 손색이 없는 인품이라 할 것임에 비추어 볼 때, 어떠한 행위가 직무의 내외를 막론하고 변호사로서의 품위를 손상하는 행위를 한 경우에 해당하는지 법률전문가인 법관으로서는 어렵지 않게 알 수 있다 할 것이므로 명확성의 원칙에 위배된다고 할 수 없다'고 판시하고 있다.

34) 강희원, "변호사의 직업윤리와 그 의무의 충돌 : 변호사광고 및 비밀유지의무와 진실의무를 중심으로", 법과 사회 제29호, 2005, 47쪽.
35) 강희원, 위의 논문, 48쪽.
36) 대법원 2000. 10. 13. 선고 98두8858 판결.
37) 대법원 1996. 3. 8. 선고 95누18536 판결.
38) 대법원 1992. 2. 28. 선고 91누9572 판결.
39) 대법원 1993. 8. 24. 선고 93다25042 판결.
40) 대법원 1992. 2. 14. 선고 91누4904 판결.
41) 대법원 1991. 7. 9. 선고 90누7340 판결.
42) 대법원 1986. 6. 10. 선고 85누407 판결.
43) 대법원 1983. 12. 27. 선고 83누415 판결.
44) 대법원 1982. 9. 14. 선고 82누46 판결에서 '지방공무원법 제55조의 품위유지의무는 공직의 체면, 위신, 신용을 유지하고 주권자인 국민의 수임자로서 국민전체의 봉사자로서의 직책을

를 간과한 채 임용되어 공무원으로 계속 근무한 경우45) 등이 있다.

한편 품위손상행위에 해당하지 않는다는 사례로, 변호사가 공개심리되고 선고된 형사사건의 공판조서 및 판결문을 피고인의 구제위원회 회원에게 교부한 행위는 특단의 사정이 없는 한 변호권 남용으로 볼 수 없어 품위손상행위라 할 수 없고,46) 시립 무용단원들이 감독들의 사례비 횡령이나 예산 유용 등을 의심할 만한 상당한 정황이 있고, 감독이나 담당 공무원에게 해명이나 조사를 요구하였음에도 이를 무시당하자 기자들에게 유인물을 배포하고 검찰에 고발한 경우47) 등이 발견된다. 품위손상이 아니라고 한 사례는 행위자의 정당성이 뒷받침되는 경우라고 해석된다.

한편 변협징계위원회의 입장은 다음과 같다.

변호사는 기본적 인권의 옹호와 사회정의 실현을 사명으로 하여 그 사명에 따라 성실히 직무를 수행하고 사회질서의 유지와 법률제도의 개선에 노력하여야 하는 공공성을 지닌 법률전문가로서 사회적으로 존경을 받는 명예로운 직업인 만큼 기본적인 시민윤리와 직업윤리 등 모든 면에 있어서 일반적인 경우보다 높은 수준의 주의의무를 요구받는다고 할 것이고, 따라서 변호사의 품위손상을 징계사유로 한 것은 위와 같은 변호사로서는 개인생활이나 업무수행에 있어서 부당한 행위를 하거나 요구되는 주의를 다하지 아니하여 변호사에 대한 높은 평가를 훼손하여서는 아니 된다는 것이므로 고의 또는 중과실에 의한 변호사의 추락이 있을 때에만 변호사의 품위손상이 된다는 이의신청인의 주장은 근거 없다.48)

위에서 제시한 사례에 대해서 애정생활 기타 사생활에 간섭하지 않겠다고 하였다 해도, 그것은 혐의자에 대한 사회적 저평가, 비난가능성 및 변호사로서의 품위손상이 예방될 사유로도 되지는 않는다 할 것이고, 변호사로서의 품위손상과 이에 대한 사회적 비난가능성을 이유로 한 징계사유와 사생활의 자유문제는 별개의 문제다.49) 품위손상행위에 대한 개념은 결국 해석을 통하여 해결할 문제이

다함에 있어 손색이 없는 몸가짐을 뜻하고 직무 내외를 불문한다'고 판시하고 있다.
45) 헌법재판소 1999. 9. 16. 선고 98헌바46 전원재판부 결정.
46) 헌법재판소 1990. 4. 2. 선고 88헌마25 결정.
47) 서울고등법원 1998. 2. 4. 선고 97구11210 판결.
48) 제1996-1호.
49) 제1996-17호.

지 그러한 개념설정이 없다는 이유로 이를 징계사유로 삼는 것이 부당하다는 주장은 이유 없다.[50]

참고로, 변호사법 제91조 제 2 항 제 3 호에는 "직무의 내외를 막론하고 변호사로서의 품위를 손상하는 행위를 한 경우"를 징계사유로 들고 있는데, 직무범위 내 뿐 아니라 직무범위 밖이라 할지라도 징계사유에 포함된다. 변협징계위원회에서 변호사의 품위손상에 해당한다고 본 사례는 아주 많다.[51] 예컨대, 허위채권양도에 법적 조언을 해 주고 소송을 한 행위,[52] 접견 수용자에게 담배를 제공한 행위,[53] 접견실에서 구치소 수감자에게 전화통화 연결 행위,[54] 위임사무와 관련 없는 타인의 금융거래내역 사실조회 신청행위,[55] 불성실한 직무수행으로 인한 손실보전합의 미이행,[56] 항소이유서 등 재판부 제출서류에 변호사의 명예를 훼손하는 언사 사용행위,[57] 상대변호사 비방,[58] 위임사무의 상세경비내역 미고지 등,[59] 사무직원에 대한 관리·감독 소홀,[60] 보수 약정 없이 사건처리 후 배당금에서 선임료 임의 공제행위,[61] 회수된 보증금을 성공보수로 전환한 행위,[62] 비변호사의 변호사 참칭행위 방관[63] 등이 있다.

변호사 징계 사유인 품위 손상과 관련하여 "행위규범·의무규정에 해당하는 규정에 위반했을 때는 징계대상이 되기 쉽지만, 이 경우도, 형식적으로 위반했다고 해서 곧 징계처분에 회부하는 것은 아니다. 징계처분에 회부해야 할지 어떨지는, 바로 '변호사직무의 다양성과 개별성을 거울삼고, 그 자유와 독립을 부당하게 침해하는 일이 없도록, 실질적으로 해석해서 운용하지 않으면 안 된다'는 것이다.

---

50) 제1997-4호, 제1998-22호 병합사건.
51) 대한변호사협회, 변호사법 축조 해설, 2009, 108~130쪽에서 제시하고 있는 사례들을 아래에서 재원용하였으므로 자세한 내용은 위 책자 참조.
52) 제2003-11호.
53) 제2007-24호.
54) 제2003-29호.
55) 법무부 2003. 5. 10. 결정.
56) 법무부 2007. 11. 21. 결정.
57) 법무부 2006. 7. 21. 결정.
58) 제1995-4호.
59) 법무부 2003. 6. 30. 결정.
60) 법무부 2003. 2. 21. 결정.
61) 제2006-8호.
62) 제2006-6호.
63) 제2007-16호.

변호사법 제56조 제 1 항의 '품위를 잃을 만한 행위가 있을 때'에 해당되는지 어떤지가 '실질적으로' 해석되지 않으면 안 된다. '실질적으로' 해석·운용한다는 것은, 직무기본규정위반행위에 대해서, 위반행위상태, 위반정도, 의뢰자권리침해 정도, 의뢰자손해발생유무와 정도, 국민신뢰상실유무와 정도, 사회적 영향유무와 정도 등을 총합적으로 고려해서, 글자대로 실질적인 판단을 한다는 것이다. 그때에는 변호사직무의 일반적인 관행과 확립된 비즈니스관행 등도 판단요소의 하나가 될 것이다"라는 내용도 참조할 수 있을 것이다.[64]

5. 징계시효

> 2008. 12. 12. 징계개시청구가 이루어진 징계혐의자 甲변호사는 수뢰죄로 집행유예기간 중인 A를 소속 지방변호사에 등록하지 아니하고 외근 사무직원으로 2005. 6. 10.경 약 1달간 고용한 것은 사실이지만 A가 집행유예기간중인 사실을 알지 못하였다고 변명하고 있다. 이를 징계사유로 삼을 수 있는가?

변호사는 법률사무소에 사무직원을 둘 수 있으나(변호사법 제22조 제 1 항), 일정한 경우에는 사무직원으로 채용할 수 없음을 규정하고 있다(동법 제22조 제 2 항). 제한하는 내용을 살펴보면, 동항 제 1 호에서 '이 법 또는 형법 제129조 내지 제132조, 특정범죄가중처벌 등에 관한 법률 제 2 조 내지 제 3 조 기타 대통령령이 정하는 법률에 의하여 유죄판결을 받은 자로서 다음 각 목의 1에 해당하는 자로, ① 징역 이상의 형을 선고받고 그 집행이 종료되거나 그 집행을 받지 아니하기로 확정된 후 3년을 경과하지 아니한 자, ② 징역형의 집행유예를 선고받고 그 기간이 경과한 후 2년을 경과하지 아니한 자, ③ 징역형의 선고유예를 선고받고 그 기간 중에 있는 자'는 사무직원으로 채용할 수 없다고 규정하고 있다.

또한 변호사법 제22조 제 4 항은 '지방변호사회의 장은 관할 지방검찰청검사장에게 소속변호사의 사무직원 채용과 관련하여 제 2 항의 규정에 의한 전과사실 유무에 대한 조회를 요청할 수 있고, 동조 제 5 항은 '제 4 항의 규정에 의한 요청

---

64) 小島武司 외, 앞의 책, 266쪽.

을 받은 관할 지방검찰청검사장은 전과사실의 유무를 조회하여 그 결과를 회보할 수 있다'고 규정하고 있다.

이러한 제반규정을 종합해 보면 만일 징계혐의자가 변명처럼 A가 집행유예기간중인 사실을 알지 못하였다고 하더라도, 전과조회 절차를 이행하지 않았다면 직원채용에 있어 과실이 인정되어 징계사유에 해당하는 것으로 해석된다. 위 사안에서 징계 사유에 해당하는 것으로 본다고 하더라도 징계 시효로 인하여 징계는 불가능하다고 보인다.

변호사법 제98조의6은 징계시효에 대하여 '징계의 청구는 징계사유가 발생한 날로부터 3년이 경과하면 이를 하지 못한다'고 규정하고 있다. 징계혐의자는 2005. 6. 10.경 법률사무소에서 수뢰죄로 집행유예기간중인 A를 외근 사무직원으로 고용하였고, 본건 징계개시청구가 이루어진 2008. 12. 12.에는 징계사유가 발생한 날로부터 3년이 경과되었음이 역수상 명백하다. 따라서 甲의 사무직원 고용여부가 더 나아가 징계사유 해당 여부를 가릴 필요 없이 징계시효가 완성되었으므로 각하해야 할 것이다.

징계시효제도에서 시효의 단기성, 징계시효 정지 제도 등의 입법적 고민이 필요하다고 생각한다.[65]

6. 채무불이행과 징계사유

징계혐의자인 甲변호사는 A로부터 빌린 돈을 변제기일 내에 변제하지 못하여 징계개시 청구되었다. 이러한 단순한 채무불이행이 징계사유에 해당하는가? 징계사유에 해당하는지 여부를 어떤 기준으로 판단해야 하는가? 해당한다면 무슨 사유에 해

[65] 입법론적으로 징계시효가 너무 단기라고 생각한다. 최소한 형사소송법상 공소시효에 동일·유사한 기간을 징계시효로 규정하는 것도 검토해 볼 필요성이 있다고 본다. 단기간의 징계시효는 변호사의 도덕적 해이를 야기할 수 있고, 변호사에 너무 쉽게 면죄부를 주는 폐단이 발생할 수 있기 때문이다. 또한 징계의 절차가 지연될 경우에도 징계시효를 넘길 수 있으며, 징계시효정지제도도 없기 때문이다. 아울러 변호사징계규칙 제13조는 징계청구를 받은 날로부터 6월 이내에 결정하도록 하고, 부득이한 사유가 있을 때에는 6월에 한하여 연장할 수 있고, 제14조에서 징계혐의자가 징계혐의사실로 공소제기되어 있을 때에는 그 사건이 확정될 때까지 심의절차를 정지하는 것이 원칙이어서 징계시효를 넘길 가능성이 많다는 점도 문제점이라고 할 수 있다. 참고로 국가공무원법 제83조의2(징계 및 징계부과금 부과사유의 시효) 제2항·제3항은 일정한 사유가 있는 때에 징계시효를 연장하는 규정을 두고 있다.

당하는가?

변호사법 제91조 제 2 항의 징계사유로 이 법에 위반된 경우와 품위손상행위를 규정하고 있고, 동법 제24조는 변호사의 품위유지의무를 별도로 규정하고 있으나, 변호사법의 어느 규정에도 채무불이행의 경우를 징계사유로 명시적으로 규정하고 있지 아니하다.

한편 변호사윤리장전 윤리규약 중 어느 규정에도 채무불이행을 징계사유로 규정하는 등의 명시적인 규정은 존재하지 아니한다. 이러한 경우 변호사 징계사유에 해당하는가?

이러한 문제에 대해서 사견으로는 의견이 찬반으로 나뉠 수 있을 것이다.

반대론으로 징계사유 법정주의에 따라 징계사유는 명확해야 하며 징계사유에 해당하는지 불명확할 경우에는 무죄추정의 법리를 수용하여 징계혐의자에게 유리하게 판단해야 하므로 단순 채무불이행은 징계사유에 속하지 않는다고 보는 견해가 있을 수 있다.

찬성론으로 원칙적으로 단순한 채무불이행은 징계사유가 될 수 없으나, 다만 징계사유에 대한 명백한 규정은 존재하지 않더라도 변호사 직무와의 관련성, 채무불이행의 발생 경위, 진정인의 손해발생 정도, 의뢰인의 신뢰상실 정도, 사회적 영향력 등을 종합적으로 고려하여 품위손상 여부를 판정함으로써 징계사유로 할 수 있다는 견해가 있을 수 있다.[66]

참고로 일본 동경고등재판소 판결을 보면 "변호사법에 근거하는 징계는 변호사가 고도의 법률적 소양 및 능력을 갖춘 것으로서 그 자격을 취득하고, 기본적 인권옹호와 사회정의실현을 사명으로 하고, 성실하게 그 직무를 수행함과 동시에 깊은 교양유지와 높은 품성이 요구되어지기 때문에 이와 같은 변호사에 대한 국민으로부터의 신뢰를 얻기 위해서, 변호사에게 직무의 내외를 불문하고 그 품위를 잃을 만한 비행이 있었을 때에 처해지는 것이고, 따라서 변호사의 어떤 행위가 '품위를 잃을 만한 비행'에 해당될지 어떨지는 이 변호사법 징계제도의 취지에 따르고, 형법규정과 민법불법행위규정과는 다른 관점에서 판단하는 것을 요

---

66) 제2000-15호, 제2002-11호 병합사건, 제2002-8호 사건 등을 보면 변협징계위원회는 징계가능하다는 입장을 취하고 있는 것으로 보인다.

한다"고 판시하면서 의뢰자로부터 또는 의뢰자들을 위해서 맡은 금품 반환에 대한 징계사유를 인정하고 있다.[67]

징계사유에 해당한다고 할 때에 직무관련성은 어떻게 판단해야 하는가?

직무와의 관련성은 의뢰인으로부터 위임받은 사건을 직접 처리하는 것과 관련되는 등의 직무와의 직접적인 관련성은 물론이고, 직무와 밀접한 관련성 있는 직무의 기회에 해당하는 경우도 직무관련성을 인정해야 할 것으로 보인다.[68] 즉 의뢰인의 사건을 처리하는 기회에 의뢰인으로부터 변호사에 대한 신뢰를 바탕으로 금전을 차용하는 등의 경우를 말한다.

통상 판례가 공무원의 품위손상에 대해서 직무 내외를 불문하고 품위손상이 되는지를 판단하고 있으나, 변호사의 경우를 국민전체의 봉사자로서의 공무원에 준하는 정도의 고도의 품위유지의무로 해석하여 직무관련성 여부를 불문하고 일체의 사적인 채권·채무에 대하여 징계사유로 삼는 것은 부적절하다고 생각된다.

7. 법무부징계위원회의 독자적인 징계 개시 가능 여부

> 징계개시신청권자인 지방검찰청 검사장은, A변호사가 적극적으로 진술거부권을 종용하여 변호사의 품위유지의무 및 진실의무를 위반한 혐의로 징계신청을 하였다. 그에 대해, 대한변호사협회의 장은 진술거부권은 헌법상 보장된 기본권이고 그 행사를 권유하는 것은 정당한 변호활동이라며 징계 개시신청을 기각하였다. 지방검찰청 검사장은 이에 불복하여 변협징계위원회에 이의신청을 하였으나, 변협 징계위원회는 이의신청을 기각하였다. 그러자 법무부징계위원회는 '변협징계위원회의 이의신청 기각 결정을 취소하고, A변호사에 대한 징계절차를 개시'한다는 결정을 하였다. 법무부징계위원회의 위와 같은 독자적인 징계개시 결정은 가능한가.[69]

---

67) 小島武司 외, 앞의 책, 269쪽에서 재인용. 위 사안은 금품반환에 관한 변호사 징계 제척기간이 문제된 사안이었음.

68) 대법원 2004. 5. 28. 선고 2004도1442 판결에서 '공무원의 뇌물죄에 있어 직무라 함은 공무원이 직무상 관장하는 직무 그 자체뿐만 아니라 그 직무와 밀접한 관련이 있는 행위 또는 관례상이나 사실상 소관하는 직무행위 및 결정권자를 보좌하거나 영향을 줄 수 있는 직무행위도 포함한다'고 보고 있다.

69) 서울행정법원 2016. 5. 27. 선고 2015구합77714 판결 참조.

법무부징계위원회는 변호사법 제100조 제 1 항의 징계 결정에 대한 불복 규정에는 변호사법 제97조의5 제 2 항에 따른 변협징계위원회의 이의신청 기각결정이 포함되어 있다고 보아야 하므로 법무부징계위원회가 변협징계위원회의 이의신청 기각 결정을 취소하고 독자적으로 징계개시결정을 할 수 있다고 주장하고 있다.

그에 대해 법원은, 대한변호사협회장이 징계개시를 청구할 수 있는 고유한 권한을 갖고 있다고 변호사법에서 명백히 규정하는 점, 변협징계위원회의 이의신청에 대한 기각 결정에 대해 불복할 수 있는 명시적인 절차 규정이 없는 점, 변호사법의 제반 규정에 비추어 변호사법 제100조 제 1 항의 결정에 대한변호사협회장의 징계개시 청구권 불행사의 당부를 판단한 변협징계위원회의 기각결정이 당연히 포함된다고 보기 어려운 점, 변협징계위원회가 가지는 징계혐의자의 징계사유에 대한 심의의결권도 보장되지 않는 점 등을 종합하여 법무부징계위원회의 독자적인 징계 개시결정을 인정하지 않았다.

법무부의 주장은 변호사에 대한 징계권을 국가가 장악하여 남용되어 왔던 역사적 교훈에 입각하여 변호사 단체의 자율성을 강화하고 법무부의 권한을 축소해 온 변호사 징계제도의 변경 연혁에도 반하고, 변호사 징계는 침익적 행정처분으로서 징계관련 근거 규정을 유추 및 확장해석하는 것은 엄격히 금지되므로 변호사법 제100조 제 1 항을 유추 확장 해석하여 법무부징계위원회 심의대상으로 삼는 것은 법치행정에 반하여 허용될 수 없다는 점에서 법원의 판단이 합당한 것으로 보인다.

제 **3** 부

공직 법조인의 윤리

제14장

법관의 직무윤리

이 상 수

[기본질문]

1. 담당하는 사건에 법관 자신의 이해관계가 얽혀 있는 경우 법관은 어떻게 처신해야 하는가?

2. 법관이 법정 밖에서 사건 당사자를 만나는 경우에 어떤 기준을 충족해야 하는가? 법관에게 영향을 미치려는 모든 부정한 시도는 법관을 법정 밖에서 만나거나 접촉하는 것을 통한다는 것을 염두에 두고 생각해 보자.

3. 법관이기 때문에 일반인보다 더 많이 표현의 자유를 제약해야 할 이유가 있는가? 법관들의 정치활동은 일반적으로 금지되는데, 이 경우 정치활동이란 무엇을 의미하는가?

4. 법관이 법정 밖에서 친구나 가족을 위해서 법률적인 조언을 할 수 있는가?

5. 법관의 청렴성이 강조되곤 하는데, 이는 가난하게 살아야 한다는 뜻인가? 법관이 경제적 활동을 함에 있어서 주의해야 할 사항은 무엇인가?

6. 법관윤리강령은 추상적이고 모호한 규정들을 많이 담고 있는데, 그러한 추상적인 규정을 위반했다는 이유로 징계하는 것은 사법권독립에 대한 위협으로 볼 수 있는가? 법관징계제

도와 관련하여 법관윤리강령의 법적 성격을 살펴보고, 법관징계제도와 사법권독립의 관계에 대해서 생각해 보자.

I. 법관의 공정성과 회피

법관 甲은 오랫동안 부모님을 모시면서 월급에만 의존해서 살아왔다. 그런데 최근 자신이 살고 있는 지역의 재개발이 결정되면서 자신의 집값이 대폭 상승하여 상당한 재산을 확보할 수 있게 되었다. 한편 재개발에 반대하던 상당수의 주민들은 "현재 재건축·재개발 사업은 사업성이 없을 뿐만 아니라, 현재 대부분의 추진위가 경비를 수억원 사용하고 있어 이 돈에 대한 사용처도 불분명하다"는 점에 대해서 불만을 가지고 있다. 이들은 "재개발 초기 단계인 재개발조합 설립동의서를 받을 때 조합원들에게 비용분담 부분을 명시하지 않았다"는 것을 이유로 "주택재개발정비사업 조합설립인가 처분무효확인소송"을 제기하였고, 이 사건이 甲에게 배정되었다. 甲은 누구에게도 말하지는 않았지만, 내심으로 재개발이 계속 추진되기를 바란다. 甲은 이 사건을 맡아도 되는가?

"누구도 자신의 사건에서 판관이 될 수 없다"는 것은 오랜 법언이고, 지금도 당연히 수용되고 있다. 법관에게 가장 중요한 가치가 재판에서 공정성을 유지하는 것이라고 했을 때, 법관이 판결의 결과에 이해관계를 가지게 된다면 이는 공정성을 해칠 가능성이 크다. 이 때문에 민사소송법은 제척, 기피, 회피제도를 가지고 있다. 민사소송법에 의하면 제척 또는 기피의 사유가 있는 경우에 법관은 감독권이 있는 법원의 허가를 받아 "회피할 수 있다"고 한다(민사소송법 제49조). 제척과 기피는 담당 법관 이외의 사람에 의해서 제기되고 결정되는 것임에 비하여 회피(recusal, disqualification)는 법관 스스로 재판의 공정성을 유지하기 위하여 제기하는 절차인 점에서 차이가 있다. 제척 및 기피의 사유는 다음과 같다.

민사소송법 제41조(제척의 이유) 법관은 다음 각 호 가운데 어느 하나에 해당하면 직무집행에서 제척된다.
  1. 법관 또는 그 배우자나 배우자이었던 사람이 사건의 당사자가 되거나, 사건의

당사자와 공동권리자·공동의무자 또는 상환의무자의 관계에 있는 때

2. 법관이 당사자와 친족의 관계에 있거나 그러한 관계에 있었을 때
3. 법관이 사건에 관하여 증언이나 감정을 하였을 때
4. 법관이 사건 당사자의 대리인이었거나 대리인이 된 때
5. 법관이 불복사건의 이전 심급의 재판에 관여하였을 때. 다만, 다른 법원의 촉탁에 따라 그 직무를 수행한 경우에는 그러하지 아니하다.

제43조(당사자의 기피권) ① 당사자는 법관에게 공정한 재판을 기대하기 어려운 사정이 있는 때에는 기피신청을 할 수 있다.

② 당사자가 법관을 기피할 이유가 있다는 것을 알면서도 본안에 관하여 변론하거나 변론준비기일에서 진술을 한 경우에는 기피신청을 하지 못한다.

형사소송법에도 유사한 규정이 있다. 이에 의하면 법관은 기피의 사유가 있다고 사료되는 때에는 "회피하여야 한다"(형사소송법 제24조). 제척 및 기피의 사유는 다음과 같다.

형사소송법 제17조(제척의 원인) 법관은 다음 경우에는 직무집행에서 제척된다.

1. 법관이 피해자인 때
2. 법관이 피고인 또는 피해자의 친족 또는 친족관계가 있었던 자인 때
3. 법관이 피고인 또는 피해자의 법정대리인, 후견감독인인 때
4. 법관이 사건에 관하여 증인, 감정인, 피해자의 대리인으로 된 때
5. 법관이 사건에 관하여 피고인의 대리인, 변호인, 보조인으로 된 때
6. 법관이 사건에 관하여 검사 또는 사법경찰관의 직무를 행한 때
7. 법관이 사건에 관하여 전심재판 또는 그 기초되는 조사, 심리에 관여한 때

제18조(기피의 원인과 신청권자) ① 검사 또는 피고인은 다음 경우에 법관의 기피를 신청할 수 있다.

1. 법관이 전조 각 호의 사유에 해당되는 때
2. 법관이 불공평한 재판을 할 염려가 있는 때

② 변호인은 피고인의 명시한 의사에 반하지 아니하는 때에 한하여 법관에 대한 기피를 신청할 수 있다.

민사소송이든 형사소송이든 법관이 공정한 재판을 수행할 수 없다고 판단되는 경우는 법관 스스로 회피해야 한다고 보아야 할 것이다. 아래 「법관 및 법원 공무원 행동강령」을 보자.

제 4 조(이해관계 직무의 회피) ① 법관 및 법원공무원은 자신이 수행하는 직무(법원행정처장이 공정한 직무수행에 영향을 받지 아니한다고 판단하여 정하는 단순 민원업무는 제외)가 다음 각 호의 어느 하나에 해당하는 경우에는 그 직무의 회피 여부 등에 관하여 바로 위의 상급자 또는 행동강령책임관[1]과 상담한 후 처리하여야 한다. 다만, 다른 법령에 별도의 규정이 있으면 그 규정에 따른다.

1. 자신, 자신의 직계 존속·비속, 배우자 및 배우자의 직계 존속·비속의 금전적 이해와 직접적인 관련이 있는 경우
2. 4촌 이내의 친족(「민법」 제767조에 따른 친족을 말한다. 이하 같다)이 직무관련자[2]인 경우
3. 자신이 2년 이내에 재직하였던 단체 또는 그 단체의 대리인이 직무관련자인 경우
4. 그 밖에 법원행정처장이 공정한 직무수행이 어려운 관계에 있다고 정한 자가 직무관련자인 경우

법관윤리강령에서는 법관의 회피에 관해서 직접 언급하고 있지는 않다. 하지만 "법관은 공평무사하고 청렴하여야 하며, 공정성과 청렴성을 의심받을 행동을 하지 아니한다"(법관윤리강령 제 3 조)는 내용을 담고 있다. 법관의 회피는 공정성을 유지하기 위한 것이다. 법관은 설사 스스로 공정한 재판을 수행할 수 있다고 판단되더라도, 그와 별도로 공정성을 의심받을 만한 행동을 해서는 안 된다. 예컨대 외사촌이 당사자인 사건이지만, 해당 법관이 그 사람과 전혀 교류가 없었기 때문에 사실상 남남인 경우라고 하더라도 법관은 공정성의 외관을 유지하기 위해 그 사건을 회피해야 한다. 그런 점에서 위에서 열거된 여러 회피조건들은 공

---

1) 행동강령책임관은 "소속기관의 법관 및 법원공무원에 대한 이 규칙(즉, 법관 및 법원공무원 행동강령)의 교육·상담 준수 여부에 대한 점검 및 위반행위의 신고접수, 조사처리에 관한 업무"를 담당하게 하기 위해서 소속기관의 장이 법관 또는 5급 이상의 공무원으로 지정한 자이다(법관 및 법원공무원 행동강령 제22조).
2) 직무관련자는 「법관 및 법원공무원 행동강령」 제 2 조 제 1 호에서 정의하고 있다.
   1. "직무관련자"란 법관 및 법원공무원의 소관업무와 관련되는 자로서 다음 각 목의 어느 하나에 해당하는 개인 또는 단체를 말하며, 구체적인 범위는 그 소관업무의 성격과 내용을 고려하여 법원행정처장이 따로 정한다.
     가. 법관 및 법원공무원의 소관업무와 관련하여 일정한 행위나 조치를 요구하거나 요구하려는 것이 명백한 개인이나 단체
     나. 법관 및 법원공무원의 소관업무와 관련된 권한행사 또는 불행사로 인하여 이익 또는 불이익을 받는 개인이나 단체
     다. 법관 및 법원공무원의 소관업무수행에 영향을 주는 이해관계가 있는 개인이나 단체
     라. 법원과 계약을 체결하거나 체결하려는 것이 명백한 개인 또는 단체

정성이 실질적으로 유지되는지 여부에 상관없이 반드시 준수되어야 하는 경우라고 할 수 있을 것이다.

그리고 법관은 회피의 사유가 있다고 판단되면 당사자의 기피신청을 기다리지 아니하고, 회피하는 것이 옳을 것이다. 회피는 본질적으로 청구에 답하는 문제가 아니고, 법관의 윤리적 판단의 문제이기 때문이다. 미국에서는 회피의 사유가 있는 경우에 법관은 관련 당사자의 신청을 기다리지 아니하고 사건을 회피해야 할 의무를 지는 것으로 하여, 회피는 법관의 의무임을 명시하고 있다.[3]

그렇다면 회피의 사유로서 명시되지 않았지만, 공정성을 훼손할 위험성이 있는 경우는 어떤가? 민사소송법과 형사소송법은 제척의 사유와 별도로, 다소 포괄적으로 "법관에게 공정한 재판을 기대하기 어려운 사정이 있는 때" 또는 "법관이 불공평한 재판을 할 염려가 있는 때"에 기피신청을 할 수 있는 것으로 하고 있다. 즉 기피사유는 제척사유에 한정되지 않고 더 널리 인정되고 있다.

그렇다면 법관의 입장에서 회피의 사유로 열거된 이외의 사유로 공정한 재판을 수행하기 어렵다고 판단되는 경우 이를 회피해야 할 의무가 있다고 할 수 있는가? 구체적인 사안에 따라서 다르겠지만 적어도 법관의 입장에서 '현저하게' 공정성을 해친다고 판단되는 경우에는 사건을 회피할 의무를 진다고 보아야 할 것이다. 그렇게 해야만 법관윤리강령 제 3 조에서 요구하는 "공정성"을 충족할 수 있기 때문이다. 「법관 등의 사무분담 및 사건배당에 관한 예규」에서도 이러한 길을 열어두고 있다. 즉 이 예규 제14조에 의하면 사건이 배당된 경우에도 "배당된 사건을 처리함에 있어서 현저히 곤란한 사유가 있어서 재판장이 그 사유를 기재한 서면으로 재배당을 요구"할 수 있도록 하고 있다(동 예규 제14조 제 4 호). 이 예규는 그 외에서 공정성을 해치는 것을 이유로 재배당을 요구하는 경우로서, "10. 재판장이 자신 또는 재판부 소속 법관과 개인적인 연고관계가 있는 변호사의 선임으로 재판의 공정성에 대한 오해의 우려가 있다고 판단하여 재배당 요구를 한 때"와 "11. 법관으로 근무하다 퇴직한 변호사가 퇴직한 때부터 1년 이내에 최종 근무법원(겸임, 직무대리, 파견 등의 경우 실제로 근무한 법원)에 형사 제1, 2심 사건(신청사건 중 구속적부심사청구 및 보석청구사건 포함) 및 치료감호 제1, 2심 사건의 변호인 선임계를 제출(사건의 변호인이 법무법인일 때에는 그 사건의 담당 변호사로 된 경우도 포

---

3) ABA 법관행동전범(2007년판) 규칙 2.11 주석 2 참조.

함)한 경우 사건을 배당받은 재판장이 그 변호사와 당해 법원에서 최근 6개월 이상 함께 근무하지 않은 법관이 재판장인 재판부에서 재판하도록 재배당 요구를 한 때"를 들고 있다. 미국의 법관행동전범은 우리나라보다 더욱 포괄적이고 상세하게 회피의 사유를 나열하고 있지만, 회피의 사유는 열거된 것에 한정되지 않는다고 명시하고 있다(법관윤리전범규칙 2.11(A)(1)).

법관과 변호사가 개인적인 친분이 있는 경우 그 변호사가 담당한 사건에서 법관은 사건을 회피해야 하는지에 대해서는 논란이 있을 수 있다. 개인적인 친분이 없더라도 법관은 담당하고 있는 사건에서 일방 당사자를 대리하는 변호사를 만날 수 없다(아래 일방적 소통에 관한 서술을 참고). 그런데 사건과 직접 관련이 없다고 하더라도 일상적으로 만나서 친교하는 경우 해당 변호사 사건에서 재판을 맡게 되면 공정성을 의심받을 수 있을 것이다. 그렇기 때문에 법관과 변호사가 친교하는 것은 조심하지 않을 수 없다. 그런 점에서 대법원공직자윤리위원회는 "법관은 현재 담당하고 있는 사건과 관계없는 변호사라고 하더라도 특정한 변호사와 빈번하게 접촉하거나 지나칠 정도로 가까이 교제하는 것은 피하여야 한다"고 권고하였다.[4] 학연·지연 등으로 얽혀있는 한국사회에서, 개인적인 친분을 이유로 법관이 재판을 회피해야 한다면 회피해야 할 사건이 너무 많아질지 모른다. 그럼에도 불구하고 공정성을 해칠 정도로 친분이 있다고 판단되거나, 객관적으로 보아 그러한 의심을 받을 만하다고 할 정도로 친분이 있다면 사건을 회피하는 것이 마땅할 것이다.

이상의 점들을 고려했을 때 법관은 객관적으로 열거된 회피의 사유가 있는 때에는 반드시 회피를 하여야 하며, 아울러 그 외에도 공정성을 의심받을 만한 사유가 존재한다고 판단되는 때에는 회피하여야 할 것으로 보인다. 다만 우리나라 재판실무에서 회피제도가 명시적으로 이용되는 경우는 그다지 없다고 하며, 재배당제도를 이용하여 실질적으로 사건을 회피하는 경우가 보다 잦은 편이다. 앞으로는 법관이 재판의 공정성을 도모할 뿐만 아니라 불공정한 외관마저도 피함으로써 사법에 대한 국민의 신뢰를 높이고자 한다면 법관 스스로 회피의 사유가 있는지 적극적으로 조사하여야 할 뿐만 아니라 회피의 사유가 있으면 적극적

---

4) 법관이 외부인사와의 개인적인 접촉관계에서 유의할 사항, 권고의견 제1호, 2006. 11. 15.자.

으로 회피하려는 자세를 가져야 할 것으로 생각된다.

≪판례≫ 변호사의 개업지를 제한하는 변호사법 제10조 제 2 항[5])에 대한 위헌심판

위 법률조항의 입법취지는 판사나 검사 등으로 근무하던 공무원이 그 근무지에서 변호사로 개업함으로써 생길 수 있는 정실개입의 위험을 배제하고, 공무원 직무의 공정성에 대한 신뢰확보에 있음이 분명하다. 또한 위 법률조항에 의한 제한 대상자를 관계공무원으로서 재직기간이 통산하여 15년에 달하지 아니한 자에 대해서만 적용하도록 규정한 점으로 미루어 보면, 법무부장관이 주장하듯 중견판사 및 검사를 확보하기 위함도 위 법률조항의 입법취지의 하나로 인정된다.

그러나, 변호사로 개업하고자 하는 판사나 검사 등의 개업지를 제한함으로써 개업을 막겠다는 것은 중견판사 및 검사의 확보라는 목적에 비추어 적절하거나 합리적인 방법이라 할 수 없다. 또한, 법 제10조 제 2 항은 법조경력이 15년이 되지 아니한 변호사가 개업신고 전 2년 이내의 근무지가 속하는 지방법원의 관할구역 안에서 3년간 개업하는 것을 금지하고 있기는 하나, 개업이 금지된 곳에서 법률사무를 취급하는 행위 자체를 금지하고 있지는 않다. 따라서 위 법률조항이 변호사의 개업지를 제한하는 그 자체에 목적이 있는 것이 아니라 특정사건으로부터 정실개입의 소지가 있는 변호사의 관여를 배제하여 법률사무의 공정성과 공신성을 확보하자는 데 그 목적이 있는 것이라면, 위 법률조항이 정한 개업지의 제한은 결국 정실배제라는 목적실현에도 필요하고 적정한 수단이라고 할 수 없다.

더욱이 군법무관의 경우에는 군복무기간 중 주로 법률사무 가운데 군사법원이 관할하는 한정된 범위에만 종사하는 데다가 그 조직의 성격상 판사, 검사나 경찰관과의 직무상 교류가 적은 만큼 변호사로 개업한다 하여 군사법원 관할사건 이외에 정실의 영향을 미칠 소지도 거의 없다. 또한, 군법무관으로의 복무 여부가 자신의 선택에 의하여 정해지는 경우와는 달리 병역의무의 이행으로 이루어지는 경우, 이는 병역의무의 이행으로 말미암아 불이익한 처우를 받게 되는 것이라 아니할 수 없어 이의 금지를 규정한 헌법 제39조 제 2 항에 위반된다.

그런데, 개업지의 제한을 둔 입법의 목적이 법률사무를 취급하는 공무원의 업

5) 변호사법 제10조(개업신고등) ② 판사·검사·군법무관 또는 변호사의 자격이 있는 경찰공무원으로서 판사·검사·군법무관 또는 경찰공무원의 재직기간이 통산하여 15년에 달하지 아니한 자는 변호사의 개업신고전 2년 이내의 근무지가 속하는 지방법원의 관할구역안에서는 퇴직한 날로부터 3연간 개업할 수 없다. 다만, 정년으로 퇴직하거나 대법원장 또는 대법관이 퇴직하는 경우에는 그러하지 아니하다. (신설 1973. 1. 25)

무에 정실이 개입하지 못하도록 하자는 데 있는 것이라면, 재직기간이 길면 길수록 정실개입의 소지가 줄어든다는 사정이 있을 때에만 위 규정은 합리적이라 할 것이다. 그러나 변호사로 개업하는 공무원의 재직기간이 길수록 그가 법률사무를 취급하는 공무원의 업무에 친분관계로 인한 영향을 미칠 소지는 적어진다고 볼 합리적 근거는 발견되지 않는다.

따라서 법 제10조 제2항이 변호사의 개업지를 일정한 경우 제한함으로써 직업선택의 자유를 제한한 것은 그 입법취지의 공익적 성격에도 불구하고 선택된 수단이 그 목적에 적합하지 아니할 뿐 아니라, 그 정도 또한 과잉하여 비례의 원칙에 벗어난 것이고, 나아가 합리적 이유 없이 변호사로 개업하고자 하는 공무원을 근속기간 등에 따라 차별하여 취급하고 있다(헌법재판소 1989. 11. 20. 선고 89헌가102 전원재판부 결정).

위 사례의 경우는 "자신, 자신의 직계 존속·비속, 배우자 및 배우자의 직계 존속·비속의 금전적 이해와 직접적인 관련이 있는 경우"(법관 및 법원공무원행동강령 제4조 제1항 제1호)에 해당한다고 보인다. 따라서 법관 甲은 「법관 등의 사무분담 및 사건배당에 관한 예규」에 따라서 사건의 재배당을 요구하여야 할 것이다.[6]

또한 2011년 변호사법 제31조 제3항으로, 법관 등 공직에서 퇴임한 변호사(공직퇴임변호사)는 퇴직전 1년부터 퇴직한 때까지 근무한 법원등이 처리하는 사건을 퇴직한 날로부터 1년동안 수임할 수 없다. 이는 소위 전관예우의 우려를 불식시켜 국민의 사법 및 공직에 대한 신뢰성을 높이고자 하는 일종의 특별한 조치라 할 수 있다. 이 방안은 개업지 제한에 대한 위헌결정(89헌가102), 검찰총장의 퇴임 후 2년동안 공직취임금지에 대한 위헌결정(97헌마26)의 취지를 고려하여, 필요최소한의 제한을 가하자는 것이다. 전관예우의 우려가 집중적으로 지적된 직전 근무지의 사건을, 1년이라는 제한된 기간동안의 수임금지이므로, 공공목적 달성을 위해 필요한 범위 내에서 적정한 수단·방법에 의한 제한이라고 본 것이다. 이러

---

6) 우리나라에서는 법관의 회피에 관한 규정이 있지만, 회피를 위한 구체적인 문서양식이나 절차는 없고, 다만 사건의 재배당을 신청하는 방식으로 해결하고 있다. 조속히 회피를 위한 별도의 절차를 마련하고 법관들이 심리적인 부담을 가지지 않고 필요한 경우에 적시에 회피를 신청할 수 있도록 해야 할 것으로 보인다.

한 방안은 나름의 효과가 있긴 하지만, 전관예우의 폐해가 거론되는 사건은 끊이지 않고 있어, 예우를 제공한다고 의심받는 법관과 법원은 그에 대한 주의와 의혹방지를 위해 최선의 노력을 기울일 필요가 여전하다고 하겠다.

Ⅱ. 법관의 일방적 소통

> 법관 甲은 ○○지방법원에서 근무하고 있다. 최근 甲은 남편인 A가 외국인인 부인 B를 상대로 제기한 이혼소송사건을 처리하고 있다. 하루는 B가 법관에게 전화하여 법정에서 차마 입에 담을 수 없는 내용이 있어서 직접 만나서 사정을 토로하고 싶다고 했다. 이러한 경우 B를 따로 사무실에 불러서 직접 사정애기를 들어도 되는가?

위 사례 자체는 너무나 간단하여 추가적인 설명이 필요 없을 것으로 보일 정도이다. 당연히 안 된다. 왜 그러한지, 법관이 법정 밖에서 원고나 피고를 만나는 것이 무조건 금지되는지 등에 대해서 좀 더 자세히 보자.

법관윤리강령 제4조에 의하면 "법관은 재판업무상 필요한 경우를 제외하고는 당사자와 대리인 등 소송관계인을 법정 이외의 장소에서 면담하거나 접촉하지 아니한다"고 규정하고 있다. 여기서 "재판업무상 필요한 경우"란 어떤 경우인가? 「법관의 면담에 관한 지침」(행정예규 제681조, 2006. 10. 19.)은 "법관이 변호사, 검사 및 일반인과 법정 이외의 장소에서 면담하거나 접촉하는 것을 규제함으로써 재판절차의 투명성과 공정성을 보장함"을 목적으로 제정된 것이다(동 지침 제1조). 이에 의하면 "법관은 법정 이외의 장소에서 변호사 또는 검사와 면담하거나 접촉할 수 없다." 다만 예외적으로 다음의 다섯 가지를 열거하고 있다.

1. 법관이 화해·조정·심문 등 재판절차의 진행을 위한 장소로 집무실을 지정한 경우
2. 재판절차에 관련된 문제로 법관이 변호사나 검사에게 집무실에서의 면담을 요청한 경우

3. 법원장(지원장 및 기관장을 포함한다. 이하 같다)이 사법행정상 필요로 하는 경우
4. 검사나 변호사가 법원장의 허가를 얻어 부임인사 또는 개업인사 등을 위하여 방문하는 경우
5. 학술회의나 관혼상제·동창회 등 의례적인 모임의 경우

이에 비추어 보자면, "재판업무상 필요한 경우"란 재판'절차'와 관련된 문제 정도이다. 예컨대 일정을 조정하는 것 등으로서 재판의 실체적인 내용을 거론하지 않는 것을 말한다. 아래 「법관이 외부인사와의 개인적인 관계에서 유의하여야 할 사항」(대법원공직자윤리위원회 권고의견 제 1 호, 2006. 11. 15.)이라는 자료를 보자.

첫째, 법관은 현재 담당하고 있는 사건의 당사자 내지 이해관계자 및 그 사건의 대리인 및 변호인(이하 '소송관계인'이라 한다)과 개인적·비공식적으로 만나거나 접촉하여서는 안 된다. 또한 법관은 공식모임 내지 단체모임 예를 들어 학술모임과 동문모임, 토론회, 경조사 등에서 소송관계인을 만나는 경우에도 공정성을 의심받을 행동을 하여서는 안 된다.
둘째, 법관은 현재 담당하고 있는 사건의 소송관계인은 아니더라도, 조만간 감당할 사건의 소송관계인이 될 가능성이 큰 사람과의 만남이나 접촉도 삼가야 한다. 또한 이미 종결된 사건의 경우에도 그 사건의 성격상 법관의 공정성과 청렴성에 대한 의심을 불러일으킬 우려가 있으면, 그 소송관계인을 사건의 종결 직후에 만나거나 접촉하는 것은 피하여야 한다.

위 권고의견은 법관이 주의해야 할 것이 무엇인지를 좀 더 직접적으로 보여준다. 즉 법관은 소송관계인과 접촉해서는 안 되며, 조만간 소송관계인이 될 가능성이 큰 사람과의 접촉도 금지한다. 좀 더 정확하게 이 문제를 지적하자면, 법관은 소송관계인 또는 소송관계인이 될 가능성이 큰 사람과 '일방적으로' 만나는 것을 금지하는 취지로 이해된다. 다시 말해 법관의 접촉을 제한하는 취지는 '타방 당사자가 없는 장소에서' 일방 당사자와 만나는 것을 금지하는 취지이다. 앞서의 「법관의 면담에 관한 지침」과 연결해서 말하자면, 타방 당사자가 없는 장소에서

당사자 일방과 재판의 실체적인 내용에 대해서 논의하는 것을 금지한다는 취지
이다. 하지만 법관은 불공정한 외관을 가져도 안 된다는 점을 고려한다면, 법관
은 다른 당사자가 없는 곳에서 실체적인 내용에 대해서 논의하지 말아야 할 뿐만
아니라, 접촉 자체도 삼가야 한다. 미국에서는 일방 당사자와 접촉하는 것을 '일
방적 소통'(ex parte communication)이라고 하여 엄격히 금지한다.

　법관이 소송에 임하는 양 당사자 중 한쪽 당사자가 부재한 상태에서 다른
당사자 일방과 소통하면, 재판의 공정성이 심각하게 훼손된다. 이 경우 다른 당
사자는 일방적 소통에서 유통된 내용에 대해서 반박할 기회를 갖지 못하기 때문에
법관은 객관적인 정보를 얻지 못할 가능성이 크다. 일방적 소통에서의 정보는 과장
되거나 부정확할 가능성이 크기 때문에 문제를 오도할 여지도 크다. 그리고 무엇보
다 심각한 것은 일방적 접촉이 법관에 대한 부당한 영향력 행사를 유발할 수 있다.
가장 공정한 법관조차도 일방적인 접촉을 하게 되면 부당한 영향을 받을 수 있기
때문에 일방적 소통은 공정한 재판을 저해하는 지극히 위험한 행동이다.

　특히 우리나라와 같이 법관에게 부당한 영향력을 행사하려는 시도가 적지
않은 경우에 일방적인 소통은 법관을 취약하게 하며 사법에 대한 불신을 심각하
게 낳는 원인이 된다. 사실 법관에 대한 부당한 영향력 행사는 모두 일방적인 소
통을 통해서만 가능하기 때문에 법관이 일방적 소통만 용납하지 않는다면 사법
권독립이나 재판의 공정성이 현저히 제고될 것이다. 우리나라의 경우 변호사가
학연이나 지연 등을 핑계로 대면서 법관에게 직접 전화하는 경우가 없지 않으며,
심지어 정부관료가 법관과 접촉하여 정부의 입장을 설명하는 사례도 있고, 검사
가 법관에게 사건을 직접 설명하려는 경우도 있다. 이러한 모든 행동을 용납하는
것은 불공정하고 비윤리적인 처신이다. 전관들의 '전화변론'시도를 용납하는 것도
법관에게는 심각한 윤리위반이다. 원고나 피고 중 한 사람이 약자라는 이유로 그
사람과 일방적으로 소통하는 것이 허용되지 않을 뿐만 아니라, 피고나 원고 중
한 사람이 정부기관이라고 하더라도 그들과의 일방적인 소통을 해서는 안 된다.
이메일이나 전화 등을 통한 접촉도 당연히 허용되지 않는다.

　법관이 미처 대응하기 전에 사건과 관련한 정보가 법관에게 전달된 경우라
면, 법관은 그 사실을 즉시 다른 상대방에게 고지하여 반박할 수 있는 기회를 제
공해야 할 것이다. 미국의 경우 일방적인 소통이 있었던 경우 법관의 회피사유가

되기도 하며,[7] 판결 후에 일방적 소통이 문제로 된 경우는 그것이 항소이유가 되기도 한다.[8]

우리나라의 경우에도 법관이 법정의 밖에서 일방 당사자와 접촉하여 정보를 얻은 경우 회피해야 한다고 본 사례가 있다.

≪징계사례≫ 일방적 소통 및 다른 법관이 담당한 사건에 관여한 사례

징계대상자는,

가. 2006년 7월경 친구의 소개로 알게 된 모 회사의 주요 주주 모 씨로부터 주식 및 경영권양도계약 이행 과정에서 발생한 분쟁에 관한 설명을 듣고 관련 서류를 검토한 사실이 있음에도 불구하고 그 후 모 씨 등이 제기한 회계장부등열람및등사가처분신청사건 등 6건의 신청 및 비송 사건 재판을 회피하지 아니한 채 진행하고, 각 재판을 전후하여 재판 당사자인 모 씨와 수 회 만나거나 전화통화를 하고,

나. 2006년 하반기, 모 씨 등이 제기하여 다른 재판부에서 진행 중이던 대표이사등직무집행정지가처분신청 사건에 관하여 담당 재판장에게 모 씨의 의견을 전달함으로써(그러나 위 신청은 기각됨), 법관으로서의 품위를 손상하고 법원의 위신을 실추시킴(대법원 공고 2007-28호).

법관은 법정에 현출된 주장과 증거를 통해서만 판단해야 한다. 검증이나 감정을 통한 증거조사가 가능하지만 이러한 절차는 모두 상대방에게 충분한 정보의 제공과 함께 반증의 기회를 충분히 보장하는 속에서만 허용된다.

위 사례와 같은 일이 생긴다면 법관은 정중하게 거절해야 한다. 주장내용이 문서에 담기 어려운 경우라면 법정에서 충분히 구두진술을 하게 함으로써 문제를 해결해야 한다. 공개적으로 말하기 어려운 것이 있어서 비공개재판을 하더라도 상대방에게 반박의 기회를 충분히 제공해야 한다. 어쨌든 일방적인 소통은 금지되는 것이며, 법관이라면 사적 관계를 빙자하거나 국가권력을 빙자한 일방적 소통시도에 대해서 단호한 입장을 취하지 않으면 안 될 것이다.

---

7) *Disciplinary Counsel v. Carto*, 760 N.E. 2d 412(Ohio 2002).
8) *Moore v. Moore*, 809 P. 2d 261(Wyo. 1991).

Ⅲ. 법관의 표현의 자유와 정치적 중립

1987년 6월항쟁 이후 사회의 민주화물결이 전 사회로 확산되던 분위기에서, 1988년 대법원 구성을 둘러싼 논란이 있었다. 당시 권력측은 기존 대법원장을 유임하고 나머지 대법관은 각 정당이 나눠서 추천하는 방식을 추진하고자 했다. 이에 대해 소장 법관 450여 명은 다음과 같은 내용을 포함한 성명서를 발표했다. 법관들에 의한 이와 같은 집단적 의사표명은 어떻게 평가될 수 있을까? 이와 관련하여 법관들의 의사표명의 특성에 대해서 생각해 보자.

"…이러한 관점에서 볼 때, 대법원장과 대법관의 임명 등 새로운 사법부를 구성함에 있어서는 국민들로 하여금 사법부에 대하여 새로운 신뢰를 쌓아갈 수 있는 발판을 마련하고 법관들로서도 새로운 신뢰를 보내는 국민과 더불어 법관들 스스로의 반성과 다짐을 굳건히 유지할 수 있도록 하는 가시적인 조치가 있기를 희망하며 그러한 가시적인 방법은 마땅히 사법부의 자세와 역할을 상징적으로 표상하는 사법부의 수장 등 대법원의 면모를 일신함에 있다고 믿으며, 덧붙여 그 실현과정에 있어서도 국민의 민주화의지를 무시한 채 여러 정당간의 산술적 정치거래만으로 끝나서는 안 된다고 믿습니다."

국민이라면 누구나 사상양심의 자유 및 표현의 자유를 가진다. 법관도 마찬가지로 그러한 기본적인 권리를 향유할 수 있다. 공정한 재판의 수행을 본연의 임무로 하는 법관은 법관으로서의 직무에 의해서 일정 정도 제약을 받는다는 것이 일반적으로 인정되고 있다. 그런데 종종 법관의 표현의 자유에 대한 제한이 필요한 정도를 넘어 과도하게 제약되기도 해서 문제가 된다. 따라서 이러한 문제에 접근할 때는 원칙과 제한을 명확히 구분하여 제한의 한도를 넘어 법관의 표현의 자유가 제약되지 않도록 하는 것이 중요하다고 보인다. 주요한 쟁점별로 살펴보자.

1. 계속중인 사건 또는 임박한 사건에 대한 개인적 의견표명

표현의 자유와 관련하여 법관이 가장 조심해야 할 것이 계속중인 사건 또는 임박한 사건에 대한 개인적 의견표명이다. 법관이 특정 사안에서 선입견이 전혀 없을 수는 없다고 하지만, 법관의 본연의 업무는 그러한 개인적인 선입견을 최소화하면서 재판과정에서 현출된 증거와 주장에 의해서만 판단해야 한다. 개인적 선입견이 있는 경우에도 재판이 끝날 때까지 개방적인 자세를 유지하면서 공정한 판단을 시도하는 것이 본래의 업무인 것이다. 이러한 법관의 본분과 관련해서 생각할 때 법관이 계속중인 사건이나 조만간 소송이 제기될 수도 있는 사건에 대해서 개인적인 의견을 표명하는 것은 선입견으로써 재판하는 결과가 되거나 그러한 외관을 낳을 수 있으며 다른 재판에 대한 부당한 간섭과 개입이 될 수 있다. 따라서 법관은 계속중인 사건이나 조만간 법정에서 논란이 될 가능성이 큰 구체적인 사건에 대한 개인적인 언급은 자제할 필요가 있을 것이다.

이와 관련하여 법관윤리강령은 "법관은 교육이나 학술 또는 정확한 보도를 위한 경우를 제외하고는 구체적 사건에 관하여 공개적으로 논평하거나 의견을 표명하지 아니한다"고 밝히고 있다(동 강령 제4조 제5항).

또 법관은 사건 직후에도 자신이 재판한 사안에 대해서 논평을 신중하게 해야 한다. 법관은 자신이 재판함에 있어서 활용한 논거를 판결문을 통해서 밝히는 것이 원칙이다. 따라서 재판 직후나 이후에 법관이 별도의 의견으로서 판결에 이른 것에 대해서 설명하는 것은 재판이 공정하게 진행되지 않았다는 의혹을 불러 일으킬 수 있다. 우리나라에서는 "재판의 대상이 된 구체적인 사건의 진행과 결과에 관한 보도"가 필요한 경우, 법원행정처의 공보관이 이 사무를 담당하도록 하고 있다(「법원홍보업무에 관한 내규」 제2조, 제3조). 공보관이 재판진행에 대해서 보도할 때에도 "재판장 또는 공보관이 이를 국민들에게 알릴 필요가 있다고 판단할 때 또는 각종 언론매체의 보도내용이 국민의 오해를 불러일으킬 우려가 있다고 판단될 때에 한하여 행한다"고 하여 재판진행에 관한 보도의 한계를 명시하였다(동 내규 제7조). 즉 공보관도 재판에 영향을 미치거나 그러한 외관을 갖는 내용에 대해서 발언하는 것은 아니다.

2. 법관의 정치활동 또는 정치적 의견표명

법관의 정치활동은 어느 나라에서나 금지하는 것이 일반적이다. 사법 외의 정치적인 세력으로부터 사법권독립을 유지하는 것이 필요할 뿐만 아니라 공정한 판결을 주재해야 할 법관이 정치로부터 일정 정도 거리를 유지하는 것은 반드시 필요하다고 하지 않을 수 없다.

국가공무원법은 공무원의 일반적인 의무로서 정치적 중립을 선언하고 있다. 국가공무원법 제65조는 다음과 같이 규정한다.

제65조(정치운동의 금지) ① 공무원은 정당이나 그 밖의 정치단체의 결성에 관여하거나 이에 가입할 수 없다.
② 공무원은 선거에서 특정 정당 또는 특정인을 지지 또는 반대하기 위한 다음의 행위를 하여서는 아니 된다.
  1. 투표를 하거나 하지 아니하도록 권유운동을 하는 것
  2. 서명운동을 기도·주재하거나 권유하는 것
  3. 문서나 도서를 공공시설 등에 게시하거나 게시하게 하는 것
  4. 기부금을 모집 또는 모집하게 하거나, 공공자금을 이용 또는 이용하게 하는 것
  5. 타인에게 정당이나 그 밖의 정치단체에 가입하게 하거나 가입하지 아니하도록 권유운동을 하는 것
③ 공무원은 다른 공무원에게 제1항과 제2항에 위배되는 행위를 하도록 요구하거나, 정치적 행위에 대한 보상 또는 보복으로서 이익 또는 불이익을 약속하여서는 아니 된다.
④ 제3항 외에 정치적 행위의 금지에 관한 한계는 국회규칙, 대법원규칙, 헌법재판소규칙, 중앙선거관리위원회규칙 또는 대통령령으로 정한다.

아울러 법관윤리강령 제7조는 "① 법관은 직무를 수행함에 있어 정치적 중립을 지킨다. ② 법관은 정치활동을 목적으로 하는 단체의 임원이나 구성원이 되지 아니하며, 선거운동 등 정치적 중립성을 해치는 활동을 하지 아니한다"라고 규정한다. 그리고 참고할 만한 자료로서 대법원공직자윤리위원회 권고의견이 있다. 「법관의 정치자금기부와 관련하여」는 제하의 2007. 6. 22.자 제2호 권고의견은 기탁금문제를 다루고 있다. 이에 의하면, "기탁금은 각급 선거관리위원회에 기탁하여 국고보조금 배분비율에 따라 각 정당에 배분·지급되는 것이므로 이를 기부한다고 하더라도 법관의 정치적 중립성에 대한 국민의 신뢰를 손상할 우려는 없다. 반면, 후원금은 특정 정당 또는 국회의원 등을 위한 후원회에 기부하는

것이므로, 비록 소액을 기부하는 경우라도 특정 정치세력에 대한 지지의사로 해석될 가능성이 있고 궁극적으로 법관의 정치적 중립성에 대한 국민의 신뢰를 해칠 우려가 있으므로 법관이 현행 정치자금법상 후원금을 기부하는 것은 소액이라도 바람직하지 않다"고 한다.

이상의 자료를 참고하면서 "정치"활동의 의미를 생각해 보자. 여기에서 보듯이 법관에게 금지되는 정치활동은 매우 구체적인 것이다. 즉, 정당에 가입하여 활동하는 것, 정당 이외의 정치단체에 가입하여 활동하는 것, 특정 정당을 지지·반대하는 것, 특정 정치인을 지지·반대하는 것 등이 금지된다. 한마디로 법관은 현실의 정치세력과 연계된 정치활동을 하면 안 되는 것이다.

배우자가 정치인인 경우 배우자를 위한 선거운동을 할 수 있을지에 대해서 논란이 있을 수 있다. 이와 관련하여 현직 법관이 징계를 받은 사례가 있으나, 이후 선거법이 개정되어 공무원의 경우에 배우자를 위한 선거운동이 허용되고 있다. 공직선거법 제60조에는 "후보자의 배우자, 직계존비속인 경우"에는 공무원인 경우에도 선거운동이 가능하다.

이에 비하여 좀 더 넓은 의미의 정치활동이 전면적으로 금지되는지에 대해서는 별도의 논란이 필요하다. 예컨대, 추상적인 차원에서 정치적인 견해를 표명하는 것이라든지, 사회적으로 논란이 되는 사안 — 예컨대 낙태의 허용 여부에 관한 논란 — 이지만 정파적 색채를 띠지 않는 경우에 법관이 그러한 문제에 대해서 의견을 표명할 수 있는지는 논란의 여지가 있다.

3. 그 외 법관의 의견표명

구체적 사건과 관련이 없고 현실의 정치세력과 직접적으로 관련되지 않는 내용에 대한 법관의 의견표명의 자유는 보다 널리 인정된다고 하겠다. 다만 위와 마찬가지로 재판에 영향을 미칠 우려가 있거나 법관의 품위를 해치는 식의 의견표명은 제한이 가해진다.

법관의 학술활동은 가급적 널리 인정하는 것이 바람직할 것이다. 학술지나 학술대회에서 학술적 성격의 의견을 발표하는 것은 당연히 허용된다. 구체적인 사건에 관한 것이라도 이미 재판이 종결되었다면, 그에 대한 학술적인 분석이나 논평은 인정된다. 법관윤리강령 제5조는 "법관은 품위유지와 직무수행에 지장이 없는 경우에 한하여, 학술활동에 참여하거나 종교·문화단체에 가입하는 등 직무 외 활동을 할 수 있다"고 규정한다. 법관도 사상, 양심, 종교의 자유를 당연히 향유하므로, 직무수행에 지장이 없는 한 법관의 의견표명은 인정된다. 하지만 직무를 이용하여 하급법관이나 법원직원을 상대로 선교활동을 하는 것은 허용되지 않는다고 보아야 할 것이다.

신문 등의 칼럼에 개인적 의견을 게재하는 것도 "법관의 품위유지와 직무수행에 지장"이 없다면 표현의 자유의 일환이라 할 것이다.

≪징계사례≫ 대법원장에 대한 징계 또는 탄핵소추를 반복적으로 요구한 사례

징계대상자는 소속 법원장의 거듭된 자제 지시에도 불구하고, 2007. 2. 20.부터 6개월간 20여 차례에 걸쳐 사법부 내부통신망에 게시하거나 집단 전자우편으로 보낸 글 및 외부 언론기관에 기고한 글과 인터뷰를 통해, 근거 없이 고등법원 부장판사 보임인사가 위법하다고 주장하면서 이를 이유로 대법원장에 대한 징계 또는 탄핵소추를 반복적으로 요구하거나, 동료 법관들이 구체적 사건의 처리 결과에 따라 인사상 이익 또는 불이익을 받았다고 오인토록 하여 재판의 독립 및 공정성에 대한 국민의 신뢰를 심각하게 손상함과 동시에 동료 법관들의 명예를 훼손하는 등 법관으로서의 정당한 의견표명의 한계를 벗어난 주장을 반복함으로써, 법관으로서의 품위를 손상하고 법원의 위신을 실추시킴(대법원 공고 2007-53호).

≪판례≫ 법관징계법에 의한 법관의 징계사유(위 징계사례에 대한 대법원 판결)

법관도 국민 전체에 대한 봉사자로서 법령을 준수하여야 함은 물론 직무의 내외를 불문하고 공무원으로서 품위가 손상되는 행위를 하여서는 아니 된다. 특히, 법관은 사법권을 행사하는 법원의 구성원으로서 사법권의 독립과 법원의 권위 및 법관의 명예를 지킴으로써 국민으로부터 신뢰와 존경을 받도록 하여야 할 법적·윤리적 의무가 있다고 할 것이다.

그럼에도 불구하고 법관이 이와 같은 법적 의무 내지 직업윤리에 벗어나는 행위를 하는 경우에는 국민의 법원에 대한 신뢰를 확보하기 위한 정당한 목적을 위하여 일정한 제재를 가하는 것이 불가피하다. 이에 법관징계법은 법관이 직무상 의무를 위반하거나 직무를 게을리한 경우 및 법관이 그 품위를 손상하거나

법원의 위신을 실추시킨 경우 징계할 수 있도록 하고 있고(제 2 조), 법관이 지녀야 할 윤리기준과 행위전범을 규정한 법관윤리강령도 법관은 명예를 존중하고 품위를 유지하며, 공정성과 청렴성을 의심받을 행동을 하지 않는다고 선언하여 법관의 법적 의무와 윤리를 재차 강조하고 있다.

원고의 일련의 표현행위는 비록 그 내용 가운데 일부 공적 관심사항으로 볼 수 있는 것이 있기는 하지만, 전체적으로 특정인의 명예나 권리를 침해하는 내용이거나, 객관적 사실에 근거하지 아니한 채 편협되고 경도된 자신의 주관적·가정적 주장만을 일방적으로 표현함으로써 사실을 왜곡하거나 오해할 수 있도록 해 사법부 전체의 권위와 위신을 실추시키고, 전체 법관의 명예를 훼손했을 뿐만 아니라 원고 스스로도 법관으로서의 최소한의 품위마저 저버린 것으로 헌법 제 21조 제 1 항이 보장하는 언론·출판의 자유의 보호범위에 포함되지 않는다.

한편, 원고는 소속 법원장으로부터 구두경고를 받고 몇 차례에 걸쳐 거듭된 자제지시를 받았음에도 이를 무시하고 6개월간 20여 차례에 걸쳐 법원내부는 물론 외부 언론기관에까지 자신의 주장을 집요하게 반복하고 극단적으로 표현하였는바, 이는 법관징계법 제 2 조 제 2 호 소정의 '법관이 그 품위를 손상하거나, 법원의 위신을 실추시킨 경우'에 해당되므로 징계사유가 존재하고 또 그 징계처분이 원고에게 지나치게 가혹하다고 볼 수도 없다(대법원 2009. 1. 30. 선고 2007추127 판결).

◇ 사례의 해설: 법관의 집단적인 의사표명

위 사례는 법관들의 집단적인 의사표명이 수용할 만한 것인지를 묻는 질문이다. 내용의 면과 형식의 면을 나누어서 생각해 보자.

내용적인 면에서 보자면 사법부에 대한 국민의 신뢰를 회복하기 위하여 대법원의 구성을 일신하고 대법관의 구성도 단순히 정파적 이해에 따라서 분배하기보다는 더 나은 대안을 모색해야 한다고 주장한다. 이러한 주장이 구체적인 재판에 대한 선입견의 표명과는 상관없으며, 특정 정파적 이해에 동조하는 것이 아니라는 것은 명백하다. 더구나 법관의 의견표명에 여러 제한이 있지만, 이 사안과 관련하여서 보자면, 사법의 개선이나 법령의 개폐를 위하여 법관은 개인적으로는 물론 집단적으로 의견을 표명할 수 있다. 법관윤리강령 제 1 조는 "사법권 독립의 수호"라는 표제로, "법관은 모든 외부영향으로부터 사법권 독립을 지켜

나간다"고 규정한다. 사법부 독립을 침해하는 권력측의 횡포에 대하여 법관들이 집단적 의견표명을 통해 사법권 독립을 지켜온 우리의 역사적 전통도 있다. 사법개선이나 법령개폐를 위한 의견표명의 경우에 법관은 반드시 대안을 제시해야 하는 것은 아니고 기존 제도의 문제점을 지적하는 데 그쳐도 무방하다고 할 것이다.

서울 미국문화원사건에 관한 제1심 공판이 진행되고 있던 중인 1985년 8월 16일 고등법원과 지방법원 부장판사의 인사가 있었는데, 이 당시 Y 광주고등법원 부장판사가 9월 1일자로 광주지방법원 부장판사 직무대리를 면하면서 광주지방법원 장흥지원장 직무대리를 명받았다. 고등법원 부장판사가 지원장으로 전보되는 것은 이례적이었고, Y 부장판사가 사표를 제출하여 1985년 8월 24일 의원면직되었다. 1985년 8월 26일에는 인천지방법원은 박시환 판사가 9월 1일자로 춘천지방법원 영월지원으로 전보되었는데, 같은 해 3월 1일 인천지방법원 판사로 처음 임명된 후 6개월 만에 전보된 것이었다.

이러한 인사가 있은 후 1985년 9월 2일자 법률신문에는 서태영 서울민사지방법원 판사의 '人事有感'이라는 칼럼이 게재되었다. "법원의 인사에 때로 사람에 맞추어 원칙을 세우는 인사가 없다고 할 수 없고, 문책인사가 있을 수 있으나 문책의 원인이 법관의 소신에 기한 재판이라고 했을 때에는 그런 인사는 잘못된 것"이라는 등의 내용이었다. 이러한 글을 발표한 서태영 판사는 1985년 9월 1일자로 서울지방법원 동부지원에서 서울민사지방법원으로 전보되어 있었는데, 9월 4일자로 다시 부산지방법원 울산지원으로 전격 전보되었다.

이상과 같은 일련의 법관인사에 대하여 비판적인 의견이 대두되어 1985년 9월 10일 대한변호사협회는 유태흥 대법원장에게 '사법권독립에 관한 건의문'을 발송하였다. 최근 법관인사는 법관의 소신에 의한 재판과 비판이 법관에게 불이익한 인사의 동기가 됨으로써 전체 법관의 신분에 위협과 불신을 초래하고 일반 국민에게 사법권의 독립과 비판의 공정성을 의심하게 하는 결과가 되게 하였음은 심히 유감된 처사라는 내용이었다. 이 건의문에서는 또한 대법원장이 인사권자로서 책임을 지고 사퇴할 것을 권고한다고 하였다. 국회에서는 대법원장의 탄핵소추 건의안까지 제기되었다.[9]

---

9) 법원사, 법원행정처, 1995, 864~865쪽.

생각해 보면, 이 같은 내용의 신문칼럼을 이유로 불이익을 받은 것은 납득하기 어렵다. 특히 사법권독립과 사법제도의 개선을 위한 의무를 진다고 보이는 법관이 그와 관련한 의견을 제출한 것을 이유로 인사상 불이익을 가하는 것은 법관의 독립을 근본적으로 침해할 수 있다. 위 사례에서 주장된 내용도 근본적으로는 이와 같은 맥락의 것으로 이해할 수 있을 것이다.

그러면 법관이 법관으로서 표명이 허용된 내용에 대해서 "집단적으로" 의견을 표명하는 것은 허용되는가? 그러한 집단적 의견표명은 법관의 직무와 양립가능한가? 쟁점은 주장하는 내용이 정당하고 허용되는 내용인 경우에 그것을 집단적인 방식으로 표명하는 것이 허용되는지이다. 집단적으로 의견을 표명하는 것은 개인적으로 의견을 표명하는 것에 비해서 강력한 영향을 행사할 수 있고, 여러 사정으로 개인적으로는 표명하기 곤란한 내용을 포함할 수 있다는 의미에서 그 자체가 일정한 기능과 적극적인 의미를 지니는 것이다. 현실의 정치세력과 연계한 집단적 행동이 금지된다는 것은 말할 것도 없겠지만, 그렇지 않은 경우 집단적 의견표명을 금지하는 것이 적절한지는 의문이다. 「법관의 행동에 관한 방갈로르 원칙」은 법관도 일반인과 마찬가지로 표현의 자유, 사상의 자유, 집회 및 결사의 자유를 가진다는 점을 밝히고 있다(규칙 4.6). 결국 집단적인 의견표명인지 개별적인 의견표명인지가 문제로 되는 것은 아니고, 의견표명의 내용이나 사회적 맥락이 법관의 본질과 양립가능한 것인지가 문제이다. 집단적 의견표명이 특정 정당이나 정치인을 지지하는 정치운동적 성격을 띤다면 금지된다고 보이지만, 그러한 금지는 개인적 의견표명인 경우에도 마찬가지이다.

Ⅳ. 법정 밖에서의 법률적 조언

법관 甲은 시골의 자그마한 마을 출신으로서 최근에 법관으로 임용되었다. 추석 명절을 맞이하여 고향을 방문하였는데 마을 사람들이 모두 모여 축하해 주었다. 그런데 그 마을의 A와 B라는 사람이 각별히 甲을 찾아와서 자신들의 문제를 해결해 줄 것을 부탁했다. 들어본즉, A와 B는 인접한 이웃으로 수십년간 살았는데, 최근 재건축을 위해서 측량을 해 본바 A가 B의 대지를 상당 정도 침범하고 있다는 것을 알게 됐다는 것이다. A와 B는 서로 오랜 이웃이어서 서로 다툴 생각이 없다고 하면서, 만약 甲이 법에 따라서 판단을 내려주면 무조건 그대로 따르겠다고 한다. 甲은 어떻게 도움을 줄 수 있는가?

법관은 어떤 사석에 가더라도 법적인 조언을 요구받는 수가 많고, 경우에 따라서는 법적 문제의 해결에 개입해 줄 것을 요구받는 수도 있다. 그러나 법관이 집안이나 이웃의 법률문제에 개입하는 것은 윤리적인 문제를 낳는다.

법관윤리강령은 제5조는 "법관은 타인의 법적 분쟁에 관여하지 아니하며, 다른 법관의 재판에 영향을 미치는 행동을 하지 아니한다"고 하고, "법관은 재판에 영향을 미치거나 공정성을 의심받을 염려가 있는 경우에는 법률적 조언을 하거나 변호사 등 법조인에 대한 정보를 제공하지 아니한다"고 규정한다(동 강령 제5조 제2항·제3항). 대법원공직자윤리위원회권고의견 제1호(「법관이 외부인사와의 개인적인 관계에서 유의하여야 할 사항」(2006. 11. 15.자))에서는 다음과 같이 기술하고 있다.

넷째, 법관은 타인으로부터 분쟁의 해결에 관하여 직접 또는 간접으로 노력하여 줄 것을 부탁받더라도 이에 관여하여서는 안 된다. 법관은 직무수행을 제외하고는 타인의 분쟁에 관하여 직접 중재 내지 조정을 하는 행위를 회피하여야 한다. 또한 법관은 타인의 부탁을 받고 검찰과 경찰 또는 다른 법관에게 자신의 신분 내지 직위를 이용한 청탁을 하거나 영향력을 행사하는 행위를 하여서는 안 되며, 그러한 행위로 의심받을 만한 행위도 피하여야 한다.

다섯째, 법관이 타인으로부터 법률적 조언 또는 법조인에 대한 정보를 요청받는 경우 무색하게 법률적 조언을 해 주거나 법조인에 대한 일반적인 정보를 제공하는 정도를 넘어 스스로 나서서 분쟁의 해결을 도모해서는 안 된다. 다만 그것이 실질적으로 자신의 문제인 경우 등에는 예외가 될 수 있으나 그 경우에도 신중히 행동할 필요가 있다.

이처럼 법관은 타인의 분쟁에 개입하거나 법률적 조언을 제공하는 등의 행위를 자제하도록 요구받는다. 만약 법관이 그러한 행동을 하게 되면 여러 곤란한 상황을 맞을 수 있다. 법관이 돈을 받고 법적 조언을 하면 그 자체가 위법행위로서 금지된다(변호사법 제109조). 법관이 돈을 받지 않고 법률적 조언을 한 경우, 그것은 분쟁을 종국적으로 해결하는 것이 될 수 없다. 만약 재판을 하여 법관의 조언과 다른 결과가 나온다면 사법에 대한 불신을 낳게 될 것이다. 법관이 당사자 일방의 입장에서 조언하게 되면 그것은 공정한 판단을 본질로 하는 법관의 본질과 모순될 것이다. 이처럼 법관이 제공하는 법적 조언은 좋은 결과를 낳기 어렵다.

더구나 법관이 조언하는 것을 넘어 분쟁에 직접 개입하여 일방 당사자의 이익을 도모하는 것은 피하지 않으면 안 된다. 법관이 청탁을 받아 다른 재판에 영향을 미치려고 하는 시도가 있고 그로 인해 형사처벌을 받거나 징계를 받은 사례가 종종 있다.

다음은 과거에 어느 대법관이 퇴임 직전에 한 언급이다.

"사회생활을 하다보면 법관이라 하여 청탁이 없을 수 없습니다. 어떻게 보면 재판이라는 업무는 청탁이 따르기 쉬운 일입니다. 인사사건의 승패나 형사사건의 유무죄 판단에 관하여는 재량이 없으므로 청탁의 여지가 없지만, 재량이 있는 영역에서는 법관도 청탁을 하거나 청탁을 받을 수 있습니다. 물론 하지도 않고 받지도 않는 것이 제일 바람직하지만 법관도 현실 속에 살고 있는 생활인인 이상 어쩔 수 없는 일입니다. 청탁을 하는 경우 — 법관도 가족이나 가까운 친인척 또는 친구들 때문에 부득이 동료법관에게 부탁하는 경우가 있을 수 있습니다. 이때에는 절대로 무리하게 떼를 써서는 안 됩니다. 청탁을 받는 경우 — 법관이 청탁을 받더라도 재판의 결론이 달라질 수 없습니다."

오늘날 기준에서, 이러한 언급은 법관윤리의 관점에서 어떻게 평가될 수 있을까?

솔직히 청탁의 존재를 시인한 것에 대한 평가는 별론으로 하고, 청탁이 불가피하다고 하는 부분은 납득하기 어렵다. 청탁은 조심스럽게 해야 하는 것이 아니고 절대로 하면 안 되는 것임을 명심해야 할 것이다. 청탁은 재판의 공정성을 심하게 해치고 사법에 대한 불신을 치명적으로 키우는 비윤리적인 행동으로서 용납되어선 안 된다. 하물며 법관 자신에 의한 청탁은 두말할 것도 없을 것이다.

2015년 9월부터 「부정청탁 및 금품등 수수의 금지에 관한 법률」(약칭: 청탁금지법)이 시행되고 있는데, 법원은 청탁금지법이 적용되는 대상기관이다. 법관은 청탁금지법의 적용을 받는다.

청탁금지법은 금품 수수 결부 여부를 불문하고, 부정청탁행위 그 자체를 제재대상으로 한다. 청탁금지법에서는 부정청탁의 유형을 제시하고 있는데, 그 중 특히 법원의 재판업무와 관련해서는 제5조 제1항 제14호에서 규정하고 있다. "14. 사건의 수사·재판·심판·결정·조정·중재·화해 또는 이에 준하는 업무를 법령을 위반하여 처리하도록 하는 행위." 법원 업무에 있어서 부정청탁에 해당하는 구체적인 사안의 예로는 다음과 같은 것을 들 수 있을 것이다.[10]

- 협의분할에 의한 상속등기신청을 하면서 상속인 일부의 인감증명을 누락하였음에도 등기관에게 상속등기가 완료될 수 있도록 해달라는 부탁(제5조 제1항 제1호)
- 공탁금 출급청구권이 있음을 증명하는 서면이 누락되었음에도 공탁관에게 공탁금 출급을 할 수 있도록 해달라는 부탁(제5조 제1항 제1호)
- 법원 내 징계위원회(고등징계위원회, 보통징계위원회)에서의 징계부가금 의결이 있은 후 감면 조치 사유가 없음에도 징계위원 또는 처분권자에 대하여 이를 감면해 달라는 취지의 부탁(제5조 제1항 제2호)
- 법원장에게 소속 법원 사무관의 근무평정을 올려달라는 취지의 부탁(제5조 제1항 제3호)
- 계약담당 공무원에게 일반경쟁 대상 공사를 수의계약 사유가 없음에도 특정 공사업자와 수의계약을 체결하여 달라는 취지의 부탁(제5조 제1항 제7호)
- 판결 선고 전 사건의 합의 내용을 미리 알려 달라는 취지의 부탁(제5조 제1항 제6호 또는 제14호)
- 법정형에 벌금이 없음에도 벌금형을 선고하여 달라는 취지의 부탁(제5조 제1항 제14호)
- 협의이혼 신청당사자가 배우자에게 협의이혼 의사가 없음에도 담당 판사에게 협의이혼 의사를 확인해 달라는 취지의 부탁(제5조 제1항 제14호)

---

10) 법원행정처, 청탁금지법 Q&A, 2016. 9. 27.

V. 법관의 청렴의무

> 법관 甲은 최근 ○○읍에 소재하는 ○○지원으로 발령을 받았다. 하지만 자식들의 교육문제도 있고 해서 甲은 식구들을 서울에 두고 혼자 내려가서 법관직을 수행하기로 했다. 甲은 아무런 연고도 없는 ○○지원에 자신의 대학 동기인 乙이 법원 앞에서 변호사개업을 하고 있는 것을 알고 연락을 취해 만난 후, 현지 사정에 대해서도 듣고 집을 구하는 문제에 대해서 조언을 구했다. 乙은 마침 자기 소유의 자그마한 아파트가 비어 있으니 그곳을 이용하라고 제안했다. 甲은 고맙긴 하지만 변호사 소유의 집을 이용하는 것은 남들 보기에도 좋지 않으니 돈을 좀 빌려 주면 다른 곳에 집을 구하겠다고 하여 乙로부터 전세금을 빌려서 다른 곳에 집을 구했다. 甲이 乙변호사 소유의 집을 이용하는 것은 윤리적으로 문제가 되는가? 甲이 乙로부터 돈을 대여하여 다른 곳에 집을 빌리는 것은 허용되는가? 甲이 乙로부터 무이자로 빌리는 경우와 은행이자 또는 사채이자에 상응하는 이자를 지급하고 빌리는 경우는 어떤 차이가 있는가?

공정한 재판을 본연의 임무로 하는 법관에게 청렴성은 매우 중요한 덕목이다. 청렴하다는 것은 반드시 가난한 것을 의미하는 것은 아니다. 다만 법관이라면 적어도 재물과 관련하여 조금도 부정한 이득을 취한 바가 없어야 한다는 것이다. 법관은 그러한 의미에서 청렴해야 할 뿐만 아니라, 청렴성을 의심받을 행동을 해서도 안 된다(법관윤리강령 제3조 제1항). 법관이라면 부정하게 재물을 얻으려고 해서는 안 될 뿐만 아니라, 재물에 대해서 과도하게 관심을 가지는 것도 바람직하지 않다. 그런 점에서 법관윤리강령을 위시한 각종 법규가 법관의 경제적 행위에 대해 여러 종류의 제한을 가하고 있다.

1. 법관의 재산등록제도

모든 법관은 재산을 등록해야 한다. 이때 등록해야 하는 재산은 법관 자신의 재산뿐만 아니라 배우자(사실상의 혼인관계에 있는 사람을 포함), 본인의 직계 존속·직계 비속의 재산까지 포함한다(공직자윤리법 제3조, 제4조). 매년 변동사항을 신고

해야 하며 부정한 재산증식을 의심할 만한 상당한 이유가 있는 때에는 소명을 요구받을 수도 있다.

공직자윤리법에 따라서 대법원에 '대법원공직자윤리위원회'가 설치되며, 이와 관련하여 「공직자윤리법의 시행에 관한 대법원규칙」(규칙 제2197호, 2008. 12. 3.)이 제정되어 있다. 대법원공직자윤리위원회는 종래 법관윤리강령위원회를 대체하는 기능을 맡고 있다. 이 규칙에 의하면 대법원공직자윤리위원회의 기능은 공직자재산등록에 관한 사항과 취업제한에 관한 사항 외에 다음과 같은 업무를 수행한다(동 규칙 제11조의2).

1. 법관윤리강령, 법관 및 법원공무원 행동강령·운영지침 개정안의 심의
2. 법관윤리강령 세부실천지침 제정·개정안의 심의
3. 법관윤리강령, 법관 및 법원공무원 행동강령·운영지침의 구체적 적용에 관한 의견제시
4. 법관 및 법원공무원이 한 윤리 관련 질의에 대한 회신
5. 법관 및 법원공무원윤리의 확립을 위한 주요 정책의 수립에 대한 건의
6. 법관 및 법원공무원윤리와 관련된 사항으로서 대법원장이 부의한 안건의 심의
7. 법관이 관련된 비위사건으로서 사안이 중대하여 대법원장이 위원회에 부의하거나, 위원회의 의결로 부의하기로 한 사건에 대한 조사 개시·결과조치에 관한 사항의 심의 및 의견제시

위에서 보듯이, 대법원공직자윤리위원회는 법관윤리와 관련하여 매우 중요한 역할을 하는 것으로 되어 있다. 위원회의 조직과 운영, 법관의 재산등록에 관한 사항은 이 규칙에서 상세히 규정하고 있다.

2. 법관에게 금지되는 업무

법원조직법 제49조는 법관이 재직중 할 수 없는 업무를 다음과 같이 열거하고 있다.

1. 국회 또는 지방의회의 의원이 되는 일
2. 행정부서의 공무원이 되는 일
3. 정치운동에 관여하는 일
4. 대법원장의 허가 없이 보수 있는 직무에 종사하는 일
5. 금전상의 이익을 목적으로 하는 업무에 종사하는 일
6. 대법원장의 허가 없이 보수의 유무를 불문하고 국가기관 외의 법인·단체 등의 고문·임원·직원 등의 직위에 취임하는 일
7. 기타 대법원규칙으로 정하는 일

이 중에서 특히 법관의 청렴성과 관련하여 문제되는 것은 제5호이다. 여기에서 말하는 업무는 "1. 상업·공업·금융업 기타 영리적인 업무를 경영하는 일, 2. 상업·공업·금융업 기타 영리를 목적으로 하는 사기업체의 이사·감사·업무를 집행하는 무한책임사원·발기인 등 임원이 되거나 지배인 기타 사용인이 되는 일, 3. 그 직무와 관련이 있는 타인의 기업에 투자하는 일, 4. 기타 계속적으로 재산상의 이득을 목적으로 하는 업무에 종사하는 일"을 말한다(「법관이 관여할 수 없는 직무 등에 관한 규칙」, 대법원규칙 제1004호, 1988. 3. 23. 시행). 법관이 이러한 일을 하려고 하는 경우에는 사전에 대법원장의 허가를 받아야 한다(동 규칙 제3조 제1항). 법관으로 하여금 금전상의 이익을 목적으로 하는 업무에 종사하지 못하게 하는 것은 청렴성을 유지할 필요성뿐만 아니라, 직무전념성을 함께 보장하기 위한 조치라고 할 수 있을 것이다.

3. 법관의 일시적 수익활동

위에서 말하는 금전상의 이익을 목적으로 하는 업무가 계속적인 업무를 지칭하는 것임에 반해, 일시적인 수익활동에 대해서도 별도의 규제를 하고 있다. 후자의 경우는 원칙적으로 금지하지는 않고 그것이 과도하지 않도록 조치하고 있다. 법관은 2015년 9월부터 시행되고 있는 「부정청탁 및 금품등 수수의 금지에 관한 법률」의 적용을 받는다.

4. 법관의 경제적 거래

법관도 생활인으로서 일상생활의 필요에 따라서 경제적 거래를 하게 된다. 개인적인 재산도 축적해야 하고, 물건을 사고파는 등의 경제생활을 하며, 때로는 금전을 빌리거나 전세를 얻는 등의 활동을 해야 한다. 이러한 경제활동은 반드시 필요하지만 자칫 법관의 지위와 연관하여 이루어지거나 투명하게 이루어지지 않으면, 법관의 청렴성을 해치기도 한다. 이는 결국 공정성을 해치거나 공정성에 대한 의심을 불러일으켜 사법에 대한 국민의 신뢰를 상실케 할 수 있다. 따라서 법관은 일상적인 경제활동을 함에 있어서 청렴성의 원칙을 고수하지 않으면 안 된다.

법관윤리강령 제6조는 "법관은 재판의 공정성에 관한 의심을 초래하거나 직무수행에 지장을 줄 염려가 있는 경우에는, 금전대차 등 경제적 거래행위를 하지 아니하며 증여 기타 경제적 이익을 받지 아니한다"고 규정한다. 「법관 및 법원공무원 행동강령」은 이를 좀 더 상세히 규정하고 있다.

제15조(금전의 차용금지 등) ① 법관 및 법원공무원은 직무관련자 또는 직무관련공무원에게 금전을 빌리거나 빌려 주어서는 아니 되며 부동산을 무상(대여의 대가가 시장가격 또는 거래관행과 비교하여 현저하게 낮은 경우를 포함한다. 이하 이 조에서 같다)으로 대여받아서는 아니 된다. 다만, 「금융실명거래 및 비밀보장에 관한 법률」 제2조 제1호에 따른 금융회사등으로부터 통상적인 조건으로 금전을 빌리는 경우는 제외한다.
② 제1항 본문에도 불구하고 부득이한 사정으로 직무관련자 또는 직무관련공무원에게 금전을 빌리거나 빌려 주는 것과 부동산을 무상으로 대여받으려는 법관 및 법원공무원은 소속기관의 장에게 신고하여야 한다.

요컨대, 직무관련자나 직무관련공무원[11]으로부터는 금전을 빌려서도 안 되고

---

11) '직무관련자'에 대해서는 본장 각주 2를 참조하라.
　　"직무관련공무원"이란 법관 및 법원공무원의 직무수행과 관련하여 이익 또는 불이익을 직접적으로 받는 다른 공무원(기관이 이익 또는 불이익을 받는 경우에는 그 기관의 관련 업무를 담당하는 공무원을 말한다) 중 다음 각 목의 어느 하나에 해당하는 공무원을 말한다.
　가. 법관 및 법원공무원의 소관업무와 관련하여 직무상 명령을 하는 상급자와 그로부터 직무상 명령을 받는 하급자
　나. 인사·예산·감사·상훈 또는 평가 등의 직무를 수행하는 법관 및 법원공무원의 소속기관 법관 및 법원공무원 또는 이와 관련되는 다른 기관의 담당 공무원 및 관련 공무원

빌려 주어서도 안 된다는 것, 부동산의 무상 또는 저렴한 임대도 금지된다는 것, 만약 부득이한 사정으로 그러한 일을 하는 경우에는 소속기관장에게 신고해야 한다는 것이다.

법관이 주식거래를 하는 등의 투자행위를 할 수는 있지만, 직무관련정보를 이용한 거래를 해서는 안 된다. 즉, "법관 및 법원공무원은 직무수행중 알게 된 정보를 이용하여 유가증권, 부동산 등과 관련된 재산상 거래 또는 투자를 하거나 타인에게 그러한 정보를 제공하여 재산상 거래 또는 투자를 돕는 행위를 해서는 아니 된다"(법관 및 법원공무원 행동강령 제11조). 이는 법관의 성실의무 및 비밀유지 의무와도 관련이 있겠지만, 법관은 직무상 얻은 정보를 개인의 치부를 위해서 이용해서는 안 된다. 그리고 투자활동으로 인해서 직무전념성이 훼손되거나, 이익충돌로 인하여 지나치게 자주 재판을 회피해야 할 정도로 투자활동을 하는 것은 허용되지 않는다고 할 것이다.

5. 선물과 향응

법관윤리강령은 "법관은 …증여 기타 경제적 이익을 받지 아니한다"고 규정한다(동 강령 제6조). 「법관 및 법원공무원 행동강령」은 좀 더 상세하게 규정하고 있다.

> 제13조(금품등의 수수 금지) ① 법관 및 법원공무원은 직무관련자 또는 직무관련공무원으로부터 다른 법령 등에 의하여 허용되는 경우를 제외하고는 금품등을 받아서는 아니 된다.
> ② 법관 및 법원공무원은 자신의 배우자나 직계존속·비속이 자신의 직무와 관련하여 제1항에 따른 수수 금지 금품등을 받지 아니하도록 하여야 한다.
> ③ 법관 및 법원공무원은 다른 공무원 또는 그 공무원의 배우자나 직계 존속비속에게 제1항에 따른 수수 금지 금품등을 제공해서는 아니 된다.

다. 사무를 위임·위탁하는 경우 그 사무를 위임·위탁하는 법관 및 법원공무원과 사무를 위임·위탁받는 법관 및 법원공무원
라. 그 밖에 법원행정처장이 정하는 공무원

제16조(경조사의 통지 제한) 법관 및 법원공무원은 직무관련자나 직무관련공무원에게 경조사를 알려서는 아니 된다. 다만, 다음 각 호의 어느 하나에 해당하는 경우에는 경조사를 알릴 수 있다.

1. 친족에게 알리는 경우
2. 현재 근무하고 있거나 과거에 근무하였던 기관의 소속 직원에게 알리는 경우
3. 신문, 방송 또는 제 2 호에 따른 직원에게만 열람이 허용되는 내부통신망 등을 통하여 알리는 경우
4. 법관 및 법원공무원 자신이 소속된 종교단체·친목단체 등의 회원에게 알리는 경우

법관은 정당한 권원에 의한 것, 통상적 관례의 범위에 속한 것 등의 한계를 넘는 금품의 수수를 해서는 안 된다. 법관은 조금이라도 공정성이나 청렴성에 의심을 불러일으킬 만한 금품을 수수해서는 안 된다. 승진이나 인사발령은 경조사가 아니기 때문에 그를 빙자한 금품의 수수는 금지되며(예컨대 전별금), 경조사인 경우에도 5만원을 초과하여 받으면 규정위반이 된다(법관 및 법원공무원 행동강령운영지침 제 7 조 제 1 항·제 2 항).

만약 법관이 기준을 초과한 금품이나 수수가 금지된 금품을 받은 경우에는 즉시 반환하여야 하고, 반환하는 것이 어려운 경우에는 행동강령책임관에게 인도하여야 한다.

법관의 금품수수 및 향응[12]과 관련하여 이와 같이 명료한 규정이 있음에도 불구하고 법관들이 부당한 금품수수로 불미스러운 일을 하는 일이 종종 있다. 사실 세칭 법조비리는 이러한 부당한 금전수수와 관련이 있는 경우가 적지 않다. 1999년의 대전 법조비리사건도 마찬가지이다. 직접 소송관계인이 아니지만 소송관계인이었거나 그럴 개연성이 있는 변호사로부터 골프비를 제공받는 것이나 고급식당에서 식사를 대접받는 것도 모두 허용되지 않는 행동이다. 이러한 금품수

---

12) 법관 및 법원공무원 행동강령은 선물과 향응에 대해서 다음과 같이 정의하고 있다(제 2 조 제 3 호·제 4 호).
  3. "선물"이란 대가 없이(대가가 시장가격 또는 거래관행과 비교하여 현저하게 낮은 경우를 포함한다) 제공되는 물품 또는 유가증권, 숙박권, 회원권, 입장권 그 밖에 이에 준하는 것을 말한다.
  4. "향응"이란 음식물·골프 등의 접대 또는 교통·숙박 등의 편의를 제공하는 것을 말한다.

수는 반드시 그것이 뇌물에 이르지 않는다고 하더라도 법관윤리 위반행위이기 때문에 반드시 자제하지 않으면 안 되며, 위반이 있을 시에는 징계조치가 내려질 수 있다.

≪판례≫ 법관이 특정범죄가중처벌등에관한법률위반(알선수재)의 죄를 범한 경우

　고도의 청렴성이 요구되는 법관이 다른 법관의 재판 업무에 관한 청탁 명목으로 고가의 금품을 수수하여 법관의 근본적인 책무를 스스로 무너뜨린 점, 사려 없이 사건 관계인과 무분별한 관계를 맺고 여러 차례 향응을 받는 등 법관으로서 지켜야 할 최소한의 도덕적 기준마저 저버린 점, 피고인의 이 사건 범행으로 인해 사법부 전체에 대한 불신 풍조가 초래된 점 등을 고려하면 피고인에 대하여는 다른 어떤 피고인보다도 더 엄중하게 처벌하는 것이 불가피하다(서울고등법원 2007. 12. 28. 선고 2007노109 판결).

◈ 사례의 해설

　甲은 이제 ○○지원에 부임하게 되는데, 읍 단위의 지원에는 변호사가 몇몇 되지 않는다. 그러한 지역의 변호사와 만난다는 것은 그 자체가 불공정의 의심을 낳기 쉽다. 왜냐하면 그러한 곳의 변호사는 「법관 및 법원공무원 행동규칙」에서 말하는 직무관련자가 될 가능성이 매우 높기 때문이다. 대법원공직자윤리위원회는 "법관은 현재 담당하고 있는 사건의 소송관계인은 아니더라도, 조만간 감당할 사건의 소송관계인이 될 가능성이 큰 사람과의 만남이나 접촉도 삼가야 한다"고 권고하였다(「법관이 외부인사와의 개인적인 관계에서 유의하여야 할 사항」, 권고의견 제1호, 2006. 11. 15.). 하물며 그러한 사람과 경제적 거래를 하는 것은 자제해야 마땅한 것이다. 따라서 그러한 사람의 집을 무상 또는 저렴한 비용으로 이용하는 것은 당연히 금지된다. 그리고 그러한 사람으로부터 금전을 대부받는 것도 허용되지 않는다. 이는 이자를 주는지 여부나, 이자를 얼마나 주는지와 상관이 없다. 법관은 원칙적으로 정규 금융기관으로부터 법관 외의 다른 사람들과 동일한 조건으로 대출을 받을 수 있을 뿐이다. 만약 부득불 사건관계인의 집을 이용하거나 금전을 차용하게 된다면 사전에 기관장에게 신고하여야 한다.

Ⅵ. 법관의 징계제도

법관은 사법권을 담당하는 헌법기관으로서 헌법에 의해서 그 신분이 보장된다. 헌법에 의하면 "법관은 탄핵 또는 금고 이상의 형의 선고에 의하지 아니하고는 파면되지 아니하며, 징계처분에 의하지 아니하고는 정직·감봉 기타 불이익한 처분을 받지 아니한다"(헌법 제106조). 사법권독립이 갖는 중요성을 생각한다면 법관의 신분에 대해서 각별히 보장하는 것은 반드시 필요하다고 하지 않을 수 없다. 그러나 우리나라 법관은 임기제로 되어 있고 또 피라미드식 서열구조로 되어 있어서 법관의 신분이 사법권독립을 보장할 만큼 반드시 안정적이라고 할 수는 없다. 그리고 징계제도도 사용하기에 따라서는 사법권독립을 저해하는 방식으로 남용될 소지도 없지 않다. 법관의 정년을 보장하고 징계제도의 남용을 막는 제도적 장치가 필요하다고 보인다.

≪판례≫ 1980년 해직공무원의보상등에관한특별조치법 제 2 조 제 2 항 제 1 호의 차관급 상당 이상의 보수를 받은 자에 법관을 포함시키는 것이 헌법에 위반되는지 여부

법관이 다른 국가기관 특히 행정부에 의하여 함부로 그 지위가 박탈될 수 있다거나 기타 불이익한 처분을 받을 수 있게 된다면 법관은 행정부의 압력을 배제하기 어려울 것이며 실질적으로 행정부에 예속하게 되어 소신 있는 재판업무의 수행이 불가능하게 되는 것이다. 따라서 법관의 신분보장은 그의 직무인 재판상의 독립을 유지하는 데 있어서 필수불가결의 조건으로서 사법권의 독립을 보장하는 중요한 구성요소라고 하지 않을 수 없는 것이다.

모든 직업공무원의 신분은 보장되어야 하지만 그중에서도 시비선악을 가리는 판관인 법관은 더욱 두텁게 그 신분이 보장되어야 하는 것이며 그것이 헌법이 법관에 대하여 일반적인 공무원 신분보장규정과는 별도로 제헌 헌법 당시부터 그 신분보장규정을 두고 있는 이유인 것이다. 따라서 특조법의 해석 및 그 적용에 있어서도 위와 같은 법관의 특수 지위를 고려에 넣지 않을 수 없는 것이다.

이 사건 심판의 대상이 되고 있는 규정은 법원장과 같은 중책을 수행하는 법관이었던 신청인들을 종전의 직위에 복귀시키는 문제와 관련된 규정이 아니고 보상을 해 주는 문제와 관련된 규정이기 때문에 그 사례에 해당되는 법관의 인

원수로 볼 때 예산사정을 운위할 것은 못 되는 것은 물론 인사질서에 문제가 야기될 여지도 없고 따라서 그에 따른 파장도 거의 없다고 할 것이므로 질서유지·공공복리 등 공익을 앞세워 그들의 희생을 강요할 명분과 이유는 없다고 할 것이다. 오히려 장래에 법관의 신분이 함부로 박탈됨과 같은 사태의 재발을 영구히 봉쇄하기 위하여서도 특조법 제 2 조 제 2 항의 비적용대상에서 적어도 법관은 제외되어야 헌법의 법관 신분 보장규정 취지에 합당할 것이다. 만일 법관이 위 비적용대상에 포함된다면 법관의 신분을 직접 가중적으로 보장하고 있는 헌법의 규정취지에 정면으로 배치되게 될 것이며, 직업공무원으로서 그 신분이 보장되고 있는 일반직 공무원과 비교하더라도 그 처우가 차별되고 있는 것이라 할 수 있는 것이어서 평등권의 보장규정에도 저촉된다고 할 것이다(헌법재판소 1992. 11. 12. 선고 91헌가2 전원재판부 결정).

징계처분에 대해 불복하려는 법관은 14일 이내에 전심절차(前審節次)를 거치지 않고 대법원에 징계취소를 청구한다(법관징계법 제27조). 이와 같이 법관징계 절차의 또 하나의 특징은 징계취소를 청구하는 사건은 대법원이 단심으로 재판한다는 것이다. 일반 공무원과 대비해 볼 때 심급제의 이익을 누릴 수 없으므로 위헌이 아닌가 살펴볼 필요가 있다. 그에 대해 우리 대법원과 헌법재판소는 다음과 같이 판시한다.

≪판례≫ 법관징계처분취소소송의 관할

법관징계법 제27조가 법관의 징계처분의 취소를 청구하는 사건을 대법원이 단심으로 재판하도록 규정한 것은 그 불복절차를 간명하게 함과 동시에 법관의 지위를 조속히 안정시킴으로써 법관의 독립과 신분보장을 실질적으로 보장하려는 취지에서 나온 것으로서 합리적인 근거가 있다고 할 것이므로, 이를 가리켜 징계처분을 받는 법관의 재판청구권 또는 평등권을 침해하는 것이라고는 할 수 없다고 할 것이다.

그리고 법관징계법 제27조의 위와 같은 성격과 취지에 비추어 볼 때, 대법원장의 징계처분에 대한 취소청구사건뿐만 아니라 법관징계위원회의 징계결정의 효력을 다투는 사건이나 법관징계에 관련된 신청사건 등도 모두 대법원의 전속

관할에 속한다고 봄이 상당하다(대법원 2007. 12. 21.자 2007무151 결정).

≪판례≫ 법관에 대한 징계처분 취소소송을 대법원의 단심재판에 의하도록 한 규정(합헌)

다. 구 법관징계법 제27조는 법관에 대한 대법원장의 징계처분 취소청구소송을 대법원에 의한 단심재판에 의하도록 규정하고 있는바, 이는 독립적으로 사법권을 행사하는 법관이라는 지위의 특수성과 법관에 대한 징계절차의 특수성을 감안하여 재판의 신속을 도모하기 위한 것으로 그 합리성을 인정할 수 있고, 대법원이 법관에 대한 징계처분 취소청구소송을 단심으로 재판하는 경우에는 사실확정도 대법원의 권한에 속하여 법관에 의한 사실확정의 기회가 박탈되었다고 볼 수 없으므로, 헌법 제27조 제1항의 재판청구권을 침해하지 아니한다.

라. 구 법관징계법 제27조는 법관에 대한 징계처분 취소청구소송을 다른 전문직 종사자와 달리 대법원의 단심재판에 의하도록 하여 법관을 차별취급하고 있으나, 법관에 대한 징계의 심의·결정이 준사법절차(법관징계법 제14조, 제16조)를 거쳐서 이루어지는 점, 법관에 대한 징계의 경우 파면·해임·면직 등 신분관계 자체를 변경시키는 중한 징계처분이 존재하지 않는 점, 법관은 독립적으로 사법권을 행사하는 자로서 그 지위를 조속히 안정시킬 필요가 있는 점, 법관에 대한 징계처분 취소청구소송은 피징계자와 동일한 지위를 가진 법관에 의하여 이루어질 수밖에 없는 점 등을 고려하면, 이러한 차별취급에는 합리적인 근거가 있으므로, 구 법관징계법 제27조는 헌법상 평등권을 침해하지 아니한다(헌법재판소 2012. 2. 23. 선고 2009헌바34 결정).

한편 사법권독립은 법관의 신분에 대한 절대적인 보장의 근거가 될 수 없는 것도 사실이다. 법관의 신분보장제도는 법관의 직무권한남용을 막는 방패막이 되어서는 안 된다. 법관의 비윤리적 행위는 반드시 적발하여 징계하여야 하고, 심각한 문제가 있는 법관은 객관적인 재임용절차를 통해서 걸러져야 한다.

법관의 징계는 「법관징계법」에 의해서 규율되고 있다. 법관징계법상의 징계 사유는 다음과 같다(동법 제2조).

1. 법관이 직무상 의무를 위반하거나 직무를 게을리 한 경우

2. 법관이 그 품위를 손상하거나 법원의 위신을 떨어뜨린 경우

사법권독립과 법관신분보장의 중요성을 생각한다면 위와 같은 규정은 지나치게 포괄적이라고 하지 않을 수 없다. 이와 같은 규정의 추상성을 보충하는 것이 각종의 윤리규정이라고 할 수 있을 것이다. 여기에는 법관윤리장전, 법관 및 법원공무원 행동강령, 법원공무원규칙 등 대법원규칙과 각종 행정예규, 재판예규 등이 포함된다고 할 것이다. 법관의 신분을 헌법상 보장하는 현행법의 취지에 비추어, 하위법규들을 위반한다고 해서 즉시 징계사유가 된다고 할 수는 없을 것이다. 그렇지만 그러한 각종 하위법규들은 법관징계법에서 말하는 "직무상 의무"나 "품위" 등을 해석하는 일정한 해석지침을 제공한다고 할 수 있다. 말하자면 하위법규의 위반이 즉시 징계의 사유가 되는 것은 아니지만, 그것을 위반하는 것은, 법관징계법상의 "직무상 의무를 위반하거나 직무를 게을리 한 경우"에 해당되거나 법관의 "품위를 손상하거나 법원의 위신을 떨어뜨린 경우"에 해당될 개연성이 크다는 것이며, 그러한 위반이 현저한 경우 징계가 필요한지에 대해서 개별적으로 판단하여, 징계할 수 있다고 보아야 한다는 것이다.

≪인권위 결정례≫ 판사가 "버릇없다"고 한 발언은 인격권 침해?
  통상적으로 '버릇없다'는 표현은 '어른에게 예의를 지키지 않을 경우'에 이를 나무라며 사용하는 말이다. 비록 진정인이 법정질서에 어긋나는 행동을 하였고, 피진정인이 재판장으로서 법정지휘권을 가지고 있더라도 사회통념상 40대인 피진정인이 69세인 진정인에게 사용할 수 있는 말이라고 볼 수 없다. 또한 법정지휘권이라는 것도 공복의 위치에 있는 공무원에게 주어진 권한인 이상 공무원이 이를 국민들에 대해 행사함에 있어서는 헌법 제10조에 규정된 인간의 존엄과 가치를 비롯한 국민들의 기본적 인권을 침해하지 않는 한도 내에서 행사하여야 한다. 그럼에도 불구하고 피진정인은 법정지휘권 행사 범위를 벗어난 위와 같은 발언을 함으로써 헌법 제10조가 보장하는 진정인의 인격권을 침해한 것이다(국가인권위원회 2009. 11. 23. 09진인1974 결정).

≪징계사례≫ 경찰관을 폭행한 사례

징계대상자는 서울남부지방법원에 근무하던 2004. 5. 4. 01:00경 양천경찰서에서 경찰관들을 폭행하고 이로 인하여 2004. 10. 25. 약식명령이 청구되어 같은 해 11. 9. 서울남부지방법원에서 공무집행방해 등 죄로 벌금 300만원에 처하는 약식명령이 확정됨으로써 법관으로서의 품위를 손상하고 법원의 위신을 실추시킴(관보 15875호, 2004. 12. 18.자 참조).

≪징계사례≫ 택시 무단 음주운전

징계대상자는 청주지방법원 소속 판사로서 2005. 7. 23. 00:34경 혈중알콜농도 0.199%의 만취상태에서 택시를 타고 청주에서 서울 방면으로 올라가던 중 중부고속도로 음성휴게소에서 택시운전기사가 잠시 하차하여 휴대전화를 하고 있는 사이에 택시를 운전하고 고속도로를 약 10킬로미터 정도 운전함으로써 법관으로서의 품위를 손상하고 법원의 위신을 실추시킴(관보 16091호, 2005. 9. 23.자 참조).

≪징계사례≫ 법관이 잠적한 경우

징계대상자는 수원지방법원 소속 판사로서 지난 2006. 6. 13.부터 6. 17.까지 5일간 잠적하여 4일간(6. 17. 토요일 제외) 무단결근한 사실이 있고, 잠적사실이 언론에 보도됨으로써 법관으로서의 품위를 손상하고 법원의 위신을 실추시킴(관보 16314호, 2006. 8. 10.자 참조).

≪판례≫ 법관의 재판에 대하여 국가배상책임이 인정되기 위한 요건

법관이 행하는 재판사무의 특수성과 그 재판과정의 잘못에 대하여는 따로 불복절차에 의하여 시정될 수 있는 제도적 장치가 마련되어 있는 점 등에 비추어 보면, 법관의 재판에 법령의 규정을 따르지 아니한 잘못이 있다 하더라도 이로써 바로 그 재판상 직무행위가 국가배상법 제 2 조 제 1 항에서 말하는 위법한 행위로 되어 국가의 손해배상책임이 발생하는 것은 아니고, 그 국가배상책임이 인정되려면 당해 법관이 위법 또는 부당한 목적을 가지고 재판을 하는 등 법관이 그에게 부여된 권한의 취지에 명백히 어긋나게 이를 행사하였다고 인정할 만한 특별한 사정이 있어야 한다고 해석함이 상당하다(대법원 2001. 4. 24. 선고 2000다 16114 판결).

≪판례≫ 헌법재판관의 기간계산 오류로 인한 각하결정과 불법행위책임

　재판에 대하여 따로 불복절차 또는 시정절차가 마련되어 있는 경우에는 재판의 결과로 불이익 내지 손해를 입었다고 여기는 사람은 그 절차에 따라 자신의 권리 내지 이익을 회복하도록 함이 법이 예정하는 바이므로, 이 경우에는 불복에 의한 시정을 구할 수 없었던 것 자체가 법관이나 다른 공무원의 귀책사유로 인한 것이라거나 그와 같은 시정을 구할 수 없었던 부득이한 사정이 있었다는 등의 특별한 사정이 없는 한, 스스로 그와 같은 시정을 구하지 아니한 결과 권리 내지 이익을 회복하지 못한 사람은 원칙적으로 국가배상에 의한 권리구제를 받을 수 없다고 봄이 상당하다고 하겠으나, 재판에 대하여 불복절차 내지 시정절차 자체가 없는 경우에는 부당한 재판으로 인하여 불이익 내지 손해를 입은 사람은 국가배상 이외의 방법으로는 자신의 권리 내지 이익을 회복할 방법이 없으므로, 이와 같은 경우에는 위에서 본 배상책임의 요건이 충족되는 한 국가배상책임을 인정하지 않을 수 없다 할 것이다.

　원고는 이 사건 헌법소원심판청구를 적법한 청구기간 내인 1994. 11. 4. 제기하였는데 헌법재판소 재판관이 그 청구서 접수일을 같은 달 14.로 오인하여 청구기간이 도과하였음을 이유로 이를 각하하는 결정을 하여 법률의 규정을 따르지 아니한 잘못을 하였음을 알 수 있는바, ① 위의 잘못은 전적으로 재판관의 판단재량에 맡겨져 있는 헌법의 해석이나 법령·사실 등의 인식과 평가의 영역에 속한 것이 아니고 헌법소원심판 제기일의 확인이라는 비재량적 절차상의 과오라는 점, ② 통상의 주의만으로도 착오를 일으킬 여지가 없음에도 원고의 헌법소원 제기일자를 엉뚱한 날짜로 인정한 점, ③ 헌법재판소의 결정에 대하여는 불복의 방법이 없는 점 등에 비추어 보면, 위와 같은 잘못은 법이 헌법재판소 재판관의 직무수행상 준수할 것을 요구하고 있는 기준을 현저하게 위반한 경우에 해당하여 국가배상책임을 인정하는 것이 상당하다고 하지 않을 수 없다(대법원 2003. 7. 11. 선고 99다24218 판결).

　이에 비해 법관이 직접 현행 법률을 위반한 경우에는 그 자체로 징계사유가 된다고 보아야 할 것이다. 예컨대, 뇌물죄 등을 규정한 형법, 공무원의 복무에 대해서 규정한 국가공무원법, 재산등록에 대해서 규정한 공직자윤리법 등을 위반한 경우는 그 자체가 직무상 의무위반이면서 품위를 손상하는 행위로 보아 즉시 징

계사유가 된다고 보아야 할 것이다. 물론 사안이 매우 경미하여 징계할 필요가 없는 경우가 없지는 않을 것이다.

법관의 징계와 관련하여 대법원은 「법관의 의원면직 제한에 관한 예규」(행정예규 제678호, 2006. 10. 2. 제정)를 제정했다. 이는 "재직중 비위를 저지른 법관이 형사처벌이나 징계처분을 회피하기 위하여 의원면직을 하는 사례를 방지함으로써 법관의 비위를 예방하고 사법에 대한 공공의 신뢰를 보호"하기 위한 것이다(동 예규 제1조). 이에 따라서 의원면직을 신청한 법관에 대해, "1. 징계위원회에 징계 청구된 때, 2. 검찰, 경찰 및 그 밖의 수사기관(이하 '수사기관'이라 한다)에서 비위와 관련하여 수사중임을 통보받은 때, 3. 법원내부 감사담당부서에서 비위와 관련하여 조사중인 때"에 해당하고 그 비위사실이 정직, 감봉에 해당한다고 판단되는 때에는 의원면직을 허용하지 아니한다(동 예규 제2조). 의원면직을 통해서 법관의 신분을 벗으려고 하는 사람에게 군이 의원면직을 허용하지 않고 징계를 가하는 것은, 이를 통해서 법관이 재직중의 비위에 대해서 책임을 지게 하려는 것이다. 이러한 징계를 받게 되면 변호사로서의 등록이 거부될 수도 있다. 그리고 다시 법관으로 임용되는 것은 곤란해질 것이다. 그리고 이러한 징계를 함으로써 법원이 용납하지 않는 비위가 무엇인지를 대외적으로 표명하는 효과도 있다. 그렇기 때문에 미국에서도 법관의 신분을 면하는 것만으로 법관직의 재직과정에서 있었던 비위가 모두 용서되는 것은 아니라고 한다. 다만 면직제한의 기간이 지나치게 길어지거나, 징계·형사절차가 길어져서 법관 직무의 수행도 어렵고 직업선택의 자유에도 큰 지장을 주는 점도 고려하여, 그 조항의 합리적 재정비가 필요하다.

법관에 대한 징계가 많은 것은 바람직한 것은 아니지만, 징계사유가 있음에도 불구하고 징계하지 않는 것은 그보다 더 바람직하지 않은 것이다. 징계사유가 있는 법관에 대해서는 적법절차에 따라 징계가 행해질 때 오히려 사법의 공정성과 독립성이 제고되고 사법에 대한 국민의 신뢰가 높아질 것이다.

◇ **법관윤리 관련 법령**

법관윤리와 관련하여 법관윤리강령, 법관징계법 등이 가장 중요하겠지만, 그 외 법관 및 법원공무원 행동강령 등 다수의 법규들을 검토할 필요가 있다. 아래에 관련 법규의 목록을 제시해 보았다.

- 법관윤리강령(대법원규칙 제2021호, 2006. 5. 25. 시행)
- 법관징계법(법률 제12884호, 2014. 12. 30. 일부개정)
- 법관 및 법원공무원 행동강령(대법원규칙 제2698호, 2016. 11. 29. 시행)
- 법원공무원규칙(대법원규칙 제2707호, 2016. 12. 29. 개정)
- 법관이 관여할 수 없는 직무 등에 관한 규칙(대법원규칙 제1004호, 1988. 3. 23. 시행)
- 법관 및 법원공무원 행동강령운영지침(행정예규 제749호, 2008. 3. 18. 제정)
- 법관의 면담 등에 관한 지침(행정예규 제681호, 2006. 10. 19. 개정)
- 법관의 의원면직 제한에 관한 규칙(행정예규 제678호, 2006. 10. 2. 제정)
- 법원조직법(법률 제14033호, 2016. 9. 1. 시행), (제49조)
- 법관 등의 사무분담 및 사건배당에 관한 예규(재판예규 제1212호, 2008. 3. 20. 개정)
- 군법관윤리강령(국방부훈령 제669호, 2000. 9. 1. 제정)
- 국가공무원법(법률 제14183호, 2016. 5. 29. 일부개정)
- 공직자윤리법의 시행에 관한 대법원규칙(대법원규칙 제2673호, 2016. 8. 1. 개정)
- 부패방지 및 국민권익위원회의 설치와 운영에 관한 법률의 시행에 관한 대법원규칙(대법원규칙 제2367호, 2011. 10. 31. 제정)
- 부정청탁 및 금품등 수수의 금지에 관한 법률(법률 제14183호, 2016. 11. 30. 시행)
- 부정청탁 및 금품등 수수의 금지에 관한 법률의 시행에 관한 대법원 규칙(대법원규칙 제2699호, 2016. 11. 28.)

제15장

검사의 직무와 윤리

김 희 수   한 인 섭

[기본질문]

1. 어떤 경우에 검사가 수사권을 남용하는 경우로 판단할 수 있는가. 그와 관련된 검사윤리 문제는 무엇인가?

2. 검사동일체의 원칙과 검사의 독립성이 상호 충돌할 경우 어떤 윤리적 문제가 발생하는가.

3. 검사가 공소제기 여부를 결정하는 단계에서 현행 기소독점주의와 기소편의주의로 인하여 어떤 윤리적 문제가 발생하는가?

4. 검사의 공소제기가 형식적으로는 합법적이지만 실질적으로는 위법·부당한 경우 어떤 윤리적 문제가 발생하는가?

5. 검사가 피의자·피고인에게 이익되는 사실도 조사·제출하여 피고인의 정당한 이익을 옹호해야 할 공익적 지위에 위반하는 경우 어떠한 윤리적 문제가 발생하는가?

6. 검사가 대외적으로 의견발표를 할 경우 어떤 윤리적 문제가 발생하는가?

7. 검사윤리에 위반하는 경우 어떤 절차를 밟아서 검사를 징계하게 되는가?

I. 들어가며

종전에 검사의 직무와 권한은 다음과 같이 규정되어 있었다. 검사는 수사의 개시, 수사지휘 및 수사종결권을 가지고 있는 수사의 주체이며(형사소송법 제195조, 제246조 등), 공소를 제기하고 유지하는 공소권의 주체이고(동법 제246조, 제247조 등), 재판을 집행하는 기관이기도 하다(동법 제460조 등). 이에 따라 검사는 공익의 대표자로서 ① 범죄수사, 공소의 제기 및 그 유지에 필요한 사항, ② 범죄수사에 관한 사법경찰관리 지휘·감독, ③ 법원에 대한 법령의 정당한 적용 청구, ④ 재판 집행 지휘·감독, ⑤ 국가를 당사자 또는 참가인으로 하는 소송과 행정소송 수행 또는 그 수행에 관한 지휘·감독, ⑥ 다른 법령에 따라 그 권한에 속하는 사항에 대한 직무와 권한이 있다(검찰청법 제4조 제1항). 그러므로 검사는 그 직무를 수행할 때 국민 전체에 대한 봉사자로서 정치적 중립을 지켜야 하며 부여된 권한을 남용하여서는 아니 된다(검찰청법 제4조 제2항).

이러한 검사의 직무와 권한은 2020년 초 검-경 수사권 조정 이후 다음과 같이 변경되었다. 검사와 마찬가지로 사법경찰관도 수사의 주재자이고, 양자 간의 관계는 지휘감독관계가 아니라 상호협력관계로 재정립된다. 사법경찰관은 모든 사건에 대해 수사를 개시할 수 있는 반면, 검사는 일정한 주요 사건 및 경찰 관련 사건에 대해서만 수사 개시를 할 수 있다. 경찰이 수사를 종결한 뒤 사건을 검사에게 송치하면, 검사는 경찰에 보완수사를 요구하거나 법령위반, 인권침해, 현저한 수사권 남용의 의혹이 있는 경우에는 시정조치를 요구할 수 있다. 또한 검사의 인권보호적 역할 내지 적법절차 수호자로서의 역할은 한층 강조되고 있다. 사법경찰관은 수사의 대부분을 주도적으로 담당하고, 검사는 이를 인권보장 및 적법절차 차원에서 보완·견제하는 형태로 조정이 이루어진 것이다.

	2020.2.4. 개정 이전	2020.2.4. 개정 이후
형사소송	제195조(검사의 수사) 검사는 범죄의 혐의 있다고 사료하는 때에는 범인, 범죄사실과 증거	제195조(검사와 사법경찰관의 관계 등) ① **검사와 사법경찰관은 수사, 공소제기 및 공소유지에 관하여 서로 협력하여야 한다.** 〈개정 2020. 2. 4.〉 제196조(검사의 수사) 검사는 범죄의 혐의가 있다고 사료하는

법	를 수사하여야 한다.	때에는 범인, 범죄사실과 증거를 수사한다.
	제196조(사법경찰관리) ① 수사관, 경무관, 총경, 경정, 경감, 경위는 사법경찰관으로서 모든 수사에 관하여 **검사의 지휘를 받는다.** ② 사법경찰관은 범죄의 혐의가 있다고 인식하는 때에는 범인, 범죄사실과 증거에 관하여 수사를 개시·진행하여야 한다. ③ 사법경찰관리는 검사의 지휘가 있는 때에는 이에 따라야 한다. 검사의 지휘에 관한 구체적 사항은 대통령령으로 정한다.	제197조(사법경찰관리) ① 경무관, 총경, 경정, 경감, 경위는 사법경찰관으로서 범죄의 혐의가 있다고 사료하는 때에는 범인, 범죄사실과 증거를 수사한다. 〈개정 2020. 2. 4.〉
검 찰 청 법	제4조(검사의 직무) ① 검사는 공익의 대표자로서 다음 각 호의 직무와 권한이 있다. 1. 범죄수사, 공소의 제기 및 그 유지에 필요한 사항 2. 범죄수사에 관한 사법경찰관리 지휘·감독	제4조(검사의 직무) ① 검사는 공익의 대표자로서 다음 각 호의 직무와 권한이 있다. 〈개정 2020. 2. 4., 2022. 5. 9.〉 1. 범죄수사, 공소의 제기 및 그 유지에 필요한 사항. 다만, 검사가 수사를 개시할 수 있는 범죄의 범위는 다음 각 목과 같다. 　가. **부패범죄, 경제범죄** 등 대통령령으로 정하는 중요 범죄 　나. 경찰공무원 및 고위공직자범죄수사처 소속 공무원이 범한 범죄 　다. 가목·나목의 범죄 및 사법경찰관이 송치한 범죄와 관련하여 인지한 각 해당 범죄와 직접 관련성이 있는 범죄 2. 범죄수사에 관한 **특별**사법경찰관리 지휘·감독 3. 법원에 대한 법령의 정당한 적용 청구
	② 검사는 그 직무를 수행할 때 국민 전체에 대한 봉사자로서 정치적 중립을 지켜야 하며 주어진 권한을 남용하여서는 아니 된다.	4. 재판 집행 지휘·감독 5. 국가를 당사자 또는 참가인으로 하는 소송과 행정소송 수행 또는 그 수행에 관한 지휘·감독 6. 다른 법령에 따라 그 권한에 속하는 사항 ② 검사는 **자신이 수사개시한 범죄에 대하여는 공소를 제기할 수 없다.** 다만, 사법경찰관이 송치한 범죄에 대하여는 그러하지

		아니하다. 〈신설 2022. 5. 9.〉 ③ 검사는 그 직무를 수행할 때 국민 전체에 대한 봉사자로서 **헌법과 법률에 따라 국민의 인권을 보호하고 적법절차를 준수하며, 정치적 중립을 지켜야 하고 주어진 권한을 남용하여서는 아니 된다.** 〈개정 2020. 12. 8., 2022. 5. 9.〉

검사윤리를 살펴보는 데 검토해야 할 주요 규정으로는 형사소송법, 검찰청법, 검사윤리강령(2007, 법무부훈령), 검사윤리강령운영지침(2020, 법무부예규), 인권보호수사규칙(2021, 법무부령) 등을 들 수 있다.

여기서는 수사가 전개되는 과정에서의 시간순서상으로 그 내용을 살펴본다. 수사권 남용에서 발생하는 윤리문제, 수사과정에서 검사동일체의 원칙과 검사의 독립성 사이에서 발생하는 윤리문제, 공소제기 여부를 결정하는 단계에서의 기소독점주의와 기소편의주의에서 발생하는 윤리문제, 공소제기에 따르는 공소권남용에서 발생하는 윤리문제, 수사 및 공판과정에서 발생할 수 있는 검사의 객관의무에 따르는 윤리문제, 검사의 의견발표에 따르는 윤리문제 등을 살펴보기로 한다.

Ⅱ. 수사권남용과 검사윤리

검사가 수사를 진행하면서

① 수사과정에서 가혹행위는 물론, 폭언이나 강압적·모욕적인 말투를 사용하는 경우, ② 사건관계인을 불필요하게 반복 소환하는 경우, ③ 구속수사 기준에 따라 엄정하고 신중하게 구속 여부를 결정함으로써 불구속수사원칙을 지키지 않는 경우, ④ 자백을 강요하기 위한 수단으로 체포를 남용하는 경우, ⑤ 체포·구속 즉시 전화통지를 함으로써 가족들의 불안감을 덜어주고, 변호인의 조력을 받을 권리를 보장하지 않은 경우, ⑥ 피의자를 촬영·중계방송하게 하거나 인터뷰에 응하게 함으로써 명예와 사생활을 침해하는 경우, ⑦ 조사 시 변호인의 참여, 가족 참관, 신뢰관계인의 동석 범위를 확대함으로써 수사의 투명성을 보장하지 않은 경우.[1]

---

1) 법무부의 인권보호수사준칙(법무부훈령 제474호) 중 인권존중 수사관행 확립을 위한 7대 중점추진사항임. 대법원 2010. 6. 24. 선고 2006다58738 판결에서 구속 피의자에 대한 피의자신문 시 변호인의 참여를 불허한 수사검사의 불법행위를 이유로 국가배상청구를 한 사안에서

위와 같은 경우 검사는 어떤 윤리적 책임을 져야 하는가. 검사가 적법절차를 위반하여 증거를 수집하는 경우 검사는 어떠한 윤리적 책임을 져야 하는가. 인권보호수사규칙에 위반하는 경우 검사는 어떠한 윤리적 책임을 져야 하는가. 인권보호수사규칙에 명시되어 있지 아니한 경우에도 수사과정에서의 적법절차를 위반한 행위는 검사윤리위반이 되는가?

1. 적법절차 위반

형사소송법에서 규정하고 있는 모든 적법절차 규정을 여기에서 논하는 것은 부적절하므로 그 내용만 간단히 살펴본다. 형사소송법은 '적법한 절차에 따르지 아니하고 수집된 증거는 증거로 할 수 없다'(제308조의2)는 규정을 신설함으로써 위법수집증거배제법칙을 명문화하였다. 이는 재판의 공정성을 유지하고 위법수사를 억제하려는 목적이다.

다른 한편 대법원은 '법이 정한 절차에 따르지 아니하고 수집한 압수물의 증거능력 인정 여부를 최종적으로 판단함에 있어서는, 수사기관의 증거 수집 과정에서 이루어진 절차 위반행위와 관련된 모든 사정 즉, 절차 조항의 취지와 그 위반의 내용 및 정도, 구체적인 위반 경위와 회피가능성, 절차 조항이 보호하고자 하는 권리 또는 법익의 성질과 침해 정도 및 피고인과의 관련성, 절차 위반행위와 증거수집 사이의 인과관계 등 관련성의 정도, 수사기관의 인식과 의도 등을 전체적·종합적으로 살펴볼 때, 수사기관의 절차 위반행위가 적법절차의 실질적인 내용을 침해하는 경우에 해당하지 아니하고, 오히려 그 증거의 증거능력을 배제하는 것이 헌법과 형사소송법이 형사소송에 관한 절차 조항을 마련하여 적법절차의 원칙과 실체적 진실 규명의 조화를 도모하고 이를 통하여 형사 사법 정의를 실현하려 한 취지에 반하는 결과를 초래하는 것으로 평가되는 예외적인 경우라면, 법원은 그 증거를 유죄 인정의 증거로 사용할 수 있다고 보아야 한다'고 판시하고 있다.[2]

국가배상법에서 규정하는 검사의 과실이 없다고 판시한 사례를 검사윤리와 관련하여 논의해 보라.

2) 대법원 2007. 11. 15. 선고 2007도3061 판결: 위 판결은 피고인측에서 검사가 제주지사실에 대한 압수수색 결과 수집한 증거물이 적법절차를 위반하여 수집한 것으로 증거능력이 없다고 다투고 있음에도 불구하고, 주장된 위법사유 중 영장에 압수할 물건으로 기재되지 않은 물건의 압수, 영장 제시 절차의 누락, 압수목록 작성·교부 절차의 현저한 지연 등으로 적법절차의 실질적인 내용을 침해하였는지 여부 등에 관하여 충분히 심리하지 아니한 채 압수

대법원에서 제시하고 있는 '적법절차의 실질적인 내용을 침해하는 경우'에 따르면 전체적·종합적으로 살펴보아 적법절차 위반이 중대한 경우는 당연히 증거로 쓸 수 없고, 중대하지는 않지만 경미하다고 볼 수 없는 적법절차 위반의 경우(중간영역)도 증거로 사용할 수 없다고 보아야 한다. 단지 적법절차 위반이 경미한 경우만 제한적으로 증거로 쓸 수 있다는 의미로 해석된다.

위와 같이 위법수집증거배제법칙의 적용으로 증거로 쓸 수 없는 경우 검사는 적법절차위반으로 검사윤리에 위반한 것이라고 보아야 할 것이다. 문제는 증거로 배제되는 정도에 이르지 않는 적법절차위반의 경우도 검사윤리에 위반한다고 볼 수 있을까 하는 문제다.

사건 개개의 경우를 전체적·종합적으로 살펴보아야 할 것이지만, 위와 같은 경우 일응 형사소송법 제308조의2(위법수집증거의 배제), 검사윤리강령 제 6 조(인권보장과 적법절차의 준수), 인권보호수사규칙 제 1 조(적법절차확립과 국민의 기본적 인권보장)의 규정 취지를 종합할 때 검사윤리에 위반된다고 보아야 할 것이다. 수사의 필요성과 범인필벌의 이유를 들어 적법절차위반을 합리화할 수는 없을 것이다.

2. 인권보호수사규칙

'인권보호수사규칙'은 기존의 법무부훈령으로 운용되어 왔던 '인권보호수사준칙'을 2019년에 법무부령으로 상향하여 규범력을 강화하고 내용을 훨씬 충실하게 정비한 것이며, 2021년 개정을 거쳐 현재에 이르고 있다.[3]

이 규칙은 "수사과정에서 사건관계인의 인권을 보호하고 적법절차를 확립하기 위해 검사 및 수사업무 종사자가 지켜야 할 사항 등을 정함"을 목적으로 한다(동 규칙 제 1 조).

검사는 피의자등 사건관계인의 인권을 존중하고 적법절차를 준수(제 2 조)하고, 수사업무종사자를 지휘·감독한다. 가혹행위 금지, 차별의 금지, 공정한 수사, 사생활의 비밀 보호 등 인권보장을 규정하고 있다. 특히 부당한 수사방식을 제한

절차가 위법하더라도 압수물의 증거능력은 인정된다는 이유만으로 압수물의 증거능력을 인정한 것은 위법하다고 한 사례다.
3) 김오수, "인권보호수사규칙 제정의 의미", 법률신문, 2019.11.18.

(제15조)하며, 그 내용으로 "① 검사는 수사 중인 사건의 범죄 혐의를 밝히기 위한 목적만으로 관련 없는 사건을 수사하는 방식으로 부당하게 피의자를 압박해서는 안 된다."고 하여 압박수사를 금지하고 있다. 또한 "② 검사는 수사 중인 사건과 관련 없는 새로운 범죄혐의를 찾기 위한 목적만으로 수사 중인 사건에 대한 수사 기간을 부당하게 지연해서는 안 된다."고 하여 부당하게 수사를 지연하는 소위 '먼지털이식 장기간 수사'를 금지하였다.

피의자신문과 관련하여 진술거부권의 고지, 변호인의 접견·교통 보장, 피의자신문 시 변호인의 참여, 신뢰관계인의 동석 등 헌법 및 법률, 판례상으로 확보된 피의자 권리 관련 내용을 더욱 구체화하고 있다. 특히 그동안 문제시되어온 장시간 조사 및 심야조사를 제한하는 규정을 구체화하고, 조사 중 휴식시간 부여 등을 보장하고 있다.

제44조(장시간 조사 제한) ① 검사는 피의자등 사건관계인을 조사할 때에는 대기시간, 휴식시간, 식사시간 등 모든 시간을 합산한 조사시간(이하 "총조사시간"이라 한다)이 12시간을 초과해서는 안 된다. 다만, 조서의 열람만을 위해 피의자등 사건관계인이 서면으로 요청한 경우에는 그렇지 않다.
② 검사는 특별한 사정이 없는 한 총조사시간 중 식사시간, 휴식 시간 및 조서의 열람 시간을 제외한 실제 조사시간이 8시간을 초과하지 않도록 해야 한다.
제45조(심야조사 제한) ① 검사는 조사, 신문, 면담 등 명칭을 불문하고 오후 9시부터 오전 6시까지 사이에 조사(이하 "심야조사"라 한다)를 해서는 안 된다. 다만, 검사는 이미 작성된 조서의 열람을 위한 절차는 자정 이전까지 진행할 수 있다.
제47조(휴식시간 부여 등) ① 검사는 조사에 장시간이 소요되는 경우에는 특별한 사정이 없는 한 조사 도중에 최소한 2시간마다 10분 이상의 휴식시간을 주어야 한다.
② 피의자가 조사 도중에 휴식시간을 요청하는 때에는 그 때까지 조사에 소요된 시간, 피의자의 건강상태 등을 고려하여 적정하다고 판단될 경우 이를 허락하여야 한다.

또한 범죄피해자 및 참고인 조사에 있어서, 피해자의 진술권 보장, 2차피해 방지, 신뢰관계인의 동석, 신변보호조치, 성폭력·가정폭력 등 피해자의 보호를 위한 각종 조치 등을 구체화하고 있다. 소년·외국인·장애인에 대한 조사에서 유의할 점도 적시하고 있다.

인권보호수사를 강화하기 위해 각급 검찰청에 인권보호관을 둔다. 인권보호관은 인권 관련 제도의 개선, 인권 개선에 필요한 실태 및 통계 조사, 인권교육, 심야조사의 허가와 이 규칙에 위배되는 사항에 대한 시정 등 인권보호와 관련된 업무를 수행한다. 피의자등 사건관계인이 검사 및 수사업무종사자의 직무집행과 관련하여 이 규칙 위반이나 그 밖에 인권침해에 관한 신고를 한 경우에는 해당 신고를 내사사건이나 진정사건으로 수리하여 처리한다. 법무부장관은 검사 및 수사업무종사자의 수사 절차상 인권보호 및 적법절차 준수를 위해 적절한 교육을 실시해야 한다. 검찰청의 장은 인간의 존엄과 가치에 대한 이해도를 높이고 인권 감수성을 제고하기 위해 검사 및 수사업무종사자에 대하여 6개월마다 1회 이상 인권교육을 실시해야 한다.

검사징계법 제 2 조(징계사유) '직무상의 의무에 위반하거나 직무를 게을리하였을 때', 검사윤리강령 제 6 조(인권보장과 적법절차의 준수) 및 제10조, 인권보호수사규칙 등을 종합해 보면 인권보호수사규칙에 위반하는 경우에는 검사윤리를 위배하였다고 보아 징계사유에 해당한다고 판단해야 할 것이다.

3. 검사윤리 유형

(1) 정치적 중립과 공정

검사윤리강령 제 3 조(정치적 중립과 공정): ① 검사는 정치 운동에 관여하지 아니하며, 직무 수행을 할 때 정치적 중립을 지킨다. ② 검사는 피의자나 피해자, 기타 사건 관계인에 대하여 정당한 이유 없이 차별 대우를 하지 아니하며 어떠한 압력이나 유혹, 정실에도 영향을 받지 아니하고 오로지 법과 양심에 따라 엄정하고 공평하게 직무를 수행한다.

(2) 사건의 회피 및 재배당 요청

검사에게 제척·기피를 인정할 것인가에 대하여 형사소송법상 학설의 대립이 있으나,[4] 검사윤리강령에서는 명문으로 사건의 회피에 관한 규정을 두고 있다.

검사는 취급 중인 사건의 피의자, 피해자 기타 사건 관계인(당사자가 법인인 경

---

4) 자세한 내용은 이재상, 앞의 책, 95쪽; 신양균, 형사소송법(제 2 판), 법문사, 2004, 381~382쪽 참조.

우 대표이사 또는 지배주주)과 민법 제777조의 친족관계에 있거나 그들의 변호인으로 활동한 전력이 있을 때 또는 당해 사건과 자신의 이해가 관련되었을 때에는 그 사건을 회피하고(검사윤리강령 제9조 제1항), 검사는 취급 중인 사건의 사건 관계인과 제1항 이외의 친분 관계 기타 특별한 관계가 있는 경우에도 수사의 공정성을 의심받을 우려가 있다고 판단했을 때에는 그 사건을 회피할 수 있다(제9조 제2항).

인권보호수사규칙에는 수사의 공정성에 대한 의혹 여지가 있을 경우 적극적인 재배당 요청에 관한 규정을 두고 있다. 동 제5조(공정한 수사) 제3항에는 "검사는 피의자등 사건관계인과 친족이거나 친분이 있는 등 수사의 공정성을 의심받을 염려가 있는 경우에는 사건의 재배당을 요청하거나 소속 상급자에게 보고해야 하고, 상급자는 사건을 재배당하는 등 필요한 조치를 해야 한다."

(3) 부적절한 관계인 등과의 사적 접촉·교류 위반

검사는 취급중인 사건의 변호인 또는 그 직원과 정당한 이유 없이 사적으로 접촉하면 안 되며(검사윤리강령 제11조), 검사는 직무 수행의 공정성을 의심받을 우려가 있는 자[5]와 교류하지 아니하며 그 처신에 유의해야 하고(제14조), 검사는 자신이 취급하는 사건의 피의자, 피해자 등 사건 관계인 기타 직무와 이해관계가 있는 자와 정당한 이유 없이 사적으로 접촉[6]하면 아니 된다(제15조).[7]

---

[5] 검사윤리강령운영지침(법무부예규 제1273호, 2021 시행) 제9조(직무 수행의 공정성을 의심받을 우려가 있는 자의 정의) 강령 제14조에서 "직무 수행의 공정성을 의심받을 우려가 있는 자"라 함은 다음 각 호의 어느 하나에 해당하는 자를 말한다. 1. 강령 제15조에서 규정한 "사건 관계인 등" 중 검사가 사건을 처리한 후 2년이 경과되지 아니한 자, 2. 수사, 재판 및 형집행기관으로부터 지명수배를 받고 추적 중에 있는 자, 3. 다른 검사가 취급중인 사건의 "사건관계인 등" 중 언론 보도 등을 통하여 사회의 이목이 집중되고 있어 검사가 교류할 경우 공정성을 훼손할 우려가 있다고 의심할 만한 이유가 있는 자, 4. 수사, 재판 및 형집행기관이 취급중인 다른 사람의 사건, 사무에 관하여 청탁하는 등 검사가 교류할 경우 공정성을 훼손할 우려가 있다고 의심할 만한 이유가 있는 자.
[6] 검사윤리강령운영지침 제10조(사적 접촉의 유형) 강령 제11조, 제15조에서 "사적인 접촉"이라 함은 다음 각 호의 어느 하나에 해당하는 것을 말한다.
 1. 해당자(제11조에서는 "변호인 또는 그 직원", 제15조에서는 "사건 관계인 등"을 말한다. 이하 같다) 또는 해당자가 포함된 일행들과 함께 골프를 하는 것
 2. 해당자 또는 해당자가 포함된 일행들과 함께 식사나 사행성 오락을 하는 것
 3. 해당자 또는 해당자가 포함된 일행들과 함께 여행을 하는 것
 4. 해당자 또는 해당자가 포함된 일행들과 회합이나 행사를 하는 것
 5. 해당자 또는 그 가족이 경영하는 업소에 출입하는 것

(4) 금품·이익관련 윤리위반

검사는 항상 공·사를 분명히 하고 자기 또는 타인의 부당한 이익을 위하여 그 직무나 직위를 이용하면 안 된다(제16조 제1항). 검사는 금전상의 이익을 목적으로 하는 업무에 종사하거나 법무부장관의 허가 없이 보수 있는 직무에 종사하는 일을 하지 못하며, 법령에 의하여 허용된 경우를 제외하고는 다른 직무를 겸하지 못한다(제17조). 검사는 부당한 이익을 목적으로 타인의 법적 분쟁에 관여하지 못한다(제18조 제2항). 검사는 제14조에서 규정한 직무 수행의 공정성을 의심받을 우려가 있는 자나 제15조에서 규정한 사건관계인 등으로부터 정당한 이유 없이 금품, 금전상 이익, 향응이나 기타 경제적 편의를 제공받지 아니한다(제19조).[8]

(5) 부적절한 직무관련 윤리위반

검사는 직무와 관련하여 알게 된 사실이나 취득한 자료를 부당한 목적으로 이용하지 아니한다(제16조 제2항). 검사는 다른 검사나 다른 기관에서 취급하는 사건 또는 사무에 관하여 공정한 직무를 저해할 수 있는 알선·청탁이나 부당한 영향력을 미치는 행동을 하지 아니한다(제18조 제1항). 검사는 직무상 관련이 있는 사건이나 자신이 근무하는 기관에서 취급 중인 사건에 관하여 피의자, 피고인 기타 사건 관계인에게 특정 변호사의 선임을 알선하거나 권유하지 아니한다(제20조).

(6) 소   결

검사가 정치적 중립의무를 위반하여 사건을 처리하는 경우, 사건에 대한 이익충돌회피의무위반, 부적절한 관계인 등과의 접촉·교류위반, 금품·이익관련 윤리위반, 부적절한 직무관련 윤리를 위반하여 수사할 경우에는 아무리 사건 수사

---

7) 검사윤리강령운영지침(법무부예규 제1273호)에서는 취급중인 사건의 범위(제6조), 자신이 취급하는 사건 등의 범위(제7조), 사건관계인의 범위(제8조), 기타 직무와 이해관계가 있는 자의 범위(제11조), 사적 접촉의 예외(제12조) 등을 규정하고 있다.
8) 2010년 검사들이 건설업체 대표와 부적절한 관계를 맺고 룸싸롱 출입과 촌지 등의 향응을 제공받은 속칭 '스폰서 검사' 사건, 2011년 변호사로부터 금품을 받고 수사정보를 흘린 속칭 '벤츠 여검사 사건'에 대한 검사윤리 문제를 생각해 보라. 이 사건으로 인해 '검사 등의 불법자금 및 향응수수사건 진상규명을 위한 특별검사의 임명 등에 관한 법률'이 제정되어 검사를 상대로 수사가 이루어진바, 이에 대한 경위 및 배경 등을 생각해 보자.

자체가 공정하다고 할지라도 국민은 불공정수사, 편파수사 혹은 수사권남용이라고 문제삼을 여지가 많다. 그만큼 검사윤리는 엄정하게 지켜져야 한다는 것을 의미하며, 이를 어길 경우에는 검사 개인의 윤리책임뿐만 아니라 검찰 전체에 대한 신뢰문제로 이어질 수도 있다. 이러한 검사윤리강령 위반행위는 검사윤리위반으로 징계대상이 되는 것은 당연하다고 보아야 할 것이다.

Ⅲ. 소위 '검사동일체원칙'과 검사의 독립성 충돌에 따른 검사윤리

> 검사 A는 권위주의하 인권침해 과거사 사건의 재심사건의 공판검사로서 무죄가 확실하므로 "무죄구형"을 하려고 하였으나, 그가 속한 공판부장은 종전 관례대로 "법과 원칙에 따라 판결해달라"는 소위 백지구형을 하라고 지시하였다. A는 그러한 상급자의 지휘·감독이 위법·부당하다고 보아 검찰청법 제7조 제2항의 "이의제기권"을 행사하였다. 그에 대해 지검장이 아닌 공판부장은 A 대신 B검사에게 위 사건을 담당하도록 직무이전 지시하여 A의 사건관여를 금하였다. 그럼에도 불구하고 A는 위 지시가 실체적, 절차적으로 위법·부당하다고 보아 그 지시에 따르지 않고, 직접 공판정에 나가 "무죄구형"을 했고, 당일 재판부는 무죄판결을 선고하였고, 그로써 확정되었다. 법무부는 검사 A를 "검찰 조직 내부의 혼란을 초래하고 검사로서의 체면이나 위신을 손상"하였다고 하여 징계위원회에 회부하였고, A에 대해 정직처분을 내렸다. A는 행정소송을 제기하였다. 위 징계처분이 징계재량권의 일탈·남용으로 판단하여 징계처분 취소판결을 선고할 수 있을 것인가?

종래 검사동일체의 원칙은 모든 검사는 검찰총장을 정점으로 하는 피라미드형의 계층적 조직체를 형성하여 일체불가분의 유기적 통일체로 활동하는 것을 말한다.[9] [10] 검사동일체의 원칙은 검사의 지휘·감독관계, 직무승계 및 이전의 권

---

9) 이재상, 앞의 책, 92쪽.
10) 한인섭, "한국검찰의 정치적 중립성", 서울대학교 법학 제40권 제3호, 2000. 2. 17.에서 검사 동일체원칙은 단순히 직무상의 원칙 이상의 의미를 현실적으로 갖고 있다. 검사들은 다른 어떤 조직체보다 강력한 결속의식을 갖고 있으며, 상하관계의 틀 속에 사로잡혀 있게 되었다. 상사의 부탁이 거절하기 어려운 압력으로 일선 검사들에게 다가오는 것도 동일체 문화의 산물이다. 검찰실무에서 검사동일체원칙은 검찰을 군인계급조직에서의 상명하복과 같은

한, 직무대리권을 내용으로 한다고 설명되어진다.

그러나 2004년 검찰청법을 개정하면서, 동 제7조의 제목을 바꾸었다. 즉 '검사동일체원칙'의 제목을 삭제하고, '검찰사무의 지휘·감독'으로 바꾸었는데, 개정의 제안이유에서는 '검사의 직무상 독립성과 중립성을 제고하기 위한 것'이라고 밝히고 있다. 따라서 법률적 용어로 '검사동일체원칙'을 쓰지 않는 것이 합당하며, '검사동일체원칙'이라는 위계적이고 일률적인 명령복종적 문화·체질은 비판되어야 할 관행이라 할 수 있다.

검사의 지휘·감독관계에 대하여, '검사는 검찰사무에 관하여 소속 상급자의 지휘·감독에 따라야' 하며(검찰청법 제7조 제1항), '검사가 구체적 사건과 관련된 제1항의 지휘·감독의 적법성 또는 정당성에 대하여 이견이 있는 때에는 이의를 제기할 수 있다'(동법 제7조 제2항)고 규정하고 있다.

직무승계 및 이전의 권한에 대해서는, '검찰총장, 각급 검찰청의 검사장 및 지청장은 소속 검사로 하여금 그 권한에 속하는 직무의 일부를 처리하게 할 수 있으며'(동법 제7조의2 제1항), '검찰총장, 각급 검찰청의 검사장 및 지청장은 소속 검사의 직무를 자신이 처리하거나 다른 검사로 하여금 처리하게 할 수 있다'(동법 동조 제2항)고 규정하고 있다.

검사는 행정기관이지만 동시에 사법기관으로서의 이중적 성격을 지니고 있는 준사법기관이고, 따라서 검사의 독립성이 요구된다. 따라서 검찰청법은 통상적인 행정관리와는 달리 검사를 단독제의 관청으로 규정하고(검찰청법 제4조), 검사의 자격을 엄격하게 요구하고(검찰청법 제29조), 신분을 보장하고 있다(검찰청법 제37조). 이러한 검사의 준사법기관 및 단독·독립관청으로서의 지위는 검사동일체의 원칙과 충돌하는 경우가 발생할 수 있다.

검사와 검사의 상급자 사이에 사건 처리에 대한 의견이 대립되는 경우 이를 합리적으로 조율하는 것은 필수적이다. 검사의 입장에서는 상급자의 의견을 존중하고, 자신의 의견을 다시 생각해 보아야 할 것이며, 상급자도 역시 자신의 판단에 과오가 없는지 다시 살펴보아야 한다. 통상적으로 오랜 경험을 가진 상급자의 의견을 따르겠지만, 하급자의 입장에서 적법성·정당성에 대한 이견이 있을 수

위계적 질서로 변질시켜 검사들을 상관과 부하로 자리잡게 하는 분위기를 조성하며 그에 따라 독임제인 검사의 자율성을 잠식한다고 비판하고 있다.

있다.[11] 그러나 최종적인 의사결정은 단독관청인 담당 검사가 결정해야 한다.[12] 상사의 지휘·감독에 따르는 것과 자기양심에 따르는 것과의 조화문제는 경우에 따라서는 실제로 해결이 쉽지 않다.[13]

만일 담당 검사와 상급자의 의견충돌로 조율이 되지 않아 담당 검사가 상급자의 결재를 받지 아니하고 단독으로 사건처리를 할 경우 검사는 어떤 책임을 지게 될까.

검사윤리강령 제12조는(상급자에 대한 자세) 검사는 상급자에게 예의를 갖추어 정중하게 대하며, 직무에 관한 상급자의 지휘·감독에 따라야 한다. 다만, 구체적 사건과 관련된 상급자의 지휘·감독의 적법성이나 정당성에 이견이 있을 때에는 절차에 따라서 이의를 제기할 수 있다고 규정한다. 검찰청법 제7조 규정과 동일·유사한 규정이다.

[사례]

중앙정보부는 1964. 8. 14. '인민혁명당은 북한 노동당 강령을 토대로 발족하여 전국학생조직에 현 정권이 타도될 때까지 학생시위를 계속 조종함으로써 북한이 주장하는 노선에 따라 국가를 변란하고, 남북평화통일을 성취할 것을 목적으로 활동해 왔다'고 밝히고, 도예종 등 구속자 22명, 불구속자 12명 등을 검거하여 반공법위반으로 검찰에 송치하였다고 밝혔다. 이 사건을 송치받은 검사 이용훈 등 4명의 검사는 철저한 수사를 하였으나 '피의자들의 혐의를 입증할 증거가 전혀 없으며, 피의자들은 중앙정보부에서 고문을 심하게 당한 것이 명확하다'는 이유 등으로 기소를 포기할 것을 상부에 보고하였다. 그러자 서울검찰청 검사장은 "빨갱이 사건은 일반 사건과는 다르게 취급해야 하는 것이오. 이 사건에 대한 공

---

11) 2008년 문화방송 'PD 수첩'에서 방영된 '광우병' 편을 수사하던 임수빈 검사가 농림수산식품부에 대한 명예훼손이 성립되지 않는다는 무혐의 의견을 굽히지 않아 검찰 지휘부와 갈등을 빚다가 사표를 제출한 사례가 있다. 이후 이 'PD 수첩' 사건에 대해 법원은 1, 2심 및 대법원에서 무죄판결을 선고하였다(대법원 2011. 9. 2. 선고 2010도17237 판결).

12) 신동운, 간추린 신형사소송법(제6판), 법문사, 2014, 12쪽에서는 검사는 단독관청이므로 상급자의 대리인이나 보조인으로 직무를 수행하는 것이 아니라, 자신의 이름으로 각종 처분을 내린다고 설명하고 있다. 따라서 개별검사가 검찰조직 내부의 방침이나 결재 등을 거치지 않고 대외적으로 의사표시를 하였다면 그 의사표시는 단독관청의 처분으로서 대외적 효력을 갖는다고 한다. 다만 대내적으로 당해 검사에 대한 징계가 내려질 수 있으나 이것은 내부적 복무규율의 문제에 지나지 않는다고 설명한다.

13) 小島武司 외, 앞의 책, 382쪽.

소제기는 법무부장관과 검찰총장의 절대적인 명령이므로 당신들은 기소를 하든 지, 아니면 옷을 벗고 물러나든지 둘 중의 하나를 선택하시오. 기소를 해서 무죄 가 되더라도 검사들에겐 책임을 안 지운다는데 왜들 그러는 거요? 여러분들이 기소를 안한다면 나는 검사장을 그만둘 수밖에 없소. 당신들도 사표를 써 가지 고 있어요!"라고 지시하였다. 그러나 이용훈 검사 등은 기소하라는 지시를 거부 하였고, 사표를 제출하였다. 그러자 서울지방검찰청검사장은 당직 검사인 甲검사에 게 기소를 하도록 지시하여 공소를 제기하였다. 이용훈 검사 등의 결정은 정당하며 검사윤리에 부합하는가. 甲검사의 기소는 정당하며 검사윤리에 부합하는가.[14] 여러 분이 만일 검사라면 어떻게 결정하겠는가.[15]

법무부장관 A는 B에 대한 국가보안법위반사건에 대한 구속 여부가 언론 등을 통 해 사회적 쟁점이 되자, 검찰총장인 甲에게 B는 교수로서 도주 및 증거인멸의 우 려 등이 없으므로 불구속수사할 것을 서면으로 지시하였다. 그러자 검찰에서는 많 은 불만이 터져 나왔고, 甲검찰총장은 A법무부장관의 지시사항을 수용한 후 사직서 를 제출하였다.

검찰청법 제8조는(법무부장관의 지휘·감독) '법무부장관은 검찰사무의 최고 감 독자로서 일반적으로 검사를 지휘·감독하고, 구체적 사건에 대하여는 검찰총장 만을 지휘·감독한다'고 규정하고 있다. 위 규정은 검찰총장을 방파제로 삼아 구 체적 사건처리에 있어 정치적 영향과 간섭을 배제하려는 것이다.

---

14) 대통령 소속 의문사진상규명위원회, 의문사진상규명위원회 보고서Ⅱ, 2003, 109쪽 이하 : 1964. 8. 14.자로 중앙정보부에서 발표한 인혁당사건의 실제 내용을 사례화하였다. 이 사건은 47명의 수사대상자 중에서 1심에서는 2명만 유죄를 인정하고 나머지는 모두 무죄를 선고하 였으나, 항소심에서는 13명에 대하여 반공법위반으로 실형을 선고받았다. 이러한 인혁당 사 건은 이후 다시 1975년 북한의 지령을 받아 유신체제에 반대하는 '민청학련'을 조종하고, 국 가를 전복하려한 혐의로 25명이 기소되어 8명이 사형을 선고받아 집행되었고, 17명이 무기 징역 등을 선고받는 '인혁당재건위'사건이 발생하였다(대법원 1975. 4. 8. 선고 74도3323 판 결). 2002년 의문사진상규명위원회는 인혁당재건위 사건이 중앙정보부의 조작극이라고 결정 하였다. 이후 서울지방법원은 2005. 12. 27. 2002재고합6, 2003재고합5사건에서 인혁당재건위 사건에 대하여 재심 개시결정을 내렸고, 서울중앙지방법원은 2007. 1. 이 사건에 대하여 무 죄를 선고하였다. 이후 이 사건에 대하여 대법원은 국가에 손해배상책임을 인정하였다(대법 원 2011. 1. 27. 선고 2010다1234 판결 등).

15) 이용훈, 사필귀정의 신념으로, 삼연, 1994, 95~112쪽 참조.

검사에 대한 상명하복관계는 내적 지휘·감독권과 외적 지휘·감독권으로 나눌 수 있다. 내적 지휘·감독권이 검사동일체원칙의 내용이 됨에 반하여, 법무부장관의 검사에 대한 지휘·감독권은 외적 지휘·감독권이라고 할 수 있다.[16] 검찰의 정치권력으로부터의 독립은 법무부장관의 지휘권발동을 둘러싼 문제로서 검사윤리와는 조금 차원을 달리하는[17] 면도 존재하지만, 법무부장관의 지휘·감독을 둘러싼 검사의 양심과 윤리문제이기도 하다.[18]

위 사례에서 A법무부장관의 검찰총장에 대한 지시는 정당한 것인가 또는 아닌가. 법무부장관의 수사에 대한 관여는 어떤 점에서 정당성을 찾을 수 있을 것인가. 법무부장관의 수사 간섭은 수사의 공정성과 중립성을 훼손한 것인가 또는 아닌가. 만일 검찰총장과 해당 사건 주임검사가 법무부장관의 지시를 어긴 경우 검사윤리에 반하는 점은 무엇인가.

≪판례≫

[직무이전명령의 적법성 관련]

"(1) 원래 검사 직무의 위임·이전 및 승계에 관한 규정은 상명하복의 검사동일체 원칙을 규정하고 있던 검찰청법 제7조에 함께 있었다. 그런데 위 조항이 2004. 1. 20. 법률 제7078호로 개정되면서 상명하복이 검찰사무에 관한 지휘·감독으로 완화됨과 아울러 검사는 구체적 사건과 관련된 상급자의 지휘·감독의 적법성 또는 정당성에 대하여 이의를 제기할 수 있다는 규정이 새로이 추가되었고, 검사 직무의 위임·이전 및 승계에 관한 규정을 신설된 제7조의2에 옮겨 별도로 두게 되었다.

이러한 검찰청법의 개정취지와 목적, 규정 체계에 비추어 보면, 검사가 구체적 사건과 관련된 상급자의 지휘·감독의 적법성 또는 정당성에 대하여 이의한 상황에서 검찰청의 장이 아닌 상급자가 그 이의를 제기한 사건에 관한 검사의 직무를 다른 검사에게 이전하기 위해서는 검사 직무의 이전에 관한 검찰청의 장의 구체적·개별적인 위임이나 그러한 상황에서의 검사 직무의 이전을 구체적이고

---

522 제15장 검사의 직무와 윤리

명확하게 정한 위임규정 등이 필요하다고 보아야 한다.

(2) 원심은, ① 소외 1에 대한 판시 재심사건(이하 '재심사건'이라 한다)의 공판에 관여하는 원고의 직무를 다른 검사로 하여금 담당하게 하라는 공판 2 부장의 직무상 지시(이하 '이 사건 직무이전명령'이라 한다)는 검찰청법 제 7 조의2 제 2 항에서 정한 직무의 이전에 해당함을 전제로 하여 판시와 같은 사정을 종합하여 이 사건 직무이전명령과 같이 주임검사와 결재권자 사이에 이견이 발생한 상황에서 주임검사를 배제하고 다른 검사로 하여금 해당 사건을 담당하게 하는 직무이전명령은 '사건배당지침 시달 및 부별배당제 시행청 지정'에서의 '재배당'이나 '서울중앙지방검찰청 위임전결규정'의 '직무분담'으로는 할 수 없다는 취지로 판단하고, 나아가 ② 이 사건 직무이전명령에 대한 서울중앙지방검찰청 검사장의 사후 승인이 있었으므로 공판 2 부장의 이 사건 직무이전명령은 적법하다는 피고의 주장을 배척하여, 결국 이 사건 직무이전명령은 권한 없는 자에 의한 것으로서 위법하므로 이 사건 직무이전명령에 불복한 점은 징계사유가 되지 않는다고 판단하였다.

(3) 원심판결 이유를 앞에서 본 법리와 적법하게 채택된 증거들에 비추어 살펴보면, 비록 원심의 이유 설시에 다소 미흡한 부분이 있지만, 위와 같은 원심의 결론은 수긍할 수 있고, 거기에 상고이유 주장과 같이 검사 직무의 이전 및 위임 등에 관한 법리를 오해하는 등의 위법이 없다." (대법원 2017. 10. 31. 선고 2014두45734 판결).

[이른바 '백지구형'의 적법성 관련]

"(1) 검찰청법 제 7 조 제 1 항에 의하면 검찰사무에 있어 검사는 소속 상급자의 지휘 · 감독에 따를 의무가 있으므로, 구형에 관하여도 상급자인 공판 2 부장의 지휘 · 감독에 따를 의무가 있다. 그러나 한편 검사는 공익의 대표자로서 실체적 진실에 입각한 국가 형벌권의 실현을 위하여 공소제기와 유지를 할 의무뿐만 아니라 그 과정에서 피고인의 정당한 이익을 옹호하여야 할 의무도 동시에 부담하고 있다. 이러한 공익의 대표자로서 객관의무를 부담하는 검사가 따를 의무가 부여되는 상급자의 지휘 · 감독은 적법하고 정당한 것에 한정되어야 할 것이다. ...

검사는 공익의 대표자로서 '사실과 법률적용에 관하여 의견을 진술'할 의무와 '법원에 대하여 법령의 정당한 적용을 청구'할 권한이 있고, 이러한 직무 권한과

의무를 국민으로부터 부여받은 이상(검사윤리강령 제 2 조), 검사는 형사소송법 및 검찰청법 등에 따라 공소사실에 관하여 유·무죄 여부 및 무죄일 경우에는 무죄를 선고하여 달라는 의견을, 유죄일 경우 그 죄에 상응하는 형에 관한 의견을 진술할 법적인 의무와 책임이 있다.

그런데 '법과 원칙에 의한 판단'을 구하는 백지구형은 사실과 법률 적용에 관하여 법과 원칙에 부합하는 법원의 판단에 전적으로 맡기고, 유무죄 여부 및 적정한 형의 정도에 관하여는 의견을 진술하지 않거나, 의견이 없다는 것을 의미하는 것에 불과하여 검사로서의 의견을 진술하지 않겠다는 것과 마찬가지로서 형사소송법과 검찰청법이 예정하고 있는 적법한 의견 진술이나 법령의 정당한 적용 청구라고 보기 어렵다.

피고는 이러한 백지구형이 공소취소를 할 수 없는 상황에서 유무죄의 심증이 형성되지 않은 경우에 한하여 이루어진 것이고, 정책적으로도 과거 검찰 및 법원의 판단을 지금의 기준에서 오류였다고 현재의 검찰 단계에서 단정하는 것이 과연 적절한지에 관한 고민이 반영된 것으로 적법한 구형에 해당하고 그 정당성도 있다고 주장한다. 그러나 형사소송법은 검사에 대하여 의견진술의무를 부여함으로써 검사로 하여금 형사재판에 있어서 결심에 이르기까지 유무죄에 대한 심증을 형성하여 진술하도록 의무지운 것이므로, 비록 이러한 검사의 의견진술의무 규정이 이를 이행하지 않는 경우의 효력에 관하여 별다른 규정이 없는 점, 조문의 형식 및 내용, 관련 규정 등에 비추어 볼 때 검사에 대한 강제성이 없는 직무상 훈시 규정에 불과하다고 하더라도, 공소 제기 및 유지의 권한과 책임이 있는 공익의 대표자인 검사로서는 이를 준수하는 것이 형사소송법의 취지와 목적에도 부합하는 것이다.

따라서 형사소송법과 구형지침에 따라 공소사실에 관하여 형성된 심증에 기하여 '무죄의견'을 진술하여 형사소송법과 검찰청법에 규정된 검사로서의 의무와 직무를 적법하게 이행하겠다는 의사를 밝힌 원고에게 공판 2 부장이 형사소송법과 검찰청법의 취지와 목적에 부합하지 않는 백지구형을 하도록 한 것은 원고가 무죄의견을 진술함에 있어 신중하게 참작할 수는 있으나 반드시 따라야 할 필요가 없는 상급자의 권고에 해당한다고 할 수 있음은 별론으로 하더라도 검찰청법 제 7 조 제 1 항 소정의 지휘 또는 감독에 따라야 하는 의무가 부여되는 소속 상급자의 적법한 지시라고 할 수는 없다.

그러므로 원고가 이러한 형사소송법과 검찰청법의 취지와 목적에 어긋난 공판
2부장의 백지구형지시를 따르지 않고 무죄의견을 진술하였다고 하더라도 이를
징계사유로 삼을 수는 없다." (서울고등법원 2014. 11. 6. 선고 2014누45361 판결)

Ⅳ. 기소독점주의 및 기소편의주의와 검사윤리

정승화 등이 1993. 7. 19. 대검찰청에 이른바 12·12 군사쿠데타, 5·18민주화운동
등에 관하여 전두환 외 33명을 내란목적살인죄 등으로 고소하였다. 대검찰청은
1994. 10. 29. 피고소인 및 피고발인들에 대한 수사를 한 후 전두환 등에 대하여
"기소유예" 등의 각 불기소처분을 하였다.[19]

검찰이 밝힌 기소유예 사유는 다음과 같다.

위 피의자 등을 기소하는 경우, 재판과정에서 과거사가 반복 거론되고 법적 논쟁
이 계속되어 국론분열과 대립양상을 재연함으로써 불필요하게 국력을 소모할 우려
가 있고, 이러한 혼란상은 결국 장래적으로 국가안정을 저해하고 자칫하면 국가발
전에도 지장을 초래하는 결과를 야기할 수 있음을 고려하지 아니할 수 없다.

또한, 검찰이 이 사건의 진상을 철저히 규명하고 그것이 범법행위이었음을 명백
히 인정한 이상 불행하였던 과거를 청산하고 불법적 실력행사를 경고하는 냉엄한
역사적 교훈을 남겨 역사발전의 계기가 될 것이므로, 이 사건에 대한 역사적인 평
가는 후세에 맡기고 관련자들에 대한 사법적 판단은 이번 검찰의 결정으로 마무리
하는 것이 바람직하다고 할 것이며, 대다수 국민들도 더 이상 지난 일로 갈등과 반
목을 지속하여 국가적 혼란을 초래함으로써 국가발전에 지장을 주는 것을 바라지
아니할 것이다.

한편, 위 피의자 등이 지난 14년간 우리나라를 통치하면서 나름대로 국가발전에
기여한 면이 있음을 인정하지 아니할 수 없고, 또 이 사건이 선거의 쟁점으로 부각
되었던 제13대 대통령선거에서 이 사건의 주역의 한 사람인 대통령후보가 당선되
고, 이른바 5공 청문회를 거치는 등으로 이미 국민적 심판을 받았다고도 볼 수 있

---

19) 기소유예 결정에 대하여 반발하며 다시 고소, 고발을 한 동일 사건에 대하여 검찰은 1995.
7. 18. 성공한 쿠데타는 처벌할 수 없다는 논리로 '공소권 없음' 결정을 하였다. 이후 비등한
국민여론에 못이겨 특별법이 제정되었고, 결국 검찰은 전두환과 노태우 등을 군사반란죄 등
으로 기소하기에 이르렀다. 기소독점주의 및 기소편의주의 이외에 검찰의 정치적 중립성과
독립성에 대하여도 논의해 보라.

으며, 특히 전직 대통령 등을 법정에 세워 단죄하는 경우에는, 그동안 형성된 제반 기성질서와 관련하여 국민에게 심정적으로 혼돈을 느끼게 할 우려가 있는 점 등 여러 가지 정황도 참작하지 아니할 수 없다.

아울러 지금은 전 국민이 힘을 합하여 치열한 국제경쟁을 이겨내고 숙원인 남북통일에 대비해야 할 시기이고, 이러한 시기에 그 어떤 명제보다도 가장 절실히 요구되는 것은 국민화합을 토대로 정치와 사회의 안정을 기하고 이를 바탕으로 국가경쟁력을 강화하여 지속적인 국가발전을 도모하는 것인 바, 이러한 시점에서 과거에 집착하여 미래를 그르치는 것은 결코 바람직하지 아니하다는 점을 심각하게 고려하지 아니할 수 없다.

이에, 어떤 결정을 하는 것이 국가의 장래를 위하여 최선인가 하는 관점에서 위와 같은 제반 요소를 종합적으로 검토한 결과, 사회안정과 국가발전을 위하여 위 피의자 등에 대한 소추처분을 유예하기로 하였다고 밝혔다.[20]

검찰의 위와 같은 불기소처분은 검사윤리에 부합하는 결정인가. 부합하지 않는다면 그 이유는 무엇인가. 검찰의 불기소처분은 기소독점주의[21] 및 기소편의주의에 근거한 결정이었다. 기소편의주의에서 검사의 재량권은 어디까지 허용된다고 보아야 하는가. 검사의 자의적·독선적인 기소편의주의 남용[22]에 대한 검사윤리를 어떻게 보아야 하는가?

1. 기소유예 결정과 검사윤리

검사의 위와 같은 결정은 검사윤리강령 모두 사실의 '범죄로부터 국민의 보호' 및 '법의 지배'를 통하여 인간의 존엄과 가치를 보장함으로써 자유롭고 안정된 민주사회를 구현하여야 할 책무를 다한 결정이었다고 할 수 있는가. 구체적으

---

20) 헌법재판소 1995. 1. 20. 선고 94헌마246 전원재판부 결정 사건의 실제 내용을 기술한 사례임.
21) 헌법재판소 2007. 7. 26. 선고 2005헌마167 전원재판부 결정: 헌법재판소는 국가소추주의·기소독점주의에 대하여 공익의 대표자인 검사로 하여금 객관적인 입장에서 형사소추권을 행사하도록 하여 형사소추의 적정성 및 합리성을 기하는 한편, 형사피해자의 권익보호를 위하여 형사소송법 등에서 고소권, 항고·재항고권, 재정신청권, 재판절차에서의 피해자진술권, 헌법소원심판청구권 등의 규정을 두어 형사피해자가 형사절차에 관여할 수 있는 여러 제도를 마련하고 있으므로, 이 사건 법률조항은 형사소추권의 행사에 관한 입법형성권의 한계를 벗어나 형사피해자의 재판청구권을 침해하는 것으로 볼 수 없다고 판시하였다.
22) 2007. 6. 1. 형사소송법 개정으로 재정신청의 대상이 모든 범죄로 확대되어 검사의 기소독점주의 및 기소편의주의 남용에 대하여 일정한 견제를 기대할 수 있는 제도적 장치가 마련되었다.

로 '공익의 대표자로서 국법질서를 확립하고 국민의 인권을 보호하며 정의를 실
현할 사명'(검사윤리강령 제 1 조)을 준수한 결정이었다고 할 수 있는가. 검사의 '성
실과 겸손한 자세로 국민에게 봉사하는'(제 2 조) 결정이었다고 할 수 있는가. 검사
의 '정치적 중립의무를 준수하고, 법과 양심에 따른 엄정하고 공평한 직무수행'
결정이었다고 할 수 있는가(제 3 조). '피해자 기타 사건관계인의 인권을 보장'하는
결정이었는가(제 6 조). 검사의 '법령의 정당한 적용과 국가형벌권의 적정하고 신속
한 실현'을 위한 결정이었는가.

    5·18민주화운동은 전두환의 12·12 군사쿠데타 등을 통한 정권장악과 전국
에 선포된 계엄령 철회 등을 내걸고 시작되었으며, 군대의 무자비한 유혈진압으
로 사망자 207명, 부상자 2,392명, 사망행불자 207명, 기타 희생 987명이라는 비
극으로 종결되었다.[23]

    이 사건을 검찰은 기소유예하였는데 어떻게 생각하는가. 검찰의 주장대로 전
두환 등을 민주화운동 학살자로 처벌하게 되면 국가혼란이 야기되고, 국가발전에
저해가 되므로 이들을 용서해 주는 것이 타당한가. 이렇게 결정한 검사는 아무런
윤리적 책임을 지지 않아도 되는가.

2. 검사의 소추재량권과 검사윤리

    헌법재판소의 견해는 다음과 같다. 모든 국민의 법 앞에서의 평등(헌법 제11조
제 1 항), 형사피해자의 재판절차에서의 진술권(헌법 제27조 제 5 항), 범죄피해 국민
의 구조청구권(헌법 제30조) 등을 보장하고 있는 헌법정신과, 검사의 불편부당한
공소권 행사에 대한 국민적 신뢰를 기본적 전제로 하는 기소편의주의제도 자체
의 취지와 목적에 비추어 보면, 형사소송법 제247조 제 1 항에서 규정하는 검사의
소추재량권은 그 운용에 있어 자의가 허용되는 무제한의 자유재량이 아니라 그
스스로 내재적인 한계를 가지는 합목적적 자유재량으로 이해함이 마땅하고, 기소
편의주의 혹은 소추재량권의 내재적 제약은 바로 형법 제51조에 집약되어 있는 것
으로 판단되며, 따라서 형법 제51조에 규정된 사항들이나 이러한 사항들과 동등하
게 평가될 만한 사항 이외의 사항에 기한 검사의 기소유예처분은 소추재량권의

---

23) 5·18기념재단 광주민주화운동 관련자 보상 현황.

내재적 한계를 넘는 자의적(恣意的) 처분으로서 정의와 형평에 반하고 헌법상 인정되는 국가의 평등보호의무에 위반된다.[24]

그러면 검찰의 12·12 군사쿠데타, 5·18민주화운동 학살에 대한 기소유예는 헌법재판소에서 제시하는 이러한 기준을 충족하는 결정인가.[25]

헌법재판소는 위와 같이 기소편의주의에서 재량권은 내재적 한계를 갖는 합목적적 자유재량이라고 하고 있으나, 총론적 설시 외에 본안에 들어가서는 '12·12 사건의 처리에 있어 충실한 과거의 청산과 장래에 대한 경고, 정의의 회복과 국민들의 법감정의 충족 등 기소사유(起訴事由)가 갖는 의미도 중대하지만 이 사건을 둘러싼 사회적 대립과 갈등의 장기화 또한 가볍다고만 단정할 수는 없을 것이고, 양자간의 가치의 우열이 객관적으로 명백하다고 보기도 어렵다. 그렇다면 가치의 우열이 명백하지 아니한 상반되는 방향으로 작용하는 두 가지 참작사유 중에서 검사가 그 어느 한쪽을 선택하고 다른 사정도 참작하여 기소를 유예하는 처분을 하였다고 하여 그 처분이 형사소송법 제247조 제1항에 규정된 기소편의주의가 예정하고 있는 재량의 범위를 벗어난 것으로서 헌법재판소가 관여할 정도로 자의적인 결정이라고 볼 수 없다'[26]고 결정하였다.

헌법재판소 반대의견은 다음과 같았다. '이 사건에서 피청구인이 내세우는 기소방향으로 작용하는 사유에 대한 논증은 있었으나 기소유예방향으로 작용하는 사유에 대하여는 아무런 논증이 없고, 가사 그에 대한 논증이 있다고 가정하더라도 기소방향으로 작용하는 참작사유의 가치가 그 반대사유의 가치에 비하여 현저히 그리고 명백하게 우월하므로, 피청구인의 기소유예처분은 검사의 합리적인 재량의 한계를 일탈한 부당한 처분이며 그로 인하여 청구인들의 평등권과 재판절차진술권을 침해하였으므로 마땅히 취소되어야 할 것이다'.[27]

---

24) 헌법재판소 1995. 1. 20. 선고 94헌마246 전원재판부 결정: 참고로 5·18민주화운동 등에 관한 특별법 위헌 여부에 대한 헌법재판소 1996. 2. 16. 선고 96헌가2, 96헌바7, 96헌바13(병합) 결정 등 참조.

25) 한인섭, 앞의 논문, 208~209쪽 참조.

26) 헌법재판소 1995. 1. 20. 선고 94헌마246 전원재판부 결정 다수의견임.

27) 헌법재판소 1995. 1. 20. 선고 94헌마246 전원재판부 결정 재판관 조승형의 반대의견. 재판관 고중석의 반대의견은 다음과 같다. 이 사건 범행의 동기, 수단, 결과, 법정형과 범행 후 피의자의 태도, 피해자에 대한 관계 등은 이 사건 기소 여부를 결정함에 있어서 다른 어느 사항보다도 중요하고 크게 참작해야 할 사항임에 비하여, 피청구인이 불기소사유로 들고 있는 사유는 객관적으로 근거가 없거나 기소 여부를 결정함에 있어서 기소사유에 비하여 정상참작사항으로서의 중요성이나 가치가 훨씬 덜함에도 불구하고, 피청구인이 피의자에 대하

검찰의 기소유예 결정, 그리고 이를 정당한 결정이라고 판시한 헌법재판소의 결정은 과연 정당한 결정인가. 이러한 결정에 따르는 경우 검찰의 결정은 정당한 것이고 따라서 검사는 그 어떠한 검사윤리에도 위반하지 않았다는 결론이 되고 만다. 과연 그렇게 판단하는 것이 정당한가. 검사윤리에 반하지 않는다고 할 수 있는가. 검사의 직무상 독립은 대단히 중요하지만 독립성 유지라는 명분하에 검찰의 독단과 전횡을 한 것은 아닌가.

V. 공소권남용과 검사윤리

> ① 검사가 수사를 하면서 피의자 A, B, C, D를 식품위생법위반으로 입건하여 피의자 중 A와 B는 구속기소를 하고, C와 D에 대해서는 기소유예를 하였다.
> ② C는 절취한 차량을 무면허로 운전하다가 적발되었는데, 이미 절도범행의 기소중지자로 검거되었음에도 불구하고, 검사는 무면허운전의 범행만을 기소하여 유죄의 확정판결을 받고 C는 형의 집행 중 가석방되었다. 그런데 검사는 그 절도 범행의 기소중지자로 긴급체포하여 절도 범행과 이미 처벌받은 무면허 운전의 일부 범행까지 기소하였다.
> 검사의 이러한 선별·누락기소는 검사윤리에 부합하는가. 검사의 차별·누락기소는 공소권을 남용한 것은 아닌가. 이러한 차별기소는 헌법의 평등권을 침해한 것은 아닌가. 공소권남용이 인정되지 않으면 검사윤리위반의 문제는 발생하지 않는 것인가?

공소권남용이란 공소권 행사가 형식적으로는 적법하지만 실질적으로는 부당한 경우를 말한다. 이러한 공소권남용의 경우 공소기각 또는 면소판결의 형식재판으로 소송을 종결시켜야 한다는 이론을 공소권남용이라 한다. 이러한 경우로는 통상 무혐의 사건의 기소, 소추재량을 일탈한 기소, 차별적·선별적 기소, 누락기소 등으로 설명되고 있다.[28] 검사윤리강령 제 7 조(검찰권의 적정한 행사)는 '검사는

여 기소유예처분을 한 것은 기소편의주의의 재량권 행사의 한계를 벗어난 자의적인 검찰권의 행사라 아니할 수 없고, 그로 말미암아 청구인들은 헌법상 보장되는 재판절차진술권 및 평등권을 침해받았으므로 피청구인의 기소유예처분은 마땅히 취소(取消)되어야 한다.

28) 자세한 내용은 이재상, 앞의 책, 335~339쪽; 신양균, 앞의 책, 284~289쪽 참조. 신양균 교수는

적법한 절차에 의하여 증거를 수집하고 법령의 정당한 적용을 통하여 공소권이 남용되지 않도록 한다'고 규정하고 있다.

먼저 선별기소[29]로 인한 공소권남용에 대한 법원의 태도는 어떠한가.

대법원은 이에 대하여 "검사는 피의자의 연령·성행·지능과 환경, 피해자에 대한 관계, 범행의 동기·수단과 결과, 범행 후의 정황 등의 사항을 참작하여 공소를 제기할 것인지의 여부를 결정할 수 있는 것으로서(형사소송법 제247조 제1항), 똑같은 범죄구성요건에 해당하는 행위라고 하더라도 그 행위자 또는 그 행위 당시의 상황에 따라서 위법성이 조각되거나 책임이 조각되는 경우도 있을 수 있는 것이므로, 자신의 행위가 범죄구성요건에 해당된다는 이유로 공소가 제기된 사람은 단순히 자신과 동일한 범죄구성요건에 해당하는 행위를 하였음에도 불구하고 공소가 제기되지 아니한 다른 사람이 있다는 사유만으로는 평등권이 침해되었다고 주장할 수 없다"[30]고 판시함으로써, 법원의 확고한 입장을 밝히고 있다.

검사가 자의적으로 공소권을 행사하여 피고인에게 실질적인 불이익을 줌으로써 소추재량권을 현저히 일탈하였다고 보여지는 경우에는 이를 공소권의 남용으로 볼 수 있다고 한다.[31] 그러나 실제 차별기소와 관련하여 공소권남용이라고 판시한 사례는 찾아볼 수 없다.

누락기소로 인한 공소권남용에 대한 법원의 태도는 어떠한가.

검사가 관련 사건을 수사할 당시 이 사건 범죄사실이 확인된 경우 이를 입건하여 관련 사건과 함께 기소하는 것이 상당하기는 하나 이를 간과하였다고 하여 검사가 자의적으로 공소권을 행사하여 소추재량권을 현저히 일탈한 위법이 있다고 보여지지 아니할 뿐 아니라, 피고인이 관련 사건과 병합하여 재판을 받지

위법수사에 따른 기소도 공소권남용에 포함하고 있다.

29) 한인섭, 앞의 논문, 197쪽 이하에서 검찰권의 잣대가 특정인 특정 집단을 처벌하기 위해 수사권을 사용한다는 '표적사정'의 지적이 그것이며, 현재 살아 있는 권력은 손대지 못하고 죽은 권력을 손댄다는 '하이에나식 사정'이 문제되었던 것이다. 또한 집권층 내의 인사의 비리 의혹이 불거질 경우 비리사정이 아니라 의혹해소차원에서 '축소수사', '봐주기 수사'라는 비판도 제기되었다고 지적하면서 표적사정, 선별기소 등의 문제점을 지적하고 특별검사제 도입, 고위공직자비리조사처 제도를 논하고 있다. 다만 여기서 이러한 내용을 다루기에는 구체적인 자료 확보가 쉽지 않아 일반론으로 다루고자 한다.

30) 대법원 2006. 12. 22. 선고 2006도1623 판결 등.

31) 대법원 2004. 4. 27. 선고 2004도482 판결; 1999. 12. 10. 선고 99도577 판결; 2001. 10. 9. 선고 2001도3106 판결 등.

못하게 되는 불이익을 받게 되었다고는 하나, 검사가 위 항소심판결 선고 이후에 이 사건 공소를 제기한 것이 검사의 태만 내지 위법한 부작위에 의한 것으로 인정되지 아니한다.[32)]

검사가 자의적으로 공소권을 행사하여 피고인에게 실질적인 불이익을 줌으로써 소추재량권을 현저히 일탈하였다고 보여지는 경우에 이를 공소권의 남용으로 보아 공소제기의 효력을 부인할 수 있는 것이고, 여기서 자의적인 공소권의 행사라 함은 단순히 직무상의 과실에 의한 것만으로는 부족하고 적어도 미필적이나마 어떤 의도가 있어야 한다.[33)] 대법원 2001도3026 판결은 "단순히 직무상의 과실에 의한 것만으로는 부족하고 적어도 미필적이나마 어떤 의도"가 있어야 한다. 위 ②의 사례에서는, 대법원은 "종전 사건의 판결이 확정되고 나아가 피고인이 그 형을 복역하고 출소한 다음에서야 이미 처벌받은 종전 사건의 일부 범죄사실까지 포함하는 이 사건 공소를 제기하여 다시 피고인에 대한 재판과 처벌을 반복하는 것은 관련 사건을 함께 재판받을 이익을 박탈함으로써 현저하게 피고인의 권리나 이익을 침해한다 할 것이어서 공소권을 자의적으로 행사한 것이 아닌가 하는 의심이 든다."고 하면서 검사의 공소제기가 "형사절차의 적정성의 원칙에 위반하는 자의적인 공소권 행사로서 피고인의 적정하고도 신속한 재판을 받을 권리를 침해하는 등으로 그 소추재량권을 현저히 일탈하여 공소권을 남용한 것인지"를 따져 봐야 한다고 판시한다.[34)] 검사는 기소편의주의와 공소권남용에 관한 법리를 잘 이해하여 공소권 남용의 비판을 받지 않도록 유의해야 할 것이라면서 공소권남용으로 인정하였다.

즉 법원은 누락기소의 경우 처음에는 "검사의 태만 내지 위법한 부작위"가 존재하면 공소권남용이 인정될 수 있는 것처럼 판시하다가, 검사에게 "단순히 직무상의 과실에 의한 것만으로는 부족하고 적어도 미필적으로나마 어떤 의도"가 있어야 한다고 판시하여 공소권남용 요건을 강화하고 있다고 해석되고 있다.[35)]

검사의 선별기소나 누락기소의 모든 경우를 위법하고 검사윤리에 반한다고 할 수 없음은 분명하다. 형사소송법 제246조와 제247조에 의하여 검사는 범죄의

---

32) 대법원 1996. 2. 13. 선고 94도2658 판결.
33) 대법원 1999. 12. 10. 선고 99도577 판결; 2001. 9. 7. 선고 2001도3026 판결 등.
34) 대법원 2001. 9. 7. 선고 2001도3026 판결.
35) 신양균, 앞의 책, 288쪽.

구성요건에 해당하여 형사적 제재를 함이 상당하다고 판단되는 경우에는 공소를 제기할 수 있고 또 형법 제51조의 사항을 참작하여 공소를 제기하지 아니할 수 있는 재량권이 부여되어 있기 때문이다.

또한 동시수사 동시기소가 바람직하지만 각 사안에 따라서는 그렇게 하지 못할 사유 등도 분명히 존재하기 때문이다. 만일 피고인이 위 종전 사건의 각 범행에 대한 수사 당시에 검사에게 이 사건 각 범행을 스스로 밝히고 함께 수사하여 줄 것을 요청하였음에도 불구하고 검사가 자의적으로 이 사건 각 범행에 대한 수사를 회피하고 공소를 제기하지 아니하였다가 뒤늦게 위 종전 사건에 대한 항소심 판결이 선고될 무렵에 이 사건 각 범행에 대한 수사를 개시하고 위 종전 사건에 대한 항소심 판결이 선고된 후에 기소를 하였음을 인정할 자료가 있다면 누락기소가 공소권남용에 해당한다는 점을 충분히 인정할 수 있을 것이다. 문제는 그렇지 못한 경우다.

그러면 법원에서 공소권남용에 해당하지 않는다고 판시한 이상 검사는 검사윤리강령에 위반되지 않는다고 해야 하는가.

검사윤리 문제에 있어 법원에서 공소권남용의 기준으로 제시하고 있는 것처럼 자의적으로 공소권을 행사하여 피고인에게 실질적인 불이익을 줌으로써 소추재량권을 현저하게 일탈한 경우로 엄격하게 한정해서 해석해야 하는가. 아니면 소추재량권을 현저하게 일탈한 경우에는 해당하지 않더라도 일반 사회인의 평균적인 판단을 기준으로 상당한 정도로 일탈하였다고 판단하는 경우에는 공소권남용으로 보아 검사윤리에 위배된다고 보아야 하는가. 검사윤리 위반의 기준을 어디에 두어야 하는가.

누락기소에 대한 법원의 판단 기준처럼 미필적 의도에 이르지는 못하지만, 검사의 과실 및 직무상 태만으로 인하여 뒤늦게 기소됨으로써 피고인이 양형상의 불이익을 받은 경우라면 그때는 검사윤리에 반한다고 보아야 할 것이다.

검사윤리강령 제7조는 검찰권의 "적정한" 행사라고 규정하고 있고, 선별기소에 대해서는 제3조 제2항에서 "검사는 피의자나 피해자, 기타 사건관계인에 대하여 정당한 이유 없이 차별 대우를 하지 아니하며 …오로지 법과 양심에 따라 엄정하고 공평하게 직무를 수행"하라고 규정되어 있는 점, 누락기소의 경우는 제8조에서 "검사는 직무를 성실하고 신속하게 수행함으로써 국가형벌권의 실현이

부당하게 지연되지 않도록 한다"고 규정하고 있는 점을 종합하면, 법원의 공소권
남용에 대한 엄격한 적법성 판단 기준보다 보다 더 완화된 기준으로 검사윤리 위
반 여부를 해석·적용할 수 있는 근거가 있다고 볼 수 있을 것이다.

공소권남용의 또다른 예로 상소권의 남용을 들 수 있을 것이다. 원심에서 무
죄판결이 내려진 경우 검사는 거의 자동적으로 상소하는 경향이 있다. 무죄판결
이 내려졌다면 검사의 입증이 법원의 합리적 의심을 제거하지 못한 것이므로, 이
는 검사의 부담으로 귀착되어야 할 것이다. 그러나 검사가 이에 불복하여 거듭
상소심의 재판을 추구하는 것은, 피고인을 장기간 불안정한 위치에 놓이게끔 하
고, 변호사비용 등 경제적 부담을 증가시키고, 심리적 고통을 증가시키게 된다.
이런 점을 감안한다면, 불복상소할 때는 특히 신중할 필요가 있다. 명백한 법리
상의 다툼이 있거나, 결정적인 증거에 대한 판단이 누락되었다거나 하는 사실인
정에서의 중대한 오류 등에 있을 때로 국한하는 검찰권의 자기절제가 필요하다.

최근에는 양형부당에 대하여 기계적으로 항소하는 등의 형식적·면책적 항
소를 지양하고, 실질적이고 적정한 상소권 행사가 이루어지도록 하는 방향으로
정책지침이 시행되고 있다. 실무상 무죄판결에 대한 항소 시에는 공소심의위원회
의 의결을 거치도록 하는 등 자체적인 견제장치를 가동하고 있다.[36)]

특히 국민참여재판에서 무죄판결이 내려졌을 경우 검사의 상소율이 매우 높
다. 그러나 배심원이 전원일치로 무죄평결을 하고, 재판부가 이를 받아들여 무죄
판결을 선고한 경우에는 상소심에서 이를 파기하기 위해서는 특별한 사정이 있
어야 한다는 대법원판결[37)]에도 불구하고 검사의 높은 상소경향은 상소권의 남용
이라 할 만한 사정도 있다. 따라서 검사가 무죄판결에 대하여 상소할 때는, 사실

---

36) 법무연수원, 검찰실무 I, 2017.
37) 대법원 2010. 3. 25. 선고 2009도14065 판결의 요지는 다음과 같다. "사법의 민주적 정당성과
신뢰를 높이기 위해 도입된 국민참여재판의 형식으로 진행된 형사공판절차에서, 엄격한 선
정절차를 거쳐 양식 있는 시민으로 구성된 배심원이 사실의 인정에 관하여 재판부에 제시
하는 집단적 의견은 실질적 직접심리주의 및 공판중심주의하에서 증거의 취사와 사실의 인
정에 관한 전권을 가지는 사실심 법관의 판단을 돕기 위한 권고적 효력을 가지는 것인바,
배심원이 증인신문 등 사실심리의 전 과정에 함께 참여한 후 증인이 한 진술의 신빙성 등
증거의 취사와 사실의 인정에 관하여 만장일치의 의견으로 내린 무죄의 평결이 재판부의
심증에 부합하여 그대로 채택된 경우라면, 이러한 절차를 거쳐 이루어진 증거의 취사 및 사
실의 인정에 관한 제1심의 판단은 실질적 직접심리주의 및 공판중심주의의 취지와 정신에
비추어 항소심에서의 새로운 증거조사를 통해 그에 명백히 반대되는 충분하고도 납득할 만
한 현저한 사정이 나타나지 않는 한 한층 더 존중될 필요가 있다."

인정상 결정적인 오류가 있거나 법리상의 명백한 다툼이 있는 경우로 자기억제하는 자세가 필요할 것으로 생각된다.

검사징계법 제 2 조(징계사유) 제 2 호의 '직무상의 의무에 위반하거나 직무를 게을리하였을 때'의 규정 인권보호수사준칙 제26조 제 2 호의 '피의자가 관련 사건으로 이미 처벌을 받은 경우에는 병합수사나 재판을 받지 못하여 받게 되는 불이익을 고려'한다는 규정도 검사윤리 위반의 근거가 될 것이다.

검사윤리 위반 여부를 법원의 공소권남용 적법성 요건과 동일하게 볼 필요는 없을 것이다.

VI. 검사의 객관의무와 윤리

> 야간에 피해자의 주거에 침입하여 피해자들을 강간한 후 돈을 강취하였다는 혐의로 구속되어 검사에 의하여 성폭력범죄의 처벌 및 피해자보호 등에 관한 법률위반죄로 기소되었다. 경찰은 범행 직후 피해자가 범인의 정액 등이 묻은 것이라면서 제출한 팬티에서 검출된 범인 정액 및 분비물 등에 대하여 감정의뢰를 하였다가 국립과학수사연구소로부터 감정결과 그 정액 등의 혈액형은 피고인(A형)과 다른 O형임이 확인되었다는 통보를 받게 되자 좀 더 정확한 판별을 위하여 국립과학수사연구소에 유전자 감정을 의뢰하였다. 국립과학수사연구소는 그 피해자가 제출한 팬티에서 검출된 남성의 유전자형은 피고인이나 그 피해자의 남편의 유전자형과 일치하지 않을 뿐 아니라, 그 피해자의 유전자형과도 일치하지 않는다는 회신을 하였고, 경찰은 그 무렵 그 회신을 검찰에 추송하였다.
>
> 검찰은 국립과학수사연구소로부터 위와 같은 감정결과를 회신받고도 위의 회신내용을 수사 기록에 편철하지 않고, 피고인을 기소하였으며 재판 과정에서도 그 감정결과를 전혀 증거로 제출하지 않아 법원은 그 회신내용을 모르는 상태에서 피고인에 대하여 유죄판결을 선고하였다.[38]
>
> 검사는 어떠한 윤리를 어긴 것인가. 검사는 피고인에게 유리한 증거를 발견할 경우 피고인을 위하여 유리한 증거를 법원에 제출할 의무가 있는가. 더 나아가 적극적으로 피고인의 이익을 위하여 유리한 증거를 발견하기 위한 수사를 할 의무가

---

38) 대법원 2002. 2. 22. 선고 2001다23447 판결의 사례를 요약정리한 것임.

존재하는가. 판례 등의 태도는 어떠한가. 검사는 어떤 책임을 져야 하는가?

1. 윤리규정

검사윤리강령[39]에서 검사는 범죄로부터 국민을 보호하고 '법의 지배'를 통하여 인간의 존엄과 가치를 보장함으로써 자유롭고 안정된 민주사회를 구현하여야 할 책무가 있고, 이를 바탕으로 검사는 스스로 높은 도덕성과 윤리의식을 갖추고 투철한 사명감과 책임감을 바탕으로 그 직무를 수행하여야 한다고 선언하고 있다.

구체적으로 검사윤리강령에서 검사는 공익의 대표자로서 국법질서를 확립하고 국민의 인권을 보호하며 정의를 실현함을 그 사명으로 하고(제1조), 검사는 국민에 대한 봉사자이며(제2조), 피의자·피고인, 피해자 기타 사건관계인의 인권을 보장하고 헌법과 법령에 규정된 절차를 준수하도록 규정하고 있다(제6조). 인권보호수사준칙 제31조 제2호는 기소한 이후에도 피고인의 주장을 뒷받침하는 새로운 증거가 발견되고 그것이 진실에 부합하는 경우에는 이를 재판부에 제출하도록 규정하고 있다.

검사는 "피고인의 정당한 이익을 옹호하여야 할 의무를 진다." 판례는, 만일 "검사가 수사 및 공판과정에서 피고인에게 유리한 증거를 발견하게 되었다면 피고인의 이익을 위하여 이를 법원에 제출하여야 한다"는 점을 분명히 하고 있다. 검사가 수사기관으로서 피의사건을 조사하여 진상을 명백히 하고, 수집된 증거를 종합하여 객관적으로 볼 때 피의자가 유죄판결을 받을 가능성이 있는 정도의 혐의를 가지게 된 데에 합리적인 이유가 있다고 판단될 때에는 피의자에 대하여 공소를 제기할 수 있다. 때문에 형사재판과정에서 무죄가 선고되었다고 하여, 그것만으로 검사의 공소제기가 위법하다고 할 수는 없다. 그러나 검사의 소추에 관한 판단이 "그 당시의 자료에 비추어 경험칙이나 논리칙상 도저히 합리성을 긍정할 수 없는 정도에 이를 경우에만 그 위법성을 인정할 수 있다."고 판시한다. 위 사례처럼, 유전자에 대한 국립과학수사연구소의 감정결과를 검사가 공판과정에서

---

39) 법무부훈령 제581호.

입수했다면, 그 감정서는 피고인의 무죄를 입증할 수 있는 결정적인 증거에 해당할 수 있는데, 그 경우에도 검사가 감정서를 법원에 제출하지 않고 은폐했다면, 검사의 그와 같은 행위는 위의 기준에 비추어서도 위법하다고 하지 않을 수 없다. 법원은 이런 경우에는 검사의 객관의무 위반과 공소권 남용으로 보아, 국가배상책임을 인정하였다.[40)

　요컨대 검사는 국가의 공적 수사.공소를 담당하는 공적 기관이다. 민사소송의 원고와 다른 점은, 검사는 무조건 승소를 목표로 하지 않고, 실체적 진실의 발견이라는 형사소송의 목적 달성에 봉사해야 하며, 피고인에게 유리한 증거가 있다면 이를 은폐해서는 안된다는 것이다. 검사의 공익의무 내지 객관의무는 검사의 직무의 일환일 뿐 아니라, 검사의 공적 정당성과 신뢰성의 기반이기도 한 것이다. 공소권 남용의 정도가 지나치면 국가배상책임이 인정되고, 해당 검사는 구상권에 의한 손해배상의 실질적 책임을 져야 할 것이다.

2. 증거개시와 검사윤리

> 　피고인 A는 (용산참사 관련) 특수공무집행방해치사로 구속기소되었다. 그런데 A 등의 변호인 甲은 참고인신문조서 등 수사기록의 상당부분이 법정에 증거로 제출되지 않은 사실을 확인하였다. 甲은 형사소송법 제266조에 근거하여 검찰에 수사기록 열람·등사신청을 하였으나, 검사 乙은 열람·등사를 거부하였다. 이에 대해 변호인 甲은 다시 법원에 수사기록 열람·등사신청을 하였고, 담당 재판부는 검찰에게 수사기록 열람·등사를 허용하라는 결정을 하였다. 그러나 검찰은 법원의 결정을 따르지 아니하고 변호인 甲 등에게 수사기록 열람·등사를 거부하였다.
>
> 　이러한 경우 검사 乙의 수사기록 열람·등사 거부처분은 몇 가지 각도에서 접근될 수 있을 것이다. 법원의 결정을 따르지 않은 점에 대해 법원은 어떤 조치를 취해야 하는가? 검사의 객관의무에 비추어 피고인에게 유리할 수도 있는 증거의 제출거부는 피고인의 공정한 재판을 받을 권리를 침해하는 것은 아닌가? 검사의 윤리에 비추어 보면 어떻게 평가될 수 있을까?[41)

---

40) 대법원 2002. 2. 22. 선고 2001다23447 판결.
41) 2009. 1. 20. 경찰이 재개발 관련 철거민을 진압하는 과정에서 6명이 사망한 속칭 '용산참사' 사건의 사례임.

검사는 공익의 대표자로서 범죄수사 및 공소제기와 그 유지에 필요한 사항, 재판집행의 지휘·감독, 국가를 당사자 또는 참가인으로 하는 소송과 행정소송의 수행 또는 그 수행에 관한 지휘·감독 등을 그 직무로 함과 아울러 이를 수행함에 있어 국민 전체에 대한 봉사자로서 정치적 중립을 지켜야 하며 부여된 권한을 남용하여서는 아니 되도록 그 공익적 지위와 객관의무를 부여받고 있다. 뿐만 아니라 법관과 동일한 자격조건에 의하여 임명되고 정당한 법령의 적용청구와 피고인의 이익을 위하여도 상소할 수 있는 준사법기관적 성격을 가지고 있다(검찰청법 제4조, 제29조, 제34조 제1항 등).[42]

검찰청법 제4조 제1항은 검사는 공익의 대표자로서 범죄수사·공소제기와 그 유지에 관한 사항 및 법원에 대한 법령의 정당한 적용의 청구 등의 직무와 권한을 가진다고 규정하고, 동조 제2항은 검사는 그 직무를 수행함에 있어 그 부여된 권한을 남용하여서는 아니 된다고 규정하고 있을 뿐 아니라, 형사소송법 제424조는 검사는 피고인을 위하여 재심을 청구할 수 있다고 규정하고 있고, 검사는 피고인의 이익을 위하여 항소할 수 있다고 해석되므로 검사는 공익의 대표자로서 실체적 진실에 입각한 국가형벌권의 실현을 위하여 공소제기와 유지를 할 의무뿐만 아니라 그 과정에서 피고인의 정당한 이익을 옹호하여야 할 의무를 진다고 할 것이고, 따라서 검사가 수사 및 공판과정에서 피고인에게 유리한 증거를 발견하게 되었다면 피고인의 이익을 위하여 이를 법원에 제출하여야 한다[43]고 판시함으로써 검사의 객관의무를 인정하고 있다. 검사의 객관의무에 위반하는 행위는 반대 당사자인 피고인의 권리 즉 정당한 재판을 받을 권리와 방어권 등을 침해하는 행위로서 검사윤리에 위반되는 것으로 보아야 할 것이다.

한편 위 사례에서 법령 개정 후 형사소송법 등 관계법령에 대한 해석에 있어 여러 가지 견해가 존재하고 있었고, 대법원 선례 등도 존재하지 않았으며 학설도 귀일되지 않아 검사가 합리적인 판단으로 열람·등사를 거부한 것이라고 항변하는 경우 검사윤리에 위반된다고 할 수 있는가.[44]

변호인의 수사서류 열람·등사를 검찰이 거부한 경우, 이는 헌법에 위배된다

---

42) 헌법재판소 2007. 7. 26. 선고 2005헌마167 전원재판부 결정.
43) 대법원 2002. 2. 22. 선고 2001다23447 판결.
44) 실제 이 사례에서 국가는 대법원 2010. 6. 24. 선고 2006다53738 판결 등의 내용을 중심으로 책임이 없다고 항변하고 있다.

고 볼 수 있는가. 헌법재판소는, 이 열람·등사권은 "피고인의 신속·공정한 재판을 받을 권리 및 변호인의 조력을 받을 권리라는 헌법상 기본권의 중요한 내용이자 구성요소이며 이를 실현하는 구체적인 수단이 된다. 따라서 변호인의 수사서류 열람·등사를 제한함으로 인하여 결과적으로 피고인의 신속·공정한 재판을 받을 권리 또는 변호인의 충분한 조력을 받을 권리가 침해된다면 이는 헌법에 위반되는 것이다."라고 분명하게 판시하고 있다.

또한 법원이 검사에게, 변호인의 열람·등사를 허용하라고 결정하였음에도, 검사가 이를 지체없이 이행하지 않은 경우의 증거법상의 효과는 어떠한가. 형사소송법 제266조의4 제5항에 따라, "해당 증인 및 서류 등에 대한 증거신청을 할 수 없도록"(형사소송법 제266조의4 제5항) 한 규정에 따라, 검사가 증거신청을 못하게 되는 불이익을 감수하기만 하면 법원의 열람·등사결정을 따르지 않아도 되는 것인가. 그에 대해 헌법재판소는, 그렇지 않다고 판시한다. 헌법재판소에 따르면, 법원의 허용결정은, "검사로 하여금 법원의 열람·등사에 관한 결정을 신속히 이행하도록 강제하는 한편, 이를 이행하지 아니하는 경우에는 증거신청상의 불이익도 감수하여야 한다는 의미로 해석하여야 할 것이므로, 법원이 검사의 열람·등사 거부처분에 정당한 사유가 없다고 판단하고 그러한 거부처분이 피고인의 헌법상 기본권을 침해한다는 취지에서 수사서류의 열람·등사를 허용하도록 명한 이상, 법치국가와 권력분립의 원칙상 검사로서는 당연히 법원의 그러한 결정에 지체 없이 따라야 할 것이다. 그러므로 법원의 열람·등사 허용 결정에도 불구하고 검사가 이를 신속하게 이행하지 아니하는 경우에는 해당 증인 및 서류 등을 증거로 신청할 수 없는 불이익을 받는 것에 그치는 것이 아니라, 그러한 검사의 거부행위는 피고인의 열람·등사권을 침해하고, 나아가 피고인의 신속·공정한 재판을 받을 권리 및 변호인의 조력을 받을 권리까지 침해하게 되는 것이다."고 판시한다. 따라서 헌법재판소는 "검사가 열람·등사를 거부한 행위 그 자체로서 피고인의 기본권을 침해"한 것이라고 판단하고 있는 것이다.[45] 요컨대 검사는 변호인의 증거개시권에 응해야 하며, 법원이 열람·등사에 대한 허용결정을 내린 경우에 이를 거부하면 헌법위배라고 분명히 판시한 것이다.

또한 법원의 허용결정에도 불구하고 검사가 불복항고도 않은 채 상당기간

---

45) 헌법재판소 2010. 6. 24. 2009헌마257 결정.

수사서류의 열람·등사를 거부하였다면, 원고(피고인)는 "재판에 필요한 증거 등을 검토하는데 곤란을 겪었다고 할 것이고, 이로써 원고들의 열람·등사권, 신속·공정한 재판을 받을 권리가 침해되었다고 할 것이며, 그 결과 원고들이 상당한 정신적 고통을 받았을 것임은 경험칙상 명백하다" 따라서 그 정신적 고통에 대하여는 검사의 과실로 인한 국가배상책임을 인정할 수 있다. 위 사건에서도 그러한 취지로 손해배상을 인정한 바 있다.[46)]

3. 검사의 적극적 객관의무

대법원 2001다23447 판결에서는 검사가 적극적으로 피고인의 이익을 위한 사정을 수사해서 법정에 제출할 의무가 있는지 여부에 대해서는 명백하게 판단하고 있지 않다.[47)]

하급심 판결에서는 '인권침해의 소지가 많은 수사 분야에 있어서 국민의 인권과 자유를 보호하기 위하여 우리 헌법과 법률은 검사 제도를 두어 검사에게 준사법기관으로서의 지위를 부여하고 철저한 신분보장과 공익의 대변자로서 객관의무를 지워 사법경찰의 수사에 대한 지휘와 감독을 맡게 하고 있다. 검사에게는 전속적 영장청구(헌법 제12조 제3항), 수사주재자로서 사법경찰관리에 대한 수사지휘(형사소송법 제195조, 제196조), 체포·구속장소 감찰(형사소송법 제198조의2) 등의 권한이 부여되고, 이에 따라 검사는 공익의 대표자로서 피의자 또는 피고인의 정당한 이익 또한 옹호해야 할 의무가 있을 뿐 아니라 피고인이나 피의자에게 유리한 증거를 수집하여야 할 의무도 부담한다'[48)]고 밝히고 있다.

검사는 피고인에게 유리한 증거라고 할지라도 적극적으로 수사를 진행하여 법정에 증거로 제출할 의무를 인정하는 것이 공익의 대표자로서의 검사윤리에 비추어 타당할 것이다. 검사는 특히 수사과정에서는 범죄혐의 유무를 판단하기 위하여 피의자에게 유리한 증거도 광범위하게 수집하고 있다는 점[49)]에서 살펴보

---

46) 서울중앙지방법원 2011. 5. 24. 선고 2010나42241 판결. 원고들에게 각각 500만원의 손해배상을 하라고 판결하였다. 그에 대한 최종심으로서 대법원 2012. 11. 15. 선고 2011다48452 판결.
47) 김상국, "무죄판결과 국가배상책임: 검사의 직무행위를 중심으로", 판례연구 제15집, 부산판례연구회, 2004. 2, 585쪽.
48) 대전지방법원 2007. 9. 13. 선고 2006고합4 판결.
49) 인권보호수사준칙 제26조 제1호의 '진상을 제대로 규명하였는지, 사건관계인에게 의견을

면 검사의 적극적 객관의무를 인정해야 할 것이다.

4. 객관의무 위반과 책임

공무원이 직권을 남용하여 사람으로 하여금 의무 없는 일을 하게 하거나 사람의 권리행사를 방해한 때에는 직권남용죄로(형법 제123조) 처벌한다.[50] 검사는 공익의 대표자로서의 피의자 및 피고인의 인권옹호의무를 지고 있고, 객관의무가 인정됨에도 피고인의 무고함을 밝혀 줄 수 있는 결정적 증거를 제출하지 않아 무고한 피고인으로 하여금 억울한 옥살이를 하게 하였다면 이는 직권을 남용하여 피고인이 정당한 재판을 받을 권리를 침해하는 등으로 직권남용죄로 적용 여부가 검토되어야 할 것이다. 형사책임 이외에 검사는 피고인에게 손해배상이라는 민사책임을 부담하는가.

'검사는 수사기관으로서 피의사건을 조사하여 진상을 명백히 하고, 죄를 범하였다고 의심할 만한 상당한 이유가 있는 피의자에게 증거 인멸 및 도주의 염려 등이 있을 때에는 법관으로부터 영장을 발부받아 피의자를 구속할 수 있으며, 나아가 수집·조사된 증거를 종합하여 객관적으로 볼 때, 피의자가 유죄판결을 받을 가능성이 있는 정도의 혐의를 가지게 된 데에 합리적인 이유가 있다고 판단될 때에는 피의자에 대하여 공소를 제기할 수 있으므로 그 후 형사재판 과정에서 범죄사실의 존재를 증명함에 충분한 증거가 없다는 이유로 무죄판결이 확정되었다고 하더라도 그러한 사정만으로 바로 검사의 구속 및 공소제기가 위법하다고 할 수 없고, 그 구속 및 공소제기에 관한 검사의 판단이 그 당시의 자료에 비추어 경험칙이나 논리칙상 도저히 합리성을 긍정할 수 없는 정도에 이른 경우에만 그 위법성을 인정할 수 있다'는 것이 법원의 입장이다.[51]

이와 같은 법원의 태도는 과연 정당할까. 무죄판결이 선고·확정되면 검사의 고의는 아니더라도 최소한 과실은 추정되는 것으로 보는 것이 합리적이지는 않는가. 혹여 검사의 수사권 보장이라는 측면에 기울어져 있는 태도는 아닌지 재고

진술할 기회를 충분히 주었는지, 또한 억울한 사정이 없는지 등을 검토한다'는 규정도 동일 의미로 해석된다.
50) 대법원 2007. 6. 14. 선고 2004도5561 판결 참조.
51) 대법원 1993. 8. 13. 선고 93다20294 판결; 1999. 1. 15. 선고 98다38302 판결.

되어야 할 것이며, 입법론적으로 무죄재판을 받은 자가 미결구금이 없다고 하더라도 합리적인 기준에 의하여 보상을 실시하는 것이 타당할 것이다.

그러면 위와 같은 사례의 경우에도 검사는 아무런 책임을 지지 않는가. 대법원은 앞서 소개한 내용처럼 검사의 객관의무를 인정하면서, '강도강간의 피해자가 제출한 팬티에 대한 국립과학수사연구소의 유전자검사결과 그 팬티에서 범인으로 지목되어 기소된 원고나 피해자의 남편과 다른 남자의 유전자형이 검출되었다는 감정결과를 검사가 공판과정에서 입수한 경우 그 감정서는 원고의 무죄를 입증할 수 있는 결정적인 증거에 해당하는데도 검사가 그 감정서를 법원에 제출하지 아니하고 은폐하였다면 검사의 그와 같은 행위는 도저히 그 합리성을 긍정할 수 없을 정도로 위법하고, 검사의 평균적인 주의력을 기준으로 한다고 하더라도 검사가 그와 같은 감정서를 법정에 제출하지 아니한 것에 과실이 있다'고 보아 국가배상책임을 인정하고 있다.[52) 53)]

[사례] [54)]

검사 甲은 공판담당을 하면서 살인피고사건기록을 재검토한 결과, 참고인의 진술조서와 증거물 중에 피고인의 알리바이주장을 뒷받침할 가능성이 있다고 인정되는 것을 수점 발견했다. 甲은 어떻게 해야 할까? 피고인의 무죄를 분명하게 나타내는 것은 아니지만, 검사측 증거의 신용성을 감쇄할 가능성이 있는 증거를 발견했을 때에는 어떻게 해야 하나? 분명하게 피고인에게 유리한 정상사실이 인정됨에도 불구하고 변호인이 변론에서 이것을 지적하지 않았던 경우, 검사로서 어떻게 해야 하나?

---

52) 대법원 2002. 2. 22. 선고 2001다23477 판결: 위 판결 하급심에서 원고(피고인)에게 형사보상금으로 이미 수령한 1,500만원 이외에 2,000만원의 위자료를 인정하였다.

53) 대법원 2003. 12. 26. 선고 2003다13307 판결 참조: 헌법 제29조 제1항 본문과 단서 및 국가배상법 제2조를 그 입법취지에 조화되도록 해석하면 공무원이 직무수행중 불법행위로 타인에게 손해를 입힌 경우에 국가나 지방자치단체가 국가배상책임을 부담하는 외에 공무원 개인도 고의 또는 중과실이 있는 경우에는 불법행위로 인한 손해배상책임을 지지만, 공무원에게 경과실이 있을 뿐인 경우에는 공무원 개인은 불법행위로 인한 손해배상책임을 부담하지 아니하고, 여기서 공무원의 중과실이라 함은 공무원에게 통상 요구되는 정도의 상당한 주의를 하지 않더라도 약간의 주의를 한다면 손쉽게 위법·유해한 결과를 예견할 수 있는 경우임에도 만연히 이를 간과함과 같은 거의 고의에 가까운 현저한 주의를 결여한 상태를 의미한다. 위 사례와 같은 경우 검사에 대해서 국가가 구상권을 행사하는 것이 가능한 사안으로 판단된다.

54) 小島武司 외, 앞의 책, 384쪽의 내용을 우리 법제에 맞게 각색한 것임.

VII. 검사의 외부기고 및 발표와 윤리

1. 검사의 언론보도행위

> 甲검사는 피의자 A가 통조림 식품회사를 운영하면서 포르말린이 함유된 통조림을 제조·공급하였다는 혐의로 보건범죄단속에 관한 특별조치법 위반으로 공소를 제기하였다. 공소제기 직후 검사가 위와 같은 사실에 대한 언론 보도자료를 배포함으로써 언론에 널리 보도되었다. 피고인 A는 수사과정에서도 억울함을 계속 주장하였으나 그 주장은 받아들여지지 않았다. 법원은 재판결과 피고인이 통조림 제조과정에서 포르말린을 사용하였다거나 또는 식품원료에 화학적 합성품인 포름알데하이드가 함유되어 있음을 알면서도 판매할 목적으로 통조림을 제조하였음을 인정할 직접적인 증거가 없고, 더구나 자연상태의 많은 식품에 포름알데하이드가 천연적으로 존재하고 있다는 이유로 무죄를 선고·확정하였다.[55] 그러나 피고인이 무죄판결을 확정받을 당시에는 이러한 언론보도로 인하여 피고인이 운영하던 식품회사는 경영난이 가중되어 이미 도산된 상태였다.
> 甲검사의 언론보도 관여행위는 검사윤리 위반이 되는가?

검사는 수사사항, 사건 관계인의 개인 정보 기타 직무상 파악한 사실에 대하여 비밀을 유지하여야 하며, 전화, 팩스 또는 전자우편 그리고 기타 통신수단을 이용할 때에는 직무상 비밀이 누설되지 않도록 유의한다(제22조)고 규정하고 있다. 나아가 검사윤리강령운영지침 제13조는 강령 제21조에 따라 대외적으로 기고·발표를 할 때에는 공공의 이익에 필요한 최소한의 사항만을 정확하게 알려야 하고 관련자의 명예 또는 권리가 부당하게 침해되지 아니하도록 주의하여야 한다고 규정하고 있다.

인권보호수사규칙 제 7 조에서 "검사는 수사의 전 과정에서 피의자등 사건 관계인의 사생활의 비밀을 보호하고 그들의 명예나 신용이 훼손되지 않도록 노력해야 한다."고 규정한다.

먼저 검사의 언론보도는 피의사실공표죄에 해당하는지가 문제된다. 피의사실공표죄는 '검찰·경찰 기타 범죄수사에 관한 직무를 행하는 자 또는 이를 감독

---

55) 서울지방법원 1999. 1. 22. 선고 98고합653 판결 사안을 가공하였음.

하거나 보조하는 자가 그 직무를 행함에 당하여 지득한 피의사실을 공판청구 전에 공표한 경우'에 성립하는 범죄다(형법 제126조). 본 사안의 경우는 공소제기 후에 공표하였으므로, 일단 공판청구 전에 공표행위가 아니어서 범죄는 성립하지 않는다.

형사책임 귀속 여부와 관련하여 피의사실공표죄가 성립되지 않더라도, 검사가 수사하고 있는 사건 내용을 언론에 흘려 보도되는 경우 사생활비밀보호 의무 등의 윤리적 문제가 발생한다. 위 사례에서는 검사는 국민의 알권리와 언론의 공익적 기능을 강조하면서 면책을 주장할 수 있을 것이다. 그렇지만 수사 대상이 되고 있는 피의자의 입장에서는 무죄추정의 원칙에 반하고, 검사가 수사에 대하여 공식적인 대외 공표가 아닌 편법적 방법으로 언론보도를 이용하는 경우 이를 방어·견제할 마땅한 방법이 없으며, 범죄 혐의 사실과 관련이 없는 사실을 언론에 흘려 개인의 사생활과 명예를 침해하는 등의 많은 법적·윤리적 문제를 야기하고 있다.

검사가 대외적 '발표를 할 때에는 공공의 이익에 필요한 최소한의 사항만을 정확하게 알려야 하고 관련자의 명예 또는 권리가 부당하게 침해되지 아니하도록 주의'(검사윤리강령운영지침 제13조) 하였는지 여부를 살펴보아야 할 것이고, '검사는 수사사항, 사건 관계인의 개인 정보 기타 직무상 파악한 사실에 대한 비밀유지의무'(검사윤리강령 제22조)에 필요한 주의의무 준수에 있어 검사의 고의 또는 과실이 없었는지 등을 면밀하게 검토하여 판단하여야 할 것이다.

2. 검사의 외부기고행위

서울중앙지검에 검사로 재직하던 甲검사는 2006. 9. ○○신문 칼럼란에 "현직검사가 말하는 수사 제대로 받는 법"이라는 제목으로 "피의자가 됐을 때 아무것도 하지 마라. 변호인에게 모든 것을 맡겨라"라는 요지의 행동지침을 주제로 헌법과 형사소송법에서 보장하고 있는 피의자권리 등을 내용으로 한 글을 작성하였다. 위 글은 수사 등의 구체적 직무와는 관련되지 않은 내용이었다. 이 글이 많은 세인의 관심을 집중시키자, 검찰총장은 甲검사에게 직무상 의무위반과 품위손상을 이유로 경고조치를 하였다.[56]
현 시점에 이러한 기고가 있다면, 甲검사가 언론에 수사방법 등에 대하여 기고를 한 행위가 검사윤리에 위반하는가?

검사의 외부 기고 및 발표에 관하여는 검사윤리강령 제21조에 규정하고 있다. 종전에는 "검사는 수사 등 직무와 관련된 사항에 관하여 검사의 직함을 사용하여 대외적으로 그 내용이나 의견을 기고·발표하는 등 공표할 때에는 소속 기관장의 승인을 받는다"(제21조)라고 규정하고 있었다. 그런데 이러한 상급자의 사전승인제는 검사의 표현의 자유를 지나치게 제한하여 사전 검열에 해당하는 수준이고, 특히 상급자나 검찰조직 내부에 대한 각종의 문제제기를 억압한다는 비판이 있어 왔다. 그리하여 2020년에 이르러, "소속 기관장에게 미리 신고를 한다"는 사전신고제로 개정되었다. 그러나 사전신고제가 검사의 모든 기고 및 발표에 대한 것은 아니다. 동 조문에는 "직무에 관련된 사항에 관하여"라고 되어 있으므로 직무관련성이 있는 사항에 대한 것이고, "검사의 직함을 사용하여"한 경우를 규율하므로, 직무관련성이 없거나 검사 직함을 사용하지 않는 경우를 규율하는 것은 아니다. 또한 이 조항은 "대외적으로 그 내용이나 의견을 기고"하거나 "발표한 경우"를 규율하는 것이므로, 기고. 발표 수준에 이르지 않는 개인적, 사적 의사표현을 규율한다고 볼 수는 없다.

동 제21조에는 또한 "다만, 수사사건의 공개에 관한 사항은 인권보호를 위한 수사공보준칙을 우선 적용한다"고 규정하고 있다.

검사윤리강령운영지침 제13조에는, 검사가 "대외적으로 기고·발표를 할 때에는 공공의 이익에 필요한 최소한의 사항만을 정확하게 알려야 하고, 관련자의 명예 또는 권리가 부당하게 침해되지 않도록 주의하여야 한다"고 규정하고 있다.

위의 사례에서 甲검사의 기고에는 구체적인 직무관련성이 인정되지 않는 순수한 개인의견에 불과한 글이라는 사실이 드러나 있다. 직무관련성이 없는 글이라면 사전신고도 필요하지 않다고 보아야 할 것이다.

---

56) 경고조치는 검사징계법에 따른 징계의 종류가 아니다. 법무부감찰규정(법무부훈령 제530호, 제653호) 제19조 제3항의 '비위조사결과 범죄혐의나 징계사유에 해당되더라도 사안이 중하지 아니한 경우 업무처리 당시 제반사정에 비추어 상당한 사유가 있다고 인정되거나, 조사대상자의 업무처리 실적이나 평소 근무태도 등을 감안하여 제1, 2항에 따라 처리하지 아니하고 서면으로 경고 조치를 할 수 있다'는 규정에 따른 조치다. 제4항은 '비위조사결과 징계시효가 완성되었거나 징계사유에 이르지 아니하는 경우라도 다시는 그러한 일이 없도록 촉구하기 위하여 주의조치를 할 수 있다'고 규정하고 있다.

검사윤리강령 제22조의 검사의 수사사항, 사건 관계인의 개인 정보 기타 직무상 파악한 사실에 대하여 비밀유지의무도 위 사례의 경우 직무관련성이 없어서 해당되지 않는 것으로 보인다.

甲검사는 구체적인 사건과 관련하여 글을 쓴 것이 아니라 헌법과 형사소송법에서 피의자 및 피고인의 권리로 보장하고 있는 내용을 쓴 것에 불과하다면 검사윤리에 위반되는 행위를 하지 않았다고 보는 것이 옳지 않은가. 만일 甲검사의 외부기고 글이 수사보안 혹은 수사정보를 유출한 것이라면 당연히 책임을 져야 할 것이지만, 그렇지 않다면 甲검사의 표현의 자유는 보장되어야 할 것이다. 검사도 헌법상 기본권 향유의 주체임은 의심의 여지가 없는 분명한 사실이다. 검사도 기본권의 주체로서 표현의 자유를 누릴 권리가 있으며, 그 제한의 필요성이 있다고 하더라도 역시 기본권제한의 원칙인 과잉금지원칙이 적용되어야 할 것이다.

甲검사의 글이 세인의 관심을 증폭시키고 검사들이 수사를 어떻게 하라고 하는 것이냐 등의 불만이 있다고 하더라도 이는 합리적 근거 없는 단순한 불만에 불과한 것이라면 이는 검사의 품위손상에 해당하지 않는다고 보는 것이 합당할 것이다.

Ⅷ. 검사징계법에 의한 검사징계

① 검사의 징계사유는 무엇인가?
② 검사에 대한 징계 종류에는 무엇이 있는가?
③ 검사에 대한 징계청구개시는 누가하며, 어디에서 결정하는가?
④ 검사에 대한 징계절차는 어떻게 진행되는가?
⑤ 징계의 집행, 징계심의의 정지, 징계시효 등은 어떻게 되는가?

1. 징계사유

검사의 징계에 관하여는 국가공무원법상의 징계규정을 적용하지 않고 검사징계법을 별도로 규정하고 있다. 검사징계법[57] 제 2 조는 징계사유를 규정하고 있

---

57) 이하에서는 검사징계법을 생략하고 조문만 표기함.

다. 즉 「검찰청법」 제43조(정치운동 등의 금지)를 위반하였을 때(제1호), 직무상의 의무에 위반하거나 직무를 게을리하였을 때(제2호), 직무 관련 여부에 상관없이 검사로서의 체면이나 위신을 손상하는 행위를 하였을 때(제3호) 징계 사유가 된다.

대법원은 검사징계법 제2조 제3호에서 '직무의 내외를 막론하고 검사로서의 체면이나 위신을 손상하는 행위를 하였을 때'를 검사에 대한 징계사유의 하나로 규정하고 있는 취지는, 검사로서의 체면이나 위신을 손상하는 행위가 검사 본인은 물론 검찰 전체에 대한 국민의 신뢰를 실추시킬 우려가 있는 점을 고려하여, 검사로 하여금 직무와 관련된 부분은 물론 사적인 언행에 있어서도 신중을 기하도록 함으로써, 국민들로부터 신뢰를 받도록 하자는 데 있다고 할 것이므로, 어떠한 행위가 검사로서의 체면이나 위신을 손상하는 행위에 해당하는지는 앞서 본 규정 취지를 고려하여 구체적인 상황에 따라 건전한 사회통념에 의하여 판단하여야 할 것이라고 판시하고 있다.[58]

2. 징계종류

징계의 종류는 해임, 면직, 정직, 감봉 및 견책으로 구분한다(제3조 제1항). 정직은 1개월 이상 6개월 이하의 기간 동안 검사의 직무 집행을 정지시키고 보수를 지급하지 아니하는 것을 말하고(제3항), 감봉은 1개월 이상 1년 이하의 기간 동안 보수의 3분의 1 이하를 감액하는 것을 말하며(제4항), 견책은 검사로 하여금 직무에 종사하면서 그가 저지른 잘못을 반성하게 하는 것을 말한다(제5항).

3. 징계청구개시 및 결정

검사에 대한 징계 심의는 검찰총장의 청구에 의하여 시작한다. 검찰총장은 징계사유에 해당하는 행위를 하였다고 인정할 때에는 징계개시청구를 하여야 하고, 검찰총장에 대한 징계는 법무부장관이 청구하여야 한다. 징계의 청구는 위원회에 서면으로 제출하여야 한다(제7조).

검사에 대한 징계 사건을 심의하기 위하여 법무부에 검사 징계위원회(이하

---

58) 대법원 2001. 8. 24. 선고 2000두7704 판결 참조.

"위원회"라 한다)를 두고, 위원회는 위원장 1명을 포함한 9명의 위원으로 구성하고, 예비위원 3명을 둔다(제 4 조).

위원장은 법무부장관이 되고, 위원회 위원은 법무부차관, 법무부장관이 지명하는 검사 2명, 변호사 1명(대한변호사협회장이 추천), 법학교수 2명(한국법학교수회장, 법학전문대학원 이사장이 각각 1명씩 추천), 학식과 경험이 풍부한 사람으로서 변호사 자격이 없는 사람 2명(1명 이상은 여성)으로 구성한다(제 5 조 제 1 항제 2 항). 징계의 투명성과 공정성을 담보하기 위하여 외부 인사 참여를 보장하고 외부 인사의 임기는 3년으로 한다(제 5 조 제 4 항).

검사징계위원회는 사건 심의를 마치면 출석위원 과반수의 찬성으로 징계를 의결하고, 검찰총장은 제 1 항에 따른 징계의결에 앞서 위원회에 의견을 제시할 수 있다.

4. 징계절차

위원회는 징계청구서의 부본을 징계혐의자에게 송달하여야 하고(제 8 조 제 1 항), 법무부장관은 필요하다고 인정할 때에는 징계혐의자에게 직무 집행의 정지를 명할 수 있다(제 2 항). 검찰총장은 해임 또는 면직 사유에 해당한다고 인정되는 사유로 조사 중인 검사에 대하여 징계청구가 예상되고, 그 검사가 직무 집행을 계속하는 것이 현저하게 부적절하다고 인정되는 경우에는 법무부장관에게 그 검사의 직무 집행을 정지하도록 명하여 줄 것을 요청할 수 있다. 이 경우 법무부장관은 그 요청이 타당하다고 인정할 때에는 2개월의 범위에서 직무 집행의 정지를 명하여야 한다(제 3 항).

위원장은 징계를 청구받으면 징계심의의 기일을 정하고 징계혐의자의 출석을 명할 수 있고(제 9 조), 위원회는 심의기일에 심의를 시작하고 징계혐의자에게 징계청구에 대한 사실과 그 밖에 필요한 사항을 심문할 수 있다(제10조).

징계혐의자가 위원장의 명에 따라 심의기일에 출석하였을 때에는 서면 또는 구술로 자기에게 유리한 사실을 진술하고 증거를 제출할 수 있고(제11조), 징계혐의자는 변호사 또는 학식과 경험이 있는 사람을 특별변호인으로 선임하여 사건에 대한 보충진술과 증거 제출을 하게 할 수 있다(제12조). 위원회는 징계혐의자

가 위원장의 출석명령을 받고 심의기일에 출석하지 아니한 때에는 서면에 의하
여 심의할 수 있다(제14조). 위원장은 명에 따라 출석한 징계혐의자와 선임된 특별
변호인에게 최종 의견을 진술할 기회를 주어야 한다(제16조).

위원회는 직권으로 또는 징계혐의자나 특별변호인의 청구에 의하여 감정을
명하고 증인을 심문하며, 행정기관이나 그 밖의 기관에 대하여 사실의 조회 또는
서류의 제출을 요구할 수 있다(제13조).

위원회는 사건심의에 필요하다고 인정할 때에는 위원을 지정하여 예비심사
를 하게 할 수 있다(제15조).

위원장 및 위원에 대하여 제척·기피·회피사유가 있을 때는 해당 징계사건
의 심의에 관여하지 못한다(제17조).

5. 기   타

징계의 집행은 견책의 경우에는 징계처분을 받은 검사가 소속하는 검찰청의
검찰총장·고등검찰청검사장 또는 지방검찰청검사장이 하고 해임·면직·정직·
감봉의 경우에는 법무부장관의 제청으로 대통령이 하며(제23조 제1항), 검사에 대
한 징계처분을 한 때에는 그 사실을 관보에 게재하여야 한다(제23조 제2항).

2005. 5. 참여연대가 법무부에 징계처분을 받은 검사들의 구체적인 징계사유
를 요구한 행정소송에서(서울고등법원 2006누30531) 법원은 징계사유는 비록 사생활
에 해당되나 고도의 공익성이 요구되는 검사의 직무수행상 구체적인 징계사유를
공개하는 것이 공익을 위하여 필요하다며 정보를 공개하라고 판결하였다.[59] 한편
이러한 소송이 진행되자 2006. 10. 27. 검사징계법을 개정하여 중징계 이상만 관
보에 게재하던 방식이 모든 징계처분의 사실을 관보에 게재하는 것으로 바뀌었
다(제23조 제2항).

징계 사유에 관하여 탄핵의 소추 또는 공소의 제기가 있을 때에는 그 사건
이 완결될 때까지 징계심의를 정지한다. 다만, 공소의 제기가 있는 경우로서 징
계 사유에 관하여 명백한 증명자료가 있거나 징계혐의자의 심신상실 또는 질병
등의 사유로 형사재판 절차가 진행되지 아니할 때에는 징계심의를 진행할 수 있

---

59) 서울행정법원 2006. 11. 28. 선고 2006구합27298 판결.

다(제24조).

징계는 징계 사유가 있는 날로부터 3년(금품 및 향응 수수, 공금의 횡령·유용 등의 경우에는 5년, 성폭력·성비위 관련은 10년)이 경과하면 이를 청구하지 못한다(제25조).

6. 징계 사례

최근의 검사 징계 내용은 법무부공고 징계처분 결과를 통해 알 수 있다. 2013년 3월부터 2020년 12월 15일까지 처분된 징계 결과를 보면, 징계받은 총 인원은 82명으로, 징계종류별로 보면 해임 7명, 면직 8명, 정직 10명, 감봉 24명, 견책 33명에 이르고 있다. 징계내용은 도박, 성매매, 음주운전 등 개인적 비위사실부터 폭언 등 인권침해, 검찰 내에서의 성폭력 등의 비위사실, 직권남용, 사건 관계인과 부적절한 관계, 뇌물 및 향응수수 등 검찰권을 오남용하여 저지른 비위사실 등의 사유가 있다.[60]

---

60) 참여연대, '[팩트시트] 그 검사 징계 Report 징계사유 Record' (2020.12.17.) 자료.

검사 및 검찰공무원의 징계

		검 사			일반 검찰공무원
징계 구분	해임	• 공무원임용, 변호사 결격 각 3년 • 금품·향응 수수, 공금 유용·횡령 경우 − 5년 미만 근무자: 퇴직급여 1/8 감액 − 5년 이상 근무자: 퇴직급여 1/4 감액 • 그 외 퇴직급여 전액 지급	중 징계	파면	• 퇴직급여액의 감액 − 1/4(재직기간 5년 미만) 감액 − 1/2(재직기간 5년 이상) 감액, 퇴직수당 1/2감액 • 5년간 공직재임용 제한
	면직	• 임용 결격 사유 없음 (변협, 등록 거부 할 수 있음)		해임	• 3년간 공직재임용 제한 • 금전비리의 뇌물·향응수수, 공금횡·유용으로 해임된 경우 퇴직급여(수당)의 1/4 감액(단, 5년 미만 재직자는 1/8감액)
	정직	• 1월~6월 이하 직무집행 정지 • 보수 미지급		강등	• 1개급 강등(고위는 3급), 3개월 직무집행 정지 • 보수 2/3 감액('09. 4. 1. 시행)
	감봉	• 1월 이상 1년 이하의 기간 • 보수의 3분의 1 이하 감액		정직	• 1월 이상 3월 이하 기간 직무집행 정지(출근의무 없음) • 보수의 3분의 2 감액 • 종료후 18개월간 승진, 승급제한
	견책	• 전과훈계, 회개조치	경 징계	감봉	• 1월 이상 3월 이하 기간 • 보수의 3분의 1 감액 • 종료후 12개월간 승진, 승급제한
				견책	• 전과훈계, 회개 조치 • 종료후 6개월간 승진, 승급제한
징계 부가금	• 금품 및 향응수수, 공금 횡령·유용인 경우 수수 및 유용액수의 5배 이내				• 금품 및 향응수수, 공금 횡령·유용('10. 3. 22. 시행) • 수수 및 유용액의 5배 이내(변상, 벌금, 몰수 등 포함)
관할	• 법무부내 검사징계위원회 − 위원장: 법무부장관 − 위원: 6인(내부3, 외부3) − 임기: 3년				• 5급 이상: 중앙징계위원회(국무총리 산하) • 6급 이하: 보통징계위원회(기관별) 위원장(당해기관장차순위자) 및 위원 4~7인 이하로 구성)
징계 요구	• 검찰총장의 청구에 의하여 개시				• 5급 이상: 소속 장관 • 6급 이하: 소속 기관장 또는 소속 상급기관장
징계 의결 기한	• 없음				• 5급 이상: 60일 이내 • 6급 이하: 30일 이내
징계 집행	• 견책: 소속 검사장(대검 검찰총장) • 감봉 이상: 법무부장관 제청 대통령 발령 • 모든 징계 관보게재(시행 07. 1. 28.)				• 5급 이상: 중앙행정기관의 장 • 6급 이하: 징계위원회가 설치된 기관의 장 • 징계의결서를 통고받은 날로부터 15일 이내
징계 시효	• 징계사유 발생일로부터 3년, 금품(향응)수수, 공금 횡령, 유용 등 5년; 성적 비위 관련은 10년				• 징계사유 발생일로부터 3년, 금품(향응)수수, 공금 횡령 유용 등 5년, 성적 비위 관련은 10년
소청· 소송 절차	• 소청규정 없음, 바로 행정소송 제기				• 소청: 징계처분을 받은 날로부터 30일 이내 • 소송: 소청결정을 받은 날로부터 90일 이내
재 징계	• 법원에서 징계의 무효 또는 취소판결을 받은 경우 재징계청구(단 감봉·견책, 징계양정의 과다한 경우엔 징계청구 아니할 수 있음)				• 소청 및 소송에서 무효 또는 취소시 3개월 이내 재징계 의결 요구(단 감봉, 견책은 재징계 아니할 수 있음) • 징계 감경은 원처분일로 소급 집행, 재징계는 예외
징계 말소					• 강등(9년), 정직(7년), 감봉(5년), 견책(3년), 직위해제(2년), 불문경고(1년) • 소청, 행정소송에서 무효·취소 확정시 말소, 사면 말소

※ 징계 이외 처분
 − 경고·주의는 비위처리지침에 규정(총장, 감찰본부장, 고검·지검·지청장 경고·주의).
 − 당연퇴직은 강등 이하 징계처분을 받았거나 징계시효가 도과되어 징계처분을 받지 않은 경우에 금고 이상의 집행유예 선고를 받은 경우와 뇌물죄 및 직무관련 횡령 배임죄로 금고 이상 선고유예를 받은 경우 해당.

사 항 색 인

〈집필자 소개〉

한 인 섭
서울대학교 법학전문대학원 교수
형사법(형사정책)을 전공하고 있으며, 사법개혁·로스쿨·국민참여재판 등의 주제에 연구와 정책
자문을 해왔다. 저술로『식민지법정에서 독립을 변론하다』,『인권변론 한 시대』,『가인 김병로』,
『형벌과 사회통제』,『5·18재판과 사회정의』『100년의 헌법』 등이 있으며, 편저로『한국의 공익
인권소송』,『정의의법 양심의법 인권의법』 등이 있다.

한 상 희
건국대학교 법학전문대학원 교수
헌법학과 법사회학을 공부하였고 사법개혁과 로스쿨, 법률전문직에 관심을 가지고 정책자문과
연구에 임하였다. 최근 헌법과 정치의 관계에 관한 연구를 하고 있다. 쓴 글로는 「변호사 적정
수」, 「헌법과 정치: 정치의 재구성을 위한 제언」, 「우리 변호사체계의 문제점 — 법치와 경쟁력
확보를 위한 실태분석」 등이 있으며『헌법은 왜 중요한가』를 번역하였다.

김 재 원
성균관대학교 법학전문대학원 교수, 변호사(미국)
한국과 미국에서 법학, 사회학 및 인류학을 공부했고 법과사회이론학회 회장과 법조윤리협의회
자문위원을 역임했다. 법조윤리, 법사회학, 비교법, 장애인법 등을 강의하고 있다. 지은 책으로는
『미국의 법학교육과 변호사윤리』 등이 있고 옮긴 책으로는『국제인권법』,『국제분쟁의 해결방법』
등이 있다.

이 상 수
서강대학교 법학전문대학원 교수
법학전문대학원에서 법조윤리, 기업의 사회적 책임과 법, 법사회학 등을 강의하고 있다. 저술로
는『법조윤리의 이론과 실제』,『교양법학강의』,『법사회학』(공저),『기업과 인권』(역서) 등이 있
다. 최근 법조윤리 및 '기업과 인권' 관련 논문을 다수 발표하였고 관련 활동을 하고 있다.

김 희 수
변호사
검사로 5년간 재직, 변호사 생활 중 의문사진상규명위원회 상임위원으로 억울한 죽음의 원인을 밝
히는데 노력했다. 전북대 법대 교수로 재직하다가 다시 변호사를 개업했다. 저서로는『법도 때로는
눈물을 흘린다』,『병사들을 위한 군인권법』(공저) 등이 있다.

정 한 중
한국외국어대학교 법학전문대학원 교수, 변호사
10년간 변호사로 활동하다 2005년부터 사법제도개혁추진위원회 기획위원(상근)을 역임하였다.
2007년부터 대학에서 법조윤리, 형사소송법, 형사변호사실무 등을 가르치고 있다. 국회 공직자윤
리위원회 위원, 국회윤리심사자문위원회 위원으로 윤리 관련 자문을 하였다. 저술로는『로스쿨
실습과정』(공저) 등이 있고, 국민참여 형사재판, 변호인 제도, 증거법 등 형사소송 관련 논문을
다수 발표하였다.

김 인 회

인하대학교 법학전문대학원 교수, 변호사

형사법(형사소송법)을 전공하고 있다. 민변에서 사법위원회, 통일위원회 위원장을 역임했다. 사법개혁위원회 전문위원, 사법제도개혁추진위원회 기획추진단 간사로 일했다. 저술로 『형사소송법』, 『시민의 광장으로 내려온 법정』, 『문재인 김인회의 검찰을 생각한다』(공저) 등이 있으며 역서로 『전략자백』(공역)이 있다.

이 전 오

성균관대학교 법학전문대학원 교수(전)

약 20년간 변호사로 활동하다가 2006년부터 대학에서 법조윤리, 조세법, 공법소송 등을 가르치고 있다. 바르고 균형잡힌 법조인을 양성할 수 있는 교육방법론이 무엇인지 모색하고 있다. 법조윤리 관련 최근의 글로 「우리나라의 MDP 도입방안에 관한 연구」, 「미국과 영국의 MDP 동향」, 「법학전문대학원 교과과정의 몇 가지 쟁점」 등이 있다.

이 찬 희

변호사, 서울대학교 법학전문대학원 객원교수

대한변호사협회 협회장, 서울지방변호사회 회장을 역임했으며, 법무법인 율촌의 상임고문으로 재직 중이다. 사법개혁, 변호사 권익보장, 경찰개혁, 준법감시, 시청자위원회 등 다방면에 걸쳐 법치주의와 인권보장을 위해 노력하고 있다. 저서로 『이변입니다』 등이 있다.

제 6 판
법조윤리

초판발행	2009년 12월 25일
제 2 판발행	2011년 3월 5일
제 3 판발행	2014년 3월 20일
제 4 판발행	2017년 2월 28일
제 5 판발행	2022년 2월 28일
제 6 판발행	2024년 2월 28일

지은이	한인섭·한상희·김재원·이상수
	김희수·김인회·정한중·이전오·이찬희
펴낸이	안종만·안상준
편 집	장유나
기획/마케팅	조성호
표지디자인	이영경
제 작	고철민·조영환
펴낸곳	(주) **박영사**
	서울특별시 가산디지털2로 53, 210호(가산동, 한라시그마밸리)
	등록 1959. 3. 11. 제300-1959-1호(倫)
전 화	02)733-6771
f a x	02)736-4818
e-mail	pys@pybook.co.kr
homepage	www.pybook.co.kr
ISBN	979-11-303-4690-8 93360

정 가   35,000원